Kumiko Shindo
進藤久美子

市川房枝と「大東亜戦争」

フェミニストは戦争をどう生きたか

Fusae Ichikawa and Her War Time Experiences Reconsidered

法政大学出版局

晩年の市川房枝

目　次

市川房枝と「大東亜戦争」

——フェミニストは戦争をどう生きたか

凡　例

一、文中の団体名、個人名および引用文は原則として、常用漢字を使用した。ただし引用文中の仮名遣いは原典のままとした。
一、人名など固有名詞の表記は、その時点ないしは当該引用文献の表記に原則従った。
一、政府関係資料、日記等の引用は、カタカナで書かれている場合、平仮名に変換した。
一、引用文中の仮名遣いなどで不適切なものは「ママ」とルビを振った。
一、市川房枝記念会女性と政治センター所蔵の資料で、マイクロフィルム化されている資料は、マイクロ・リール番号を、マイクロフィルム化されていないが、整理されている資料は、市川資料・整理番号を記した。未整理の資料は市川未公資料と記載した。
一、典拠文献・引用文中の［　］は、著者による補足である。
一、年次、月日の表示は、原則として西暦を使用した。
一、本書に掲載した写真は、アリス・ポールの写真（六四頁）以外、すべて市川房枝記念会女性と政治センター所蔵のものを使用した。

序章　フェミニズムと戦争——市川房枝の「戦争協力」をどう捉えるか

一　市川房枝——孤高の女性政治家

▼巨星墜つ

一九八一年二月一一日、建国記念祝日の早朝、ひとりの女性政治家が八七年九カ月におよぶ生涯の幕を閉じた。市川房枝その人は、死の前年の参議院議員選挙で全国区から無所属で立候補し二七八万票をゆうに超える、そのとき憲政史上最高の得票数で当選した、わが国最年長の国会議員であった。二日後の二月一三日には、議員奉職二五年の表彰が予定されていた。

市川の逝去を報道する二月一二日の各紙は、市川の政治業績を絶賛する声を多数掲載した。その声は、与野党を超え、官民を超え、広く政治家、草の根市民運動家にまで及んだ。当時の首相鈴木善幸は、「婦人の地位向上に生涯をささげた婦人総理ともいうべき人(1)」と市川の業績を称えた。飛鳥田一雄社会党（現社民党）委員長は、「胸の中に穴があき、風が吹き抜けていくようなさびしさを感じる」、「戦前の弾圧の激しいとき、節を曲げずに、自分のものをコツコツとやってきたことに、共鳴を感じる(2)」と死を悼んだ。

市川とともに戦前、日本で初めての女性政治組織である新婦人協会を立ち上げ、戦後、主婦連合会を立ち上げた奥むめおの娘、中村紀伊主婦連副会長（当時）は、「ここ十数年は、婦人運動とならんで、政界の浄化に向けて運動を続けられましたが、これほど国民の共感を得たものはありません。『ストップ・ザ・汚職議員』は、国民の思いそのままを実践したものでした」と述べ、「もう一度、婦選会館に戻って、元気に活躍してほしかった」[3]と、その死を無念がる。

あるいは婦選運動（戦前日本の女性参政権運動の呼称）の同志であり、戦後も市川とともに女性問題に取り組んできた元津田塾大学学長藤田たきは、「指針を失った思いだが、あまりにも大きな発言力、影響力を持っていた人だけに、日本の女性たちが頼り過ぎていた」と無念感を露わにした。そしてこれからは「この大きな損失感をプラスにかえて新たなエネルギーを結集していくほかない」[4]と、市川死後の女性運動を危惧した。

また、都知事時代に市川がブレーンを務めた美濃部亮吉参議院議員（当時）は、「自分が正しいと信じれば、なんでもやる性格の強い人だった」「現在の参院には、市川先生のように正しいと信じたことを、だれはばからずやり抜く人は少ない。長生きしてほしかった」[5]と、誠実で実直、剛健な性格を惜しむ声を寄せた。

▼忘却と「政治の大転換」へのつながり

市川は歳をとるごとに際立つ風貌の持ち主であった。見事な銀髪と深くしわの刻まれた顔、明治生まれの女性には珍しい長身で肩幅の広いがっちりした体躯は、晩年の市川を際立たせていた。その市川の風貌を記憶しているものは、没後三〇年を経た今日、五〇歳代以降の中高年に限られる。多くの若い人々にとって市川房枝という名前は忘れさられた。かりに知られていても、その相貌は戦前の女性参政権運動家としての姿に限られている。戦前・戦中・戦後の激動の時代に市川がかかわった政治への取り組みと、戦後民主主義のなかで彼女が果たした政治的役割を知るものは、ごく少数にすぎない。第二の敗戦ともいわれた一九九〇年代初頭のバブル経済の崩壊と、その後に続くジェンダー・バッシングの政治混迷のなかで、市川とその求めた政治の姿は、現実の政治から遠く乖離したかのように見える。

その歴史の忘却のなかで、二〇〇九年盛夏、戦後日本の政治世界を襲った激震が遠く戦前日本の婦選運動に震源があると語るものは誰もいない。同年八月末日におこなわれた第四五回衆議院議員選挙で、「生活が第一の政党」を標榜する民主党のマニフェストが圧倒的多数の国民の支持を得て自民党を破り、初めて民主党が第一党を手にした。それは、一〇〇年に一度ともいわれる大不況と、小泉・竹中コンビの新自由主義経済政策がもたらした格差社会を背景に、国民の生活者としての意識覚醒によるものであった。

しかし、その政治を生活者の視座から捉え直す民主党が目指した政治は、戦前から一貫して「政治は生活」と主張し続けた市川たち婦選運動の女性たちの政治的伝統と軌を一にするものである。そして日本型ジェンダー・ポリティックスの地下水脈を脈々と流れるその主張こそが、戦後六十年有余の間「ハコモノ」行政を続けた自民党政権から「生活者第一の政党」を掲げる民主党政権への、政治の大転換を可能にしたものでもあった。

▼未完の政治活動と引き継がれる想い

ＪＲ新宿駅の南口から代々木方面に一〇分ほど歩いたビルの谷間に、木造三階建ての婦選会館がある。終戦翌年の一九四六年、南新宿の焼け野原に新宿中村屋の創始者で市川の強い支持者でもあった相馬黒光の屋敷跡を借り受け、婦選運動の同志たちの協力を得て建てられたものだ。生前市川は、見事なプラタナス並木の路地奥にひっそりと立つ同地を、活動の拠点としていた。

入り口の扉をあけた正面壁に二つの言葉が銅製銘板に刻まれている。ひとつは、雑誌『青鞜』発刊号冒頭の平塚らいてうの手になる「元始、女性は太陽であった」が、いまひとつは、市川自身が婦選運動から編み出した「婦選は鍵なり」という言葉だ。二つの言葉は一九六二（昭和三七）年、同会館が再建されたとき、戦前日本の女性運動を象徴する言葉として市川が選び、市川と平塚がそれぞれ書いたものである。

婦選会館には、市川の八七年の生涯が、戦前の婦選運動と戦後の参議院議員時代の軌跡に沿って、写真と遺品をまじえて展示されている。そこではまた市川記念会（現市川房枝記念会女性と政治センター）が、市川没後その意志を継いで「女性と政治」の啓蒙活動を今日まで続けている。市川が戦前の婦選運動時代から戦中・戦後の一時期を除いて発行し続けた「女性と政治」に関するわが国で唯一の専門情報誌が、『女性展望』として刊行され続け、女性の政治参画教室が開催されている。同教室を卒業した女性たちは、一九九九年統一地方選挙で、市川の主唱した理想選挙の方法に則って選挙をおこない、大量の女性議員が誕生するきっかけをつくった。彼女たちは、保守的な地方の政治文化のなかで閉塞状況にある地方議会に、さまざまな風穴をあけつつある(6)。

市川記念会の活動や二〇数万点にのぼる資料の整理は、国立国会図書館の元職員をはじめとする数多くのボランティアの女性たちによっておこなわれてきた。実際、市川房枝は、没後三〇年の今日もなお、その政治への想いと未完の政治活動が数多くの女性たちによって引き継がれ続けている、わが国にあって稀有な孤高の女性政治家であると言える。

▼毀誉褒貶の相半ばで

一方で市川は、その生涯を通して、また没後も、毀誉褒貶の激しい評価を受けてきた政治家でもあった。たしかに、女性の地位向上と政治浄化という理想に生涯をかけた不撓不屈の政治家としての高い市川評価がある。だが同時に、そうした理想主義的政治家という高い評価の背後で、眼前の喫緊の政治目的を達成するために、より高次の平和と民主主義の理念を見失った機を見るに敏な現実主義的政治家という負の評価がつきまとってきた。

そうした負の評価の好個の例が、雑誌『軍縮』誌上での『ガラスのうさぎ』(7)の作者、高木敏子の市川評である。一九七七年に出版された『ガラスのうさぎ』は、東京大空襲で母と妹を亡くし、疎開先の駅前でアメリカ軍機の機銃掃射で父を失った幼児期の作者の空襲体験をもとに戦争の悲劇を描き、厚生省児童福祉文化奨励賞をはじめ数々の賞に輝いた作品である。『軍縮』での國弘正雄との対談のなかで高木は、市川を「戦争中は国民精神総動員中央連盟の婦

婦選獲得 30 周年記念大会後のデモ行進。左から三人目が市川，前列右端が紀平悌子。1976 年 4 月 10 日

人部の一番トップにいらしたんですから」と告発し、「市川さんたちも女性参政権を得るための密約をして、取引をしたのだと思うんですが」と推論する。そして、「私は『戦争はいやだ』と言って、女性のインテリがみんな戦時中引っ込んでしまえば良かったのでは、と思いました」と主張する[8]。

この高木の市川批判の背後には、市川ほどの「高潔」な政治家でも……といった、戦後市川の政治家としてのポジティブなイメージがある。そのうえで戦時中、市川が「婦選」の取引として「国策＝戦争」を遂行するための国策委員（戦時期の政府委員と政府の外郭団体の委員を総称した呼称）を歴任したことを指摘し、その戦争協力を厳しく批判する。実際、市川は、占領期の一九四七年三月、女性として初めて公職追放を受けた。戦時中、大日本言論報国会（以下「言論報国会」と略）の理事であったことが、その理由であった。

戦前、女性の政治的権利獲得のための婦選運動に身を挺した市川にとって、その公職追放はまったく「予期せぬ出来事」であった[9]。一九五〇年一〇月に追放が解除されるまでの三年七カ月間、市川は一時は自殺を思いつめるほどの落胆の日々を送ることを余儀なくされた。そのため市川にとって戦後は、ある意味、公職追放の解除された一九五〇年一〇月以降であったとも言える。そのとき市川五七歳の再出発であった。以後亡くなるまでの三〇年間、市川は、あるときは「理想選挙」「金のかからない政治」を目指すクリーン・ポリティックスの旗手として、またあるときは国連女性の一〇年（一九七六～一九八五年）の草の根女性運動の嚮導者として、そしてまたあるときは破防法反対運動など平和憲法の護り手としての八面六臂の活躍を展開した。本書冒頭で紹介した市川没時の高い評価は、そうした市川の戦後の活動に基づいていると言えるだろう。

二　フェミニズムと戦争

（一）戦時期市川の「婦選」活動

▼問われる政治姿勢——理想主義政治家あるいは現実主義政治家

近年日本女性史学の分野で、先の大戦時における女たちの戦争協力とその戦争責任が厳しく問われている。婦選運動家としての市川評価もこの波に洗われ、戦時期市川の国策委員としての活動が縷々告発されている。

とくに市川の場合、戦後三〇年間の活動が女性の権利の擁護者、理想選挙・政治浄化の旗手、そして平和憲法の護持者として高く評価されているため、戦時期の活動はそうした戦後活動の対極にあるものとして意外感で受け止められてきた。その結果、理想主義的政治を標榜する一方で、時代と社会におもねるきわめて現実主義的活動家というネガティブな戦時期の市川評価が、戦後評価に対峙するかたちで定着しつつある。先の高木の市川評価も、そうした文脈でなされたものと言えよう。

たしかに市川は、一九三七（昭和一二）年一〇月にはじまる国民精神総動員運動（以下「精動運動」と略）の時代から一九四五（昭和二〇）年八月の敗戦に至るまでの八年間、婦選会館に保存されている「市川資料」に就任記録が残るものだけを跡づけても二十数種にのぼる多数の国策委員を歴任している。その戦時期の国策委員への積極的関与が後年、散発的に一部露見され、市川の戦争協力の根拠として糾弾されてきたと言える。しかしその活動の全容は、就任した国策委員の全体像はもとより、国策委員に就任した意図、そして果たした活動の内容などがまだ十全なかたちでは解明されていない。解明されないままで市川は告発の俎上に乗せられ、戦争協力者のレッテルが貼られてきたと言える。

▼歴任した国策委員の射程

いったい戦時期市川のいわゆる「戦争協力」とされている活動は、どの範囲にわたるものであり、その活動の実態はどのようなものであったのだろうか。ここでまず、戦時期の市川がどのような国策委員に就任していたかを確認しておこう。周知のように、先の大戦時、女性指導者たちの国策委員への取り込まれは、精動運動以降の国家総動員体制づくりのなかで顕在化した。一九三七年末から一九四〇年末における同運動は、二度の制度改革で強化され、三段階を経ている。

その第一段階（一九三七年一〇月〜一九三九年二月）で市川は、国民精神総動員中央連盟の家庭実践に関する調査委員会委員[10]、実践網に関する調査委員会委員[11]、非常時国民生活様式委員会委員[12]、服装に関する調査委員会委員[13]を歴任した。そして第二段階（一九三九年二月〜一九四〇年四月）では、精動委員会幹事[14]、精動委員会生活刷新特別委員[15]を務め、さらに大蔵省の貯蓄奨励委員[16]、商工省の織物単純化委員会の絹織物単純化委員会委員とステープル・ファイバー（スフ）織物単純化委員会委員に就任している[17]。この年、市川はまた、紀元二千六百年建国祭実行委員に任命された[18]。そして精動運動の第三段階（一九四〇年四月〜一〇月）では精動本部参与を委嘱された[19]。この年には莫大小単純化委員にも委嘱されている[20]。

こうした国レベルの国策委員のほかに市川は、東京府・市レベルでの精動委員にもまた就任し、国の精動政策の実施面での役割を担っていた。精動運動が国レベルで開始される直前の一九三七年一〇月一二日、市川は、東京市精動実行委員会委員・嘱託[21]に任命され、精動運動第三段階の一九四〇年六月には東京府精動本部常任幹事に任命された[22]。

精動運動が大政翼賛運動に引き継がれた一九四一年五月、市川は大政翼賛会調査委員会委員に再度任命された。一三項目に関する同調査委員会のなかから市川は、「国策の遂行貫徹に関する事項」を取り扱う第二委員会と、「大東亜共栄圏の建設に関する事項」を取り扱う第三委員会を選択した[23]。さらに同年六月、厚生省の婦人標準服研究会委員を委嘱され[24]、八月には、大日本産業報国会（以下「産業報国会」と略）の婦人指導委員会委員を委嘱された[25]。翌一九四二年一月二八日、市川は、大日本婦人会審議員に任命された[26]。同婦人会で市川は、錬成に関する委員会委員[27]、企画委員会委員[28]、貯蓄委員会委員[29]、戦時生活（生活文化委員会）委員[30]を務めた。そして一九四二年末の一二月二三日、市川は、戦後公職追放の対象となった言論報国会の理事に就任した[31]。

▼女性圧力集団の組織化

戦時期市川の活動は、国策委員に就任し政府の内側から政策の立案・形成と実施にかかわることにとどまっていなかった。市川は、戦時社会状況の変容に即応するかたちで、全国的規模の自主的女性組織と女性指導者たちをひとつに束ねた組織を設立した。政府の外側に女性たちの利益と意思を代表する強い圧力団体を形成することで、女性たちの意見をひとつにまとめ、女性国策委員たちが政策立案、形成、そして実施過程で十分な働きができるよう支援するためであった。

まず、そうした目的に沿って精動運動の第一段階で市川は、戦前・戦中を通して市川の婦選活動の拠点であった婦選獲得同盟（以下「獲得同盟」と略）を中心に日本婦人団体連盟（以下「婦団連盟」と略）を組織した。同組織には、

「社会教化、社会改善、女性の地位向上」を設立の目標とする八つの全国的規模の自主的女性団体が参加した(32)。その組織化は、政府が国民精神総動員中央連盟（以下「精動中央連盟」と略）を組織する一カ月前の一九三七年九月二八日におこなわれた(33)。

後述するが、市川をはじめ女性国策委員たちは、それぞれの所属する「政府」委員会で政策を形成し実施するため婦団連盟と密接な関係を持ち続けていた。彼女たちは、担当する政策の形成に必要な情報提供を同組織から受け、そのメンバーたちと具体的政策立案の討議をおこない、草案を委員会に持ち帰り提案した。また政策実施の段階でも婦団連盟は、参加する組織の草の根メンバーを動員し、市川をはじめとする女性国策委員が、委員会決定の政策を実施に移す際の人的援助をおこなっていた。

さらに、精動の生活関連基本政策の大筋が精動運動第一段階でできあがると市川は、女性指導者たちの時局認識を高め、具体的な女性政策を提言できる情報収集・調査・研究、そして政策立案のための組織を婦団連盟とは別個に設立することを企画した。一九三九年二月一八日、「広く婦人の評論家、芸術家、教育家、社会運動家、社会事業家」など婦人指導者を集めた婦人時局研究会が組織された(34)。

婦人時局研究会は、獲得同盟など婦団連盟の多くの民間組織が十五年戦争（一九三一年の満洲事変から一九四五年の敗戦までの一五年間の戦争状況を指す）の過程で解散を余儀なくされたのに対し、敗戦まで活動を続けた。とくに若手の育成を目指し同組織内に設置された青年部（後に「水曜会」と改称）は、市川とともに戦争の最後まで時局研究を続け、女性総動員案や女性再組織案を作成し、関係省庁へ提言し続けた。この会を通して育成された若手の大月照江、斎藤きえ、原田清子、吉岡まり子、鈴木貞子たちが、占領下で獲得同盟の戦後版として新日本婦人同盟（後に「日本婦人有権者同盟」と改称）を組織する機動力となった。彼女たちは戦中期の女性運動を、戦後へとつなげていく重要な役割を果たすこととなる。

十五年戦争を通して戦時社会の変容に合わせ自主的女性組織や女性指導者を参集し、戦時期の婦選運動を率いていた市川は、終戦半年前の一九四五年二月三日、ふたたび女性指導者たちを結集し、婦人時局懇話会を立ち上げた[35]。その立ち上げは、本土決戦が間近に迫った危機的状況下でなんとか女性たちの力を総動員し、「国力」を「再現」することを意図していた。

▼「第三の道」の選択

いったい市川はなぜ、精動運動以降の十五年戦争最後の八年間に、かくも間断なく国策委員を引き受けていたのだろうか。そしてなぜ、自らの、そして仲間の婦選運動家たちの国策委員としての活動を援助するために婦団連盟や婦人時局研究会を組織し、さらには婦人時局懇話会までを立ち上げていたのだろうか。

十五年戦争当初、市川は、紛争解決手段として戦争をおこなうこと自体を否定する非戦の立場から、いかなるかたちの戦争も反対し、満州事変とそれに続く中国大陸での戦争拡大に激しく反対した。そして柳条湖事件（一九三一年九月一八日）にはじまる満州事変から盧溝橋事件（一九三七年七月七日）に至るいわゆる準戦時期[36]、平和教育、軍拡反対、軍備予算の縮小を主張し、婦選を早期に実現し平和志向の女性票を通して戦争終結、回避の道を模索するよう強く提唱した。この時期に市川は、そうした戦争に反対する考えが女性たちの考えでもあることを表明するため、獲得同盟を通して婦選を主張する左右両翼の自主的女性組織に大同団結を呼びかけ、全日本婦選大会を開催した。同大会は議会の会期ごとに七回にわたって開催され、婦選の即時実行、ファッショ反対、軍拡予算反対などの決議文を全会一致で採択し、それらの決議文は、市川ら婦選の女性たちから政府に手交された。

市川が「現状を一応肯定し、ある程度［政府に］協力する」ことが時局下「已むを得ない」と覚悟したのは、一九三七年七月七日に盧溝橋事件が勃発した二カ月後であった。同事件をきっかけに、中国大陸での局地戦争が全面戦争へと拡大し、「最早行くところまで行くより外あるまい」と時局認識をしたためであった[37]。『市川房枝自伝（戦前編）』（以下『自伝』と略）で市川は、中国大陸の戦争が全面戦争へと発展した段階で、婦選運動を率いてきた立場の者として取るべき道が三つあったと記す。第一は、非戦の立場から政府が遂行する中国との全面戦争に反対し、社会的活動を一切やめ隠棲してしまう選択肢である。そして第二が、非戦の立場から政府の戦争遂行政策に抗議し牢獄に行く選択肢である。第三は、婦選の目的でもある「婦人と子ども全体の」幸福を増進するため、政府に「ある程度協力して」戦時期の婦選活動を継続させる選択肢である。同所で市川は、それまで婦選運動を率いてきた社会的責任を持つ立場にあるものとして、いかなるかたちでも社会的活動から身を引くことは、隠棲するにしても、牢獄に行くにしても、ともに無責任であると考え、第三の選択肢を選んだと回顧している。[38]

▼揺れる真意

ここで市川の国策委員へ就任した意図を、同時代の市川の言説を通して確認しておこう。一九四〇（昭和一五）年二月、獲得同盟の機関誌『女性展望』「私の頁　婦人国策委員」に、自らが国策委員に就任した理由が次のように語られている。[39]

　私共は多年婦選を主張して来てゐるため、……殊にお役所方面からは、好ましくない存在とされて来た。……その私が政府の委員会、特に精動方面に多少の関係を持つ事になつたのは、その人選の衝に当たつていた人達が私達の従来の運動殊に選挙粛正運動に於ける私達の努力を知つてゐて、周囲の反対を押切つてしたのではあるまいかと思はれる節があるのである。

そして、彼らが無理をおして推挙してくれているといった事情があるので、自身としては「精動方面よりももっと政治的経済的方面に興味がある」が、「已むを得ずうけてゐる」と、市川は述べている。ここで市川が明らかにしていることは、まず、精動の国策委員は自らが強く望んで就いたのではないということである。そして精動運動というきわめて「精神主義的」な運動の政策にかかわるのではなく、参政権を得て「政治的経済的」政策に直接かかわりたい、という真情の吐露である。

一方で市川は、一九三七年九月二八日、政府の精動運動が開始する一カ月前に組織した婦団連盟の「宣言」で、女性たちが一致団結して戦時下の銃後の守りにつく固い決意を表わしていた。(40)

国家総動員の秋、我等婦人団体も亦協力以つて銃後の護りを真に固からしめんと希ひ、茲に日本婦人団体連盟を結成して起たんとす。我等はよく持久、その目的を達成せんと誓ふと共に、翼くは我等の精神よく全女性に潤ひて非常時局克服に、女性の真価の発揮せられんことを。

精動の国策委員は、推挙してくれた人の意志を汲んで「已むを得ず受けている」と述べ、その一方で国策委員としての活動を支えるため立ち上げた婦団連盟の目的を「銃後の護りを固からしめんため」と説明する、市川の揺れる真意はどこにあるのだろうか。

▼同時代の市川批判

精動運動以降の市川の国策委員としての活動に対して、同時代の婦選仲間の間にもそれを危惧する声があった。(41) 一九三八（昭和一四）年六月一〇日、『読売新聞』は、「市川房枝女史——役人の片棒かつぎ」と題するコラムを掲載した。無記名で書かれたこの記事は、「情熱的な理想家でなく、着実な実際家」である市川が、「インテリ職業婦人」の心をしっかり掴み、「無技巧の技巧ともいふべき政治的手腕で人気を集め」、獲得同盟を「順調」に「成長」させてきたと評価する。しかしその一方で、市川の昨今の活動が「現実主義に捉はれすぎ」、「精動幹事となつたり何々委員になつたりして、本来の使命をよそに、役人の片棒担いで利口に立ちまはりすぎると嘲つ［かこつ］女性ファンもある」と、やんわりと批判した(42)。

皇紀二千六百年の年にあたる一九四〇年、獲得同盟の機関誌『女性展望』は一月号の表紙に、「皇紀二千六百年は、婦人の手で、婦人の総動員を行ひ度いものである」と記された市川の決意を写真とともに掲載した。国民精神総動員運動は三年目の年に入り、市川はこの間、数々の国策委員を歴任していた。同誌の対談「年頭に語る」で神近市子は、市川や市川の右腕として活躍していた金子しげりに対し「日本婦人の政治運動を副業的でなく本格的にやって下さい。……婦人運動の本道へ戻つて下さい」と要望した。そして、同対談で金子しげりが前年度の婦人運動を「今年ぐらゐ寧日なくそのために終始した年もありませんね」と自己評価したのに対し、それは「国民の批判を受ける政治に協力したのでせう」と切り返していた(43)。

こうした一部婦選の女性たちの危惧や批判は、神近が直裁に要望したように、市川らが数々の国策委員に就任することで、婦選運動家としての立場を国家と同一化し、運動本来の目的である婦選の要求を放棄しているのではないかという疑念から派生していた。そしてその疑念はまた、国策委員に就くことは、即国家の意志に沿って活動することにほかならず、戦時期の国策委員はとりもなおさず戦争協力に加担することとなるのだ、という考えを前提としている。はたして市川の国策委員としての活動も、国策委員就任－国策加担－戦争協力という単線的文脈でのみ理解すべきものなのだろうか。

(二) 市川の「戦争協力」告発の系譜

▼パラダイム・チェンジ——被害者から加害者へ

従来、女性は戦争の最大の被害者として受け止められ、戦争の加害者としての側面は等閑に付されてきた。市川自身、満州事変勃発を厳しく批判した論文「国際平和と婦選」を事変一カ月後の一九三一年一一月『婦選』に上梓し、被害者としての女性の立場を次のように記している(44)。

……戦争から、直接最も大な被害を受けるものは婦人である。お国の為として笑顔で送り出しはするものの、母親や妻にとって戦争程呪はしいものはない。一人の戦死者の蔭にどれだけの悲劇があるか、それを知るものは婦人だけである。

実際、戦争の被害者としての女性と子どもたちを守るといった意識は、満州事変から終戦にいたる十五年戦争期を通して市川の活動を貫く重要なパッションとなっていた。そしてまた女こそが平和愛好者であるといった想いは、戦中・戦後の市川の平和活動の基点ともなっていた。女もまた戦争の加害者であるといった認識は、亡くなるまでの市川の言説のなかに見られない。

女を戦争の被害者から加害者へと捉え直すパラダイム・チェンジは、市川が亡くなった一九八〇年代以降、第二波フェミニズム運動の影響のもとで起こった。一九六〇年代末のアメリカで起こり一九七〇年代世界を席捲した第二波フェミニズム運動は、文化的・社会的に意図的に作られた性――ジェンダーの存在を指摘し、女らしさ・男らしさの「性神話」から女性たちを解放した。同運動を通して、歴史上初めて女たちは「女らしさ」の社会的価値に合わせて生きるのではなく、個として主体的に生きることを学習していった。

女性を男性に従属するもの＝客体としてではなく、男性と同等の個＝主体として捉え直すこのパラダイム・チェンジは、とくに日本の女性史を学ぶ人たちの間で、先の戦時における女性のあり方を問い直すきっかけとなった。女性が男性と同等に歴史の主体であるなら、女性もまた能動的に戦争に参加・協力していたのではないか。その疑問が、戦争の被害者としての女性を、加害者でもある女性として捉え直すきっかけとなった。一九八〇年代以降、日本の女性史のなかで女性たちの主体的な銃後の戦争協力がつぎつぎに明らかとなり、女性指導者たちの戦争協力と戦争責任が厳しく問われるようになった[45]。

▼井上女性史学から「告発」史観へ

十五年戦争下の婦選運動を戦時体制に協力した運動として最初に指摘したのは、井上清であり、戦後女性史学の嚆矢『日本女性史』（一九四八年）においてである。井上は、同書「資本主義の発展と女性」の章を次のように締めくくった[46]。

> 一九三七年中国の全面的な侵略戦がはじまるとともに、いっさいの民主的自由主義的運動さえも不可能となり、これら無産階級的な婦人運動はもとより、中産階級的婦人運動も、すべて軍国主義の浪におしながされてしまった。ことに、婦選獲得同盟や矯風会などは、そのほかの小市民的婦人団体とともに婦人団体連盟をつくり、軍閥ファッショの国民精神総動員運動に積極的にこびをていし、白米廃止や貯蓄しょ《マ》うれ《マ》いなどということまでやった。

生前、市川は、この手厳しい井上の批判を不問に付した。むしろ同書における獲得同盟を軸にしたブルジョア女性運動（有産女性運動）＝婦選運動についての叙述が、プロレタリア女性運動（無産女性運動）に比べて十分な検証なく簡略であることを慨嘆していた[47]。

実際、井上は同書で、「勤労婦人の運動と中産階級婦人の参政権運動とは、その階級的立場がまるでちがっておるし、有産婦人たちは『労働者』といえばけい《マ》べ《マ》つしていたから、この二つの戦線統一はとうていできなかった[48]」と断言するが、同時代を生きた歴史家としては、大きな事実誤認をしていた。後述するが、戦前・戦中の婦選運動の特色は、左翼活動が徹底的に弾圧された社会にあって、婦選獲得共同委員会や全日本婦選大会あるいは婦選団体連合委員会（以下「婦団連」と略）の例に見るように、可能な限りの無産婦人運動との大同団結を試みているところにあった。

婦選獲得同盟の戦時期活動を戦争協力の文脈から捉える井上の歴史解釈は、一九七〇年代、鹿野政直（一九七四、七九年[49]）、一九八〇年代、鈴木裕子（一九八六、八九年[50]）へ継承されていった。鹿野は、まず「『満州事変』勃発以後、状況が閉ざされてゆくにしたがい、婦選運動は、権利獲得運動から、国策協力運動に、さらに女性動員運動へと転化」していったと指摘する。そしてその権利獲得から女性動員への転向が、政治的権利を一切持たない無権利者であったがゆえに「拒否の論理なき参加の論理にひきずられ」、結果として「体制の改変をではなく、それへの無限の接近」をしたと指摘する。同時に鹿野は、その転向の姿勢がいわゆる男性たちの転向に顕著な虚無感からではなく、また無節操な一八〇度の転向でもなく、「抵抗しつつ後退し、後退しつつ抵抗するという」「後ずさりする姿勢を崩さなかった転向」と指摘した。[51]

第二波フェミニズム運動の波に洗われた一九八〇年代、鈴木裕子は、市川房枝、高良とみ、平塚らいてうなど、戦後に平和主義者として活躍した戦前からの女性指導者たちの戦時期の戦争協力や国家主義的思想を、女性史上最初に本格的に明らかにしていった。鈴木は、一九三七年七月の「日支事変」(盧溝橋事件後の日中全面戦争)を契機に市川は「戦争協力・加担」へ「転回」していったと指摘する。そして、その原因を「参加→解放への論理、あるいは心情」(鈴木はこれを「女権」と総称する)と強力なナショナリズムにあると指摘し、「この『女権』とナショナリズムが、戦時下にあってはひときわ、市川房枝の心をとらえていた」と結論づける。[52]

鈴木もまた、市川の戦時体制への「協力・加担」の過程が「単線的」ではなく、「いうならば協力しつつ、注文しつつのコースをたどっていた」と指摘する。[53] しかし時に「告発」史家、[54]「反省」史家(上野千鶴子)と呼称される鈴木は、市川が、何に参画するのかということを十分考慮せず、遮二無二女性の政治参画を希求したため、戦後の公職追放への道を歩んだと告発した。[55]

市川さんは参加の中味を点検してこなかったと思うわけです。……何のための参加であり、どこへの参加である、といったことをきちんと押さえた上で参加してなかった……

……利用するといいながら中味の検討ぬきに行ったものですから逆に利用されただけに終わってしまったとい

うことですね。

▼上野千鶴子の「告発」史観批判

社会学者の上野千鶴子は『ナショナリズムとジェンダー』(一九九八年)で、ポスト構造主義の歴史認識の立場から、『国家』が『宿命』として受けとめられていたときに、その当事者がそれを超える視点を持たなかった、と『歴史の限界』を指摘する仕方は、つねに『後知恵』というほかない」と述べ、鈴木裕子の「告発的」な歴史に向かう姿勢を批判した(56)。

たとえば上野は言う。戦前天皇制は絶対的に正しい価値であった。天皇制を悪とする価値は戦後つくられたもの、つまり歴史的に形成されたものである。明治以来の近代化の過程で、国民国家を確立することが最大の課題であった時代を生きた人物に、その「天皇制」国民国家を超えることができなかった、つまり「歴史的限界を乗り超えられなかった」ことを批判するのは、「歴史家としては不当な『断罪』ではないだろうか」。鈴木の歴史が「しばしば『告発』史観と呼ばれるのは、このいわば歴史の真空地帯に足場を置くような超越的な判断基準のせいにほかならない」と(57)。

ここで上野が提起した問題は、鈴木個人に限らず、広く歴史家に投げかけられた、「歴史とは何か」に関する根源的問題である。上野の言うように、歴史に「ただひとつの真実」はなく、歴史は「ある『事実』に他の『事実』以上の重要性を与えるもの」で「それを構成する視点にほかならない(58)」とするなら、歴史家に課せられた任務は、自らの視点から過去を再構成することにある。そして、その歴史家の視点もまたすぐれてその生きた時代の産物——歴史的に形成されたもの——であるのだから、現今の視座からおこなう歴史家の過去の事実を再構築する行為は、おうおうにして「後知恵」となりうるのではないだろうか。

現代歴史学において、すぐれて今日的視座から同時代の社会問題を歴史に逆照射させること、そしてその淵源を過去にさぐることは、歴史の意義のひとつとされてきた。実際、満州事変以来敗戦にいたる十五年戦争への痛憤の思いにたつ戦後日本史学のレゾンデートルが、まさにそこにあったと言えるのではないだろうか。鈴木の「告発」型歴史が、「歴史家として不当な『断罪』」をしているという印象を与えるのは、鈴木の描く戦時期市川の歴史が、過去の「告発」にとどまっているからではないだろうか。鈴木による市川や平塚あるいは高良批判には、なぜ、彼女たちが歴史を超えられなかったのかということが納得のいくかたちで敷衍されていない[59]。当時にあっても「天皇制」国家を絶対視しなかった人物は存在した。いわんや社会運動家や思想家に要請される能力は、時代の先を見据える力であるはずだ。

婦選運動家市川の戦時期活動の意味を問うとき、はたしてどのような視角から見たとき、歴史家の「後知恵」としての「告発型」ではなく、未来に向かってポジティブなかたちで、その戦争協力を読み解くことができるのだろうか。歴史は、歴史家の歴史認識というフィルターを通して再編成された過去であると同時に、なによりも未来への提言＝「歴史の教訓」でもあるべきものなのだから。

▼上野と胡澎の問題提起

『ナショナリズムとジェンダー』で上野はさらに、先の大戦において枢軸国の女性と同様に、同盟国の女性たちも国民国家の一員たるべく銃後の守りとしての戦争協力をおこなっていたではないか、と指摘した。そして、枢軸国の女性たちの銃後の戦争協力だけが悪とされ告発されるのはなぜなのか、いったい鈴木（上野のいう「『反省』的女性史」）は、何を対象に反省しようとしているのか、と問いかけた[60]。上野は、つまるところ女性参政権運動は、いずこの国でも国民国家内で男女平等の政治的権利を要求する運動なのだから、戦時状況にあってその運動は容易に戦時下の国策に協力＝戦争協力しがちであったと指摘する。そのうえで上野は、「日本のフェミニズムには国家を超えた歴史がない」と結論し、「そのことはフェミニズムが論理必然的に国家を超えることができない、ということと同義であろうか」と問題提起した[61]。

中国の日本史研究家、胡澎もまた、その著『戦時体制下的日本婦女団体　一九三一〜一九四五』で、市川たちの「戦争協力」の原因のひとつを「女性解放運動に対する視野が狭かった」と次のように指摘した。[62]

同じ民族の女性たちのことだけを考えていた。国家・民族を超え、同じ性を持った人間として女性全体を見ようと云う視点が欠如している。戦争の侵略的性質を真に認識せず、侵略を受けた国々の女性たちへの同情や共感が見られない。

はたしてフェミニスト市川の戦時期「婦選」活動は、男女平等の政治的権利を要求するフェミニズムが国家のなかでしか機能しないことの証左なのか。市川の牽引した戦時期の「婦選」運動に、国家を超えた女性たちのつながりを求める国際性は見られないのか。管見する限り、そうした視座からの戦時期市川研究はまだなされていない。戦時下でフェミニズムはどのように機能するのか。平和のイデオロギーとしてフェミニズムが持つ「有意性」を問うとき、国境を越えた女性たちの反戦の連帯があったかどうか、戦時期の婦選運動が持つ「国際性」が検証の射程に組み入れられなければならない。

（三）前向きの歴史解釈に向けて——再検証の視座

▼市川の戦時期活動——何が問われるのか

本書で私は、フェミニスト市川がどのように「大東亜戦争[63]」下の婦選運動を牽引していたか、再検証しようと思う。もとより戦時期市川の「婦選」活動は、フェミニストとしての個人的評価にとどめるべきものではない。市川の戦時下の活動は、戦争という危機的状況のなかでフェミニストはどのような行動を取り得るのか、フェミニズムと戦争の関係を検証する好個の事例を提供している。

先に指適したように市川は、本来非戦論者であった。市川が「第三国の援助をかりて益々抗日意識を昂めている蒋政権の打倒を継続しなければならない」といった文脈で、中国大陸の戦いを初めて容認したのは、日米開戦の危機が高まった一九四一年一月である(64)。さらに、「米国が飽迄東亜に於ける日本の地位を認識」しないなら「事態が最悪の場合に到達するも亦已むを得ない」と述べ、日本とアメリカとの戦いを容認したのは、その翌月の二月であった(65)。

たしかに市川は、一九三七年七月の盧溝橋事件をきっかけに中国大陸の戦いが日中全面戦争へ拡大した段階で、ある程度政府に協力することを覚悟し、同年末以降、国民精神総動員運動の調査委員会委員を歴任し、今日告発されている「戦争協力」活動に邁進していった。しかし、少なくとも一九四一年一月の時点まで、市川が中国大陸の戦いを肯定し、戦争継続を奨励した言説は見られない。換言すると、市川が非戦論の立場を戦争容認へと転向させたのは、一九四一年冒頭ということになる。

一九三七年末以降の「戦争協力」活動と、一九四一年冒頭の転向までの間に、なぜ三年もの懸隔があり、「戦争協力」活動が「戦争是認」に先行しているのか。はたして市川の国策委員就任とその活動は、従来指摘されてきたように、戦時下で婦選の灯をともし続けるため、婦選の意図と活動を国家の戦争遂行の意思に同一化させたことを意味するのだろか。国策委員就任を、即そのまま戦争協力という文脈から告発している限り、その懸隔の持つ意味が不問に付され続けることになる。

市川が平和時の婦選運動を戦時下の婦選活動へ、どのような経緯で切り替えていったのか、そしてその切り替えを支えた意図は何かが、実証的に検証されなくてはならない。具体的にそれは、市川がいかに国家との距離をとりながら国策委員としての「婦選」活動を展開していたかを問うことを意味している。そしてそのプロセスで市川は、自らのフェミニズムのイデオロギーと、戦争状況下の国策委員としての「婦選」活動との間に、どのような「折り合い」をつけていたかを検証する必要がある。おそらくその「折り合い」の検証を通して、戦時期市川が牽引したフェミニズム運動が失ったものと、そして新しく編み出した政治の展望が明らかになるはずである。

こうした国家（＝戦時体制）に対する市川の立ち位置の検証、市川のフェミニズム観と戦時下の「婦選」活動との「折り合い」のつけ方、さらにはその折り合いのプロセスで何を得失したかを検証することを通して、私たちは、戦時下にフェミニズムがどのように機能するのか、フェミニズムと戦争のひとつの局面を解明することができる。と同時に、戦時期市川の活動の意味を問うとき、彼女の高く評価される戦後の一連の活動が、従来捉えられてきたように戦中期の国策委員としての活動との断絶の上に展開されたものなのか、いまいちど精査する必要がある。そのためにまず、フェミニストとして戦時下を生きることを余儀なくされた、過酷で稀有な人生に曝された者が、フェミニズムの依拠する自由主義と議会制民主主義のイデオロギーと戦争状況下の全体主義とのはざまで、いかに婦選の灯をともし続けていたが問われなくてはならない。そして、その対峙のなかから得たものが戦後民主主義下での市川の活動にどう転成していたかを、明らかにする必要がある。

はたして戦前の婦選運動家としての活動、戦中の国策委員としての活動、そして戦後の参議院議員としての活動の間に一脈の連続線を引くことができるのだろうか。もし戦前・戦中・戦後の市川の活動を連続線上に捉えることができたら、八七年九カ月の生涯をかけて市川が模索し続けたものが何かを明らかにすることができるはずである。そして、もし戦中期の活動が戦後民主主義下での活動へつながるとしたら、銃後の戦争協力という文脈だけではない、市川の戦時期婦選活動のいまひとつの展望が浮かび上ってくるのではないだろうか。

本書で私は、そうした、二つの視座からいまいちど戦時期市川の活動と言説を実証的に検証し、そのフェミニストとしての戦争協力の意味を問い直してみたいと思う。その検証を通して、第一に、戦争状況で平和を希求するイデオロギーとしてフェミニズムがどう機能しうるのか、どこに限界があるのか、フェミニズムと戦争の関係を明らかにしようと思う。そして第二に、戦後市川の高く評価されている活動の淵源が戦時期にあるのか否か、二つの時期の断絶と連続の側面を浮き彫りにし、歴史を「つなげる」作業を試みたいと思う。

▼分析の枠組み

管見する限り、国策委員としての市川の具体的働きや、その働きが戦時期の政策と社会に及ぼした影響に関して、まだ十全なかたちで実証的検証がなされていない。市川が国策委員を歴任した事実が散発的に告発され、戦時期の言説の一部が「つぎはぎ」的に取り上げられ、それら活動の「中味」と及ぼした影響の射程が充分検証されないまま戦争協力者告発が先行してきた(66)。

市川の戦時期婦選活動を戦争協力の視座から再検証するとき、市川が精動と大政翼賛の両運動にどのようにかかわっていたか、そのかかわり方の全体像を実証的に跡づけることが先決である。そのため本書では、就任した国策委員会の政策立案・形成・「決定」・実施過程で、市川が提案した政策を吟味し、その「決定」と実施段階で果たした役割を検証する。そして、市川の戦時期活動を支えていた意図は何か、同時期の言説をひとつの根拠に分析しようと思う。市川が就任した国策委員の活動とその意図、さらにはその活動が戦時社会に及ぼした影響を明らかにしたとき、はじめて戦争協力とは異なる婦選活動のいまひとつの展望が見えてくるのではないだろうか。

従来、市川の「戦争協力」は、一九三七年七月の盧溝橋事件以降に重点を置いて研究されてきた。一九三一年九月の柳条湖事件から一九三七年の盧溝橋事件に至るいわゆる準戦時期（十五年戦争の前半期）に、急激に台頭する軍ファシズムに対し市川が、どのように平時の婦選運動を対応させていたのか、十分な検証がなされていない。そのため準戦時期の「婦選」活動が、盧溝橋事件以降の日中全面戦争が展開し、さらには日米開戦へと戦争が拡大していった戦時期（一九三七年七月～四五年八月）に、どのように戦争協力、転向のプロセスへつながっていったのか、その間の連続性と不連続性が明らかにされてこなかった。

市川が婦選運動の生き残りをかけて、あえて戦時体制のなかに入って展開し続けた婦選活動の意味を問うとき、盧溝橋事件以降の戦時期だけに限定してその活動を見ると、たとえば精動運動の国策委員としての「婦選」活動は戦争協力という側面しか見えてこない。そこからは平時、準戦時期、さらには戦時期と三期にわたる期間、婦選活動の何をどのように市川がつなげようとしていたのかが、浮かび上がってこない。

そのため本書では、二部構成をとり、第Ⅰ部は盧溝橋事件が勃発するまでの平時と準戦時期の婦選活動を、さらに第Ⅱ部では、盧溝橋事件以降、敗戦に至る戦時期市川の「婦選」活動を対象に検証しようと思う。第Ⅰ部では、一九三一年九月の柳条湖事件をきっかけに急激に反動化する社会で、市川がどのように平時の婦選運動を準戦時期の軍ファシズムに対応させていったかに焦点が当てられる。そして、その全体主義との葛藤のなかで市川が牽引した「婦選」運動が、どのように日本の女性たちに固有な政治とのかかわり方、つまりジェンダー・ポリティックスを編み出していったかを検証したいと思う。

第Ⅱ部のテーマは、盧溝橋事件から敗戦に至る戦時期の市川の国策委員としての活動の全容を明らかにし、さらに日米開戦容認、本土決戦是認へ向かう市川の転向の契機と軌跡を確認することにある。そこからまず、フェミニズムが戦時下どのように機能するのかを検証する。それは準戦時期、戦時期を通して市川のフェミニズム観が、どの時点まで反戦の活動として表現されていたのか、そして転向していく過程でそのフェミニズム観はどのように変化したのかを明らかにするためである。いったい戦争最終盤に市川が帰着したフェミニズムは、どのような相貌を見せているのだろうか。

そして最後に、準戦時期市川らの開発した婦選活動の新しい戦略が、戦時期の国策委員としての活動と、さらには戦後の政治家としての活動と、どのような連続・不連続線上にあるのかを確認したいと思う。これらの検証を通して、近代日本史上最も激動の時代に婦選運動を率いて生き抜いた市川が、戦争を知らない世代に残したメッセージは何か、その持つ意味は何かを読み解きたい。

▼前向きの「歴史の教訓」に向けて

いま日本は、出口の見えない政治的混迷の真っただ中にある。振り返って戦後六八年目の日本社会をみると、戦争放棄、男女平等を高らかに謳った日本国憲法のもとで、平和も平等も大きく後退している現実に直面せざるをえない。

前世紀末の一九九九年、二一世紀のこの国のあり方を、男女がともに国造りに参画することに定めた男女共同参画社会基本法が制定された。にもかかわらず、その後のジェンダー・バッシングの波に洗われた日本社会は、今日、男女平等が最も遅れた「先進」国家になった。他方でその同じ年、米軍の後方支援を可能にした日米新ガイドライン、通信傍受法（盗聴法）、国民総背番号化を目指す住民基本台帳法改正、「日の丸・君が代」の法制化などの戦前型のこの国のあり方を模索する政策が、議会で審議らしい審議もされないまま一挙に可決された。それから一五年後の今日、平和憲法改正の趨勢が跋扈し、いつの間にか日本社会は「国家総動員体制予備状況」下にある。実際、何かのきっかけで、この国が、二一世紀型日本の総動員体制に転回してもおかしくない角番に、私たちは置かれている。

平等も平和も市川の生きた時代へ逆戻りしかねない日本社会の現実を見据え、いまいちど、男女共同参画型社会に向かってギアを入れ、新しいかたちの戦争に加担しないため、どのように「歴史の教訓」を学ぶべきなのか。そのためには、先の大戦を真剣に生きた婦選運動家市川の生きざまをいまいちど精査し、平和な状況から戦争状況への導入がどのように展開していくのか、そしてその過程でフェミニストは何ができるのか、できないのかを検証することが肝要である。そしてまた、フェミニストとして戦時下を生きることの実相を浮き彫りにし、その「戦争協力」の持つ意味をいまいちど捉え直す必要がある。

はたして戦時期市川の婦選活動は、未来へ向かってどのような前向きの「歴史の教訓」を、私たちに語ってくれるのだろうか。

第Ⅰ部　市川房枝とその時代

——戦争と日本型ジェンダー・ポリティックスの創生

第1章　婦選運動家市川房枝の誕生

一　運動家誕生の軌跡

▼農家の娘として生まれ

市川房枝は、日清戦争前年の一八九三（明治二六）年五月一五日、愛知県中島郡明地村（現在の一宮市）で、三男四女の兄弟の三女として生まれた。遠く西に伊吹山と赤石山脈を望む濃尾平野中央に位置する生地は、尾張名産の青首大根、赤芽の里芋を生産する純農村地帯である。生家は、七、八反の田畑と、四、五軒の貸家を所有し、養蚕もする典型的な明治の中産農家であった。

父藤九郎は、近代化草創期、志を抱く多くの庶民の親がそうであったように、子どもの教育に将来の夢をかけたひとりであった。市川は幼いころ、「女の子は行儀よく、女らしく」しろと言われたことはなかったと回想する。その代わり、「百姓は『たわけ』（馬鹿）がするものだ、おまえたちはみんな勉強せよ、自分が一生懸命働いて、行きたい学校にやってやる」と言われて育った(1)。実際市川は、高等小学校を卒業した一四歳で、当時アメリカで苦学中の兄のもとに単独で行くことを試みたときも、またその一年後東京での勉学を志したときも、父親の反対を受けることはなかった(2)。

当時の農家では、女の子はせいぜい尋常小学校に行かせてもらえるか、よくてその上の高等小学校（四年）止まりであった。しかし「近所の噂の種」になるほど教育熱心な父親のもとで四人の姉妹は、体の弱かった長女を除いて、二女が奈良女子高等師範学校（現奈良女子大学）を、四女は名古屋の淑徳女学校を卒業した。市川は、東京の女子学院に一時籍を置くが、キリスト教主義の女子学院の校風になじめず帰郷し、岡崎の第二師範学校に入り、同校（卒業時、愛知県立女子師範学校となる）を卒業した。

▼母の経験

「子どものころなじんだ食べものの味が、一生舌から消えないように、人には子どものころの経験とその記憶が潜在して、往々一生消えないものになるのではなかろうか」(3)。市川は『自伝』で、女性運動に生涯をかけたきっかけを、幼少期の経験と記憶に求めている。

父親は、まじめで働き者であった。しかし短腹で、典型的な明治の家父長でもあった。幼い市川は、父の気に入らないと「薪ざっぽ」で殴られる母をかばい、「女に生まれたのが、因果だから」という母の嘆きを聞いて育った。「なぜ女はむりをいわれても、がまんしなければならないのかが、頭にこびりつき、わたしにはどうしてもなっとくできませんでした」(4)。幼いころ市川が抱いたその疑問は、女性問題に生涯をかける「出発点」となった。市川が婦選運動家としての出自を回想するとき、常に語った逸話である。

▼時代の風

家庭環境、とくに父親の教育方針は、市川の一生を貫く向学心と上昇志向を啓発した。と同時に、市川が高等小学校を経て師範学校を卒業するまでの明治後半の教育と社会風潮は、市川の精神形成に大きな影響を与えていた。

一九〇四（明治三七）年から一九〇五年にかけて日本は、日露戦争を戦った。市川が高等小学校一年から二年に在学中のことである。この戦争でアジアの小国日本は、ヨーロッパの大国ロシアに勝利した。その勝利は、欧米に遅れて近代化をすすめた日本が欧米の列強に追いつき、近代国家を樹立した金字塔を象徴した。その勝利はまた、その後のアジア侵略と日米開戦につながる伏線となるものでもあった。だが国民は、眼前の勝利に欣喜雀躍し、アジアの近代国家としての誇りと自意識に酔いしれた。明治維新以来の脱亜入欧への信奉と富国強兵のナショナリズムの嵐が国を席捲した。市川自身、このとき旅順陥落の旗行列に参加したことを覚えていると『自伝』に記している[5]。

「年齢でいえば十歳から十二歳ぐらいで、ようやく理解力もでき」た、やわらかい若木のような市川の心に、このとき日本中を覆ったアジアの近代国家——日本に対する自負心とナショナリズムの価値は、深く根をおろしただろうことは想像に難くない。

▼「神の国日本」への信奉

当時の子どもたちの多くがそうであったように市川もまた、日本を神の国であると強く信じていた。「激しい性格」と自認する彼女は、本居宣長や平田篤胤を好み、仏教布教に貢献した教科書の聖徳太子の絵に鉛筆で穴を開けた。また高等小学校の修学旅行で手にした伊勢神宮のお札を三畳の自室に飾り、正月に餅を供えたと『自伝』に市川は記している[6]。高等小学校卒業後、単身東京に出て入学した女学院も「学校の授業は面白かった」にもかかわらず、「仏教もヤソ（キリスト教）もきらい」で「弁当の前と授業後にみんなで集まってするお祈りがいや」で親からもらった当座の資金が底をつきかかると、さっさと辞めて帰郷してしまう[7]。

市川が岡崎の第二師範学校で過ごしたのは、明治から大正へと日本が大きく転換する時期であった。在学中の一九一〇（明治四三）年に日韓併合がおこなわれ、同年から翌一一年にかけて幸徳秋水と管野スガらの大逆事件が起こった。一九一一年九月には、日本女子大学を卒業した若き平塚らいてうが『青鞜』を発刊し、「あたらしい女」の時代の到来を告げた。しかし市川は、思春期に遭遇したそうした時代の大きな事件に関心を寄せることはなく、そして『青轄』が新聞で騒がれていたことは知っていたが、とくに影響を受けることはなかった[8]。

▼ひとつのエピソード

師範学校での最終年、市川は後年の運動家としての資質の片鱗をみせる「事件」を起こした。岡崎第二師範学校は、市川が四年に進級する年、新設の愛知県立女子師範学校（現在の愛知教育大学）に併合された。新しい校長は、寮に寄宿する学生たちに良妻賢母の鑑として、江戸時代に使われた「船底の木枕」の使用を強制した。「男子と同等に扱われていた質実剛健の岡崎時代」の教育方針に慣れ親しんでいた市川と二八人の岡崎時代からの級友たちは、新しい学校の名目主義的な良妻賢母の教育方針におおいに不満を抱いた。

級長の市川は、消灯後の図書館に全員を集め、一人一項目ずつ不満と改善要求を出させ、二八の要望にまとめた。そして授業には出るが、全員無言で通すこと、試験は白紙で出すことを申し合わせ、岡崎師範学校から移っていた三年生の下級生にも同調させた。全員と面会することを拒絶した新校長は、級長の市川と副級長に面会する。新校長との話し合いで二人は、二八の要求のいくつかを改善することに成功した[9]。

もとよりこれによって、岡崎時代の質実剛健な教育方針が戻ってきたわけではなかった。しかし、どのような不条理に対しても異議を唱えることなく、粛々とお上に従うことを旨とした時代風潮のなかで、教育の現場の長に真っ向からたてついたこの事件は、市川自身の退学の危険をかけたものに違いなかった。この若き市川のエピソードは、後年の活動の角番角番で見せた、お上の不条理に物申す果敢な市川の一面を髣髴とさせるものであった。

▼明治天皇の崩御――『日記』から

女学校の最終年市川は、明治天皇の崩御に遭遇した[10]。一九一二（明治四五）年七月二二日、市川は、天皇の容態を報道した新聞記事を読み次のように「日記」に記した。

……新聞を読む。陛下御不例少しく良好……
聖上陛下の御不例六千万同胞の有様か、神かけて其の状全あらせられむ事を祈る、日本人民忠孝の志大和魂いまだ幾らか存す。この時、大に今後に注意せざるべからず。

明治天皇の回復を願う国民の強い気持ちを知り、女学生の市川は、国民の間にいくらかでもまだ忠孝の志が残っているのだと感じる。そして、今後その大和魂がどのように動いて行くか注視しなくてはならないと自らに言い聞かせていた。その記述は、市川もまた、忠孝一致の明治教育の落とし子であることを物語っていて興味深い。

一方でこの時期の「日記」から市川が、従順を旨とする女学校教育のなかで、自主の気風に富む、際立った強い性格の持ち主であったことも窺える。同年八月一二日の日記には、退官を間近に控えた愛知県知事が、自らの記念事業のため公立学校の教員の給与から寄付を自動的に差し引くことを新聞報道で知った、市川の怒りが記されている。(11)

……寄附ならば各個人の志の種にて宜しべからずや。強制的に出金さするのは、人の権利を無視した話である。吾人ならば断然こばむ権利有。知事として官職に十年間ありとてなんら莫大の功績ありといふ。そは当然のことのみ。

知事批判のなかから市川は、さらに続けて自らの人生訓を次のように記した。

吾人は厳然自から持し自己の持する主義によりて倒るゝまで行かんかな。名誉栄達何かあらん、神の道にしたがつて独立自営其の天職をつくすところに人生の価値は存するなれ。吾れ師範出校後断じて他人のすねをかじるまじ。

人生は「名誉栄達」を追求するのではなく、「独立自営其の天職をつくすところ」、つまり「自己の持する主義」を貫徹することにある。市川は、この師範学校時代の決意を生涯抱き続けていた。「吾れ師範出校後断じて他人のすねをかじるまじ」と決意したように、市川は、戦前、戦中、戦後を通して、社会運動家として婦選運動から金銭を受け取ることをしなかった。

▼二つの洗礼

師範学校は学費、寮費ともに少額であったが、卒業後故郷で五年間教職に就くことが義務づけられていた。一九一三（大正二）年四月、二〇歳の市川は母校朝日尋常高等小学校の「訓導」（教員）に任命された。彼女は、その後病気療養で教職任務が解かれるまでの四年間を名古屋で教員の任務についた。向学心旺盛な市川にとってこの教員時代は、知的好奇心を満足させる絶好の機会でもあった。時まさに大正デモクラシーの万華鏡の花が一気に開いた時代であった。名古屋でもいたるところで講演会が開催され、市川は休日にはそれらの講演会に参加し、夏休みなどの休暇には東京に出て講習会に通った。

この時代に市川は、東京のリベラル誌『六合雑誌』主宰の内ヶ崎作三郎の講演を聞き、同誌を定期購読するようになった。『六合雑誌』は、一八八〇（明治一三）年、小崎弘道、上村正久らのクリスチャンが創めたわが国で最初の総合雑誌であった。このころ同誌には、吉野作造、大山郁夫、内ヶ崎作三郎らの大正デモクラシーの代表的な論客が寄稿し、時代の流れを嚮導した。「神の国日本」を信じていた市川は、大正デモクラシーの洗礼を受け、しだいに「デモクラシーに心をよせる」ようになっていった。(12)

市川はまた、名古屋の文化人グループ「木曜会」に陪席するようになった。同会には『名古屋新聞』主筆の小林橘川、組合協会牧師の金子白夢、ユニバーサリストの牧師長野浪山らがいた。この時期市川は、中学生であった最愛の弟の急逝に遭遇した。市川は金子牧師の教会で哲学の講義などを傍聴し、しだいにキリスト教に接近していった。そして「洗礼を受けるには」「信仰は十分でなかった」と市川自身自覚していたが、「教会の会員になってある程度の献金をしないと悪いと思い」洗礼を受けた。頼まれて市川は、日曜学校の教師をするようになった(13)。

▼二つの投稿論文に見る市川のフェミニズム観

一九一六（大正五）年、市川は定期購読していた『六合雑誌』四月号の身の上相談「反響」に「結婚問題」を、六月号に「不徹底な良妻賢母主義」の論考を投稿した。市川が二三歳から二四歳にかけてのときである。「結婚問題」では、結婚と自らの仕事の両立を求め悩む若き市川の心境が率直に語られ興味深い。市川はこの時期、同僚の男性からの求婚に苦悩していた。候文調で読みにくいが、市川の結婚観を物語る同文を以下に抜粋してみよう(14)。

……自分は結婚に対して……吾等の後継者を残す事は吾等の義務と存じ、人生の帰趨もここにあらずやと存ぜられ候。……さて自己の実際問題としては甚だ迷わざるを得ざる次第に御座候。文明の世に生まれ、其の恵沢を享受すべく、究学の心去りがたく候。……今より学に専らにして、一生をささげて当初の目的に向つて、同性の為社会の為に或は学術の為に努力せんかと存じ候。……しかして一方に於いては家庭に入りさらに良妻たり賢母たるは最もうるおいある意義ある生活なるべく、……真の理想的家庭を構成せん事又自己の望ましき事に御座候、もし結婚生活が私に後者に加うるに前者（後者の中に前者は含まる）をも与うるなれば、進んで結婚生活に入り申すべく候。真個の婦人問題の解決亦かかる中より生まるるかと存じ候。しかして自分のいう如き結婚の成立するや否やは其の配偶者の人選にかかわるべくと存じ候……

市川は生涯を独身で通すが、独身主義者ではなかった。良き伴侶を得て、次の世代の子どもを育てることは、人としての義務である。と同時に、女も一個の人間としてその能力を開発し、社会的仕事につき生きるべきである。理想的結婚は、そうした両面を具備した結婚であるが、それが可能なのは、「其の配偶者の人選にかかわる」のだ。市川の希求したこうした女の生き方は、二一世紀の今日では、ごく当たり前の女たちの生き方となった。しかしその主張は、大正デモクラシーの高揚する当時にあっても、女を家の付属物と位置づける家制度がしっかり根を下ろす社会で、家（家を代表する夫と家を継ぐ長男）の繁栄に身を挺することが唯一の女の道とした良妻賢母主義には真っ向から対峙するラディカルな生き方であった。

一九一六年六月、『六合雑誌』に投稿したいまひとつの論考「不徹底な良妻賢母主義」は四〇〇字原稿用紙一一枚の長文の論文である。ここで市川は、良妻賢母の女子教育の目標を認めたうえで、その教育の実態が旧態依然とした後ろ向きの、名目的良妻賢母教育であることを指摘する。そしてそうした教育がいかに新しい時代に即した女性（良妻賢母）を教育するうえで阻害となるか、厳しく批判する。(15)

私も亦女子教育究極の目的はやはり良妻賢母主義でなくてはならぬ事を首唱するものである。

しからば今日の女子教育家……其の大部分否殆ど全部は徳川時代の伝統的道徳即ち女大学式を以て唯一の規矩準縄として、あくまでこれを以て律しようとしているというてよいだらう。……現代の社会の風潮が如何なる方向に進みつつあるか、……同時に社会の経済組織は如何に変遷しつつあるか、それが家庭の生活問題から延いて女子に如何なる影響を与うるかを考えない。……

我等はこうした良妻賢母主義の下に漸く芽ばえんとせる尊き研究心も生の自覚も、女らしからざるの下に却けられ、理由なしに従順、犠牲、貞淑をしいられ、自己を偽り人を欺く虚偽の生活に導かれ――教育界程偽善者の多い社会はなく、女程虚偽の生活に甘んじているものの多いことに驚く――

二つの投稿論文から見えてくる市川のジェンダー観は、まず同時代の結婚と結婚生活観、すなわち良妻賢母の是認である。しかしその良妻賢母の女役割に関して、大正デモクラシーの洗礼を受けた市川は、従来のように女が家庭の付属物として従順に生きるのではなく、一個人として、自覚的に生きることこそ良妻となり賢母となりうる道であると主張する。そして女性問題の根源に、女たちのもつ「生の自覚」を「女らしくない」と否定し、「理由なしに従順、犠牲、貞淑を」強いる、偽善的教育界のあり方があると厳しく糾弾する。後年に市川は、「不徹底な良妻賢母主義」の論文を「冗長で、抽象的で、婦人解放の意識も明確ではない」と謙遜する。しかしその主張は、「生の自覚」に目覚め、女として自立した生き方を求める、若き市川の女性解放の宣言にほかならない。

▼『青鞜』――「面白いと思わなかった」

生前に市川は、自らの女性運動の原点を語るとき、自分は『青鞜』の影響を受けていないことを繰り返し語っている。彼女が『青鞜』を初めて手にしたのは、名古屋の教員時代であった。そのときすでに平塚らいてうは同誌の編集から手をひき、伊藤野枝が編集の任を負っていた。市川は、その『青鞜』を「面白いとは思わなかった」と言う[16]。市川は「新しい女」が、「一般社会から顰蹙を買っていた」ことを新聞を読み知っていた。しかし「新しい女」の出現に批判的であったわけではなかった。たとえば先の論文「不徹底な良妻賢母主義」で、市川は次のように述べている[17]。

……我が国最初に起こった良妻賢母主義の反逆者？　平塚氏一派に対しては口を極めて罵り排斥しているが、静かに其の主張に耳を傾け青鞜雑誌等を繙いて、過渡期にある我国婦人の心の中に如何なる思想が胚胎されているかに、思いを潜めたものが幾人あるだろう。

戦前女性運動にかかわった女性たちの多くは、何らかのかたちで雑誌『青鞜』の影響を受けていた。しかし市川は、

『青鞜』に感銘して運動にはいったわけではないと強調する。それは自らが観念的、情緒的あるいはフェミニズムのイデオロギーから、女性問題に取り組むようになったのではないということを言明していることにほかならない。市川の女性運動への導入は、父の母への「家庭内暴力」、名目主義的な良妻賢母教育など生活の現場での女性に対する不当な取り扱いに対する現実的疑問からであった。

実際、市川が教員になって最初に気がついたのが、男子教員との給料の違いであった。そして女子教員であるために、教室のカーテンの洗濯、お茶くみなどを義務的におこなわなくてはならない慣行に不満を抱いた。[18] 市川はまた、職員忘年会の「けいば会」で――「牛肉ではなく馬肉のすきやき会」をそう呼んでいた――裁縫の女性教員と自分がすべて準備をさせられたことに、おおいに「憤慨した」。[19] こうした教員生活で経験した女性教員に対する不公平な取り扱いは、女子教育に対する批判とともに、市川が教員であり続けることなく、新たに職業を模索し続ける一因となった。

▼時代が生んだ「実践的新しい女」

一九一七（大正六）年夏、五年の教職義務を病気療養のため四年で解放された市川は、名古屋文化人グループの知人、『名古屋新聞』（現『中日新聞』）主筆の小林橘川の紹介で同社に就職した。新聞記者が「ゆすり」と考えられていた時代である。市川は『名古屋新聞』で三人目の女性記者となり、[20]「特に婦人のこと、教育の問題を担当」していた。[21] しかし大正デモクラシーを謳歌する東京での生活を切望していた市川は、記者生活を一年で切り上げ、一九一八（大正七）年、東京に出た。第一次世界大戦が終息した年である。

この年、中央の論壇では「母性保護論争」が平塚らいてう、与謝野晶子、山川菊栄らによって激しく戦われていた。女もまた男性に依存するのではなく経済的に自立せよと主張する与謝野[22]に対して、平塚は女が子どもを産み、育てる行為は、女個人のものではなく社会的な行為であり、ゆえに国家が女の母性を保護すべきであると、母性主義の立場から激しく反論した。[23]

女が男性と平等になるためには、経済的自立が先か、あるいはまず母性保護がおこなわれるべきかという、フェミニズムが内包するアポリアを真っ向から取り上げたこの与謝野・平塚論争に、社会主義フェミニストとして山川は、両論を止揚する主張を展開した。日本は、将来も資本主義国家として存在し続けるのだから、現行のシステムのもとで女が自立するためには、女性自らが経済的自立することも、同時にその自立を社会が援助するための母性保護も、両方が必要である、と山川は主張した(24)。雑誌『青鞜』に感銘を受けなかった市川は、ここでもまた大正デモクラシーのもとで展開した、フェミニズムのイデオロギー論争に関心を示すことはなかった。

東京で市川は、株屋の事務員、家庭教師、月刊誌の事務員兼編集員等の職を転々とした。日露戦争、第一次世界大戦を経て日本資本主義は長足の進歩を遂げ、デパートの店員、秘書、タイピスト、事務員などの女性の仕事の場が拡大しつつあった。そうした時代状況のなかで市川は、独立した職業人としての道を追求した。その軌跡はまさに時代の生んだ「実践的新しい女」の模索にほかならなかった。

▼キリスト教者の説くデモクラシー

東京に出た市川は、『六合雑誌』を講読していた関係で、芝のユニテリアン教会に所属し、教会に通った。早稲田大学教授内ヶ崎作三郎、小説家の沖野岩三郎が同教会の牧師を務め、会員にキリスト教社会主義者で早稲田大学教授の安部磯雄、大山郁夫、日本で初めての労働組合である友愛会の創始者、鈴木文治、松岡駒吉らがいた。市川は、こうした人々との出会いや交流を通して、名古屋の教員時代に抱いたデモクラシーへの関心を深化させ、この時期市川は、自ら言うところの「大正デモクラシーの洗礼を受けた自由主義者」(25)へと脱皮していった。

一般的に市川が洗礼を受けたクリスチャンであったことは、あまり知られていない。しかし市川が、この若い一時期を除いて教会に通ったという記述も、多数ある市川の著述のなかで見当たらない。生前市川が富士霊園に建てた自らと仲間のための墓には、墓標に「いこい」と彫られ、無宗教である。

市川とキリスト教との関係を見るとき、吉野作造をはじめ大正デモクラシーの論客たちの多くがキリスト教者であったことに留意する必要がある。(26) 市川のキリスト教への帰依はむしろ、そうした人々との接触、すなわち大正デモクラシーへの傾倒を通して生まれた副産物として位置づけるべきである。名古屋時代の「木曜会」や、東京時代のユニテリアン教会での出会いを通して、市川は、キリスト教者の説くデモクラシーを深く内燃させていった。

二　婦選運動の起点――新婦人協会

▼平塚らいてうとの出会い

東京に出た市川はまた、アメリカ在住の兄市川藤市から山田嘉吉・わか夫妻を紹介された。山田嘉吉は、二〇年間に及ぶ滞米生活で『女性中心説』(27) の作者で社会学者のレスター・ウォードから社会学を学んだほか、哲学、医学にも精通した人物であった。彼は、市川の兄藤市のアメリカ時代の師であり友人でもあった。外国語に堪能な嘉吉は、当時四谷南伊賀町の自宅で英仏露の語学塾を開き、同塾には、大杉栄、伊藤野枝らが通っていた。

山田の妻わかは、『サンダカン八番娼館』の作者山崎朋子が書いたいまひとつの戦前の娼婦に関するドキュメンタリー、『あめゆきさんの歌』のモデルとなった人物である。(28) 幼いとき家を出たわかは、女衒にだまされいったんはロサンゼルスの苦界に身を沈めるが、独力で脱出し、嘉吉に出会い結婚し、日本に戻っていた。若い時代の大半をアメリカで過ごした嘉吉は、語学に堪能であったが、日本語を書くことは不得手であった。彼は聡明な妻わかを、なんとか「新しい女」の雑誌『青鞜』の評論家としてひとり立ちできるように支援していた。山田塾では、伊藤野枝、平塚らいてう、神近市子、尾竹紅吉（一枝）らの新しい女たちが学んでいた。

市川は仕事前の早朝、山田塾に通い、そこでエレン・ケイの『恋愛と結婚 *Love and Marriage*』を原書で読んだ。スウェーデンの母性主義フェミニスト、エレン・ケイの同書は、平塚が雑誌『青鞜』の一九一三年新年号からその翻訳を連載し、戦前日本のフェミニズムに大きな影響を与えた。後述するが、後に平塚とともに日本で初めての女性政治組織、新婦人協会を立ち上げた市川のフェミニズム観にも、エレン・ケイの影響が色濃く見られる。

この山田塾で市川は、わかから平塚らいてうを紹介された。山田家で開かれていた旧青鞜社同人の懇話会「例の会」での席上であった[29]。初めてらいてうにあったときの印象を、『自伝』に市川は「美しい、静かな、小さい声でゆっくり話す人で、これが『新しい女』とよばれるご本人かと眼をまるくした」と記す[30]。

▼平塚らいてうの市川評

一方で平塚は市川に会う前から山田に、アメリカでの知人の妹が東京で勉強したいといっているので婦人雑誌の記者か何か、仕事の口はないか頼まれていた。当初「只働けそうな婦人」という印象しか持っていなかった平塚が、市川を親しく知るようになったきっかけは、一九一九（大正八）年夏、『名古屋新聞』と中京婦人会が名古屋市で婦人夏期講習会を共催したときであった[31]。

講習会には、平塚らいてう、山田わか、それにアメリカ留学から帰国し、日本女子大学で教鞭をとっていた井上孝子（哲学者田中王堂と結婚して後に田中姓となる）らが講師として依頼されていた。かつて『名古屋新聞』で働き、同地の状況を熟知していた市川は、平塚らの案内役を依頼された。講習会後、平塚は名古屋に残り、繊維工場で働く女工の労働状態を視察した。平塚と市川は、この数日二人だけで起居を共にした。このときの思い出を市川は『自伝』に、「岡崎の工場を見たあと、矢作川岸の小さい旅館で一緒に泊まった。月見草がいっぱい咲いている河原を散歩していろいろ話し合った」と書いている[32]。

他方で平塚は、このとき市川から強い印象を受けた。平塚は後に、新婦人協会の設立から解散に至る経緯や、その間の市川との確執を、『婦人公論』に「新婦人協会の回顧」として発表した。同文で平塚は、新婦人協会を立ち上げるとき、「その最もよき適当な働き手として初めから市川さんを当てにしないではゐられなかつた」と、その強い印象を告白する。[33]

起居進退を共にして……市川さんが……稀に見るほどの社会的の興味を多分にもつた、従つて各方面の社会的事件や社会問題や社会思想に對して、一般的な理解を広くもつてゐる方であること、新時代の日本が生んだこれが職業婦人の典型であらうと思はれるほど実務家として役立つやうな極常識的な要領のいゝ頭と、外に向つて注意深く且つ敏捷に動く心と男のやうな身体をもつた新婦人であることなどを知ることが出来ました。

▼友愛会婦人部書記として

名古屋から帰京して間もなく市川は、大日本労働総同盟友愛会婦人部書記の仕事を統一教会牧師の沖野岩三郎から紹介された。後に市川はこの採用の裏話を教会仲間で、友愛会会計を担当していた松岡駒吉から「全然化粧もせず、田舎丸出しだったので安心して採用したんですよ。それは鈴木会長がどうも女ぐせが悪いので心配だったんです」と聞かされた。[34] 友愛会は、一九一二（大正元）年に鈴木文治が創設した日本で初めての労働組合であった。同会は、一九一六年に婦人部を設け、一九一九年には機関誌『労働婦人』の発刊を決めた。市川は同誌の編集のために採用された。

一九一九年一〇月、アメリカの首都ワシントンでＩＬＯの第一回会議が予定されていた。友愛会での市川の最初の仕事は、同会議の政府代表顧問に選ばれていた井上（田中）孝子を呼んで日本ではじめての婦人労働者の大会を開くことであった。市川は、アメリカに留学し帰国したばかりの井上が、日本の女性労働者の状況を熟知していないのではないかと危惧し、井上に、女工の代表を随員として連れて行くことを進言した。人選を任された市川は友愛会婦人部の理事のひとりであった山内みなを推薦した。山内は一四歳で東京モスリン請地工場に就職、当時一七、八歳であった。

しかし、この市川の提言に友愛会本部が「まったをかけた」。友愛会は、労働会議の労働者代表の政府人選に反対していた関係で、山内が友愛会をやめていくことを主張した。その結果、山内は行くことを断念せざるをえなくなった。市川は、この事件で「独走した責任」をとり、友愛会を三カ月で辞任した。[35]

▼新婦人協会立ち上げのいきさつ

一九一九年半ば頃、平塚らいてうは、「社会問題中心の高級な婦人雑誌を出し、……期を見ていろいろな社会運動や、社会的事業を始め、次第に一つの生命ある団体としての完全な組織と統制とを備えたものを育て上げ」る決意をした。[36]一九一一年九月、わが国で初めての女性解放の文芸誌『青鞜』を発刊した平塚は、その運動を通して「突き当たった壁――社会に、政治につながるところの堅い壁を打ち破るための、婦人の政治的、社会的団体運動への衝動が、……だんだんと抑えがたいものになって」いた。[37]

雑誌の主筆に平塚は、「婦人論の上で或る一致点」を持ち、「個人的にも親しい間柄である」山田わかを置き、そして市川を編集事務に迎えるつもりであった。しかし当初あてにしていた雑誌発行の資金援助が挫折し、また山田に個人誌発刊の話が持ち上がり、雑誌発行の夢が挫折した。そのため「新婦人協会に就ての私［平塚］の夢を初めから全部発表して、広く社会に同志を求め、資金も多方面に理解者を求めて集めるといふ方針」に切りかえた。[38]

一方で市川は、新婦人協会の立ち上げにかかわっていった事情を『自伝』で次のように語っている。[39]

私が友愛会をやめた直後、「待っていました」とばかりに、平塚らいてう氏から口がかかった。……山田先生からは「平塚さんはだらしのない人でそういう運動には不適当な人だから一緒にやるのはやめた方がよい、おわかも断った……」と私に注意があった。しかし平塚氏がどうして不適当か私には分からなかったし、私自身婦人の地位の向上、婦人の解放には賛成で、かねてからそうした運動を起こしたいと考えていたので、よろこんで協力

新婦人協会立ち上げ懇談会。左から市川，山田美都，奥むめお，平山六之助，一人おいて平塚らいてう。1920 年 1 月 6 日

しますと答えたのであった。

▼新婦人協会の発会――進歩派男性知識人の期待のもとで

一九一九（大正八）年一一月から一二月にかけて、平塚と市川は、日本で初めての自主的な女性の政治組織、新婦人協会の発足を大阪、東京で発表し、翌一九二〇年三月二八日、上野の精養軒で発会式をおこなった。平塚と同じ日本女子大を卒業し、労働問題に興味のあった奥むめおが設立準備に加わった。

賛助会員を募る訪問先で、市川がその講演を聴き『六合雑誌』を定期購読するきっかけとなった内ヶ崎作三郎は、平塚の人身攻撃に終始した。また東京女医学校創設者の吉岡弥生も「あなた方ではとても金の出し手等あるもんですか、これは空想ですよ。こんな空想なんかよしたらどうです」と、会の発足に反対した。(40)しかし最終的には、大正自由主義教育運動の中心人物である澤柳政太郎（帝国教育学会会長）、安部磯雄（早稲田大学教授、キリスト教社会主義者）、内田魯庵（文学者・評論家）ら二〇〇名の賛助者を得た。

また九〇人ほど集まった発会式には、大庭柯公（読売新聞記者、民本主義言論人）大山郁夫（早稲田大学教授、民本主義者）、鎌田栄吉（慶應義塾大学塾長、貴族院議員、普通選挙論者）、堺利彦（明治社会主義者）、嶋中雄作（婦人公論編集長）、下中弥三郎（平凡社社長）、加藤時次郎（平民病院長、明治社会主義者のパトロン）、秋田雨雀（劇作家）、福島四郎（婦女新聞社長）、平山六之助（弁護士）などの男性がいた(41)。彼らの発会式参加は、時代をリードする進歩派男性知識人たちの、新婦人協会への期待の大きさを象徴していた。

▼運動の二つの目的

新婦人協会は、運動の当初の目的を治安警察法第五条の改正と花柳病男子の結婚制限に関する請願に置いた。一九〇〇（明三三）年、日清戦争後の跳躍する資本主義経済のもとで、労働争議や学生騒動の勃発を危惧した明治政府は、治安警察法（以下「治警法」と略）を制定した。同法は労働者や若者の政治的活動の禁止を目的としたが、同時に五条第一項、第二項で、女性が政治結社を組織したり、政治集会に参加することを禁止していた。そのため市川ら新婦人協会は、当面の運動目標のひとつに、治警法第五条の改正を置き、女性が自由に政治活動ができることを目指した。

さらに新婦人協会は、花柳病男子の結婚制限を運動の目標に据えた。当時「結婚して夫から花柳病をうつされたうえ離婚され、泣いている婦人がいかに多いか」を平塚が友人の女医から聞き、ノルウェーやフィンランドの例に倣った法律を作るためであった(42)。

▼新婦人協会時代の市川のフェミニズム観

新婦人協会の宣言と綱領は平塚が書き、市川は規約の原案を書いた。市川はその規約原案を、森鷗外に読んでもらい「ちょっと赤筆を朱して入れてもらった(43)」。平塚の書いた綱領は、彼女の母性主義フェミニズム観を反映していた。『自伝』で市川は、その平塚の考えを、「婦人の地位の向上、権利の獲得、男女の平等を主張しているが、同時に家庭を重視し母子の保護」を主張する「女性主義・母権主義」であり、「女権主義」と異なると指摘する。そして「良妻賢母の前に人としての男女平等が確立されねはならぬというのが、のちの運動の中で私が得た強い確信であった」と記している。

一方、市川は自分自身に関して、「当時の私にはそれこそ女権主義も母権主義もイデオロギーもなく、一途に婦人の地位の向上、権利の擁護を望んでおり、平塚氏を信頼し、その言うままを受け入れていた」と回顧している。[44]

本人の自覚はともあれ当時の市川のフェミニズム観を探ることのできる好個の資料がある。一九二一（大正一〇）年初頭、市川は、国民婦人会臨時茶話会で、「婦人の社会運動」というテーマで講演した。新婦人協会を立ち上げた一年後の同講演で市川は、自らのフェミニズム観と社会運動観を余すところなく語っている。[45]

そこで市川は新婦人協会の「一番の眼目」が、「男女の価値同等観の上に差別を認めず、其の協力を主張する事」であると指摘し、「もつと婦人の思想なり、婦人の感情なりを認める社会にしなければなりませぬ」と強く主張した。[46]

家制度に基礎を置く大正期日本社会で女〈妻〉は、夫を家父長とする家（婚家）の付随物に位置づけられ、個としての確立した存在は一切認められていなかった。家制度のもとで「家の繁栄と維持」が家族の最優先課題であり、「優秀」な男子を産み育てることが、第一義的に女たちに課せられた役割であった。実際、個として認められていない社会で女は、その「女役割」を全うするための一方的な自己犠牲が強いられていた。

市川は、社会が良妻賢母の「男役割」、「女役割」で構成されていることを是認していた。しかし「女役割」を劣位に置く性の社会的価値づけに強く反対した。男女の異なる生物学的特性と、それに基づく男女の社会的役割は、その二つがあってはじめて社会が機能するのである。だから、男女は相互補完的であり、その価値は同等であると考えていた。同講演で市川は、男女が、それぞれの能力を十全に開発し補完しあって協力できるように、社会が改変されるべきであると強く主張した。[47]

先にみた『六合雑誌』の論文で、結婚に悩む若き市川は、妻が一方的に自己否定と自己犠牲を強いられるのではなく、個としてその能力を自由に開発できることが、近代社会で良妻賢母になる道であると主張し、そのためには妻の自己啓発を認める夫がいなくてはならないと指摘した。この講演で市川は、そうした主張を一歩進め、女性の「思想」と「感情」を男性のそれと同等のものと認めるよう、社会自体が改変されるべきであると主張した。

つまるところ、新婦人協会時代の市川のフェミニズム観は、男女の肉体的相違に基づく異なる社会的役割を認め、そのうえで両性の価値同等論を主張する、今日の言説に沿って言うと差異派フェミニズムの考えにほかならない。そのフェミニズム観は、市川が山田塾で英語学習のために読んだ『恋愛と結婚 *Love and Marriage*』の作者、スウェーデンのフェミニスト、エレン・ケイと同書を翻訳し『青鞜』に連載した平塚の、母性主義フェミニズム観と同一線上にある。その母性主義フェミニズムの主張は、『自伝』で市川が「後の運動で得た」という、男女は本来人間として同一であり、それゆえに同等の政治的権利が与えられるべきと主張する、女性参政権運動が本来依拠する女権主義フェミニズム、つまり今日いうところの平等派フェミニズムとは、本質的に異なるフェミニズム観であった。

▼生涯変わらない現実主義的社会運動観

国民婦人会臨時茶話会で市川はまた、フェミニズム観とともにその社会運動に対する考えをも明快に述べていた。市川はまず、新婦人協会の運動が、「社会運動と云ふ以上は、どうしても現代の社会に適合する運動でなくてはなりませぬ。現代の社会を視ずして、理想のみに走つても、それは結局徒労に終わると思ひます」と述べ、社会運動に対する自らの確信を開陳した。そして新婦人協会の運動は、「よく理想家から、やれ不徹底とか妥協とか云ふ批評を受けます」と指摘した。しかし「婦人運動なり、社会運動なりを、理想から批評する事は出来なひと思ひます」と述べ、「理想家の言はれるやうな事を行はんとすれば、結局理想の社会を認め、常に机上の空論になります」と、反論した。(48)そして新婦人協会の運動を、「現在の社会を認めて其の上に立つた運動」、すなわち、明治憲法下の「議会制民主主義」の枠内での女性の地位向上運動と位置づけた。市川は、その枠内で「之をすれば直ぐに出来る、つまり効果の成るべく早いもの」として「請願運動を第一」にする対議会運動の戦略をとるのだと主張した[49]。

新婦人協会を立ち上げた当初のこの現実主義的な社会運動観を、市川は生涯持ち続けた。実際この後、本格的な女性参政権運動が起こると、その運動観に支えられて市川は、戦時期の反動的社会の現実に合わせるかたちで婦選の意味を漸次変成させながら十五年戦争下の婦選運動を展開していくこととなった。

▼社会主義女性組織とブルジョア女性組織の論争

一九二一（大正一〇）年四月、日本で初めての社会主義女性組織、赤瀾会が、堺真柄、久津見房子、秋月静枝、橋浦はる子たちによって立ち上げられた。その顧問的立場にあった山川菊栄は七月、雑誌『太陽』に「新婦人協会と赤瀾会」を書き、新婦人協会の運動を「ブルジョア婦人の慈善道楽」と批判し、新婦人協会の議会活動を「労して益なき」と批判した[50]。

この山川論文に対し、市川、平塚とともに新婦人協会を立ち上げた奥むめおが、翌八月の『太陽』に「私どもの主張と立場」を、さらに新婦人協会の機関誌『女性同盟』に「山川女史の新婦人協会と赤瀾会を読みて」の、二編の反論を掲載した。それらの論文で奥は、新婦人協会が議会活動の争点としていた治安警察法第五条の改正が、いかに女性の社会活動を進めるうえで重要かを説き、階級を超えた女性の連帯を呼びかけた[51]。

もとより市川の国民婦人会臨時茶話会での講演は、この山川論文の一〇カ月前におこなわれたものであり、赤瀾会もまだ立ち上げられていなかった。そのため、そうした具体的な動きを意識したものではない。しかし、「現実の社会を見ず、理想に走った運動こそ」が「徒労に終わる」と述べた市川の運動観は、まさに社会主義フェミニスト山川の主張に相対峙するものであった。新婦人協会をともに立ち上げた平塚、奥が後に無産政党に与したのに対し、現実主義的活動家として市川は生涯無党派であり続け、戦前、戦中、戦後の女性運動を超党派で牽引し続けた。

▼階級を超えた女性組織の連携の試み

新婦人協会のイデオロギー的基盤は平塚が担っていたが、運動の戦略は、主として市川が開発した。市川は、新婦人協会での初めての女性運動の経験を通して、その後本格的に展開する女性参政権運動（婦選運動）や、戦中・戦後の女性運動を率いるうえで戦略上の信念ともいえるものを手にした。その第一が、女性の権利要求や女性の利益擁護を求める運動は、特定の党派に偏向するのではなく、左右両翼の女性たちを広く巻き込んだ超党派の社会全域的な女性たちによって担われるべきとする、女性運動に対する終生変わらない市川の運動論である[52]。

新婦人協会は設立発表と同時に請願運動を展開し、一九二〇（大正九）年二月、第四二帝国議会の衆議院と貴族院に、治警法第五条改正と花柳病男子の結婚制限を要求する二〇五七人が署名した請願書を提出した。しかし請願はたとえ議会に提出され請願委員会で採択されても、議案として議会に上程されることはなかった。そのため市川と平塚は、同年七月に開院した第四三特別議会に治警法第五条改正の法律案を初めて提出した。

市川は、同法律案が議会に上程され審議される前日の七月一八日、議会に対する示威活動として新婦人協会主催の「婦人団体有志連合講演会」を開催した[53]。市川の呼びかけで講演会には、婦人はたらき会、赤想会、友愛会婦人部、婦人社会問題研究会、タイピスト協会などの労働組合婦人部、左翼系女性組織が多数参加した。

通常、欧米社会で女性たちが男性と同等の政治的権利を要求する女性参政権運動は、産業革命が進展し、いわゆる都市部の中産階層が多数生まれた段階で、ブルジョア女性たち単独の対議会運動として展開した。ブルジョア女性たちとプロレタリア女性たちが連帯するようになるには、女性参政権運動が幾星霜も経た後であった。それに対し日本の婦選運動の場合、運動の当初からブルジョア女性たちとプロレタリア女性たちの対議会示威活動に向けての共闘がおこなわれた。

ひとつにそれは、市川が新婦人協会時代以前に、二カ月足らずの短い期間ではあったが友愛会婦人部に職を得て活動し、山内みなのような人的なネットワークを持っていたためであった。と同時に、女性参政権運動が市民社会の円熟に伴走して展開した欧米社会と異なり、家制度の価値がしっかり根をおろした保守的日本社会で女性たちの政治的権利の要求が説得力を持つためには、社会全域的な女性たちの要求として強力に提示される必要があった。現実の社会を見据えた運動を目指す市川が最初に習得した「婦選」運動の戦略である。

▼価値を共有する男性議員との連携

第二の戦略は、男性政治家のなかに女性の権利や利益を支持する者たちを見いだし、女性問題のシンパサイザーを積極的に支持し、彼らとの共闘を通して女性政策の実現を図る戦略である。女性が政治的権利をまったく手にしていなかった戦前にあって、女性の要求する政策を議会で取り上げてくれる窓口が、まず必要であった。そのため新婦人協会は運動の当初から、男性のおこなう選挙に、少しでも多くの支持者を手にするため積極的に関与していった。

もとより新婦人協会時代、治警法第五条で女性が推薦演説をすることは禁止されていた。そのため市川たちは地方の新聞に推薦文の掲載を依頼したり、あるいは推薦文を演説会で代読してもらう方法で、女性の権利と利益を擁護してくれる候補者を応援した。実際、協会発会間もない一九二〇年五月におこなわれた第一四回総選挙では、協会の推薦した二三名の候補者のうち一六名が当選した。そのなかには、以後一貫して婦選運動を支持し続けた星島二郎、松本君平、永井柳太郎、田淵豊吉、中村正剛らがいた[54]。

この男性議員たちとの共闘には二様の意味があった。ひとつは政治的権利を持たない二級市民としての女性であっても、価値を共有する男性議員を通して、自らの政治的意思を表現できたことである。しかしいまひとつは、男性議員というフィルターを通してしか自分たちの意思の政治的表現をすることができないため、女性政策以外のより広い文脈の政策に関して男性の政治的意思と行為に、たとえ反対であっても巻き込まれる危険性を内在させていたことである。

▼「藤村男爵は本気であるまい」

一九二一（大正一〇）年二月二六日、第四四議会で初めて治警法第五条第二項の「女子が政談演説に会同し、その発起人になる事」を認める改正法案が衆議院を可決し、三月一日貴族院に上程された。しかし貴族院委員会を九対一の多数で通過し、議会最終日の三月二六日に本会議にかけられた改正案は、貴族院有力議員の藤村男爵が強硬な反対論を展開し、否決された。

貴族院本会議では、まず反対意見を清水資治男爵が、賛成意見を新婦人協会発会のときからの支持者であった鎌田栄吉貴族院議員が述べた。清水男爵は、女性の政治談議を聴くことを許可するのはまだ「時機を得」ておらず、それは「白粉を塗る人が、間違へて竈の灰を塗つたり」するようなものだと反対意見を述べた。それに対し鎌田栄吉は、「国民の半数たる所の婦人に向かつて政談演説を禁じて置くと云ふことは毫も理由がない、現に此貴衆両院に於ても婦人は傍聴を許されて居る」「五大国の一たる日本に限つて、婦人は政談を聴くことを禁ぜられて居る……立国上又国の体面上到底忍ぶことの出来ない事柄」と反論した[55]。

この鎌田演説に対し、突然藤村義朗男爵が立ちあがり、家制度を基盤とする国体を堅持する立場から反対演説をはじめた[56]。

婦人自らが政治運動を為さると云ふが如きことは甚だ面白くない。

第一それは生理的から申しましても心理的から申しても、自然の理法に反して居る。……殊に此の政治上の運動を男子と共に彼是活動すると云ふことは、女子の本分ではない。女子の本分は家庭にある、教育乃至社会的の事業にあると思ふのであります。

……貴族院が之を許しますと云ふことは我国体に関すると思ひます。私は断然之に反対します。

貴族院本会議でその一部始終を傍聴していた市川は、「あと十分か二十分の間にきまるのだ」「若しか通過したら等と祝賀会の人選をしてゐた」ほど、期待感に胸を膨らませていた[57]。しかし突然の伏兵、藤村男爵の反対演説で一挙に議会趨勢が反対に動いた。

市川はただちに、新婦人協会の機関誌『女性同盟』（大正一〇年五月）に「藤村男爵は本気ではあるまい」を掲載した。「議会といふ所がどうせさう云ふ所だとは、初めから承知の上である。失敗したのは結局私共の策戦《ママ》がまづく、運動が足らなかったから」だ、と怒りを治めた。一方で市川は、貴族院のなかでもイギリスに留学し、リベラル派で通っていた藤村男爵が「本気であ、信じて反対演説をしたのだろうか」と疑問視した。そして「あの時の議場の様子や貴族院に於ける党派的関係や、あの時の氏の口吻やを考へ合はせてみると、どうも多分に感情が手伝つてゐる様な気がする」と結論づけた。しかし同時に「あ、した所で、あんな事を一度いつた以上……世人の頭に深く印象され、容易に拭ひ去る事は出来ない」と批判した[58]。

同所で市川は、「国民の半数である婦人の問題は、たゞに婦人だけの問題でなく、男子の問題であり、社会の問題であり、国家の大問題である」と述べ、これまで「男子も、社会も、国家もこれを眼中に置かなかった」ため、「男子中心の社会、男子中心の国家となりそこから男性文明が生まれてそれが成長して来た」と指摘した。そして「今後の社会国家は両性の真の協力の下にす、もうとしてゐる」と持論を展開し、「為政家も此点に着目しなければ、真の政治を行ふ事は出来ない」と強調した[59]。

▼初めての女性参政権請願——選挙権のみ

一九二一（大正一〇）年、新日本婦人協会は、第四四議会に治警法第五条の改正と花柳病男子の結婚制限に関する法案に加えて、初めて婦人参政権要求の請願を提出した。しかし同議会に提出された衆議院議員選挙法中改正請願は、女性にも衆議院議員の選挙権を与えよ、というものであり、被選挙権は含まれていなかった[60]。具体的に同請願の内容は、衆議院議員選挙法の選挙権の有資格者を規定した第八条第一号「帝国臣民たる男子にして年令満二十五年以上の者」のなかの「『たる男子』を削る事」と、直接国税三円以上を収めることとした「同法同条三号を削ること」の二点に絞られていた。二月一四日、女性の選挙権を要求する請願は衆議院請願委員第二分科会に出された。しかし紹介議員の高見之通が不在のままで、ほとんど審議せず時期尚早ということで不採択になった。(61)

『自伝』によると、この請願は平塚が起草したものであり、市川と奥は「事務に追われ考えるひまもなかった」とある。(62) しかし新婦人協会時代、市川自身もまた、「婦人」の参政権を被選挙権を含めない選挙権に限定したかたちで捉えていた。先の国民婦人会茶話会で、市川は「現在の衆議院議員選挙法は、満二十五歳以上の男子とありますが、其の男子を除きまして、男子女子共に選挙権を持つ、さう云ふやうに改正して貰ひたいと云ふ意味の請願を出さうと思つて居ります」と述べ、その理由を次のように語っている。(63)

現在の社会は、婦人に都合の宜くないやうに出来て居ります。……其の根本は婦人が参政権を有つて居らないからと思ひます。……婦人が参政権を有つて、男の政治家と同様に、議会に出入りして、言論を闘はす、其のことが婦人の生活として宜いとは思ひませぬ。私共が参政権を要求するのは、一つの手段であります。……それを手段として理想を達しやうと思つて居ります。……今の政治界は随分腐敗して居ると申して宜いか、さう云ふ政治界に婦人が入つても何もなりませぬ。……婦人が選挙権を持ちまして……成べく品行方正な人に投票する。……候補に立つた時に、婦人に関係ある問題に付いて、理解がなければ当選しないことになりますから、選挙権を持つたゞけでも……婦人に不利な法律、さう云ふものが改正されます。

女性が参政権を要求するのは、女性が議員となって男性と議会で議論を戦わせるためではない。むしろそういう行為は女性の生活にとって良いとは思わない。現今の政治世界は汚濁にまみれている、女性が選挙権を手にするのは、品行方正な人に投票することで政治浄化をおこなうためであり、また女性にとって不利な法律を改正するためである、と市川は論を張る。

▼市川と平塚の確執

新婦人協会の運動は、時間をかけて草の根の支持者増大を図り、社会改革運動として力をつける方法をとるのではなく、少数の人による対議会活動を中心としたものであった。そのため運動を率いていた平塚と市川には過大の負担がかかっていた。平塚は、新婦人協会の立ち上げを発表した一九一九（大正八）年一二月から翌年の夏にかけての半年間、「仕事はいつもふたりの手に溢れていました」と後に記している(64)。

二つの請願運動、治警五条の法律案提出の運動、その間に協会発会式の準備として賛成者の訪問、宣言、綱領、規約の起草、続いて発会式挙行、音楽会開催、研究部の設置、選挙の応援、特別議会に対する運動、政治法律部主催の夏期講習会という風に……息つく暇もない忙しさ、慌しさ、ふたりは漸くこの頃から疲れはじめました……これも私一りで到底出来ることではなかつたので、全く精力家の市川さんの鞭によつて押し出され、追ひ廻されてゐたからに相違ありません。……

私もこの時分から心の奥底に何となく空虚を感じはじめました。

こうした忙しさのなかでも、平塚と市川は一九二〇（大正九）年の一〇月から新婦人協会の機関誌『女性同盟』の発行をはじめた。平塚にはさらに機関誌発行のための資金繰りの重荷が、市川には編集の重荷がかかってきた。

他方で平塚が「常識的な頭」の持ち主と評する市川は、運動を通して平塚と平塚の家族を深く知るようになると、平塚と奥村博史との時代を先駆けた夫婦関係に批判的な気持ちを持つようになった。平塚の奥村との結婚が、当時同棲婚であったこと、また男性と女性が対等に、それぞれの特性で協力して家庭を築くことを理想としていた市川にとって、芸術家肌の奥村が一家の稼ぎ手役割をまったく果たしていないことを、遺憾に思うようになっていた。しだいに市川と平塚の間に溝ができ、それは埋めることのできないものとなっていった[65]。

▼市川の新婦人協会脱退

一九二〇年六月、新婦人協会は、第一回総会を開催した。そこで、市川は理事辞任を表明した[66]。『自伝』によると、その理由を、新婦人協会での一年半があまりに忙しく、さすがの市川も身体に自信がなくなったこと、そして平塚の運動のやり方に不満をもったこと、さらにアメリカに行き気分を一新し、当地の労働運動と女性運動の見聞を広めるためであった。

同時に市川は、この時点で運動の目的のひとつである、治警法の改正が、ある程度目鼻がつき、市川がいなくても近い将来改正されることになると判断していた。後に市川は次のように語っている[67]。

運動のほうは、もう十年に一応ね、大体、この次は通るというかな。もう通るということにいってるから。それで、最後のはね、十一年の三月二十五日に通るんだけども、大してね、抵抗なしにね、割合にスムーズに通ってるんですよ。だから、私はこの運動は非常にまだ困難ならば、それはそこでね、逃げるというか、抜けるということはね、しなかったと思うんだけど、もう大体、運動の見通しとしては、これは大丈夫だろうと。

▼平塚と市川の運動観の齟齬

はたして市川と平塚は一年半の運動をともにするなかで、どのような齟齬を来すようになっていたのだろうか。これまで、市川と平塚の亀裂は、平塚が五回にわたって『婦人公論』に発表した「新婦人協会の回顧」をもとに平塚の

新婦人協会第一回総会で報告する市川。1921 年 6 月 12 日

側からのみ語られてきた。そこで平塚は、「師範教育を受け」た市川が、「人間性を無視する傾向」があり、平塚の結婚のスタイルや結婚生活が否定されたことを、強い憤りをもって書いた。さらに市川が「知識欲や、事業欲や、社会的の地位や名に憧れる心」を強く持ち、「額縁ばかりでまだ書のはいつてゐない額のやうな協会に対し……ひたすら額縁を大きくすることや、太くすることや、箔を置くことばかり気をとられてゐる」ことに大きな不満を抱いたと述べる(68)。

時代に先駆けた自由で個性的な結婚生活を全うしようとする平塚は、なによりも草創期日本フェミニズム運動のイデオローグであった。新婦人協会の運動に関しても、本来なら「書を入れて」から「額ぶち」をつけること、まず雑誌を発行し、思想を同じくする同志が集まった段階で、運動をはじめることを予定していた。しかし意図に反して額縁つくりからはじまった運動で、市川の強い個性に引きずられ、いつしか自分を見失っていったと、平塚は告白する。

平塚はまた、「第一回総会に臨み過去一年半を回想しつつ」を新婦人協会機関誌『女性同盟』に掲載し、協会には、団体生活に必要なことが三つ欠けていたと指摘した。まず、

「自分と他人との相違を十分に意識」する点であり、つぎにその相違を認め、理解、尊重するための「一切のものを肯定し、一切のものを自己の中に受容することの出来る芸術家の心」である。そして最後は、「団体生活は個性といふ異なる楽器が奏でる……交響楽であること」を十分認識していなかった点である。(69)

市川の側からは、新婦人協会の活動に関する回顧は、とくに書かれなかった。しかし、アメリカへ発つ前日の七月二八日、読売新聞社を訪問した市川は、「日本の婦人運動に対する離別の言葉」を次のように語った。(70)

総て斯ういふ運動には団体としての規律と組織的の行動が必要だと思ひます、……日本では人間の自由、個性の解放の思想が斯の種の運動と同時に入つて来ましたので規律と約束の必要な団体が兎もすれば其会員個人の自由を欲する思想と相容れない為めに紊されるやうな傾向が認められます、之は何うしても団体が一つの意志を以つて行動しその中に個人の解放された自由を包容することにならなければ大きい力として団体が動いて行くことは出来ないでせう。

この市川の談話が、平塚の『女性同盟』の論文を読み、それを意識したうえでの発言であったかどうかは明らかでない。しかしここには、市川の平塚とは異なる運動のあり方が明快に主張されている。一方で平塚は、いかなる組織、団体でもまず個人の個性が尊重されるべきであり、団体はあくまでもそれぞれ異なる個性の奏でる「交響楽」であると主張する。他方で市川は、ひとつの団体として運動を展開するためには、個性がまず運動の規律に順応し、団体としての行動がとられるべきであると主張する。

戦前から戦後にかけて日本の女性運動を率いてきた、優れて現実主義的な運動家市川と感性豊かな芸術家肌の平塚との葛藤は、強烈な個性を持った二人の生きざまの違いと同時に、この真っ向から対立する運動観に由来するものでもあった。

▼「秘められた恋」——大切に保管されていた求婚の書簡

市川との齟齬を書いた「新婦人協会の回顧」で平塚は、市川が「人間性を無視する傾向」が強く、それは市川自身の人間性に乏しい性格に由来するものであると暗に批判した。そしてその市川の人間性の欠如が、市川の師範学校の教育と、市川が恋愛の経験をもたず「恋愛や結婚などの問題を自分自身の真剣な問題として考へるやうな機会もなかつた」ためと解釈していた(71)。

たしかに市川は生涯を独身で過ごすが、恋愛問題を自身の問題として悩む機会を持たなかったのだろうか。先にみたように市川が最初に世に問うた一文は、一九一六年『六合雑誌』の身の上相談に投稿した「結婚問題」であり、そこで若き小学校教諭の市川は、女性もまたたとえ結婚しても自己を啓発すべきであり、そうした結婚にはなによりも女性の立場をよく理解する男性がいなくてはならないと、縷々胸の内を吐露していた。

二〇〇九年盛夏、婦選会館地下図書室でマイクロフィルムを見ていた筆者のところに、市川の残した膨大な資料の戦後版の整理をしている山口美代子氏（元国会図書館主査、現市川記念会女性と政治センター評議員）が、茶色の古びた袋に入った三通の書簡をもってやってきた。袋の上には名古屋市小学校校長と市川の字で書かれていた(72)。

「これ、どう理解したものか。市川さんの元同僚らしい人からの手紙と、その奥さんからの手紙なのだけど」。美代子氏の言葉に魅かれ、長い巻紙に書かれた達筆な毛筆の手紙を見ると、それは、まぎれもなく市川への求婚の解答をせかしたものであった。その手紙によると、二人は四年間の交際があった。手紙の最後の市川の宛名が書かれたところは、きれいに切り取られていた。潔癖症の市川が保管する際、自分の名のところは切り取ったようである。

三通の「手紙」のいまひとつは、巻紙につづった一〇〇首にのぼる市川への思いを詠んだ短歌であった。敬愛の気持ちが恋愛感情へ変わり、別離を納得するまでの感情の機微が五句三十一音の短歌に詠み込まれている。短歌のそれぞれに題がつけられていた。ここで三首、挙げてみよう。

敬愛
　吾よりも立ち優りたる敬ひは何時しか恋と変わり果てけり
恋のかたみ
　ただ君の熱き涙をせめてもの恋のかたみと我れあきらめん
終わりに—君の前途を祝して
　さらば君身をいといませいく先はなお春秋に富ませらる君

市川の気持ちは、この二通の書簡からわからない。しかし「恋のかたみ」に詠まれている「君の熱き涙」から、恋愛と結婚問題に悩む、市川の生身の「想い」もまた伝わってくる。

一九七〇年暮れ、名古屋市在住の高瀬君子は、夫が生前折に触れて尊敬の念を込めて話していた夫の元同僚の市川に一度どうしても会いたいと考え、名古屋から上京し市川に会った。一九七一年一月五日、高瀬君子は、市川から受けた感銘と、そのときの話で頼まれた書類（市川を慕う短歌をつづった巻紙）を同封することを、書簡に記した。

　昨年は思ひも寄らぬ仕儀にてお目にかかる光栄を得感激いたしました。目のあたりに御尊顔に接し、流石故主人が尊敬申し上げた先生、言ひ知れぬ清らかなお人柄に打たれ、更めて霊前にひざまずき報告いたしました次第です。

青春のほろ苦い残照に思いがけず遭遇した市川は、このとき七七歳であった。

▼治安警察法五条第二項の改正と新婦人協会の解散
閑話休題。

一九二一（大正一〇）年七月、二八歳の市川はアメリカに発った。平塚もまた体調を崩し活動はほとんどせず、新婦人協会の活動は奥むめお、坂本真琴、児玉眞子らの若手が引き継いだ。[73] 第四四議会の貴族院で否決されたものの、次の議会で治警法第五条改正法案の貴衆両院通過の道筋がついたと市川が予測したように、一九二二年三月二五日、第四五議会で女性たちの政治談議を認める治警法第五条第二項が貴族院を通過し、五月に公布された。前回の議会で反対演説をおこなった藤村男爵が、今回は積極的に支持し、貴族院での賛成票のまとめ役となった。

奥むめおの自伝『野火あかあかと』には、奥が藤村家まで赤ん坊をおぶって説得に出かけた様子が生き生きと描かれている。[74] 子どものいない藤村は、奥がかいがいしく子どもに乳をふくませたり、オムツを替えるのを見て、婦選運動家もまた普通の主婦であることに感銘を受けた。そして日本の婦選運動家が、かつて英国留学中に藤村が見た、暴力的なイギリスのサフラジェットとまったく異なることを知り、奥に貴族院での治警法第五条の改正を約束した。

一九二二（大正一一）年一二月、治警法第五条第二項の改正に成功した新婦人協会は、三年足らずの短い運動に幕を閉じた。会の創立発起人の平塚が同協会を脱退し、脱退と同時に会の名称を変更することを強く要求したためであった。平塚は、世間が新婦人協会と平塚を同一視していると主張し、自分の参加しないところで協会が活動することを嫌った。後に婦選運動が本格的にはじまると市川の右腕として、婦選獲得同盟を率いることになる金子しげりは、当時『国民新聞』社の記者をしていた。金子はこのとき平塚を訪ね、新婦人協会は平塚の個人的なものではないと主張し、平塚が自らの退団と同時に組織の名前を使わせないことを、不当と抗議した。[75]

とまれ治警法五条第二項の改正によって以後女性たちは、政談、演説、あるいはその発起人になることが認められた。この改正の成功は、日本でもまた女性参政権運動が本格的に展開するための、環境が整備されたことを意味していた。

三　渡米、そしてひとつの決断

▼二足のわらじ――スクール・ガールと特派員として

一九一〇年代、アメリカ西海岸の沿岸諸州で、イエロー・ペリル（黄禍論）の嵐が吹き荒れていた。前世紀末からハワイ経由でカリフォルニアに移住する日系移民の数が激増した。大量の中国人移民に続く日本からの移民は、白人労働者の労働権益を侵し、黄色人種が西海岸を牛耳るようになるといった黄禍論を生みだし、同地のイエロージャーナリズムが人々の恐怖心を煽っていた。そうした状況を背景に日本政府は、一九〇八年、日米紳士協定でアメリカへの移民を教育あるものだけに制限し、主として農業労働者であった労働移民を自発的に制限した。一方でカリフォルニア州は、一九一三年の土地法で「帰化不能な外国人」の土地所有を禁止した。同法は、日系一世の土地所有の禁止を意図したものであった。

市川は、アメリカから帰朝し、当時『読売新聞』外報部にいた長兄藤市から渡米の旅費を工面してもらった。さらにアメリカへの入国を容易にするため、新婦人協会の当初からの賛助員であった『読売新聞』の大庭柯公の推薦で「特別寄書家」（特派員）となり、アメリカ事情を同紙に送ることになった。(76) アメリカで市川は、一九二一（大正一〇）年七月から一九二三年一二月までの二年間半、シアトル、シカゴ、ニューヨークなど、西海岸、中西部、東海岸の大都市で、スクール・ガールやハウス・ワーク（住み込みの家政婦兼保育者）の仕事をしながら、同地の女性問題、労働問題を調査し、『読売新聞』に寄稿した。スクール・ガールは、アメリカ人の家庭に住み込み、朝夕の食事の手伝い、掃除などの家事をおこなうかたわら、日中、自由に学校に行くことが認められていた制度である。(77)

▼アメリカ女性たちの政治とのかかわりかた

市川が渡米した前年の一九二〇年、アメリカの女性たちは、憲法修正第一九条によって男女同等の政治的権利を手にしていた。そのため市川は、女性たちがどのように、その新しく得た政治的権利を行使しようとしているのか、とくに関心を持って調査した。一九二一（大正一〇）年秋、中西部の大都市シカゴに移った市川は、シカゴ婦人クラブに加盟し、参政権を得た同地の女性たちが、自分たちの生活に直近の自治体の政治に取り組む様子を見聞した。さらに、シカゴでイリノイ州婦人有権者連盟の第一回大会が開催されると市川は傍聴し、その報告を『読売新聞』に寄稿した。

そこで市川は、アメリカの女性たちが、参政権を得ると、ただちに全米婦人参政権協会を全米婦人有権者連盟に組織替えし、運動を継続していることを報告した。そして、参政権獲得後の運動の目的が「特に公民としての教育に、選挙権行使の前提として大部分の力が注がれて来た」と指摘し、与えられた権利を使って「婦人の権利の擁護を立法に俟たうといつた事が」、現下のアメリカ女性たちの最大関心事であると強調した。[78]

同地で市川はまた、英国初の女性議員アスター夫人がイリノイ婦人有権者連盟の招待で講演するのを聞いた。同講演を紹介する「米国の婦人に與へた驚異の一語々々」で市川は、アスター議員が「男が忘れてゐる、男ではなし得ない所の道徳上の事について自分達の使命を見い出す婦人」こそが、真の婦人であると述べたことを報告した。そして女性の政党に対する心構えとしてアスター議員が、「一つの政党政派に偏する事なしに凡てそれ等の政派の綱領によつて我々婦人の態度を決めたらい、」、共和党も民主党も女性票を得ようとするだろうが、「決して政党に利用されてはならない」と忠告したことを記す。さらに、国際連盟にまだ加盟していないアメリカの女性たちに、連盟の意義を説き、「平和の連盟に加入することを恐れるな」と説得するアスター議員の言葉を紹介した。[79]

▼アリス・ポールとの出会いとひとつの決断

一九二三（大正一二）年六月初旬、市川は、首都ワシントンで開催された世界社会事業大会に出席した。このとき市川は、全米女性党の本部を訪問し、会長のアリス・ポールに出会った。ポールは、請願など対議会活動を軸に展開した穏健派のアメリカ女性参政権運動史上、数少ない過激派の参政権運動家であった。彼女は、イギリスのサフラジェットの影響を受け、議会での座り込みやハンガー・ストライキなど直接行為で参政権を要求した。アリス・ポールは一九一六年に全米女性党を立ち上げ、市川と出会った一九二三年当時、社会のあらゆる分野の男女平等を憲法に明記した憲法修正平等条項（ＥＲＡ）の議会上程の活動をはじめていた(80)。以後、ポールは議会の開廷ごとにＥＲＡを上程し続けた。

アリス・ポールもまた世界社会事業大会に参加していた。彼女は市川に、全米女性党本部四階の宿泊施設に泊まるよう勧め、市川は二週間、そこに滞在した。会館での食事時二人は懇親を深め、主として女性参政権運動について語りあった。そのときアリス・ポールは、日本に帰ったら「ぜひ婦選運動をしなさい。労働運動は男の人に任せておいたらいい。婦人のことは婦人でなければするものはない。色々なことを一時にしてはいけない」と市川を説得した(81)。市川が自らの婦選活動について語るとき必ず話す、幼児期の体験とは別の、いまひとつの逸話である。

このワシントン滞在中に市川は、キャリー・チャップマン・キャットの勧めでワシントンにある全米婦人有権者連盟本部を訪問し、会長のシャーウィン女史から、参政権が与えられた後の運動のあり方を聴いた(82)。同婦人有権者連盟は、穏健派女性参政権組織、全米婦人参政権協会の会長であったキャリー・チャップマン・キャットが参政権を獲得するとただちに全米婦人有権者連盟へと改組したものであった。

市川はまた、同年七月一九、二〇日にニューヨーク州セネカフォールズで開催された男女同権大会七五周年の大会に出席し、「強い印象」を受けた(83)。七五年前（一八四八年）の同日、同地で世界初の男女同権大会が、ルクレシア・モットとケイディ・スタントンの手で開催された。モットとスタントンはともに、その八年前の一八四〇年、奴隷制即時撤廃運動家《アボリショニスト》の夫に同伴して世界奴隷貿易禁止大会の開催地ロンドンに行き、同地で出合った。しかし二人

女性参政権の獲得を祝うアリス・ポール，1920年9月3日

は女性であるがゆえに大会への正式な参加を拒絶され、会場後方に設置されたカーテンの背後の女性席からの参加を余儀なくされた。このとき二人は、奴隷と同じように無権利状態に置かれていた女性たちの権利獲得の運動を、アメリカで起こすことを約束しあっていた。セネカフォールズ大会はアメリカの女性参政権運動の嚆矢であり、翌年から毎年、開催地の州を変えて男女同権大会が開催され続けた(84)。

一九二三年九月一日、シカゴのマガメリー家でスクール・ガールをしていた市川は、関東大震災のニュースを知った。当時市川は、国際連盟初の国際機関であるＩＬＯに勤務していた浅利順四郎から翌一九二四年一月一日開設の東京支部勤務の勧誘を受けていた。「ＩＬＯとは友愛会時代から関係があり、労働問題にも関心(85)」のあった市川は、浅利の誘いを受け帰国を決意した。

▼帰国そしてＩＬＯ（国際労働機関）東京支局での仕事

一九二四（大正一三）年一月中旬、震災五カ月後の東京に戻った市川は、ＩＬＯの東京支局開設の仕事に就いた。年俸二四〇〇円(86)という当時の女性としてはきわめて高額な最先端を行く職場であった。しかしこの職場でもまた女性であるがために、劣位に置かれたことにおおいに不満を抱いた。ＩＬＯ東京支局で三一歳の市川は、東京帝大法科を卒業した弱冠二六、七歳の次長、菊池勇夫（後の九州大学総長）のもとで庶務、会計係りとして働いた。アメリカで女性問題とともに労働問題にも関心を持ち、調査してきた市川にとって、「“The Trade Union” のことを『同業組合』と翻訳した」菊池より、自分の方が「いくらか知っているつもりであった(87)」。

とまれ市川は、一九二四年一月から一九二七年末までの四年間、ＩＬＯ東京支局の職員として同支局の立ち上げから機関誌『世界の労働』発刊までかかわった。この間市川は、国際労働協会の婦人労働委員として女子労働の状況調査に全力を傾けていた。国際労働協会（理事長高野岩三郎）は、ＩＬＯ総会で採択された条約を日本が批准するため、一九二五年三月、ＩＬＯ東京支局の浅利局長が中心となって立ち上げたものであった。条約には、女性の深夜業禁止や、出産前後における女性の雇用に関する問題など、女性労働者に関する内容が多数含まれていた。一九二五年七月には、細井和喜蔵の『女工哀史』が発表され、日本でも、急速に進む工業化のもとで働く女子労働者の悲惨な状況が社会問題となりつつあった。

一九二六年一月、国際労働協会の安部磯雄を委員長とする一般委員会は、市川の提案で婦人労働委員会（委員長、加藤タカ）を設置し、女子労働の実態調査をおこなうことを決めた。まず市川たちは常磐炭鉱で働く女性たちの現地調査をおこない、四月、同委員会で報告、審議し、「婦人の坑内労働禁止に関する決議」をおこなった。さらに紡績業や製糸業で働く女性の労働状況調査を決議し、六月から七月にかけて東京、関西、長野、山梨の工場調査をおこなった。同調査は、同様に一般委員会にかけられ、「紡績業に於ける徹夜作業禁止に関する決議」や「製糸女工労働改善に関する決議」がおこなわれた(88)。

一九二七年末、すでに本格的婦選運動組織である婦選獲得同盟の立ち上げにかかわっていた市川は、「二足のわらじではなく、自分を必要としている」婦選運動を本格的にすることを決意し、ＩＬＯ職員を辞職した。ＩＬＯの職員として、また国際労働協会の婦人労働委員としての活動を通して市川は、自らの関心が「婦人問題全般の調査、研究が中心」にあり、「労働問題も、婦人労働者の労働条件の向上」を目指すものであり、当時盛んであった労働運動や社会運動の「イデオロギーからきた」ものではないことを自覚していった(89)。後にこの時代を振り返って市川は、ＩＬＯの活動が「婦人参政権運動とはまた別の階層の学者」や「婦人の人たち」を識り、「視野を広め」る機会となったと回顧している(90)。実際その人的ネットワークは、この後反動化する社会で市川が婦選運動を牽引し、日本固有の女性と政治の展望を切り開いていくためのソーシャル・キャピタルとなった。

第2章　平時の婦選運動——はじまりと展開

一　関東大震災から婦選獲得同盟の組織化へ

▼日本婦人参政権協会と婦人参政同盟の設立

第一次世界大戦後の国際社会は、ロシア革命の成功や欧米諸国で女性たちに男性と同等の参政権が付与されるなど、民主主義の高揚期にあった。同時期日本でも、国際社会の民主化の波を受け、社会主義運動や労働運動が勢いを増し、男子普通選挙が声高に要求された。第一次世界大戦で戦勝国側に与し列強の一員となった日本が、国際社会で近代国家として認知されるためには、男子普通選挙の実施はもとより女性たちへも、ある程度の政治参画を認めることが必須であった。

一九二二（大正一一）年三月、新婦人協会が上程した治警法改正法案の第五条二項が第四五帝国議会で貴衆両院を通過したのは、ひとつにそうした民主化の国際的趨勢を背景としていた。同議会は、第五条一項で禁止されていた女性たちが政治団体をつくる結社権は認めなかった。しかし二項で禁止されていた政治談議が認められたことで、女性たちの政治参画を求める要求は堰を切ったように流れ出し、大正末の日本社会で女性参政権を要求する女性運動家と女性組織が数多く生みだされていった。

前章で述べたように治警法の一部改正に成功した新婦人協会は、一九二二年一二月初旬、創始者平塚の強い要望で解散を余儀なくされた。しかし解散後の一二月一七日、坂本真琴、児玉真子、衆樹安子の三人の若手理事を中心に奥むめお、塚本仲子、上村露子、積しなたちが加わり、新婦人協会の運動を引き継ぐため婦人連盟が新たに組織された。同連盟は、新婦人協会が積み残した治警法第五条一項の改正のほかに、女性たちの地方政治への参画を求める婦人公民権の要求と、女性のみを懲罰の対象とした刑法の姦通罪の改正を運動の新たな目標に据えた(1)。

一方でその前年の一九二一(大正一〇)年七月、日本基督教婦人矯風会(以下「婦人矯風会」と略)が、組織のなかに「婦人参政権」を要求するための日本婦人参政権協会(以下「参政権協会」と略)を設置していた。その設置は、一九二〇年、ジュネーヴで開催された万国婦人参政権協会の大会に矯風会のガントレット恒子が参加し、同組織の要請で、婦人矯風会が日本で女性参政権を要求する組織の代表となったためであった(2)。周知のように婦人矯風会は、一八八六(明治一九)年、矢島楫子や佐々木豊寿らによって売春禁止、禁酒の社会改革を目的に創設された日本で最も古い女性組織である。同会は、廃娼と禁酒そして平和を掲げて運動を展開するなかで、運動の目標を達成するためには、女性の意思が議会で反映される必要を強く感じていた。

一九二三(大正一二)年一月二七日、参政権協会とともに後に、戦前日本の女性参政権運動を牽引していくことになる、いまひとつの女性参政権組織が誕生した。同日、男子普通選挙実現を目指す革新倶楽部のリベラル派男性議員の松本君平、尾崎咢堂、高木正年らは、女性運動家たち七八人を帝国ホテルに招き、懇談会を開催した。同懇談会には新婦人協会の流れをくむ婦人連盟の坂本真琴、児玉真子らと、平塚らいてうの青鞜運動に対抗して一九一三年に組織された新真婦人会の西川文子らが参加していた。同所で「婦人参政団体の大同団結」が討議され、婦人参政同盟(以下「参政同盟」と略)を組織することが決められた(3)。

翌二月には、上村露子、児玉真子、高橋千代、山根菊子、河本亀子、金子しげりら女性参政権を要求する女性たちの一群が、男子普通選挙を要求するデモに参加した。デモ後彼女たちは国民新聞社に集まり、婦人参政権の要求を話しあった。[4] かくして民主化の波の高揚する国際社会を背景に大正末の日本社会で、女性参政権を要求する二つの主要な女性組織——参政権協会と参政同盟——の誕生に加えて、女性参政権を主唱する若手活動家たちが多数生まれつつあった。

▼関東大震災と東京連合婦人会の設立

一九二三（大正一二）年九月一日、昼食前の関東地方を大地震が襲った。死者、行方不明者一一万五〇〇〇人余と推定される日本災害史上最大の犠牲者を出した関東大震災である。震災がもたらした未曾有の社会的混乱は、当局にとって大正デモクラシーの高まりを鎮圧する格好の機会となった。危機に乗じて在日朝鮮人暴動の風説が流され、その取り締まりを口実に多数の在日朝鮮人が虐殺された。九月四日、東京下町の亀戸警察署に社会主義者河合義虎や平沢計七など十数名が捕まり、軍によって刺殺される亀戸事件が起こった。さらに九月一六日、アナキスト大杉栄、伊藤野枝夫妻と甥の橘宗一が、憲兵隊の甘粕正彦大尉に惨殺された。社会主義者山川均・菊栄夫妻は危険を察知し自宅を離れ身を隠した。震災後の混乱のなかで在日朝鮮人、社会主義者、労働者等々、日本社会のさまざまな「異端者」を対象にした軍や警察による白色テロが横行した。

一方で震災後の社会混乱は、家制度のもとで家庭にがんじがらめに縛られていた女性たちにも大きな影響を及ぼした。震災後の社会を襲った極端な物資不足や救援活動のため、日本近代史上初めて女性たちに家庭の外での社会的活動が要請された。震災数日後の九月三、四日、東京市役所社会教育課の平林広人は矯風会の久布白落実の訪問を受けた。「何か婦人を必要とする仕事はないか」と尋ねる久布白に平林は、ミルク配給のため毎日、百人前後の人手を必要としていることを説明し、その仕事を依頼した。久布白は、東京市のあらゆる婦人団体に呼びかけ、平林の要請に応えた。[5] 内務省社会局の婦人官吏林フクは、日本女子大、東京女子大の学生を指導して震災の罹災者が何を最も必要としているか調査した。罹災者が一番必要としている物がふとんとわかると、東京府の授産場主任の亀井孝、福岡やすこを中心に、仕事の欲しい罹災女性を大量動員し、神宮外苑の競技場で数百枚の布団作りがおこなわれた(6)。

そうした震災後の救援活動、物資の配布等の活動に従事した女性たちは、活動を円滑におこなうため、震災一カ月後の九月二八日、矯風会の守屋東を中心に、四三にのぼる都下の女性組織を大同団結させ東京連合婦人会を組織した。同婦人会は、最終的に活動分野別に五部門で構成された。まずミルク配りから社会部（林フク、守屋東）、ふとんつくりから授産部（ガントレット恒子、亀井孝、福岡やす子）が生まれた。さらに、労働部（赤松常子、村上秀）が設置され、そのメンバーのひとり、山田やすが勤労女性のための夜間学校を計画すると、教育部（大江スミ、田中芳子、木内キヤウ、河崎なつ）が、一一月初めに児童デーを開催し、募金活動をおこなった。最後にできたのが政治部（新妻イト、石本静枝、久布白落実、金子しげり）で、最初に着手した活動が「消失遊廓再興反対」であり、その趣意書を同政治部の山川菊栄が起草した(7)。

▼「婦人参政権対議会運動懇談会」の開催

震災で新たに組閣された第二次山本権兵衛内閣は、犬養毅逓相らの強い要請で、一九二三年、男子普通選挙実施の声明を出した。これによって来る第五〇議会（一九二四年一二月二五日開院）で男子普通選挙（以下「普選」と略）法案の可決が確実になった。その普選声明は、これまでの既成政党とは別の無産政党誕生の可能性を示唆し、プロレタリア運動を大きく刺激した。同時にその声明は、政治参画を求める女性たちを刺激し、震災後の女性たちの社会活動と相まって、女性参政権を求める声が一気に高まりをみせた。

震災翌年の一九二四年一一月一九日、参政権協会は、大隈会館で婦人参政権対議会運動懇談会（以下「対議会運動懇談会」と略）の開催を企画し、東京府下の各婦選団体に招請状を送付した(8)。この機会を当時乱立していた婦選団体を大同団結させる絶好の機会とみたのが東京連合婦人会政治部の面々であった。そのひとり金子しげりは、対議会懇談会から婦人参政権獲得期成同盟会が生まれた経緯を次のように述べている(9)。

〔関東大震災後の〕婦人の活動が救護から復興に移ると「焼失遊廓の再興を許さず」とか「小学校の再興には云々」とか自然女の立場から具体的な意見を持つ様になり、之が実現しやうとすれば一票のなさがこれを妨げる。参政権の必要がしみ〴〵痛感されたのです。そこへ一方第五十議会では永年待望の男子普選が通るといふ見込みがついた、で「今新しい運動を起こさなくて如何する！」といふ非常に切迫した勢ひが各自の胸を湧き立たせた。これが獲得同盟を生んだのです。

……

当時私は東京連合婦人会の政治部に属してゐました。宮川静枝さん、坂本真琴さん、新妻伊都子さん、河崎なつこさん、皆このお仲間です。この連中の中でどうも協力じや駄目だ、十三日に出席して一つ新団体の組織を提唱しやうといふ事にし私はアメリカから帰った伜世間の期待を他に国際労働局に納まつてゐた市川さんに出馬を説きに行つたものです。

一九二四（大正一三）年一一月一三日に開催された対議会運動懇談会には、参政権協会からガントレット恒子、久布白落実、婦人連盟から八木橋きい、児玉真子、東京連合婦人会政治部の宮川静枝、坂本真琴、新妻伊都子、河崎なつ、金子しげり、さらに婦人参政同盟から有志が参加し、総勢六〇名であった。金子しげりに誘われた市川も参加した。

対議会運動懇談会で、東京連合婦人会政治部の宮川静枝が「共同の目的の為に一致してやらう」という決議案を出すと、同案はただちに満場一致で通り新組織設立のための準備委員会がその場で設けられた[10]。以後、一カ月後に予定された新組織の発足に向けて、赤坂溜池の焼け跡に建てられた矯風会バラックで準備委員会が開催され、「婦人参政権獲得期成同盟会ともいふべき新団体を組織する」具体案を作成した[11]。この間、東京連合婦人会政治部の面々は、当初参政同盟と「手をにぎる」ことに逡巡した参政権協会を説き伏せ、「大同団結の名目を」を果たしていた[12]。

この懇談会で問題となったのは、新組織への参加を団体とするのか個人単位とするかという点であった。当初参政権協会は、万国婦人参政権協会に日本代表として加盟していたため団体単位の参加を主張した。しかし他は「白紙に還って個人組織の新団体」を強く主張した。最終的に参政権協会の久布白落実が「考へ直した、個人単位でよい」と判断し、新しく設置される組織は個人単位で加盟することが決まった(13)。

この新組織——婦人参政権獲得期成同盟会（以下「獲得期成同盟会」と略）の組織化が、趣旨に賛同する個人を単位に構成されたことは、その後の運動の発展にとって重要な意味を持っていた。その組織化は婦人参政権協会や婦人参政同盟といった既存の女性参政権組織のメンバーが獲得期成同盟会の会員となることによって、事実上三つの女性組織が「大同団結」し共闘することを可能としたからである。以後、戦前日本の女性参政権運動は、この獲得期成同盟会を中心に婦人参政権協会、婦人参政同盟の、いわゆるブルジョア女性参政権三組織を軸に展開した。

▼婦人参政権獲得期成同盟会の創設

一九二四（大正一三）年一二月六日、一三日の獲得期成同盟会創立大会に向けて創立準備委員会の「趣意書」が数千枚発送され、そのうち約三〇〇枚が返却された。「趣意書」に記載された五〇名の創立委員のなかには、ガントレット恒子、久布白落実、市川房枝、金子しげり、坂本真琴、宮川静枝、奥むめお、山根菊子らに混じって与謝野晶子、山川菊栄も名を連ねていた(14)。

「趣意書」は、獲得期成同盟会を組織する目的を「一般婦人の為に、一般婦人によつて行はれる婦人参政権獲得の一大運動」を起こすためと述べ、その組織化が、一部の著名な有識、有職女性たちのものではなく、普通の女性たちによる運動であることを明記した。そのうえで、組織の具体的活動の目的は「婦人参政権獲得のため、議会に対しての直接運動と一般に対しての世論を喚起する」ことにあると記した。そして運動は、この趣旨に賛同する女性すべてを会員とするが、実際に運動をおこなうものは会員のうち時間的余裕のあるものがおこなうと述べられていた。会費は一円とされた[15]。

一二月一三日、丸の内の保険協会集会室で婦人参政権獲得期成同盟会の発会式がおこなわれた。出席者は約八〇人。当時三一歳の市川は『自伝』でその大半が「中年の婦人」であったと記している[16]。およそ二〇〇人が当初の会員となり、そのなかには津田梅子、矢島楫子、生田花世、山川菊栄、堺真柄など左右両翼の女性活動家がいた。しかし山川と堺は社会主義者として市川の言う「伝統的潔癖性」のため、すぐに退会した[17]。同会の司会は金子しげりが担当し、市川は、規約案の説明を、宣言及決議の説明は久布白落実がおこない、それぞれ協議、可決された。その後で役員の選挙がおこなわれた。その結果総務理事に久布白落実、会務理事、市川房枝、会計理事、中沢美代、議会運動部長、坂本真琴、財務部長、田中芳子、宣伝部長、金子しげりがそれぞれ選出された[18]。

久布白落実が起草した五カ条の宣言書は、第一に「男女共に天賦の義務権利に即して新日本建設の責務を負ふ可き事を信ず」と述べ、男女同一・同等の自然権の思想の上に運動が立つことを明記した。そのうえで、明治以来、国民教育に男女の別なく、さらに近年女子高等教育の門戸が開かれようとしているのに、普通選挙から女性を外すことは不当であると指摘した。そして、「四百万に達」する「職業婦人」の「利益擁護のために」また、大多数を占める「家庭婦人」の「生活完成の為」「法律上国家の一員たるべく」「参政権を要求する」と主張した[19]。

さらに「市町村に於ける公民」、「国家の公民」となるための女性参政権の要求は、「宗教の異同、職業の差異、有らゆる異同を除き唯女性の名に於て一致し得る問題なるが故に、ここに大同団結を作り婦人参政権獲得運動をなす必要と其可能性とを信ず」と謳い上げた。決議文には、獲得期成同盟会が目指す三つの具体的目標が明示された。第一が女性たちの「市町村に於ける公民権」（＝「婦人公民権」）の要求であり、第二は「国家の半身たる存在と義務とを全うせんがため」衆議院選挙に女性を含める要求であり（＝「婦人参政権」）、そして第三が、女性の「政治的結社の自由」の要求、「婦人結社権」である。

二　「婦人」参政権運動の日本型展開

（一）治安維持法下の婦選運動

▼婦権三案の議会上程

獲得期成同盟会は、組織後ただちにその設立の趣旨に沿って女性の結社権、公民権、参政権を要求する法律改正案（通称、婦選三案）の議会上程の準備を開始した。まず一九二五（大正一四）年一月二一日に同会は、婦選運動に関する世論の動向を調査するため新聞社へアンケートを送付した。さらに婦選三案を議会に上程してもらう議員の把握と、同法案支持の議会趨勢を調査するため、婦選三案是非のアンケートを議員に送付した。[20]その結果をふまえて二月一二日、獲得期成同盟会は婦選支持の議員招待会を開催した。そうした一連の調査と活動を経て二月一六日最終的に同会は、議会に提示してもらうための婦選三案に関する希望案をまとめた。[21]市川たちは、その三案を第五〇議会に初めて上程するため、当時三十代の議員で組織されていた超党派の而立会のメンバーの協力をとりつけた。[22]

三月一〇日、女性の政治結社権の要求が法律案（治安警察法中改正法律案）として、女性が市町村の政治に参画する公民権は建議案（市制及町村制改正に関する建議案）として、さらに女性が国政に参加する参政権を建議案（婦人参政に関する建議案）として議会に上程され審議された。これら婦選三案のうち第一の治警法第五条の改正法律案は、政友会の山口政二を提出者として賛成者六四名、第二の婦人公民権の建議案は政友会の高橋熊次郎、安藤正純、岩崎勲、山口義一、青木精一を代表に七二名の賛成、さらに婦人参政権建議案は無所属の松本君平を代表に九八名の賛成で提出された。建議案、法律案に賛成した議員たちはいずれも超党派であった。[23]

明治憲法下で設置されていた建議案は、かりに採択されても法律としての効力を持たず、単にその趣旨を政府に具申することにとどまるものであった。婦人結社権は、新婦人協会以来の運動の蓄積があり、すでに治安警察法第五条二項が改正されていたため法律案として上程された。しかし婦人公民権案と婦人参政権案は、ともに議会での周知が充分ではなく、まず建議案として上程された。第五〇議会でこれら二つの建議案とひとつの法律案はいずれも衆議院を可決した。そのうち法律案として上程された婦人結社権を求める治安警察法第五条一項の改正法律案は貴族院に送られたが、審議未了となった。

獲得期成同盟会は婦選三案の議会上程の日を婦人デーとして、当日は傍聴席を拡大してもらい、二〇〇名の女性たちを動員した。しかし議会で彼女たちが目にしたのは、女性参政権問題に真面目に対処しようとしない男性議員たちの醜態であった。会場では説明者に対し「鼻の下が長い」「目じりが下がっている」などのヤジが飛びかっていた。そして翌日の『朝日新聞』は、議会で法律案、建議案の説明にあたった高橋熊次郎、山口政二、松本君平、内ヶ崎作三郎の似顔絵（岡本一平作）を掲載し、それぞれにリボンをつけていた[24]。

▼「見えざる手」

婦選三案が初めて上程された第五〇議会には、当初の予定どおり二月二〇日、加藤高明を首相とする護憲三派内閣から衆議院議員選挙法改正案（通称、男子普通選挙法案）が上程された。その法案は、国税三円以上を納付するものに限定していた男子の参政権を解除し、二五歳以上のすべての男子に選挙権を、三〇歳以上のすべての男子に被選挙権を付与する改正をした。三月二六日、男子普通選挙法案は成立し五月五日に公布された。

近代民主主義の発展を象徴するこの男子普通選挙法の制定は、その背後でその流れに逆行する反民主的な治安維持法との抱き合わせで成立した。政府は男子普通選挙法案の可決に先立つ一九二五年三月一〇日、治安維持法を成立させ、四月二二日に公布した。同法は、男子普通選挙（以下「普選」と略）に強硬に反対した枢密院の意見を取り入れ、普選と引き換えに通したものであった。それは「国体の変革と私有財産の否認を目的とする結社及び運動」を禁止し、具体的には社会主義運動の取り締まりを意図していた。

獲得期成同盟会が、男子普通選挙法と治安維持法が同時に制定された第五〇議会に初めての婦選三案を上程したことは、日本で婦選運動（日本の女性参政権運動の通称）の本格的な始動が、特殊日本的状況のもとで展開することを示唆していた。通常欧米社会で女性参政権運動は、一九世紀後半から二〇世紀初頭にかけて急速に進展した工業化にともなう民主化の波に棹さすかたちで展開した。しかし日本で同運動は、治安維持法によって天皇制国家の国体が強化される反動化の波のなかで、その流れに拮抗するかたちで展開せざるをえなかった。「国体の変革」を目指す組織を禁止した治安維持法は、第一義的に社会主義運動の禁止を意味した。しかし天皇制国家の国体は、女性を家の付随物とみなす徹底した男尊女卑の家制度をその基盤とするものにほかならなかった。そのため男女同一・同権を目指す婦人参政権運動は、究極的には家制度を破壊し、国体を根本から揺さぶる危険性を内在させていた。

戦前日本の婦選運動は、治安維持法のもとで弾圧の厳しい嵐に曝された社会主義運動と比べ、当局の暴力的弾圧を受けることもなく、一見平穏に展開したかのように見える。しかし治安維持法は、軍ファシズムへとひた走る昭和初期の日本社会で、明示的にせよ黙示的にせよ婦選運動のあり方を拘束する「見えざる手」として機能し、欧米社会の女性参政権とは異なる、特殊日本的運動の発展を決定づけるものとなった。市川たち婦選運動を嚮導する者たちにとって、治安維持法に抵触しないかたちで運動を進めていくことは暗黙の了解だったからである。

満州事変の発端となった柳条湖事件が起こる二カ月前の一九三一（昭和六）年七月、市川は獲得同盟京都支部で次のように警告した[25]。

> 広島の支部でもそうだが赤くないものが「赤い」［社会主義の別称］といわれる程迷惑な事はない。それだけに攻撃の材料としてはき、めがあるから、「婦選は赤い」との悪宣伝がこの婦選同盟を陥れんとする人達及団体に

よつて盛んに発せられている。会員諸氏はその悪宣伝にのらないやうにしてほしい。

▼木村五郎との出会いと別れ

獲得期成同盟会は、初めての婦選三案の議会上程に対応し、示威活動として婦選獲得演説会を第五〇議会会期中の一月一七日と三月三日に二度開催した[26]。以後、議会会期のたびに婦選三案が上程され、その示威活動として会期中の婦選獲得演説会の開催が、運動の恒例となった。

第一回講演会では、奥むめお、桜井ちか、坂本真琴、荻野好子、平田のぶ、久布白落実とともに市川が講演した。市川は「婦選運動の婦人運動における地位」について講演した。この講演会の聴衆のなかに木村五郎がいた。木村は三七歳の若さで夭折したが、大島や北国の風俗を多数の木彫に残し、「農民美術運動」を広めた彫刻家のひとりであった。木村は講演する市川に魅せられ彼の彫刻のモデルになることを熱望した。市川はそれを受け入れ、当時寄宿していた兄藤市の家の応接間で、忙しいスケジュールの合間をぬってモデルとなった。

一九二五（大正一四）年二月六日、木村五郎は制作に対するあふれる想いと、モデルを引き受けた市川への感謝を書簡に綴った[27]。

> 昨夜は御忙しい処を御邪魔と失礼を致しました。感激の余り仲々《ママ》眠りに入られませんでした。
> 美に対する微弱乍らの力が魂の命令をあふる、如くわくわくと待たれて居るやうで御座います。
> 皆さまの御好意のみでも少しは佳い彫塑が創れる心算であります

最終的に市川の彫塑は木村の満足のいくものができず完成されることはなかった。しかし木村との交流は、彼が結婚した後も続いていた。紫、白、黄の三色旗の中央に銀で横書きに婦選と文字を入れた婦選獲得同盟のマークは木村が作成し、機関誌『婦選』の表紙は、木村が無償で担当した。

邂逅から一〇年後の一九三五年八月二日、夜遅く帰宅した市川は、郵便物の中の黒枠の封書を開けた。木村の訃報であった。「病中を無理して製作してゐた為、心臓病で急逝」とあったが、市川は「どうもほんとうと思へ」なかった。[28] 市川は木村から小さな鉄の彫像をもらっていた。戦時中、市川家に手伝いのため入り、戦後養女となった市川ミサオは、疎開先川口村の家の柱にかけてあったその彫像をとりだし、配給の大豆を粉にするため、裏のへこみ部分に大豆をおき金槌で叩いていた。[29]

ちょうどいい、豆を入れて叩いて、金槌で、やってたの、ずうっと。それを見てうんと怒られたの。なんでこんなに怒られるんだろうって。……

私の大切な物だっておっしゃった。なんか別なもので叩いてくれ。でもほんと、豆が乗っかってちょうどよかったんです。

▼第一回総会――婦選運動の目的と戦略の確定

第五〇議会に対する運動が一段落すると琴平町靴屋の二階に置かれた獲得期成同盟会の事務所には、市川や金子等中央委員たちが各自の仕事後、毎晩集り、初めての総会の開催準備に取りかかっていた。当時、会の名前――婦人参政権獲得期成同盟会――が長すぎ問題であったことを金子は次のように回顧している。[30]

何分前関白太政大臣式で一息にいえない。新聞社へニュースを送る時など、いつも途中でガチャリと受話器をかけられる憂目にあつたものである。

一九二五（大正一四）年四月一九日、初めての総会が東京帝大仏教青年会館で開催された[31]。この第一回総会で、婦選運動の目的と基本的戦略が明確化され、それらはいずれも万場一致で可決された。同総会で宮川静枝が司会を務め、河崎なつが獲得期成同盟会宣言を説明した。同宣言は、運動の「目的を参政権獲得の唯一に限り」と明記していた。さらに運動の方針として運動の性質上「政府政党と緊密なる関係を有つべきも、飽くまでも絶対中立の立場を保持す」と記し、参政権運動が超党派でおこなわれることを明確にした[32]。

この総会で市川は、規約改正案の説明を担当した。まず組織の名前を短く「婦選獲得同盟」（以下「獲得同盟」と略）とし、婦人参政権を「婦選」と呼ぶことが提案された。「婦選」は、東京帝大教授の穂積重遠の主張した「婦選なくして何の普選ぞや」から借用された[33]。第二議事として宣言に書かれていた組織の目的を婦人参政権の獲得だけではなく、一般女性を対象とした政治教育の一項を加え、「目的を婦人参政権獲得とその行使のための政治教育に限る」と改められた、第三に中央委員を一二名から一五名に増員すること、そして第四に地方支部の設置を認め全国組織とすることが提案された[34]。総会はさらに会のマーク、会旗、会歌を創ることを決議した。

▼宣言・規約に見られる市川の強い影響

琴平町二階の同盟事務所で総会宣言の草稿がどのような討議を経て作られていったのか、そのあたりの事情に直接ふれた文書はなく、推察の域を出ることはできない。しかし第一回総会で婦選運動の目的と戦略を明確化した規約に、市川の新婦人協会とアメリカでの経験と意図が大きく反映されていることは看過できない。まず、運動の目的を単に女性参政権の獲得に止めず、女性たちの政治意識高揚と参政権獲得後の女性たちの政治活動を射程に入れた政治教育を二つ目の柱に据えたことに、市川の経験と意図が色濃く反映されていた。実際、日本の女性参政権運動がその目的のひとつに当初から、政治的権利獲得後の女性たちの市民的政治行動に向けての政治教育を据えていたことは、国際的な女性参政権運動と比較して特筆すべきことである。

先述したように市川が訪れた一九二一年のアメリカは、その前年女性たちに男性と同等の政治的権利が与えられていた。当時、七一年間に及ぶ同国の女性参政権組織、全米婦人参政権協会は全米婦人有権者同盟として再組織され、女性たちの公民（市民）教育をその主要な活動目標としていた。二年半の滞米生活でそうした事情を身近に見聞した市川は、参政権を得た後の女性たちの政治行動こそが、女性参政権の主目的であることを感知していた。[35]

米国滞在で強く抱いたその想いを市川は、帰国直後の横浜港での読売新聞記者とのインタビューで以下のように述べている。[36]

日本の婦人運動に就ては其後の経過は能く分りませぬが先ず第一に婦人の教育を向上させることが必要でありシチーズン・シップを行ふことが最も捷径であると思ひます。

宣言に現われた市川の影響を推測する第二の根拠は、婦選運動の戦略を超党派でおこなうと明記した点にある。超党派の婦選運動は新婦人協会以来の伝統ではあったが、後に、新婦人協会で活動をともにした平塚らいてうや奥むめおらの批判を浴びることになった。しかし市川は、終始一貫して婦選のあらゆる活動で「絶対中立」の立場を固持し続けた。その立場は、ある時は超党派の男性議員を巻き込んだ対議会活動へ、またある時は左右両翼の女性たちを巻き込みすべての女性たちによる参政権要求の示威運動へと発展した。

実際、治安維持法下の社会にあっても、あえて左系の無産《プロレタリア》婦人団体を巻き込んだ女性全体の一大女性運動としようとしたところに、戦前日本の婦選運動の欧米社会の女性参政権運動と異なるいまひとつの特質があった。その理由のひとつは、保守的な日本社会で女性たちが政治的権利を要求する運動が強い効果を持つためには、ともかくその要求が、女性全体の要求であることを示す必要があったからであった。と同時に市川は、アメリカの女性参政権運動が世界で初めて一八四八年にニューヨーク州セネカフォールズではじまっていたにもかかわらず、運動が分断され続け、女性たちが参政権を手にするのに七〇年有余の星霜を必要としていたことを熟知していた。同地の女性参政権運動は、その中心となった有産《ブルジョア》女性参政権組織が、南北戦争後の一八六八年に分断され、ふたたび統一されたのは、参政権が付与される三〇年ほど前の一八九〇年であった。二〇世紀になって初めて、階層を超えた女性たちの運動として労働組合の女性たちと有産階層の女性たちが参政権を軸に共闘するようになった[37]。

▼第二回総会と機関誌『婦選』の発刊

一九二五年一二月二六日、第五一通常議会が開院した。獲得同盟の議会運動委員会は坂本真琴委員長を中心に婦選三案の上程の準備にとりかかっていた[38]。まず治安警察法中改正法律案が、翌一九二六年一月二〇日、新政クラブの清瀬一郎、山口政二を提出者として衆議院に提出された。同案は三月二五日に上程され、山口が説明した。しかしこの議会でも同政府案は審議未了で廃案となった。

前回の議会で建議案として出された「婦人公民権案」が、この議会で初めて法律案として提出された。前回の議会では建議案であったにしろ容易に通過し、さらに東京連合婦人会創設以来女性たちは、自分たちの身の回りの生活領域のあり方になんとか女性の視座を組み入れることを必要と考えたからであった。三月一六日、市制町村制北海道会法中改正法律案が上程され、土屋清三郎が説明した。しかし同案はただちに否決された。一方、婦選三案のうち婦人参政権に関する建議案が二月一六日、坂東幸太郎、内ヶ崎作三郎、山桝儀重、有馬頼寧を代表として衆議院に提出され、二月二四日可決されたが、前回同様、貴族院で審議未了となった。

議会閉会後の一九二六（大正一五・昭和元）年四月二五日、獲得同盟の第二回総会が開催された。この総会は、有給の幹事を置くこと、そしてそれまでの会報『婦選』を月刊の機関誌とすることを決定した。

総会で決定された機関誌『婦選』の発行は、獲得同盟の出版委員会（委員長市川房枝）が担当した。市川の書いた出版委員会メモ「『婦選』について」によると、市川は、機関誌発刊を「本同盟にとつて初めての重大事業」と位置づけ、同年七月二日の中央委員会で、「婦選を独立会計」とするための組織や販売方法さらに編集方針などの審議を依頼した[39]。八月、中央委員会の審議を経て、月刊誌『婦選』発行の趣旨」が発表された。同趣旨もまた婦選運動の目的を、女性たちの政治的権利の要求は運動の目的の「一半」であり、いまひとつのより重要な「一半」は、「全日本の女性大衆の自覚を促し、正しき政治意識を広く同性間に普遍化する運動」にあると明記していた[40]。さらに、月刊誌『婦選』の刊行が、獲得同盟とは別組織「婦選社の設立」によるものであることとした。かくして一九二七（昭和二）年一月から、『婦選』は刊行される運びとなった。

同年七月一一日、獲得同盟は、麹町警察署長から「新聞記事差止に関する件」を受け取った。それは前日警保局が指示した「新聞記事掲載差止」に関する事項を八項目列記したものであった[41]。以後獲得同盟は、出版委員会委員長の市川を軸にジャーナリズム出身の金子しげりの協力を得て、幾度かの厳重注意を当局から受けながらも、細心の注意をはらって一九四一（昭和一六）年八月二〇日まで発行し続けた[42]。その間、盧溝橋事件前年の一九三六（昭和一一）年一月、軍ファシズムの台頭する社会の反動化のなかで男女平等の政治的権利を象徴する『婦選』の誌名を『女性展望』へと改題することを余儀なくされた[43]。

▼連携の試み——婦選団体連合の結成

一九二六（大正一五）年一二月二六日、定例の第五二回議会が開院した。その前日、病気療養中の大正天皇が崩御し、昭和元年は一週間足らずで終わり、大正一五年はすぐ昭和二年へと移行した。

一九二六年末ごろから獲得同盟では、坂本真琴の後をうけ議会運動委員長となった塩原静を中心に「対議会運動を連合で為す」ことが話しあわれ、その機が「熟しつつあった」。翌二七（昭二）年一月一〇日、獲得同盟の呼びかけで本郷の文化アパートに参政同盟、参政権協会と婦人参政三派連合会（真新婦人会、婦人保護協会、婦人禁酒会）の三団体が集まった。その懇談会で、婦選三案の対議会共同運動をおこなうために婦選団体連合が組織された[44]。獲得同盟の創立宣言と第一回総会宣言、さらに雑誌発刊の趣旨に明記されていたように、獲得同盟の運動方針は、あくまでも全女性を巻き込んだかたちで婦選運動を展開することにあった。その意図はこの時点ではまず、婦選三案の議会可決にむけての圧力団体として、ブルジョア女性組織が連携するかたちで婦選団体連合に結実した。

婦選団体連合は、一月二〇日衆議院内の燕楽軒で、松本君平、田淵豊吉、植原悦二郎と婦選三案の議会上程のための打ち合わせ会を持った[45]。その結果、まず治安警察法中改正法律案が、九四人の賛成者の署名を得て、二月一七日議会に提出された。三月一七日議会上程された同案は、山桝儀重が説明をおこない、衆議院委員会に付託された。同案は、三月二四日、同委員会を可決したが、議会閉会にともなって審議未了となった。さらに市制町村制中改正法律案が、坂東幸太郎、原夫次郎、土屋清三郎ら各派議員を提出者として七二名の同案支持の議員の署名で、二月二四日議会に提出された。同日、坂東幸太郎が同案の説明をおこなうが、これも審議未了となった。

四月五日、獲得同盟は、婦選団体連合の婦人団体幹部と、加藤鯛一、山桝儀重、岩切重雄、土屋清三郎、坂東幸太郎らを招待し、議会報告会・懇談会を開催した。それは、「毎年の議会運動の結果が正確に伝わらない」ためであり[46]、以後、獲得同盟の呼びかけで、議会閉会後に各種女性団体の幹部と婦選三案支持の議員たちとの懇談会開催が恒例となった。

▼平和を求めた国際的連携

例年、議会閉会後に開かれる獲得同盟の第三回(四年次)総会が、一九二七(昭和二)年四月二四日、御茶の水の文化アパートで開かれた。この総会で決定された運動方針は、一九三一年の満州事変から一九三七年の盧溝橋事件に至る準戦時体制期の反動化する社会で、獲得同盟が取り組んだ活動の道筋を敷くものとなった。具体的にその方針は第一が、平和を模索する女性組織の国際的連携の試みであり、第二が、来る第一回男子普通選挙に、獲得同盟が女性たちへの政治教育の一貫として何らかのかたちで取り組むことを決議したことにある。[47]

まず同総会で、翌一九二八（昭和三）年八月にホノルルで開かれる第一回汎太平洋婦人会議へ、獲得同盟から代表を送ることを決定した。すでに、前年末に開かれた中央委員会で市川の参加が決まっていた。そのため総会の決定で、市川は獲得同盟代表として汎太平洋婦人会議に参加することになった。[48]

さらに獲得同盟が国際（万国）婦人参政権協会に加盟することが決定した。もともと同協会は一国から一団体のみの加盟を認め、日本からは参政権協会が先陣を切っていた。しかし後に一団体に固執しないことが決まり、一国から複数加盟が可能となった。このとき、獲得同盟だけではなく、婦人参政同盟もまた参加することとなり、いわゆるブルジョア婦選三組織――獲得同盟、参政権協会、参政同盟はすべて、国際婦人参政権協会に加盟した。

▼男子普通選挙への取り組み

この総会のいまひとつの重要な決定は、翌年に予定されていた第一回男子普通選挙で、獲得同盟として何らかの取り組みをすることが決議されたことにある。[49] 女性参政権運動を国際的視座から見たとき、男子普通選挙に女性参政権運動が、運動の当初から取り組む例は稀有であり、その取り組みは日本の女性参政権運動固有の特色であった。

もとよりその選挙協力は、少しでも多くの婦選支持の議員を議会に送るためであった。しかしいまひとつの理由は、獲得同盟が設立趣旨のひとつとして、選挙権を獲得した後を見据えた女性たちへの政治教育を掲げていたことによる。市川は、初めての男子普通選挙を女性たちへの格好の政治教育の場と捉えていた。男子のおこなう選挙を監視することを通して、女性たちの政治意識を高揚し、正しい政治感覚を植えつけることができると考えたからである。

以後、政治的権利を一切持たない女性たちが、男子普通選挙を監視し、その革正に取り組む方針が、男子普通選挙時の獲得同盟の重要な婦選活動となった。その方針は結果として、婦選の女性たちの選挙時の活動を通して、彼女たちの政治的能力がおおかたに印象づけられ、第一回男子普通選挙後の議会で、女性たちの結社権と公民権を支持する議会趨勢を作りあげることにつながっていった。市川たちが当初予期しなかった効果であった。

（二）第一回男子普通選挙と普選議会——「婦人」結社権と公民権支持の高揚

▼男子普通選挙に対する婦選の取り組み

一九二八（昭和三）年一月二一日、政友会内閣の田中義一首相は衆議院を解散し、男子制限選挙による帝国議会は、第五四通常議会で幕を閉じた。初めての男子普通選挙は同年二月二〇日に予定された。

市川は前年の一九二七年末、高給のＩＬＯ職員を辞め、婦選運動に専従することを決意していた。第一章でみた女学校時代の日記には、「名誉栄達何かあらん」、「独立自営其の天職をつくすところに人生の価値は存するなれ」「吾れ師範出校後断じて他人のすねをかじるまじ」と、若き市川の決意が記されていた。以後市川は、その人生訓どおりに自らの信じる婦選を「天職」として、運動から一切の金銭を受けず、戦前・戦中の婦選運動を牽引していった。一方で、『主婦の友』社を辞めて病気療養中であった金子しげりもそのころ健康を回復し、一九二七年の一二月から獲得同盟の有給の幹事となった。市川は『自伝』で「金子氏と私がいままでより以上、運動に時間と精力を捧げれば もっと運動を盛んにする自信はあった」と当時の心境を記している[50]。

議会解散前の一九二八年一月二〇日、獲得同盟は中央委員会を開催し、前年四月の第三回総会の決議にそって対総選挙のための特別委員会を設置し、市川を委員長に選出した[51]。さらに男子普通選挙に取り組むための基本方針を選挙協力と政治教育の二大柱と決定し、それに基づいて声明書と決議文を作成した。一月二一日衆議院が解散されると獲得同盟は、同日声明書と決議文を発表した。決議文には選挙に臨む具体的方針が四つ明記された。第一に、政党および候補者に対し、婦選を綱領に入れることを要請した。第二は、婦選支持の候補者に対し、推薦状の発送と応援弁士の派遣を提案した。そして第三に、男性有権者に対し、選挙棄権、買収、不正行為をしないように呼びかけた。最後に女性たちに向けて、選挙を監視することが呼びかけられた[52]。

普選達成デーのビラ発送。左から二人目が市川。1928年2月18日

▼普選達成婦人委員会の立ち上げ

獲得同盟は、男子普通選挙に取り組む運動の戦略を、女性たちへの政治教育を目指す他の自主的女性組織との「連携」による、と決定していた。二月一日、東京連合婦人会会長の吉岡弥生宅の至誠病院に、吉岡弥生、塚本ハマ、ガントレット恒子、小林珠子、多川澄子、山田わかを発起人とする東京有志の会が持たれた。この会には、獲得同盟の対総選挙婦人委員会委員長の市川をはじめ二〇数名の有志が集まった[53]。同所で「公明正大」な選挙教育活動を、獲得同盟と東京連合婦人会が連携しておこなうことが協議され、普選達成婦人委員会が立ち上げられた。委員長に吉岡弥生、副委員長にガントレット恒子と小林珠子がなり、市川は書記となった。さらに当日参加した二〇数名全員が委員会委員となることが決まった。同所で総選挙に対する決議文が作成された[54]。

二月四日、普選達成婦人委員会副委員長のガントレット恒子は、中山文化研究所で開催された東京連合婦人会第五回総会で緊急動議を出し、獲得同盟の対総選挙特別委員会と東京連合婦人会が協力し、初めての男子普通選挙を公明正大なものとするために取り組むことを提案した。同提案は可決し普選達成婦人委員会は正式に始動することとなった。同総会には市川も参加した[55]。

普選達成婦人委員会は、男性の選挙人たちには棄権防止を、女性たちには正しい選挙がおこなわれるよう関心を高め、選挙を監視することを呼びかけた。ビラとポスターが作成され、それらは女性たちへの政治教育に協力を依頼した文書とともに全国の女性団体に送付された。さらに二月一八日を「普選達成デー」とし、同日東京市内二〇箇所と女学校および全国の都市でビラを配布した。ビラには次のように書かれていた[56]。

貴き一票！　正しく用ひて棄てないやうに
女の人も、手伝ひませう正しい選挙の行はれるやう

▼超党派候補者への応援活動と批判の嵐

この初めての男子普通選挙で獲得同盟の女性たちは、婦選支持の超党派の候補者の応援に八面六臂の働きをした。『朝日新聞』によると、一九二八年一月二一日の内閣解散時から二月二〇日の総選挙までの一カ月のあいだ、市川たち獲得同盟の女性たちは総計二七六回に及ぶ応援演説をおこなった。回数の最も多かったのが金子しげりで六九回、市川の三三回がそれに次いだ。弁士派遣を依頼してきた候補者は九〇名に上ったが、実際に弁士を派遣したのは超党派の二七人の候補者であった。動員した聴衆総数は一五万人に上り、そのうち女性は一二〇〇から一三〇〇人であった[57]。獲得同盟にそれぞれの講演者が提出した「応援演説出演報告」書によると、市川は、社会民衆党の安部磯雄、鈴木文治、三上英雄、為藤五郎、宮崎隆介、民政党の小坂順造、加藤鯛一、政友会の星島二郎、日本労農党の杉山元治郎の応援演説にでかけた[58]。

獲得同盟の超党派の選挙応援戦略は、女性と政治のあり方に関する激しい論争を巻き起こした。まず、新婦人協会の同志であった奥むめおと平塚らいてうが、獲得同盟の超党派戦略を厳しく批判した。奥は二月四日付『東京朝日』

に「普選と婦人の結束を」を掲載した。同所で奥は、婦選支持の超党派の候補者を支援することに対し、「何でも彼ン《ママ》でも参政権を獲さへすれあい、んだ、といはぬ許りのこのミズテン式は、結局婦人大衆の政治的大道を傷つけるもの」と厳しく批判し、「既成政党の欺瞞より婦人を救へ、婦人の支持すべき政党は無産政党より外になし」と断言した(59)。

さらに二月六日の『東京日々新聞』に、奥と同様新婦人協会の同志平塚らいてうも「婦選運動者へ」を掲載し、獲得同盟が一月二一日に発表した総選挙対策（同日『東京朝日新聞』掲載）は「その根本の態度において、婦選運動の将来に対するわたくしの希望を、期待を裏切るもの」で「甚だ飽き足りなさ」を感じると述べた。そして、婦選支持の超党派の候補を応援する手法は、「新婦人協会が議会運動にやむを得ずしてとつた態度」であり、それから「八年後の今日婦人参政権を通じて解決せんとしてゐる婦人の諸問題を、その政策中に明瞭に掲げるいはゆる無産政党が新興勢力として政戦に参加した今日の時代に副《ママ》ふものではありません」と批判した(60)。

男性側からも吉野作造が、市川に書簡（二月一〇日付）で、超党派の婦選支持候補者を応援する方針を「婦選に賛成だと云ひさへすれば相手が泥棒だろうが何だらうが構はないと云ふのでは困ります」、「驚入つた暴挙」と手厳しく批判し、自分たちの問題の解決にばかり急ぎ、「国家の大局に忠ならざるは諸子の為に取らざる所ゆゆしき事と思ひます」と諭した。そして追伸で「仮に私が貴方様方の地位に在るなら既成政党の人は例外なく御助けしません」「日本の政治の正しき発達の為にもです」「理由は申し上げなくとも御了知の事と存じます」と付け加えていた(61)。

一方で高群逸枝は「普選と婦人――一つの立場からの見解」を二月七日から一〇日にかけて四回、『東京朝日』に掲載し、『婦人』としての徹底した自覚と反省」に立たず、既成政党や無産政党の候補者をそれぞれ親族、知人という理由で応援する女性たちを批判し、「まだしも獲得同盟の態度を私はよしとする」と述べ、超党派の婦選支持の候補者を応援する戦略にエールを送った。そして「だれかが獲得同盟の態度を娼婦的といつた」が、「各政党の甘やかな口車に乗り、盲目的にそれに身を託する無自覚な態度よりは、婦人の問題を支持せよといふことを事実上において強要する獲得同盟の現実的な態度の方が、態度としては幾らましであるか分らない」と断言した。同所で高群は「婦人がある政党に属するとき、婦人は支配され、食い荒らされる」「非政党運動こそは、まことに婦人の政治運動としてもっとも有意義、かつ有利なものである」と、結論づけた。[62]

▼初めての「普選」議会と「婦選」

一九二八（昭和三）年四月二三日、第五五特別議会が開院した。それは男子普通選挙後開催された初めての普選議会であった。二カ月前の二月二〇日に施行された第一回男子普通選挙（第一六回総選挙）の結果は、無産政党から八名が当選し、婦選獲得同盟が支持し、応援した婦選支持の候補者は、星島二郎、安部磯雄、片山哲、小坂順造、加藤鯛一等多数が当選した。すべての無産政党は、二〇歳以上の男女同一の選挙権付与をその綱領に入れていた。

同議会では、四月二四日、民政党が加藤鯛一他四〇名の連名で獲得同盟の提唱する婦選三案を、さらに二七日政友会の星島二郎、実業同志会の千葉三郎、明正会、無所属議員等八二名が連名で同様に獲得同盟の提唱する婦選三案をそれぞれ議会に上程した。さらに五月四日、この議会で初めて社会大衆党の鈴木文治他二二名の無産政党の議員たちが、二〇歳以上の男女に同一の公民権と参政権を要求する徹底婦選案を議会に上程した。三年前の第五〇議会で初めて上程された婦選三案は、各派有志の提案者が、婦人結社権を法案として、婦人公民権と婦人参政権は建議案のかたちで提出した。そして次の第五一議会では、結社権と公民権が法案として参政権が建議案として、各派有志の議員を提案者として上程された。以後それら婦選三案は、いずれも政党単位ではなく婦選支持の超党派有志議員というかたちで議会の会期ごとに提示されていた。

第五五議会でも、結社権と公民権案は法案として、参政権は建議案として上程された。しかしこの第五五議会で、初めて婦選三案は超党派の提案ではなく、各政党が独自に提案した。その戦術転換の理由を後に市川は、「次は作戦を変えて、政党を競争させるほうがよかろうという」判断による、と述べている。[63] この議会で初めて民政党が政友会と別個に獲得同盟の提案した婦選三案を議会に上程したことは、婦選三案のうち、法案として上程された婦人結社権と公民権が政治課題になったことを示唆していた。先の第一回男子普通選挙で、市川たちが超党派の婦選支持の候補者に応援した戦略が、着実に成果を現わした。実際この時点で婦選を支持する議員が与野党あわせて一二〇名を超える数に達していた。いまだ法案可決に必要な衆議院議員四六六名の過半数に達していなかったが、婦選支持の議員票はあと一歩までの広がりを見せていた。

▼婦選獲得共同委員会の立ち上げ

婦選支持の議員の数が議会で増加し、「普選の次は婦選」といった社会的風潮が高揚するなかで、市川は、何としても婦選の要求が全女性の総意であることを示し、議会に対する女性たちの示威活動を強力に展開する必要を感じていた。[64] 獲得同盟は第一回男子普通選挙後の一九二八年三月二日、中央委員会を開催した。同委員会で市川は、目的を共有する女性団体が連携して運動した普選達成婦人委員会の活動を高く評価し、婦人参政権を要求するすべての女性組織が大同団結することを提案した。女性たちの政治参加の要求が階級や門閥、教育の程度を超えたすべての女性の要求であること、そのため「婦人参政権」を軸に女性たちが一つにまとまることは可能であること、なによりも婦選運動はそうした女性たちの総意として展開されるべきであるというのが、市川の新婦人協会以来の主張であった。[65]

市川の提案を受け中央委員会は、翌三月三日ただちに獲得同盟の会員宛に共同委員会設置の賛否についての照会状を出した。[66] その結果をもとに三月一〇日、獲得同盟は同委員会設置準備会を開催し、都下の婦選を主張するすべての女性組織に、婦選獲得共同委員会を組織するための第一回会合を三月一二日開催することを呼びかけた。[67]

当初、左翼系女性組織を含めた女性組織の大同団結は、新聞など一般で実現不可能な試みとして懐疑的に受け止められていた。[68] しかし獲得同盟の呼びかけに真っ先に賛意を表したのが、無産女性組織であり、関東婦人同盟が共同委員会参加の意思を最初に書簡で通達してきた。[69]

三月一二日の第一回会合には、獲得同盟、婦人参政権協会、婦人参政同盟のいわゆるブルジョア婦人参政権三組織のほかに、労働婦人連盟、関東婦人同盟、社会婦人同盟（七月、社会民衆婦人同盟に改称）、全国婦人同盟の左翼系女性組織が参加し、総計七団体で婦選獲得共同委員会が立ち上げられ、声明書が発表された。[70]さらに二〇日の第三回会合で、各団体からの常任委員が決定し、婦選運動史上初めて、画期的な左右両翼女性組織の大同団結が達成された。婦選獲得共同委員会は、第五五議会に対する女性たちの示威活動として議会会期中の三月二一日、四月一日の両日、芝の協調会館で婦選獲得大演説会を開催した。第一回演説会では共同委員会参加団体がそれぞれの代表を講演者に立て、五〇〇名近い聴衆が集まった。演説会で市川は獲得同盟を代表として演説した。[71]さらに四月一日に開催された第二回演説会では、演題が「婦選と政党」と設定され、各政党を代表して議員たちが演説をおこなった。[72]

東京市部における婦選獲得共同委員会の一連の活動に刺激され、四月一七日、全関西婦人連合会が同委員会に加盟した。[73]すでに四月冒頭、共産党系の関東婦人同盟が解散声明を出し共同委員会から抜けていたため、加盟団体は七団体のままであった。しかし関西一円に支部を持つ同連合会の共同委員会参加は、女性参政権運動の全国化を意味し女性組織の大同団結の広がりをいっそう確かなものにした。

▼婦選要求の日本的理由

一九二八年四月二二日、獲得同盟第四回総会が千代田区内幸町の大阪ビル・レインボーグリルで開かれた。市川たちは第一回男子普通選挙で初めて応援演説を経験し、実社会で説得力を持つ婦選要求の根拠を開拓することが喫緊であると感じていた。そのため同総会で提示され、採択された大会宣言は、婦選要求の理由を初めて日本固有の社会状況に合わせて具体化していた。それはジャーナリスト出身の金子しげりが起草し、市川が加筆したものであった。[74]

同大会宣言はまず、獲得同盟は創立以来「婦人が一個の人間として、将又《ママ》、一個の国民として国家の政治に参与することの余りにも当然なるを信じ」活動してきたと述べ、女性参政権の要求が自然権に基づくものであることを再確認した。そのうえで「我国刻下の現状に鑑み、特に次の如き理由」に基づいて婦選を要求するとして、三点を列記した。[75]

第一は、政治を「清浄公正なる国民の政治」とするため、第二が、「政治と台所の関係を密接ならしめ」るため、そして第三が、「婦人及子供に不利なる法律制度を改廃」するためである。

本来婦選運動は、獲得同盟創立宣言第一条に明記され、ここでも再確認されたように、自然権としての男女同一・同等の政治的権利の要求、いわゆる平等派フェミニズムの主張に基づいている。しかし、徹底した男尊女卑の家制度に基盤を置く日本社会で、男女平等という文脈から婦選を主張することは、社会のあり方自体を根本から覆す危険思想と取られがちであった。市川たちは選挙応援活動でそうした世論の機微に触れ、保守的日本社会でも受け入れられる婦選の新しい意義を模索した。

家制度の日本社会で、女性たちが唯一認められた活動の場は、生活の場としての家庭にあった。それは私的領域として、政治という公的領域の活動から完全に切り離された場にほかならなかった。市川は、その状況を逆手にとり、本来政治は生活の安寧を守るためにあると主張し、政治から切り離されていた生活の場と、生活者としての女性を政治に組み入れることに成功した。そのうえで市川は、生活の安寧を守るため政治は、女性たちが家庭で手にする生活の知恵と経験を必要としていると主張し、女性たちの政治的権利の要求は、じつは政治が必要としていることであることを示唆した。

総会宣言に書かれた「政治と台所の関係を密接ならしめる」ためとする婦選の根拠は、従来政治から排除されていた家庭の住人としての女性たちこそが、生活の場の利益を政治に反映するのに最もふさわしいのだという主張にほかならない。そして当時者としての女性、家庭で育児に専従している女性でなければ、「婦人及び子供に不利な法律」は分らないのであり、婦選を主張する意味、つまり女性の政治参画は、生活の安寧を護るため「婦人及子供に不利なる法律制度の改廃」にあると、市川は新婦人協会以来の主張を深化させた。

市川はさらに、婦選は、男性たちのおこなう選挙と政治の腐敗を、家庭の住人として、社会や政治の汚濁にまみれていない清廉潔白な女性の手で「清浄公正なる国民の政治」へ革正するためであると強調した。その主張は、子を産み育てる役割を担う女性たちを生来的に道徳心に富む、清廉潔白な性とみなす保守的社会の女性観に、婦選の意義をすり合わせたものにほかならなかった。

この時点で、婦選を要求する理由に、政治を浄化し、政治と生活を結びつけ、さらに女性と子どもに不利な法律を変えるためと明記した意義は大きい。それは、たとえ社会が反動化し、男女同等の政治的権利の要求がさらに困難になっても、婦選の意義を伝統的社会の女性観にすり合わせて主張することで、女性たちの政治参画の要求が可能になることを意味した。実際、第四回総会の三年後に勃発した満州事変を契機に急激に反動化する準戦時社会で獲得同盟は、このとき新たに付け加えた婦選の根拠に沿って運動の活動領域を広げ、反動的社会を生き延びていった。

第一回男子普通選挙での応援活動を通して市川たちは、婦選三案のうち、生活の場に直結する自治政治への女性の参画を認める「婦人公民権」を獲得することが最も可能性大であることを感じ取っていた。そのため第四回総会宣言は最後に、これまで獲得同盟は、「婦人に対する政治教育」の「普及徹底」を婦選「獲得運動」とともにおこなってきたが、「茲に一歩を進めて［特に］市町村の自治政に対し、積極的運動を開始すると共に公民教育の徹底を期し支部組織を急がんとする」と宣言した(76)。

▼婦選支持の議員、衆議院で過半数となる

初めての普選議会である第五五議会が閉会した直後、婦選を支持する時代の流れに棹差した大きなうねりが、政友会若手議員の間から起こった。六月一二日、政友会の少壮議員の集まりである幹事会は突然、公民権と年齢又は教育上の制限付きで参政権のうち選挙権を女性に付与することを決定した。さらに一週間後の一八日、政友会政務調査会総会が、女性参政権の第一歩として女性に幹事会提案と同様の権利を与えることを決議し、二二日、党内に婦選の小委員会を立ち上げた(77)。翌二三日、党内のそうした動きに連動して、政友会内閣の行政制度審議会が女性参政権問題を取り上げた。新聞報道によると同審議会で、女性たちへの公民権付与の可能性が高いと予測された。

市川は政友会幹事会の決定を『自伝』で「これは、かねてから賛成者であった西岡竹次郎、星島二郎氏らが政友会の評判をよくするために民政党よりも先にと打った、いわば芝居であった」と記している[78]。しかし一連の政友会の決定は、新聞がこぞって報道し世論を煽ったため、各政党の婦人公民権案に対する取り組みを刺激し、同法案の衆議院通過の道筋をつける契機となった[79]。

一九二八年一二月一七日、第五六定例議会の開院に先立って政友会政務調査会の総会で婦人公民権案の議会提出が承認され、さらに三日、政府の行政審議会が婦人公民権を可決した。そのため獲得同盟は同議会で、政友会与党の政府から公民権案が上程されると予測し、野党の民政党有志議員に婦選三案のうち結社権と参政権の二案の上程を依頼した。しかし望月圭介内相が女性公民権を時期尚早として強く反対し、翌一九二九年一月初頭、政府は、女性公民権案の提出を見送ることを決定した。政府が公民権案を提出しないことが判明すると、一月二四日、民政党有志議員による女性公民権案が、提出者加藤鯛一、末松偕一郎他六名、賛成者九五名で議会に提出された。さらに新党倶楽部、明正会などの有志議員による女性公民権案が提出者を鶴見祐輔、崎山武夫、賛成者二〇名で提出された[80]。

政友会内でも政府が女性公民権案を上程する動きがないことがわかると、一月二五日、有志議員による女性公民権案が提出者星島二郎他四名、賛成者一四一名で上程された。その結果第五六議会で、初めて女性公民権支持の衆議院議員が二七〇名を超し、過半数に達し、女性公民権案の衆議院可決が現実のものとなった。

▼街頭での署名集め

一方で婦選獲得共同委員会は、第五五議会終了後も活動を継続することを決定していた。一九二八年五月二一日同委員会は、第三回婦選獲得大演説会を国民新聞社講堂で開催し、五五議会で婦選三案を提出した各政党の議員たちに講演を依頼した[81]。市川たちは、婦選支持の波が大きなうねりとなるなか、次の第五六議会で婦人結社権・公民権案を議会通過させるための強力な対議会示威活動を展開することを決定した。このとき初めて議会の会期中に、従来の院

第 56 議会，星島二郎から説明を受ける女性たち。1929 年 3 月 5 日。星島の右後，市川。

内活動のほかに院外活動として街頭での署名集めが、運動の新たな戦略に組み入れられた。婦選の要求が、社会全域の女性たちの総意であることを示すためである。

第五六議会会期中の一九二九年一月二七日、かねてから婦選請願デーと決定されていた同日、婦選獲得共同委員会は、参政同盟、参政権協会、獲得同盟、無産婦人連盟（全国婦人連盟と合同）、社会民衆婦人同盟の五団体で、東京市内一八箇所の街頭で婦選三案支持の署名集めをおこなった。「この日折柄の好晴に、寒中とはいへ人足も多く各所共予期以上の好成績を収め」、一日で総計四三二九名にのぼる署名を集めた。二九日、市川たちは獲得同盟内共同委員会事務所に集まり、請願の整理や署名活動の印象を話し合った。その結果、「モガ、モボは駄目」だが「女の署名が激増」し、「男でも無茶な反対演説」をする者がいなくなったこと、「労働者学生は一番理解が早」く「数年前に比して大衆の理解の進んだ事」を確認した。市川たちは三一日、獲得共同委員会提出の婦選三案に請願書を参考添付するため衆議院に持参し、参政権は無産派議員、公民権は政友会、結社権は民政党の法案紹介議員にそれぞれ手交した[82]。

すでに二月九日には、前年の四月、共同委員会に加盟した全関西婦人連合会会長の大阪朝日新聞記者恩田和子ら三人が八万の署名を持って上京し、同日貴衆両院に提出した。第五六議会内では、こうした婦選運動の盛りあがりと議会趨勢を憂慮した政府が、婦選を時期早尚とする望月内相の意向を受けて、政友会内の賛成議員へ圧力をかけ、沈静化に努めていた。二月七日、各政党から提出されていた女性公民権案は、衆議院本会議に一括議会上程され、本会議での説明の後委員会付託となった。委員会では民政党議員が、政府が第五六議会に上程していた「府県制中改正法律案」のなかに市、町村における女性公民権をも入れる修正案を主張したのに対し、政友会は無修正を主張し、婦人公民権案の制定の方法をめぐる両政党間の「悶着」となった。そのため、第五六議会で婦人公民権を認める議員が過半数をしめていたにもかかわらず、衆議院委員会で婦人公民権案は否決された(83)。さらに結社権と参政権は同委員会で審議未了となった。

▼婦選獲得共同委員会の解散とその意義

第五六議会閉会後休息状況にあった婦選獲得共同委員会は、一九二九（昭和四）年一二月一九日、解散を最終的に決定した。同委員会に最後まで残っていた社会民衆婦人同盟が、全国協議会で「今後の運動は党と共にする」ため、一二月一九日の脱会を決定したためであった。すでに前年、社民系の労働婦人連盟が脱退し、この年の三月には無産婦人同盟が脱退していた。獲得共同委員会の解散は、左右両翼の女性組織の大同団結としての存在の意義がなくなったためであった。しかし解散に際し、「脱会の諸団体に置いても、婦選運動上、今後と雖も適当な協力」をしていくことが確認された(84)。

婦選獲得共同委員会は、一年九カ月の短命であった。しかし同委員会の活動は全関西婦人連合会の加盟によって、婦選の要求が東京市を中心とした一部の婦選運動の女性たちのものではなく、地域を超えた草の根の女性たちの要求であることを印象づけていた。全関西婦人連合会は関西各地の婦人連合会が加盟し、関西地域に一五〇万人の女性を擁していた。[85] なによりもこの経験を通して婦選の女性たちは、女性参政権を軸にイデオロギーを超えて共闘するやり方を実体験した。さらに解散時に「今後と雖も適当な協力」をすることが確認されたことによって、この後に続く満州事変後の準戦時期の婦選運動は、左右両翼の婦選を主張する女性団体の連携によって、さらに強力に運動が展開されることとなった。

三　平時婦選運動の登りつめた地点

（一）第二回男子普通選挙と「婦人」結社権・公民権の衆議院通過

▼第二回男子普通選挙と獲得同盟の新たな取り組み

一九二九年七月二日、政友会の田中義一首相が突然辞職した。前年に関東軍が引き起こした張作霖爆殺事件の事後処理に失敗し、天皇の叱責を受けたためであった。その後を受けて成立した民政党内閣の首相、浜口雄幸は、一九三〇（昭和五）年一月二一日、「少数内閣の信を問う」ため、第五七議会を解散した。二回目の男子普通選挙は、同年二月二〇日に予定された。獲得同盟は一月一〇日、一二日の中央委員会で、第二回男子普通選挙では候補者の推薦状や応援演説等の選挙協力を止め、「選挙革正」の一本に絞る基本方針を決定した。[86]

すでに第五六議会で婦人公民権案を支持する議員が、衆議院で過半数を占めるに至っていた。第五七議会ではさらに、かねてからの婦選論者であった犬養毅総裁の「口添え」で政友会は党議で全員が女性公民権の賛成者となった。こうした状況から見て第二回男子普通選挙後に開催される第五八議会では、女性結社権案とともに公民権案が衆議院を可決することは、ほぼ確実と予測された。

政党を問わない多数の男性議員が女性結社権と公民権を来る五八議会で承認する動きが確かなものとなった時点で、婦選支持の候補者への推薦状や応援演説を通しての選挙協力は、もはや必要ではなかった。市川と金子しげりが「総選挙に対する声明書」を起草した。一九三〇年一月二一日、議会解散と同時に発表された第二回男子普通選挙に対する獲得同盟の声明書には、「婦人の立場より選挙革正運動に全力を集中」すること、そしてそのために「全国の婦人を動員して以て選挙革正の根幹たる買収棄権の防止」を選挙協力の方針とすることが書かれていた。[87] それは、一方で女性たちが選挙の監視行為を通して、政治意識を高めることを、他方で女性たちの選挙監視が、選挙棄権と選挙権買収を防止し、選挙革正に役立つことを示すことが意図されていた。

女性たちのおこなう選挙革正活動が一定の効果をあげるためには、運動が全国的な広がりを見せる必要があった。そのため同声明書は、運動の具体的戦略を第一に全国的な婦人団体を招集し、選挙革正協議会を開催すること、第二に各地方の女性組織と「協議会乃至提携、連絡」し運動を地方に波及させることに置いた。[88] 三〇年一月二六日、獲得同盟はまず、全国的規模の一五の女性組織に呼びかけ選挙革正婦人団体懇談会を開催した。[89] 呼びかけに応じ懇談会に参加したのは、ＹＷＣＡ日本同盟、基督教婦人矯風会、全国小学校女教員会、女子医学専門学校同窓会至誠会、日本女子大同窓会桜楓会の五団体だけであった。内務政務次官斎藤隆夫が「選挙界の実情」を講演し、その後で懇談会を持ったが、「各代表者とも極めて消極的」であった。[90]

▼婦選運動の大衆化へ向けて

一方で、運動を全国に波及させるため地方の女性団体とともにおこなった連携活動は大きな効果をあげた。獲得同盟は、各地方の女性組織と連携し、日本全国で選挙革正講演会を開催した。獲得同盟内に二組の遊説隊が編成され、坂本真琴、金子しげり、河崎なつは第一隊で、九州、四国、中国から関西までの地域を担当した。さらに第二隊の市川、久布白落実、藤田たき、竹内茂代らは、北陸、関東を担当した。第二回男子普通選挙当日までの一カ月未満の間に、

「地方婦人の政治覚醒を目指した演説会」が全国で二一回開催され、聴衆総数は一万四〇〇〇人にのぼった[91]。

市川は二月九日から一六日にかけて、金沢、新潟、長岡、名古屋、柏崎、前橋で革正地方演説会をおこなった。聴衆の数は、金沢で八〇〇名、新潟で一五〇〇人、長岡で四〇〇人、名古屋で一五〇〇人、柏崎で五〇〇人、前橋で八〇〇人に上った[92]。東京での革正演説会は二月一三日から一七日までの五回、選挙区ごとに獲得同盟会員の自宅でおこなわれた。総選挙後市川は、総選挙の「収穫の随一」として「地方婦人の政治的自覚」をあげ、「婦選要求の火の手は今や全国的に焔々と燃え上らんず勢いを示しつゝある。」「婦人公民権は最早この人々にとつては、単なる理論の上のものではない」と高唱した[93]。

同選挙で、「総選挙に女性は何をすべきか」と題されたリーフレット五万枚が印刷され、各方面に配布された。リーフレットには、第一回選挙時に作られた「貴き一票！正しく用ひて棄てないやうに」が「其の尊き一票正しく用ひて棄てないやうに」として印刷され、さらに「有権者である男の方々へ、女はかういふ人を選んでほしいのです」として十カ条が列記された。その筆頭に「贈収罪、瀆職罪」を犯したことのない人が挙げられ、それに妾を持たない人、議会で暴力行為をおこなわない人、遊郭や政治を職業としない人、党派の利益を国民全体の利益に優先しない人、選挙に金を使わない人、婦人や子どもの利益のために働く人が続いた[94]。このとき列記された女性の望む男性政治家の条件は、女性たちが望むあるべき政治の原点となり、以後準戦時期、戦時期のすべての選挙で繰り返し主張された。

▼第一回全日本婦選大会

一九三〇（昭和五）年四月二三日、三週間の予定で第五八特別議会が招集された。先の第二回男子普通選挙で、民政党は、政友会の一七四に対し二七三の議席を獲得し、議会の圧倒的多数を占めた[95]。

獲得同盟は、政友会、民政党それぞれに、婦人公民権案の議会開院当日の提出を依頼した。政友会提出の婦人公民権案は前回の第五七議会同様、党議員全員の署名を得ていた。民政党は、有志議員が党幹部の了解を得て女性公民権

第一回全日本婦選大会。1930 年 4 月 27 日，日本青年会館にて

案を上程した。提案者は末松偕一郎、加藤鯛一等三六名で賛成者は一三二名であった。その結果、衆議院で女性公民権を支持する議員は三三六名に達し、第五八議会で婦人公民権案の衆議院可決はほぼ確実であった[96]。そうした状況のなかで市川たちは、なんとしても婦選の要求が一部の婦選運動家たちの要求ではなく、全女性の要求であることを示す必要があった。

議会開院前の三月七日、獲得同盟第六回総会準備のための中央委員会席上、かねてから討議されていた全日本婦選大会開催の緊急動議が出され、了承された[97]。さらに一週間後の中央委員会で、最初の全日本婦選大会は獲得同盟が単独で主催することを決定し、左右両翼の全国的女性組織に後援団体を依頼した。最終的に、参政権協会、全関西婦人連合会、無産婦人同盟、仏教女子青年会、基督教女子青年会日本同盟、全国小学校連合女教員会の六団体が後援団体となった。仏教女子青年会、基督教女子青年会、女教員会は、初めての婦選運動への参加であった。ブルジョア婦選三組織として、それまで活動をともにしてきた参政同盟は、大会には参加したが、後援団体には加わらなかった[98]。

第五八議会会期中の一九三〇年四月二七日、第一回全日

本婦選大会が神宮外苑日本青年会館で開催された。大会には「満洲、北海道をはじめ富山、新潟、福井、石川、秋田、宮城、千葉、埼玉、群馬、徳島、岡山、広島、長崎、大阪、兵庫、京都、愛知、静岡、神奈川」から約五〇〇名にのぼる、主として二〇代、三〇代のさまざまな階層、職歴の女性たちが参加した(99)。代表を送り出した県の多くは、先の第二回男子普通選挙時に獲得同盟が女性たちの政治教育と婦選の意識を高揚させるために「革正地方講演」を開催し、獲得同盟の地方支部が立ち上げられた地域であった。

大会式典の司会は藤田たきが、大会挨拶は坂本真琴がおこない、市川は大会開催の経過報告をおこなった。この大会で、松井須磨子、与謝野晶子がそれぞれ作詞し、ガントレット恒子の弟の山田耕作が作曲した「婦選の歌」が披露された。文部大臣、各政党党首、後援団体代表の祝辞の後、前もって準備されていた三つの議題に沿って討議がおこなわれた。まず、議長に久布白落実、副議長に市川が満場一致で選ばれた。

議題の第一は、「婦選獲得促進の方法について」であり、獲得同盟の塩原静が議題説明をおこなった。第二は、「政治教育普及の方法について」で、説明は獲得同盟の河崎なつが、最後は「婦選獲得後の選挙権の行使方法について」であり、参政権協会の千本木道子が説明を担当した。第一の議題に対しては婦選三案を政府は速やかに、一挙に全女性に与えることが決議され、第二の議題に関しては小学校高学年でやさしい時事解説、「女子の中等学校」では低学年から公民教育を、そして成人女子に関しては成人講座に政治講座を含めることが決議された。最終議題の選挙権をどのように行使するかに関しては、「無産階級の利益のためにのみ行使すべき」という過激な意見が出たためまとまらず、審議継続となった(100)。大会後、市川等五人の代表が安達謙蔵内相、徳川貴族院議長に決議文を手交した(101)。

この全日本婦選大会の特色は、先の婦選獲得共同委員会の経験を継承して、イデオロギー、地域を超えた草の根女性たちが一堂に会して、婦選の要求をおこなったことにあった。しかし、愛国婦人会、大日本連合女子青年団など保守的な半官半民の女性組織の賛同は得られなかった。市川は、この初めての全日本婦選大会の成功をまさに日本中のすべての女性たちの婦選を熱望する証左であると高く評価した(102)。

三千五百万婦人大衆が婦選獲得の要求の如何に白熱化し来れるかは……全日本婦選大会が、全国より五百の婦人を迎へ、絶対の成功を収めたる一事に已に明かである。今や公民権即時付与の婦人の声は、全日本を蔽ひつゝあるのである。

▼初めての女性公民権案衆議院通過

第五八議会開院当日に提出された婦人公民権案は、五月八日、衆議院本会議に上程され、委員会に付託された。翌九日、同案は委員会で審議され、一八人の委員のうち一人の反対で衆議院委員会を通過した。

まず五月八日の衆議院本会議では、民政党の末松偕一郎が、女性公民権を支持する理由を述べた。末松は「立憲政治が民意に依る政治」である以上、「何故に国民の約半数を占めて居る婦人に対して此権利を与へないのであるか」「条理上」「到底説明することが出来ない」と主張した。そして賛成の理由として、女性が選挙権を手にしたらそれは「女子の利益を保護」し、これまで女性が置かれていた「劣等なる社会的及び政治的地位」の改善につながると指摘した。そのうえで、女性に参政権を与えるということはまた「国家の政治上社会上の問題」についても、「国際平和の為め」「家庭生活の改善の為め」「母性の保護の為め」「子女の教養の為め」などにおいて「国家の利益を来す」と指摘した。末松は「将来の政治は生活に直面して居らねばならぬ」と主張し、その点「女子に於いて男子よりも其部分が甚だ多い」と強調した(103)。こうした末松の婦選支持の主張は、獲得同盟第四回総会宣言で明確化された婦選要求の日本的理由と同一であり、市川たち婦選運動家が展開してきた論理でもあった。

末松の説明の後で政友会の若宮貞夫が女性の政治参加は、まさに時代の要求するところであると述べ(104)、さらに片山哲が無産政党の立場から、公民権だけではなく国政に参加する権利をも当然与えるべきと主張した(105)。

翌五月九日の委員会では、一八人の委員のうち唯一人の反対論者である民政党の林平馬が婦選の要求は一定の女性たちがおこなっているにすぎず、それが全国的に広がっているようには思えないと疑義を表した(106)。その疑義はまさに市川たちが婦選反対の理由として出されることを危惧し、議会会期中に全日本婦選大会を開催した理由であった。委員会では民政党内閣の安達謙蔵内相が答弁に立ち政府見解として、「婦人に市町村の選挙権だけを許すことを認めたい」、「婦人の参政権、公民権問題に付ては、漸次主義で行く積り」と述べた。そして公民権について、「今日の日本社会の実情を観なければならぬ、理想と現実とを調和するようにしていきたい」と制限付き公民権の可能性を示唆した。しかし同時に安達は、「私はざっくばらんの御話をしておきますが理想としては［参政権を］与えたいと思っています」と述べ、女性の政治参画に対する積極的意見を表した。(107)

委員会を通過した公民権案は翌一〇日衆議院本会議にかけられ、民政党の深水清が衆議院では四分の二の支持があるが、「何としても貴族院をして賛成せしめなければならない」と指摘し、次のように述べた。(108)

貴族院の諸公でありますと、沢山の番頭が居つたり、若くは手代が居つたり、或は家令、或は家扶と云ふやうな人々が、悉く児童の教育に対する学校との交渉に当たる……吾々の家庭でありますと、主婦自ら市役所若くは村役場に行きまして此事を交渉する、……どうしても此自治制に対しましては選挙権を持たなければ、若くは被選挙権を持たなければ実際の監督は出来ないと思ふのであります。

さらに「女子は能力に乏しい、まだ早い」と云う意見に対して、投票標準として自書となっているから、「義務教育を卆へ」たらその能力はあるとすべきと主張した。こうした討論を経て衆議院本会議は賛成多数で、初めて公民権案を可決した。しかし貴族院に廻された同案は、貴族院委員会の審議未了で廃案となった。

▼「婦選戦線動く」

一九三〇（昭和五）年四月に開院された第五八特別議会の衆議院で初めて婦人公民権案が通過したことは、女性たちへの公民権付与が間近であることを示唆し、以後三一年にかけて婦選運動は一気に活気づいていった。一九三〇年四月から三一年三月にかけての一年間で獲得同盟は、会員数を前年度より三三五名増やした。地方支部も前年度までは新潟と金沢の二つしかなかったが、同時期九つの支部が、広島、新潟県刈羽、熊本、京都、秋田、東京小石川、東京城南、兵庫、群馬にそれぞれ設立された(109)。支部設置はその多くが、三〇年二月に施行された第二回男子普通選挙で獲得同盟が選挙革正地方講演会を開催し、市川、金子等の講演者を送り込んでいた地域でもあった。この時期獲得同盟は、名実ともに全国的組織へと成長し、婦選運動は大衆化の道を進みつつあった。

一方で関西地域に一五〇万人の会員を擁する全関西婦人連合会は、一九二八年四月の婦選獲得共同委員会への加盟をきっかけに本格的な婦選活動を開始していた。同連合会は第五八議会への圧力行為として三〇年二月、大阪市内でビラ「有権者諸氏に訴ふ」を配り(110)、三月には、婦選三案提出のため署名活動を開始、三〇万署名を目指した。最終的に関西以外の地からも得た請願は一〇万枚にのぼり、四月、代表者の進藤徳子、太田薫子、島藤枝らが、衆議院、貴族院にそれぞれ提出した(111)。

さらに同月二三日、婦人参政権協会が長野市で総会を開き、今後キリスト教の立場に立った独自の婦選運動をおこなうことを決定し、名称を日本基督教婦人参政権協会と改称した。同総会で久布白落実、ガントレット恒子、千本木道子ら九名が理事に選任された(112)。同協会は、その中心人物の久布白落実が獲得同盟の総務理事を務め、婦選活動の軸足を獲得同盟においていたため、独自の運動を展開しえないでいた。協会名の改称は、婦選の全国的な盛り上がりを背景に、婦人参政権協会の母体の矯風会が婦選活動の強化をはかったものであった。

矯風会の規約には、「同じ目的の団体の理事を兼ねる事は出来ない」という一項があり、獲得同盟総務理事の久布白落実を戻すよう獲得同盟に要請がきた。市川たちは、いま一歩の公民権問題が解決するまで、あるいは来年度総会まで待ってほしいとの希望を出すが、六月九日最終的に矯風会理事会は、久布白の獲得同盟脱会を決定し、翌日、久布白は「婦選獲得同盟の役員を退くに際して」を新聞発表した(113)。

一方、婦人公民権の達成がいま一歩までの盛り上がりを見せるなかで、これまで婦選運動に消極的であった保守的女性たちの間でも婦選を要求する組織が立ち上げられた。婦人公民権案が衆議院を通過した二日後の、三〇年五月一二日、神田の帝国教育会館で井上秀、嘉悦孝子、山脇房子らの保守的女性教育家を中心に婦人参政促進懇談会が開かれた。同所で婦人同志会が結成され、活動の目的を「婦選獲得」、「婦人の地位向上」、「国民および人類の幸福推進」と設定した(114)。

同志会の結成によって従来婦選を活動目標に加えていなかった保守的な女性組織がつぎつぎと婦選支持に回っていった。六月二七日、日本女子大同窓会の桜楓会は、学生会員例会で初めて「婦人参政問題に対する桜楓会の態度」を討議し、「女性の地位向上の為、人間生活幸福の為に女性が、女性の立場より政界に進出すべき」という結論に達した。八月六日、同会は、婦人同志会に参加することを決定した(115)。お茶の水女子大の同窓会、桜蔭会も七月二七日、総会で岡山支部の出した動議「婦選に関する研究部会を設置すること」を万場一致で採択した(116)。

第五八議会開院前後の一九三〇年中葉の状況は、市川が「日本の婦人界は、今婦選問題を中心として動いてゐるかの如き観を呈している」と指摘するほどの盛り上がりをみせていた(117)。

▼市川の憂慮

婦選支持層の多様化と獲得同盟の組織の拡大は負の側面をともなっていた。市川は、婦選運動は本来すべての女性たちを網羅した一枚岩として展開されるべきものと考えていた。そのため治安維持法下の反動的社会にあっても、あえて左系の無産女性組織を巻き込み一九二八年、婦選獲得共同委員会を立ち上げ、さらには三〇年に第一回全日本婦選大会を開催していた。

しかし同志会のような従来婦選に反対していた保守的女性たちによる婦選組織の立ち上げは、婦選運動の方針に関する異論が生まれる可能性を示唆した。同志会は、設立時に「従来婦選運動の第一線に立つて幾多の犠牲をはらひつ、も且つ戦つて来た婦選獲得同盟、婦人参政同盟の人々に対しては、十分の感謝と敬意を以て互に姉妹関係に於て同一目標に進む事」を約し、さらに第一回総会で、とくに女性参政問題に関し「必要に応じて他の婦人団体と協力して研究及びその目的達成の促進を計る」ことを表明し、その設立が従来婦選運動をおこなってきた組織に対立するものではないことを明示していた[118]。

市川は、「保守的色彩を濃厚に持つ」同志会に対し、「婦選獲得同盟は進歩的立場を益々明確にするであらうから、保守対進歩が同志会対婦選同盟を代表として相対立するにいたるべく予想される」と憂慮した[119]。具体的に市川が憂慮したことは、政府が次の第五九議会で提出しようとしていた、女性公民権を市町村に限る制限付き女性公民権に対する同志会の出方であった。獲得同盟をはじめ他のブルジョア婦選団体はプロレタリア婦人団体共々、この制限付き女性公民権に激しく反対していた。一方で本来保守的な同志会が政府案の「制限付き婦人公民権」に対してどのような態度をとるかは、未知であった。

▼「婦選戦線乱れる」

一九三〇年六月一一日『婦女新聞』は「婦選戦線乱れる」を掲載し、久布白の「婦選獲得同盟の役員を退くに際して」の一文を掲載した。同紙は、同志会の設立や、久布白の獲得同盟脱会が、今まで一枚岩で強力に運動を率いていた婦選戦線に亀裂が生じたことの証左では、と報道した[120]。たしかに久布白の脱会は獲得同盟にとって大きな痛手であった。しかしそれは、組織に対する不満からの脱会ではなかった。久布白自身、同紙で「植え置きし庭のあやめも姫百合も後のあるじと共に栄えよ」と「故人の歌」を引用し、獲得同盟にエールを送っていた。なによりも獲得同盟は、久布白が戻り新規まき直しで名前を日本基督教婦人参政権協会と改称した同会と共闘し続けた。

「婦選戦線の乱れ」は、同紙の指摘とは異なり、久布白の後を埋める総務理事をめぐり、獲得同盟内部で顕在化した。獲得同盟は一九三〇年七月五日、空席になった総務理事の選挙をおこなうため、臨時中央委員会を開催した。同委員会で市川は最終的に総務理事に選ばれ「名実ともに獲得同盟の代表者になった」。しかしその選出は『自伝』で市川が「釈然としないものがあった」と記しているように、市川に対する全面的な支持の結果ではなかった[121]。当日参加した中央委員たちの次期獲得同盟の指導者に対する支持が、河崎なつと市川の間で二分し、最初の総務理事選挙で市川、河崎のいずれにも決定することができなかった。そのため市川が担当していた会務理事の選挙をおこなうことになった。結果は河崎六票、市川四票、坂本一票となり、河崎が会務理事に選出された。市川の総務理事選出は、河崎が会務理事に選出されたことを受けてのことであった。

市川は「当日出席の一二名の理事のうち半数の支持しか得られなかった」ことにおおいに衝撃を受けた。獲得同盟創設以来、無給で生活のすべてをその活動にかけてきたのに、なぜ半数の支持しか得られなかったのか、という想いが市川の心をよぎった。「おうよう」な性格の久布白に比べ自分は激しすぎるのか、あるいは当時金子しげりと起居を共にし、二人で運動を率いているような印象を与えたためなのか。『自伝』で市川は逡巡する。しかし「ともあれ私は愉快ではなかったが、一応それらを反省し運動をすすめなければならないと覚悟をきめた[122]」。

しかし、この総務理事選挙後も同選挙に参加した中央委員の脱会が、翌一九三一年から三二年にかけて続いた。まず、一九三一年四月の第七回総会後、石本静枝（後に加藤勘十と結婚し改姓）と渡辺とめが脱会した。両人はともに獲得同盟創立以来の会員であり、石本は、麗日会を立ち上げた中心人物でもあった。麗日会は、観劇会等を催して獲得同盟の資金を援助するために一九二五（大正一四）年二月に設置されたものであった。石本は第六回総会で中央委員に、第七回総会では理事、中央委員に、渡辺は第六、七総会で中央委員に任命されていた[123]。市川は、石本の脱会を、産児制限運動を本格的に開始するためと理解した。渡辺の場合は市川の右腕となって活動をともにしていた金子に対する不満からであり、金子幹事長の更迭を渡辺が要求したが、市川が拒否したことが理由であった、と『自伝』に記されている[124]。

幹部級の会員の脱会は一九三二年開催の第八回総会後も続いた。同総会直後の六月末日、坂本真琴が脱会した。坂本は新婦人協会以来、市川と婦選運動をともにしてきた仲であった。坂本に本部と支部の関係を裂くような言動があったという地方支部の訴えを聞き入れた中央委員会が、中央委員候補者リストから坂本を削ったことが、脱会の一因となった[125]。最終的に一九三三年七月の第九回中央委員会で、総務理事選出で市川と中央委員の支持が相半ばした河崎なつが病気静養を理由に中央委員を辞任した[126]。

獲得同盟創立以来総務理事であった久布白から市川へのパワー・シフトは、最終的に石本、渡辺、坂本、河崎の脱会をともなってなされていった。市川は、表向きの理由はともあれ、「このたびの坂本氏、河崎氏の場合もその原因がどこにあるかははっきりとはつかめない。……私と金子氏が中心となっている現状が不満だったようである」と理解した[127]。しかし満州事変後の反動的社会で婦選運動史上最大のピンチに遭遇した獲得同盟は、市川－金子の強力なコンビでふたたび準戦時期、戦時期を乗りきっていくこととなった。

（二）制限付婦人公民権案の衆議院可決

▼制限付婦人公民権案をめぐって

一九二九年、一九三〇年、婦選運動はひとつの頂点に上りつつあった。女性公民権支持の議会趨勢の形成、婦選運動支持の女性組織の増大、獲得同盟会員の全国的裾野の広がり等を背景に、一九三〇年五月一〇日、第五八議会で婦人結社権案と婦人公民権案が衆議院を初めて通過した。さらに同年七月一四日、婦選支持の盛り上がりを背景に内務省は、政府が来る第五九議会で婦人公民権案を上程する予定と発表した。そしてその具体的内容として、女性公民権の範囲を府県は除き市町村だけとし、対象年齢を男性二五歳以上に対し女性は三〇歳以上とした。

完全公民権を主張していた婦選の女性たちは、七月一八日、獲得同盟、基督教婦人参政権協会、婦人参政同盟、それに同志会も加え懇談会を開催し、政府の制限付き公民権について討議した。その結果、来る五九議会では婦人参政権案、結社権案もそれぞれ提出してもらうが、完全公民権案の衆貴可決を目指すことが決まった。そして二三日、同志会を除く獲得同盟、基督教婦人参政権協会、参政同盟のブルジョア女性三組織は連名で、制限公民権反対声明を発表し、安達内相をはじめ地方局長、政民両党をそれぞれ訪問し声明書を手交した[128]。市川が当初危惧していたように保守的な同志会は、前日開催された第二回懇談会で、会がまだ正式に発会していないことを理由に声明書に名前を連ねることを拒否した。

ブルジョア女性三組織の要望にもかかわらず、八月八日に安達内相が発表した内務省案では、先の内務省案に加えて、妻が名誉職に就く際は夫の同意を必要とするという条項が、さらに加わっていた。

▼制限付女性公民権に対する支持と反対

内務省が、次回議会に政府の制限付き「婦人公民権案」を上程する予定と発表すると、各新聞はこの問題を社説で取り上げ、公民権を府県と市町村に分けることを不可解とした。世論の趨勢は、婦選の女性たちの主張する完全婦人公民権支持にあった[129]。

一方で当時女性公民権に最も強く反対したのが、全国町村長会であった。同会は一九三〇年一月の総会で女性公民権を時期尚早とする決議をした。そして九月末に予定されていた政務調査会でも、さらに女性公民権時期尚早の決議をすることを計画した。憂慮した獲得同盟、基督教婦人参政権協会、婦人参政同盟は、九月二四日、大阪ビルのレインボーホールに同会幹部を招待し率直な意見交換会を開催した[130]。その結果市川等の強い要望で政務調査会での決議はおこなわれなかった。

しかし同町村長会は、一一月四日、貴衆両院議員に、女性に公民権を付与することは、国情に合わない旨の文書を送付した。同文書は、女性を永遠に「政治的無能力」の立場に置くつもりはないことを明確にしたうえで、現在の状況は、「其の教育の程度に於て、日常生活の状態に於て」さらに日本の「家族制度」と「社会の慣習上」、今女性に公民権を与えても、女性たちはその権利を十分に使いこなせないばかりか、社会的混乱をきたし、しいては家族制度の破壊につながると主張していた[131]。

つまるところ、女性公民権に反対する根拠は、日本の「家制度」とそれに基づく「社会的慣習」が婦人公民権――女性の地方自治への参画――によって破壊されるというところにあった。婦選が日本社会の公序良俗に反するというこの考えは、常に女性の政治参加の前に立ちはだかり続けた主張であった。

▼制限付き婦人公民権案、衆議院可決

一九三〇（昭和五）年一二月二四日、第五九通常議会が招集された。議会開院前の一一月一四日、浜口雄幸首相が、ロンドン海軍軍縮条約批准に不満をもつ右翼に、東京駅ホームで狙撃され重傷を負った。そのため幣原外相が、同議会の首相代理を務めた。混乱のなかで当初予定されていた政府の「婦人公民権案」は、最終的に翌三一年二月まで持ち越された。二月二日、閣議決定し発表された政府案は、公民権付与の年齢を男子二〇歳、女子二五歳に変更しただけで、その他は先に発表したとおり女性は市町村に限定された公民権、妻が名誉職に就くときは夫の同意を必要とする制限公民権であった。

この政府案に対し、婦選の女性たちは年齢を男女ともに二〇歳にすること、女性公民権を市町村に限定せず、府県も含めること、さらに妻の名誉職就任に夫の同意を必要とする条項を削除することを主張した[132]。政府最終案の発表された翌日、獲得同盟、基督教婦人参政権協会、参政同盟のブルジョア女性三組織代表が声明書を手交するため、二月三日、安達内相の自宅を訪問した。乱闘騒ぎとなった予算委員会を終え深夜帰宅した安達内相は、「なかなか反対は根強いものです、あなた方の方から云ふたら不満だらけだらうが、今度はこれでがまんして下さい」と、答え、政府案は変更されないまま、二月五日に提出され、一〇日、衆議院本会議に上程された[133]。

まず安達内相が政府案の説明に立ち、婦人公民権を市町村に限るのは、「行政の内容」から見て、市町村の公民権は、「女子と最も交渉深く、女子の最も能く理解し、且つ緊切なる利害関係を有するものの極めて多い」からであると説

明した、さらに「政治の運用」に関して、その政治に対する理解がまず必要となるが、第一段階として女性に市町村自治に参与させ、政治に「慣熟」させることを期待すると述べた[134]。質問には政友会の星島二郎と船田中、それに社会民衆党の片山哲が立ち、星島は、先の第五八議会で民政党も完全公民権を通したのに、なぜ今回制限公民権になったのかを、片山はなぜ参政権も含めないのかをそれぞれ質問した。

同法案は、二月一三日、通常どおりまず委員会付託になった。一方で政友会が議会開会直後の一九三〇年一二月二七日提出した完全公民権案は、政府案の後の二月一二日に上程され、同じ委員会付託となった[135]。委員会委員長は民政党の末松偕一郎であった。末松は前回の第五八議会では民政党の完全公民権案の提出者として本会議でその説明をしていた。しかしこの議会では政府案を支持していた。獲得同盟は同委員会で、政友会委員の星島等に、年齢は政府案どおりで府県公民権を加えた修正案を提出してもらったが、少数で負け、政府案が委員会案として採択された。委員会案（政府案）は二月二八日、衆議院本会議に上程され、同院を可決した[136]。

さらに政府は、婦人結社権案を二月一九日、衆議院に提出、二二日に同案が上程された。委員会に付託された同案は、僧侶、神官、教師にも政党加入の自由を与えることが加えられ、三月七日衆議院本会議で可決された[137]。

▼第二回全日本婦選大会

議会会期中の二月一四日、第二回全日本婦選大会が開催された。今回は、主宰を獲得同盟のほかに基督教婦人参政権協会、婦人参政同盟が加わり、さらに仏教女子青年部、全国小学校連合女教員会、無産婦人同盟、全関西婦人連合会、婦人平和協会など一〇の女性組織が後援団体に加わった。前回の参加者を上回る八〇〇人近い参加者が全国から集まった。

同大会で、第一に、政府の制限公民権案に絶対反対、完全公民権の両院通過を目指し、さらに参政権獲得も期すること、第二に婦人結社権の両院通過を目指すことが決議された。そして第三に第五九議会の乱闘騒ぎにふれ、議会の

「廓清浄化」を要求した。第五九議会は、幣原首相代理の統帥権発言で乱闘が起こり、負傷者まで出していた。しかし、大会終了後計画していた婦選の女性たちのデモ行進は、「議会は暴力否定のシンボルである。その議会に向かって、示威行列を行うことによって目的を達せんとするは議会政治の理想に反する」という当局の理由によって許可されなかった。(138)

▼「制限付き婦人公民権案」の貴族院本会議否決

衆議院を可決した制限付婦人公民権案は三月一日、貴族院に上程され、翌日委員会に廻わされた。同委員会は九名で構成されていた。そのうち有馬頼寧（伯爵）、酒井忠正（伯爵）、梅園篤彦（子爵）、三室戸敬光（子爵）の四名は「研究会」所属であった。同研究会は貴族院四〇一名のうち一五〇名を擁する貴族院最大の会派であり、貴族院の決定はこの研究会の意向によって決まる傾向があった。市川たちはあくまでも完全公民権にこだわり、貴族院で政府案を修正することができない場合は、否決もやむなしという立場をとり、研究会に的を絞って運動していた。

貴族院委員会では、当初女性公民権に反対する保守派、制限付女性公民権に反対する者など、意見が分かれ、委員会での「握りつぶし」がほぼ決定したかのように見えた。しかしその事情を知った政府が、政府原案の通過を目指し運動をはじめた。民政党議員の妻の多くが会員になり民政党系とも指摘されていた同志会は政府案支持で委員の家を説得に回った。市川たちは、総勢約二〇名で三月一八日、研究会所属の酒井忠正委員長、有馬頼寧伯爵、三室戸敬光子爵、梅園篤彦子爵委員に陳情した。(139)

委員会は三月二〇日、審議を終え、二三日、政府原案の男子年令二〇歳を二五歳に戻した修正案の採決を取った。その結果、五対三の賛成多数で採択された。研究会の有馬、梅園、火曜会の佐々木行忠らは賛成票を投じ、研究会の三室戸は時期尚早論であった。『自伝』によると佐々木侯爵や有馬伯爵は、婦選運動の支持者であり、同委員会で完全公民権案の修正を試みたが、失敗していた。

委員会を通過した「政府修正案」は、三月二四日、貴族院本会議に上程され、採決をとることとなった。議場では反対論が複数意見を述べているにもかかわらず。賛成を述べる者がいなかった。市川たちは有力議員を貴族院や自宅に訪問し、支持説明の依頼をしていたが成功しなかった。反対論の筆頭は井田磐楠男爵で、その過激な反対論もまた、女性たちへの公民権付与が家族制度を破壊するものとして展開された。曰く「女子に参政権を与えました暁は、此家族制度からして一歩家出をしたことになる」、「女性を没却しての男性化である」、「女子の機械化である」、「女子は産児制限を超えて産児分娩を拒絶する事になります」[140]。

最後に、貴族院で市川たち婦選運動の有力な支持者であった有馬頼寧が賛成論を述べた。彼の賛成論もまた、立場を逆にしているにしても、家と女性を結びつけたうえでの立論であった。有馬は、反対論の主張を逐一取り上げ、反論を加えたうえで、政治は生活であると主張し、女性は男性よりも消費経済に生活上、密接に関係すると指摘した。そして、母として妻としての任務を全うするためにも女性公民権は必要であると主張した。

最終的に「政府修正案」は、同日貴族院本会議で六二対一八四票で否決され、廃案となった[141]。ただちに市川たちは、「我等は此婦人を屈辱的地位につかしむる制限案の否決を心より歓ぶと共に勇躍もつて完全公民権の獲得、婦人参政権の実現に飽まで奮闘せん事を期す」と宣言した声明書を発表した[142]。さらに二日後の三月二六日獲得同盟は急遽、読売新聞社講堂で「制限公民権否決報告演説会」を開催し、市川は講演者のひとりとして、坂本真琴、藤田たき、金子しげり、渡辺とめらと講演した[143]。

第3章　満州事変後の婦選運動の展開

一　満州事変と婦選

▼第六〇議会と女たちの期待

一九三一（昭和六）年四月初頭、その年の活動目標を立てつつあった市川たちは、暮に開院される第六〇通常議会で婦人公民権と結社権が貴衆両院を通過する期待に胸をふくらませていた。満州事変が起こる五カ月前である。前年五月の第五八特別議会で、女性が地方政治に参加する権利を認める婦人公民権案と、女性の政治的結社を認める婦人結社権案が衆議院を初めて通過した。さらに同年末の第五九通常議会では、政府自らが制限付きではあったが婦人公民権案と結社権案を提出し、それぞれ衆議院を通過した。

四月五日、獲得同盟は第七回総会を開催した。その二週間前には政府の上程した制限付公民権案が、貴族院本会議で否決されていた。しかし獲得同盟総会で決定された「昭和六年度運動目標」は、「婦人参政権の第一歩である婦人公民権は愈々実現される形勢となった」と述べ、「この昭和六年度をして我国婦選運動史最初の頁を飾らしめるため」、運動の第一に「完全なる婦人公民権案の両院通過」を掲げた(1)。市川は、その婦選の女性たちの期待感の根拠を次のように記している(2)。

私どもは目標の第一に掲げた完全公民権を、暮れから開かれる第六〇議会で獲得すべく期待していた。これは必ずしも不可能ではない。十年前の大正十年、貴族院は治警五条の改正を、「家族制度を破壊する云々」の理由で否決したが、翌十一年には多数で可決した例があるからである。

たしかに第五八、五九議会で衆議院を通過した婦人公民権案と婦人結社権案は、貴族院の委員会と本会議でそれぞれ審議未了、否決され、二度とも廃案となった。しかし二回の審議を経て、貴族院でも有馬頼寧伯爵や佐々木行忠侯爵のように女性の地方政治への参加を強く支持する議員が誕生していた。市川たちは、治警法第五条改正のキーパーソンであった藤村義朗男爵のような貴族院の有力議員を婦選支持にすれば、婦人公民権案と結社権案の貴族院通過は、不可能なことではないと捉えていた。そのため第五九議会閉会後の七月二日、獲得同盟は貴族院で公民権案を支持した有馬、佐々木、土岐らを懇談会に招き、貴族院対策について助言を受けた。そしてその助言をもとに獲得同盟は、一九三一年一一月、一二月議員向けの『婦選ニュース』を発行し、貴衆両院の有力議員六〇〇名に送付した(3)。

▼いまひとつの流れ——軍部の台頭

一方でこの時期、婦選運動の高揚とは裏腹に、代議制の進展に抗うように国の内外で軍ファシズムが顕在化した。一九三一年、国内で、軍部内閣樹立を目指した軍クーデター事件が二度起こった。三月、陸軍桜会の橋本欽五郎らが民間右翼の大川周明と結託し、軍クーデターによって陸相宇垣一成を首相に擁立する企てを計画した。しかし宇垣が拒否したためクーデターは未遂に終わった(三月事件)。さらに一〇月、参謀本部ロシア班長になった橋本欽五郎は、同第二部長の長勇らと結託し、荒木貞夫中将を首相とする軍部内閣樹立を企てた。この事件も憲兵隊に橋本らが検挙され、未遂で終わった(十月事件、錦旗革命事件)。

これら二つの軍クーデター未遂事件は、翌一九三二年の五・一五事件、さらに一九三六年の二・二六事件など、一連の軍クーデターの予兆であり、軍ファシズムの席捲する不穏な時代のはじまりを表徴していた。市川はその予兆を「不気味」と感じていた(4)。

三月には軍部クーデター未遂事件（三月事件）の噂が伝えられ、六月には黒龍会を中心とする右翼団体が合同して大日本生産党の結束をみるなど、何となく不気味なものを感じさせられ始めたのであった。

▼満州事変の勃発

他方、国外では、その後の日本社会の方向を決定づけた「軍クーデター」が中国大陸で起こった。一九三一（昭和六）年九月一八日、奉天（現瀋陽）郊外の柳条湖で南満州鉄道の線路が爆破された。同事件は、関東軍高級参謀板垣征四郎大佐と同軍作戦参謀石原莞爾中佐を首謀者として、関東軍の「独断」でおこなわれたものだった。しかし関東軍は、爆破が張学良（張作霖の息子）の率いる中華民国東北軍の破壊工作であると主張し、自衛を口実に翌日には奉天、長春、栄口の東北地域の都市を占領した。

中国大陸での関東軍の暴走に驚いた第二次若槻礼次郎内閣は、「事件を拡大しない」よう陸軍当局に通達した。しかし三日後の二一日、関東軍に呼応した林銑十郎中将の率いる朝鮮駐留軍が、独断で越境し満州へ侵攻した。事態の拡大を重大視した政府は、二四日、これ以上事変を拡大しないための不拡大方針を閣議決定し声明を出した。

一方で関東軍は政府の決定を無視し、自衛を口実に戦線を拡大し続けた。一〇月八日には、石原莞爾の作戦指導のもとに、遼寧省錦州を爆撃した。当時同地には奉天を放棄した張学良の軍隊が拠点を移していたためであった。さらに翌一九三二年二月にハルビンを占有し、これによって関東軍は東北三省を制圧した。満州全土をほぼ占領した関東軍は三月一日、清朝の廃帝、愛新覚羅溥儀を皇帝に立て満州国の建国を宣言した。

柳条湖での鉄道爆破事件から満州国建国までの関東軍によるこうした一連の満州占領行為は、満州事変（中国では九・一八事件）と呼ばれる。この事変をきっかけに日本は、以後一九四五年八月一五日の敗戦まで、日本史上最も長い戦い、十五年戦争を闘うこととなった。

▼暗転する婦選運動

満州事変の勃発は、男子普通選挙が達成され「議会制民主主義」が進展しつつあった昭和初頭の社会の様子を一変させた。とくに婦選の一部要求がいま一歩で達成されるところまできていた婦選運動は、事変から深甚な影響を受けた。生活に直結する地方政治へ、女性たちが参画することを認めようとした議会趨勢は、事変を契機に雲散霧消した。事変後、社会が軍国主義化されていくなかで軍の意向——国際危機——がすべての国内政治に優先された。しだいに婦選三案を議会に上程すること自体が困難となっていった。市川は、その間の事情を『自伝』に次のように記している(5)。

この時局の急変、政局のめまぐるしい転換で、婦人公民権案の政府提案はもちろん、民政党及び政友会からの有志議員による提出も不可能になってしまった。……最早日本は戦時体制だ、婦人参政権、公民権などにはかまっていられないというのが本音であったろう。

市川は、前年の一九三〇（昭和五）年七月、獲得同盟の総務理事に選任され、名実ともに婦選運動を率いる立場にあった。軍ファシズムの席捲する戦時状況下の社会で、その思想に根底から対峙する男女平等の政治的権利を要求する婦選運動をいかに展開させていくか、「婦選の火をともし続ける」ことが、以後一五年間にわたり市川の肩に重く、長くのしかかっていった。

▼フェミニストは戦争にまず、どう対応したのか

足かけ一五年に及ぶ先の大戦は基本的に二つの段階を経ている。一九三一年九月一八日の柳条湖事件（満州事変へ発展）から一九三七年七月七日の盧溝橋事件（日支事変へ発展）に至る準戦時期と、盧溝橋事件から一九四五年八月一五日の敗戦までの戦時期である。その軌跡は、中国大陸で勃発した戦争が局地戦争から全面戦争へ展開し、さらには太平洋上の日米開戦へとひたすら拡大の一途を辿り、中国とアジアの二〇〇〇万に及ぶ人々と六〇〇万の日本人の命を犠牲にして敗戦へ帰着した。

序章で指摘したように、これまで市川の戦時下の婦選活動は、中国大陸で全面戦争が展開した以降の戦時期に焦点が当てられてきた。そのため満州事変直前にいま一歩で女性たちの公民権が実現するところまできていた婦選運動が、事変後の準戦時期、一挙に反動化する社会でどのように対応していたのか、十分な検証がなされていない(6)。その結果、戦時期の婦選活動が、準戦時期の活動と断絶したかたちで戦争協力としての側面のみが浮き彫りにされてきたと言える。しかしこの時期の検証を等閑に付すと、平時の婦選運動が準戦時期、戦時期を経てどのように変化していったのか、そしてその流れがどのように戦後の女性と政治のあり方につながっていったのか、その間の連続、不連続性が見えてこない。

もとより全面戦争下の戦時期になると、一切の自主的活動は禁止された。そうした状況のなかで国策委員としての活動を通して婦選運動を継続させた市川の意図とその歴史的意味を問うとき、平時と戦時期のはざまの準戦時期に市川が牽引した婦選運動がどのような展開を見せていたかを、言説と活動の両面から実証的に検証する必要がある。その検証はまた、フェミニストが戦争状況に直面したとき、どのように戦争に対応したのか、その出発点を確認することを意味する。

そこで本章ではまず、十五年戦争の出発点となる満州事変に対し市川がどのような立場をとったのか、言説を軸に検証しようと思う。戦時状況に直面したとき、フェミニズムがどのように機能するのか、機能しないのかを確認するためである。つぎに女性の政治的権利を要求する婦選本来の対議会活動が、準戦時期のどの時点まで、どのようなかたちで展開されていたかを跡づけてみようと思う。そして最後に第四、五章で、軍ファシズムの席捲する準戦時期市川が婦選運動の生き残りをかけて、どのような運動の新しい戦略を展開させていったかを、その言説と活動の両面から詳細に検討しようと思う。

二　満州事変に対する女性指導者の反応——山川菊栄と市川房枝を軸に

▼事変二カ月後——世論と政府の立場

事変二カ月後の一一月一八日、『朝日新聞』(東京版) は家庭欄で「婦人の立場から満州事変を観る—この非常時に望む婦人の感想と批判—有識婦人の意見に聴く」を特集し、平塚らいてう、高良富子、吉岡弥生、市川房枝の談話を掲載した(7)。

満州事変二カ月を経た国内の世論は、事件の真実が知らされないなか、軍発表による中国大陸の危機とその鎮圧を一方的に信じた国民の熱狂的な軍強硬路線支持の様相を呈していた。一方で幣原喜重郎外務大臣の国際協調主義外交が事変で決定的ダメージを受けた政府は、厳しい批判の渦巻く国際世論に抗い、国際連盟理事会を通し、その正当性の説得に躍起となっていた。そうした状況のなかで四人の女性たちは、女の立場からの事変に対する感想と女性の取るべき行動が問われた。

▼事変肯定の立場——吉岡弥生と平塚らいてう

四人のなかで明快に満州事変を支持したのは、当時六〇歳の吉岡弥生であった。吉岡は、近代日本最初の女医のひとりであり、医師であると同時に病院を経営し、さらには女医を養成するため東京女医学校を一九〇〇(明治三三)

年に設立した。明治四年生まれの吉岡はその生涯で、満州事変にいたる近代日本のすべての戦争（日清、日露、第一次世界大戦）を経験し、病院経営と学校運営をそれらの戦争とともに成長させ、事業の拡大が国運とともにあることを熟知していた女性でもあった。

吉岡は、女性が本来平和志向であるにしても、自己の権利を守るためにはもはや「黙つてゐることは出来ない」と述べ、満州事変を「止むを得ぬ事態」と受け止め、「挙国一致で当るべき」と、強く主張した。(8) たとえ日本が紳士的にやろうとしても、「表裏の多い」中華民国では子どもにまで排日教育を植えつけているのだから、「いくら正義をもつて進んでも、先方で受けいれなければ、干くわ《ママ》［干戈］を交へることも止むを得ない」と、政府の「暴支膺懲」路線を積極的に支持した。そして事態を乗り越えるために、日本は「政党政派にとらはれずに、挙国一致で、事に当るべき」と、主張した。

一方で平塚らいてうも吉岡と文脈は異なるが同様に事変肯定の立場をとった。一九一二（大正元）年、日本初の女性解放の文芸運動、青鞜運動を起こした平塚は、その九年後、市川とともに女性解放の政治運動、新婦人協会を立ち上げ、名実ともに婦人解放運動のイデオローグそして活動家として指導的立場にあった。

平塚はまず、満州事変に対し「婦人界」が「ひつそりとして、まるで傍観的態度をとつている」のは遺憾であり、「本当の婦人の立場として是非とも、しなければならないこと」があるはずと、苦言を呈した。そして、「婦人から見てずゐぶん困つた空気が濃厚になりつゝある」状況で、女性たちが「今日の事態に対する無自覚から離れて、もつと大きな態度を取りたいものだと思ひます」と述べた。

平塚は、「何うしても日本民族が生存する上に、満蒙がなくてはならぬものである以上、正義にかなつた主張」を「全世界に対して出来るはず」と指摘し、「人類共存共栄の大きな立場」から、「人類の生存といふ点から、必要なものとして、弁解的でなく、堂々と解決に導けるはずです」と主張した。そして「人類的立場から、母性として」、「婦人がしなければならない大な仕事が、その時がやつて来た」と女性たちの積極的関与を奨励した。(9)

▼事変批判の立場――市川房枝と高良富子

四人の女性指導者たちのなかで満州事変に対し最も批判的立場を示したのが、市川房枝であった。市川は当時三八歳、あと一歩で女性の公民権を実現するところにまで婦選運動を率いていた。

市川は「今度の事件は誠に遺憾」であり、事変が「国内の色々の問題に、又将来の国際平和の問題に、どう影響するかゞ心配」であると述べた。そして自分は、本来「国際的紛争は、武力でなく、平和的手段で解決」すべきと考えていると非戦論の立場を明示する。しかし、事態が「現在の様になつてしまつてこれ以上に拡大しないで解決することが急務である」と、事変の不拡大を強く主張した。さらに女性たちに対し「婦人が人類の母であることを自覚」し、「支那の婦人と日本の婦人とが」「親密に助け合う道をつけることが急務」であると提言する。市川は、その方法が「今すぐには役立」つというわけではないが、「婦人の出来得る仕事でもあり、これが非常に大切な仕事である」と主張した。[10]

平塚、市川の二人のフェミニストは、戦争に直面したとき、ともに女性の母性性を強調した。一方で平塚は、戦争の正当性を人類共存の立場から説明するのに女性の母性性こそが役立つと主張した。他方、市川は、「人類の母」として「支那の婦人」と手を取り合えること、そしてともに戦争終息の道を模索できると主張した。

高良富子もまた市川と同様、日華関係が「今日の様な関係になつたことは誠に残念です」と述べ、「どういふ理由があつても、殺伐な行為の起らない様に、遠い原因を除く必要」があると主張した。[11]

アメリカの大学で心理学博士号を取得した高良は、当時日本女子大の教授であった。高良は、日本の軍国主義に批判的だったインドの天才詩人ラビンドラナート・タゴールと親交を持ち、アジアに対する深い関心と憂慮を持っていた。

外国生活の長かった高良は、事変を契機に日本の女性たちが「熱心に平和を望んでゐられる真心」を知り、勇気づけられたこと、しかし同時にそうした女性たちがまた「無力」であることをも痛感したと、率直に述べる。そのうえで「今は、日本が、平和と正義の支持者であることを世界にはつきりさせる時であり」、とくに女性たちが「親切な隣人として、その義務をつくす時」であると主張した。

▼山川菊栄――「満洲の銃声」

時代を代表する多くの知識人が、満州事変に直面し明確な反戦の論点を出すことができず沈思するなかで、反戦の立場と論理を鮮明に打ち出した代表的女性として、しばしば取り上げられてきたのが山川菊栄である。山川は母性保護論争以来一貫して、社会主義フェミニズムの立場から女性問題をはじめさまざまな社会問題を論評していた、当時にあって代表的な女性知識人であった。

山川は事変二カ月後の一一月、『婦人公論』に「満州の銃声」を発表した。[12] その冒頭、山川は、「満州で放たれた一発の銃声は、国内の騒音をはたと沈黙させた」と指摘し、満州事変をきっかけに突如暗転した当時の世相を、鋭敏な時代感覚で活写した。

実際、第一次世界大戦後の世界的軍縮ムードのなかで、日本でも大正末には「軍備縮小、軍制改革、軍事費の整理縮小」等の軍縮、軍民主化の要求がなされ、加藤友三郎、加藤高明、両内閣のもとで三度にわたる軍縮が断行されていた。しかし、柳条湖での事件は、軍批判の流れを一瞬にして潰えさせ、「暴戻なる支那膺懲、満蒙の権益擁護」で国論を統一させた。

山川は、「機関銃の響きは内地の『国論』を『統一』することはできよう、しかし隣国の民族の『国論』まで、われに一致させることはできない」と、軍の強硬路線とそれを支持する世論を糾弾した。そして、勃興する土着の資本主義を背景にした「四億の隣人」が持つ「広大な領土を半植民地状態から独立の国家に立て直」そうとする「熱烈な要求をいかんともすることはできない」と、民族独立を希求する中国人の強い民族意識を指摘した。さらに「機関銃の響き」が当面の「懸案」を解決できても、事変の発展で「南支方面の排日運動は日に熾烈を加え」、そうした動きはその後の「暗澹たるキャタストロフを暗示」していると、この事変がもたらすだろう壮大な悲劇を予測した。

山川は、事変以前、満蒙の政策に関して国内は二分していたと指摘する。ひとつは、「軍部と一部政治家、および満蒙に特殊の利害関係をもつ産業資本家」からなる強硬論者たちの強硬外交、いわゆるサーベル外交である。彼らにとって満州は、「日清、日露の両役により、日本が血で贖った聖地」であり、彼らは、その「血によって贖いえた」『特殊権益』を守らなければ、満蒙における日本の地位は全く転覆される」と武力による強硬路線を主張する人々である。いまひとつは、強硬外交に対立する「そろばん本位のいわゆる幣原外交」、「軟弱外交、腰抜け外交といわれるもの」であり、「支那領土の一部分における既得権益よりも、全体としてのその経済的搾取に重きをおく金融資本家の層」を中心とする外交方針である。しかし、と山川は分析する。「そろばんとサーベルとは必ずしも仇同士ではない。のみならず、商人にはそろばん同様、用心棒も必要」であり、その対立は「決して根本的なものでなく、共通の階級的利害に奉仕する同一手段の表と裏の相違にすぎない」と鋭く分析した。

さらに山川は、国際連盟を「戦争防止の機関としての無力ぶりが暴露せられた」と手厳しく批判した。そもそも「連盟の指導者たるヨーロッパの資本主義国は」「自国の利害から打算して、他日その行動を拘束されるような言動は避けねばならなかった」から、「世界平和のために一肌脱ぎそうな格好を見せた」が、「あっさりと問題から手を引いてしまった」と、山川は批判した。

▼市川房枝――「国際平和と婦選」

山川論文と同じ月、市川もまた「国際平和と婦選」という一文を書き、婦選獲得同盟の機関誌『婦選』一一月号の巻頭に掲載した。それは、先に紹介した朝日新聞の談話と同様、満州事変の展開を強く批判する市川の主張があますところなく敷衍されたものであった(13)。

まず市川は、事変勃発以来一カ月半がたつのに終息の気配が見えず、「軍事的占領」が続いていることを「頗る遺憾に思ふ」と述べ、事変の解決のためには、日本軍が「満鉄付属地まで撤兵せんことを、当局者に切望して止ない」

と主張した。そして「満州事変が如何にして起こされたか、私共は、それについての正確な知識を持つてゐない」が、「あれ程迄に事変を拡大せしめる必要があつたかどうか」と疑問を呈し軍・政府当局を厳しく糾弾した。

ここでも市川は、「国際紛争を解決する為めに、武力を用ふる事は、如何にしても賛成する事が出来ない」と述べ、単なる反戦ではなく、紛争解決手段としての一切の戦争を全面否定する非戦の立場を明らかにした。なぜなら、「戦争は、単に経済上の浪費であるばかりでなく、幾多の尊い人命を犠牲に供する所の最も大な罪悪」であり「相戦ふ両国民の感情を益々疎隔せしめ、禍根を将来に遺す」ものであるからである。

しかし他方で市川は、一国の戦争放棄が国際平和をもたらすことがないことをも指摘し、「国際協調による軍備の縮小否軍備の全廃」を提案する。そしてそのために、国際連盟の機能の「強力ならしめる」ことが必要であると同時に、国際連盟、ロンドン軍縮条約、不戦条約等の「精神を宣揚する事が肝要」と主張した。

▼平和を担保する三つの手段

市川はさらに平和を確保する手段として、具体的に三つのことを提唱した。第一に「教科書から戦争を賛美せる教材を取り除き国民全部に、平和の思想を、植えつけること」。第二に、「戦争を避けるためには軍備に費やされる国の予算を減少」すること。そして第三に「政府当局をして、国際平和のため、進んで世界各国と協調せしめる」よう、戦争を起こした政府に対し女性が「反対の発言をなし得る権利」、すなわち婦選を達成させることである。

市川は、事変解決のために、軍人はもとより政府当局に期待することは不可能であると、断言する。そして「之をよくするものは、婦人を措いて他には得られない」と主張し、次のように述べた(14)。

平和を愛好するものは、勿論婦人のみには限らない。

然し婦人の戦争を嫌ひ、平和を愛するのは、婦人自身の感情といふよりも、むしろ本能といひ得やう。それに戦争から、直接最も大な被害を受けるものは婦人である。お国の為として笑顔で送り出しはするものの、母親や妻にとつて戦争程呪はしいものはない。一人の戦死者の蔭にどれだけの悲劇があるか、それを知るものは婦人だけである。

然して、この心持、この悲劇は、敵味方の区別なく婦人の味ふ、同じ耐え難い苦しみである。従つて婦人は、国境の区別なく平和の愛好者である。

市川は、女性たちの心の中にある「平和に対する熱望」をかたちに表わすために、まさに今こそ婦人が選挙権を手にする必要があると断言した。そして、柳条湖事件直前に開催された第五八、五九議会で衆議院の可決した「自治体に対する婦人公民権では、殆ど何等の用をなさない。婦人参政権、即国家の立法並びに行政に参与する権利を得て、初めて私共の意志を反映せしめ得るのである」と主張した。

さらに同論文で市川は、生来的そして経験的に平和愛好者である女性たちは、「それ〴〵の国内」で平和の精神を高揚させ、「国際的に提携することによつて初めて」平和を「実現し得る者」となる、と強調した。

▼女は戦争を回避させ得るか――二つの立場

他方で山川は、市川と同様に満州事変を徹底的に批判する立場をとるが、女性性に固有な平和志向を根拠に平和を希求する姿勢には真っ向から対峙した。先の論文で山川は、「戦争防止の力を婦人の平和的本能に求めようとするお上品な運動もひっきょう平和時代の遊戯にすぎない」と、厳しく批判した(15)。

婦人は平和を愛し戦争を憎むにしても、その社会的、手段的訓練は、自己の属する社会の共同利害のため、すなわち正義と信ずることのために、自己の私的利害、私的感情を犠牲にするだけに、根づよく培われてきている。

いつの世、どんな社会にも、戦時における婦人の犠牲的、殉国的態度の見られぬということはない。彼女たちは、正義のため、共同利害のためには、子に傾け尽すと同じ熱情と感激とをもって、その子を戦神の祭壇に捧げて悔いないのである。単純な、本能的な母性愛や平和な家庭生活への執着は、より大きな、集団の共同利害の前には、いつでも犠牲にされるだけの用意がある。

女性といえども社会的産物であり、社会の価値は、つまるところ女性の価値観や行動をも強く影響するものである。女性の平和を望む気持ちは、社会が主張する「正義」の前に道を譲ることはおおいにありえるし、過去の歴史にそうした事実は多くあったと山川は指摘し、女性の平和志向が男性の引き起こす軍国主義の流れを変えると期待することに強く異議を呈した。

女性は戦争に直面したとき、平和志向の性としての利益と正義を選択するのか、あるいは女性の属する社会階層の利益と正義とを選択するのか。市川と山川の主張は、市川が前者を山川が後者をそれぞれ主張している。それはまた、母性主義的ブルジョア・フェミニズムと社会主義フェミニズムのそれぞれの見解を代表し、その見解の対立は今日に至るまで、決着を見ていないアポリアであり続けている。

▼反戦論の双璧

しかしここで重要なことは、市川と山川という自由主義、社会主義の立場に立つ同時代の二人のフェミニストがともに、徹底した満州事変批判を展開し、反戦論の双璧を提示していた事実である。軍ファシズムが跋扈し、最高刑に死刑を含む改正治安維持法下の日本で、男女や主義を問わない多くの有識者たちは、たとえ反戦の主張を内に秘めていても真っ向から軍や政府を批判することを避けていた。そうしたなかで山川と市川は、それぞれの立場から昂然と政府と軍を批判した。この二人の勇気ある反戦の主張と行為は際立っている。

山川論文の意義は、社会主義フェミニストの立場から、資本主義の構造的欠陥を鋭く指摘し、満州事変が植民地主義をとる帝国主義国家の不可避の選択であると、満州事変勃発の原因を明確に分析したところにある。驚くことに山川は、武力による日本の利益追求が中国大陸で続く限り、それは中国人の民族意識をいやが上にも煽り、両者の対立は不可避的に増幅されることを強調し、最終的に両者の争いは「キャタストロフ［大破局］」へ向かわざるをえないと、事変勃発一五年後の日本の敗戦を先取りしたかたちで警鐘を鳴らしていた。

一方で市川論文の意義は、非戦論の立場から戦争状況の拡大を厳しく批判し、事変解決のためには日本軍がまず「満鉄付属地まで撤兵」することが喫緊であると、事変を終息させるための具体的方策を提案した点にある。市川は、その主張をさらに一歩進めて、時代の軍国主義的趨勢を平和主義的に変えるための具体的方策として、平和教育、軍縮予算、そして婦選を主張した。その婦選の主張の背後には、女性性を平和志向と捉える市川のフェミニズム観があり、それは市川が準戦時期、戦時期初期に模索し続けた中国大陸での戦争終息のための日中両国の女性たちの連携の提案につながっていった。

▼それぞれの限界

興味深いことに市川論文には、山川論文が帝国主義史観の視座から満州事変勃発の原因を明確に分析しているのに対し、事変がなぜ起こったのかを追及する姿勢がまったく見られない。ただ、「満州事変が如何にして起こされたか、私共は、それについて正確な情報を持つてゐない」と述べるにとどまっている。いかなる国際紛争に対しても武力による解決を拒絶する非戦論の立場を明確にし、事変の不拡大を説く市川が、なぜ「満州事変が如何にして起こされたか」を、詮索しようとしないのか。原因を追及するに必要不可欠な「正確な情報を持つてゐない」という市川の主張は、軍発表による新聞報道が必ずしも正確でないことを意識しながらも、あえて原因を追及することを放棄する言い訳にすぎない。「正確な情報をもっていない」という認識は、本来、事変の背景、原因への疑義から発生しているはずである。

たしかに、事変発生以前の地点、つまり「満鉄付属地」まで関東軍が撤退すること（現状復帰）が、事変解決の喫緊の方策と主張する市川提案は、非戦論者ではあると同時に現実主義的運動家としての市川らしい具体的な停戦の提言と言える。一方でその提案は、見方を変えると、事変発生以前の中国大陸における日本軍の駐屯行為とその領域を市川が認知していることを示唆している。それは、日清、日露の戦いで日本人が流した血の「代償」として得た満州における日本の「特殊権益」を擁護し、「満洲は日本の生命線」とする時代の価値観を市川も共有していたからにほかならない。だからこそ市川は、武力で満州地域の日本の権益拡大を模索する、事変勃発の原因をあえて追究しようとしないのである。

その結果、市川論文では、満州における日本の権益追求が不可避的に引き起こす中国民衆の民族意識の高揚は、完全に不問に付されている。実際、一方で平和志向の母性性という共通項で、女性たちの国際的連帯を主張し、他方で中国の女性民衆が持つ民族意識を不問に付す二律背反に、時代の落とし子でもあるフェミニスト市川の主張の脆弱さがあるといえる。

他方で、事変の構造的分析に冴えをみせ、中国人の民族意識の高揚を指摘し、国際連盟もまたブルジョア女性解放運動もつまるところ、資本主義しいては帝国主義の代弁者であり、彼らが平和の担い手になることはできないと批判する山川フェミニズムの持つ脆弱性は、それが分析と批判に終始しているという一点につきる。

市川はなんとか時代の軍国主義の流れを変えるために、国民の平和教育、軍縮予算、さらには女性への参政権付与等の具体策を提案し、民主主義の政治運営に必要な、異なる意見と政策を政治の現場にくみ上げることの必要性を説く。それに対し、山川論文には、現実の流れを変えるための一切の具体策が不問に付されている。そこから男女平等も国際平和も社会主義国家においてのみ達成できると主張する社会主義の「千年王国」を、唯一の国家の選択肢とするあまり、事変が「暗澹たるキャタストロフ」な結末に陥らないための具体策を提示しえない山川フェミニズムの限界が見えてくる。

市川は、満州事変から盧溝橋事件に至る準戦時期、反戦、反軍拡の立場をとり、婦選活動を通して反戦の主張が女性たちの意思であることを訴え続けた。しかし盧溝橋事件を契機に中国大陸の戦争が全面戦争へと展開した戦時期になると、国民精神総動員運動の国策委員を歴任するようになった。一方山川は、戦時期、鎌倉郡村岡村（現藤沢市）に移り、同地で夫の労農派社会主義者の山川均とともにウズラの飼育で生計を立てながら、細々と評論活動を続けていた。

満州事変の勃発時、ともに事変を厳しく批判する立場をとりながらも、中国大陸の日本の特殊権益を容認する市川とそれを帝国主義の構造悪と糾弾する山川の違いは、中国大陸における民族主義の認知の相違につながり、十五年戦争を通して、体制の外で消極的にしろ批判的立場を貫くか、体制に「組み入れられる」選択肢をとるかの、ひとつの岐路となった。

三　いかにして、どの時点まで「参政権運動」は模索されたのか？

（一）満州事変から五・一五事件まで

▼上程されなかった婦選三案

満州事変三カ月後の一九三一年一二月一一日、第二次若槻民政党内閣が総辞職した。幣原喜重郎外相のもとで国際協調の外交路線を取っていた政府は、一方で中国大陸での戦火を拡大し続ける軍部の膨張主義を抑制することができず、他方で厳しい批判の渦巻く国際世論を、国際連盟を通して鎮圧化することに失敗した。解散はその責をとってのことであった。

後を受け一二月一三日、犬養毅政友会内閣が組閣された。満州事変の勃発に驚愕し、軍ファシズムの台頭を危惧していた市川は、婦選の支持者であった犬養毅が首相になったことに、「事態はまず私共に有利な展開を見せるものと予測することが出来る」と、勇気づけられた[16]。市川は、「政友会内閣が民政党内閣に優れるか否かは容易に断言出来ない」としながらも、満州事変以前に政友会与党の議会で婦人公民権案が衆議院を通過した経緯から見て、「婦選問題の範囲内に就いては、私共は、むしろ政友会内閣の出現を歓迎せんとするものである」と期待をおおいに膨らませた[17]。ただちに市川は獲得同盟を通して基督教参政権協会、参政同盟に呼びかけ、三団体共同委員会を組織し、六〇議会に向けて対策を検討するため一一月から一二月にかけて懇談会を開催した[18]。しかし事変後の状況は混乱を極め、婦選三案を議会に上程してくれる議員を見つけること自体が、容易でない状況であった。

一二月二六日、犬養首相のもとで開院された第六〇議会は、満州事変後の未曾有の混乱のなかで休会明けの翌一九三二年一月二一日に早々と解散し、同年二月二〇に第三回の男子普通選挙が施行されることとなった。満州事変が起こる以前婦選の女性たちは、この第六〇議会で「婦人公民権」の衆貴両院通過を期待し、一九三二年を婦選史上の一大画期とすべく活動していた。しかし満州事変の勃発は、議会に婦選三案を提出することすら困難な状況を作り出した。

▼ふたたび超党派共闘の試み

ブルジョア女性三組織による共同委員会が満州事変後の議会に対する有効な手段を見いだせないなか、一九三一年一二月一九日、無産婦人同盟の岩内とみゑ、堺真柄、松村喬子、菊川君子たちは、書簡で獲得同盟に共同運動を申し入れてきた[19]。

昭和初期、プロレタリア女性組織は、軍ファシズムが台頭する社会で右顧左眄する左翼系男性組織の動きに連動し、組織の解消、分解、統合を繰り返していた。しかし一方で、母子扶助法や婦選等の女性問題に関しては、プロレタリア女性組織間で共闘の活動が模索されていた。たとえば事変一年前の一九三〇年九月一三日、無産婦人同盟と全国大衆党婦人部は、一八歳以上の男女同等の選挙権・被選挙権の即時実施を要請する「徹底婦選声明」を発表した。その動きは、翌一〇月三〇日の徹底婦選獲得共同闘争委員会の設立へ発展した。同委員会には、社会民衆婦人同盟、社会民衆党婦人部、無産婦人同盟、全国大衆党婦人部が参加した[20]。

同共同闘争委員会は、第五九議会開廷一カ月前の一一月二九日、演説会を開催し、社会民衆婦人同盟の赤松明子、阿部静枝、無産婦人同盟の堺真柄、岩内とみゑらが講演した。もとより委員会は政府の制限付公民権案には反対し、一九三一年一月一九日、政府の婦選案（制限公民権案）に対する反対決議をおこなった。

一方で満州事変以前の平時における婦選運動の特色のひとつは、ブルジョア（有産）女性組織とプロレタリア（無産）女性組織の階級を超えた共闘にあった。実際その戦略は、新婦人協会の活動に端を発するものであり、その流れは、第二章で詳述したように、婦人公民権案が衆議院を通過する可能性が高まった一九二八年三月、市川たち獲得同盟の呼びかけで、左右両翼の女性組織が大同団結した婦選獲得共同委員会の組織化につながっていた。同委員会は、実質的に二年間足らずの共闘であった。しかし、そのブルジョア女性組織とプロレタリア女性組織の共闘は一九三〇年四月、ふたたび市川が獲得同盟を通して呼びかけた全日本婦選大会の開催に継承された。一九三一年末の無産婦人同盟の獲得同盟への申し入れは、そうした共闘の試みの経験からなされたものであった。

市川ら獲得同盟は、一九三二年一月二〇日、保守派の同志会も交えて、基督教婦人参政権協会、婦人参政同盟、無産婦人同盟の五団体とともに、矯風会事務所で共闘活動のための話し合いをもった[21]。その結果、第六〇議会が解散された翌日の一月二二日、同志会を除くブルジョア婦選三団体と無産婦人同盟さらに全関西婦人連合会を加えた五団体で、婦選団体連合委員会（以下「婦団連」と略）を組織した。全関西婦人連合会は婦選獲得共同委員会のメンバーでもあった。以後、準戦時期の婦選活動は、獲得同盟を軸にこのとき組織された婦団連を通して展開することとなる[22]。

後に市川は、婦団連が組織されたとき、社会民衆婦人同盟からも参加の希望があったことを明らかにした。だが、当時同党が国家社会主義（全体主義）への傾倒を鮮明にしていたので断ったと、記している。[23]

無産婦人団体としてはもう一団体、社会民衆党系の社会民衆婦人同盟（赤松明子氏ら）があった。しかし党と共に国家社会主義へ転向し始めていたので、無産大衆党系の無産婦人同盟とは立場が違うとし参加を拒絶した。

▼満州事変後の婦選要求の言説

一九三二年一月二二日、設立にあたって婦団連は左記の声明を発表した。[24]

……私共は、内外の時局が困難なれば困難なる程、その憂を頒ち、これが打開に協力せんがために、婦人参政権の必要を一層痛切に感じるものである。婦人参政権に対しては、無産政党はその結成当初より徹底普選を其の政策に掲げて来たが、政友会及民政党は、婦人参政権の一部である婦人公民権のみに賛成してゐる。……両政党がこれを実現せんとする誠意を有するや否やについでは頗る疑問である。……

二大政党が此際、各々その公約を守りこれを遂行するの決意を有する事を宣明するは、有権者の背後にある多数の婦人を把握する所以であると信ずる。

声明を通して婦団連は、満州事変後の困難な状況下で「婦人参政権の必要」を前面に打ち出していった。事変後の急激な社会の反動化のなかで、実現までいま一歩のところにあった「婦人公民権」はもはや議会上程すら可能でない状況になっていた。しかし婦選の女性たちは、そうした婦選に不利な状況を逆手にとり、「内外の時局が困難なれば困難なる程」、女性たちの価値と能力を政治に組み入れ、時局を乗り切る一助とすべきであると主張し、婦選に有利な状況へと組み替えた。

犬養首相官邸訪問。前列左から四人目より高木冨代，高橋千代，市川，ガントレット恒子，坂本真琴。1932 年 1 月 29 日

以後、この困難な状況を乗り越えるためにこそ婦選が必要という立論は、十五年戦争を通して女性たちの政治参画を要求するひとつの根拠として繰り返し主張されていった。実際、こうした婦団連が設立時の宣言で述べた危機下の婦選の意義は、準戦時期に開催された第三回から第七回大会に至るすべての全日本婦選大会の決議のなかに組み入れられていた。

犬養首相が召集した第六〇議会に期待した市川もまた、「現在の内外に於ける困難な時局に直面して、私共は一層参政権の必要を痛感させられてゐる」と危機下の婦選の意義を説いた。そして、そのためにこそ婦選の「要求を高く掲げこれが獲得に邁進せんとするものである」と決意を述べた[25]。

▼最初の蹉跌

犬養毅首相の登場に意を強くした市川たちは、婦団連が組織されるとただちに六一議会に向けての戦略を開始した。一九三二年一月二五日、市川をはじめ婦団連の代表は、若槻民政党総裁を自宅に、二九日、犬養総理を総理官邸にそれぞれ訪問し、婦選三案の議会上程の要望と

彼らの婦選に対する意見を確認した。若槻民政党総裁は、「私個人としては賛成ですが、党の事は判りません」、「要するに世論次第」と、消極的であった。一方で犬養首相は、「公民権は完全が当然、参政権はその後になろうが、結社権も反対の論拠なし」と婦選三案に積極的姿勢を示し、「出来るだけご希望に添うやう党と相談をして」と確約した。[26]

もとよりこのとき、その五カ月後に軍クーデターで首相の犬養が暗殺されることを誰も予測しなかった。犬養首相訪問一〇日後の二月九日、前蔵相井上準之助が右翼のテロの犠牲になった。さらに第三回男子普通選挙後の三月五日、三井財閥の団琢磨が右翼に殺害された。「なんとなく不気味」と感じていた市川の不安は、満州事変後の軍ファシズムの台頭に呼応する右翼のテロ活動として顕現していった。

二月二〇日の選挙の結果は政友会の圧倒的勝利に終わり、議員総数の過半数をゆうに超える三〇一議席を獲得した。三月二〇日、右翼のテロ活動が続く「騒然とした」社会状況下で開催した第六一臨時議会（同月二四日閉会）は、満州事変と、その後海軍が起こした上海事変のための軍事費追加予算の審議・承認が主であった。軍事費追加予算は前会一致で可決された。市川はこの議会で軍事費追加予算が全会一致で可決したことを「五人の無産党の議員も賛成してしまったようであった」と指摘し、また「私どもの婦人参政権案など入り込む余地はなかった」と慨嘆した。[27]

満州事変に対する軍事費追加予算が全会一致で可決したことは、軍の意向に対する抑止力としての議会の機能喪失を象徴した。女性の政治参画を支持する犬養首相と、政友会が圧倒的多数を占める議会で、平和への強い意思さえあれば、軍の追加予算に何らかの制限を加えることも可能なはずであった。また、もし女性公民権付与に対する事変以前の政友会の支持が真剣なものであったなら、たとえ事変後であっても衆議院で「婦人公民権案」を通過していたはずであった。

しかし犬養首相も政友会も、ともに軍の膨張主義に対する強い反対の意思を示すことはなかった。いわんや、満州事変以前あれほど積極的に支持していた婦選に対して婦選三案の議会提出の機会すら与えなかった。議会が本来の機能を果たさなかった失望のなかで市川は言う[28]。

四六六名中の三〇四名といへば殆どその三分の二を占めてゐる訳である。政府さへ決意すれば、実行の不可能なる事はあり得ない筈である。この地位にあつて、選挙に於て或はその在野時代に与えた公約の実行を回避することは絶対に許されない。

代議制を信奉し婦選運動を率いていた市川にとって、ほとんど審議らしい審議もせず一方的に全会一致で追加予算を承認したこと、また犬養内閣と圧倒的多数を占める政友会与党の議会のもとで婦選三案を提出すらできなかったことは、痛憤の一事であった。この後市川は、軍ファシズムの跋扈に果敢に立ち向かわない既成政党に対する失望を深めていった。実際その既成政党に対する信頼の失墜は、市川が代議制支持の婦選の立場から乖離し、近衛文麿の新体制運動を最終的に支持していく一因となった。そうした文脈から見ると第六一議会で市川が経験したこの蹉跌は、戦時期市川の「転向」への軌跡の伏線とも言える。

(二) 五・一五事件から二・二六事件にかけて――二様の婦選活動

▼代議制の終焉

一九三二年五月一五日、海軍の青年将校を中心にクーデターが勃発した。一九三〇年のロンドン海軍軍縮条約を調印した民政党前内閣の若槻礼次郎に対し、海軍の一部青年将校の間に不満が募っていた。彼らはまた若槻内閣の対外協調路線の政策が、経済界との癒着の上に成り立っているとして政治腐敗を批判していた。

しかし同年二月二〇日の選挙で、政友会が圧勝し犬養毅が首相に選任された。そのため、攻撃のターゲットが本命の若槻から犬養に移行し、首相官邸、立憲政友会本部、三菱銀行などの襲撃が計画された。同日、首相官邸を襲撃した彼らは、「話せばわかる」と反乱軍に立ち向かった犬養首相に「問答無用」と銃を向け射殺した。先の男子普通選挙で圧倒的な支持を得ていたにもかかわらず、この海軍若手将校のクーデターで、翌五月一六日、犬養内閣は瓦解した。二六日、海軍大臣斎藤実に組閣の大命が下りた。同内閣は民政党、政友会その他の無産政党を含めた挙国一致内閣であった。だが現実には、政党の意思には関係なく政治がおこなわれた超然内閣にほかならなかった。

この斎藤実内閣の出現によって、一九二八年第一回普選議会(第五五特別議会)以来の政党内閣は、事実状終止符を打った。それは明治憲法下の代議制の終焉を意味した。市川は斎藤実内閣について「形からいへば、挙国一致内閣、協力内閣といへやうが本質からいへば、純然たる超然内閣である」と指摘し、「私共は国民として、同時に婦人として、現在に於いては、尚代議政治を以て適当だと考へるものである」と主張した。そして斎藤実個人は「議会否定論者ではない」から、斎藤内閣が代議制に則って政治をおこなうことを期待すると述べた。(29)

▼抱えた矛盾と変転する婦選の要求

代議制の政党政治に終止符を打った五・一五事件以降、婦選運動は、女性たちの代議制への参画を求める婦選の要求を代議制の機能しなくなった議会に対しておこなうという矛盾を抱えることになった。男女同等の政治的権利を当然とする自然権の思想は、代議制を否定する議会で、一切の有為性を持ちえなかった。その結果、準戦時期婦選運動は、本来の活動である婦選三案の議会上程を著しく制限されていった。

実際、準戦時期に開廷された第六〇通常議会(一九三一年一二月二六日開院)から準戦時期最後の議会となった第七〇通常議会(一九三六年一二月二六日開院)に至る一一回の議会のうち、婦団連が中心となって議会に上程した婦選法案は、第六二、六三議会と、六九議会の三回に限られている。これら三回の議会においても、満州事変以前の議会で毎回上程され続けていたいわゆる婦選三法案は姿を消し「婦人参政権法案」が、第六二、六三、六九議会で「婦人公民権案」は、第六九議会で上程されたにすぎなかった[30]。

一方で市川たちは、満州事変後、国の内外の状況が困難になればなるほど、女性たちの能力と価値は、困難な状況を乗り越えるために使われるべきであり、そのため女性たちの政治参画は必至であると、婦選の必要性を繰り返し主張した。とくに市川は、女性たちが平和志向であることを強調し、満州事変後の軍膨張主義と軍ファシズムの台頭を阻止し、正常な社会を取り戻すためには、政治を男性だけにまかしておく限り可能ではないと強く主張した。こうした準戦時期婦選の主張は、先の論文「国際平和と婦選」で市川が指摘したように、女性たちの政治参画の要求がもはや、地方政治に参画する権利、すなわち公民権では有効ではなく、むしろ女性が国の政治に参画する権利――参政権こそが喫緊であることを意味した。

婦団連が議会に提出した婦選法案が、準戦時期の前半に「婦人参政権法案」を軸としていた理由は、同時期のそうした婦選の主張の変化にあった。実際、満州事変直前には議会可決にいま一歩までに迫っていた「婦人公民権法案」は、準戦時期の当初、ほとんど議会上程の運動対象とされなくなった。

「婦人公民権」を軸に婦選運動がふたたび盛り上がりを見せるのは、準戦時期の中盤以降であり、その背景には、後述する婦選の女性たちの東京市をはじめとする地方自治体の政治への積極的な関与があった。公民権を持たない女性たちが、自治体の抱える問題解決に取り組み、その政策に影響することを通して、一方で自らの政治的能力に対する自信をつけ、他方で、無権利であり続けていることに対する不満を増幅させた。くわえてこの時期、新東京の都制案に女性公民権を挿入する運動から各地方で地方自治体法に女性公民権を挿入する運動へと発展した。そうした状況のなかで、一九三六年五月初頭に開廷した第六九特別議会で、「婦人公民権案」が準戦時期初めて衆議院に上程された。しかしその一年後には盧溝橋事件が勃発し、中国大陸での局地的戦争は一挙に日中全面戦争へ拡大し、もはや一切の婦選案の議会上程は可能でなくなった。

▼第六二議会――「女性参政権案」の上程

ここではまず、準戦時期、婦団連がどのように婦選法案の議会上程に取り組んだか、準戦時期に開催された第六〇議会から第七〇議会までの一一回の議会に対する婦選の対議会活動を跡づけてみよう。軍ファシズム下の形骸化した議会に対する婦選の対議会活動の戦略を検証し、それがどこまで機能したかを問うためである。

先に指摘したように、満州事変後の第六〇通常議会と第一次上海事変後に開催された第六一臨時議会はともに、軍事費追加予算の審議が主であり、婦選案の入りこむ余地はまったくなかった。一九三二年五月二八日、第六二臨時議会の開院に合わせて、第三回全日本婦選大会（以下「婦選大会」と略）が、婦団連の獲得同盟、基督教婦人参政権協会、婦人参政同盟と無産婦人同盟の共催で開催された。同大会は、一九三〇年の第一回大会以来第七回大会（三六年一月二四日）まで、議会の会期に合わせて、準戦時期に開催され続けた。それは議会に提出する婦選案が、社会のあらゆる階層の女性たちの総意であることを示し、議会への示威活動とするため議会の会期ごとに市川たち獲得同盟を主軸に開催され続けたものであった。

この第三回婦選大会で準戦時期の婦選運動の基本的戦略が設定された。婦選運動の当初の目的としてこれまで実現に力を注いできた「婦人結社権」と「婦人公民権」の要求は姿を消し、大会決議は「第六十二議会に対し婦人参政権即時実施を強く要求し、而してその獲得運動に対し徹底的闘争の展開を期す」とした[31]。この全日本婦選大会の決議に基づき婦団連は、第六二議会で、婦人公民権案・結社権案の提出はせず、婦人参政権案の提出のみに絞った。無産政党は当初から徹底普選案を提唱し、第一回普選議会（第五五議会）以来婦人参政権を主張していた。そのため、第六二議会で婦人参政権案は、社会民衆党の安部磯雄を代表に三七名の賛成者で提出された。

一九三二（昭和七）年六月一一日、議会閉廷の三日前に「衆議院議員選挙法中改正法律案」が提出され、閉廷日の一四日に上程、安部磯雄が法案の説明をおこなった[32]。同法律案は、参政権の資格者を決めた衆議院議員選挙法第五条の「男子たる」を削除したものであった。この法案もまた婦人参政権要求の根拠を「議会政治の確立」と「政界浄化の必要」に置いていた。それは、平時に市川たちが主張した婦選要求の理由と同様であった。議会閉廷日に上程された同法案は審議未了で廃案となった。議会を傍聴していた市川は、「婦選案の説明としては、それまでにない静粛なもの」であり、安部が「十五分間の演説を結ばれたときには拍手が相当あった」と記している(33)。

▼第八回獲得同盟総会

第六二議会閉会後の一九三二年六月二六日、獲得同盟は第八回総会を開き同年度の運動目標を決めた。一年前の一九三一年四月に開催された第七回総会では、婦人公民権実現間近の予想のもとに、「完全公民権を手にするために全力をかける」ことが一九三一年度運動目標の第一に据えられていた。しかし五・一五事件後のこの総会で採択された一九三二年度の運動目標は、公民権ではなく「婦人参政権の即時獲得」を第一目標に据えた。先に指適した婦団連の方針と同様に獲得同盟でもまた、この時期「婦人結社権」はもとより「婦人公民権」を獲得するための運動が取り上げられることはなかった。

この総会で、「婦選に関係のない他の問題の実際運動をも行ふこと」が、初めて運動目標のひとつとして明確に設定された(34)。それは当時「時局に鑑み」、獲得同盟が中心となって婦選の女性たちが取り組んだゴミ問題などの、婦選とは異なる生活領域の新たな実際的問題への取り組みを、準戦時期、獲得同盟の重要活動課題とすることを確認したものであった。

次章で敷衍するが、準戦時期の婦選運動は、代議制が事実上終焉し婦選法案の議会上程が困難となるなかで、生活を取り巻く地域社会での実際的政策への女性たちの参画を活性化させていった。獲得同盟第八回総会で設定されたその運動目標は、地域社会での女性たちの生活関連政策への取り組みが、広義の意味で婦選活動の一部であると、位置づけることを意図していた。

▼第六三、六四議会――貴族院への働きかけ

第六三臨時議会(一九三二年八月)は、時局匡救のための二週間の短期間が予定された。しかし市川たちは「遠慮せず」、前回の第六二議会で上程した「衆議院議員選挙法改正法律案」をふたたび社会民衆党の安部磯雄、杉山元治郎を代表として議会に提出した。八月三〇日衆議院本会議に上程された法案の説明も、前回同様に安部磯雄が担当した(35)。この六三議会で事変後初めて貴族院に対して婦選三案が請願のかたちで提示された(36)。市川たちは、時局下とかく貴族院への働きかけを継続し、貴族院での婦選に対する意識を変えることを、準戦時期婦選の対議会戦略のひとつとして捉えていた。

先に指摘したように獲得同盟は、制限付婦人公民権案が第五九議会の貴族院本会議で否決された後、貴族院の婦選に対する意識高揚のために『婦選ニュース』を一九三一年一一月と一二月に、同院の有力議員に送付していた。その結果、「翌三二年四月ごろ、婦人参政権反対の大演説を壇上でぶった井田磐楠男爵」から、「婦選について話をしたいから来てほしい」との依頼を受けた。井田男爵は、このとき公正会の幹事だった。依頼を受けた市川は、久布白落実と、一〇月一五日、貴族院公正会でそれぞれ二〇分間婦選について話し、質問に答えた。井田磐楠男爵は、当時市川たち婦選運動の女性たちがかかわっていた母子保護法の制定運動には、その趣旨に賛成し熱心に協力していた。市川は、こうした動きを捉えて「とにかく、貴族院の空気も少しずつ変化している」と感じ初めていた(37)。

次の第六四通常議会でも婦団連は、貴族院に対する前回同様の働きかけを継続し、婦選三案を請願のかたちで請願委員会に提出した。結果は、三案ともすべて貴族院請願委員会で不採択となった。この第六四議会に対して婦団連は、事変後初めて完全婦人公民権案の提出を決議し、政友会、民政党の有志に働きかけた。しかし時局下、もはや婦人公民権案を議会に提出し、説明してくれる議員を見つけることはできず、政友会、民政党いずれの党有志からも提出を拒絶された。議会への提出者の欠けた状態で、以後、婦人公民権案の衆議院提出は、いっそう困難となった(38)。

一方、第六二、六三議会で提出、上程された「婦人参政権案」の議会上程もまた、選挙革正等の他の問題を優先さ

せるなかで立ち消えになり、第六四議会で提出されることはなかった。

▼第六五議会――政府の婦選観

第六五通常議会にも、前回同様に衆議院に婦選案は一切上程されることはなかった。貴族院には婦選三案の請願が出されたが、貴族院請願第二分科会で審議未了で終わった。市川は、前回の第六四議会での結果が「不採択であったので、いくらか空気が緩和したといえるかもしれない」と忖度し、貴族院の婦選に対する意識の変化を確認した。(39)

貴族院請願第二分科会では、政府委員の狭間茂地方局長は、政府の女性参政権についての考えを述べた。そこで狭間は、女性の政治参画は理論上認められているし、政府も認めている。かつて政府も公民権だけを認める法案を提出したが、成立しなかったと述べた。そして問題は社会情勢であり、「女子の社会教育」「政治思想」の普及と「政治社会の一般の情勢」等を「総合考慮して之を認めるか否かと云ふことを決定しなければならぬ」と答弁した。(40)

つまるところ、政府も含めておおかたの考えは、軍ファシズムの跋扈する社会でも女性の政治参画を基本的に必要と考えていたことは明らかであった。たとえ満州事変後の社会が反動化しても、事変以前までに社会が認めた婦選の価値は大きく変わることはなかった。問題は社会情勢であり、軍ファシズムの台頭にあった。

▼第六六議会から第六八議会――婦選の軸足の移行

第六六議会（一九三四年一一月）は、東北地方の災害（冷害）救済のための臨時議会であり、災害地に関する問題しか取り上げないことになった。そのため貴族院に対する婦団連が当初準備していた婦選三案の請願の署名は無効となった。代わりに市川は、「災害地に於ける母子保護に関する請願書」を書きあげ、衆議院、貴族院に提出した。(41)

続く第六七通常議会と第六八通常議会でも婦団連は、婦選関係法案を衆議院に提出しなかった。一九三二年末から一九三六年にかけて開催された五回の議会に婦選法案を提出できなかったことは、婦選の大きな後退を意味した。ひとつにそれは、婦選案を議会に提出してくれる議員を見つけることが、ますます困難になったことにあった。しかしいまひとつは、準戦時期の婦選活動の軸足が、税金問題から卸売り市場問題などの生活関連運動や選挙粛正運動、さらには母性保護運動へ移行していったためであった。

市川は、この時期のそうした婦選本来の活動からの逸脱を反省し、一九三四年度は「会の経常の運動が臨時に起こった運動、即母性保護運動に捉われて予定通りに進められなかつた」と述べ、「母性保護連盟の陣容が大体整つた現在に於ては、婦選は婦選としての活動をも併せて活発に行ふ事の必要を痛感する」と決意を新たにした(42)。

▼第六九議会――婦人公民権案と婦人参政権案の衆議院提出

第六九特別議会(一九三六年五月)に向けて市川たち婦団連は、何としても本筋の婦選運動を挽回しようと懸命であった。一九三五年一二月一七日、獲得同盟、基督教婦人参政権協会、婦人参政同盟のブルジョア婦選三団体が集まり、議会対策を話しあい、「昨今問題の都制案中に婦人公民権挿入の運動を積極的に起こす」こと、さらに「参政権案も結社権案も何れも提出の運動を開始する」ことを決議した(43)。

婦選運動の軌道修正をし、婦選案の上程に万全の態勢で臨んだ第六九議会は、二カ月前の二月二六日に起こった陸軍皇道派一部青年将校のクーデター未遂事件の影響で、戒厳令下の開院となり、「議会の周囲は警官で囲まれ、傍聴者もすべて誰何されるという状態であった(44)」。しかし市川たち婦団連は、この議会で婦人参政権案とともに婦人公民権案を準戦時期初めて衆議院に上程することに成功した。同議会では婦人公民権案が、坂東幸太郎ほか各派連合で五月一六日に議会提出、二三日に上程された。同案は坂東の説明後、委員付託となったが、二七日の閉会で審議未了となった。

準戦時期の最終段階で初めて女性公民権案を議会に上程できた理由は、ひとつに一九三六年二月二〇日の第一九回衆議院総選挙で政府が選挙粛正に乗り出し、全国的な草の根の女性たちが動員され、女性たちの政治粛正に対する働きが評価されたことにあった。その間の事情を前月から機関誌『婦選』に付録として掲載しはじめた「女性市民」は、次のように記している。(45)

所謂握り潰しの運命でしたが、婦人公民権案が議会に出たのは数年ぶりで、満州事変以来女の事は後まわしといふ非常時議会の雲行きに婦人側の運動も聊か後に退いてゐたものが、今度は庶政一新の機にのつて進出を企て、こゝ迄の努力を刻み得た訳なのです。

婦人に公民権を与えて自治政に参与せしめることの妥当は、現在の議員中にも多数の賛成者があります。殊に昨年来の選挙粛正に関する婦人側の働き振りは、此の機運を大に促進しつゝあるものです。

さらに「婦人参政権案」が杉山元治郎ほか無産派議員より五月一四日提出、公民権案と一緒に二三日上程され、杉山が説明した。しかし同案も公民権案と同様に審議未了となった。

第六九議会で市川たちはまた、母性保護連盟を通して「母子扶助法」と「家事調停法」をも議会に提出した。市川は「もちろん両者を手伝」っていた。「短期間の特別議会で、とにかく四案が法律案として上程されたことは一歩前進といってよかろう」と、市川は第六九議会に対する婦選運動を高く評価した。(46)

準戦時期最後の議会となった第七〇通常議会で婦団連として婦選三案の両院提出はできなかった。この議会でも、婦選以外の東京市会選挙や母子保護法の議会提出の活動で忙しく、婦選案まで手が回らなかったためであった。しかしこの議会では、ブルジョア婦選三組織のひとつ婦人参政同盟が婦人参政権の請願を衆議院に提出、請願委員会で採択された。(47)

▼準戦時期婦選運動のいまひとつのアプローチ

以上が準戦時期、婦団連が取り組んだ婦選案議会上程の軌跡である。そこから代議制が機能しなくなった議会に、婦選案を提出、上程することの困難な状況が浮き彫りとなる。

しかし準戦時期婦選の女性たちが取り組んだ婦選実現の模索は、婦選三法案の議会上程に限定されていなかった。婦団連を中心に婦選の女性たちは、この時期政府が取り組んだ選挙法の改正のなかに女性参政権を挿入するための運動、さらに東京府が取り組んだ新東京の都制案に公民権を挿入する運動を積極的に展開していた。

第六二臨時議会閉会後、斎藤実内閣は選挙法の改正に着手した。五・一五事件を引き起こした将校たちの不満が、政治不信にあったためである。第三回全日本婦選大会決議に基づき第六二議会で、女性の参政権一本に要求をしぼっていた婦団連は、即座に政府の選挙法改正案に婦人参政権を挿入させる運動を展開することを決定した。

一九三二年七月二四日、内務省は比例代表制に厳罰主義を採用した選挙法改正案を決定し、法制審議会に諮問した。同時期、司法省、政友会、民政党も、それぞれ選挙法改正の草案を発表した。司法省と民政党は選挙権の年齢低下を、政友会は、年齢低下に加えて、婦人参政権と選挙の公営を掲げていた。

婦団連は、七月二八日、八月四日の両日、政友会、民政党本部、内務大臣山本達雄、法制審議会総裁の平沼騏一郎にそれぞれ面会し、女性参政権を改正選挙法に挿入することを要請した[48]。しかしいずれも五・一五事件の背景として、政治に対する不信感があり、その政治不信は、男子普通選挙が時期尚早であったにもかかわらず、一部の煽動に乗って施行された結果であるといった認識を共有していた。「現在の行き詰まり」を「打開するのに婦選では失敗を倍加するおそれがある」、「政治教育が徹底せぬ先に普選を断行したのが今日のこの選挙を堕落させた原因の一つ」、「無知な民衆が選挙権を得て、選挙を堕落させてしまった。婦人だってみんなが向上してからでいいんだ」といった反応が渦巻いていた[49]。

一方で市川は、そうした婦選時機尚早の主張に対して『婦選』「主張」欄で、選挙革正、政治浄化のために選挙法改革をやるのなら、まず、選挙違反者に厳罰主義を採用すべきであり、また選挙自体を公営とすることで票の売買の可能性をなくすことであると、主張した。そして「選挙権を広く拡張し、多数の新分子を参加せしめる事によつて、清新の気を注入すると共に、買収を益々困難ならしむること」[50]が最も重要であるとし、具体的に男子選挙権の年齢を二〇歳に低下し、女性にも選挙権を与えるべきであると主張した。同所で市川は「婦人は選挙に対しては全くの新分子である。然もそれは本性正直潔白を愛する、党派心のうすい、全くの異質の新分子である」と指摘し、人口の半数を占める女性に選挙権を与えることは、正に選挙に「清新の気を注入」することに役立つと強調した。

▼婦選後援団体連合会の結成

婦団連の選挙法改正運動への取り組みは、婦選運動を支援するいまひとつの組織の誕生につながっていった。一九三二年八月一七日、婦団連は、第三回全日本婦選大会で後援団体になった一六団体を招き、選挙法改正問題懇談会を開催した。同会で、改正選挙法に婦選をいれることを要求した決議文が作成され、法制審議会、政府、各政党へ提出することが決まった[51]。同会ではまた「私どもはそれぞれ自分の会の目的のために働いているが、私たちの力が必要な場合はいつでも動員してほしい」といった要望が出された[52]。

その要望を受け、八月二九日、婦人矯風会事務所で婦選後援団体連合会が結成された。婦団連は、さっそく婦選後援団体連合会に、婦選要求のハガキを選挙法改正が審議されていた法制審議会の審議員たちと、貴衆両院へ送付することを依頼した[53]。

婦選後援団体連合会は、九月二四日第一回会合を開催した。婦人平和協会、婦人矯風会、国民婦人会、日本婦人記者倶楽部、東京婦人市政研究会、東京府産婆会、東京女子薬剤師会、仏教女子青年会、浅草寺婦人会、東京基督教女子青年会、女医会、子供の村お母様学校などの団体が参加した[54]。保守的な婦人同志会の参加は得られなかった。『自伝』に市川は、「婦選団体でありながら婦人同志会の参加は得られなかった」と記している[55]。

▼選挙法改正の政府案

一方で政府の法制審議会は、政府、衆議院、貴族院、学者の代表二七人を主査委員に任命し、選挙法改正の審議を進めていた。市川ら婦選の女性たちは、主査委員を直接訪問し、婦選を選挙法改正に盛り込むことを要請した。さらに全国の婦選団体に呼びかけ、婦選を要求したハガキを委員に送付することを依頼した(56)。

こうした一連の働きかけの結果、一〇月一四日、同委員会は女性参政権問題を議題に取り上げた。主査委員のひとり行政裁判所所長の清水澄が、「女子に参政権を与ふる事」について提案し、女性が男性と同等の政治的権利を持つべき理由を五点挙げた。第一に、女性も男性同様国民であるから「特別の事由なき限り」男性と同じ「公権」を持つのは当然である、第二に、女性の知識が著しく向上し、「各自の能力に於ても男子に比し非常に見劣りする者」が少ない、第三に女子はその「性情純真」なので、女性に選挙権を与えることは「選挙界浄化の一方便」となること、第四に、女性参政権付与の欧米諸国の例に日本も習うべきであること、そして最後に、日本で女性参政権支持の世論が高まっていることが挙げられた(57)。

翌一〇月一五日に同審議会は、女性参政権を挿入するか否かの採決をとり、賛成四、反対一四で否決した(58)。その結果、第六四通常議会に上程された選挙法改正の政府案は、女性参政権を含まないものとなった。第六四議会で選挙法改正の政府案は審議未了となった。

最終的に選挙法改正案は、第六五通常議会で成立したが、女性参政権は含まれなかった。しかし同改正法は、選挙浄化を目的としていたため選挙違反に対する刑罰を厳しくし、市川の主張していた選挙を公営とする案の一部が認められた。さらに各府県知事を会長とする選挙粛正委員会の設置が決まった。

▼都制案への公民権挿入運動

一九三二年一〇月一日　東京府は、隣接の五郡三二町村を合併し二〇区を加え、三五区、人口五〇〇万の世界第二の都市となった。従来東京府は、内務大臣と東京府知事の二重の監督下にあった。そこで巨大都市の指揮を機能的にするため内務大臣の指揮系統に一本化するための新都制法が討議され、新議会に提示されることとなった。

すでにこの年の八月、東京市は、東京市政調査会に「都制問題」に関する調査を依頼し、市川たち獲得同盟も、同会から「東京都制問題に関する質疑要綱」を受け取った。市川と金子は、この機会を捉えて新都制案に「婦人公民権」を挿入する運動を計画した。二人は、獲得同盟の中央委員会、理事会に都制案に女性公民権を挿入する運動を提案し、了承を得ると、一〇月中旬、婦団連に提案し、了承を得た(59)。かくして、東京都制に女性公民権を挿入する運動が獲得同盟から提案され、婦団連で開始されることになった。まず同年一一月二日、婦団連は先の婦選後援団体連合会と共同で、内務省、東京市長に「婦人公民権」を新都制案に挿入する要望書を提出した。

東京都制案は、内務省と東京市会の田代義徳を委員長とする都制委員会がそれぞれ検討していた。婦団連は東京市の担当局課へ働きかけ、都制案の「第一案、公民たる範囲を拡張する」のなかに、性別による差別の撤廃と年齢要件を二〇歳に低下するという二項目を入れることに成功した。一一月七日、都制委員会理事会が都制案を決定し、一一日都制委員会で了承された(60)。しかし新しく選挙で選出された議員の多数は、一一月二九日の東京市会で都制委員会が提案した女性公民権も年齢低下も強く反対した。その結果一二月一三日、都制委員会は、「公民権の拡張及び選挙公営等については深甚の考慮を払われたし」という希望条項を付けるだけの後退した都制案を決定した(61)。

▼二つの働きかけ

婦団連は、東京都制に「婦人公民権」を挿入するために二つの重要な働きかけをした。ひとつは東京連合婦人会への働きかけである。同婦人会には東京市の四八の婦人団体が加盟していた。東京都制に婦人公民権を挿入する運動を、東京市のすべての女性たちの要望とするためには、同婦人会と共闘することが必須であった。獲得同盟は東京連合婦人会とは、第一回男子普通選挙時に共闘した経験があった。

市川は当時、東京連合婦人会の副会長をしていた旧知の山田わかを通して共闘の依頼をした。その結果、一九三二(昭和七)年一一月一日、東京連合婦人会は、創立一〇周年記念の事業のひとつとして、東京都制案に婦人公民権を含ませる運動を起こすことを決議した(62)。

さらに婦団連は、一一月八日、内幸町の大阪ビル・レインボーグリルで、男性による「都制と婦人公民権懇談会」の開催を働きかけた。集会発起人は、大審院院長の横田秀雄、東京朝日新聞論説委員、前田多門、牧師の小崎道雄、三輪田高女校長、三輪田元道、婦女新聞社長、福島四郎、さらに高島米峰、平林広人、田川大吉郎、生江孝之の九人であった。同日の懇談会には、東京市、府の議員、貴衆両院議員、学者、教育者等総勢三〇余名が参集した。同懇談会は、決議文「目下立案中の都制案中に婦人公民権を含ましめると同時に、全国の婦人にも公民権を付与せしむべく、現行地方制度の改正を期す」を万場一致で採択し、「都制と婦人公民権の会」として懇談会を継続することを決定した(63)。

こうした一連の動きにもかかわらず、最終的に内務省は、都制委員会の希望条項を無視し、婦人公民権抜きの都制案を第六四議会〈一九三二年一二月二六日開院〉に提出した。しかし選挙法改正とともに審議未了で廃案となった。

▼地方自治体法の改正と「婦人公民権」

先述したように準戦時期の反動的社会で、婦人公民権案の議会上程は著しく困難であり、同時期に議会上程に成功したのは一九三六年五月の第六九臨時議会においてのみであった。しかしこの時期、婦選の女性たちはゴミ処理問題、税金問題、卸売市場問題などの生活に関連する問題を積極的に婦選運動に取り込んでいた。そうした試みは、一方で公民権を持たない女性たちの自治体の政治への実質的参画を意味していた。婦選の女性たちは、自治体の問題に直接かかわり、その政策に影響を及ぼす経験を通して、公民権の必要性をいっそう痛感するようになっていた。

そのため一九三二年末にはじまる都制案への「婦人公民権」挿入運動は、行き詰まっていた「婦人公民権案」の議会上程にひとつの活路を切り開いた。議会に直接「婦人公民権案」を上程することが困難な状況で、地方自治体の法制度改正に乗じて改正法のなかに女性の公民権を挿入する運動を強力に展開する戦略が都制案への取り組みから新たに提唱された。とくにゴミ問題、卸売市場問題などの自治体の政治に実質的に参画し成功を収めていた市川たちは、女性公民権要求の戦略を地方自治体法の改正に向けていくよう強く主張しはじめた。

一九三四年九月、『婦選』「主張」欄に市川は「岡田内閣と婦選」を掲載した。同所で市川は、岡田内閣に於いても前任の斎藤実内閣と同様に婦選は「尚暫くの隠忍を余儀なくされるであらう」と指摘した。しかし女性公民権に関しては別であると、次のように述べた(64)。

同じ婦選とはいへ、地方自治制への婦人の参与―即婦人公民権の問題は、その意義を異にするものだけに別個に考へ得る。

即、婦人公民権は、婦人の台所乃至は日常生活と極めて密接な関係にあり、それに参与する事は婦人の家庭生活を改善すると同時に、自治政を浄化し革正する事となるが故に、今日の所謂非常時意識と杆格しない所かそれを強調するのに少からず役立つものである。……

殊に来るべき通常議会には、前議会で通過した衆議院議員選挙法に倣ふため、地方制度の改正案が、政府より提出される筈である。

この事は、婦人公民権獲得のためには、絶好のチャンスといはなくてはなるまい。私共は此の機を逸せず、運動を開始し、目的達成の為に努力する必要がある。

一九三五年一二月七日、婦団連の獲得同盟、基督教参政権協会、参政同盟の三団体が集まり、婦選運動を挽回するひとつとして、都制案のなかに婦人公民権を挿入する運動をいまいちど活発に展開することを決議した(65)。

一九三六年末の第七〇定例議会に向けて政府は、東京都制案の議会提出を企画し、一〇月、その都制案の内容を発表した。同案にも女性の公民権は含まれていなかった。婦団連は、ふたたび一九三二年におこなった、都制案への婦人公民権挿入運動を開始することに決めた。一九三六年一二月一日、婦団連の四団体――獲得同盟、参政同盟、基督教参政権協会、社会大衆婦人同盟――に婦人同志会、東京連合婦人会が集まり、「都制問題婦人協議会」を結成し、「目下内務省に於て立案中の東京都制案中にも、都公民として婦人を認められんことを要望」することを申し合わせた。(66)

後年に市川は、このときの会を振り返って次のように評価している。(67)

出席者は各団体から約百名で、三輪田元道、高島米峰両氏も馳せ参じて激励されるなど、久しぶりに活気ある会合であった。これは婦人たちの、東京市政への協力と選挙粛正運動に動員された結果だと思われる。

▼まとめにかえて――二様の戦略と担い手の拡大

以上、準戦時期の反動化する社会で、婦選運動本来の目的である婦選三案の法制化に向けて、市川をはじめ婦選の女性たちがどのように取り組んできたかを検証した。そこからこの時期婦選の女性たちは、婦選の実現に向けて二様の戦略を切り開いていたことが明らかとなる。ひとつは、従来どおりの婦選三案の議会上程である。そして新しく展開したいまひとつの戦略が、選挙法の改正と地方自治体法の改正に、女性参政権と公民権をそれぞれ挿入するための試みであった。

もとより、いずれのアプローチをとるにしろ軍ファシズムが台頭し、代議制が実質的に機能しなくなった社会で、女性たちの婦選の要求、すなわち代議制参画の要求は実を結ぶことはなかった。逆に婦選の従来の戦略である、婦選三案の議会上程が大きく制約された。そのため、満州事変から盧溝橋事件にいたる準戦時期に開院された一一回の議会(第六〇議会から第七〇議会)で、婦団連が「婦人参政権案」、「婦人公民権案」、「婦人結社権案」の婦選三案を一括議会に上程したことは一度もなく、婦人参政権案が三回、婦人公民権案が一回衆議院に上程されたに留まっていた。貴族院に対しても婦選三案は請願のかたちで三回、第六三、六四、六五議会に提出されたにすぎなかった。

婦選案の議会上程を困難にした理由は、ひとつには、後年に市川が指摘したように、満州事変後の軍事的危機を内在させた社会は「もはや婦選などにかまってはいられない」といった非常時局意識が広く醸成されていたことにある[68]。そして第二に、軍ファシズムの台頭が代議制の否定を意味し、そうした時代趨勢に抗ってまで婦選案を議会に提出してくれる議員を見つけること自体が困難となったためであった。しかし第三は、第五章で検討するが、反動的社会で婦選の生き残りをかけて、婦選の女性たちが婦選とは異なる「実際運動」に活動の主軸を移行させていたためでもあった。この時期市川たちは、女性たちの活動として唯一社会的に容認された生活関連の問題を運動に取り入れ、「生活と政治」を結びつける新たな活動領域を開拓していた。

他方で準戦時期に市川たちは、婦選運動の担い手の拡大に成功した。この時期、婦団連、婦選後援団体連合会といった、左右両翼の女性たちの大同団結と、広範囲にわたる本来婦選を目的としていない自主的女性組織の婦選を軸にした連合体が組織された。準戦時状況下の非常時意識に対抗して婦選運動を展開するためには、女性たちの婦選の要求が、社会のあらゆる分野、階層の女性を網羅したものであると印象づけることが喫緊だったからである。と同時に、そうした連合体の組織化は女性たちの婦選要求が、もはや後戻りのきかない強い要望であることを示していた。準戦時期を通して全日本婦選大会が、婦団連主催、婦選後援団体連合会の所属団体の後援で開催され続けた。同大会には五〇〇名から七〇〇名に及ぶ各地域の代表が毎回参加し、反動的社会に抗うように大会最終回まで婦選の即時実現を決議し続けていた[69]。

政府もまた、第六五議会の貴族院請願委員会での狭間茂地方局長政府答弁に見られるように、女性の政治参画は理論上認めていた。問題は社会情勢にあり、「政治社会の一般の情勢」や「女子の社会教育」「政治思想」の普及を「総合考慮して決定しなければならない」と考えていた。一方、獲得同盟も、一九三六年から翌一九三七年にかけて男性議員と男性知識人を対象に婦選についてのアンケートを二度にわたって実施していた。[70] その結果、市川は、「婦人に公民権を与えて自治政に参与せしめることの妥当は、現在の議員中にも多数の賛成者」がいることを確認していた。とくに「選挙粛正に関する婦人側の働き振りは、此の機運を大に促進しつゝある」[71]と捉えていた。

満州事変以前に形成された、議会と世論の婦人公民権支持の流れは、事変後の反動的社会でも変わることはなかった。問題は、軍ファシズムの社会趨勢であった。

第4章　準戦時期婦選運動の反戦活動

一　反動的社会と婦選の両義的対応——体制批判とすり合わせ

▼反動化する社会と婦選運動の提示の仕方

政治的力を一切持たない女性たちが政治的権利を手にし、その主張を政治に反映させるためには、男性によって構成される議会の支持を得るよりほかに、選択肢はない。そのため婦選の女性たちは、男子普通選挙がはじまった当初から、少しでも多くの婦選支持の議員を議会に送り込む選挙協力活動に積極的にかかわってきた。しかしその現実は、女性たちの婦選の要求が男性議員を選出する社会の受け入れる価値に沿って正当化され提示されなければならないことを意味した。とくに軍ファシズムが台頭する反動的社会は、異端、異論は一切認めない社会であった。もとより男女平等の政治的権利を要求する「平時」の婦選の論理は、ご法度であった。

準戦時期市川は、婦選のレゾンデートルを維持し、社会の受容を手にするため、満州事変以降急激に反動化する社会の体制的価値＝保守的女性観に婦選の主張と活動をすり合わせ、新しい婦選の展望を切り拓いていった。

戦時状況下の社会は、戦場で戦う兵士としての男性役割と銃後を守る女性役割を浮き彫りにし、兵士予備群の養成にあたる女たちの、子を産み、育てる母親役割が称揚され、「銃後の憂い」を一掃する女たちの家事役割が強調された。

市川は、戦時下の保守的社会が強調したそうした女性たちの「社会的役割」をまず、生活者役割として枠づけ、生活領域の問題を婦選の新しい運動課題として積極的に取り上げていった。生活者としての女性たちの「社会的」有為性を実証し、婦選の意義、すなわち女性の社会参画の増大を達成するためである。

と同時に市川は、男性のおこなう選挙に積極的に取り組み、生活者として社会と政治の汚濁にまみれていない女性たちを、未熟な市民社会に顕著な金権選挙と金権政治を浄化する担い手として強く打ち出していった。その活動と主張は、育児の担い手として保守的社会が純潔で高潔な道徳性を具備していると称揚した女性イメージに合致するものであった。そのため婦選の女性たちの選挙浄化への取り組みは、広く社会で受け入れられ、女性たちの「政治的」能力の評価につながっていった。

▼準戦時下婦選運動の戦略——両義的対応

一方で市川は非戦論者として、準戦時期を通して、中国大陸で拡大し続ける戦争と、それに呼応した国内の軍ファシズムの台頭を批判し続けた。婦選は議会制民主主義の一部であり、軍ファシズムの代議制否定は即、婦選の否定につながっていたからであった。同時に市川の反軍拡、反ファシズムの主張は、女性を平和志向の性と捉えるフェミニズム観に裏打ちされたものでもあった。

実際、準戦時期市川が牽引した婦選運動は、体制的価値へのすり合わせと体制批判の両義的対応を特色とした。一方で婦選運動を反動的社会の女性観に合わせ、婦選本来の活動とは異なる新しい生活領域の争点と活動を開発し、他方で戦争を拡大する軍と政府を、そしてファッショ化する社会を批判し続けていた。

いったい市川は、そうした体制に対する迎合と批判の相矛盾する戦略を、どのように婦選運動に統合させていたのだろうか。そして、その両義的戦略から何が生み出され、それは戦時期の活動に、どのようにつながっていくことになるのだろうか。以下、準戦時期に婦選運動が取り組んだ婦選案の対議会活動以外の新しい活動領域に焦点をあて、まず反体制の言説と活動を本章で、つぎに体制にすりあわせた婦選の言説と活動とを第五章で検証しようと思う。

二　反戦の論理

（一）反軍拡と反ファシズム

▼反戦の言説——平和志向の女性性

準戦時期市川の体制批判の言説はまず、中国大陸で拡大し続ける戦争批判として表現された。前章で敷衍したように柳条湖事件勃発二カ月後市川は、獲得同盟の機関誌『婦選』に「国際平和と婦選」を上梓し、いかなるかたちの戦争にも反対する非戦の立場から、満州事変とその後の中国大陸での日本軍の膨張主義を厳しく批判した。準戦時期市川は一貫して、中国大陸での戦争の早期終息を主張し続け、婦選運動にその反戦の主張を盛り込んでいった。

市川の反戦の主張は、女性を平和志向の性と捉えるフェミニズム観に基づくものであった。市川は、そもそも女性は生来的に男性と異なり平和志向の傾向が強いが、なによりも子どもを産み、育てる性として経験的に平和に対する強い想いを持つようになる性であると主張した。女性は、産み、育てたわが子を戦場に送ることを好むことは決してないし、産み、育てる場である生活領域の破壊を決して望むことはないのだ、と。そして、女性が選挙権を手にし、政策決定に男性と同等に参画することができて初めて、戦争を回避する政策をとることができると主張し、婦選を要求する根拠のひとつに、平和志向の女性の特性を据えた。市川はまた、平和志向の女性たちは、国境を越えて連携すべきであり、草の根女性たちの平和を求める連帯は、現行の戦争を終息させる一助となりえると主張した。具体的に市川は先の論考「国際平和と婦選」以来、一貫して戦争相手国である中国の女性たちとの連携を提唱した。

実際、市川の反戦の主張は、準戦時期婦選活動のひとつの特色を作り上げていった。婦選の女性たちは、準戦時期に開催された全日本婦選大会の決議文を通して、そしてまた汎太平洋婦人会議への積極的な取り組みを通して、反戦活動を展開した。

▼軍拡予算への批判

一切の異端、異論を認めない軍ファシズムが支配しつつあった準戦時社会で、直接的に反戦の言説を展開することは、もとより困難であった。現実主義的な運動家として市川の反戦の主張は、戦争がもたらす負の社会的効果に向けられ、軍拡予算に対する厳しい批判として表現された。昭和初頭の深刻な経済不況のなかで軍拡予算こそが、軍膨張主義のもたらす負の社会的効果にほかならなかった。

一九三一（昭和六）年六月、前年四月のロンドン海軍軍縮条約調印後も軍備の拡大を模索し続ける軍部のあり方を批判して『婦選』の「×と□との対話」で市川は、×と□に次のように語らせた[1]。

×何にしたつてこの国家財政の困難な際［軍部は］少しの整理も承諾をしない。政府がそれを主張し得ないなんてそんな法はありませんね。

□……どういふ意味があるにせよ、もつと軍備の縮小を主張すべきですね。国民が強くこれを主張しなければ実現しないでせうね。

×その点に行くと私共婦人が参政権を得なければ実現しない。軍備の縮少を強く勇敢にいへるのは婦人ですからね。師団を半減してもいゝですね。

この「×と□の対話」に見られるように市川の軍拡批判は、昭和初頭の深刻な経済不況にもかかわらず膨張し続ける軍部予算批判として展開された。そのため市川は単に軍拡予算を批判するのではなく、より積極的に軍縮をすべきと主張する。そして軍拡予算に政府が強く対抗するためには、国民の強い主張がなくてはならないと指摘した。そのうえで市川は、男性の声だけが反映する議会では軍縮は「実現しない」、平和志向の女性たちの声が議会に反映して初めて軍縮が可能なのだと主張した。

こうした文脈から市川の軍拡予算批判は、準戦時期を通して一貫しておこなわれた。しかし、軍ファシズムの思想統制がいっそう強化された準戦時期末期になると、軍拡予算の事実は強調するが、その批判をすることはできなくなっていた。

一九三七年冒頭に市川は、準戦時期最後の議会となった第七〇帝国議会で「一番問題になりさうなのは」、「三十億四千百万円という厖大予算」であり、「軍事費は総予算の七〇%から八〇%になるらしい」と指摘した。しかし「その問題はどうも公に論議を許されてゐないからまあ遠慮をして置く事にしやう」と述べるにとどまった(2)。

▼軍ファシズム批判

準戦時期市川はまた、台頭する軍ファシズムを一貫して批判し続けた。ここでも直接的な軍部批判はご法度であった。市川は、ファシズムに焦点をあて、その内包する反民主的、反女性的傾向を指摘した。そもそも軍の独裁を目指す軍ファシズムは、明治憲法下の代議制に真っ向から対峙し、代議制のさらなる完成を目指す婦選を根本から否定するものであった。市川がファシズムに反対する根拠もこの一点にあった(3)。

ファツシズムは、民主主義に反対する反動的な少数者の独裁政治を主張する思想であるが故に、それは当然議会を否認するものであり、婦人の参政権に反対するものである。

市川はさらに、反ファシズムの主張を準戦時期婦選の女性たちが展開していた選挙革正活動に直結させ、「現在の政治を革正する事は、満州事変を契機として台頭しかけたファッシズムを克服する所以であると考へるのである」と主張した(4)。

準戦時期、獲得同盟の機関誌『婦選』は、折に触れて「ファッシズム」がどういうものか、その反女性政策や世界の女性たちのファシズムに対する抗議行動を紹介した(5)。同誌の社会経済欄を担当していた市川もまた、準戦時期を通してファシズムの台頭を憂慮し、批判し続けた。しかし、その批判の舌鋒は軍拡予算批判と同様に、準戦時期末期になるとより婉曲的なものとなっていった。

一九三六年一一月末、日本はドイツ、イタリアと日独伊防共協定を締結した。市川は翌一九三七年の『女性展望』新年号の「政界の近況を語る」で同防共協定を次のように分析した。この号から男女平等の政治的権利を意味する雑誌『婦選』の誌名は、『女性展望』へと改題を余儀なくされた(6)。

×「どうして独逸と協定を結ぶ事になつたのでせうか」
□「さあ、それをはつきりいふ訳には行かないが、某方面の積極的な主張によつたことはたしかで、外務省は矢張引きずられたとみるのが正しいだろう」
×「ラヂオで日独防共協定の発表をきいた時、日本もこれから段々独逸のやうになるのかといつた感じがしました」
□「防共以外に政治的な意味はないらしく、政府も決してファッシヨを輸入する意味ではない事を強調してゐるが、日本国民自身がさういふ印象を受けたのだから、外国がさう想ふのも無理がないだらう……」

▼反暴力の姿勢

従来ほとんど指摘されてこなかったが、平時、準戦時期、さらには戦時期における市川の婦選活動を貫く姿勢のひとっに、反暴力がある。イギリスでパンクハースト一派やアメリカのアリス・ポールたちの婦選活動が、議会での座り込みや破壊活動に従事したのとは異なり、市川が牽引した日本の婦選運動は、平時、準戦時期を通して婦選案の議会上程を軸とした対議会活動に終始した(7)。

そうした市川の平時婦選運動の反暴力の戦略は、準戦時期、戦時期の暴力至上主義の社会にあっても一貫して貫かれた姿勢であった。後述するが、たとえば戦時期真っただ中の大政翼賛運動で、その調査委員会委員として市川は、翼賛運動の草の根推進員が暴力に走ることのないよう注意を喚起した。市川のその主張は、推進員の活動を規制する一項として委員会提言に盛り込まれた。

市川の反暴力主義は婦選の依拠する代議制に対する信奉に基づいていた。一九三二(昭和七)年五月一五日、海軍中尉古賀清志、三上卓ら急進派の海軍若手将校がクーデターを起こし、首相官邸で首相の犬養毅を射殺した。いわゆる五・一五事件である。以後、日本社会は暴力の跋扈する全体主義の坂道を転がり落ちていった。婦選の強い支持者であった犬養の死去は婦選運動にとって大きな損失であった。市川はただちに『婦選』誌上に「犬養首相を悼む」を掲載し、「暴力はすべての場合否定さるべきであるが、特に政治的意見の対立を直接行動によつて解決せんとするは、最も排撃されなければならない」と主張した。そして「当局としては、犯人を厳罰に処断すると同時に、将来に対し、その再発を防ぐための対策を講ずべきである」と強く主張した(8)。

▼政府・政党に対する批判

市川の軍拡とファシズムに対する批判は、代議制を守るべき立場にあった政府と政党に向けられ、政府の弱腰と、目先の党利党略に拘泥する政党のあり方が厳しく批判された。

一九三二年二月二〇日、三回目の男子普通選挙(第一八回総選挙)が施行され、政友会が圧勝した。同党はこの選挙で全議席四六六の三分の二をゆうに超す三〇一議席を獲得した。市川は、「議会否認、暴力××是認の風潮は、日に日に瀰漫するかの如く見える」と、社会状況を指摘し、この議席を以ってしたら、「政府さへ決意すれば、実行の不可能なる事はあり得ない筈である」ことを強調した。そしてもし「巷間噂さる丶が如く政府は単なるロボットにて悉く×部の意見に引きづられ盲従するのであれば私共はどこまでも承認し得ない」と述べた[9]。

ここで市川は、あくまでも政治にかかわるものとして政府と政党が代議制を確固とすべきであり、政府与党が議会で圧倒的多数を得たこの機会こそが、軍ファシズムを阻止し、議会制を確立する好機と、強く主張した。そして犬養毅を失い混乱する政友会に対して、「此の際政友会は内部の結束を堅くし、その権力を取り戻すことに努力すべきである。それは一政友会のためのみならず、実に日本に於ける議会政治の存亡のために必要である」と強調した。

市川はまた五・一五事件で党首を失った政友会が、党内の権力闘争に明け暮れ、自らの政党から首相を選出することに失敗し、斎藤実超然内閣を成立させてしまったことを、「三百余名の絶対多数を擁しながら、政友会は、単独内閣の主張を弊履の如くすて丶、……民政党亦それに従つた」、と厳しく糾弾した[10]。そして自分たちとしては、「国民として、同時に婦人として、現在に於ては、尚代議政治を以て適当だと考へるものである」と代議制に対する支持を明確にし、「出来るだけ早く、憲政の常道が確立されんことを望んでゐる」と要望した[11]。

実際、ここで市川が政友会、民政党の腰砕け状況を厳しく批判するように、この斎藤実内閣の組閣は、戦前日本の政党政治の角番であった。斎藤内閣の成立をもって、議会で多数を占めた政党の党首が首相となり、内閣を組織する政党内閣時代は終焉を遂げた。

(二) 発禁処分と厳重注意そして機関誌『婦選』の改題

▼準戦時体制の進展と言論統制

軍ファシズムの目的は、戦時社会で国民を「国家権力」(=軍部)の意のままに動かせる社会のしくみを創り上げることにあった。それは、異議を申し立てる者を排除し、異論を唱えられない社会を構築することにほかならない。

準戦時期、異論を主張できない社会趨勢が、一方で政府・警察権力の言論統制、思想弾圧によって、他方で右翼や軍部による異端者への暴力を通して形成されていった。同時期、右翼、軍によるテロリズムと警察の思想弾圧に射すくめられた世論は、一切の体制批判を差し控えるようになった。

一九二八（昭和三）年六月、国体の変革を目的とする結社行為の罰則に無期懲役、死刑を加えた改正治安維持法が議会の審議未了のまま緊急勅令で制定された。翌一九二九年三月、同改正法に真っ向から反対した山本宣治が、議会発言が予定されていた当夜、右翼に刺殺された。翌四月、政府は、大量の共産党員を一斉逮捕し、同党に壊滅的な打撃を与えた（四・一六事件）。同年一一月、軍の中国政策と異なるいまひとつの中国政策、すなわち中国との「友好」政策を模索した幣原外交に貢献した駐華公師佐分利貞夫が、箱根のホテルで不可解な死を遂げた。一二月、憲兵司令部は、思想対策強化のため思想研究班を編成した。翌一九三〇年一一月には、浜口雄幸首相が海軍軍縮に反対する右翼に東京駅ホームで狙撃され重傷を負った。

一九二九年から一九三〇年かけて起こったこれら一連の事件は、翌一九三一年九月の柳条湖事件につながり、準戦時体制下で軍ファシズムとそれを支える警察権力が跋扈する助走であった。柳条湖事件の翌一九三二年二月、井上準之助元蔵相が、三月、三井財閥の団琢磨が血友団員に殺害された。さらに五月には海軍将校による五・一五事件が起こり、首相の犬養毅が殺害された。六月、「特高」として悪名高い警視庁特別高等警察部が設置された。

一九三三年二月、『蟹工船』の作者として高名なプロレタリア作家小林多喜二が、築地署のその「特高」によって虐殺された。享年二九歳であった。全身火傷で大きくふくれた死体の写真は、特高の加えた暴力のすさまじさを物語る。同年三月、内田康哉外相が日本の満州権益を認めない国際連盟を脱退することを通告した。四月には、鳩山一郎文相が、京都帝国大学教授滝川幸辰の『刑法読本』を共産主義的と批判し、滝川の辞職を勧告し、休職を発令した。同著で滝川が、妻の不義密通のみを刑法上の対象とし、夫のそれを対象外とする現行刑法の不備を指摘したことが、共産主義的と糾弾された。六月、左翼運動の二人の指導者、佐野学と鍋山貞親が、獄中で転向声明を発表した。

かくして準戦時期初頭、暴力容認の社会趨勢が形成され、体制批判はもとより、実際に起こった情報を伝えること自体が困難な社会的状況が作り上げられていった。

▼『婦選』の発禁処分・厳重注意

軍と民間右翼による「白色」テロが横行し、警察権力による思想統制が厳しさを増す社会情勢のもとで市川は、細心の注意を払い、可能な限りの反軍拡・反ファシズムの主張と活動を展開した。先に指摘したように一九二七（昭和二）年『婦選』の発刊時、市川たちは、麹町警察署長から、前日に警保局が指示した「新聞記事掲載差止」に関する事項を列記した「新聞記事差止に関する件」を受け取っていた。そのため『婦選』の一切の記事は、発売当初から、当局の禁止項目に抵触しないよう編集されていた。

とくに同誌の政治・経済時評を担当しオピニオン・リーダー的役割を担っていた市川は、満州事変勃発当時に書かれた「国際平和と婦選」に見られるような、中国大陸での軍膨張主義に対する直截的批判は極力さけていた。しかし準戦時期『婦選』は、発禁処分、警察への呼び出しを数回受け、厳重注意された。

一九三二（昭和七）年四月、『婦選』「編輯室より」で、編集者のひとり金子しげりは、前月号の市川が担当している「×と□の対話」が、三箇所当局の機微に触れ「発禁」勧告を受けたが、「定期購読者の方々には已に発送ずみ」で「ご迷惑はかけませんでした」と記した。そして対象とされた「三頁を削除すればよい事」で決着したことを報告した。(12)

市川もまた同号の「×と□の対話」で、発禁問題に触れ、最近「警察や検事局から、新聞紙や雑誌に掲載してはいけないといふ通知」が頻繁にきて、注意深く書いていたにもかかわらず「あの程度でも抵触した」と述べ、「だから、事実ある事で、新聞雑誌に出てゐない事が沢山ある事を承知していてください」と、読者の注意を喚起した。(13)

発禁の対象となったのは三箇所で、一箇所目は、高橋蔵相が、現内閣の「満蒙並に上海に対する政策」で満州は「その後始末に随分金がいる」、上海は増兵に次ぐ増兵で「軍事費がかさんで、たゞさ《ママ》へ困難な経済が破産する」と

「不満をもつてゐる」という箇所である。そこで市川は、「犬養氏も反対らしいのですがどうにもならないで」軍部に「引ずられてゐる」らしいと指摘していた[14]。二箇所目は、「昨年［一九三一年］の一一月××日［一七日］の××××事件［錦旗革命事件］といふのは軍部だつたのですね」という箇所で、友人のところに米国人から『ニューヨーク・トリビューン』の切り抜きが贈られてきて、それによると「×××大臣、××××大臣、××××大臣の写真を入れてとても詳細に書いてありましたよ」と、記されている[15]。

三箇所目は、「満蒙問題上海事件の将来」という欄で、「此間新聞に米国の出淵大使が、日本人が上海で無辜の支那の婦人や子供を×したといふ悪宣伝をして困るといつてゐられたやうですが、そんな事があつたでせうか」「新聞に出ない事実も相当あるらしい」「都合の悪い事は新聞にのらない、い、事だけのるといふので何が何だかわからなくなりますね」というくだりである[16]。

さらに事務局日記によると、一九三三年六月八日、「金子しげり、警察庁検閲課へ、六月号の記事の事で出頭。注意を受けた」と、記されている[17]。同年一〇月一二日にはふたたび警視庁より呼び出しあり、市川が出頭した[18]。翌一一月号の「編輯手帖」で市川は、ともかく禁止事項が多く、「一寸の不注意」で禁止事項に触れてしまう[19]、「如何に本誌が許される範囲までギリギリ内容を盛っているか……早く言論の自由の行はれる日が来てほしいものですね」と心情を吐露した[20]。

▼『婦選』の改題

最終的に獲得同盟の機関誌『婦選』は、男女同一・同等の権利を意味する『婦選』の表題を変えることを余儀なくされた。その結果、『婦選』は一九三六（昭和一一）年一月号から『女性展望』として発行されることとなった。市川たちは、この逆境を前向きに受け止めようとした。そして改題は機関誌から一般誌への脱皮のためであると主張した。

一九三五年末の『婦選』最終号に「『女性展望』発刊に就いて」を掲載し、『婦選』の『女性展望』への改題は、長年の宿願を達成するためのものであり、今般の情勢が「一団体の機関誌たる『婦選』の旧衣を脱して『女性展望』の新面目の下に全女性の解放戦線に縦横疾駆するに立ち到らしめた」と記された[21]。さらに同号の「編輯後記」には、「九ケ年の歴史を顧みると『婦選』に別れる事には感慨もありますが、宿望の成長だけに明るい〳〵気持ちで、この名に於ける最終号を編輯しました」とある[22]。

改題一カ月後の二月二八日、陸軍の皇軍派青年将校たちによる二・二六事件が勃発し、政府の要人が多数殺傷された。この事件をきっかけに陸軍主導の軍ファシズムの勢いは増し、翌一九三七（昭和一二）年七月七日に勃発した盧溝橋事件をきっかけに日本は中国との全面戦争に突入した。

市川たち婦選の女性たちにとって、準戦時体制下の社会状況がどのように厳しくなろうとも婦選の二字を放棄することは、運動の灯を消すことを意味していた。何としても運動のなかに「婦選」の二字を残す必要があった。その結果、従来婦選獲得同盟の「会報」として年一回発行していたものを『婦選』と改称し、会報の発行回数も増加させた[23]。

三　反戦の婦選活動

（一）全日本婦選大会と平和の希求

▼第三回全日本婦選大会と反ファシズム決議

準戦時期、市川の反軍拡、軍ファシズム批判など体制批判の言説は、主として婦選獲得同盟の機関誌『婦選』を通して展開された。しかし同時に市川は、その主張を婦選運動全体の活動に盛り込み、反軍拡、反ファシズムを女性たちの意思として表現することを目指した。その意図は全日本婦選大会（以下「婦選大会」と略）での反戦、反軍拡予算、反ファシズム決議に結実した。

第二章で敷衍したように、一九三〇（昭和五）年四月、一九三一年二月、第一、二回の婦選大会が開催された。それらの大会は、会期中の第五八、五九議会へ向けて、婦選の要求が全日本の女性たちの要望であることを示し、強い圧力行為を議会にかけるため、婦選獲得同盟の呼びかけで、無産女性組織を含む全国的規模の婦選を主張する女性組織が集まり開催されたものであった。以後婦選大会は、二・二六事件で戒厳令が敷かれ、事実上大会を開くことのできなかった一九三六年を除いて、日中全面戦争の起った一九三七年の第七回大会まで議会会期中に開催された。

準戦時期に開催された婦選大会の特色のひとつは、同大会で婦選の女性たちが現行の政治のあり方に、初めて真っ向から意義申し立てした点にある。満州事変から盧溝橋事変にかけて同大会が開催された準戦時期は、来る戦時期に向けての翼賛体制づくりが急ピッチで進められた時代であった。いかなるかたちでもお上への意義申し立ては取り締まりの対象となった時代に、左右両翼の女性組織が一堂に会し、戦時下の社会の矛盾を討議し、政府批判の決議文を全会一致で可決し政府首脳に手交した。

全日本婦選大会のそうした傾向は、満州事変翌年の一九三二年五月二八日に開催された第三回大会で顕現した。第六二臨時議会に対する示威活動として開催された同大会では、四つの議題が用意された。第一は、「婦人参政権即時獲得の方法は如何に」、第二は、「婦人の政治教育の具体的方法如何に」である。そして第三が「時局諸問題の解決と婦人参政権の関係如何」で、最後が「婦人参政権獲得後における行使方法如何に」であった(24)。

第二章で検証したように、女性参政権獲得の方法、そのための女性たちに対する政治教育、そして女性たちが参政権を得た後、その権利をどのように使うかを討議する第一、第二、第四の議題は、第一回婦選大会のときから審議されてきた議題であった。この大会ではじめて、現下の「時局諸問題」を解決するために、女性たちはどのような政治的行為を取るべきかが、第三の議題で問われた(25)。前年九月の満州事変以来、中国大陸における日本軍の膨張主義に連動して、日本国内では軍ファシズムが跋扈しつつあった。五月二八日に開催された大会の直前には、海軍将校による五・一五事件が起こり、首相の犬養毅が射殺されていた。

大会では、獲得同盟の加藤梅子が第三議題の説明をおこなった。この議題のもとで無産女性組織とブルジョア女性組織の婦選意識の相違が浮き彫りにされた。「無産政党を支持しない限り世界の平和も明るい政府も望まれぬ」と主張を繰り返す無産女性組織に対して、獲得同盟秋田支部の田畑染子は「我等は家事を司り子女を教育する立場にある家庭婦人として婦選を要求する」のだから、その想いを実現してくれる「誠意ある人格者に一票を入れるべきで無産有産の区別をつけるべきでない」と反論した[26]。

有産、無産の女性組織の間の意見の違いがあったにしろ第三議題の討議を通して、ファッショ反対、憲政擁護の想いの共通であることが確認された。その結果、最終的に第三議題に関する決議案「我々は婦人の立場より目下台頭しつゝあるファッシズムに対し断固として反対す」が全会一致で採択された[27]。

市川はこれを高く評価した[28]。


ファッシズムに対する反対決議は、婦人団体が、時局問題に対しての深い関心を証するものとして注目に値するのみならず、澎湃として台頭しつゝあるファッシズムに対し敢然としてその意志を表明せる点に於て特筆大書さるべきである。

婦人が直接行動を肯定し独裁専制を主張する、所謂ファッシズムに反対するのは、其の女性としての本質からみて当然の事である。

▼第四回全日本婦選大会と軍拡予算批判
さらに翌一九三三(昭和八)年二月一八日に開催された第四回婦選大会では、議題のひとつに具体的な「現下時局諸問題」である一九三三年度予算の検討が議題に取り上げられた[29]。軍拡を主張する軍部に抗いきれない政府のもとで、

予算案は年々膨張し続け、一九三一年度予算の赤字は六八〇〇万円だったのに対し、一九三二年度の赤字は一挙に一億五〇〇〇万円以上に増大した。それに満州事変費を加えると、同年度赤字は実に五億円以上に達していた。これらの赤字はすべて公債、つまるところ「借金経済」によって賄われていた[30]。

市川は、「第四回大会が予算の検討を取上げんとしている事」は「正に特筆大書に価すべき事である」と評価した。なぜなら婦選運動はこれまで、「権利の獲得に努力を払」い「現在の政治そのものに対しての具体的な意思表示はしなかつたといふよりもむしろ避けて来た傾向があつた」からである。しかし予算は「一国の政治の根幹」であり、「政治問題も外交問題も経済問題も思想問題もすべてこの中にもられてゐる」のだから、予算に対する「婦人の意思表示は現下の日本の政治のすべての方面に対しての批判検討となるのである」と述べた[31]。

実際、第三議題の「昭和八年度国家予算の検討」は、大会当日のハイライトとなった[32]。まず市川が一九三三年度予算の説明をした。その後を受けて、婦選獲得同盟秋田支部の田畑染子が、「き、とりにくい秋田弁」で次のように述べた[33]。

私は、軍事費が多い、税金を取られるのもやむを得ないとしても命にかけた大切な我子がもしや、といふことを考へると、何としても忍べないものがあります。

この率直な母としての心情吐露に、会場から「嵐のような拍手」が湧き起こった。さらに主催団体のひとつ社会大衆党婦人同盟の岩内とみゑは、「過去の歴史を考へてみても戦争をやつて国民が楽になつたゝめしはない、満州は日本の生命線だと空宣伝され乍ら、未だ一銭の得もしてゐない」と述べ、軍事費反対の意思表示をおこなおうとした。しかしこのとき、陪席の官憲から発言の中止命令がかかった。

その中止命令に対し会場から「横暴、横暴」の叫び声が湧きあがるなか、社会大衆婦人同盟委員長の赤松常子が割って入り、「只今の例をみても分る様に、我々は真に言はんとすることを言ふ事すら出来ぬ現状だ」と叫んた。会場はさらに騒然となったが、「集会届の予定時間五時が已に一時間も経過」していたため軍事予算反対決議をし「一段落」させた。

ここで堺真柄（社会大衆婦人同盟書記長）が突然立ちあがり、軍縮要望の決議案を起草する動議を出した。真柄の父、堺利彦は、日露戦争以来一貫して戦争に反対する立場を貫いた社会主義者であった。満州事変当時死の床にあった堺は、自らの政党であった全国労農大衆党に烈々とした反戦メッセージを送り、同党が、好戦派と反戦派に分離するきっかけとなった。真柄の提案はその父の遺志を引き継いだものでもあった。この真柄の提案の後で突然、基督教婦人参政権協会の久布白落実が起ちあがり、「非常時の際八億に近い軍事予算はまことに、まことに遺憾である。しかし乍ら我等はこの国家といふ船を……」と話しはじめ、真柄が「そこから後は余計です」と話を中断させる一幕があった。(34)

▼基督教日本婦人参政権協会の逸脱

満洲事変後の軍ファシズムが台頭するなかで、日本キリスト教もまた反動化の波を受けていた。この大会の準備会議の席上、婦人矯風会の婦選団体、基督教婦人参政権協会が、戦争反対の立場を明確にすることを拒否した。同団体は婦選運動の当初からの核のひとつであり、その長である久布白落実は、獲得同盟の趣意書の起想者でもあった。久布白は、満州事変後の一九三二年に中国大陸を視察旅行し、以来「フアツシズムを謳歌」し、婦選の女性たちの間で物議を醸していた。(35)

第三議題の説明を担当した市川は、この間の事情を次のように述べている。(36)

予算の検討に対しては、問題の性質上、議題の委員会に於て、多少の用意と研究とが行はれ、これに対する決議についても主催団体の間で予め打合せを行ひ、軍備拡張及戦争反対、過度のインフレーションから来る物価高に対する反対、消費税の増額に対する反対と同時にその撤廃乃至は軽便の要求、婦人並に子供に対する施設の要求の四項目をあげる予定であった。

所が大会の直前に於て主催団体の一つである参政権協会から、この議案の撤回の要求があり、更に軍備縮小乃至戦争反対の意思表示を拒んで来た。……

兎に角、このために、第三議題に対する決議は、軍備縮小の点だけに限る事となり、然も極めて間接的な表示方法をとるの已むを得ない仕儀に立いたつたんであつた。

▼第五回全日本婦選大会と当局の監視

全日本婦選大会は、回を追うごとにより具体的な社会問題を議題に挙げていった。一九三四(昭和九)年二月一八日、会期中の第六五議会に向けて、第五回全日本婦選大会が開催された。同大会では、「婦人の立場より見たる国家経済について」が議題に挙げられた。議題に対する説明が加えられ、「消費経済を掌る婦人の目を国家予算の上に、其の他の経済問題に向けるならば、そこにも亦幾多の問題が横たわつていやう」と、消費経済の担い手として女性たちが位置づけられるとともに、国家の経済全般にわたる女性たちの憂慮と関心が提起された。さらに「国際平和の実現に対し最も有効なる婦人の協力方法如何に」が議題に挙げられ、「平和的手段による国際的解決は、世界各国の望む処、この問題に婦人も亦国家の半身として協力すべきではないか。その方策手段は?」と付け加えられた(37)。

同大会では最終的に一三の決議文が採択されたが、そのうち戦争に反対する決議文は五つにのぼった。それら決議文は、「国家経済を無視せる澎大な軍事費反対」を主張し、平和を取り戻すため、「戦争挑発の怖ある出版物取締の要求」と「戦争反対平和愛好の思想を国民の間に普及する事」を要望した。さらに女性たちが、「国際平和実現のための各国婦人との提携の途を講ずる事」が提案され、「軍縮会議促進の希望を議長ヘンダーソン氏に送る事」が、列記されていた。[38]決議文に盛り込まれたそれ等の主張の多くは、第三章で検討した「国際平和と婦選」で市川が提示した平和のための方策と同一線上にあった。

同大会で、市川が、一三の決議文を一気に読み上げると、議長を務めた金子しげりは間髪をいれず「先程から当局より反戦に関する決議は罷りならぬ旨御達しがありましたが、只今の決議朗読には格別の御注意も中止もなかつた故差支なきものと認めます」と述べた。そしてさらに、「万一後日に於いて只今の決議に変化が生じた場合は一にそれは当局の御指図によるものであつて何等本大会の意志に基くものでない事を申上げておきたいと思ひます」と付け加えた。[39]

▼第六回全日本婦選大会——弱まる当局批判

一九三五(昭和一〇)年二月一七日、会期中の第六七議会に向けて第六回全日本婦選大会が、神宮外苑の日本青年館で開催された。この年の冒頭政府は、国家非常時宣言をし、国家の危機が警告された。当局の世論操作は厳しさを増し、一九日には貴族院本会議で在郷軍人議員の菊池武夫が美濃部達吉の天皇機関説が国体に違反すると糾弾した。この天皇機関説批判を受けて、この年はいわゆる国体明徴運動が高揚し、政府は二度にわたり国体明徴声明を出し、天皇機関説は国体に反すると断じた。こうした社会状況を背景に第六回大会は、もはや第三回、四回、五回大会に見られた軍拡予算やファシズムに対する直接的な批判は決議文から姿を消した。

同大会では、第一議題に「非常時に果たして婦選を要求せざるか」と第二議題に「今議会に婦人は何を求むるか」の、消極的な二議題が掲げられたにすぎなかった。しかし大会当日の討議の場では、フロアから草の根の厳しい意見が出た。たとえば第一議題に関して、社会大衆党の平岡初枝は、「非常時とはなんぞや」と疑問を投げかけ、「国際危機を中心の非常時とは国内社会情勢の危機を掩ふための煙幕に過ぎぬ、実際の危機はむしろ国内大衆の窮乏であり、これこそ国家非常時の真の姿」と述べ、それは、「男性政治に偏する」がゆえであるから、「婦選実施を急ぐ」べきであると高唱した。参政同盟の勝泉信子は、女性の「政治参与の権利は、男女が同様に生きる権利、働く権利として生まれながらに持っている権利」であり、「婦選はこれ当然の我等の要求」と婦選本来の主張を展開した。[40]

さらに第二議題の討論では、平岡初枝が、昭和一〇年度国家予算を批判し、「今度の厖大な所謂非常時予算をあっさり返上してもらいたい。軍事予算の一〇〇分の一をさいて貧窮にあえぐ母子を救済する事は出来ぬか」と述べた。また獲得同盟の藤田たきが「平和工作と外交問題」を取り上げ、「戦争があればどうして母や子を護ることが出来ようか」と指摘した。藤田はさらに、内田康哉前外相の焦土外交には女性は「飽き足らない」ものを感じていたが、広田弘毅外相の外交方針はおおいに支持できると述べ、会場からの大きな拍手を得た。[41]

最終的に同大会で採択された決議文は、非常時局なるがゆえに婦選の必要を強調するものとなった。同決議文は「一九三五年の所謂非常時に立つて、婦選獲得の急務を痛感する」と述べ、「真に国家百年の計にして且非常時局下の最大急務」は、女性に参政権を付与することであると主張した。[42]

▼第七回全日本婦選大会――最後の婦選大会

一九三七（昭和一二）年一月二四日、二年ぶりの全日本婦選大会が、会期中の第七〇議会に対して開催された。前年には二・二六事件が起こり、戒厳令下の婦選大会は事実上不可能となり、かわりに婦選団体協議会を開催していた。「二年超しの鬱積された情熱をブチまけようと」会場は大変な熱気であった。会場は五〇〇名の女性と一〇〇名の男性傍聴者で埋められた。主催団体は例年どおり、婦選獲得同盟、基督教婦人参政権協会、婦人参政同盟、社会大衆婦人同盟の四団体であったが、後援団体は、第一回目の九団体から実に二一団体にのぼった。[43]

大会半年後の七月七日、中国大陸で盧溝橋事件が起こり、満州事変は日中全面戦争へと拡大し、以後一九四五（昭和二〇）年八月の敗戦までの八年間、日本は戦時状況に置かれた。当時この第七回全日本婦選大会が最後の大会になるとは、誰も予測していなかった。しかしこの大会は、二・二六事件、盧溝橋事件へとつながる軍ファシズムの跋扈する社会で、国民の反戦の意志を表明しようとした、当時にあって稀有な試みでもあった。

大会では、前回に倣って二つの議題が主催者側から提示された。第一議題は「最近に於ける婦人の政治的運動の検討」であり、第二議題は「現時の情勢下に於ける婦選獲得の促進方法如何」であった。千本木道子が第一議題の説明をおこない、近年女性の政治運動が、婦選に限られず多方面にわたっているが、はたしてそうした運動が、「その所期の効果を挙げたらうか、又婦人の意志を反映し得たか、単なるお手伝ひに終わりはしなかつたか」と問題提起した。最初に市川が、選挙粛正運動についての報告をおこなった。市川はまず、一昨年の一九三五（昭和一〇）年に政府が選挙粛正を政策として以来、女性たちの同運動への参加が顕在化したが、昨年の選挙粛正運動の様子を見ていると、「大部分は半民半官の愛国婦人会、大日本連合婦人会、国防婦人会など、お上の命令で動いたものが多かつた」と指摘した。しかし「自発的でないものも、やつてゐる中に、政治の何者なるかを知り、知らず〱婦選を要求する気持ちになつて行つた」、また「自主的にやつたものは、これを婦人の政治教育に利用し、以て婦選獲得の一方法とした」と説明した。

市川の後を受けて金子しげりが、東京市会選挙で「醜類を出すな」と女性たちが「札付きの候補者」に「辞退勧告」を出し、彼らの再選を阻止したこと、また同活動を契機に組織された市政浄化連盟が、清掃運動、増税反対、中央市場問題、結核予防運動、愛市運動等を展開していることなどを報告した。そのあとを受けて、竹内茂代が、昨年からの結核予防婦人委員会の活動を説明した。さらに久布白落実、吉岡弥生といわゆる婦選運動の「御大」からの発言が続いた。(44)

▼加藤勘十の飛び入り「祝辞」

ここで大会の雰囲気を一気に盛り上げたのが、飛び入りで参加した加藤勘十の「祝辞」であった。加藤は前年の第四回男子普通選挙で日本労働組合全国評議会（全評）から出馬し、最高得点で当選していた。劈頭彼は、「今日の政治の現状に不満がある者は権利の有無、男女の別を問はず、今日のこの大会に来べきである！」と叫んだ。そして政府は非常時であり国防を充実させ、挙国一致をと要求するが、そのもとで「政治言論の自由は奪はれ、軍部は圧石となつて我々の上にのしかゝる」、「予算三十億の中、十四億九百万が軍事費」であるが、「軍部はそれにふれることを許さない、果して軍部の云ふことのみ正しいのであるか」と高唱した。加藤の祝辞はまさに、「こゝに集まつた婦人達が、等しく言はんとして力足りず言ひ得なかつた」ことであった(45)。

加藤の祝辞の後は一挙に増税問題、消費経済問題、市場問題など生活を取り巻く問題が取り上げられた。最終的に、第一議題の審議の結果として、「我等は国内諸物価の高騰による大衆生活の極度の窮迫に直面して、こゝに俸給並びに賃金の引上断行を要求す」が、万場一致で決議された。

第二議題の「現時の情勢下に於ける婦選獲得の促進方法如何」は、獲得同盟の武部りつが説明にあたった。討議を通して「結局、何をするにして、参政権を得なければ徹底しない」ことが確認された。その結果、「此騒然たる」現状で、「婦選獲得の急務なるを痛感」せざるをえない、ゆえに「国民の半数を占むる女性が一票を得て国政並に自治政に参加することの絶対的必要を信じ之が即時実施を迫る」旨の決議文を採択した(46)。

(二) いまひとつの平和活動

▼国際的な女たちの連携の模索

準戦時体制下で市川たち婦選の女性が展開した、いまひとつの反戦の主張と活動に、平和を求める各国の女性たちとの国際的連携の模索がある。

そうした準戦時期の婦選活動の背後には、どの国の女性も本来、平和を望んでいるという市川の強いフェミニズム観があった。たとえば先章で紹介した「国際平和と婦選」の論考で市川は、交戦国、中国の女性たちであっても、彼女たちもまた「未来永劫日本との戦争を望んでいるわけではない」(47)と指摘し、平和を望む日中女性たちの連携は、女性たちの平和志向を軸に形成することができると強く主張していた。準戦時期市川は、国民の半数を占める女性たちが、戦争に反対する強い意志を表わし、国を超えた女性たちの連携を強めていくことが、戦争を回避する一方途である、と主張し続けた。

市川はまた、なんとか日本の女性たちが、日中の戦争を肯定していないことを国際社会に訴えようとした。満州事変翌年の一九三二年三月初頭、中華民国政府の提訴を受けた国際連盟は、イギリスのヴィクター・リットン卿を団長とする日華紛争調査委員会を立ち上げた。三月六日に市川は、調査で来日中のリットンを帝国ホテルに訪ね、日本の女性たちは、満州事変を「遺憾に思っている」ことを伝え、「事実の正確なる調査、公正なる判断を期待している」ことを申し入れた(48)。

婦選の女性たちの反戦の想いは、婦選要求のひとつに平和の希求を置き、平和を達成する一手段として婦選を要求していくことのなかに表現された。満州事変前年の一九三〇年四月、婦選獲得同盟は、第六回総会で婦選を要求する理由のひとつに「世界の平和を確保し全人類の幸福を増進せんが為に」と宣言した(49)。

その想いはさらに、一九三四年二月、第五回全日本婦選大会で平和問題を議題に取り上げることに結実した。同大会で当面女性たちが試みるべきことのひとつとして、「国際平和実現のための各国婦人との提携の途を講ずる事」が決議された(50)。

▼国民外交の主張とロマン・ローランの反戦の檄

一方政府は、リットン報告書が政府に通達される直前の一九三二年九月一五日、満州国を正式に承認した。そして翌一九三三年二月二九日、同報告書が連盟総会で賛成多数で採択されると、松岡洋右を全権大使とする日本は連盟を脱退した。

市川は、あくまでも女性たちは政府の遂行する戦争に反対であり、政府の戦争遂行の方策に女性たちは従う必要がないと主張した。そして逆に、女性たちが「国民外交」を展開し「国際協調の実をあげ」ることが、緊張緩和につながる方法であると強調した[51]。

日本政府は、国際連盟を脱退して以後、国際的には全く孤立の立場に立ち、対米、対露関係は極めて緊張したる事態の下に置かれてゐる。

然し私共は、この政府の孤立政策に倣ふ必要はない。否政府がさうであればある程、私共はむしろ所謂国民外交によつて、国際協調の実をあげ、緊張したる国際関係を緩和する必要があると考へるものである。

この時期、市川たち婦選の女性たちの平和を望む強い気持ちは、反戦の国際的連帯を訴えるロマン・ローランの「戦争反対動員の檄」を通して表わされていた。一九三三年一月の獲得同盟機関誌『婦選』は、その全文を掲載した[52]。

戦争は近づく。戦争は凡ゆる方面から近づきつゝある。戦争は全民族の脅威だ。……我等は警鐘を打つ！奮起せよ！我等は善意ある凡ての民族、凡ての党派及び民族に訴へる。……戦争の何たるを問はず、その原因の何たるかを問はず、その脅威を蒙る者の何人たるを問はず、我等が望むところは、戦争反対の濤々たる輿論を捲き起こす事である。……論を左右にして柔弱恥づべきところの政府をして、憎悪すべき戦争の煽動者、虐殺によつて不当の暴利を攫まんとする者、軍需品製造者、大砲販売人、彼等に操縦さるゝ煽動者、下劣なる新聞記者、血の海に餌を漁るが如き奴輩すべてを制圧せしむべきである。

戦争を防壓せよ！

▼中国人女性たちとの連携の模索――まず啓蒙から

準戦時期、市川ら婦選の女性たちは、二様の国際的な女性たちとの連携を模索した。ひとつは、中国女性たちとの連携の模索であり、その連携の模索は戦時下に入ると、より本格的に続けられることとなる。そしていまひとつが、準戦時期に開催された第三、第四回汎太平洋婦人会議を通して試みられた。

国際的連携の模索は、まず、中国人女性たちに向けられた。市川をはじめ大半の婦選の女性たちは、中国大陸での生活の経験もなく、同地を旅行したこともなかった。そのため中国に関する情報に極端に疎く、なによりも中国女性たちとのネットワーク構築のために必要な人材に関する情報も知人も持たなかった。一方で満州事変後の世論は、政府の「暴支膺懲」路線に鼓舞された「残虐で無知な支那人」イメージ一色で塗りつぶされていた。そうしたなか、市川たちは、中国と中国の女性たちに対する正確な情報の聴取をその連携の一歩として、獲得同盟の機関誌『婦選』を通して中国事情に関する啓蒙活動を展開した。

市川は、満州事変後の『婦選』にほぼ毎号『朝日新聞』初の女性記者で、中国情報に通暁する竹中繁を登場させ、中国情報を語らせていた。竹中は、一九二六（大正一五）年秋、勤め先の朝日新聞社から半年の休暇をもらい、かねてから関心のあった中国大陸を服部升子（日華学会）と北は黒龍江省のチチハルから南は広東まで中国大陸を縦断し、その間の主だった重要都市を見聞していた。

竹中は満州事変後ただちに、中国と中国人女性たちを知る女性たちの会（一土会）を立ち上げ、「中国の留学生」や「在日中国人」を招き話し合いを持っていた。会の名称は、毎月第一土曜日に会を持つことから呼称された。同会のメンバーには、市川のほかに、日華学会の服部升子、上代タノ、高良富子、金子しげり、藤田たき、ガントレット恒子ら、婦選の女性たちが多数いた[53]。先の市川のリットン訪問は、この一土会を代表しておこなわれたものである。

▼『婦選』誌上の竹中の中国情報

柳条湖事件直後の一九三一年一〇月から日本の国際連盟脱退で事変が一応の「終息」を見た一九三三年三月までの一年半のあいだ、竹中は、ほぼ毎号『婦選』に登場し、主として中国人女性に関する情報を提供した。

まず一九三二年新年号で、「今は亡き熊稀齢夫人を惜しむ」で中華民国の平民教育の創始者であり提唱者を紹介した[54]。翌二月号では時評欄で、孫文夫人であると同時に自らも革命家であった「宋慶齢女子の宣言」を紹介した[55]。さらに三月号の時評欄に「民国の昨今」を掲載し、民国の三つの党派（国民党、共産党、中国青年党）を紹介し、「対外抗争が長引けば長引く程、言ひ換れば外敵が圧迫すればする程、共産党の運動は伸びもし拡がりもします」と警鐘を鳴らした[56]。

一九三二年四月号から七月号にかけて、支那ページ欄が設けられ、竹中は「認識不足を恥じよ」、「民国教育の過程」「民国女性の苦闘の途」「民国婦人の進出」を毎月掲載した。竹中は「認識不足を恥じよ」で、中国通といわれている日本人が、中国人は「生活の安定さえ得てゐるならどこの国の人が来て国を治めようと、そんな事は頓着しない」と言うのを聞いて、その「時代錯誤」で「軽率」かつ「危険でさへある」中国人認識に不信感を禁じえないと述べる。そして自分が中国旅行中、「中華民国の到る処で出会はした、彼らの骨髄に徹した恨みの記念や、肺肝を衝いて出る、不平等待遇に対する怨嗟の声を、見聞きした経験」が想起されると強調した[57]。

八、九月号では、旅行記「広東行き——民国の旅日記より」を二度にわたって掲載し、一一月には「結ばれた純情」を、一二月には「甘海瀾氏のこと」を掲載した。翌一九三三年新年号には「明日の中国を荷ふ《ママ》女性たち」が、二月号には「解放された民国婦人」が掲載された。

「広東行き」で竹中は、租界地の日本人の家には「目標が特別」あり、それは「麻雀の音のする家」であると知ったことを記す。そして「婦人たちがもつと心と心への外交に、進出しようと努力しないであらう事か」新政府が、麻雀、阿片吸引、蓄妾を禁じているにもかかわらず、麻雀で「先覚者を以て任ずる日本婦人が玩ぶのだろうか」と自問する。そして「日支相互の今日の疎隔は少なくとも彼らその土地に住んだ者が、心と心の交渉に努めなかったどころか認識さへしようとしなかった結果」である、と批判した[58]。

なんとか『婦選』を通して「支那」の女性たちの正しい情報を得ようとする市川の想いは、その後も続いた。たとえば竹中は、一九三五年二月の『婦選』に「民国婦人刑法改正に成功」を書き、日本の民法と同様に女性にだけ姦通罪を適用していた現行刑法が、男女を問わず「配偶ある者」と改正されたことを報告した。そして、翌一九三六年の同誌に「支那婦人の再抗議」を掲載し結婚詐欺に会い、夫の法律上の妻を射殺した女性が「男の不法に対して抗議」する事件を取り上げた(59)。

さらに盧溝橋事件半年前の一九三七年一月、市川は「隣邦支那に対して、正しい認識を持つ」ため、『女性展望』誌上でガントレット恒子、林芙美子、望月百合子の対談「支那を語る」を企画した。いずれも中国旅行を経験したばかりの者たちであった(60)。この号から獲得同盟の機関誌『婦選』は『女性展望』に改題を余儀なくされていた。

▼中国女性からの連携の呼びかけ

一方でこの時期、中国女性からの連携の呼びかけがあった。一九三二（昭和七）年二月の『婦選』は「陳衡哲女史からの来信」を掲載した。

陳衡哲《ソフィア・チェン・ゼン》は、竹中が「自力更生への国民全般への決起に向つて」「困難打壊の渦の中」「男子と肩をならべ得るこの国の婦人たち」を知るため、「明日の中国を荷ふ女性たち」のなかで「先覚的婦人」として紹介したひとりである。陳は、米国留学後南開大学で教鞭をとる傍ら、『西洋史』などの著書を発表した北京文壇で活躍する女性文学者のひとりとして紹介されている。

陳の書簡は、獲得同盟の「某女史」に対する返信であった(61)。「某女史」とは市川のことである。市川はホノルルの汎太平洋調査会機関誌の主筆で獲得同盟の維持会員でもあったエリザベス・グリーン女史から、北京在住の陳衡哲が中日関係を憂慮し、両国の女性の間で平和運動、提携を望んでいるということを聞き、書簡を送り連携を呼びかけていた。

汎太平洋婦人会議歓迎会。1928 年 8 月 7 日，ホノルルにて

……今度の不幸なる満洲事件が、一部野心家の陰謀によつて起つたもので、然も両国の人士が漫然としてよく考へませんので、日華両方の国民に彼此相敵視せしめるのです……

……女史から日本の婦人方に御伝言願ひ度ひのです。「吾東亜の婦人達は、この武力横行、公理滅亡の時代において、母たり、妻たりの資格を以て、東方の文化及び人種の保護者たるの資格を以て、世界和平運動同志の資格を以て、一切の国界上及び政治上の障礙を等閑視して、道徳、経済、及び政治の各方面において同心協力的の奮闘によつて和平と人道最後の勝利を獲得するために、彼此連合して起ちませう」この区々たる私の意見は必ず女史及諸同志の御賛許を得ると思ひます。

市川の、そして陳の、日中両国の女性たちの連携の模索にもかかわらず、その連携の模索は準戦時期には『婦選』を通しての中国情報の啓蒙活動にとどまっていた。しかし盧溝橋事件をきっかけに日中全面戦争が起こると、市川はその想いをいっそう強め、一九四〇年、初めての中国旅行を竹中繁とともにおこなう。そして帰国後に市川は、日中草の根民間人の交流を通してアジアに平和を構築することを目指す、石原莞爾が主催する東亜連盟運動への関与を深めていった。

▼汎太平洋婦人会議の試み

一九二八（昭和三）年八月、太平洋沿岸諸国の女性たちによる初めての国際会議がハワイ、ホノルルで催された。ホノルルに本部を置く「平和の促進を目的とする」非政府団体、汎太平洋同盟が開催したものであった。日本では前年の一九二七年春、汎太平洋同盟日本支部の支部長をしていた貴族院議長、徳川家達公爵が都内各界の女性団体に会議への参加を呼びかけていた。この呼びかけに応えて、日本女子大学教授の井上秀を団長に総勢二五名の女性たちの参加団がつくられた[62]。さらに、婦選獲得同盟は、同年四月二一日の第四回総会で、市川を同盟代表として派遣することを正式に決定した。汎太平洋婦人会議で平和問題を議題に組み入れるよう要求することが決められた[63]。

汎太平洋婦人会議の目的は当初、それぞれの地域で女性たちが取り組んできた女性の地位向上のための創意工夫を共有することにあった。会議開催の究極の目的が国際平和にあったにしろ、まず女性たちがそれぞれの地域に固有の女性問題を分かち合うことで人的なネットワークを作ることが肝要であった。議長を務めたシカゴ・ハルハウスのジェーン・アダムズは、基調講演で次のように語った[64]。

　この婦人会議で互いに成功例を話し合い、忌憚ない意見を交換することは、必ずや私共すべての者に新しい勇気と熱意を起こさせることと信じます。それに私たちはこうして話しあいを進めていくうちに、他国の同様な努力なしに一国だけではとうてい解決しえない問題がたくさんあることが分かってくるでしょう。

会議は、保健衛生、教育、労働婦人および職業婦人問題、婦人と政治、および社会事業にそれぞれ分かれ、情報と意見の交換がなされた。市川は八月一三日午後に「参政権を有せざる婦人の問題について」を講演し、「日本における婦選運動者を代表して訴う」と題する簡単な「平和」アピールをおこなった[65]。

▼汎太平洋婦人協会の立ち上げ

汎太平洋婦人会議が、太平洋地域における女性たちがきずなを深め、同地域の平和を構築するためと明確化されたのは、第二回会議においてであった。一九三〇(昭和五)年八月、ホノルルで開催された第二回会議で、会議の主催団体として汎太平洋婦人協会(pan-Pacific Women's Association)が、別途創設された。その定款の第一には、「すべての太平洋諸国の婦人相互間の理解と友情を深めることにより、平和のきずなを強めること」が明記された(66)。

同大会に参加した定方亀代は、国際平和のためには、平和志向の女性たちの協力が何よりも必要であるといった各国代表の共通認識が、汎太平洋婦人協会の立ち上げにつながったと指摘する(67)。

婦人は男子より異なつた本分と天才を持つてゐるのであつて、国際的協議や各国を世界的団体として婦人が助ける事、などによつて、男子が考へない方面や又男子に出来ない点などを婦人が完成して、男子の仕事と共にその特徴を相和して行く事が出来るのであるから此様な会議は国際的に大いに必要である事を皆が認め、満場一致して此会が継続される事に可決いたしました。

会議に先立つ一九二八年末、日本では、市川たち第一回会議に参加した者たちが国際連絡婦人委員会を組織し、第二回会議の参加者を選定した(68)。同委員会は、第一回会議の決議事項の実行と第二回会議の議題に関する調査研究を目的とし、教育は井上秀、保健は吉岡弥生、社会事業はガントレット恒子、労働を正田淑子、政治を市川が、それぞれ担当した。

しかし、この第二回会議に国際連絡婦人委員会は、政治と労働の二部門への日本からの代表を送り出すことができなかった。落胆した市川は次のように述べている(69)。

今回の日本代表には、……議題の中でも最も重要な位地《ママ》をしめてゐる筈の政治だとか労働等の部門にたゞの一人の代表者もないのです。

汎太平洋会議の目的からいつても、太平洋をめぐる諸国民間の理解と友誼を深め、太平洋を中心として今後の世界平和の基礎を確立するといふのですからこの二つの部門の代表者のないことは実に残念なことではありますまいか。

▼第三回汎太平洋婦人会議

第二回会議の一カ月後、日本は、中国大陸で柳条湖事件を引き起こし、二年後の一九三三年二月、国際連盟を脱退した。日本の国際的な孤立が深刻さを増していくなかで市川は、女性たちは「政府の孤立政策に倣ふ必要はない」と言い切り、逆に草の根の国際的女性たちの連携の必要を強調した(70)。

一九三三年四月、市川は、当初第一回会議の参加者による個々人で構成されていた国際連絡婦人委員会を、より永続的なものとするため団体単位の加盟に改組し、全国的組織を持つ五つの女性団体（日本基督教女子青年会日本同盟、婦人平和協会、全国小学校連合女教員会、獲得同盟、婦人記者倶楽部）が参加した。市川は、同委員会の書記を務めた。同年末、改組された婦人団体連絡委員会は、九団体に増え、「国際協力殊に汎太平洋の平和の増進をはかる為めに」汎太平洋婦人会議からは脱退しない方針を決定した(71)。

翌一九三四（昭和九）年八月、第三回会議がホノルルで開催された。第二回会議で立ち上げられた汎太平洋婦人協会が会議を主催した。市川は、この第三回汎太平洋婦人会議で日本は、アメリカと並んで重要な役割を果たすべきであり、「この機会に日米両代表の間で隔意なき懇談協議をすゝめ、会議をして所期の目的を達せしめなくてはならない」と主張した。そして女性こそが真に平和を希求するものであり、「日本婦人の憂ひはまた米国婦人の憂ひであるに違ひがないと信ずる」と強調した(72)。

婦人団体連絡委員会は、汎太平洋婦人会議に対して、「直接汎太平洋の平和の増進をはかるやう、その具体案を来るべき会議で協議せしめること」を要請した[73]。その結果、会議の国際関係研究部門で「太平洋諸国の平和関係を来たす為最も効果的な方法」が議題のひとつにあげられた。しかし同所で話し合われたことが、日本で「軍教（軍事教育）反対決議」がなされたというかたちで報道された。この「軍教反対決議」に日本の代表が参加したという報道は、軍部を刺激し、代表団の帰国受け入れが危ぶまれる事態へ発展した[74]。最終的に、報道に誇張があったとして一件落着したが、その事件は、満州事変後の軍ファシズムが台頭する日本社会で、女性たちの模索する平和構築のための国際的連帯がいっそう困難になったことを象徴していた。

▼第四回汎太平洋婦人会議――戦時期最後の会議

この第三回会議で、次期会長（昭和九～一二年）にガントレット恒子が選出された。日本は第四回会議の開催地を希望したが、投票の結果カナダのヴァンクーヴァーが決まった。山田耕作の姉ガントレット恒子は、基督教婦人参政権協会の活発なメンバーのひとりであり、準戦時期婦選の女性たちの平和活動を積極的に推進していたひとりであった。ガントレットは、一九三〇年二月六日、林歌子とともにロンドンに赴き、日英米仏の婦人平和団体とともにセントジェームズ宮殿内で、一〇万にのぼる日本の女性の署名を集めた平和請願書をロンドン軍縮会議議長のヘンダーソンに手渡した[75]。その折、婦選獲得同盟は、「日本婦人も国際平和のために婦選を得たいと努力している」旨のメッセージをガントレット恒子に手渡していた。

一九三七（昭和一二）年七月一二日から二四日にかけて、ヴァンクーヴァーで第四回会議が開催された。会議直前の七月七日、日本は、盧溝橋事件を起こし、蔣介石の国民軍と全面的な戦争に突入した。中国大陸での日本軍の膨張主義が勢いを増し、国際危機が高まるなかで、中国からの代表も参加した同会議で、「汎太平洋における平和の推進」をテーマに活発な討議がおこなわれた。会議の議長は汎太平洋婦人協会会長のガントレット恒子が務めた。

同会議で、次の第五回会議を一九四〇（昭和一五）年にニュージーランドで開くことが決まった。さらに、平和を取り戻すためのより具体的な会議テーマとして「国際理解促進の実際的手段・方法の研究」が決められた(76)。

一方で、汎太平洋婦人会議に集った女性たちの願いに抗うように、ヨーロッパ大陸で、二度目の世界大戦の風運が急を告げていた。大会一年前の一九三九年九月、ドイツがポーランドに侵攻し、ヨーロッパ大陸で第二次世界大戦が勃発した。一九四〇年に予定されたニュージーランドでの第五回大会は開催されることはなかった。会議が再開されたのは、第二次世界大戦後の一九四九年七月であった。

第5章　日本型ジェンダー・ポリティックスの創生

一　背景——時代の要請と新争点の導入

▼初めての協力要請

一九二九（昭和四）年七月二日、民政党の浜口雄幸を首相とする内閣が組閣され、大蔵大臣に井上準之助、内務大臣に安達謙蔵、外務大臣に幣原喜重郎が任命された。田中義一内閣は、前年六月に関東軍が起こした張作霖爆殺事件の陸軍首脳の責任者処罰に失敗し、天皇の叱責を受け、その前日に総辞職を余儀なくされていた。

対中国強硬政策を主張する軍部とは異なる、対中国協調政策（第二次幣原外交）を掲げた浜口新内閣の成立は、跋扈し続ける軍部に対抗した憲政復活の可能性を示す一脈の光を投げかけた。市川は、田中内閣が「遂に不戦条約、満洲事件によつて倒れ、憲政の常道は政権を第二党たる民政党に移らしめた」と憲政が本来の道に復帰したことを評価した。そして浜口首相が蔵相時代に財政の緊縮を断行したことを挙げ、新内閣の方針は「一途緊縮に定める」と思われると指摘した。(1)

実際、市川の予測したように、浜口新内閣は、組閣一カ月後に当初予算を九一〇〇万円削減する緊縮実行予算を発表した。しかし、その二カ月後に起こったニューヨークに端を発する世界大恐慌は、慢性的農業不況にあった昭和初頭の日本経済にさらに深甚な打撃を与えた。深刻な経済不況を乗り切るため、井上蔵相は、緊縮財政に加えて金解禁、非募債を軸とするいわゆる井上緊縮財政政策を展開していった。その過程で、日本史上初めて政府が、生活者としての女性たちに生活刷新、家庭経済の緊縮を呼びかけた。

九月一二日、市川をはじめ三〇〇人を超す東京在住の女性指導者が首相官邸に集められ、浜口首相、井上蔵相、安達内相から政府の緊縮財政、金解禁政策に対する協力を依頼された。同会談は東京連合婦人会が、加盟団体を招き、「この際婦人は何をすべきか」を直接政府から聴取するために企画したものであった。(2) さらに、九月二一日、大阪に本部を置く全関西婦人連合会が、日本婦人経済大会を開催し、同大会で安達内相が政府の緊縮経済政策への女性たちの協力を依頼した。(3)

▼浜口内閣の政治革正政策と女性公民権

他方で浜口内閣は、男子普通選挙が達成された直後の未熟な市民社会にありがちな金権選挙と金権政治を是正し、議会制民主主義を確立するため選挙と政治の浄化を喫緊の政治課題とした。一九二九（昭和四）年末、同内閣の内務大臣安達謙蔵は、選挙革正調査会を設置した。翌一九三〇年二月二〇日には、二回目の男子普通選挙（第一七回総選挙）が予定されていた。前々年の一九二八年二月二〇日に実施された初めての男子普通選挙では、多数の棄権者と凄まじい選挙買収がおこなわれ、それらは深刻な社会問題となっていた。

さらに同年八月、北海道鉄道、東大阪電気の疑獄事件や売勲事件、山梨半造事件などが相次いで暴露された。政府の要人を複数含む政界の疑獄事件は、金のかかる選挙の必然的な結果でもあり、選挙と政界の改革を望む世論が沸騰していた。一九二九年末の安達内相の選挙革正調査会の設置は、そうした世論に対応するものであった。そのため安達内相の依頼した調査項目のなかには、従来無産政党が主張していた党費公開、あるいは、憲政の神様と謳われた尾崎行雄の主張する選挙公営の考えが含まれていた。と同時に、調査項目の最後には、安達内相自らが書き入れた婦人参政権が加えられ、「先ず公民権より」と書かれていた(4)。

獲得同盟は、第一回男子普通選挙時から、積極的に選挙にかかわり、女性たちへの政治教育をも視座にいれて、棄権防止や、票の売買禁止に取り組んでいた。調査項目に女性参政権を加えられたのは、安達が選挙革正に対する女性たちの役割を予測し、女性参政権の可能性とその効果の調査を、選挙革正調査会に依頼したものであった。

▼差異派フェミニズムへの回帰と生活者役割の主張

市川は、浜口内閣が抱えていたそうした二つの政治課題を鋭敏に捉え、それらを婦選の必要性に結びつけていった。そして「生活刷新・家庭経済の緊縮」と「政治革正」の担い手としての女性たちの社会的役割を、準戦時期に婦選を要求する根拠に据えた。そのうえで市川は、政府が女性たちにそれらの政策への協力を要請するなら、女性たちの社会的活動を容易にするために、まず政府が女性公民権を与えるべきであると、主張した(5)。

現内閣の教化総動員と公私経済緊縮運動とは予定の如く全国に亘つて着々と行はれつゝあり、そのプログラムの一に明記せられたる婦人へのよびかけも亦全国的に行はれつゝある。

我等は現内閣が成立せる瞬間より政府は速かに婦人に政治的自由を与へよと論じ特に消費節約の運動に婦人を参加せしむる為には、まづ婦人公民権を実施すべきが順序なる事を屡々説き来つた。

実際、軍ファシズムが台頭し、男女同一・同等の政治的権利として婦選を要求することが困難になった反動的時代に、社会が、女性たちの社会的協力を必要としたことは、市川にとって、新しい文脈から婦選を要求する絶好の機会となった。しだいに市川は、人間として男女は同一であり、故に男女同等の政治的権利が与えられるべきと主張した平時の平等派フェミニズムの論理から乖離していった。そしてふたたび新婦人協会時代の男女の異なる肉体とそれに基づく社会的役割の違いを主張する、差異派フェミニズムへと回帰していった。

準戦時期に市川は、戦時状況が女性に要求する男性兵士と異なる銃後の守り手としての女性の社会的役割を、社会の要請に呼応するかたちで、生活者としての社会的役割として浮き彫りにした。そして政治に生活者の視座を導入することが必要であり、そのためにこそ婦選が必要であると主張した。一九三二年二月、第三回目の男子普通選挙に向けて市川は「総選挙と婦人」を『婦選』に掲載し、次のように語った。(6)

> 最もよき政治とは、国民の各家庭の台所にある米櫃の中に食べるだけの米がいつでも満たされてゐるやうにすることである。……
> この意味から、米櫃の番人であり、家庭の主婦である婦人を除外して、いゝ政治が実現出来る筈はない。

本来政治は、国民の生活の安寧を守るためにある。生活者としての女性たちこそが、生活にかかわるさまざまな問題に精通した者たちであり、女性たちの知恵と能力を除外して、政治は機能しないのだ、と市川は強調しはじめた。

▼生活者としての女性と選挙・政治の浄化役割

市川はまた安達内相の「政治革正」政策に呼応して、選挙・政治革正と婦選を結びつけ、準戦時期婦選活動の軸のひとつに選挙と政治の浄化活動を組み入れていった。そもそも男女の役割分担と社会的住み分けを主張する保守的社会の女性観は、女性たちを生来的に純真無垢で高い純潔性を具備した性と捉えていた。育児の担い手として女性たちに、高い道徳性が要請されたからである。選挙革正の方策のひとつに安達内相が、女性たちの地方政治参画の可能性を見たのは、そうした保守的社会の女性観を反映するものでもあった。

市川は、生活者としての女性たちの持つ特性を保守的社会の女性観に結びつけ、選挙・政治浄化の担い手としての女性たちの適任性を強調した。女性たちは、家庭という私的領域の住民として、公的領域の政治的、社会的活動の汚濁にまみれていない。彼女たちはなべて純真な価値の持ち主であり、女性たちを政治に組み入れることが、政治浄化の「最も手近な、最もいゝ方法」であると、市川は主張した。政治と生活を結びつけた先の「総選挙と婦選」で市川は、女性を政治に組み入れる利点を、保守的社会が称揚した女性の純真性を根拠に、次のように敷衍した。(7)

……婦人は概して正直であり、公平であり、小心であるといふ事が出来やう。それに従来の選挙界の弊風になずんでゐない、全くの新分子である。さうした新分子を然も男子と同数だけ増す事は一方に於ては買収を困難ならしめるであらう、一方に於て結果の上に新傾向を望み得ると信ずる。

尚、婦人は男子に比して党派心が薄い。政策の如何、政府の施政の結果によつて自由に選ぶ習癖を持つてゐる。然もその政策も、生活に即した政策を喜ぶ傾向がある。

あるいは市川は、政治腐敗の原因がそもそも女性を排除したところにあると指摘し、子どもを養育する立場の女性が、正しい政治感覚を持つ市民を育てるうえからも政治的権利が必要であると述べた。(8)

婦人は何といつても純真である……

政治界の今日の腐敗は、この婦人を政治から全く除外し、憲政の揺籃である家庭を政治から全然遠ざけて来た当然の帰結ともいへるであらう。

私共の婦選の要求の一つはこの婦人の性情を以て政治を浄化し、又将来の立憲国民を養育する為には先づ母親自身をして立憲国民たらしめよとの要求に他ならない。

二　生活者の視座の導入と婦選活動の新展開

（一）台所と政治を結ぶ新領域の開拓

▼実際的運動の嚆矢――ガス料金値下げ運動

準戦時期、婦選運動が取り組んだ生活領域の新しい課題は、三つの領域にわたっている。第一は、ゴミ処理問題であり、第二は卸売市場の単複問題、そして第三が女中税・小市民税反対運動である。こうした生活をとりまく身近な自治体の問題に婦選の女性たちが初めて取り組んだのは、平時のガス料金値下げ運動であった。

第二章で指摘したように市川たちは、一九二八年四月、獲得同盟第四回総会で保守的日本社会が受け入れる婦選を要求する根拠のひとつに「政治と台所の関係を密接ならしめる」ことを挙げた。翌一九二九年にかけて女性たちの地方政治参画を支持する議会趨勢が形成されるなかで市川は、婦選運動の新しい取り組みとして自治体が取り扱う生活領域の実際的課題を取り上げたいと考えていた。生活を取り巻く問題解決に女性たちが自主的に取り組み、女性たちの社会的有為性を示すためである。一九二九年四月、東京市でガス料金値上げ問題が浮上すると、獲得同盟は、いち早く同問題を取り上げ積極的に関与していった。

一九二八（昭和三）年末、東京市会は、望月圭介内相に解散を命じられた。その年の二月におこなわれた初めての男子普通選挙による東京市会選挙の結果、大量の疑獄事件が起こり、定員の三分の一強の市会議員が拘留されたためであった。翌一九二九年三月一六日、市政一新のための第二回普通選挙が挙行された。四月一〇日、新しく開催された市会は、ガス料金の値下げならびに計量器使用料の撤廃に関する建議案を満場一致で可決した[9]。当時東京ガス会社は、独占企業で市と契約関係にあり、ガス料金の設定、増資には市会の許可を必要とした。しかし東京ガスは市議会の値下げ要求を無視し、逆に市に対して増資要求をおこなった(10)。

この問題を即座に取り上げ、ガス料金値下げ問題へと転化させたのが獲得同盟であった。この間の経緯を、市川は『自伝』に次のように記している(11)。

私どもは早速この問題をとらえ、五月二日夜、馬島新市会議員を招いて勉強し、翌五月三日、家庭の消費経済を預かる婦人の立場から、一、ガス料金の五十銭値下げ、二、計量器損料の会社負担、三、引込み料金一切の会社負担、四、増資反対の声明書を発表、運動に着手した。

まず獲得同盟は、婦選運動の戦略に倣い、問題意識を共有する左右両翼の女性組織の団結を図った。その結果五月一〇日、婦人市政研究会、無産婦人同盟、社会民衆婦人同盟、婦人参政権協会、婦人参政同盟と獲得同盟で婦人団体ガス問題協議会を設置した。同協議会は、市長、東京ガス会社訪問、ビラまき、演説会などをおこなった(12)。

この市川のいう「初めての実際運動」であるガス料金値下げ運動で獲得同盟は、運動を拡大するため、男性議員や男性組織との連携を試みた。当時市議会では、堺利彦（無産大衆党）、島中雄三（社会民衆党）、馬島僴（社会大衆党）らが無産市議団を組織し、徹底値下げ案の上程を試みていた。六月二七日に獲得同盟は、婦人団体ガス問題協議会で共闘した婦人参政同盟と社会民衆婦人同盟とともに、東京市会無産議員団、ガス料金値下期成同盟、ガス料金値下同盟などの男性組織とガス料金供託同盟を結成し、ガス料金不払い運動を始めた。同同盟の代表者には吉野作造、会計監督には市川と無産市議団がなった(13)。

一九二九年、半年間にわたって展開された運動は、ガス料金の値下げと計量器損料撤廃は取り上げられないまま、東京ガスの増資が却下され終止符を打った(14)。獲得同盟は、この運動を通して、市民的問題への関心と憂慮を共有する、党派を問わない男女の市民組織や議員との共闘を経験し、自治体での実際運動をおこなうための人的ネットワークを作り上げていった。運動を通して市川たちはまた、ガス料金供託などの市民的不服従の、いわゆる市民運動の戦略を経験した。そうしたネットワークと経験は、準戦時期婦選の女性たちが従事した女中税・小市民税反対など他の同様の運動に生かされていった。

▼東京婦人市政浄化連盟の立ち上げとゴミ処理問題

東京市は、一九三二（昭和七）年一〇月一日、隣接の五郡八二町村を合併し二〇区を新たに加え、人口五〇〇万の世界第二の大都市に再編成された。翌一九三三年三月一六日、大東京の市会議員選挙が予定された。市川はこの東京市会選挙の革正に取り組むため、三月四日、第四回全日本婦選大会の主催六団体――獲得同盟、基督教婦人参政権協会、参政同盟、社会大衆婦人同盟、国民婦人会、子供の村お母様学校――に呼びかけ、東京婦人市政浄化連盟（以下「市政浄化連盟」と略）を立ち上げた[15]。

当時市川は、婦選の実際的運動のひとつとしてゴミ問題を取り上げることを考えていた。そのためこの浄化連盟の立ち上げは単に、選挙革正だけを目指すのではなく、選挙後の東京市の問題を取り上げる運動の運動体を意図していた。

選挙後の五月、市政浄化連盟は、深川区枝川町のゴミ処理工場から上がる煤煙が近隣の市民生活を侵し問題になっていることをキャッチし、当該問題を選挙後の運動に取り入れることを決定した。まず五月一一日、市川ら婦団連の代表は、新市会で選出された牛塚虎太郎新市長を訪問し、要望書を手交した。同要望書は、市会議員の大名旅行の禁止、市吏員の任命に際し市会議員の容喙を禁じることとともに、婦人方面委員、婦人吏員の増加や、「婦人の意志を市政に反映」させるため「婦人の諮問委員を組織する」ことを要望した。とくに「目下問題となりつゝある塵芥処理問題の解決には婦人を参加協力」させることを要請し、牛塚市長の同意を得た[16]。

五月一二日に婦団連は、東京市保健局清掃課の課長岸寿喜から当該問題に関するブリーフィングを受け、日本橋箱

野天ゴミ焼却場の見学。左端が市川。1933年5月12日

崎町のごみ取り扱い所、問題となっていた深川区ゴミ処理工場、さらには古石場の露天焼却場を見学した[17]。

五月二二日、市川は、ＹＷＣＡに都下の婦人団体を招待し、「塵芥処理問題懇談会」を開催した。同懇談会には婦団連の六団体の他、家庭購買組合、新宿消費組合、四谷区婦人会の九団体が参加した[18]。懇談会で、市側から宮川宗徳保険局長が参加し実情を説明した。それによると、当時旧東京市内から一日三〇万貫相当の塵が排出されていた。そのうち二〇万貫を工場で焼却し、残りの一〇万貫を露天焼却していた。さらに東京市は、特定の区域でこの一九三三年から厨芥と雑芥の選別処理を開始していた。ただちに懇談会は、「台所を預かる主婦の立場で塵芥量の減量、厨芥（台所の生ゴミ）と雑芥（燃えるゴミ）の選別処理の徹底」をはかるための実際運動をおこなうことを合意した。翌二三日、市政浄化連盟は、ゴミ選別処理の実際運動を起こす旨の声明書を発表し、ゴミの選別処理の呼びかけをおこなった[19]。

六月一四日、二度目の「懇談会」がもたれ、どのような実際運動を起こし、市のごみ政策に協力するかが話し合われた。その結果市が、ゴミの選別処理をしている地域でゴ

『お春さんの夢』舞台。1933 年 7 ～ 8 月

ミ問題講演会を開催し、地域住民の啓蒙運動をすることが決められた[20]。講演者として市側は、岸課長、宮川局長が参加することを了解した。当時、市は、ゴミ処理問題をわかりやすく理解してもらうための映画や劇を用意していなかった。そこで、ジャーナリスト出身の金子しげりが急遽、ゴミ問題をやさしく解題した芝居の脚本『お春さんの夢』を書き、講演会とともに、市川たち婦選の女性が素人芝居を演じることが決まった[21]。

かくして七月、市川たちは牛込、麹町、深川、本郷の六箇所の小学校で講演会と素人芝居の会を開催した。「いずこも五、六百人の入場者で子供づれも多く大喝采を博した[22]」。一方、清掃課は八月ゴミの映画「塵も積もれば」を製作することを決め、市川たちは「その内容について注文を付けただけでなく、四谷区婦人会の人々」が映画に出演した[23]。

婦選の女性たちが問題を掘り起こし、その解決に向けて市当局に提案し、市との協力で、女性たちの意見を反映させながら問題処理にあたる。ゴミ処理問題に対する取り組みは、婦団連が自主性を維持しながら市当局との密接な協力関係で、生活関連の問題の実際運動を起こした典型的な例であった。

▼女中税・小市民税反対運動

ゴミ処理問題が一段落した一九三四（昭和九）年一月、市政浄化連盟は、八日夕刊（九日朝刊）に報道された東京市の増税案のなかの特別所得税および傭人税に反対することを決め、一月一〇日、市の財務調査委員会に陳情し、増税反対の声明書を手交した(24)。

一月一八日、婦団連は市政会館内の東洋軒に市内の一六の女性団体の代表を招いて小市民税及び女中税反対協議会を開催した。会合には、これまで婦選の女性たちが展開した市民運動に参加しなかった警察官家庭婦人協会、婦人同志会の代表が初めて参加した。同所で、婦団連の特別所得税及び傭人税反対の提案は万場一致で採択され、小市民税、女中税反対婦人協議会が結成された(25)。

市川は特別所得税、傭人税をそれぞれ小市民税、女中税と呼ぶことに関して次のように説明する(26)。

私どもが特別所得税を小市民税と呼ぶのは、国税としての所得税が免除されている年収六百円から千二百円までの低所得市民に課税しようとするからである。又傭人税は、……大部分が女中であることは確かで、その傭主に課税しようとしているが、私どもは当時の家庭の状況から考えて、女中ひとりはぜいたくではないとして反対したのであった。

翌一九日、市川ら小市民税及び女中税反対協議会の代表は内務省の大村財務課長を訪問し、監督官庁の意向を確認、さらに牛塚東京市長に面会し増税反対決議文を手交した。牛塚市長は塵芥問題での女性たちの協力を評価し、女性の「市政に対する熱心さ」を称賛し、今後、「大に婦人側に各般の諮問を行ひたい旨」を述べた(27)。一方で、財務委員会は、二七日、特別所得税の免税点を六〇〇円から七〇〇円に引き上げると同時に、傭人税は一人使用の場合を五円から三円に引き下げただけの原案を決定した。

市川たちはただちに、先のガス料金値下げ運動の場合と同様、婦人団体以外の増税反対運動に取り組んでいる男性たちの団体との共闘を企画した。一月三〇日、東京交通労働組合、東京市従業員組合、社会大衆党の東京支部連合会に働きかけ、小市民税反対団体協議会（二月六日、勤労市民税反対協議会と改称）を立ち上げた[28]。

勤労市民税反対協議会は、事務所を獲得同盟事務所に置き、内務当局、市会議長、市会の予算委員長、市長へ反対陳情をおこない、反対声明書を全市議へ送付、反対演説会のビラとポスターを各団体に配布した。さらに二月一九日の帝大仏教青年会での反対演説会を筆頭に、市民大会を開催し、同大会の決議を予算委員長に提出するなどの活動を短期間に矢継ぎ早に展開していった[29]。市川は、社会大衆党の堺真柄とそれらのすべての活動に参加した。そうした一連の運動の結果、東京市内三五区のうち二五区の市会で反対決議がなされ、予算委員会に陳情した。

この小市民税・女中税反対運動は、大きな成果をもたらした。市民と区会の示威活動で東京市会が変化した。その結果、特別所得税は、免税点を六〇〇円から八〇〇円に上げ、税率を八〇〇円は一〇〇分の八から一〇〇分の五に低められた。さらに傭人税は、女中一人五円は免除となり、二人、三人の場合は税率が低められた。同案は三月三〇日、市会に上程され、予算委員会の修正どおりに可決された。同市会には勤労市民税反対協議会などの各団体から五〇余名が傍聴した[30]。

▼東京卸売り市場の単複問題

準戦時期に婦選運動が取り上げたいまひとつの生活関連の問題が、東京市の卸売り市場問題であった。同運動を通して市川たちは初めて政策決定過程と政策施行過程の両面で、女性たちの利益と価値を反映させることに成功した。

当時東京市は、築地河岸に鉄筋コンクリート建ての中央卸売市場を新築中であった。関東大震災で被災しバラックで営業していた魚市場や野菜市場などを一箇所にまとめ再建するためであった。だがその運営方法に関して、単複両論がせめぎあっていた。同市場で扱う魚や野菜などの問屋をまとめて一つの会社にする単一論か、あるいは複数の会社にする複数論かが問題となった。農林省、市当局、大半の問屋は単一の会社を希望した。しかし買い出しの小売商と市会議員の一部が複数を主張した。

市川は、一九三二（昭和七）年一二月、社会大衆党の市会議員馬島僩と魚小売商組合理事長の塩沢達三から、この問題に関して消費者の立場からどう考えるか聞かれた。馬島の案内で新築中の中央卸売市場を見学した市川は、「営利を目的とする問屋―卸売業者が単一で独占することになれば、値段が高くなり、サービスが悪くなるのは必至で、消費者としては重大問題だ」と理解した(31)。

そこで金子しげりと二人が世話人となり、一二月二〇日、日比谷公園の松本楼で女性組織を招き、説明を聞く会を開いた。当日は婦団連の仲間、消費組合、料理の先生、婦人記者ら三〇名が参加した。説明を受けた後、消費者として単一の方針には賛成できないので、新年に運動を起こすことが合意された(32)。さらに一二月二七日、翌一九三三年一月一四日の二組に分かれ、魚市場の見学をおこない、問屋側の意見を聴取した(33)。

翌一九三三年一月一六日、松本楼で第二回会合が開かれた。市側意見を卸売市場長荒木孟が説明した(34)。市側は問屋側と同一意見で単一を主張していた。説明後、申し合わせが作成され、「現在の魚市場を単一会社に組織」し、「全市民の必需食料品である魚類の販売を独占」することは、「消費者の利益と相いれざるものとして」反対することを表明した。さらに、市が単一を主張するのは本来「消費者である市民の利益を考慮」すべきであるのに遺憾である、とした(35)。

七月中旬、市の調査委員会が業務規定案を発表した。同規定案は、魚類部一人、青果部二人、鳥類部一人、鳥卵部一人、獣肉部二〇人と設定した。さらに市長がセリ参加希望者を許可する場合は、必ず関係卸売人、卸売組合に相談することと明記していた。市の調査委員会委員の大半が卸売人であったため、市川たちの要望は完全に無視されていた。

市川たちはこれを受けて七月一八日、再度会合を開き、「一、魚類部、鳥類部、鳥卵部の卸売人の数を相当数の複数となすこと、青果部も更に数を増し相当数となすこと」、「二、せり参加許可の手続き中、卸売人の意見を徴するの項を削除すること」を決議し、決議文を一四四人の全東京市会議員に送付した(36)。

調査委員会の業務規定案は、七月二〇日、市会に上程された。同日、市川たち各団体の代表数一〇名が市会を傍聴し、七月一八日作成の決議文を議長の森俊制に手渡した。市会は上程された法案をただちに委員会付託とした。

▼東京卸売市場婦人団体協議会の立ち上げ

ゴミ問題等への取り組みを通して市川たちは、生活関連問題は、世論の注意を喚起することが一番重要であることを熟知していた。そのためただ市会の決議を待つのではなく、世論を喚起するための実際運動に入ることを決定した。

一九三三年九月四日、ふたたび獲得同盟東京支部の呼びかけで、家庭購買組合婦人部、関東消費組合連盟婦人部、大東京消費組合、四谷区婦人会、鶴巻町婦人会、婦人参政同盟、国民婦人会、社会大衆婦人同盟、子供の村お母様学校の一〇団体が集まり、東京卸売市場問題婦人団体協議会（以下「市場問題協議会」と略）を立ち上げた[37]。同協議会は、最終的に桜楓会購買組合、婦人市政研究会が加わり一二団体となった[38]。

市場問題協議会は、「世論を喚起し複数の主張を徹底させるため」、街頭での活動を矢継ぎ早に展開していった。ただちに市長宛の請願の署名活動がはじめられ、九月二四日、赤襷を掛けた女性たちは、「お台所の一大事！魚や青物の値があがりさうです」「市会は単一派に買収されようとしている！台所を守る婦人の声を聞け」などと書かれたビラを東京市内各所で配った。さらに一〇月中、市内八カ所で小講演会を開催し、二一日夜には協調会館で一〇銭の入場料で「中央卸売市場単一反対演説会」を開催した。講演会には市川、金子、山田わからそれぞれの団体からの代表が参加した[39]。同日午後、赤襷隊の女性たちが、五万枚のビラを再度配布した。

運動を強化するため、この運動でもまた男性との共闘が試みられた。一一月六日、卸売市場協議会は、消費組合、産業組合、市政調査会の男子代表を松本楼に招待した。家庭購買組合から藤田逸男、大東京消費組合から広田金一、社会大衆党市会議員の浅沼稲次郎、阿部茂夫、青果小売商組合の大沢常太郎、さらに前市会議員馬島が出席、援助、協力の意思を確認した[40]。

一一月二二日、五万三〇〇〇枚の請願書が牛塚市長に手交された(41)。牛塚はこの動きを受けて二四日、東京連合婦人会の幹部と市場問題、税金問題に関する懇談会を開催した(42)。東京連合婦人会には、卸売市場協議会のメンバーであった獲得同盟、四谷区婦人会、市政研究会、婦人参政同盟、桜楓会が所属していた。しかし、東京連合婦人会会長の吉岡弥生の強い意志で市場問題を取り上げることはなかった。新婦人協会立ち上げのとき、吉岡から「そんなバカなことはやめなさい」と言われ、不信感を抱いていた市川は、『自伝』に次のように記している(43)。

吉岡氏は、婦人公民権実現近しとなったとき、バスに乗り遅れないよう、保守的な名流婦人で新しい婦選団体「婦人同志会」を結成して政府側に協力したが、今度もまた乗り遅れないために、おそがけに飛び出し、当局に協力しようとしたわけである。

この懇談会は事実上「牛塚市長の招待会」で、市場問題解説を荒木市場長がおこなった。しかし複数を主張する女性団体側から市川、金子らが質問をなげかけ、この会合から「単数要請の声を昂げるの軽挙」を防いだ。

一一月二八日、男性団体との二回目の会合が産業組合中央会で持たれ、男性側からの強力な支援をえた。まず産業組合中央会は一一月三〇日、会頭の岡田良平の名で商相、農相宛に「販売組合連合会」を「中央卸売市場の卸売人」に指定したい旨の建議をおこなった。また一二月一日には、全国消費組合協会代表七名が「卸売人の数を相当多数」にすること、さらに「消費者団体を(せり)市場に参加」させることを要望した陳情書を、農林、商工、東京市長、東京府商工課長、市会委員会に提出した(44)。

男性団体の強力な支援を背景に、市場問題協議会は、一二月六日、各団体代表三〇名で再度市会調査委員会に陳情した。さらに八日には三回目の懇談会を開催した。この懇談会には、請願集めをした一般の女性たちも参集した。

一二月一三日、一連の示威活動の結果、東京市会の調査委員会は「急転直下」市場協議会の要求を入れた修正案を魚類部、三人以内、青果部、二人以内で成立させた。さらに買い出し人のセリ参加は自由と規定された(45)。一二月二六日、修正案が市会にかけられた。市川たちが傍聴するなか、単一派の猛反対で市会は修正案を仮決定とし、市会は流会となった。しかし最終的に翌一九三四（昭和九）年二月一五日、市会は修正案を本決定とし、翌一六日予算市会に上程し、同所でも可決された(46)。

▼政策施行に対する監視の導入

この運動ではじめて市川たちは政策決定に女性の意思と利益を反映させただけでなく、政策の施行に関しても監視を続行する必要があることに気がついた。一九三四年二月一六日決定された業務規定を仔細に点検した市川たちは、「卸売人の員数、セリ参加の問題をはじめそこには市当局の運用によつて左右し得る余地が幾多ある」ことを発見した。そのため三月一〇日、松本楼でさらに卸売市場業務規定報告会を開き、「卸売人の員数並にセリ参加の問題は、業務規定決定の精神を実現する」ことを明記した「業務規定運用に関する決議」を万場一致で採択した。さらに当日参加した一二団体の代表者で市場問題婦人委員会を立ち上げ、監視を続行することを決めた(47)。

現実に東京市の中央卸売市場問題は、運営規定を作る段階では、市川たち女性消費者の要求をほぼ完全に受け入れたが、その施行過程で単一派支持を明らかにしていった。魚市場は単一派と複数派の二つの会社が設立されたが、市当局は単一派のみを認可した(48)。それを受けて市場問題婦人委員会は、一九三五年八月三〇日、会合を開き、商工省、東京府、東京市への陳情をおこなった。さらに九月二二日東京市内、八箇所でビラをまき、夜、協調会館で講演会を開催した。獲得同盟から市川と金子が参加し講演した(49)。

卸売市場が完成し、市場では魚の値段がかえって高騰した。一九三六年五月、市川たち市場問題婦人委員会は市場見学に行き、市当局と業者から事情聴取した(50)。そうしたなか、東京府は市の規定によってできていた卸売りの魚市場と魚問屋会社の合併を命令した。六月、市場問題婦人委員会は、「消費者の立場から、単一の独占会社に反対」であり、「魚の値段が高くなった」ことを府当局に陳情した。さらに七月、単一反対の業者、卸売商組合と共同で、日本青年会館で演説会を開催した[51]。

しかし府当局は七月一三日、複数派の魚問屋会社に業務停止命令を出した。市場問題婦人委員会は、会合を持ち業務停止の即時解除、消費者、生産者の代表を加えた市場監視機関を設けることを決め、府の経済部長に陳情した。この間、小売商の買出人組合は単一派の魚市場会社の商品不買運動をはじめた。一方で市場問題委員会は、不売運動を一般女性に広めるため「魚なしデー」を決め、三〇万枚のビラを配った。さらに九月には青年会館で市民大会を開き、市川は演説をした[52]。

市会に上程された業務停止解除決議案は一票の差で複数派が勝利した。この間も買出人組合は不売運動を継続した。最終的に業務停止命令が解除され、魚市場振興委員会が設けられた。同委員会は当初の原案で、生産者、卸売人、仲買人、買出人の代表で構成されていた。同委員会は最終的に、市川たちの強い要望で消費者の代表もこれに参加することになった。市川は、「これは消費者としての婦人の存在を、自治体をして確認させたわけで、婦人運動の上から大きな獲物であったといってさしつかえあるまい」と評価した[53]。

(二) 選挙と政治浄化運動

①選挙革正運動への取り組み——婦選団体連合委員会を軸に

▼能動的な「取り込まれ」と戦時期への人的ネットワーク

婦選三案の議会上程が困難になった準戦時社会で、婦選の女性たちが積極的に取り組んだいまひとつの社会活動に、選挙と政治の浄化活動がある。その活動は一九三五年六月に政府が選挙肅正中央連盟を設置し、選挙肅正に乗り出す以前と以後の二期に分かれる。具体的に第一期の活動は、一九三二年の第三回男子普通選挙(第一八回衆議院選挙)と、一九三三年の東京市会選挙に対して女性たちが取り組んだ選挙革正活動である。そして第二期は、地方選挙レベルで一九三五年一〇月の府県会議員選挙以降の自治体の選挙への取り組みと、国選レベルでは翌一九三六年の第四回男子普通選挙時の選挙粛正活動である。市川たちの第一期の選挙と政治を浄化する活動は、あくまでも自主的な活動であった。しかし一九三五年に政府が選挙粛正中央連盟を設置し、選挙粛正に乗り出すと、女性たちの選挙革正への自主的な取り組みは、政府が官民一体でおこなう選挙粛正運動へと組み込まれていった。

これまで市川の戦争協力、つまり戦時体制への「絡みとられ」は、この第二期の選挙粛正活動が契機と捉えられてきた。しかし後述するが、その「絡みとられ」の発端は、あくまでも市川の側からの能動的な働きかけによるものであった。市川は政府の選挙粛正政策を、それまでの婦選の自主的な選挙革正活動の延長上に位置づけ、おおいに歓迎した。すでにこの時点までに草の根の女性たちは、陸軍、内務省、文部省によってそれぞれ大日本国防婦人会（以下「国婦」と略）、大日本愛国婦人会（愛婦）、大日本連合婦人会（連婦）に統合されていた。政府の選挙粛正運動は本来、そうした女性たちを通して選挙粛正の官民一体の運動を展開することを意図していた。

一方で市川は、政府に先んじて選挙革正に取り組んできた獲得同盟など、自主的女性組織もまた、選挙粛正中央連盟への加盟を認めてもらうことを強く希望した。そのため市川は婦選とは関係ない組織として、婦選団体連合委員会とは別途に、選挙粛正婦人連合会を組織し、「官製」の女性組織とともに、政府の選挙粛正運動に積極的にかかわっていった。こうした価値を共有する運動に関して、たとえそれが戦争を遂行する政府が主導するものであっても、あるいは半民半官の女性組織との共闘であっても、選択的、自主的に自ら飛び込んで共通の目的に向かって共闘するというやり方が、市川の牽引した準戦時期婦選運動のひとつの特色であり、その特色は戦時期も可能な限り維持された。

興味深いことに、この政府による選挙粛正への女性たちの関与は、想定外の副産物をもたらした。選挙粛正運動を通して婦選の女性たちが出会い共闘した政府の外郭団体、選挙粛正中央連盟の中堅官僚たちの存在は、これまで明らかにされてこなかった。しかしその人的ネットワークこそが、市川をはじめ婦選の女性たちの戦時期の国策委員への登用につながり、準戦時期の婦選活動を戦時期に連続させていく重要な意味を持っていた。この点に関して、ここでは指摘にとどめ、次章で詳述しようと思う。ここではまず、準戦時期の反動化する社会で市川が、どのように選挙と政治の浄化をひとつの軸に「婦選」の新しい展望を切り拓いていたのか、その軌跡を検証しよう。

▼第三回男子普通選挙への取り組み

第二章で敷衍したように、市川たち獲得同盟は、一九二八年の第一回男子普通選挙のときから男性のおこなう選挙にかかわってきた。当初は、少しでも多くの婦選支持の候補者を議会に送り込むための選挙協力であった。と同時に、男性たちのおこなう選挙を監視することを通して女性たちの政治意識高揚と政治教育もまた意図されていた。しかし一九二八年末の第五六定例議会で婦選支持の議員が過半数を超えると、次の第二回普通選挙時からは、選挙革正を通して女性たちへ政治教育をおこなうことが選挙協力の単一の目的に据えられた。実際、この選挙時に獲得同盟が展開した革正地方講演会は、地方の女性たちの政治意識を高揚し、婦選運動の大衆化をもたらしていた。

準戦時期の一九三二年二月二〇日に施行された第三回男子普通選挙でも獲得同盟は、「婦人をして票無き事を自覚せしめる運動」を展開することを決め、女性たちの政治意識高揚を目指した。(54) 女性たちの政治意識高揚こそが、満州事変後暗転する婦選運動の復元力となると考えたからである。

まず「与へよ一票婦人にも」が標語として設定された。そして選挙一週間前の二月一三日を「婦選デー」とし、当日全国で一斉に宣伝ビラ貼り、立て看板たてがおこなわれた。婦選の女性たちは街頭でビラを配った。東京では同日夜、芝の協調会館で婦団連主催の演説会を開催した。入場料一〇銭を取った会であったにもかかわらず、満員の人が集まった。(55) 選挙の結果は、政友会の圧倒的勝利であった。この選挙で政友会は、解散前の一七一から、一挙に三〇四へと議席を増やした。その結果同党は、衆議院四六三議席の絶対的多数を手にした。無産政党は前回同様の五名にとどまった。

選挙前の二月一四日、『朝日新聞』に市川の談話「若し一票があつたなら私はこんな人に投票する」が掲載された。

選挙粛正，ビラ配り。左から二人目が市川。1930年2月19日

同所で市川は、まずは「婦人を選ぶ」と述べ、さらに「婦人問題や子供の問題等に理解があつて大いに努力する適当な人を出したい。つまり立候補してゐる人の中から選ぶといふよりも、私共が一等よいと思ふ人を立候補してもらつて、その人を擁立したいと思ひます」と答えていた[56]。市川が戦後展開した「出たい人より出したい人を」を標語とする理想選挙の志が、この頃から芽生えはじめていた。

▼初めての東京市会選挙への取り組み

市川たち婦選の女性が選挙と政治の浄化を、男性のおこなう選挙に取り組む目的の第一に据えたのは、一九二九年の東京市会選挙のときからであった。この選挙を通して市川たちは、選挙浄化の基本的戦略を形づくっていった。時代が少し遡るが、この一九二九年東京市会選挙に対する市川たち婦選の女性たちの取り組みの検証から、婦選運動の選挙浄化活動を跡づけたいと思う。

一九二八年一二月二一日、田中義一内閣の望月圭介内相は、市政一六二条に基づき東京市会の解散を命じた。この年の八月、旧日本橋魚市場の魚販売に使われた板舟権（魚の販売権）の賠償問題をめぐり東京市会で買収疑獄が発生した。さらに京成電車の市内乗り入れや、市長選挙、市議会議長選挙、江東市場問題にからみ一連の疑獄事件が発生し、多数の東京市会議員や衆議院議員が逮捕された。その結果東京市会は、議員定員八四名のうち二五名が拘留された。市会解散命令は、事態を重く見た望月内相が、市制一六二条に基づいて解散を命じたものであった(57)。市政一新のための選挙が、翌一九二九（昭和四）年三月一六日に予定された。

市川は、一九二八年八月、ハワイで開催された第一回汎太平洋婦人会議に出席し、その後アメリカ本土にわたり大統領選挙の視察をしていた。東京市会の解散命令は、市川が一二月八日に帰国した二週間後であった。すでに獲得同盟中央委員たちのあいだで、市会選挙を取り扱うことが話し合われていた。

獲得同盟の女性たちは、前年二月に実施された第一回男子普通選挙（第一六回衆議院総選挙）を通して、国レベルの選挙応援を経験していた。同選挙では、婦選支持の男性候補者の応援と女性たちの政治教育を、選挙協力の二大目的とした。しかし初めて臨む地方自治体の選挙は、一連の政治疑獄によって解散を命じられた出直し選挙であった。市川たちは、この市会選挙に望む女性たちの目的を選挙と政治の浄化に据えた。一九二九年冒頭、『婦選』の主張欄はその決意を次のように記す(58)。

> 市会の腐敗し尽したる、前東京市会の如きはない。東京市民は東京市の名誉のために、来るべき選挙には全力を挙げて真に市民の代表たるべき議員を選出せねばならぬ。此時に当たつて我等婦人も亦公民権は未だ有たずとも事実上の市民として、又特に婦人の立場より、正しき意志を明らかにし、その選挙に積極的に働きかける必要を痛切に感じない訳には行かない。

一九二八年一二月二一日、市会解散命令当日おこなわれた獲得同盟の中央委員会は、市会を浄化するため、（一）

前市会議員を原則選出しないこと、（二）被疑者も含めて贈収賄、瀆職罪で刑に触れたものを選出しないこと、さらに（三）「貸座敷業者及び業態業者（芸者屋、待合料理屋）を「絶対」選出しないことを決め、東京市会選挙に対する「声明書」を発表した。[59] 翌一九二九年一月一二日、市川と河崎なつは市政問題対策協議会の会合に参加し、先の声明書への協力を依頼した。同協議会は東京市政調査会が中心となって東京市政の刷新問題を取り上げていた。市川たちは同会合で、獲得同盟の先の声明書の第二、第三の点に関しての全面的協力を取りつけた。

さらに翌一九三〇年一月一九日、東京市在住の獲得同盟会員の会を開催し、東京市電気局長長尾半平の「東京市会と婦人」の講演の後、当該問題についての話し合いを持った。その結果、市川を委員長として獲得同盟のなかに、対市議選挙婦人委員会（以下「対市議選挙委員会」と略）を設置することが決まった。[60]

▼選挙革正の方法論の設定

一九二九年一月二六日、獲得同盟の対市議選挙委員会は会合を持ち、選挙に取り組む方針を決めた。婦選の女性たちはこの選挙を通して、女性の立場から選挙革正に取り組む方法論を作り上げていった。このとき五つの戦略が立てられた。第一は、「選挙法の励行、ポスターの制限、投票場の増加」の陳情を東京市長と警視庁におこなうこと、第二は、女性団体に棄権防止運動に取り組むことを要請し、有権者団体には立会演説会の開催を進めること、第三は、立候補者の経歴、政見を調査し、有権者に知らせる方法の検討、そして第四は、候補者推薦の基準と方法の検討である。最後に、選挙にかかる費用を「十銭袋」を作って募金することとした。選挙にかかる費用を支持者の小額の募金で賄うというこのとき編み出されたこの方法は、戦後市川が亡くなる一年前の参議院選挙まで展開した理想選挙に継承されていった。前日夜、委員会は、読売講堂で第一回対市議選挙婦選演説会を開催し、市川をはじめ小林珠子、河崎なつ、金子しげり、久布白落実、竹内茂代が演台に立った。[61]

第一と第二の点に関して、対市議選挙委員会は、選挙法の励行や棄権防止運動への要請を盛り込んだ文書を印刷し、東京市の「千三百余の町会に送付、有権者への伝達方を依頼した」。さらに、男性有権者と女性に対する啓蒙運動の一端として、獲得同盟は女子英学塾（現津田塾大学）で、市政調査会の田辺定義の講演会を開催した。第三の候補者の経歴、政権等の調査に関して、同委員会は、候補者全員にアンケートを送付した。アンケートには、市政に関する浄化の方法、ガス・水道の値下げやゴミ問題など東京市の抱えている問題、さらには婦人公民権に関する賛否など一〇項目の質問が問われた。

第四の推薦候補の基準の設定に関して、委員会は「新市会を監視し、これに新空気を注入する」人、「市民の幸福を増進され得ることの確かな」人を少数推薦することに決めた。この基準に基づいて、三輪田高等女学校校長の三輪田元道（中立）、堺利彦（大衆）、島中雄三（社民）、貴族院議員の伯爵柳沢保恵（中立）、馬島僴（社民）らの八名を推薦候補者に決定した。[62] 対市議委員会はまた、応援の方法としてそれぞれの候補者の選挙区で委員会が独自に推薦演説会を開くことと、応援弁士を候補者の演説会に送ることを決定した。この選挙で獲得同盟の女性たちは市川の一六回を筆頭に、合計六三回の応援弁士をつとめた。[63]

さらに同委員会は、選挙日前日を「市政浄化デー」と設定し、東京市政調査会とともに上野で集会、ビラ配布、デモ行進をおこなった。[64] 選挙の結果は、推薦候補者八名のなかで三輪田、浅沼が落選したが、残りの六名が当選した。島中、堺、馬島の三氏は最高点で当選した。選挙後対市議委員会は、当初の目的に沿って、新市会の監視と東京市政を研究するため「東京市会委員会」として存続を決議した。[65]

▼二度目の東京市会選挙への取り組みと東京市政浄化連盟の立ち上げ

一九三三（昭和八）年三月四日、第四回婦選大会を主催した獲得同盟、基督教婦人参政権協会、婦人参政同盟、無産婦人同盟、国民婦人会、子供の村お母様学校の六団体は、来る三月一六日の東京市会議員選挙についての話し合いを持った。前回の市会選挙で選挙浄化問題に取り組んでいたにもかかわらず、東京市会の汚職は後を絶たなかった。

市川はその間の事情を、『自伝』に次のように記している。[66]

市会をめぐる数々の疑獄――それも私どもがその二年前に取り上げたガス会社の増資問題についての疑獄をはじめ、市会議長選挙疑獄、墓地疑獄、市長選挙疑獄、社会局疑獄、財務局疑獄、などに連座して起訴され、収監されている議員まで立候補している実情をみて、我慢ができなかったからである。

協議の結果、東京市会の選挙・政治革正だけでなく、選挙後の市政全般を監視する目的で東京婦人市政浄化連盟（以下「市政浄化連盟」と略）が組織された。[67]以後、準戦時期を通して市川たちは、この市政浄化連盟を母体に選挙・政治の浄化に限らず、先述した生活領域の問題も含めたさまざまな市政問題に取り組んでいった。

協議会で検討された選挙革正の具体的方法は、前回同様に立候補者へのアンケート調査、演説会、ビラ撒き、立て看板などであった。しかしこの選挙で、新たに被疑立候補者へ直接辞退勧告をすることが決められた。「市民は選ぶな醜類を」と「築け男女で大東京を」の二つのスローガンが決まり、市政浄化連盟の事務所が獲得同盟事務所に置かれた。選挙当日まで一〇日の短い期間、各団体のメンバーは同事務所で毎日、立て看板、ポスター、たすきなどを大車輪で作成した。三月一〇日は、午後にビラまき、夜、国民新聞社講堂で演説会をおこなった。[68]

この選挙で初めて取り入れられた被疑立候補者への辞退勧告の戦略が練られ、まず市川は被疑者への候補辞退勧告状を「奉書の巻紙」に書いた。被疑立候補者は、前回の市会選挙で共闘した市政調査会の調査名簿から一一人を割り出し、市会議長選の連座者四人には直接訪問して渡すことにし、残りの七人は書留で郵送した。

三月九日、市川と金子しげり、堺真柄、高橋千代、松村喬子、横倉広の六人が、森健二（深川、政友）の自宅を訪問した。森は、辞退勧告書を読むと「何だ！　政治家が選挙のときに二百や三百の金をもらって何が悪い。いらぬお世話だ」と怒り出したが、新聞社の写真班を見つけると二階へ逃げようとし、その瞬間の写真が夕刊に掲載された。

国枝捨次郎（深川、政友）は、同日の朝自発的に辞退届を出したことを市川たちに伝えた。残りの山田種三郎（浅草、政友）と本田中三郎（本所、政友）は留守であった。郵送した立候補者のなかで、浅川保平（杉並、政友会）は獲得同盟事務所に来て選挙妨害で市川を告訴すると脅した(69)。

一七日の選挙の結果は、市川たちが勧告状を持参したものは三人全員が落選、郵送した七人のうち三人が落選した(70)。三月二六日、市政会館の東洋軒に、アンケート調査で婦選を支持した新市議三〇名を招待し、懇談会を開催した。同懇談会では第四回全日本婦選大会の決議にしたがって、女性の方面委員、市の吏員の増加の要請がなされた(71)。五月一一日、新市会議員の中から牛塚虎太郎が市長に選出された。牛塚市長は婦選の支持者であり、三月二六日の懇談会でも女性方面委員や市の吏員の増加に賛同していた。市川は、堺、金子、加藤梅子とともに牛塚を自宅に訪問し、女性の意思を市政に反映させるための諮問委員会の設置等の要望書を手交した(72)。

この選挙で開発された汚職被疑の候補者へ直接辞退勧告を働きかける「市民は選ぶな醜類を」の戦略は、戦後「ストップ・ザ・汚職議員」の運動につながり、戦後最大の疑獄のひとつダグラス・グラマン疑獄（一九七九年）の被疑者、自民党元官房長官の松野頼三の落選に貢献した。

②選挙粛正運動への参画——選挙粛正婦人連合会の立ち上げ

▼選挙粛正中央連盟の組織化

獲得同盟の男子普通選挙への取り組みは、一九三五年一〇月八日に施行された府県会議員選挙をきっかけに、その関与の意味が質的に変化していった。この選挙から政府が選挙粛正に乗り出すことを決め、女性たちの、それまでの選挙と政治を浄化する自主的活動が、政府の選挙粛正運動に組み込まれていった。

一九三五（昭和一〇）年五月八日、政府は選挙粛正委員会令を公布し、六月一八日、政府の外郭団体として選挙粛正中央連盟（以下「選粛中央連盟」と略）を発会させた。前年に制定された選挙法改正のなかに、選挙革正を目指す選挙粛正委員会の設置が明記されていた。委員会は、知事を会長に、県庁、司法からの代表、自治体の市長村長、府県会議員、代議士、教育家、実業家それに地域の名望家ら三〇名で各都道府県に、それぞれ構成され、選挙粛正を官民一体でおこなうことを目指していた。もとより委員は有権者であったため、女性は除外されていた。

一九二八年第一回男子普通選挙のときから選挙革正運動に取り組んできた市川たちは、政府がやっと重い腰をあげて選挙粛正に乗りかかったことを歓迎し、全面的な協力を決意した。『自伝』によると、市川は選粛中央連盟が結成される前、なんとか「婦人を参加せしむるよう関係者を説得」していた。[73] その結果、選粛中央連盟の加盟一一団体のなかに文部省系の大日本連合婦人会が唯一の女性組織として加えられた。さらに評議員に大日本連合婦人会会長の吉岡弥生、同副会長守屋東、大日本連合女子青年団理事長山脇房子、大日本連合婦人会理事長島津治子、それに獲得同盟総務理事の市川の五人が任命された。[74]

市川は評議員候補として推薦した人ではなく自らが選ばれたことに対して、「この人たちと並べられるのはいやだったが、これも婦選の進出と考え、受けることとした」。[75]

▼選挙粛正婦人連合会の立ち上げ

市川はまた、選粛中央連盟に婦団連を加えるよう要請した。しかし、婦選獲得を目的とする同委員会の加盟は認められなかった。そのため獲得同盟は第一一回総会後、選挙粛正特別委員会を設置し、七月一日第一回会合を開催した。[76] さらに市川は、翌日婦団連の会合を開催し、対応を協議した。その結果七月一二日、婦団連は婦選後援団体連合会と婦人評論家約四〇名を麹町平河町の宝亭に招待し、「選挙粛正の為に婦人の立場より起つ」ための協力を依頼した。この席で七月二七日に東京連合婦人会と共催で、選粛中央連盟の五人の女性評議員を招待する会をもつことが決まった。[77]

電気クラブで開催された女性評議員の招待会には、市川、吉岡弥生、守屋東の三人が出席した。この会で、選挙粛正運動のために女性組織の大同団結が提案され、婦団連と別に新組織をつくることが満場一致で決まった。七月三一日、婦団連と東京連合婦人会は第一回新組織準備委員会を開催し、選挙粛正婦人連合会（以下「選粛婦人連合会」と略）の立ち上げと、組織細目、運動方針を審議した。八月七日、電気クラブで、選粛婦人連合会の組織会がおこなわれ、委員長に吉岡弥生、市川は書記、会計にガントレット恒子が任命された[78]。

八月一〇日、選粛中央連盟は、「婦人招待会」を開催し、女性団体代表、女性評論家四〇名が参加した。同会には選粛中央連盟から斎藤実会長、永田秀次郎ら幹部が出席していた。そのため設立されたばかりの同連合会は、その場で選粛中央連盟への加盟を申請し、ただちに認可された。すでに愛国婦人会も加盟団体となっていたため、選粛中央連盟加盟の女性組織は三団体となった[79]。市川は、選粛婦人連合会の立ち上げに際して、選粛中央連盟の常務理事田沢義鋪から「選挙粛正運動の中で婦人参政権の要求をしないように」と釘をさされていた[80]。

婦選の第一義的な目的を一見頓挫させても、政府の選挙粛正運動に組しようとした市川の心境を、後に市川は『自伝』に記している[81]。

いかなる圧力がかかろうとも婦選の要求は引っ込めはしない。……

「官製の政治団体選挙粛正中央連盟それ自身への参加が、広義における婦選の獲得だと観ずるがゆえに、また、代議政治を確立するための基礎工事として、選挙粛正は絶対に必要であると信ずるがゆえに——粛正の方法には異議があるが——あえてその苦痛に堪えてゐるのである」との心境であった。

▼初めての選挙粛正運動

市川たちは、選粛婦人連合会の立ち上げを決めた七月三一日の会合で、一九三五年一〇月八日に予定されていた府県会議員選挙に対する運動方針を決めた。まず、選挙に対する標語を「選べ人物・いかせ一票」と決め、「婦人と選挙粛正」と題したリーフレットを作成することを決めた。リーフレットには女性の側から見た理想的候補者の条件が六項目挙げられた。それらは、第二回男子普通選挙時に獲得同盟が作成したリーフレット、「有権者である男の方々へ、女はかういふ人を選んでほしいのです」に列記された一〇カ条と同一線上のものであった。第一に「府県民全体の利益、幸福のために働く人」、第二に「贈収賄」「選挙違反」などをおこなわない人、第三に「有権者を金銭や利権、情実、泣き落し」などで「誘惑しない人」、第四に「野次」「暴行」をせず、また妾を囲わない「品行方正」な人、第五が遊廓、待合を職業としない人、そして最後に「女や子供の事をまじめに考へてくれる人」が挙げられた[82]。

八月三一日選粛婦人連合会は、選粛中央連盟との共同主催で第一回講演会を新橋演舞場で開催し、市川は「女の役割」という演題で講演した[83]。さらに九月二二日を「選挙粛正デー」と決め、全国の女性たちが一斉に街頭でビラを配布した。獲得同盟は、こうした一連の活動とは別に、前回の選挙で開発した、「醜類」の立候補辞退勧告をおこなうよう全国の獲得同盟地方支部に要請した[84]。

一〇月八日、二府三七県でおこなわれた選挙で選挙違反は、四年前より二二九五件増加し、三六五四件にのぼった。一方で選挙違反をした人は、一五三〇人減少し、七七九〇人であった[85]。市川は初めての男性と共闘した選挙粛正運動で、「特に婦人の協力がどの程度役に立ったかはっきりとはわからない」と指摘した。また一部有識者から、選挙粛正運動が、「いい候補者をたて、その当選を期すると云う積極的運動」ではなかったため、「結局既成勢力が漁夫の利を得た」という指摘があったと記している[86]。

▼二重の取り組み

一九三六(昭和一一)年一月二一日第六八議会が解散され、第四回の男子普通選挙(第一九回衆議院選挙)が二月二〇日に予定された。選粛婦人連合会が立ち上げられて以来、獲得同盟などの婦選の女性たちは、選挙時に二重の活動に従事することを余儀なくされた。ひとつは、婦団連を通して従来どおりの婦選支持の候補者への応援活動と、自主的婦選団体として開発した独自の選挙革正活動である。先の府県会議員選挙で、獲得同盟が地方支部に「醜類」の立候補辞退勧告を要請した活動などがそれにあたる。そしていまひとつが、選粛婦人連合会を通して愛婦、連婦の女性たちと共同でおこなう選挙粛正活動である。

第四回男子普通選挙で婦団連は、議会解散日の夜に銀座の信華で会合を持ち、婦選支持の候補者への応援声明を出し、「我等はこの総選挙を通じて同志議員の獲得に努め、飽迄婦選の実現に邁進せんとするものである」と主張した。この声明を受け、獲得同盟は、「人格高潔」で婦選を支持し、議会で「婦人及び子供の利益」を守る候補者を推薦することを決め、全国の地方支部に連絡した(87)。

選粛婦人連合会は、先の府県会議員選挙を第一期運動と位置づけ、来る第四回男子普通選挙を第二期運動としてさらに強力な運動を進めることを決め、一九三五年一二月一一日、常任委員会を開催し、第二期の対策を討議した(88)。さらに二二日午後、東京市の婦人選挙粛正委員と会合し、夜、選挙粛正中央連盟の参加団体である愛婦、連婦の幹部と話し合いをもった(89)。その結果、一九三六年二月一五日を「選挙粛正婦人強調日」とし、全国でそれぞれ行事をすることを決定した(90)。

翌一九三六年一月二〇日、選粛中央連盟、東京府市、愛国婦人会、大日本連合婦人会と選粛婦人連合会の代表が集まり、全国一斉の選挙粛正婦人強調日の行事を審議し、東京では選挙前の二月一四日に講演会を、一五日に街頭でビラを配布することが決まった(91)。

▼選挙粛正運動と女性たちの動員

男性の選挙粛正運動は、選挙運動がはじまると、選挙活動と間違えられやすいため、各府県における活動は、一九三六年一月末日で打ち切られた。しかし有権者でない女性たちの粛正運動は、その後も継続可能であった。そのため選粛中央連盟は、内務省と連絡を取り、第六八議会解散前に、その旨を各府県総務部長に通達し、各地で選挙粛正活動に従事する女性委員の任命を要請していた(92)。

選粛中央連盟が一九三五年一一月初めに調査したところによると、全国で女性を選挙粛正委員に任命した府県は一八県で、総計六六四名に達していた。東京市は一九三五年一二月、中央選挙粛正実行委員会を設置し、市川をはじめ本野久子、久布白落実、山田わかなど四名の女性委員を任命し、市川は常務委員に加えられた。さらに三五区に選挙粛正実行委員会を設け、六〇名の女性委員を任命した(93)。選粛中央連盟は、連婦のほかに愛婦を加えていたが、陸海軍をバックとしていた国婦は、選挙粛正中央連盟への参加を「目的が違う」という理由で断った。市川は、「選挙粛正運動は、ファッショ反対、議会政治の確立のための運動だから、それに反対の立場に在る軍が賛成するはずがない」と指摘した(94)。

市川はこの選挙で神奈川県の片山哲（社会大衆党）、愛知県の加藤鯛一（民政）、長野県の宮沢胤勇（民政）を応援し、全員当選した。いずれも議会の婦選上程に協力した候補者であった。選挙粛正運動と混乱するため東京での応援はおこなわなかった。第四回男子普通選挙の結果は、民政党が二〇五議席（前回一二七）、政友会一七一（前回二四二）、昭和会二二、社会大衆党一八（前回三）、国民同盟一五、中立三五であった。東京五区から労農無産協議会から出馬した加藤勘十は全国最高得点を獲得した。

市川は、「［政友会が］絶対多数から第二党に蹴落とされ、総裁を初め大物が落選するといった政友会のみじめな負け方は、要するに民衆からあいそをつかされたのです」と指摘した。そして右翼議員の選出も少なかった点を指摘し、「四、五年来のファッショに民衆は押されて、あまりい丶気持ちを持つてゐなかつた、それが選挙に反映した」と分析した。さらに、「選挙粛正運動によつて買収が利かなくなつた」ことを挙げ、「此度の選挙では言論が唯一の武器だつた」ため「政友会が敗れて無産党が勝つたのも言論の力が相当預かつてゐると思ひます」と分析した(95)。

▼婦選の女性たちと選挙粛正運動

初めての国選レベルの選挙粛正運動に参加した市川は、女性たちの「積極的」で「熱心」な参加を「政府当局」も

「婦人団体幹部」も「予想してゐなかった」と指摘した。そもそも市川は、選挙粛正運動への参加を「日本の憲政の将来のため」、そして「一般大衆婦人への政治教育の機会」と前向きに捉え、満州事変以来低迷していた婦選運動を活性化させる絶好の機会でもあると、次のように述べていた(96)。

昭和六年以来の反動の波によつて、瀬戸際迄漕ぎつけた婦選運動を後退せしめたのであつたが、その同じ反動の波に乗つた議会政治の否認からまき起された選挙粛正運動によつて、婦人は再び別な形に於て政治戦線に押し出されたのである。

来るべき次の段階は当然、婦選運動の大衆化で、その為の用意を忘れてはならない。

一方で、戦争を遂行している政府の声がかりの選粛活動に婦選が巻き込まれることを懸念する声もまた、婦選の女性たちから上がっていた。たとえば平林たい子は、選挙後の『女性展望』四月号で以下のように述べていた(97)。

こんどの粛選運動を指導した婦人団体と言ふのは、地方では、概ね愛国婦人会か女子青年団、連合婦人会などで、ことに愛国婦人会の活動は目ざましかつたらしく、政治教育の方ではプラスをとつても、せつかくの効果をそんな団体にさらつて行かれては、それをどんな風に使はれるのか、心配である。それに婦人の政治上の力といつても、それが具体的には愛国婦人会の力、女子青年団の力、となつて示されては、必ずしも婦人の地位向上に役立つかどうかわからない。

こうした危惧や批判に対し『女性展望』の「巻頭言」は、無署名で次のように反論した(98)。

たゞ婦人運動にも戦術はある。何のかのと批評はあつても黙つて選粛運動に手伝へばそこから生れてくるものが大衆婦人の政治的自覚であるとすれば、選挙粛正を見やつてはいられない。

▼二・二六事件と新たな決意

一九三六年二月二六日、歩兵一、三連隊の皇道派陸軍青年将校が一四〇〇人余の兵を率い国家改造を要求して首相、陸相、警視庁を襲撃した。岡田首相は危うく難を逃れたが、蔵相高橋是清と、内大臣斎藤実が殺害され、侍従長鈴木貫太郎が重傷を負った。総選挙の一週間後であった。婦選のいま一度の起死回生を狙っていたまさにそのとき、ふたたび軍によるクーデターが起こった。市川は、「選挙の結果に少し気をよくして来るべき特別議会ではうんと盛返し運動をやらうと計画してゐた所へ、二・二六事件が突発した」と慨嘆した。

当初、二・二六事件によって軍政府ができるのではないか危惧していた市川は、「曲りなりにも広田内閣が成立する事によつて辛うじて喰ひ止める事が出来た」と安堵した。しかし同内閣が「実質的には軍政府と大して遠くないものでも」、もはや軍の意向抜きに「何事も出来ない実情にある」こと、さらには選挙の結果が内閣にまったく反映していないことを、「これでは何のための選挙であり、何のための選挙粛正ぞやといひ度いのである」と怒りを露わにした。市川は、「各方面に亘つての現状の改革」の必要性は認めるが、その手段が「××［軍部］による専制ファッショ政治であつてはならない。どこ迄も諒解主義に立つ平和的な議会政治の確立によつてなされなければならない」と、その信念を強調した。(99)

事件後の一九三六年一二月と一九三七年一月に獲得同盟は、「男性諸家」に婦選についての問い合わせをおこなった。(100)その結果、市川たちの予想に反して、「予想以上に婦選賛成者が多い」ことがわかった。市川は、「社会の秩序と平和を維持するため、婦人に参政権を与へよ」と回答した「某代議士」の言葉を紹介し、「予定通りに、運動をすゝめる積りでゐる」と、決意を新たにした。(101)

▼東京府会議員および東京市の新区区会議員選挙

東京府は、一九三六年六月一〇日、府会議員選挙を予定していた。同選挙に対しても婦選の女性たちは選挙粛正運動をおこなうことを決め、準備を進めていた。前年末の一二月七日に、市川は東京市中央選挙粛正実行委員を委嘱されていた[102]。三月二七日、選粛中央連盟は山水楼に選粛婦人連合会を招待し、協力を要請した。一方、東京府は、同年四月九日、松本楼に女性団体の代表を招待し、府として同選挙に向けて選挙粛正家庭化運動を起こしたいと、その協力を要請した。具体案を諮問された女性団体は、選挙粛正婦人連合会が中心となり、東京ＹＷＣＡで四月三〇日、各区に任命されていた選挙粛正委員を招請し検討会を開催した[103]。

同会でまず「婦人の選挙粛正協調日」の設定、第二に「婦人を対象としたビラの作成」、そして最後に女性組織の「中堅幹部の講習会の開催」が決まり、五月一二日の第二回東京府との話し合いで提案した[104]。第一、第二の取り組みは、女性たちのおこなう選挙への取り組みの定番であったが、第三の中堅幹部に対する講習会は初めての取り組みであった。五月二一、二二日の両日麹町公会堂で、講習会が開催された。府から林総務部長が府政概要を、前田多門が自治政の講演をした。同様の会が東京市の各区で開催され、「婦人が多数参加し、府東京を驚かせた[105]」。

選粛婦人連合会は、六月三日を婦人の選挙粛正強調日と設定し、午後日比谷公会堂で選挙粛正婦人の集いを開催した[106]。この集いには潮内務大臣が出席し、選粛中央連盟常務理事田沢義鋪が講演した。女性側から久布白落実、渡辺とめ、亀山倶子が意見発表をした。聴衆は約二〇〇〇人であった。選挙日前日は各区の選挙粛正婦人実行委員が婦人団体を動員して、ビラまきをおこなった。さらに投票日には、「投票はすみましたか」と書かれた白タスキをした隊を編成し、棄権防止活動をおこなった。

選挙の結果は、投票率五五パーセントで、民政党が第一党となり、無産派二二名が当選した。六月二五日、選粛婦人連合会は、府市当局を松本楼に招待し、反省会を開催し、将来も協力しあうことを決めた。

府会議員選挙の後は、一一月二七日に東京市の新市域二〇区の区会議員選挙が予定されていた[107]。選粛婦人連合会は、同選挙に向けて八月七日東京市の区政課長谷川昇を招き区政の勉強をはじめていた。東京市も一一月五、六日、新区域の女性団体幹部を対象に講習会を開催し、市川たちは協力を要請された。同様の講習会が区レベルでもおこなわれ、市川と金子がそれぞれ一〇区ずつ担当し講演した。選挙前日恒例の街頭ビラまきには旧市域の女性一〇〇名も参加した。さらにこの選挙で選粛婦人連合会は、初めて立候補者の妻宛に選挙粛正運動への協力を依頼した(108)。

▼東京愛市連盟婦人部の立ち上げ

翌一九三七年三月一〇日は、東京市の旧市域一五区の選挙が予定された。この選挙で東京市は、徹底した選挙粛正運動の遂行を目指し、尾崎行雄、伊沢多喜男、阪谷芳郎、一木善徳郎、堀切善次郎、永田秀次郎の元東京市長全員を提唱者とする東京愛市連盟(以下「愛市連盟」と略)の立ち上げを計画した(109)。

選粛中央連盟会からの連絡で東京愛市連盟の結成を知らされた選粛婦人連合会は、一月一一日、東京愛市連盟の発起人会に参加した。発起人会後、選粛婦人連合会は、東京連合婦人会を加え東京愛市連盟と会合を持ち、ただちに東京愛市連盟婦人部(以下「愛市連盟婦人部」と略)を結成した。同所で、実行委員長、吉岡弥生、幹事、金子しげりが任命され、市川ら三六名の常任委員を決定した。金子は選挙終了までの三カ月間、愛市連盟の職員として働くこととなった(110)。

一九三七年一月一八日、日本青年館で愛市連盟の結成大会が開催された(111)。同会の参加者は魚屋、八百屋の組合、中小企業組合、そして婦選の女性たちであった。同会で堀切善次郎が会長に選ばれた。大会では、吉岡弥生が代表であいさつし、午後女性たちは大会会場で愛市マークの販売、大会のビラまきをおこなった(112)。

一月二〇日、愛市連盟婦人部は常任委員会を開催し、愛市連盟から割り当てられた三万円の運動資金をもとに、三月一日、日比谷公会堂で「婦人愛市の集い」、三月一日から七日まで日本橋白木屋で「婦人愛市展覧会」を開催することを決定した(113)。さらに各婦人団体が自発的に講演会、懇談会を開催し、映画や紙芝居を使用することが決まった。

講演会には愛市連盟婦人部より講師が派遣することが決められた。もとよりこうした一連の活動は、この機会を利用して女性たちの公民教育を目指したものであった。

一方で東京市の選挙粛正にかける当初の意気込みは、中央政府の混乱の影響で腰砕け、実際に東京市中央選挙粛正実行委員会が招集されたのは、二月一三日で選挙の約一カ月前であった。すでに愛市連盟婦人部は一月二〇日、二月八日の常任理事会で、ビラの内容を審議し決定していた[114]。

ビラにはいつものように女の選んでほしい市会議員の条件が六項目、前回とほぼ同様の内容で掲げられていた[115]。第一が、まじめに市民全体の利益、幸福のために働く人、第二は、贈収賄、瀆職罪、選挙違反などで刑に処せられたり、それらの嫌疑をうけたことの無い人、第三が有権者を金銭等で誘惑しない人、第四が市会で野次ったり、暴行したりせず、妾等を持たない品行方正な人、第五が遊郭、待合、芸妓屋を職業としない人、そして最後が教育、保険、社会事業などを真面目に考える人で、最後の項目はいつもの「女・子供の利益を考えてくれる人」からより明確に書かれていた。この時点ですでに母性保護法が制定され、女、子どもの利益が教育、保険、社会事業等に特化されてきたためであった。

しかし、市当局との共闘を目指した婦選の女性たちの選挙粛正活動は、市の思惑で後退を余儀なくされることとなった。女性たちの選んでほしい議員を列挙したこれまでビラの内容は、二月二三日の東京愛市連盟の会合で久布白落実が説明し了承を得ていた。しかし東京市会で、二番目の贈収賄等の嫌疑を受けたことのない人という項目と、第五番目の遊廓などを職業としない人の項目に、「一部有力筋から文句がでた」。さらに選挙粛正実行委員会で決めた、ポスター・立て看板の「愛市の候補、愛市の一票」の標語と、候補者の経歴、政策を書いた公報の発行にもクレームがついた。そのため市当局は公報の発行をやめ、ポスターの中味も変えてしまった[116]。

東京市はさらに、三月一日の「婦人愛市の集い」も愛市連盟婦人部との共同主催を降りてしまった。しかし日比谷公会堂で開かれた婦人愛市の集いには、館東京府知事、牛塚東京市長、堀切愛市連盟会長があいさつし、会場には約一五〇〇名の人が集まった[117]。

投票日の二日前の三月一四日、愛市連盟婦人部の三〇〇名が、愛市連盟の「男子部ともいうべき青果商組合員、魚商組合員約二百名」とともに、「市民挙つて愛市の選挙」と書かれた白襷を掛けて、市内三五箇所で一五万枚のビラと東京市から依頼された三〇〇〇個の選粛マッチを配った。

市当局や市会との齟齬を乗り越え、同一の目的に関して共闘できるところは共闘して運動を進める、市川は『自伝』で、こうした愛市連盟婦人部の活動を自主的な活動として、東京婦人市政浄化連盟の後を継ぐものとしてスタートさせたと評価している[118]。

三　母性保護法制定運動への取り組み

▼母性保護法制定促進婦人連盟の立ち上げ

準戦時期の反動的社会の価値に合わせて展開した婦選活動のなかで、最も実質的達成のあったものが母性保護に関する運動であった。女性たちのその要求は、準戦時期最後の年、一九三七年三月二〇日に母子保護法として結実した。

母子保護法制定に向けて女性組織の大同団結の動きは、ここでも獲得同盟のなかから提起された。一九三四（昭和九）年五月六日、獲得同盟第一〇回総会は「議会に於ける輿論を婦選に向けしむる為、一般婦人問題、例へば母子扶助法案等のために努力すること」を決議した[119]。同年七月二日、獲得同盟事務所に婦団連の基督教婦人参政権協会、婦人参政同盟、社会大衆婦人同盟が集まり、そこで獲得同盟は、母子扶助法制定の共同運動を提案した。すでに前年の第五回全日本婦選大会で「母子扶助法制定の要求」が決議されていたため、提案は婦団連のそれぞれの組織に持ち帰り、各団体の承認を得ることとなった[120]。

一九三四年七月一八日、母子扶助法懇談会が開催され、三〇団体の代表と個人六〇名が参加した。中央社会事業協会の高島巖が、過去二年間に新聞に掲載された親子心中が五六〇件（親五七六、子ども七九六人）であることを報告し、その原因の第一が生活苦であると指摘した[121]。さらに婦女新聞社社長の福島四郎と社会大衆婦人同盟の阿部静枝は、これまでの母子扶助法制定運動を説明した。同会で母子扶助法制定運動準備委員会が組織された。

七月二七日、第一回準備委員会が開催され、従来の母子扶助法ではなく、より広く母性保護法にすることが決まった。さらに二つの小委員会が設置され、法案と組織をそれぞれの委員会で検討することとなった。法案小委員会で母子の経済的扶助と同時に母権の確立擁護を含む立法の制定を目指すことが決まり、組織小委員会では、組織はあくまでも女性を主体とし、男性は後援の立場に置くこと、運動を全国規模にすることが決められた[122]。

九月二九日、日比谷松本楼で組織会が開催され、婦人団体代表、社会事業家ら一〇〇名が参集し、母性保護法制定促進婦人連盟が設立された。獲得同盟は、この母性保護運動の組織化を通して、婦団連の女性組織、卸売市場問題で活動をともにした団体、さらに社会事業団体など、階層、職業の有無、学歴等を超えた社会のさまざまな層の女性たちを大同団結させた。

同所で、準備委員会の用意した規約、役員などが協議され、委員長に山田わかが任命された。山田は夫の嘉吉が逝去し、その香典五〇〇円を運動資金として寄贈していた。副委員長に千本木道子と田中芳子が、書記に金子しげりと堺真柄が選任され、常任委員に市川房枝も加わった[123]。

ただちに第六六臨時議会に向けて母子扶助法を衆議院に建議案、貴族院には請願のかたちで提出し、第六七議会へは衆議院に法律案として提出することが決まった。しかし一九三四年一一月二八日に開院した第六六臨時議会は、同年に東北地方を襲った大凶作を救済するための議事だけを取り上げることに決まり、用意していた請願、建議案を市川は、一夜「災害地に於ける母子保護に関する請願書」に書き換え、衆議院、貴族院の請願委員会に提出した。同請願は衆貴両院の請願委員会でそれぞれ採択された[124]。

余談になるが、このとき市川は、後に石原莞爾と石原の提起した東亜連盟協会に深く関与することになる、その橋渡しをした人物、当時村会議員であった淡谷悠蔵(歌手淡谷のり子の父、戦後社会党議員)に出会い、彼から、凶作地青森県新城村の実情を聞いていた(125)。

▼母性保護法制定運動に関する市川の言説

従来、婦選運動の母性保護政策への取り組みは、「軍国化とともにうちだされてきた母性の強調に乗じようとする傾向を」を持つものとして、軍ファシズム下の「軍国の母崇拝への道を用意した」、婦選の反動化の証左として捉えられてきた(126)。市川もまた、獲得同盟が設立された翌年の一九二五年、「婦人参政権運動の婦人運動に於ける地位」を『婦人公論』に寄稿し、「所謂母性保護運動こそは一種の反動運動」と指摘していた(127)。同論考は、二年半のアメリカ滞在で同地の女性参政権運動をつぶさに研鑽した市川が、婦選運動本来の平等派フェミニズムとしての婦選運動のあるべき姿を主張したものであった。

しかし先述したように、この時点ですでに市川は、平時の婦選運動時代の平等派フェミニズムから離れ、急激に反動化する準戦時社会の価値に婦選運動をすり合わせ、新婦人協会時代の差異派フェミニズムへと回帰していた。母性保護連盟を設立した直後に書かれた「婦選と母性保護法制定運動」で市川は、先の「婦人参政権運動の婦人運動に於ける地位」での主張を反転させ、母性保護法運動があくまでも婦選運動の一部であると主張した。

同論考で市川は、「私共の婦人参政権の要求は、参政権それ自身が目的ではない」と言い切った。そして婦選運動の目的はあくまで「婦人並に子供の、延いては社会全般の利益幸福を増進するため」で、参政権は、その「手段」であると強調した。その主張は、新婦人協会時代の、「選挙権を得て女と子どもに不利な法律を変える」といった主張、さらには一九二八年獲得同盟第四回総会で、保守的日本社会に合わせて提示された婦選の第三番目の根拠「婦人及び子供に不利な法律を改廃」するためという主張と、同一線上のものにほかならない。そしてその主張こそが、戦時期の婦選活動上の主要な根拠となっていった。

実際、差異派フェミニズムへ回帰した市川にとって、準戦時期に新たに取り組んだ生活関連の課題も母性保護の問題もともに、女と子どもの利益を守るといった目的から婦選活動の同一線上にあるものであった。市川は、その主張を次のように敷衍する。(128)

私共は昨年来、東京市政を対象に、塵芥問題、市場問題等を取上げ、一般婦人をして婦人と自治政との関係を明確に認識させると同時に、婦人の公民としての責務を実行に移して来た。

此度の母性保護法の制定運動は、この生き方を国政を対象として置き換えたに過ぎないものである。

同時に市川は、母性保護法の目的は「直接には最近頻発せる母子心中の防止救済」、すなわち経済的救済であるが、同法には「妻乃至は母の地位を確保するための條項」を挿入する予定であると述べる。市川はあくまでも運動への取り組みが、救済を目的とする母子扶助だけではなく、妻の権利、母の権利、ひいては女権の確立にあることを強調し、「私共は、此度の運動に対しても単なる救済運動ではなく、この点の認識を明確にして運動をすゝめなければなるまい」と、おおかたの注意を喚起した。(129)

▼「母子保護法」の成立に向けて

一九三四年一二月二六日に開院した第六七通常議会に対して母性保護法制定促進婦人連盟は、「母子心中防止対策樹立に関する建議案」を衆議院に同請願を貴族院に向けて作成した。同建議案は、①母子扶助法の制定、②民法の一部改正、③家事調停法の制定と家事調停裁判所の設定、さらに④母子ホームの建設の奨励・助成の四本柱で構成されていた。それは昭和不況と戦時状況下の貧困、家庭不和の激増に即応した、初めて議会に上程された総合的な社会制度改革案となっていた。

請願、建議案の議会提出は議員の了解を必要とするため、二月六日霞山会館に、貴族院議員招待会を開き、貴族院には岡部長景子爵が「母子ホームに関する請願」、「母子扶助に関する法律制定の請願」、「家事調停裁判所の設置に関する請願」を提出することになった[130]。一方衆議院に対しては、同様に二月一五日、銀座ボントンで衆議院議員招待会を開催し、「母子ホームに関する建議案」が坂東幸太郎（民政）から、「母子扶助法制定に関する建議案」と「家事調停法案」が、星島二郎（政友）から提出されることとなった[131]。

貴衆両院議員との話し合いを経て最終的に市川たちは、協議離婚の場合、一五歳以下の子どもの養育を母親とし、より簡潔な扶養の義務を決めた民法の一部改正は、衆貴両院に提出しないことを決めた。ここでも従来の婦選運動の戦略に則って議会への示威活動として、会期中の一九三五（昭和一〇）年二月一六日、母性保護法制定促進婦人連盟は全国代表者会議を開催し[132]、翌一七日には第六回全日本婦選大会を開催した。婦選大会は第六七議会に対し「最小限度の要求として婦選諸案並に母性保護諸案、婦人労働立法の制定を迫る」と明記した決議文を採択し、市川と地方代表が内務大臣、貴衆両院議長に決議文を手交した。

第六七議会で、貴族院に請願のかたちで出された「母子ホーム」「母子扶助法」「家事調停裁判所設置」は、請願委員会、本会議でともに採択された。市川は、「一度に全部採択とはまことにめずらしく」、またこれら三つの請願を提案、説明してくれた岡部子爵の貴族院最大多数の会派であった研究会での影響力の大きさに驚かされた[133]。

さらに衆議院に対し、民政党、政友会からそれぞれ提出された「母子ホームに関する建議案」「母子扶助法制定に関する建議案」はともに衆議院を可決したが、法案のかたちで提出した「家事調停法案」は衆議院本会義で審議未了となった。

四月一九日、母性保護法制定促進婦人連盟は、第一回全国婦人委員会を開催し[134]、会の名前を母性保護連盟と改称し、五月の第二日曜日の「万国母の日」を母性保護デーと決めた[135]。

▼「母子保護法」の成立と市川の評価

一九三六年三月に組閣された広田弘毅内閣は、税制改革案の一貫として、母子扶助法を議会に提出することを決定した。郵便貯金の金利引き下げによって生じる増収を、健康保険施設、保健所、母子保護法の制定、救護法に廻すというものであった。それに先立ち母性保護連盟は、穂積重遠を委員長とする特別委員会を立ち上げ、片山哲らの援助を得て母子扶助法案を起草し、第七〇議会に提出した。この母子扶助法は、母性保護連盟が作成し第六九議会に提案されたものとほぼ内容が同じで、受給対象となる子どもの年齢を一五歳以下とし、私生子の母も含まれ、父親が失業の場合も含まれるとしていた[136]。

一九三七(昭和一二)年一月、第七〇議会再開の直前総辞職した広田内閣の後を受けて林銑十郎内閣が組閣され、同内閣のもとで政府案の母子保護法が提出され、衆議院、貴族院をともに可決し、制定される運びとなった。政府案は当初、私生児を含めていなかったが連盟の強い要求で含むことになった。しかし子どもの年齢を一五歳以下とする連盟の要望は受け入れられず、一三歳以下の子どもを持つ母子が対象となった。さらに父親が無職の場合も対象外とされた[137]。

市川は、母子保護法の成立に対して「非常時なるが故に婦選は後退し非常時なるが故に母子保護が前進した事は当然だといへばいへるが私共にとつては少なからず皮肉である」と指摘した。そして母性保護運動があくまでも、準戦時期の反動的社会に対する婦選運動の対応策の一環であり、婦選運動の延長線上の活動であると、次のように敷衍した[138]。

母子保護法は実は、婦選獲得同盟がその新方針の一つとして取上げたもので、婦選大会、婦選総会、婦選団体連合委員会を通して母性保護連盟に移されたものである。

婦選獲得同盟は反動期に際会するや、従来の抽象的な運動から具体的な運動に、演繹的な運動方法から機能的な運動方法に転換し、生活に直接関係のある題目をとらへて一つは議会への立法運動に、一つは自治体への改善運動に進んで行つたのであつた。

母子保護制定運動は実にその前者に属する運動の一つと取上げられたのであつた。

後に市川は当時を振り返って、「母性保護連盟自身ともすれば社会事業団体を志向する傾向のあるのを、私は警戒していた」と述べている[139]。

四　まとめにかえて――戦中・戦後へつながる日本型ジェンダー・ポリティックス

▼婦選運動固有の歴史的条件と両義的対応

欧米社会で女性参政権運動は、一九世紀後半急速な工業化にともなって形成された市民社会の円熟に棹さすかたちで進展した。日本の女性参政権（婦選）運動もまた、男子普通選挙が達成され「普選の次は婦選」といった民主化への機運が高まるなかで誕生した。

しかし天皇を頂点とする強力な国家権力によって推進された明治日本の工業化政策は、草の根の民主化への要望を高揚させた背後で、その民主化を押さえこむ反動化の「くびき」を用意していた。そのため本格的な婦選運動が始動した一九二五年一月、婦選三案を初めて上程した第五〇帝国議会は、男子普通選挙法の制定と抱き合わせのかたちで、国体に違反する者を取り締まる治安維持法を成立させた。さらに婦選運動は、運動がひとつの頂点に達した時満州事変に遭遇し、以後一五年間、軍ファシズムの跋扈する反動的社会で、その命運を賭さざるをえなかった。そうした日本の女性参政権運動に固有な歴史的条件は、特殊日本的なジェンダー・ポリティックス＝女性たちの政治的取り組みが、婦選運動を通して生まれる契機となった。

そもそも自然権として男女平等の政治的権利を要求する婦選の主張は、徹底した男尊女卑の家制度を社会の基盤に置く戦前日本の天皇制国家の国体に真っ向から対峙し、国体の転覆につながる「危険思想」にほかならなかった。とくに軍ファシズムの跋扈する準戦時期、反動的女性観は強化され、一切の異論、異端を認めない社会が作り上げられていった。そうした状況を生き抜くため婦選運動は、男女同一・同等の政治的権利を要求する運動本来の主張を隠蔽し、反動的社会の体制的価値に沿ったかたちで運動の主張と活動を組み替えていかざるをえなかった。

「社会運動と云う以上は、どうしても現代の社会に適合する運動でなくてはなりませぬ」――新婦人協会以来のこの社会運動観に支えられ市川は、準戦時期、戦時体制化する社会への批判と迎合の両義的対応で婦選運動を牽引していった。一方で市川は、非戦論者として反軍拡、軍ファシズムの主張を展開し、その主張が女性たちの意思であることを、全日本婦選大会など同時期の婦選活動に具現させた。しかし他方で、現実主義的運動家として市川は、反動的社会の女性観にすりあわせるかたちで婦選運動の意味を組み替え、社会が受け入れる婦選の新しい活動領域を切り拓いていった。

▼平和の希求

婦選運動家として市川の非選論の主張は、女性は本来、平和志向であるという強いフェミニズム観に裏づけられていた。女性は、日常生活を破壊し、子どもを戦場に送らざるをえない戦争を嫌悪する、平和志向な人々であると市川は確信していた。

そうした市川のフェミニズム観は準戦時期、平和を求める二様の婦選活動に体現された。ひとつは、主として獲得同盟の機関誌『婦選』誌上で展開した、軍拡と軍ファシズムに対する批判である。その批判はまた、準戦時期の最後まで開催された全日本婦選大会で、婦選の女性たちが全会一致で採択した、反戦、反軍拡、反ファシズム決議に体現された。

そしていまひとつは、平和構築の一手段として、戦争当事国の女性たちによる連携の主張である。平和志向の女性として中国の女性たちもまた、未来永劫日本との戦争を望まない。だから平和を取り戻す一方途として戦争当事国の日本と中国の草の根女性たちが連携することは可能である、と市川は主張した。そしてまず正しい中国情報と中国女性たちの実情を知ることが重要であると指摘し、獲得同盟の機関誌『婦選』を通して、政府の「暴支膺懲」路線から離れた中国情報を提供し続けた。

さらに、日中戦争が泥沼化し日米関係が悪化するなかで市川は、アメリカの女性たちとの連携をも射程に入れ、同時期に開催された汎太平洋婦人会議を通して、国際的女性たちの連携を模索した。

▼「政治は生活」――いまひとつの政治のあり方に向かって

他方ですぐれて現実主義的な婦選運動家として市川は、軍ファシズムの席捲する準戦時期の反動的社会の女性観に合わせるかたちで、平時の婦選活動が依拠していた男女同一・同等の政治的権利を要求する平等派フェミニズムから乖離していった。そしてふたたび新婦人協会時代の、男女の肉体的性差とそれに基づく男女の異なる社会的役割を主張する差異派フェミニズムへ回帰した。

そのうえで市川は、戦時期の社会的要請にすり合わせるかたちで、男性と異なる女性役割を生活者役割として浮き彫りにし、生活者としての女性たちの社会的有為性を強く主張した。そして女性たちの身の回りの生活領域の問題を婦選の新しい課題として取り上げ、公民権を持たない女性たちが自治体の政治へ関与する契機をつくりあげていった。

このころ婦選運動は、ゴミ問題、女中税・小市民税、卸売市場問題などの生活関連の問題を運動領域に取り入れ、自治体と共闘して問題解決に取り組んでいった。そうした婦選の女性たちが取り上げた生活関連の問題は、たとえば、ゴミ処理問題のように、都市化が急速に進展するなかで自治体が女性たちの積極的な参画と協力を必要としている問題でもあった。問題意識を共有する自治体の男性職員との共闘を通して、婦選の女性たちは、公民権を持っていないなかったにもかかわらず、しだいに自治体の政治に関与するようになり、女性の価値と利益を政策に反映させる一路をつくりあげていった。

同時に準戦時期婦選の女性たちは、生活関連争点を運動課題に取り上げることによって平時の婦選活動で共闘することのなかった消費組合や、労働組合等さまざまな女性組織と共闘し、婦選以外の広範な女性たちとの人的ネットワークを形成した。そのネットワークは、後述するが戦時期に入り、市川を初め婦選の女性たちが国民精神総動員連盟の生活関連の国策委員に任命されたとき、政策立案のための情報提供や政策実施のノウハウ作りを提供する母体として機能した。

準戦時期を通して婦選の女性たちは、生活関連の問題解決に取り組むことで「政治は生活」「政治はお台所を良くするもの」であり、生活者としての女性抜きに政治はおこなえないという、政治意識を強く共有するようになった。そうした女性たちの政治意識と活動は、次章以降に検討する戦時期の国策委員としての活動のバックボーンとなった。そしてまたその活動は、戦後、高度経済成長のもたらした公害問題など、女性たちが生活領域の「不具合」を政治日程に乗せ、草の根の女性たちが政治にかかわっていく起点となった。実際、「政治は生活」の主張と活動は、戦前・戦中・戦後、さまざまな顕現をみせながらも日本型ジェンダー・ポリティックスの地下水脈を連綿と流れ続けている。それは戦後、五五年体制のもとで箱物行政を展開し続けた自民党政権による利益追求型男性政治に対峙する、いまひとつの日本政治のあり方を表象するものにほかならない。

▼選挙・政治の浄化から理想選挙・金のかからない政治へ

市川はまた、生活者として公的領域にかかわっていない女性たちは、政治、社会の汚濁にまみれていない純真な価値の持ち主であると主張し、準戦時期の未熟な市民社会を席捲した金権政治と金権選挙を浄化する役割を女性たちの社会的役割として婦選運動の重要な課題に押し上げていった。参政権を持たない女性たちが、男性の選挙と政治の革正に取り組む。欧米社会に例を見ないこの日本の女性参政権運動に固有の取り組みもまた、準戦時期の反動的社会の女性観に合わせて展開した婦選運動の活動領域であった。

そもそも男女の役割分担を明確に主張する伝統的社会で、産み、育てる性として女性たちは生来的に純潔であり、肉欲に走りがちな男性に比べ高い道徳心を具備していると捉えられていた。女性たちの純潔性と道徳心に高い価値を置く社会で、女性たちが取り組む選挙と政治の浄化（純化）活動は、好感をもって受け止められ、婦選の女性たちの選挙・政治浄化活動は、広く社会的認知を受けた。

その社会的認知は政府が選挙粛正に乗り出したとき、半官半民の選挙粛正中央連盟の理事に市川をはじめ複数の女性たちを任命し、各都道府県に設置された委員会に多数の女性委員を組み入れることにつながっていった。また第Ⅱ部で詳述するが、市川たち婦選の女性が選挙粛正運動を通して、選粛中央連盟の男性中堅官僚たちと構築した人的ネットワークは、戦時期に国民精神総動員中央連盟（以下「精動中央連盟」と略）が組織されたとき、市川たち婦選の女性たちが多数、同連盟の調査委員会委員に任命される直接的契機となった。

戦後市川は、亡くなるまでの五期二五年間参議院議員をつとめた。戦後の経済成長につれて数千万から数億の金が当選するために必要といわれた金権選挙の跋扈した時代、市川は六度にわたる選挙をすべて、理想選挙で通した。選挙は、「出たい人より出したい人」が立候補すべきであり、選挙は、「出したい人」を押す側の浄財とボランティア活動でまかなわれるべきであるという、理想選挙に対する強い信念は、戦前市川が男性のおこなう選挙と政治の革正運動に取り組んだなかから生まれたものであった。

たとえば市川は、一九三二年二月におこなわれた第三回男子普通選挙後、もし女性に参政権が与えられたらどのような人を選ぶかという新聞社の問いにまず「婦人を選ぶ」と答え、そして「立候補してゐる人の中から選ぶといふよりも、私共が一等よいと思ふ人を立候補してもらつて、その人を擁立したいと思ひます」、と答えていた。あるいは、一九二九年一月の東京市会選挙で、「十銭袋」をつくり選挙費用を支持者から集める方法を編み出した。その方法は、戦後初の立候補に向けて市川を支持する婦選の仲間たちの「一円」寄付運動へと継承されていった。実際この選挙方法は、財政的基盤を持たない女性たちが選挙に立候補し選挙活動をおこなうことを可能にし、戦後多数の女性議員がとくに地方自治体の選挙で誕生することを可能とした。

また選挙と政治浄化の過程で編み出した「市民は選ぶな醜類を」をキャッチワードに掲げ、汚職で逮捕されたり、嫌疑のかけられた候補者の当選を阻止する方策は、戦後ストップ・ザ・汚職議員の活動につながり、ダグラス・グラマン疑獄やロッキード疑獄など戦後一連の疑獄事件にかかわった政治家の再選を阻み、支持票を激減させることに貢献した。

▼「絡みとられ」の契機と自主性の維持

準戦時期、婦選の女性たちがこうした新しい活動領域を婦選運動に組み入れていったことは、男女平等の政治的権利の獲得という婦選本来の目的を放棄したことを意味しない。準戦時期に開催された五回の全日本婦選大会を通して、市川たちは、終始一貫して婦選の即時貫徹を要求した。同時期に開拓された自治体レベルの生活関連の活動や選挙と政治革正運動は、政治的権利の要求が困難になった社会状況で、社会の容認する価値に沿って女性たちの意思と利益を政治に反映させることを意図していた。

しかし現実にそうした活動は、婦選三案の議会上程とは異なり、自治体や政府との共闘を意味し、それは婦選運動や運動家が戦争を遂行する政府に絡みとられる危険性を内在させていた。その好個の例が一九三五年の選挙粛正婦人連合会の立ち上げであり、同会は、市川の本意ではなかったにしろ婦選活動をしないことを条件に、政府の選挙粛正連盟への加盟が認められていた。

そもそも体制的価値にすりあわせ展開された準戦時期の婦選活動は、民主的社会のあるべき姿としての婦選要求ではなく、市川が批判し続けた全体主義社会で容認されるために切り拓かれたものであった。その意味で、母性保護政策に限らず、生活関連政策や選挙浄化への取り組みを通しておこなわれた婦選の論理の組み替えと活動は、軍事的危機の増大するなかで、婦選活動が全体主義体制へ組み入れられていく契機となりえた。

もとより市川の意図は、あくまでも婦選の趣旨を曲げないで、生活を取り巻く重要な課題や選挙浄化の方策を自主的、選択的に取り上げ、政府、自治体と共闘するところにあった。そのため全体主義の跋扈する戦時期になると、婦選運動の自主性をどう維持するかが、市川の牽引する婦選運動の重要な課題となっていった。

準戦時期最後の第七回全日本婦選大会は、婦選の即時貫徹を要求し、そのための仲間たちの協力を誓うと同時に、「政府当局乃至はその主張を同じうする団体との協力は望ましきも、飽迄自立的立場をとり、徒らにその利用に甘んずるを戒むること」を「申し合わせ」た。[140] かくして自主的運動としての婦選の矜持は、すくなくともこの時点まで維持されていたと言える。

第Ⅱ部　婦選運動家市川房枝の戦争協力

——盧溝橋事件・日中全面戦争から敗戦まで

第6章　国民精神総動員運動と市川のかかわり方

一　軍ファシズムの台頭と「第三の道」の選択

▼林銑十郎内閣とファッショ化への道

一九三七（昭和一二）年一月二三日、広田弘毅内閣が総辞職したのを受けて、二月二日、林銑十郎陸軍大将が、内閣総理大臣に任命された。一九三一年の柳条湖事件勃発時、朝鮮軍総司令官の立場にあった林銑十郎は、天皇の勅裁なしに朝鮮派遣軍を満州に進め「越境将軍」の異名をとった、陸軍内にあっても強硬派の人物であった。本来その行為は天皇の統帥権侵害を意味し、死刑にも相当する重罪であるはずだった。しかし林はなんら咎められることもなく、逆にその翌年、陸軍大将に任官され、斎藤実内閣の陸軍大臣を務めていた。

市川はこの林銑十郎内閣の誕生に非常な危機感を抱いた。『女性展望』誌上、中島明子の筆名でコラム「政界の近況を語る」を担当していた市川は、「二・二六事件は一部の軍人の武器を持つたクーデーターだつたが、此度は武器を持たないかはりに陸軍全部によるクーデーター」であり、「これで完全に軍部が日本の政治権を掌握した事になる」と指摘し、いよいよ日本もファッショになると断言した(1)。

実際、広田弘毅内閣総辞職から林銑十郎内閣の成立に至るプロセスは、軍ファシズムの台頭を象徴するものであった。

そもそも広田弘毅内閣の総辞職は、軍部大臣現役武官制を楯に、軍部が陸軍大臣を出さなかったためであり、その後天皇から組閣の大命を受けた宇垣一成陸軍大将が組閣に失敗したのも、石原莞爾を中心とした陸軍の強硬な反対によるものであった。

一九〇〇年、山縣有朋首相のもとで明文化された軍部大臣現役武官制は、一時休止していたが、広田内閣で復活した。その制度は、軍部が現役武官のなかから大臣候補を出すことを規定し、軍部の意向を抜きに組閣し、内閣を維持することを難しくした。以後終戦に至るまで、この制度が、軍部の政治に介入する切り札として機能し続けることになった。

同コラムで市川は、「議会政治は憲法によつて定められたものだから、存続はされるに違ひない、然し今以上にあつてもなきが如くになるだらう」と、議会政治の機能低下を憂慮した。そして林軍政内閣の成立に際して、政党がなんら機能しなかった状況を「軍部がこはいんだよ。全く意気地なしばかりがよつてゐるからな」と失望し、「国民は此度の重大時局に対して、国民の代表としての意志表示を望んでゐたのに、またその機会をつくる事を尾崎氏が発言したに拘らず握り潰してしまつた」と、政党に対する怒りを露わにした。

林は、三月末、巨額な軍事費を含めた予算を成立させると、衆議院を突如解散し、「食い逃げ解散」と批判された。市川は、「解散は、政府―林首相―そのバックの勢力―の予定の行動だ、解散によつて政党をヘトヘトにしてしまふ作戦だ」、「結局フアッシヨへの前進の一階梯と見るべきだよ」と鋭く指摘した(2)。

▼憲政擁護の民意

一九三七年四月三〇日、第二〇回総選挙(第五回男子普通選挙)が施行された。前年の一九三六年二月総選挙から一年二カ月しかたっていなかった。選挙の結果は、国民同盟一一人、昭和研究会一九人、東方会一一名で政府支持派は四〇名程度であった。他方で民政党は一七九人、立憲政友会が一七五人と政党勢力は圧倒的優位に立った。この選挙で社会大衆党は一九名から三六名に躍進し、無産政党が憲政史上初めて第三政党となった。前年第一九回総選挙で最高得点で当選していた加藤勘十は、最左翼の日本無産党から出馬し、前回の選挙に続いて高得点で当選した。

この選挙の結果は、林銑十郎軍政内閣に対する民意の意思が憲政の護持にあることを明瞭に示していた。民政・政友の両党は林首相の即時撤退を要求し、五月三一日、同内閣は総辞職した。翌六月一日、組閣の大命が元老西園寺公望の強い推挙で貴族院議長近衛文麿に下り、四日、第一次近衛内閣が組閣された。

しかしこの間の五月一三日、林内閣は、「国民教化運動方策」と「時局に関する宣伝方策」を閣議決定した。この二つの閣議決定は、「宣伝週間を各項目別に設定し集中的官民総掛りにて之を実行す」とし、満州事変以降、軍部主導で展開していた総動員政策を、政府が「官民総掛り」でおこなうとし、その後の国家総動員政策の方向性を決めた決定的な意味を持っていた。(3)

▼盧溝橋事件から国民精神総動員運動へ

第一次近衛内閣が組閣された一カ月後の一九三七年七月七日、北京郊外の盧溝橋で日本軍と中国国民革命軍の衝突事件が起こり、日本軍は、蒋介石の中国国民政府と戦闘状況に入った(盧溝橋事件)。近衛内閣は、ただちに不拡大方針を閣議決定し、一一日、現地で停戦協定を締結したが、軍部は一方的に大部隊を中国に派遣した。この事態に対処するため政府は「華北で自衛行為を取る」と声明を出した(北支事変)。八月一三日、戦火はさらに上海に飛び火し、日本は中国との全面戦争に突入した。

八月二四日、近衛内閣は、中国大陸での戦況が拡大していく状況に対応するため、国民精神総動員実施要綱を閣議決定し、挙国一致、尽忠報国、堅忍持久の三指標のもとで国民すべてを巻き込んだ官民一体の一大国民運動を開始することを決めた。(4)同実施要綱は、「本運動の趣旨達成を図る為中央に民間各方面の有力なる団体を網羅したる外郭団体の結成を図ること」とし、それを受けて一〇月一二日に政府は、国内の七四の有力な民間団体を糾合し、国民精神総動員中央連盟（以下「精動中央連盟」と略）を結成した[5]。七四団体は、すべて政府の各省と関係のある全国的規模の組織であり、それぞれの省の指導、援助を受けていた団体であった。

女性団体で加盟を認められたのは、国防婦人会（以下「国婦」と略）、愛国婦人会（愛婦）、大日本連合婦人会（連婦）、大日本連合女子青年団の四団体であり、それらは、陸軍省、内務省、文部省の管轄下にそれぞれある官製女性組織であった。婦選獲得同盟等の自主的な女性市民団体は加盟を認められなかった。

会長に有馬良橘（明治神宮宮司・海軍大将）が、専務理事に香坂昌康（大日本連合青年団理事長）が就任した。一五名の理事のなかに女性は一人も任命されなかった。市川は、この政府の精動中央連盟の組織化に対して、その「役員にひとりの婦人も加えてはいない」ことに不満を抱き、国民精神総動員運動が、「国民の半数を占める婦人に対して、婦人を中心とする家庭に対してどんな運動を展開するのか、全く何の計画も持つていないようであった」と、不安を抱いた[6]。

▼二カ月間の憂鬱

中国大陸での戦争が全面戦争に拡大し、日中の戦争が長期化の様相を呈しはじめた九月、市川は、『女性展望』「私の頁」欄「時局に対して」で胸の内を吐露した[7]。

この二ヶ月間といふもの、私は全く憂鬱に閉ざされて来た。国を愛するが故に、この不幸なる事変の発生を悲しみ、拡大の程度、事変の後の措置、経済上の影響……等々が案ぜられてならなかつたのである。

然し、ここ迄来てしまつた以上、最早行くところ迄行くより外あるまい。

市川は、日中全面戦争の起こる直前まで、真剣に戦争回避の主張を展開していた。盧溝橋事件一カ月前の一九三七年六月三日、『女性展望』の問答形式のコラム「政界の近況を語る」で市川は、近衛新内閣の誕生を分析し、「程度の問題はあるがね」としながらも、近衛が基本的にファッショ的思考の持ち主であると指摘した。そして、「それにしても戦争が起こらないやうにしてくれゝばいゝ、戦争でも初まつたら何もかもおしまひだからな」と締めくくっていた。[8]さらに六月一三日の『婦女新聞』に市川は「国政に婦人の参加を」を掲載し、近衛内閣に望むこととして「生活の安定が第一の要求であるが、外に向いては、戦争等ないやうに切望したい」と述べ、政府を牽制した。そしてそのためにも「婦人を国民として承認し、国家の政治に婦人を協力せしむる」ことが必要であると強く主張した。[9]

▼「第三の道」の選択

しかしそうした市川の意図とは反対に、戦争は全面戦争へと拡大し、戦況は最早後戻りの聞かない状況になり、国内では戦時状況に対応した国民精神総動員実施要綱が決定した。後年市川は、この時点で戦時状況を生きる三つの選択肢があったと、次のように述べている。[10]

今までは可能な程度に戦争反対の意思表示もし、軍部の攻撃もしてきた。政府の、自治体の政策に協力の姿勢を示しながら、そのなかに私どもの要求を割り込ませることに苦労し、ある程度目的を達してきたつもりである。しかし今度は現実に戦争が始まってしまった。この時点で、正面から戦争に反対して監獄へ行くか、または運動から全く退却してしまうか、あるいは現状を一応肯定してある程度協力するか、どれかの道を選ばなければならない。

盧溝橋事件をきっかけに中国大陸の戦争が全面戦争へ拡大し、戦況が「最早行く所まで行くより外あるまい」と認識したとき、市川は、「現状を一応肯定してある程度［政府に］協力する」「第三の道」を選択した。その決意を市川は、次のように述べている[11]。

私一個の感情や生活ならどうにでも始末はつく、然し婦人子供全体の――延いては国家社会の幸福を増進するために、多年同志と努力して来てゐる私共の立場としては、此の時局の困難に如何にして打克ち、将来の幸福を建設するかを考慮し、実行に移す責務がある。

中国大陸の戦争が全面戦争に拡大し最早後戻りできないと認識した時市川は、非戦の立場を貫いて「監獄」に入るにしろ、隠棲――「運動から全く退却」――するにしろ、社会から撤退することは、いままで婦選を率いてきた者として無責任である、いかなる状況になっても婦選の道を生かす方策を考え、実施することが平時に婦選運動を嚮導してきた者の「責務」である、と考えた。この婦選運動家としての「責務」を全うするという決意が、市川の戦時下の婦選運動を継続する第三の道を選んだ一義的な動機といえる。

▼現実主義的運動観と戦時下の協力

もとより市川の「第三の道」の選択は、市川の現実主義的運動観によるものであることは言うまでもない。社会運動は、「現代の社会に適合する」ものでなくてはならないと主張する新婦人協会以来の市川の運動観は、社会を改革しようとする運動は、社会の価値観に真っ向から対峙するのではなく、社会に受け入れられるようなかたちで改革の方針を提示し、改革の実践を通して、社会の内側から体制を変容（改革）するものであるということを意味している。換言するとそれは、男女平等の政治的権利の要求という、時代先取り型の理念を追求する婦選の目的を、戦時下の保守的社会に対峙するかたちで突きつけるのではなく、戦時状況下の社会に沿ったかたちで提示し直し、その実践を通して本来の目的を達成するということを意味していた。

精動中央連盟が組織される一カ月前の九月二八日に市川は、全国規模の八つの自主的女性組織を大同団結させ、日本婦人団体連盟（以下「婦団連盟」と略）を立ち上げ、自らは書記に就任した。市川は、その婦団連盟の目指す戦時下の婦選運動のあり方を次のように述べた[12]。

現在の如き情勢に於ては、所謂婦選―法律の改正運動は一層困難となるであらう事はいふ迄もあるまい。然し私共が婦選を要求する目的は、婦人の立場より国家社会に貢献せんがために政府と、又男子と協力せんとする所にある。

従つてこの国家としてかつてなき非常時局の突破に対し、婦人がその実力を発揮して実績をあげる事は、これ即ち婦選の目的を達する所以でもあり、法律上に於ける婦選を確保する為めの段階ともなるであらう。悲しみ、苦しみを噛みしめて、婦人の護るべき部署に就かう。

ここで市川は、国家存亡の危急のときに男女平等の政治的権利の要求はますます困難になるだろうと、まず現実認識を示した。そして、そうした「法律の改正運動」は、つまるところ、国家そして社会のために「政府と又男子と協力せんとする所にある」のだと、婦選の目指すところを拡大解釈した。婦選の究極的な目的を男女同等の政治的権利の獲得に置くのではなく、「婦人の護るべき」社会的場で、戦時社会が女性を必要としている任務を男性に協力して働くことにあると言い換えることで、戦時状況下の婦選の活路＝女性たちの社会進出の可能性を見いだしたといえる。

そのうえで市川は、女性たちに「悲しみ、苦しみを噛みしめて」、平和を望む気持ちはいったん胸にしまい「護るべき部署に就こう」と呼びかけた。その過程で女性たちが実力を発揮し、社会に貢献することが、「法律に於ける婦選の確保」にもつながる、と市川は強調した[13]。

具体的に市川は、戦時下の女性たちが要請される実践＝「協力」を三点挙げた。第一に、「出征軍人の遺家族」が受ける「精神的物質的の打撃困難」をケアすることであり、第二に、「男子の出征によつて空席となる職場の補充乃至は労働強化」、そして第三が、「生活必需品の不足並に物価の騰貴とそれから必然的に来る母子の保険問題」に対処することである。そして市川は、すでに国婦、愛婦などによって、第一の点は着手されているが、第二、三は、いまだほとんど考慮されていないと指摘し、「私共としてはこの二つに対しての具体的対策を考究し、政府当局並に各婦人団体の注意を喚起し、その実行を促進しなくてはならない。殊に三に対して当然取上げられるであらう消費の統制、節約運動については、消費者である婦人の協力なくしては全く不可能であることを政府をして認識せしめなくてはならない」と指摘した(14)。

準戦時期に市川は、母性保護運動を婦選の一部に組み入れる理由として、「婦人並に子供の、しいては社会全般の利益幸福を増進する」ことが婦選運動の目的であるから、と述べていた。戦時下にあってとくに苦難が強いられる女、子どもの生活と健康を守ること、そして戦時下に必要な労働力として、女性の動員を促進すること。この二点を戦時下婦選運動の具体的目的と設定した市川は、以後戦争の最後の最後まで、女・子どもの生活と健康を守ることと、女性の「協力↓動員」の促進を軸に戦時下の「婦選運動」を模索し続けていった。

▼「自主的運動」としての矜持

他方で市川は、戦時体制下の政府にある程度協力することを覚悟したとき、女性団体が政府に協力する、その協力のあり方を次のように説いた(15)。

生活難の打開―それは……各種婦人団体が政府と連絡をとり全国的に組織的に展開すべきである。……尤も政府当局が提唱する場合、官製婦人団体だけでなく、総ての婦人団体を網羅すべきでありまた上から下への強制的なものでなく、できるだけ婦人の自主的運動たらしめる事が必要である。また運動は抽象的な掛声だけ

の精神運動ではなく、直ちに実行の可能な具体的なプログラムを作成すべきである。［傍点筆者］

政府が計画している国民精神総動員運動を上意下達の運動とするのではなく、国民（女たち）の積極的な参加を通し、その意志と利益を上（政府）に吸い上げさせ、下意上達の運動にしていくことが肝要である。そうすることで、上意下達の総動員体制を国民の意思と利益を反映した自主的運動に変化することができる。あくまでも女性たちの協力は、女の意思と利益を政策に反映させるため自主的な参加であるべき、と市川は強調した。

戦時状況下にあっても婦選運動は、自主性を堅持しなくてはならないという市川の想いは、準戦時期最後の全日本婦選大会で、志を同じくする問題に関して政府や他の組織と協力することは「望ましきも、飽迄自立的立場をとり、徒らにその利用に甘んずるを戒むること」として、婦選の仲間たちの間で「申し合わせ」されていた。(16)

実際、精動運動を「自主的運動たらしめる」とする主張は、戦時下にあって婦選運動を続ける市川の決意のいまひとつの理由となっていた。その主張は、大正デモクラシーの薫陶を受け代議制に対する強い信奉で婦選運動を率いてきた市川の、戦時期婦選運動の嚮導者としての矜持でもあった。

一九三七年一〇月、国民精神総動員運動という言葉自体がまだ十分国民の間で理解されていないなかで市川は、同運動が、「教育運動乃至は精神作興運動といつたもの」であると指摘する一方で、「精神運動といふと抽象的でいけない、只総動員でいゝよ」と述べていた。(17)国民精神総動員運動という言葉の精神はいらない、国民総動員でいいのだと主張する、その言説の背後には、まず「此の未曾有ともいふべき非常時局を克服するために、国民総動員の必要ある事はいふ迄もないこと」であるという現実主義者市川の認識があった。と同時に、その運動は国民の精神を国家の意思に総動員、つまり従わせることであってはならない、あくまでも国民の自主的、自発的な参画によるべきであるといった、強い意識が伏在していた。(18)

二　精動運動と女性調査委員の登用

▼二様の「政府」協力の模索

一九三七年九月、第三の道を選択し、「ある程度［政府に］協力すること」を覚悟した市川は、二様の「政府」協力の道を模索した。ひとつは、自主的女性組織の大同団結をはかり、政府の外側から国の総動員体制に「協力」することであった。そのため市川は、九月下旬、政府が国民精神総動員中央連盟（以下「精動中央連盟」と略）を設置し、精動運動を開始するのに先駆けて婦選獲得同盟を軸に、日本基督教婦人矯風会、全国友の会などの八つの自主的民間女性組織を連携させ、日本婦人団体連盟（以下「婦団連盟」と略）を組織した[19]。そしていまひとつは、自らも含めできるだけ多くの女性が政府の「公職」に就き、政治の内側から国策に「協力」する道であった。

本章と次章ではまず、政府の内側から「協力」する市川の動きを、一九三七（昭和一二）年一〇月から一九四〇（昭和一五）年一〇月までの国民精神総動員運動（以下「精動運動」と略）の時代を通して跡づけてみよう。そしてさらに第八章で、同時期に政府の外側からの協力がどのようになされていたのか、婦団連盟の活動を軸に検証しようと思う。いったい市川は精動運動の政策・立案・形成・「決定」、そして実践にどのようにかかわり、戦時社会にどのような影響を及ぼしていたのか。また国策委員としての活動を支えていた市川の意図は何か。

▼生活者としての女性調査委員の役割

精動運動の三年間は、それに続く大政翼賛社会の基礎作りがおこなわれた時期である。運動は当初、日本精神の高揚を図る精神的な国民運動としてはじまった。しかし　戦争が長期化し経済戦争としての側面が重要となるにつれて消費節約、物資の有効活用、貯蓄奨励などの生活実践の一大国民運動として発展していった。この間、長期戦を生き抜くため国民一人ひとりがとるべき生き方が、日本精神の高揚と具体的な生活実践の物心両面から模索された。市川をはじめ女性指導者たちは、生活者としての女性の立場から、具体的な生活実践の政策形成に必要な人材であった。とくに婦選の女性たちは、準戦時期、ゴミ問題、税金問題、卸売市場問題などの生活関連の「実際運動」を通して、生活領域の問題を取り扱う経験と人的ネットワークを手にしていた。そのため多数の女性委員たちが、精動運動の政策形成のなかでも、主として生活関連の委員会、たとえば家庭実践に関する調査委員、非常時国民生活様式委員、服装に関する調査委員などに任命された。

市川は、精動運動が、国民総動員を目指す国の新しいシステム作りであるにもかかわらず、有資格の女性の意思決定の場への組み入れが極端に少ないことを、繰り返し批判した[20]。たしかに市川が指摘し続けたように、精動運動の政策決定に直接かかわる理事の立場に女性の登用は、ほとんどなかった。しかし生活実践にかかわる調査委員に多数任命されることによって、女性委員たちは、戦時下の生活関連政策の形成・立案、そして実施に深くかかわっていくことになった。

▼各種調査委員会の設置と政策決定のプロセス

精動運動は、一九三七（昭和一二）年一〇月から一九四〇（昭和一五）年一〇月にいたる三年間の短い期間であった。しかし運動はこの間、一九三九年二月と一九四〇年四月に二回の組織改革をおこない、三段階を経て強化された。

精動運動の第一段階で政府は、満州事変以降戦時状況が長引き厭戦気分の高まる国民の士気を上げることを第一目標とし、挙国一致、尽忠報国、堅忍持久の三つの指標を明示し、日本精神の高揚、徹底普及を目指した。しかし同時に精動運動の実際的効果を挙げるためには、各層の国民が、日常生活で実践すべき事項を調査研究し、具体的な実践案を作成することが喫緊であった。そのため一九三七年一一月、精動中央連盟は、銃後後援に関する調査委員会、社会風潮に関する調査委員会、農山漁村に関する調査委員会、家庭実践に関する調査委員会、実践網に関する調査委員会の五つの各種調査委員会を設置した。

各調査委員会には、担当理事が数名入り、そのなかの一人が互選で委員長となった。委員会の役割は、それぞれの所轄分野で実践すべき事柄の提言策定にあった。委員会の運営は、委員総会(以下「委員会」と略)が通常二、三回開催され、その後で委員のなかから特別委員が選出された。特別委員会は、先におこなわれた委員会審議を基に、それぞれの委員会案を策定する任務を持っていた。特別委員会案は、委員会の承認を得て、会長に具申し、理事会の議を経て決定されるというプロセスが取られた。

▼女性調査委員の登用と選挙粛正運動の人的ネットワーク

一九三七年一二月一日、市川は、家庭実践に関する調査委員を委嘱された[21]。二八名の同委員会には市川をはじめ大倉繁子(大日本連合婦人会)、本野久子(愛国婦人会)、甫守ふみ(大日本連合女子青年団)、丸岡秀子(産業組合中央会)、石川ふさ(帝国教育会)、赤松常子、吉岡弥生、堀口きみ子、守屋東ら一〇名の女性委員が任命された[22]。一〇名もの女性が精動中央連盟の家庭実践に関する調査委員に一挙に任命された背景には、市川ら婦選の女性たちが、選挙粛正運動を通して形成していた人的ネットワークがあった。

当時精動中央連盟の事務局には幹事のもとで、伊藤博と瀬尾芳夫の二人が主事として、各種調査委員会の人選などの実務的仕事をしていた。元新聞記者の二人は、選挙粛正中央連盟が組織されたときそのメンバーに加わり、婦選運動の女性たちとともに、選挙粛正運動を共闘していた。二人は、市川とはとくに懇意の間柄にあり、後述するが市川の良き理解者でもあった[23]。

市川は一九四〇年二月の『女性展望』誌上で、婦選運動家として自らは「お役所方面からは、好ましくない存在」とされてきたが、精動運動の「人選の衝に当つてゐた人達」が「選挙粛正運動に於ける私達の努力を知つてゐて、周囲の反対を押切つて」任命してくれたと指摘している。[24] それが伊藤博と瀬尾芳夫の両人であった。

ちなみに、他の調査委員会における女性委員の任命をみてみよう。銃後後援に関する調査委員会（委員三四人）には、松平友子（大日本連合女子青年団）と井上秀（大日本連合婦人会）が、社会風潮に関する調査委員会（委員三五人）には、吉岡弥生（大日本連合女子青年団）と久布白落実が、それぞれ二名就任している。農山漁村に関する調査委員会（委員二五人）には女性委員はひとりも任命されていない。最後に設置された実践網に関する調査委員会（委員一九人）で女性委員は、市川房枝、ただ一人であった。二つの委員会に任命されたのは、市川と吉岡弥生の二人であった。[25]

『国民精神総動員運動』（精動中央連盟の月二回発行の機関紙）には、女性委員の帰属組織が自主的民間組織の場合、その記述はない。興味深いことに国婦、愛婦、連婦以外の女性委員は、すべて婦選組織に所属、あるいは婦選運動の共闘経験のある組織のメンバーであった。このとき任命された女性調査委員は一三名であったが、そのうち政府系組織のメンバーは六名で、残り七名が婦選運動に関係している者たちであった。

三　精動運動の第一段階の調査委員活動

（一）家庭実践について

▼家庭実践に関する政策形成

一九三七年一二月二一日、第一回家庭実践に関する調査委員会が文部省第三会議室で開催された。まず市川が動議を出し、香坂昌康専務理事が担当理事のなかから松井茂を委員長に指名した。[26] 香坂は、市川が政府の精動中央連盟設立に先だち立ち上げた婦団連盟の第二回中央委員会（一〇月三〇日）で「国民精神総動員運動と婦人」について講演し、市川と面識があった[27]。

同委員会では、最初に倉橋惣三委員（文部省社会教育官）が「家庭に関する国民精神総動員運動について」説明し、つぎに、「家庭に於ける国民精神総動員運動の実践方策」について討議に入った[28]。全部で二八項目の意見発表があり、その内容は食糧問題から生活習慣の問題、さらには官製女性組織の統合など多岐にわたっていた[29]。

市川が当日どのような発言をしたのかは、明らかでない。しかし他の調査委員会と異なり、委員の三分の一強を女性が占める同委員会には、当日守屋東以外の総ての女性議員が出席していた。『国民精神総動員運動』によると「各委員の、中でも特に女性委員の熱心なる意見の開陳があった[30]」。

実際、この第一回委員会で提起された主食に白米食禁止、予算生活、空き地利用の奨励、禁酒、時間励行、体格向上のための副産物に対する知識の普及などの意見の大半は、女性委員から持ち出されたものであった。それらの問題は、婦団連盟が、戦時下の生活実践問題としてすでに取り扱っていた争点でもあった[31]。一〇名の女性委員のうち、愛婦、連婦の代表を除く七名は、婦団連盟に所属する自主的女性団体の主要メンバーであった。第八章で詳述するが、女性委員たちの委員会での発言は、同連盟の討議を基としていた。市川の意図した女性の意思を上通させる、すなわち精動運動を「自発的運動たらしめる」試みが、このときから模索された。

第二回委員会が、翌一九三八（昭和一三）年一月一二日に開催され、大倉繁子、本野久子、堀口きみ子以外の七名の女性委員が出席した。同委員会では、東京帝国大学教授の穂積重遠が「我が国に於ける家族制度と法制について」講演をした[32]。この第二回委員会で特別委員会が設置され、女性委員のなかから本野久子、丸岡秀子、赤松常子、市川房枝が指名された[33]。八名の特別委員のうち半数にあたる四名が女性委員で占められた。特別委員には第一回委員会後、各委員より提出された議題意見の整理、取りまとめが委ねられた。

▼家庭実践調査委員会の特別委員として

一九三八年一月一四日、第一回特別委員会が精動中央連盟本部で開催された[34]。まず特別委員の小尾範治が高島米峰を委員長に推薦した。その後家庭常会、部落常会、町村常会に関する説明、実践に関する説明が松井茂理事からなされた[35]。さらに第一回、二回の委員会討議をもとに「非常時局下の家庭に於いて実践すべき事柄」を挙げ、「実践方法を講究する」ことにし、以下の一一項目が「家庭実践事項（特別委員会案）」として採択された——①祝祭日の国旗の掲揚、②毎朝の神仏礼拝、③予算生活の励行、④主食は白米をやめ胚芽米とすること、⑤健康な児童の育成、⑥禁酒禁煙、⑦質素な服装、簡単な洋服の奨励、⑧健康増進のための運動、⑨早寝早起き、時間の活用、⑩金物、毛織物、木綿物、紙、燃料の節約、⑪質素な婚礼祭儀[36]。

この特別委員会で、一一の要目ごとに付け加えられる具体的な説明を、棚橋源太郎（当時、日本赤十字社）と市川房枝が起草することに決まった[37]。一月一八日、第二回特別委員会が開催され[38]、「火災、空襲等への備え」と「近隣の助け合い」の二項目が追加された。市川は、前日の一月一七日、産業組合中央会に特別委員の丸岡秀子を訪ね、同じく特別委員の赤松常子とともに、家庭実践のあり方について種々話し合っていた[39]。

二月三日、第三回特別委員会が開催された。この特別委員会で香坂昌康理事が、「家庭愛国運動三綱領」——「第一、健全なる家風の作興。第二、合理生活の実行。第三、御民としての子女の養育」を提起した。討議の結果、第二の「合理生活」を、「適切なる生活」に、第三の「御民としての」を「皇民としての」に修正され、採択された[40]。さらに、市川と棚橋が一三要目に対し具体的な説明を加えた『家庭実践要目並に之が説明事項』が逐次審議された。この委員会で、第一、二回特別委員会で決定していた各要目の順番を大幅に変更し、新たに、「毎朝皇大神宮を拝し、皇室のご安泰をお祈り致しませう」という項目が加えられた。最終的にそれらは「家庭報国三綱領並に之が実践十四要目」としてまとめられ、二月七日開催の第三回委員会に提出することを決め、特別委員会を終息させた[41]。

この最終特別委員会ではまた、家庭実践の実行方法等の審議に関しては、近く設置が予定されている実践網に関する調査委員会に委ねることが決議された[42]。

▼家庭実践一四要目の説明書きを担当

市川は、本来なら一三要目に対する具体的説明を棚橋とともに説明しなくてはならなかったはずの、二月三日の第三回特別委員会を欠席した[43]。精動中央連盟の委員会記録を見ると、市川が、調査委員会を欠席することは、ほとんどなかった。また、市川の活動を日単位で詳細に検証した『市川房枝の言説と活動――年表で検証する公職追放』を参照しても、同日市川がほかに重要な会議に出席していた事実は浮かび上がってこない。一方で婦選獲得同盟の事務局日記を見ると、「一月一九日から一月二三日まで風邪で伏臥」という記録があるので、二月三日の委員会は、おそらく体調が悪く欠席したと思われるが、想像の域を出ない[44]。

婦選獲得同盟の機関誌『女性展望』の「事務所日誌」欄にはまた、「一月三一日、市川、精動中央連盟家庭実践委員会に出席」という記録がある。しかし『昭和一三年度国民精神総動員運動中央連盟事業概要』には、当日家庭実践委員会が開かれた記録はない。おそらくこの日、病みあがりの市川は精動中央連盟に出向き棚橋とともに、一三の要目にそれぞれつける具体的説明の起草をおこなっていたと考えられる[45]。

二月七日、第三回調査委員会が開催された。同委員会では、特別委員会がまとめ、棚橋と市川がその説明を加えた実践一四要目の特別委員会案が高島米峰特別委員会委員長より報告され、審議された。その結果委員会は、同案を『家庭報国三綱領実践十四要目』家は国の礎（案）」として採択した[46]。同案は、二月一四日、精動中央連盟理事会にかけられ、そこで再度審議された。理事会は討議の結果、白米食に関する項目は、「別個取り扱う」とし、一四要目からはずし、一三の実践具体案として決定した[47]。

▼家庭実践一三要目

少し煩瑣になるが、理事会決定の家庭実践一三要目をここで見ておこう。実に細部にわたり戦時下の国民生活を規制するものとなっていることがわかる。後述するが、その大半は、この時点ですでに婦団連盟で取り上げられていた問題であった。精動中央連盟はこの後、このとき決定された家庭実践一三の方針を基にその具体化をはかるためさまざまな生活関連委員会を設置した(48)。

一　毎朝、皇太神宮を拝し、皇室のご安泰をお祈りいたしませう。
二　祝祭日には国旗を正しく掲げませう。
三　毎日神仏を礼拝し又長幼の礼を正しくし家族の和合に努めませう。
四　予算生活現金買天引貯金を励行し又進んで国債に応じませう。
五　服装は質素簡単を旨とし髪容は徒に外来の風を模倣することを避けませう。
六　婚礼葬儀その他の家庭的行事は質素厳粛に行ひませう。
七　朝寝夜更かしの悪風を改め、時間の活用に努めませう。
八　金物、毛織物、燃料等を節約し廃物及死蔵物の利用を図りませう。
九　火災その他の災害防止に努め且つ空襲に備へませう。
十　児童の訓練と栄養とに注意し心も身体も丈夫に育てませう。
十一　徒歩を励行し、毎日体操その他の運動を行ひ心身の鍛錬に努めませう。
十二　禁酒又は節酒を励行し未成年者の禁酒禁煙を固く守りませう。
十三　常に隣近所と相親しみ互に扶け合ひませう。

各要目の後には、市川と棚橋の書いた具体的な説明が付けられていた。さらに一三実践要目の最後は、実践の決意が、

棚橋、市川の起草で次のように締めくくられた。(49)

以上は、決して消極的な緊縮運動ではありません。今後生活上にたとひ如何なる困難が加はつても剛健なる気風と雄大なる気魄とを以て堅忍不抜何処までも時艱を克服して行く積極的な努力を意味するものであります。そして時局の進むにつれて更に各家庭に於て為さねばならぬ事項が出来ましたならば又直ちにそれを実践要目の中に加へて実行していく事と致しませう。

興味深いことに戦時中市川と生活を共にし、戦後市川の養女となった市川ミサオによると、戦前の自宅にも、疎開先の川口の家にも、神棚がなかったと証言している。そして市川家に「国旗はなかった、だから今国旗は残っていない」と証言する。(50)

▼はずされた第一四要目

先に指摘したように、理事会で第一四要目は「別途とりあつかう」として、家庭実践要目からはずされた。その一四要目は次のように書かれていた。(51)

十四　食物は栄養を本位とし主食は精白米を避け、胚芽米・七分搗米・半搗米等を用ひませう。
……この際各家庭では胚芽米・七分搗米・半搗米・玄米等を用ひ国民栄養の改善に資するやうにいたしませう。

当時市川たちは、総動員運動を外から支えることを目的に組織した婦団連盟の活動を通して、主食を白米とすることの弊害を最重要課題として取り扱っていた[52]。そのため市川をはじめ家庭実践の女性調査委員たちは、この一四要目が取りはずされたことに大いに不満をもった。『女性展望』の「社会時評座談会」でこの問題が話題に上がり、金子しげりは、無念さを次のように述べた[53]。

婦人団体［婦団連盟］の工作でこれ［第一四要目］が国民精神総動員中央連盟の家庭実践要目案中に入つたにも不拘、理事会で削除されたといふのです。しかもその反対は主に貴族院方面だつたらしいのです。

市川は、婦団連盟の働きかけの結果、胚芽米を主食にすることが、「東京市では国民精神総動員のスローガンの中に入れることにきまりました」と指摘した。しかし精動中央連盟の理事会が、この一四要目をはずしたため、一三実践要目は、生活実践の具体性に欠けるものとなってしまったと、述べた[54]。

中央連盟でも考へ直すでせうよ。全くあれがないと家庭実践要項は抽象的なものばかりになりますからね。それにしても六大都市の米屋が胚芽米をすゝめることになつたのは成功です。

女性たちの強い主張にかかわらず一四要目ははずされてしまったが、精動中央連盟が発表した「家庭報国三綱領実践十三要目」を報道した『国民精神総動員運動』は、白米食の問題は重要なので別個取り扱うことになったと付記した[55]。

▼婦人団体懇談会――家庭報国三綱領実践一三要目普及の検討

この時期市川をはじめ女性指導者たちは、家庭実践の基本方針の形成だけではなく、その普及、実施の方法、そして実践面でもまた、精動運動に大きく関与していた。一九三八（昭和一三）年二月二五日、精動中央連盟は、府下の

家庭報国展覧会

有力婦人団体関係者を招き、家庭報国三綱領実践一三要目を各家庭で徹底実践するための方法を検討するための懇談会を開催した[56]。市川は、婦選獲得同盟を代表して出席した。精動中央連盟側からは、香坂昌康理事、瀬尾、伊藤主事らが参加した[57]。

懇談会では、実践事項を全国の家庭に徹底させる方法が種々討議され、わかりやすい替え歌を作ること、各家庭で家庭報国三綱領実践一三要目を貼付し、家族で朗読すること、婦人団体、宗教団体、学校が協力して実行の徹底を計ること、展覧会を開催すること、ラジオを活用すること、映画、紙芝居の作成、部落を単位として実行を申し合わせることなどが提案された[58]。以後精動中央連盟は、こうした婦人指導者たちの意見を参考に実施方法を企画し全国的な家庭報国運動を起こしていった。

▼家庭報国展覧会の事務を担当

まず精動中央連盟は、懇談会で話し合われた家庭報国三綱領実践一三要目普及のための家庭報国展覧会開催を決めた。三月一四日、婦人団体関係者の懇談会が再度開催され、市川、金子しげりは、獲得同盟代表として参加した。さらに翌一五日に展覧会開催披露のため、同連盟の家庭実践に関する調査委員との懇談会が持たれた。三月二六日には、展覧会への出品者との打ち合わせ会が開催され、市川は金子とともに参加した(59)。『自伝』には、この展覧会開催のため「金子しげり氏と私が精動中央連盟から事務を委嘱され、忙しい思いをした。前年の婦人愛市展覧会を計画実行した経験を買われたのであろう」と記されている(60)。

四月九日から一六日にかけて、「家は国の礎」を表題に家庭報国展覧会が、日本橋白木屋で内務省、文部省、厚生省、大蔵省、商工省、陸、海軍省、内閣情報部、東京府、市の後援で開催された。四月一五日付『国民精神総動員』紙は「実益百パーセント　家庭報国展開く　連日押すな押すなの盛況」という見出しで「長期戦下における家庭は何をすべきかの宿題を一目瞭然たちどころに解決するもので、帝都市民の足は咲き誇る花を他所に此処、白木屋五階に吸ひつけられた」と展覧会の様子を報道した(61)。府下の女性団体はまた、家庭報国三綱領実践一三要目の徹底普及をはかるため、各種講演会を主催した。三月二三日、江戸川区各種婦人団体の主催する国民精神総動員婦人講演会が開催され、市川は、家庭実践に関する講演をおこなった(62)。

(二) 実践網をつくる

▼紅一点の実践網調査委員に選ばれる

一九三八年三月七日、精動中央連盟は、実践網に関する調査委員会を設置し、委員を任命した。この調査委員会で市川は、ただ一人の女性委員として任命された(63)。メンバーには、選挙粛正中央連盟幹事の松原一彦、全国的組織を持つ報徳社の佐々井新太郎、内務省事務官、小林千秋、内閣情報書記官の西村直己など総勢一九名のいずれも下部組織に精通した者たちが選ばれていた(64)。市川は、この委員会を通してとくに西村直己と懇意の間柄になった。後に市川は、婦人時局研究会を立ち上げるとき、西村に相談し、西村からは、精動運動第二段階で精動委員会幹事と委員の女性人事の相談を受けた(65)。

同調査委員会は、三月八日、一八日、二四日、三一日の四回開催され、そのすべての会に市川は出席した。[66]第一回委員会では、中川望担当理事が委員長に互選され、小林千秋内務省地方局事務官が、精動運動の実践網に関する関係官としての意見を発表、さらに東京市の市民動員部国民精神総動員課長が、東京市町内会の概況説明をおこなった。[67]この第一回委員会で市川が出席した記述はあるが、発言したという記録はない。[68]

第二回委員会では、前回の決定に基づいて内務事務官の小林千秋委員から、「国民精神総動員運動の徹底化に関する研究（私案）」が発表され、市川をはじめとする「各委員より種々意見の開陳があった」。審議の結果、小林案が伝達網であり、横の実践網を作りさらに完全なものとするべきであるなどの意見が出された。[69]

▼市川発言──「兎に角主婦を無視せざること最も必要なり」

第三回委員会は、佐々井信太郎委員（大日本報徳社）が「国民精神総動員実践網案」を提出し、各委員から種々の意見が出された。『国民精神総動員』によると、当日出された主な意見は以下の四点である。[70]

一、実践網の実施は之を法制化するか奨励に止むるかは根本問題なり、十分研究されたし
二、常会は世帯主と主婦と両立にすべきか。兎に角主婦を無視せざること最も必要なり
三、大阪市は世帯主を構成分子となせり
四、実践網は上意下達を主とするか下意上達を主とするか。自治の精神を鼓吹せざれば、上意下達の機関たるに止るべし

第三回調査報告書には、委員会での発言者名の記録があり、市川が同委員会で「種々意見の開陳」をしたことは確認できるが、[71]発言内容の記載はない。しかしその内容から、明らかに第二番目の主婦を常会のメンバーに加えること

を強く主張した「兎に角主婦を無視せざること最も必要なり」という発言は、市川がしたものと推測される。

さらに、第四番目の実践網のあり方を下意上達にすべきであるという意見もまた、市川の持論であった。先にみたように、市川は、国家の政策にある程度協力することを決めたとき、精動運動がともかく上からの命令だけでなく、自主的な下からのものとなるべきであると主張していた。発言は記録からは確認できないが、市川が、この点に関しても発言したであろうこともまた推測できる。

第四回委員会では、第二回委員会で臨時委員に委嘱された東京市監査部の平林広人委員が「東京市に於ける一般市民を対象とする諸運動実践網に関する一考察」を報告し[72]、つぎに古谷敬二委員（中央教化団体連合会）が「神戸市湊区教化網に関する視察報告」をおこなった[73]。

また同委員会では、町会と各種団体との関係で、「入りては町会内の婦人部、青年部、出でては国防婦人会何々支部、青年団何々支部」といった混乱を、「町会にて総てを統一したし」等の意見がでた[74]。この実践網の下部組織と婦人組織や青年団等との重複の問題は、精動運動、大政翼賛の両運動時代を通して市川が以後一貫して指摘し続けたものであった。資料から確認はできないが、この発言もまた市川がおこなったものと考えられる。この委員会で実践網原案を作成するため、佐々井新太郎、小林千秋、平林広人ら六名が特別委員に委嘱された[75]。

翌四月一一日、第五回実践網に関する調査委員会が開催され、特別委員会は、「国民精神総動員実践網基準」（特別委員会案）を提出した[76]。同委員会案は、「各委員の質疑応答並に種々熱心な討論行はれ」た結果、重要実践事項を修正可決した[77]。四月一三日、連盟理事会が開催され、最終的に委員会案は、「国民精神総動員実践網要綱」として決定された。

▼上意下達、下情上通の実践網

『国民精神総動員』は、四月一五日、「国民精神総動員実践網要綱」を発表し、その趣旨を次のように記した[78]。

国民精神総動員の真髄は、国民総てが日常の業務生活の裡に日本精神発揚の実をあげ、国民精神永安の基礎を確立することにある。これが為めには全国民の間に確固たる上意下達、下情上達［傍点筆者］の施設たると共に、我が国情に立脚したる実践網の完備を図る事の緊要なるに鑑み……実践網に関する調査委員会を設け……成案を得た……

同要綱は、実践網の最下部単位を、市町村部では「五戸乃至十戸よりなる五人組、十人組」の実践班に置いた。さらに町村部においては、その実践班の上に部落では各実践班代表から構成される常会を、町村に於いては町村長を中心として各部落の代表者の常会を置いた。一方都市部では、「五戸乃至二十戸よりなる隣組、隣保班等の実践班」とし、その上に町内会を設け、大都市においてはさらに区内の町内会代表者会を置いた。(79)

かくして戦時下全国にくまなく敷かれ、「とんとんとんからりんと隣組」と歌われた隣組の組織が、この実践網調査委員会の答申から生まれた。一九三八（昭和一三）年四月一七日、自治制発布五十周年の記念式典が挙行され、この日を機に実践網は、一般に公表された。

この実践網で重要なことは、実践網委員会で「兎に角主婦を無視せざること最も必要なり」と主張した市川の意見が取り入れられ、「実践班には世話人を置き、世帯主及び主婦が［傍点筆者］随時会合する」、さらに部落常会および町内会においては「世帯主を主として主婦及び家族参会す」と、主婦の参加を明記したことにあった。また、『国民精神総動員』の冒頭に見るように、実践網が、単に「上意下達」ではなく、「下情上達」の機関となるべきことも確認された。(80)

四月二五日、連盟事務所で実践網実施に関する打ち合わせ会が開催され、市川は出席した。(81)

▼市川の実践網評価

「国民精神総動員実践網要綱」が発表されるとただちに市川は、『女性展望』に「国民精神総動員実践網と婦人」を発表した。同文で市川は、実践網が主婦の参加を世帯主と同等に認めたことを受け、それを「婦人公民権［地方自治への参加の権利］実現の先駆」と高く評価した。(82)

実践網といふのは、現在の行政機関の外に、自治的な細胞組織をつくり、全国民をして速に政府の意図する所を理解せしめてこれが実現を期する一方、国民の志望する所を遺憾なく上達せしめやうといふのである。……その会合［実践網の下部組織である実践班］への出席は、「世帯主及主婦」といふ事にきめられ、その上の部落常会及町内会に於ては「世帯主を主として主婦及び家族参会す」と規定されてゐる。……今迄は全く男子のみで会合してゐた、乃至は出席しても、夫の代理としてのみ認められてゐた状態に較ぶれば家庭に於ける主婦の地位乃至責任が認められた訳……この種の地方組織内に婦人が男子と同等に乃至は副次的に参加することは一方からいへば婦人公民権実現の先駆とも見てもよからう。［傍点筆者］

しかし同時に市川は、「実践網の組織には重複、錯雑せる各種団体との関係を如何にするかゞ重大な問題であるが、委員会としては逃げてしまつている」と、国婦、愛婦、連婦などメンバーが重複し、また対立している組織の問題を解決していないことを指摘した。(83) この問題は、一九三七（昭和一二）年一二月二一日の第一回家庭実践に関する調査会でも指摘されていた問題でもあり、また第四回実践網委員会でも指摘されたことであった。実際、官製女性組織の重複問題は、その後戦時期を通して市川が問題視し続けたことであった。

▼伊藤博の「実践網とは」

伊藤博精動中央連盟主事が、実践網の解説文「実践網とは」を起草した。(84) 先述したように伊藤は、準戦時期の選挙粛正運動以来、市川とは活動をともにした仲であり、婦選の女性たちの政治的能力を評価し、市川をはじめ多数の女性を精動の調査委員会委員に推挙した人物であった。伊藤は、実践綱に関する四回の調査委員会に、事務方としてすべて出席していた[85]。とくに市川とは懇意で、考えを共有していた。

同解説文で伊藤も市川同様に、実践綱を実践する際「特に留意すべきことは、町村、都市共にその集りに於て主婦の出席乃至参会を明記したことである」と指摘した。そして「従来この種の運動に於て兎角疎じられた婦人が、この運動に於てかくも重要視されたことは、将来その運営上大いに考慮すべきことである」と強調した[86]。

そして実践綱のなかに主婦を入れたことは画期的なのだから、実践綱が運営されるにあたって主婦の積極的参加が必至であると念を押した。

▼戦争の長期化と言論の弾圧

一九三七年末から一九三八年にかけて中国大陸で戦火は拡大し続け、国内ではそれに呼応したかのように、異論・異端への当局の弾圧が厳しさを増した。一九三七年一二月一三日、日本軍は南京を占拠し、南京虐殺事件を起こした。さらに翌一四日には、王克敏を首班とした中華民国臨時政府を北京に樹立した。国内では、一二月一五日、第一次人民戦線事件が起こった。コミンテルンの反ファシズム統一戦線の呼びかけに応じ日本で人民戦線が企てられたとして、山川均をはじめ労農派の運動家や学者グループ四〇〇人以上が一挙に検挙された。検挙された者のなかには、同年四月の第二〇回総選挙で高得点当選した社会大衆党の加藤勘十もいた。

翌一九三八年一月、近衛内閣は、ドイツ大使を仲立ちとした蒋介石との和平工作に失敗すると、「今後、国民政府を相手にせず」と声明（第一次近衛声明）を出し、中国大陸での日中戦争は長期戦の段階に入った。二月一日、大内兵衛、有沢広巳、美濃部達吉ら労農派経済学者を検挙した第二次人民戦線事件が起こった。プロレタリア作家宮本百合子は、この時代の執筆者が置かれた状況を次のように記している[87]。

一九三八年（昭和一三年）一月……その前後から雑誌や単行本に対する取締りがひどくなって、少しでも日本の軍事行動に対して疑問を示したり、戦争によって人民生活が不安にされて行くことをとりあげた文章は禁止された。……日本のなかに、客観的な真実、学問上の真理、生活の現実を否定して、日本民族の優秀性と侵略的大東亜主義を宣伝する文章だけが許される段階に入りつつあった。

▼国家総動員法の公布と「黙れ！」事件

一九三八（昭和一三）年三月二八日、近衛内閣は梁鴻志を主班とする「中華民国維新政府」を南京に樹立した。そして四月には中国大陸での国民政府との戦争が本格的に長期化するのに対応して、国内の戦時体制を一挙に確立していった。まず四月一日、国家総動員法を公布し（五月五日施行）、国民経済・生活を官僚の統制下に置き、統制に関する権限を政府に委任することを規定した。その制定の過程で、民政党の斉藤隆夫と政友会の牧野良三らが、衆議院で国家総動員法を議会の立法協賛権を侵す憲法違反と批判した。また衆議院国家総動員法案委員会では、法案の説明にあたった陸軍省軍務課員佐藤賢了が、質問する議員を「黙れ！」と一喝する事件が起こっていた。

四月六日、電力管理法が公布され、電力の国家管理が施行された。同月中旬政府は、国民貯蓄奨励を申し合わせた。六月には、全国水平社が、綱領を変更し「国家の本義」に徹して国策に協力することを決定した。こうした一連の事態に呼応し精動中央連盟は、機構の拡大をおこない、さらに精動運動を従来の「挙国一致」「尽忠報国」「堅忍持久」の精神運動とともに、新たに「消費節約」「物資活用」「貯蓄奨励」などの経済戦に対処した運動を展開していった。(88)

▼国家総動員法に対する市川の反応

市川は、林内閣ができた当初、日本がファシズムへの道を進むことに強い懸念を示した。そして第一次近衛内閣が組閣されると、近衛もまた「程度の差」こそあれ、基本的にファッショの傾向を持っていると指摘した。はたしてその一年後、市川は、どのように近衛内閣の進める国家総動員法を捉えていたのだろうか。

一九三八年二月の『女性展望』「政治経済界の近況を語る」で市川は、電力国家管理案に関して、それが「重要産業を国家の手に治めやうといふ資本主義を修正しやうといふ思想から来てゐる――国家社会主義とでもいふかな」と指摘した(89)。そして次号の同じコラムでは、「戦時及準戦時の場合に総動員の必要な事は皆みとめてゐる」としながらも、「今議会に提案されてゐるやうな白紙委任状的立法では、その時の政府次第でどんな事をされるか分からない」と、次のようにその危惧を述べた。市川は、国家総動員法案が議会に上程された当日、議会で政府説明と議員たちのやり取りを傍聴していた(90)。

此度の総動員法では、いや応なしに臣民も徴発され得るし、物品も徴発され得るし、物の消費や移動も制限されたり禁止され得るし、労働者の賃金も決定され得るし、物価もきめ得られるし、殆ど何でも政府で出来るやうにきめられてゐる……

所がその命令できめる内容は、実は法律として議会の協賛を経べき性質の重大なものなのだ。……

議員達はめづらしく反発したな。上程の日一寸議会をのぞいてみたが、政府側は随分醜態だつた。……

……只案は、矢張軍部からの強硬な要求なので閣僚達は固い信念もなければまた法案の内容もよく分つてゐないのだ。

同コラムで市川はさらに、人民戦線の第二次検挙に対し、「ああした有能な人達を追ひやらずに国家のために出来るだけ働いて貰ふやうに出来ないものか」と述べ、こうしたやり方では「国民を萎縮させるからその点は困る」と危惧した。そして国家の非常時においては、「すべての国民をして、よろこんで進んで国難に赴かせることが必要で、そこに所謂国民精神総動員の要諦がある」と、あらためて国民の自主的運動としての総動員運動を主張した(91)。三年前の一九三五年二月、美濃部達吉の天皇機関説が貴族院で問題となり、美濃部が貴族院議員を辞職した際に市川は、遺憾の意を表わすため美濃部家を訪問、達吉留守のため家人に植木鉢を届けていた[92]。市川は美濃部達吉とは知り合いの仲ではなかった。

(三) 非常時の国民生活

▼「戦争目的貫徹集中セル物資需給計画」

一九三八年六月二三日、政府は、「戦争目的貫徹集中せる物資需給計画」を発表し、長期持久戦に対する国民の覚悟を促した。精動運動当初の「挙国一致」、「尽忠報国」、「堅忍持久」といった日本精神高揚のための目標に、長期戦に対応するための「消費節約」、「物資活用」、「貯蓄奨励」の具体的政策が加わっていった。それを受け、精動中央連盟は、軍需資材の確保、国民精神の緊張、国民体位の向上のため、非常時生活様式委員会を設置した。

六月二九日、同連盟は委員に、市川(日本婦人団体連盟)をはじめ、井上秀(日本女子大学長)、西野みよし(女高師教授文部省督学官)、山田わか(母性保護連盟)、吉岡弥生(大日本連合婦人会、大日本連合女子青年団)、河崎なつ(文化学院)、高良富子(佐藤新興生活館)嘉悦孝(日本女子商業学校長)、大妻コタカ(愛国婦人会)、林富貴子(大日本国防婦人会)、松岡久子(友の会)、松井春生(友の会)の一二名を選任した。同委員会委員総勢四九名のおよそ四分の一を女性が占めた[93]。

翌三〇日、第一回委員会が開催され、市川はその委員会の下準備会にも参加した[94]。同会で、まず木内国民貯蓄奨励局次長から経済情勢、村瀬商工次官から重要物資の自給自足、生産力の拡充、廃品の回収等についての説明があった。次いで審議に入り、吉岡、井上、大妻、河崎、高良らの「熱心なる意見の開陳があった」。この委員会で、「非常時国民生活様式に関する関係各団体並に一般国民」の「実践的意見を歓迎」し、「中央連盟に書面を以て申し出されたる意見」は、「本委員会の審議に附す」ことが確認された。実践網に関する調査委員会で確認された下情上達の方針の一端が、ここで実施された(95)。

七月四日、第二回委員会が開催され、吉岡、井上、高良、市川らの「熱心なる意見の開陳並に研究調査事項の発表」があった。この第二回委員会で、緊急の申し合わせ事項として、綿、麻、毛、皮、ゴム、金属等の製品の新調を差し控えること、さらに製造を制限された品物の買い溜めを控えることを、そしてそれらを「強く国民に実践を求める」ことが決められた(96)。同委員会で、議案の統一、整理をするため委員長が一七名の特別委員を指名した。ここでもまた市川は特別委員に指名された。ほかには、井上秀子、吉岡弥生が特別委員となった(97)。

▼第一次決定事項の可決――新調見合わせ、贈答廃止、服装簡素、宴会制限

翌七月五日、第一回の特別委員会が開催され、第一、二回委員会での意見の整理方針を討議した。その結果、「標準方法に就いては、六月二十三日の政府声明による重要物資の確保国民精神の緊張を目標とし、整理方法としては私生活、団体生活、社会制度の三方面の見地」からおこなうことを決定した。さらに議事進行のため、委員長が特別委員会のなかに小委員会を設置し、同委員に井上秀、市川房枝を含む七名を指名した。この会議で香坂昌康理事が、次回までに「実践に対する具体的方策を考案」してくるようそれぞれの小委員に要請した(98)。

翌六日、小委員会が開催され、前日の特別委員会で出た意見の整理、審議をおこなった。その結果「一、六月二十三日政府の声明に係る重要物資の確保、二、国民精神一層の緊張を規準とし差当り特に緊要なる事項に限り之が切実なる効果を挙ぐるを旨とし九項目位に実行注意事項を決定」した。

七月九日、第二回特別委員会が開催され、小委員会のまとめた項目の審議に入った。この委員会で、第一回委員会で決定した整理方法、第一、私生活、第二、団体生活、第三、社会施設の類別はおこなわないこととし、各項目を重要なものから取り上げ、政府に建言する事項は、別項目にすることが決まった。七月一二日、第三回特別委員会が開催された。市川はこの委員会を欠席した。同委員会で、緊急に専門委員会を設けることが決まり、特別委員会は閉会

とされた。[99]

七月一四日、第三回委員会が特許局で開催された。同委員会では、特別委員会審議の経過とその取り上げた事項の報告と審議がなされ、「各委員種々熱心なる意見の開陳あり」、「一、新調見合わせ、二、贈答廃止、三、服装簡素、四、宴会制限」を第一次決定事項として可決した。[100] さらにその実行促進方法が審議され、官公署、学校、会社等々で申し合わせをすることが推薦された。同委員会で政府への要望として、(一) 精白米の販売を禁止するために適当な措置をとること、(二) 飲食店や演芸場などの娯楽機関の営業時間の制限、(三) ネオンサイン等の制限を、上申事項とした。[101] そして今後の方針として、「生活様式は、衣食住、勤務、休養、社交等多方面に亘り且つ職業、年齢、性別等に応じて」さらに慎重調査を必要とするので、別に「生活様式に関する専門委員会及び生活用品に関する専門委員会を設けて調査」することが決定された。[102]

第三回特別委員会で設置の決まった専門委員会委員は、まず生活様式専門委員として、市川房枝をはじめ井上秀、河崎なつ、松岡久子がなり、さらにガントレット恒子が新たに委員に加わった。そして生活用品専門委員として、嘉悦孝、大妻コタカ、高良富子がなり、金子しげりと氏家寿子が新たに加わった。[103]

▼非常時生活様式婦人委員の活躍ぶり

ここで止目すべきこととして、政府への上申事項の第一に、「精白米の販売を禁止する為更に適当なる措置を講せられたきこと」が挙げられた点である。この案件は、家庭実践一三要目決定過程で、女性委員と婦団連盟の強い意志で一四要目として組み入れられていたにもかかわらず、最後の理事会決定ではずされていた。

白米食廃止は、女性たちが総動員運動に「協力」しはじめた当初からの強い主張であり、婦団連盟が積極的に取り扱ってきた課題であった。ここでふたたび女性委員たちの強い要望で、「白米販売の禁止」する措置を政府が取るべきという要望として新たに組み入れられた。『女性展望』「婦人界展望」は、非常時生活様式婦人委員たちの活躍ぶり

を次のように記している。(104)

……婦人委員は熱心に夫々所属団体内で案を練り、之を携へて出席し、積極的に迫るので男子委員は押され気味であり、婦人委員の要望は酒類制限その他中々通り難い。

実際、生活様式専門委員と生活用品専門委員に加わった九名の女性委員たちは全員が、婦団連盟所属組織の活発なメンバーであった。

▼生活様式専門委員として第二次決定事項の審議・決定に参画

七月二〇日、合同の第一回生活様式用品専門委員会が開催され、各専門委員の「意見の開陳が」あった。その後、それぞれの専門委員会に分かれ、委員長の互選、審議方針を決定した。(105)市川が委員に選ばれた生活様式専門委員会は、七月二一日、二七日、開催された。まず二一日の委員会で、市川、河崎、棚橋源太郎ら四人が小委員に指名された。棚橋と市川は家庭実践十三要目の説明文をともに書いた仲であった。翌二五日、小委員会が開催され、審議事項が話し合われた。二七日、二度目の生活様式専門委員会が持たれ、二五日審議と小委員会案を棚橋、河崎が説明し、審議がおこなわれた。出席各委員より「熱心なる修正意見の開陳」があり、最終的に九項目を決定した。(106)

他方で生活用品専門委員会は、七月二二日開催され、廃物、死蔵品に関する募集、更生の審議をし、整理方法の研究と募集網の確立に関する小委員会をそれぞれ設置することを決め、前者に大妻コタカら三名を、後者に金子しげりら三名が指名された。ついで七月二五日に委員会を開催し、一般国民から提出されている意見の採択、不採択を審議した。七月二八日、小委員会で決定した原案を審議した。(107)

八月一日、ふたたび合同の生活様式用品専門委員会が開催され、それぞれが原案を持ち寄り、生活様式用品並びに国民儀礼草案を審議決定した。同案は、八月四日に開催された第四回委員会で非常時生活様式委員会決議案として説明され、非常時生活様式委員会の第二次決定事項として採択された[108]。

その第二次決定事項は、まず非常時生活様式に関する事項として、(一)集団行動の規律化、(二)儀礼の改善、(三)酒、タバコの節制、(四)体位の向上、(五)物資の節約、(六)空き地の利用をあげ、それぞれに具体的説明を加えた。非常時生活用品に関する事項としては、用品の愛護、流用、補充の三点を指摘し、不用品に関する事項として、(一)屑物の活用、(二)塵芥類の処理、(三)不要品の活用をあげた。さらに政府に対する上申事項として、(一)生活用品の規格化、(二)屑物募集に必要な施設、(三)食事の改善——食堂や駅弁での分量を大小にし、無駄を省くことなどを要請した。さらに、「服装の改善は重要なる事項にして十分なる調査を要するを以て」その研究はさらに将来おこなうこととした[109]。

家庭実践一三要目の決定の場合と同様、非常時生活様式委員会で決定をみたこうした条項は、第八章で詳述するが、いずれもすでに婦団連の各委員会で取り上げられ、実践に移されているものであった。

▼非常時生活様式の普及

一九三八(昭和一三)年九月一日から七日にかけて、精動中央連盟は、「物の利用更生」展覧会を銀座の松坂屋で開催した。『自伝』によると、市川は、この展覧会を「少々手伝った」とある[110]。

九月二六日から三〇日にかけて、生活改善中央会は、精動連盟の後援で、「地方に有力な指導者を得て非常時生活様式の実行を促し国策の遂行に寄与」するため非常時生活様式指導者講習会を開催した。同講習会には、一府県一名から三名の地方長官の推薦する参加者が参集した。市川房枝、金子しげり、香坂昌康、大妻コタカ、棚橋源太郎、吉岡弥生ら、非常時生活様式委員会委員が、非常時の生活全般に関する講習をおこない、市川は、「集団生活の規律化」についての講演をおこなった(111)。

▼物価調査委員からの女性排除

戦争が長期化し経済戦としての様相が色濃くなるなかで、女性の協力と動員の問題は、精動中央連盟を越えて政府機関にも及ぶようになった。そうしたなか、女性の登用に対して政府の省庁間で微妙な温度差が見られるようになった。一九三八（昭和一三）年八月二〇日、内務省で経済警察主任会議が開催された。経済警察とは、物資調整に関する法律の違反を取り締まることを目的に警察庁に設置された機関であった。この経済警察に対する諮問機関として、実際の物価が公正に取引されているかを調査する物価調査委員が新たに設置された。同主任会議で、調査委員会委員で女性委員を加えるか否かが問題とされ、「調査委員の性質から言つて加へないほうがよい」とされたという報道がなされた。その報道は、非常時生活委員のような多数の女性国策委員が活躍していた社会風潮のなかで、物議をかもした。九月一一日、『婦女新聞』は、関係省庁と識者に当該問題に対する意見を聞いた(112)。

まず商工省商務課は、物価調査委員会の問題が出たとき東京府商務課ではなるべく多数の女性を採用したいという意見があったが、「私どもの方では、男とか女とかいふ風に区別して考へたくない」と述べ、「婦人を是非採用することゝいうことになると、東京では女性の採用は容易にできるが、地方に行くと適任者がいないのにもかかわらず、「無理に探し……その結果面白くないことも起こる」と指摘した。その実際の例として、東京で中央物価委員に山田わかを任用しているが、地方でもそれにならって女性を入れようとしてたいへん困ったことを説明した。

他方で警察庁経済保安課は、物価調査委員の役目は「婦人ではやはりやりにくいところがあるだらうと思ひます」と述べた。この意見に対し、市川は、経済警察官ならともかく、調査委員は諮問的機関であり、援助的立場であるから、女性こそ適任であり、調査員は各警察二人配備となっているから、少なくともひとりは女性にすべきと反論した。ただし問題は選び方で、「今日では大抵の区に衛生婦人会など警察と接触の深い会がある」からよく相談して適任者を決めて欲しいと述べた。さらに「商工省では、初め中央物価委員に進んで婦人を入れたのに、今になつてどうして婦人を排斥するやうなことを言ふのか」わからないと批判した。

▼内閣情報部の婦人団体懇談会

他方でこの時期内閣情報部は、「漢口陥落を控えて銃後国民の精神総動員運動の拡大強化を計るべく各種団体との懇談会を重ねて」おり、九月二三日、首相官邸の情報部会議室に女性団体代表を招き、懇談会を開催した。同会には、吉岡弥生（大日本連合女子青年団）、ガントレット恒子（日本婦人団体連盟）、市川房枝（日本婦人団体連盟）、守屋東（東京連合婦人会）、村上秀子（同上）、山本琴子（基督教女子青年会日本同盟）、古川八重子（大日本連合婦人会）、金子しげり（東京婦人愛市協会）の女性八名と、愛婦、国婦、連婦から、男性代表が参加した。

会の冒頭、横溝光暉内閣情報部長が「婦人は国家の整備員、経済戦、思想戦の戦士である。漢口は陥落しても長期戦はこれからであるから何分協力の実をあげてほしい」と挨拶した。懇談での女性達は、①女性動員の際に各省は割拠主義を排除すべき（金子しげり、市川房枝発言）、②情報部、精動中央連盟は連絡統制に任じるべき、③時局認識を更に女性に与えるべき（ガントレット恒子）、④転業問題を善処して欲しい（守屋東）などの要求をおこなった[113]。

当日の出席者のひとり金子しげりは、『婦女新聞』に「婦人の立場から――内閣情報部との懇談にふれて」を掲載した。それによると、同懇談会での横溝情報部長の協力要請に対し、女性側は、「その事は婦人代表にも何等異議は無いが、「その協力のためには情報部乃至国民精神総動員中央連盟において、何等か適当の機構を設けて特に国民半数の婦人の動員を有効ならしむる様、研究考察する必要あり」と具申し、「主催者側もこれを諒」とし、「まづその一方法として今後も此種の会合をしばしば」持つことを約束した[114]。

（四）戦時下服装をめぐって

▼服装に関する調査委員会委員として

一九三八（昭和一三）年一一月五日、精動中央連盟は、「非常時国民生活様式委員会に於ける決定事項中、特に服装に関する改善具体案作成」は「国民の保健、品位、活動力等に重大なる関係あるのみならず経済上影響する所亦多大なる」ため、厚生省と協力して、服装に関する調査委員会を設置した[115]。委員は総勢五八名で、市川（日本婦人団体連盟）をはじめ、吉岡弥生（大日本連合女子青年団理事長）、井上秀（日本女子大学校長）、成田順子（女高師教授文部省督学官）、大妻コタカ（女学校長）、木内キヤウ（全小学校女教員会）の六名の女性委員が任命された。

一一月一五日、第一回委員会が厚生省で開会され、斎藤佳三（前美術学校講師）が「服装問題に於ける一般的考察」について説明した。同委員会では、吉岡、大妻らの「熱心なる意見の開陳」があった。一一月一九日、第二回委員会があり、第一回委員会に続いて、各委員が意見を種々述べた。暉峻義等（日本労働科学研究所）が、「作業服問題について」を報告した。第三回委員会は、一二月一〇日に開催され、前回の委員会に引き続き、市川をはじめ井上、大妻らの意見の発表があった。同委員会ではまた、広く一般の意見を徴収し、委員会の参考資料とすることを、「全委員異議なく賛成し、之を発表すること」が決定した。さらに特別委員会の設置が決まり、特別委員は委員長の指名とした[116]。

▼三度目の特別委員に任命される

全部で二四名の特別委員が任命され、市川は、家庭実践調査委員会、非常時国民生活調査委員会に続いて、ここでも特別委員に指名された。吉岡弥生、成田順子、井上秀、大妻コタカも特別委員となった[117]。

一二月二〇日、第一回特別委員会が開催され、七二項目におよぶ委員の意見発表があり、次回は男子常服に関する見本を持ち寄ることに決まった[118]。一二月二二日、第二回特別委員会があり、男子常服の見本の提示と男子常服の基本要綱として、(一)シングル背広式形態にすること、(二)国防色にすること、(三)ネクタイ、ワイシャツのカラーの廃止が決められた[119]。

一九三九(昭和一四)年一月二四日、第四回委員会が開催され「服装に関する委員会決定事項」が決まった[120]。まず各委員の総意として、「本委員会が継続的且建設的努力により究極に於て日本民族としての独自にして進歩的なると共に世界衣服文化に於て指導的なる日本服を完成する」ことが確認された。そのため「男子事務用服の制定」すること、名称を「総動員服」とすべきこと、そして、「学生服、作業服、婦人服等の制定改良」は続けてなるべく早い時期に研究し決定するとした[121]。市川は、純潔報国の会に出席したため、この第四回委員会を欠席した[122]。

▼婦人団体懇談会と地方視察

一九三八(昭和一三)年一二月一二日、精動中央連盟は、一二月一五日から二一日にかけての経済戦強調週間に先駆け、東京府・市の有力婦人団体代表を招き、「銃後婦人の覚悟を固め、申し合わせを行う」ため、婦人懇談会を開催した。同懇談会には「都下二千有余の有力婦人団体」から約五〇名が参加し、連盟からは香坂理事、伊藤、瀬尾両主事らが参加した。「生活の刷新、物資の節約、貯蓄の励行」を議題に意見交換した後、申し合わせを起草するため、吉岡弥生、羽仁もと子、井上秀、三輪田繁子、大瀬菊子、市川が別室で協議し、(一)年末年始虚礼廃止、(二)新調のみあわせ、(三)貯蓄額の増額の三項目を決め、懇談会で承認された[123]。

さらに経済戦強調週間に、精動中央連盟は、婦人団体の有力幹部を視察員として全国に派遣し、各地の婦人団体、府県当局との懇談を持つことを要請した。東北地方には、河崎なつ、関西方面には井上秀、九州地域には市川房枝が派遣された[124]。

翌一九三九年一月一一日、精動中央連盟本部で市川、河崎、井上が参加し、地方視察後の意見交換の懇談会が持たれた。同会で、市川はこうした試みが地方の実情を知るうえで有効であることを指摘し、そのうえで地方における婦人団体の指揮系統の混乱をとくに認識したと強調した[125]。

各種婦人団体幹部との懇談会に於ては、各地方、各婦人団体の運動状態を聴取したのであるが、その席上、最も多くの発言があり、多くの時間を費やしたのは愛婦、国防及連合婦人会の摩擦重複についてゞあつた。

そもそも市川は、家庭実践に関する調査委員会委員として精動運動の当初から、愛婦、国婦、連婦三団体の女性会員の重複、対立問題を指摘していた。また実践網調査委員会の発表した「国民精神総動員実践網」が、愛婦、国婦、連婦の三官製女性団体間の指揮系統の混乱を放置したままであると批判した[126]。同会で市川は「中央に於て統一、乃至は連絡機関の設置」の要望が強かったことを指摘し、また「中央連盟によつての決定事項」が「どの程度の強制力を持つのか、「政府からの命令でなければ実施できにくい」と、県当局から意思表示を受けたと述べる[127]。

市川は、こうした地方視察を通して精動中央連盟がその政策を実施する段階で、中央と地方の指揮系統の混乱、指揮の強制力の問題、さらには地方における連盟加盟女性団体——愛婦、国婦、連婦の「重複、摩擦」等々、指揮系統上の問題が多数あることをいっそう憂慮するようになった。そのため市川は、精動中央連盟が強化、改組される第二段階で、女性に対する統一された指揮系統を確立するために連盟内に女性部を設置することを強く要求するようになった。

（五）東京市の精動実行委員として

▼東京市精動実行委員会——国に一歩先んじた女性の登用

精動運動の成否は、各地域社会で精動の方針が十分周知され実践されることにかかっていた。市川のかかわった東京府・市は、選挙粛正運動で婦選の女性たちとの共闘の経験を持っていた。そのため精動運動の当初から、国に一歩先んじるかたちで女性委員を積極的に活用した。一方で東京府・市での選挙粛正に実績をあげた市川、金子しげりら婦選運動の女性たちの側もまた、一九三七（昭和一二）年七月一日、東京市の小橋一太新市長を訪問し、東京市の各種委員会に女性を登用することを強く要望した。[128]

一九三七年一〇月一二日、政府が精動中央連盟を組織した同日、早くも市川は東京市の国民精神総動員実行委員会委員に委嘱された。[129] 国の家庭実践に関する調査委員会委員を委嘱される二カ月前である。市精動実行委員会にはほかに、愛国婦人会副会長の水野万寿子、東京連合婦人会委員長の吉岡弥生、大日本連合女子青年団から木内キヤウ、大日本国防婦人会から武藤能婦子の総勢五人が加えられた。市川は獲得同盟総務理事として同実行委員に参加した。[130] 東京三五区の実行委員会には、女性がそれぞれの区で一名から五名選任された。

他方で同時期東京府もまた、国民精神総動員東京府実行委員会委員に、本野久子（愛婦）、吉岡弥生（連婦）、荒木錦子（国婦）の三名を任命した。[131]

▼第一回東京市精動実行委員会

一九三七（昭和一二）年一〇月一三日、第一回の東京市精動実行委員会が開催された。会議冒頭で、小橋東京市精動実行委員会会長（東京市長）は、国民精神総動員の実施に際して、「帝都の地位実情に即応」した最も有効な具体策を各委員に具申した。[132] それを受けて吉岡弥生は、「本運動の実施にあたりては社会各階級就中勤労階級に亘り周知徹底せしめること、尚運動の内容としては健康第一主義たるべきこと」と述べた。市川は、「本運動に関する婦人団体の連絡統制を計るため特別委員を設くるの要あり」と述べた。[133]

市川のこの主張は後に、東京府が精動方針の普及徹底を計るための特別委員会――東京府国民精神総動員婦人団体連絡委員会――の設置につながり、市川自身も同委員に任命された。[134] その結果、精動運動の実践普及に必要な女性組織のあり方が、市川たちの意見を取り入れたかたちで東京府、市では展開されることとなった。

▼東京市主催の「非常時局と家庭生活」座談会

市川が東京市精動運動実行委員に委嘱された一〇月一二日、東京市保健局は、「非常時局と家庭生活」座談会を主催し、市川をはじめ河崎なつ、大妻コタカ、氏家寿子、竹内茂代を招請した。座談会開催の知らせが、『東京日々新聞』に掲載され、非常時局に対する充分な備えを主婦に周知させるため、「栄養、慰安、服飾、安全、結核並伝染病」について懇談がなされた[135]。

さらに二日後の一〇月一四日、日比谷公会堂で東京府・市共催の精動講演会が開催され、市川たち婦団連盟の女性組織がその開催に協力した[136]。

▼東京府主催の第一回婦人団体幹部会

一九三七年一〇月二八日、東京府は、府下の有力婦人団体幹部との打ち合わせをするため、第一回婦人団体幹部会を持った。打ち合わせ会には、東京府・市の精動実行委員のほかに、愛国婦人会、大日本国防婦人会関東本部、婦団連盟、結核予防東京婦人委員会、東京婦人愛市協会、産婆東京府下会、家庭衛生婦人会、東京府・市連合女子青年団の代表と貯蓄奨励委員の羽仁もと子、大江すみが参画した。打ち合わせ会では、市川が精動運動の当初から憂慮していた愛婦、国婦の提携について話し合いがおこなわれた[137]。

一一月九日、東京府・市、各婦人団体主催の精動婦人大講演会が、日比谷公会堂で開催された[138]。各婦人団体に講演会の手伝いを依頼した一〇月五日付の市川手書きの書状が残っており、同講演会の開催で、市川が実質的なまとめ役を担っていたことがわかる[139]。同講演会には三〇〇〇人に及ぶ参加者があり、出動兵士への感謝と遺家族慰問を女性の当面の役目とすることが確認された[140]。

▼家庭実践普及のための東京府の活動

翌一九三八年二月中旬、精動中央連盟が家庭報国三綱領実践十三要目を発表したのを受けて、三月九日東京府は、その普及方法を議題として、第二回婦人団体幹部会を開催した。市川は、東京市精動実行委員として参加した。同幹部会では、普及徹底の具体的方法を研究するための特別委員一〇名が知事より委嘱され、市川も特別委員となり、三月一八日、三月二五日の特別委員会に出席した(141)。

東京府は当面、同婦人団体幹部会を、家庭と主婦に府精動方針を普及、徹底させるための組織として活用する一方で、「婦人団体の運動の連絡統制」をはかるため六月末、市川を「事務嘱託」に任命し、さらに「婦人団体連絡機関」を立ち上げるとした(142)。

一九三八年度府精動方針の重要な課題のひとつは貯蓄奨励であった。そのため東京府は、六月二一日、日比谷公会堂で国民貯蓄奨励婦人大講演会を企画し、六月八日、婦人団体幹部会を開き打ち合わせをおこなった。さらに七月二二日、東京府は来る経済戦強調週間に向けて婦人団体幹部会を開いた。同懇談会には、大蔵、商工両省からも関係官が出席していた(143)。九月初旬には、一〇月五日から一一日の銃後強化週間に向けての活動を話し合うために、婦人団体幹部会が招集された(144)。

▼東京府国民精神総動員婦人団体連絡委員会の設置

一九三八年九月三日、東京府精動実行部は市川たち特別委員の報告をもとに、家庭の主婦へ府精動の方針を普及徹底するための機構として、東京府国民精神総動員婦人団体連絡委員会を設置した。同委員会設置の趣旨は、「戦下銃後婦人の活動部面は益々拡大し、益々その積極的活動を要する秋」、「婦人団体相互間の協調を図りその活動を一層活発ならしめる為」と明記された(145)。

同団体には、愛国婦人会、大日本国防婦人会関東本部東京本部、東京府女子青年団連合会、結核予防東京婦人委員会、

東京産婆会、東京愛市協会、日本婦人団体連盟東京地方委員会、東京連合婦人会、衛生婦人会、東京市教育会女子修養部から、それぞれ二名ずつ嘱託連絡員が選ばれた。以後、毎月一回定例連絡員会を開催することが決まった。九月一二日、婦人団体連絡委員会の初顔合わせが持たれ、銃後後援強化週間の実施について話し合われた。市川は東京市実行委員として参加した(146)。この初顔合わせで、不用品交換即売会を九月二八日、二九日の両日に東京府商工奨励館でおこなうことが決定した。

かくして東京府・市レベルでは、市川が主張してきた各種女性団体の統一体が、精動運動の早い時期にできあがった。以後精動運動が終わる一九四〇年一〇月まで、同婦人団体連絡委員会は、府・市精動実行部と協力して精動運動の方針の普及徹底に努めた。

さらに東京府は市川たちの特別委員会報告をもとに、府精動方針を家庭と主婦に普及、徹底させるための仕組みを整備した。まず府精動実行部に無給の婦人嘱託を若干名置き、「家庭及婦人方面への運動に付き府の相談相手となり、同時に婦人団体の連絡に当たる」こととし、市区町村にも、同様の嘱託を置くこととした。第二に、市区町村が、先の東京府の有力婦人団体の代表者から構成される婦人団体連絡委員会に準ずる、組織を持つこととした。そして第三に、府精動実行部内に、婦人講師グループを設けることとした。そして市区町村部落に対し、婦人指導者の養成が必要であり、指導者養成及普及会を設けることを要請した。そのうえで市区町村の実行委員を有効に活用し、とくに婦人実行委員は、指導教育に当たることとした(147)。

一二月九日、東京府は企画院と共催で、地方総動員会議を非公開で開催した。この会議は、戦争の長期化にともなって「国策に対する挙国的協力を強化するため民間諸団体の指導者に対して時局及び国家総動員に関する深刻なる認識を与ふる」ために開催され、市川も出席した(148)。

▼東京市生活刷新婦人協議会

東京府の要請に基づいて、東京市もまた婦人団体連絡協議会を設置した。この組織は東京府と同様に、愛国婦人会、大日本国防婦人会関東本部東京本部、東京市連合女子青年、結核予防東京婦人委員会、東京産婆会、東京婦人愛市協会、日本婦人団体連盟、東京連合婦人会、家庭衛生婦人会、東京市教員会女子修養部によって構成された。

一九三八年一〇月二九日、日比谷の松本楼で、「市民生活刷新運動に関する適切なる方策」、「市民生活刷新運動に関する婦人団体の協力」、「其の他必要なる方策」についての協議がもたれた。市川は東京市実行委員として参加した。そこで、東京市主催の市民生活刷新協議会を一一月八日に日比谷公会堂で開催することが決まり、一一月一日、四日、同協議会開催のための準備会がもたれた。準備会では申し合わせ（案）が作成された[149]。

一一月八日、生活刷新協議会が開催された。映画『生かせ廃品』が上映され、青木得三（報知新聞論説委員）の講演の後、所属団体の代表による意見発表があり、最後に申し合わせが採択された[150]。申し合わせは、新調の見合わせ、廃物の活用、儀礼的贈答の廃止、簡素な服装、集団行動の規律化と定時励行、体位の向上と六項目にわたっており、いずれも精動連盟の非常時生活様式委員会で決定された内容の実践を意図したものであった。一一月二四日、再度婦人団体連絡協議会が開催され、「今後の刷新運動に関する方策について」討議された[151]。

四　精動運動の第一段階での市川の働き

▼生活関連政策に果たした女性指導者の役割

序で指摘したように、市川をはじめ女性指導者たちが精動運動にどのようにかかわってきたのか、その政策立案・形成・「決定」、そして普及・実践過程に焦点を当てた実証的研究は、管見するかぎりまだなされていない。戦争協力告発の文脈から、精動の調査委員会委員に就任した事実のみが散発的に取り上げられ、三年間に及ぶ精動運動の方針の形成と実践にどのようなかかわり方をしたのか、そしてその意図が何かは、不問に付されてきた(152)。

本章で一九三七年から一九三九年初頭にかけての精動運動第一段階における、市川を軸に女性国策委員の活動を跡づけてみると、この時期婦選の女性たちが、精動運動の諸方針のなかでとくに生活関連の政策形成・立案、そして実践普及に深くかかわっていた事実が明らかとなる。第一に、精動運動第一段階の生活関連調査委員会——家庭実践に関する調査委員会、非常時生活様式調査委員会、服装に関する調査委員会——には、他の委員会と異なり女性委員が多数委嘱され、国婦、愛婦、連婦関係者以外はその大半が市川をはじめ婦選の女性たちであった。

市川ら婦選の女性たちの国策委員への登用は、準戦時期、婦選の女性たちが選挙粛正運動を通して作り上げていた選挙粛正中央連盟の中堅官僚、伊藤博と瀬尾芳夫との人的ネットワークによるものであった。伊東と瀬尾は精動中央連盟が組織されると、同連盟の主事として、各種調査委員会の委員人事を担当していた。

第二に、家庭実践に関する調査委員会をはじめ生活関連の調査委員会で形成、立案された政策は、婦選の女性たちの意見を反映したかたちで作られ、さらに精動の基本政策の実践普及の方法が精動中央連盟と女性指導者たちとの懇談会を通して編み出され実行に移されていた。精動運動の生活実践に関する方針は、その大枠が、家庭実践に関する調査委員会で作られ、その後は時局に呼応したかたちで、非常時生活様式調査委員会、服装に関する調査委員会を経て個々の政策の深化が試みられていた。その過程で女性調査委員たちは、それぞれの所属する婦団連盟の組織で当該問題を審議し、そこで審議された政策案を委員会に持ち寄っていた。

たしかに市川の指摘したように、政策決定の場である精動中央連盟理事会に、この時期女性理事は一人もいなかった。しかし、調査委員会の提案した基本方針は、主食を胚芽米とする提言以外は、理事会で変更がほとんどなされないかたちで決定された。

▼市川の政策形成への関与

とくに市川は、家庭実践に関する調査委員、非常時生活様式委員、服装に関する調査委員に任命され、それらすべての調査委員会の特別委員として、さらに非常時生活様式委員会では小委員会委員、専門委員として、具体的な生活関連政策の案作りに直接関与した。

家庭実践に関する調査委員会では、委員長指名に際して委員長互選の動議を市川が出し、香坂昌康理事が松井茂を委員長に指名した。通常委員会のそうした動きは、主催側＝精動中央連盟の事務局が調整するものである。市川のここでの役割は、東京府、市の選挙粛清運動を通して形成された精動中央連盟の中堅官僚、伊藤博主事や瀬尾芳夫主事との人的ネットワークによるものであった。

同委員会で最終的に取りまとめられた家庭実践一四要目に挙げられた項目は、そのほとんどが、精動中央連盟の組織される一カ月前に、市川が全国規模の自主的女性組織を大同団結させた婦団連盟の活動で取り上げられていた問題であった。第八章で詳述するが、最終的に理事会で一四項目から排除された胚芽米を主食とする提言は、市川が提案し、婦団連盟が運動の当初から取り扱っていた問題でもあった。家庭実践十四要目には、それぞれの項目に具体的説明が加えられたが、その説明文は、棚橋源太郎委員とともに市川が書いたものであった。

家庭実践調査委員会は、最終的に理事会決定された一三実践要目の実施に関し、設置予定の実践網に関する調査委員会に委ねる申し合わせをおこなった。市川は、その実践網調査委員会に、唯一の女性委員として任命された。

実践網調査委員会で市川は、国民組織の下部組織となる隣組常会には世帯主のみでなく、主婦を明記すべきとして「兎に角主婦を無視せざること最も必要なり」と強く主張した。そして「大阪は世帯主を構成分子となせり」といった意見もあったが、市川の主張が取り入れられ、最終的に決められたその実践班は「世帯主及び主婦が随時会合する」［傍点筆者］とされた。市川は、実践班に主婦の参加が認められたことを「婦人公民権実現の先駆」として高く評価した。伊藤博もまた実践網の解説文「実践網とは」を草し、同所で精動の実践網の大きな特色が、世帯主と同等に主婦の参画を明記したことにあると強調した。

▼市川の方針普及・実践への関与

このころ市川は、精動運動の生活関連政策の形成に深くかかわっていただけではなく、その実施段階でも、方針の普及・実践に積極的にかかわり、大きな役割を果たしていた。精動中央連盟は、総動員運動の大前提である「上意下達、下情上通」の方針に則って、家庭実践の具体的方針が決定されると、ただちに関係民間女性組織の代表との懇談会を開催し、方針の周知と実践に関する草の根の意見収集を試みた。

たとえば家庭実践委員会が家庭報国三綱領実践一三要目を決定すると、精動中央連盟は、府下の有力女性組織の代表者との懇談会を開催し、その実践・普及方法を諮問した。実際、家庭実践一三要目の普及活動はこの懇談会の提案をもとに実施された。市川はそうした実践企画に関する案作りの懇談会に参加し、その実施段階でもかかわっていた。たとえば白木屋で開催された家庭報国展覧会では、金子しげりとともにその会計を担っていた。

こうした精動の政策の実践とは別に、国策委員として市川は政策の草の根女性たちへの周知徹底を重要と捉えていた。そのため家庭実践調査委員、あるいは非常時生活様式委員として、しばしば女性指導者たちとの懇談会を開催し、精動の生活関連政策の周知に努めた。さらに連盟から派遣され地方講演をこなし、地方における精動政策の実践状況などの報告を精動中央連盟におこなった。

市川はまた、新聞への投稿も、精動政策を一般に周知させるための重要な方法として、精動の政策では明示しえない具体的な実践基準などの例示に努めていた。たとえば一九三八年九月一日付『国民精神総動員』で市川は、戦時生活様式委員会が作成した国民実践項目のなかの「宴会の制限」についての「質素を旨とする事」を取り上げ、「節するといふのであるからどの程度迄実行されるか、少なからず心配である」と憂慮を記した。そして節約の基準を「已むを得ず行はれる宴会についての私の具体的希望」として、食事は洋食、晩餐会ではなく午餐会に、会費は一、二円を超えないこと、酒席をやむをえず設ける場合「酒盃の献酬は絶対に廃」し、飲み物は水とするなどを、守られるべき「質素」の実質的な基準を明示していた。(153)

▼地域社会での精動の実践・普及活動

市川たち女性指導者の精動運動とのかかわりを跡づける際、看過できない活動は、地域社会での実践普及活動である。とくに東京府・市は、すでに精動運動の前段階としての選挙粛正運動を通して、婦選の女性たちとの共闘の経験をもっていた。そのため精動運動がはじまり、精動の方針の地域での実践・普及が課題となったとき、いち早く女性組織とその指導者を運動に取り込んだ。市川たちもまた、選挙粛正運動を通して得た実績を背景に、東京府・市に女性委員をできるだけ多く活用するよう要請した。

市川は、精動中央連盟が設立された当日早くも、東京市の精動実行部実行委員を委嘱された。さらに東京市実行委員として、東京府の特別委員を委嘱され、家庭実践一三要目を普及させるための具体的方法を研究する任務を与えられた。その結果、市川の精動運動の実践・普及構想が、東京府・市レベルで実現し実施されていた。

まず市川は、府下の有力な自主的女性組織と半民半官の女性組織、国婦、愛婦、連婦の指導者をひとつにまとめた婦人団体連絡委員会を組織し、同委員会を東京府、市レベルで精動運動を女性たちに普及・実践するための核に据えた。つぎに府精動実行部のなかに無給の女性の嘱託を置くことを提言し、同嘱託に、精動の女性政策に関する府の相談相手としての役割と府と女性組織の連絡役割を持たせせた。実際、市川自身、そうした目的で市の「事務嘱託」を委嘱されていた。市川はまた、府・市の精動実行委員、とくに女性の精動実行委員を積極的に活用し、一般の女性たちへ精動運動の啓蒙と、指導者養成を積極的に進めることを提言し、それ等の試みは府、市の精動運動で実践された。

東京府、市で実施されたこうした取り組みは、いずれも、市川が精動方針を効果的に実施するため国レベルでも模索し、精動中央連盟に対して繰り返し要請していたことであった。

▼大室政右の市川評

この時期の市川の活動を精動中央連盟の事務官として、つぶさに見ていたのが元都議の大室政右である。大室は、精動運動がはじまってまもない一九三七（昭和一二）年一一月から運動が大政翼賛会の発会によって終止符を打つまでの三年間、国民精神総動員中央連盟で働いていた。

一九八八（昭和六三）年、彼は、当時の思い出を『渦巻く時流の中で――国民精神総動員運動の三年間』に著わした。同書で大室は、当時活動をともにしていた「婦人団体の指導者たち」のなかで、とくに印象に残った女性委員を「貫禄の吉岡弥生先生と大妻コタカさん」と「市川房枝女子の印象」として取り上げた。

大室は当時の市川の印象を、次のように語っている。

その頃の市川さんは、四十歳半ばであったと思うが、白いものが混じっていた髪を無造作に束ね、地味なスカート姿の、極めて飾らない服装でいつも見えられたが、なんとなく清潔感が漲っていたのを覚えている。……只一つ難を云えば、ヘビースモーカーとも云える喫煙のため、並びのよい歯が黄色がかっていることであった。このことはご自分でも気にされていたようであったが。

大室は、精動の女性調査委員のなかで市川の立場を次のように見ていた[154]。

精動運動の良き理解者であり、協力の推進者は、市川房枝さんが第一であったと私は思っている。

……

市川さんは、婦人団体の並居る指導者の中では、中堅と言うところと見えたが、市川さんの理論と良識は、情熱の伴う実践的行動と相まって、むずかしい問題になると、自然とその中心的存在になっていたようであった。

大室はまた精動委員会での市川の働きを評価し、とくにその実践網委員会での市川の発言に印象づけられた様子を書き記している[155]。

精動運動については、「家庭実践に関する調査委員会」「非常時生活様式に関する委員会」「服装委員会」「実践網に関する委員会」等の委員として活躍されたが、その都度、委員の中から特別委員や専門委員として選ばれ、各事項の決定に大きな役割を果たしている。特に、全国組織の確立をはかる「実践網委員会」では、関係官庁や団体、学者等、専門家揃いの委員中の紅一点として、博識の中から有力な意見を開陳されたものである。ここでの決定が後に全国に広がった隣組組織の確立となった。[傍点筆者]

さらに大室は、市川が選挙粛正運動以来の知己として、精動運動の事務方と親密な関係にあったことを指摘する[156]。

市川さんは、事務局の伊藤主事、瀬尾主事等とは、選挙粛正運動以来相通じるものがあったようで、委員会の外に展覧会や講演会等にも協力され、私たち事務局員とも仕事を通し、何かと話す機会が多かった。

活動をともにし、市川の精動の政策に立ち向かう厳しい姿勢に印象づけられた大室は、以下の言葉を残している[157]。

市川さんは、政治の刷新や、社会の矛盾是正には、積極的な姿勢で対処され、時局に対する認識も的確であると思えたが、婦人や、家庭の不利益なことや、社会的正義に反することについては、極めて厳しい対応をされる方でもあった。

「吾人は厳然自から持し自己の持する主義によりて倒る丶まで行かんかな」——女学校時代市川が日記に記した決

意である。この志は、精動の国策委員として戦争を遂行する政府の懐のなかにあっても、「女、子供全体の利益」を守ると決意した婦選運動家としての矜持に貫かれていた。

第7章　国民精神総動員運動の政府委員としての活動

一　精動運動の第二段階に向けて

▼東亜新秩序建設と近衛三原則

一九三八（昭和一三）年一〇月、日本軍は、広東、漢口（武漢三鎮）を占領し、中国大陸の主要な都市のほとんどすべてを制圧した。この事態を受けて一一月三日、近衛首相は東亜新秩序建設の声明（第二次近衛声明）を出し、「聖戦」の目的を「東亜における国際正義の確立、共同防共の達成、新文化の創造、経済結合の実現」と宣言した。(1)

さらに近衛は一二月二二日、声明（第三次近衛声明）を出し、東亜における平和構築（秩序維持）の方策として三原則を発表した。いわゆる近衛三原則といわれているものである。それらの原則は、第一に、善隣友好の実を挙げ、日本を盟主とする東亜新秩序の建設に協力する、第二は、日中は防共協定を結び、協力して共産党勢力を一掃する、そのため特定の地点に日本軍を駐留させる、第三が、日中満三国の経済提携をおこなうために、日本人は中国内で中国人と同等の居住、営業権を持ち、とくに北支と満蒙地域においてその開発利用上、中国は日本に対し積極的に便宜を与えることを、内容としていた。(2)

つまるところ、東亜新秩序の建設とは、満州事変以来の日本の中国大陸における占領政策を、東亜の平和と新しいアジア文化の創造という名のもとに、政府が正当化したものにほかならなかった。

市川は、近衛の提示した東亜新秩序構想に対して当初、当惑感を表わした。市川は、満州事変以来日中全面戦争に至る準戦時期、中国大陸での戦争が早期に終結することを主張し続けていた。東亜新秩序の建設は、戦争が日中全面戦争へと拡大し長期戦の様相が色濃くなった状況のもとで、さらなる戦争の長期化を示唆するものであった。

▼近衛内閣から平沼内閣へ

一九三九(昭和一四)年一月四日、近衛は突然辞職し、翌日平沼騏一郎を首相とする内閣が組閣された。市川は、「平沼内閣そのものが近衛内閣の延長でせう。半数以上の閣僚が留任する、その上近衛さんも無任所大臣として参加してゐるといつた具合だから」と、同内閣が、林内閣－近衛内閣のファシズム路線の延長線上にあると指摘した。そして平沼個人に対しては、「かつて国本社の首領として右翼的な革新的な意見を持つて居た」人物であり、国内の評判は、外国と同様に「あまりよくないといつてゐゝでせう」と指摘する。(3)

実際、平沼騏一郎は、一九一〇(明治四三)年の大逆事件主任検事として幸徳秋水、菅野スガ以下二四名の死刑を求刑し、その功績が高く評価され、一九一二年、検事総長に昇格した人物であった。また平沼のファッショ性を嫌った元老西園寺公望との対立から西園寺の支持する政党、立憲政友会の壊滅をねらった日本史上初めての国策捜査事件として知られる帝人事件(一九三四年)を画策した人物でもあった。あるいはまた、第二次人民戦線で、天皇機関説を唱えていた美濃部達吉の逮捕を画策した人物ともいわれている。

▼国民の期待——「軍政一如」の強力な内閣

市川は、平沼個人のそうした極端に右翼的、検察ファッショ的性向を指摘する一方で、同内閣に対して、近衛内閣のような「明朗性と新鮮味[革新性]」を持つものであって欲しいと要望した。(4)

この内閣は或る方向に向ふ過度的なもの、橋渡し的なものに終始するだらうことは考へられる。事実、現在の国民はむしろ軍政一如的な強力な内閣［傍点筆者］の出現を望んでいるにちがひなく、国民も新内閣に対してはさうした意味での期待しか持たないであらう。近衛内閣に対する国民の好感と魅力は、とりも直さずその明朗性と新鮮味にあつた。……われわれとして今もつとも望むところは一切の暗影を男が捨て、明朗性を持つてくれる事である。何故ならばこれは……重大なる可き事変下に、国民を健全に行進せしめる重要な油となるものだからである。

二年前の一九三七年一月に組閣された林内閣に対し市川は、「いよいよ日本もファッショへの道を歩むことになる」と軍政内閣を危惧し、直裁に批判した(5)。それから二年後の一九三九年一月、市川は、国民は「軍政一如」の強力な指導力のある政治を望んでいると、国民の期待感というかたちをかりて自らの、政府に対する期待感を述べるようになった。

精動の国策委員を歴任していた市川に、ファシズムを真っ向から批判する論点はもはや見られない。政府の国策をある程度認め、できうる限りの協力をするという現実主義的選択をした市川にとって、たとえ「軍政一如」であっても、ともかく強い指導力で、国民に明朗なかたちで国家の方針を示し、国民のすべきことを明確に指導してくれる政府こそが、戦時の危機を乗り越えるために必要と捉えられていた。

▼政治の明朗性と女性の登用

市川は、近衛内閣が国民の好感度を得た理由が政治の「明朗性と新鮮味」にあったと指摘し、はたして平沼内閣がその「明朗性」を維持できるのか、疑念を示した。ここで市川のいう「明朗性」とは、情報公開のことである。政府が秘密主義をとり、国民に本当の時局を知らせなかったら、国民は非常時の危機意識を持つことはできない。と同時に、疑心暗鬼の状況で、国民は国策に全面協力することもできない。市川はこの思いを、平沼内閣の精動委員会幹事会での話として、次のように記している。(6)

国民に如何にして時局認識を持たせるかといふ方策についての委員会が明日から開かれます。幹事会も二、三日前にありましたが、どうも国民の時局認識が浅い、その理由は政府が国民に秘密にしすぎたといふやうな結論でした。

同時に市川はまた、事変を乗り切るために、女性の力を認識し、十全に活用することこそ必要であるとする持論を述べ、次のように新内閣に期待した。(7)

この時局を切り抜けるには、家庭の主婦をはじめ婦人の力を必要とすることは疑ひないことであつて、新内閣が良く婦人の力を認識し、各方面に亘り婦人の起用を図り婦人にも時局切り抜け、興亜建設の片棒を担はせる位の考へを持つ事を切望して止まない。

▼精動運動、第二段階へ

一九三九年二月九日、平沼内閣は新東亜建設に対処し精動運動の強化を図るため、「国民精神総動員強化方策」を閣議決定した。(8) 三月二八日、「国民精神総動員委員会官制」が公布され、それによって精動運動は第二段階に入った。「国民精神総動員強化方策」は、内閣総理大臣の下に、国民精神総動員委員会（以下「精動委員会」と略）を新たに設置し、精動運動の企画、立案を同委員会の任務とした。(9) 委員会は官民構成で、学識経験者、官僚、貴衆両院議員からなる六〇名が任命された。

市川は、福岡、長崎を視察し、「中央連盟によっての決定事項は、どの程度の強制力を有するかとの質問を当局［地方自治体］から脹々うけた、然して政府からの命令でなければ実施できにくいとの意思表示があった」[10]と報告していた。精動委員会を内閣直属としたことによって、以後同委員会から出される指令は法律に相当するものとなり、政府の外郭団体である精動中央連盟の出す第一段階の指令に比べて、政策実践の強制力が強められた[11]。

「国民精神総動員強化方策」はさらに、従来官民合同であった精動中央連盟の理事を民間人のみによる構成に改変し、精動委員会が策定した政策の実践を担当業務とした。会長には有馬良橘が続投し、香坂昌康が顧問となった。一方、精動運動が一年数カ月を経たこの時期、第一段階で精動政策の経験を積んだ各官庁が所掌業務の精動政策を独自に展開するようになった。その結果、第二段階で精動運動は、精動委員会、精動中央連盟、関係各省が鼎立するかたちで展開した。

▼精動中央連盟改組に対する市川の要望

一九三九年二月二四日付『読売新聞』婦人欄の「女の立場から」に、市川は「中央連盟の改組」を掲載し、第一段階での連盟の問題点を列挙し、改組に対する要望を記した[12]。

まず市川は、これまでの精動運動がとくに女性を対象とした実践運動の方針を持たず、「思ひつきの程度で時々婦人に働きかけたに過ぎない」と指摘した。そしてその結果、精動中央連盟に加盟している婦人団体間の連絡すらとられず、「重複、摩擦、対立をそのまゝ放置」してきたと、愛婦、国婦、連婦の対立・重複問題を糾弾した。

また、精動中央連盟には「一人の婦人理事も婦人職員もなく、婦人運動の係りさへない」と批判し、「長期建設下に婦人の協力が決定的に必要である」と主張した。そして、新しく「婦人の役員及び職員を加へ、事務局に婦人部乃至は婦人の常置委員会の如きものを設置すること」を要求した。さらに精動中央連盟の加盟団体に愛婦、国婦のような「半民半官」の組織だけではなく、「民間の自主的婦人団体」をも加え「婦人総動員」の成果を上げるべきと主張した。

この一週間前の二月一六日、市川は、こうした精動中央連盟の改組の要求が、単に市川個人の要望ではなく、広く女性たち全般の要望でもあることを示すため、当時立ち上げ中であった、婦人時局研究会を通して、政府に精動中央連盟改組の陳情書を提出した(13)。

▼「婦人運動に望むもの」――「三つの希望」(市川房枝)

このころ市川は、精動中央連盟改組に対する希望とともに、「婦人運動」に対してもまたその望むところを述べていた。一九三九年三月五日の『婦女新聞』は、市川と瀬尾芳夫の精動中央連盟の改組に際して「婦人運動」に望む意見を掲載した。大室政右が『渦巻く時流の中で』で指摘したように瀬尾芳夫は、伊藤博とともに市川とは東京府、市の選挙粛正運動以来の入魂の間柄であり、二人はともに精動中央連盟主事として、市川の蔭の支持者でもあった。

同所で市川は、国婦、愛婦など官製女性団体の幹部、職員を男性が占め、「有髯の男子が『我々婦人は』といつて、婦人団体の世話をし、婦人達のへそくりで養はれてゐるのは、日本だけに見られる珍風景［傍点筆者］」であると指摘し、両団体の対立もまた男性間の対立であり、ぜひ「婦人団体の幹部、職員は、全部婦人に願ひ度い」と第一の希望を述べた。他方で、自分を含めて女性指導者がここ二十年来変わらないことを嘆き、「無名の」「若い人達の中から」よき指導者が出ることを希望した。そして第三にジャーナリズムは、「婦人の事といへば面白可笑しく、誇大に報道し、直に有名婦人をつくつてしまふ」が、「各種の婦人団体の活動に対して、或は婦人の指導者に対しての真面目な、正しい批判がほしい」と述べた(14)。

▼瀬尾芳夫――婦人部設置は可能

瀬尾もまた市川の指摘した官製女性団体の対立が、連盟内部でも問題になり、一時はこれを解決するため関係者の懇談を持とうとしたが、「機が熟さない」ということで中止になったことを暴露した。そして「事変以来の婦人団体の活動状態は実にすばらしい」が「若し各団体の関係がもつと円滑に行つてゐたら、更に一層よくなる」と希望した。

さらに瀬尾は、「連盟の事業には婦人の力に期待しなければならぬことが非常に多」く「かういふ意味から連盟としては、他の方面から余り多すぎるのではないかと云はれる程多くの婦人委員を挙げてきた」、「たとへば生活刷新運動委員会、服装委員会等」がそうであった。改組後はいっそうの婦人の力を期待しており、「この婦人の力を分散せしめないやうに統制して行くために、婦人部を設けてはどうかと云ふ説もあり、おそらくそれは実現するのではないかと思ひます［傍点筆者］」と述べた[15]。

二　国民精神総動員委員会の幹事として

▼国民精神総動員委員会幹事となる

「国民精神総動員委員会官制」は、第四条で、内閣総理大臣の奏請で、関係各省庁の高等官、学識経験者から幹事を置くことができるとし、幹事は上司の指示を受け庶務を整理するとした[16]。市川は、二七名の精動委員会幹事の唯一の女性幹事に命じられた。六〇名の精動委員会委員には、やはり女性として唯ひとり竹内茂代がなった[17]。

『自伝』は、竹内、市川任命の裏話が記されている。それによると、当時市川は、新しい時局の展開に即応した婦人時局研究会という組織の立ち上げを計画中であった。その相談でしばしば連絡を取っていた内閣情報部の西村直己より一九三八（昭和一三）年一一月末ごろ、丸岡秀子、金子しげりと市川に面会の申し入れがあった。精動運動の改組に際して新たに内閣情報部所管のもとに官民合同の精動委員会を設置するが、委員と幹事に女性一名ずつ推薦して欲しいとの要請であった。

市川と西村直己とは精動中央連盟の実践網に関する調査委員、非常時生活様式委員会委員をともにし、それ以来の知己であった。『市川房枝の言説と活動』によると市川は、一九三九年上半期、内閣情報部をひんぱんに訪問し、西村直己と種々相談していた[18]。市川たちは、委員に竹内茂代を推薦したが、幹事には市川が「まわされてしまった」と、『自伝』に記されている。この市川人事に対して、精動委員会委員長の荒木貞夫文相（元陸軍大臣）が、婦選運動をやっていた人物を幹事にしたことにクレームをつけたことを、市川は後に仄聞した[19]。

▼「滅私代弁」の辞

精動委員会が内閣直属の委員会として設置され、その委員、幹事に女性が選ばれたということは、市川たち婦選運動の女性にとって大きな意味を持っていた。それは、女性が政府委員として、その政策形成に直接関与することを意味した。市川は、自らが幹事に選ばれたことの意味を『婦女新聞』で、次のように述べている[20]。

自分の意見もあるが、政府が私を幹事にした意味は、婦人を代表させようといふところにあると思ふので、個人としての意見を発表し、個人として行動することは出来るだけ避け、現に運動に携つてゐる人々の意見を代表することに努めたいと思つてゐる。

この時点ですでに精動運動の生活実践に関する方針は、家庭実践に関する調査委員会、非常時生活様式委員会あるいは服装に関する委員会等々で、大筋が決まっていた。市川は幹事としての抱負を、第一段階で決まった精動の方針をいかに女性一般に周知させるかにあると述べる[21]。

総動員運動の根本方針は、既に決定してゐるので、我々の仕事は、これを如何にして国民に徹底せしめるかの方法の根本を考へる事である。その点に対する努力が今日までの運動に於ては足りなかつたと思ふ。色々なお題目だけは唱へられたが、方法になつて来ると在り来たりの講演会とかパンフレットの発行くらゐに止まつてゐた。かういふ方法で婦人、殊に家庭婦人に徹底させようとすることは非常に困難である。この点について私は自分の経験から色々意見を述べたいと思つてゐる。

▼内閣情報部主導の第二段階

「国民精神総動員委員会官制」は第五条で、「国民精神総動員委員会の庶務は内閣情報部之を掌る」とした[22]。精動運動は当初、運動を管掌する政府の主務機関を内務省、文部省、情報委員会（一九三七年九月改組され以後内閣情報部となる）としていた。しかし運動の第二段階で庶務の一切を内閣情報部が持つと規定したことにより、第二段階は、内閣情報部主導で運動が展開された。

具体的にそれは、精動方針の立案・形成・決定・実践過程で、立案・形成部分を情報部が掌握したということを意味した。第二段階で精動の方針は、まず情報部が素案を作成し、それを幹事会で審議・修正し精動委員会にかける、つぎに精動委員会が、内閣情報部で形成された案を審議・修正・決定するという過程を経た。精動委員会で決定された企画・方針は、最終的に内閣の閣議決定を経て施行された。

内閣情報部は、こうした新しい精動運動の展開に対処するため、一九三九（昭和一四）年三月中旬から下旬にかけて、「国民精神総動員運動に関する各方面の意見」調査をおこなった[23]。同調査は、①「従来の国民精神総動員運動に付欠陥として今後是正せらるべき点」、②「今後の国民精神総動員運動に於て強調実践せらるべき事項」の二点に関して、全国の地方長官、道府県会議長、町村長、各種団体代表者、教育家、社会事業家ら、五三〇余名の意見を徴収した。調査結果を記した報告書は、すべての意見が項目ごとに列記され膨大な量となっているが、第二設問の今後の精動運動についての項目の「運動の対象」の「婦人の項目」に、精動中央連盟内に婦人部の設置、婦人団体の統合、愛婦、国婦の統合、主婦を中心とする部落運動など、市川たちの主張が列記された。

▼「国民精神総動員新展開の基本方針」の決定過程

一九三九年四月一一日、「国民精神総動員新展開の基本方針」が閣議決定され、総動員運動第二段階の基本方針が明示された[24]。その立案・形成・決定のプロセスは、半民・半官の精動中央連盟の調査委員会が立案、形成に重要な役割を果たした精動運動第一段階と大きく異なるものとなっていた。

まず三月二九日第一回、幹事会が情報部会議室で開催され、横溝光暉情報部長（幹事）が、「精動強化方策及び精動の新展開方針」（情報部案）を説明し、この情報部案に対し、幹事から修正意見が出された。さらに四月一日、第二回幹事会が開催され、「国民精神総動員の新展開方針」についての情報部案（第一案）と情報部案に対する幹事の修正意見を取りまとめた修正案（第二案）が提示され、審議された。同幹事会で最終的な案の起草が、第一案と第二案の長所をとっておこなわれることになり、横溝情報部長をはじめとする七人の起草幹事に委ねられた[25]。第一段階の精動調査委員会で常に特別委員、専門委員に任命されていた市川は、起草委員に選任されなかった。

「精動委員会関係記録（概要）一九三九年」によると、市川が第二回幹事会で質問及び意見を述べたという記録はあるが、発言内容は特定されていない。ただ第二回幹事会の主要な発言内容五項目のなかに、「一、生活刷新に関する字句を挿入すべきである」という項目があり、おそらくこの発言は市川がしたものと思われる[26]。

四月六日第一回精動委員会総会が開催された。冒頭横溝幹事が、委員会と「精動本部［精動中央連盟］」の関係は「対立的」ではなく、委員会は官民一体となって企画を決定する場であり、その企画を実行に移す場が、政府および精動中央連盟であるという説明がなされた。さらに委員会と幹事会の関係は、委員会の議事進行を各委員の意向に基づいて幹事が試案を作り委員会に提出するものと説明された。

その後、幹事会で最終的にまとめられた基本方針試案が審議された。審議の過程で竹内茂代は、「第四項（二）［「官民共に指導的地位にある者は率先実行を期せねばなら」］は我々婦人にとつて非常に力強い感じを与へるものであるが、実現は中々難しいと思ふから婦人が実際働き得る様指導されんことを望む」と意見を述べた[27]。

最終的に荒木貞夫委員長は特別委員会を設置し、一七名の特別委員を指名し、幹事会試案の検討を委託した。竹内茂代も特別委員に任命された。

四月六日午後、第一回、四月七日午前、第二回特別委員会が開催され、幹事会案の基本方針を修正した。四月七日午後、第二回委員会総会が開催され、特別委員会で決定された基本方針案が提示され、審議の結果、「満場異議なくこれを承認」した。(28)

▼欠落する女性活用の具体的方策と市川、竹内の対応

「国民精神総動員新展開の基本方針」の綱領は、精動運動の目的を第一に「肇国の大理想を顕揚し東亜新秩序の建設を期す」と明記していた。そして第二に「大に国民精神を昂揚し国家総力の充実発揮を期す」、第三に「一億一心各々其の業務に精励し奉公の誠を効さむことを期す」と列挙した。(29) つまるところそれは、東亜新秩序構築のため日本古来の国民精神を高揚させ、国民すべてがそれぞれの職域で一心に奉公することを主唱する、いわば精神主義的宣言にとどまるものであった。

同基本方針では、竹内が、「婦人が実際働き得る様指導されんことを望む」と要望したにもかかわらず、女性の組織化や動員をどうするのか、その具体的方策は一切触れられていなかった。ただその実施上留意すべき事項として一項だけ、「次代の中堅たるべき青年並に家庭生活に於て重要なる役割を担ふ婦人の一段の奮起協力が必要である」と女性に触れていた。それは、情報部立案の第一案で「青年層、婦人層に対し一段の一致協力を俟つこと」という一項を書き換えたものにすぎなかった。(30)

市川はただちに、(一)婦人団体を統制すること、(二)婦人に対する官庁側の働きかけを統一すること、(三)婦人に対する運動方法を研究立案すること、の三点を要望した建議書、「婦人を対象とする時局認識、その他各種運動徹底方策二、三」(案)を書き上げた。(31) 同案は、竹内が加筆したうえで、四月二〇日に予定されていた第三回委員会

に向けて提出された。

▼「時局認識徹底方策」と「物資活用消費節約の基本方策」決定過程

四月二〇日の委員会のために四月一五日、第三回幹事会が開催された。[32] 横溝情報部長が、「時局認識徹底方策」と「物資活用消費節約の基本方針」の情報部案の協議を要請した。[33] 市川は、「物資活用消費節約の基本方針」に「物資の活用、消費の節約、貯蓄の実行、勤労の増進、体力の向上に主力を注ぎ業務並びに生活の間に於て刷新を図る事」と書かれ、さらに「基本方針の実施要項」に「事変の進展に伴ひ、益々銃後後援の実を挙ぐる事」と書かれているが、それらを「如何に取り扱ふか」と質問した。横溝情報部長は、その具体的方策については「後日立案するつもりである」と答えた。[34]

この幹事会で国民の時局認識を徹底させるためには、「政府は時局の真相を国民に明瞭にすべきである」といった意見が幹事の間から多数出された。また、「時局認識徹底の方法には民間組織が絶対必要」であり、『家庭の台所は国家に通ずる』といふことをはっきりさせて婦人の協力を求むることが大切」という意見も、男性幹事から出された。[35] 同幹事会で最終的に横溝情報部長は、時局認識徹底方策と物資活用消費節約に関して、それぞれ小幹事会を設けるとした。

四月二〇日、第三回委員会総会が開催され、荒木委員長が、「基本方針中『三、実施要綱』の中にある「時局の真相を明らかにし、その世界的重大性の認識を深め」ること『物資の活用、消費の節約』の二つの事項について」協議して欲しいと述べた。[36]

同委員会で竹内茂代は、市川が草稿を書き、竹内が加筆した建議書「婦人を対象とする時局認識其他運動方策二、三」の補足説明を次のように述べた。[37]

過去の経験に於ては婦人団体相互の対立摩擦のために運動上の障害を来した事実を認める、依つて婦人団体の統制を図られたい、従来は同一の事業を連絡なしに繰り返すやうな結果となつた、め徒に労多くして実績が伴はなかつた弊害があつたと思ふ、今後は特に指導者を最も必要と考へる、適当の指導者があれば婦人は実によく働いて成績が挙がること、信ずる、地方に於てよい指導者の下に単一の婦人団体が活動している所は貯蓄の奨励等について素晴らしい実績を挙げている……

この会議でもまた、国民に時局認識を徹底させるためには、「国家の実情を国民に知らしめることが何より大切である」といった意見が多数出された。最終的に会議では、「時局認識徹底方策」と「物資活用並に消費節約の基本方策」に関する特別委員を横溝情報部長が委任した。

四月二七日、第四回精動委員会が首相官邸で開催された。まず「時局認識徹底方策」に関する特別委員会原案が提示され、審議の結果原案どおり採択された。つぎに「物資活用並に消費節約の基本方策」が採択された。翌二八日、精動委員会の決定に基づき「時局認識徹底方策」と「物資活用並に消費節約の基本方策」が閣議決定された。

「時局認識徹底方策」では、（一）興亜大業の意義と帝国の使命、（二）国際情勢の推移と日本の決意を国民に周知徹底させるための方策が記された。さらに「物資活用並に消費節約の基本方針」には、「婦人に積極的協力を求めよ」という一項が挿入された(38)。

五月一七日、竹内と市川は、女性指導者懇談会を開催し、「精動運動新展開基本方針」「時局認識徹底方策」「物資活用並に消費節約基本方策」の周知徹底を図った(39)。次章で検討するが、市川はこの年の二月中旬、女性指導者を対象に、女性たちの時局認識を昂めるための婦人時局研究会を立ち上げていた。同研究会は、四月四日、精動委員会委員竹内茂代と幹事市川房枝と、女性指導者たちとの懇談会を開いた(40)。さらに四月一五日に開催された婦人時局研究会の第二回定例研究会では、内閣企画院第四部陸軍中佐、三島美貞の「物資動員計画について」の講演の後、内閣精動委員会委員竹内茂代が、「国民精神総動員新展開方針について」の報告をおこなった。[41]

三　公私生活の戦時体制化をめぐって

▼「公私生活を刷新し戦時態勢《ママ》強化するの基本方策」の特別委員となる

一九三九（昭和一四）年五月二五日、第五回精動委員会総会が開催された。同会で、（イ）時局に照応する政治的社会的態勢を促進する基本方策、（ロ）公私生活を戦時態勢化する基本方策、（ハ）勤労の増進体力の向上に関する基本方策の策定と、そのための特別委員会設置の件が附議された。竹内は、市川と相談し議題（ロ）の「公私生活を戦時態勢化する基本方策」に対する意見書を提出していた。[42]

同委員会総会で「指導精神の確立が第一義である」こと、「個人主義的、自由主義的考へ方はよくないことに相違ないがそれに代るべき考へ方が明瞭を欠いてゐる」、「協同体、共同経済、八紘一宇といふが如き種々の主張が行はれてゐるが、政治的にも社会的にもまだその原理が明瞭を欠いてゐる」、「個人主義的自由主義的体制を国家的国民的奉公的体制に改めて行くといふことが根本問題である」などの意見が種々出された。[43]

竹内茂代は、この委員会で生活刷新のためには、具体的な最低生活水準を決めるべきと次のように述べた。[44]

> 生活刷新は婦人の活動に負ふところが多い、特に私生活では国民の半数たる婦人を指導することが絶対に必要である、すなわち衣食住の標準を定められたい、体力の維持に差支ない程度で最低生活を行ひ得る程度に改めたい、この際特に子女の問題を併せ考へるといふことが必要と思ふ、それらを含めて最低生活水準をこの委員会で定められたい。

この会で市川と竹内は、「公私生活を戦時態勢《ママ》化する基本方策」を審議、策定する第二特別委員会委員となった。女医の竹内は、さらに「勤労の増進体力増上」に関する特別委員会委員も兼務することになった。(45)

▼物資の平等なる分配

一九三九(昭和一四)年に入ると、戦争の長期化にともなう物資不足が、しだいに日常生活に深刻な影を落としはじめていた。二月、商工省は鉄製不急品の回収をはじめ、三月、中央物価委員会は、砂糖、清酒、ビール、木炭などの公定価格を決定した。さらに、四月に入ると米穀配給統制法が交付された。そうした状況のなかでヤミ取引が横行し、この年だけで違反取引の件数は二〇万件を超えた。(46) 第五回精動委員会総会で最低生活水準を決めることを要望した竹内発言は、そうした物資の極端な逼迫を背景になされたものであった。

この時期に市川もまた、「数字を発表する事が必要」と主張した。そのうえで市川は、さらに女性たちの「協力を促す為には」、「主なる物質について大凡昨年の何割減」というくらいの限られた物資の節約の目安を強く要望した。五月三〇日、市川は、「物動計画と消費者」を『読売新聞』婦人欄の「女の立場から」に掲載した。同文で市川は、東亜新秩序建設のために、女は大いに節約協力をするが、「限られたる少数の物資が金さへあれば手に入るといふのではなく、必要な階級の家庭にだけ分配せられるやう、適切なる配給方法を出来るだけ早く講じてほしい」と主張した。(47)

精動運動の第二段階で市川が政府に強く要望していたことが、この物資の平等なる分配と先の竹内発言を通してなされた最低生活水準の設定にあった。その市川らの主張は、この後の「公私生活を刷新し戦時態勢強化するの基本方策」の策定過程で、国民の最低生活を数量的に国家が示すことの要求へと発展していった。

▼市川と竹内の主張――最低の食事量を規定すべき

六月一日、「公私生活を戦時態勢《ママ》化するための基本方策に関する」第二特別委員会が開催された。(48) そこで竹内は、先の委員会総会で提案した最低生活水準を決めることに関して、具体的に次のように述べた[49]。

例へば米はどの位食へば足りるか、副食物はどの程度にすればいゝかを決定されたい、軍隊に於ける食事の如く程度を決定すべきと思ふ、これが簡易生活の基本的用件である。

この竹内の意見に対して、「簡易生活の必要性は了承出来るが、その内容と決定の方法とを如何にすべきかが問題」、「政府［厚生省］がこの簡素生活を実行するといふことは」困難である（厚生次官の解答）。「民間で研究せる生活費三割切下その他の方法を政府で実行に移すやうにすればいゝ」などの意見が出た。

市川は、「これを決定するのは困難と思ふが厚生省の生活課ではかやうな問題をどんな風に取り扱つてゐるか」と質問した。それに対して、「生活課で決定できればいゝが相当難しい……拙速主義に依り例へば結婚披露宴を全廃してはどうか、……ネオンサイン等も全廃……料亭の営業時間も短縮すべき……長髪の禁止を断行すべき」などの意見が、厚生次官から出された[50]。

六月六日、二回目の第二特別委員会が開催された。同委員会で竹内は、「服装は生活中最も重要なものである。前に精動中央連盟服装委員会で決定されたと思ふが如何」と質問した。香坂委員長代理はそれに対し、「同委員会は大分研究されたが未だ決定を見てゐない、相当強力なものを決定しなければ駄目と思ふ」と答えた。さらに竹内は、「鰐皮蛇皮の草履」など贅沢品が売れているが、生産の面から制限すべきであると指摘し、「今後食糧品売買も切符制度となると思はれる」が、「栄養の上から見た最低限の食料を決定しておく要あり」と付け加えた[51]。

▼「遊廓について何も言つてない」

二回目の第二特別委員会で、原案作成のための小委員会が設置されることになり、香坂委員長代理は六名の小委員会委員を任命した。竹内が小委員会委員に選ばれた。六月一〇日、第一回の小委員会が開催され、岡田文秀厚生次官が、「公私生活刷新――戦時態勢《ママ》化するの基本方策」案を説明したのに対し、竹内は「遊郭について何も言ってない」と指摘した。それに対し岡田委員は、「[遊廓は]一定の区域も限られており、弊害は割合少ないのではないか」と答えた。[52] 竹内はさらに、「服装に就いて婦人の方は?」と質問を重ねた。そしてパーマネントの禁止に関し、「パーマネントウェーブは時間と経済上有利な点もあるので、その点を考へて手心を加へるやうにして欲しい」と指摘した。[53]

精動委員会は最終的に、「公私生活を刷新し戦時態勢《ママ》強化するの基本方策」(第七回委員会総会、七月四日)、「勤労の増進、体力の向上に関する基本方策」(第八回委員会総会、七月一一日)「時局照応政治的、社会的態勢《ママ》促進の基本方策」(第九回委員会総会、九月七日)を含む六基本方針を決定した。[54] こうした一連の基本政策を通して、国民精神総動員委員会は、遊興営業の時間短縮、ネオン全廃、中元歳暮の禁止、学生の長髪やパーマネントを禁止していった。さらに男子労働力が削減された方面への女性の勤労動員の必要が指摘された。また「時局照応政治的、社会的態勢《ママ》の基本方策」で初めて政府は、女性団体の合同一元化問題を取り上げた。

▼生活刷新特別委員コメント

一九三九(昭和一四)年七月一六日の『婦女新聞』は「婦人代表の言葉」として、生活刷新特別委員であった市川と竹内茂代の委員会報告を掲載した。[55]

市川は、「今度の案[「公私生活を刷新し戦時態勢強化するの基本方策」案]には幹事案といふものを作らないで、生活刷新特別委員会がすぐ立案にかゝつた、私も竹内さんもこの委員会に出てゐたので、二人で打ち合わせをして国民生活の最低標準を決めるやうに提案した」と述べた。物資が不足し物価が高騰する一方で、倹約、貯蓄をしなくてはいけない時勢のもとでは、「健康を損じない程度の衣食住の細かな標準を決めなければ」、国民はどの程度節約すればいいかわからない。「科学的総合的な研究により、標準以下の生活をしてゐる者はその線まで引き上げ、それ以上の者はこれを引き下げさせ」なければならない、と説明した。結果的には、市川たちの「主張は生活刷新委員会ではとり上げられなかつたが、別に勤労増進体力向上委員会のほうに『生活科学研究所を作ることを政府に建言すること』として加へられた」と述べた。

さらに市川は、こんどの基本方針は、「殆ど中央連盟の非常時生活様式委員会で去年の八月決めた事項の中にあるものばかりであるが、それが今日まで行はれてゐないといふことには相当検討を要するものがある。委員会がかういふものを採り上げたといふところに、一つの国民生活の反映があると見るべきであらう」と指摘した。精動の方針が国民の実践へスムーズに転化しない焦りのなかで市川の批判は、「自主的に」協力しようとしない国民へ向けられ、戦時体制への意識改革を問うようになった(56)。

要するに個人主義的、自由主義的生活態度を改め、個人や家庭の利益でなく国家全体の立場から個人的な利益を犠牲にしなければならないのであるが、かういふことに対して文句を云ふのは中産以上の人々であり、都会人である。かういふ人々に本当に認識を改めて貰はねばならない。

一方で竹内茂代は、「委員会で定められた［生活］刷新項目は警察命令は発動せぬのですから、国民の自粛が主眼」であると述べた。そして、「この項目がまだ決定せぬ前にパーマネント連盟その他が大いに自ら省みて進んで自粛の申し合わせをしたなどは最も時に適したやり方」である、と指摘した(57)。

精動運動第二段階で、市川がその政策にどのようにかかわっていたかを見るとき、市川は幹事であったという点を留意しなくてはならない。実際この「公私生活を刷新し戦時態勢《ママ》強化するの基本方策」の策定過程で、市川は特別委員に選ばれていたにもかかわらず、委員会発言と参加が記録されているのは、第五回委員会総会だけであり、その後の二回にわたる特別委員会や小委員会への出席、発言の記録はない。幹事としての立場から、発言は控えていたのだろうし、幹事の出席は記録されていないことも考えられる。しかしいずれにしても、同所で市川が「二人で打ち合わせをして国民生活の最低基準を決めるやう提案した」と説明しているように、委員会での竹内発言は、また市川の意見でもあった[58]。

▼興亜奉公日の過ごし方

精動委員会の決定した一連の基本方策のうち第四の「公私生活を刷新し戦時態勢化するの基本方策」(七月四日)は、「国民生活日」を設定し、この日は全国民が、早起き、心身の鍛錬、禁酒、禁煙をおこない、遊興などはとくに差し控えることを決めた。これを受けて一九三九年八月一一日、平沼騏一郎首相は、「興亜奉公日に関する内閣告諭」を出し、毎月一日を興亜奉公日と決め、「是の日即ち全国民が特に戦場の労苦を想ひ、自粛自省、的確に之を実際生活の上に具現し、一億一心、興亜の大業を翼賛し、以て国力の増強を図り、強力日本の建設に邁進するの日たり」とした[59]。

精動運動は、さまざまな国民行事を多数設置したが、そのなかでも精動運動の第二段階で設定された興亜奉公日は、個人の意志に関係なく否応なしにすべての国民の日常生活を戦時体制に自動的に巻き込む重要な意味を持っていた。興亜奉公日には酒の販売が禁止され、ネオン消灯が決められ、全国民は、禁酒、禁煙、節約などの生活実践に巻き込まれていった。一九三九年九月一日が、その第一回の日にあたった。この日ヨーロッパでは、ドイツ軍がポーランドに侵攻し、第二次世界大戦が勃発した。

『読売新聞』は、八月一七日、興亜奉公日の過ごし方の特集を組み、市川房枝、大妻コタカ、長谷川時雨にそれぞれの意見を聞いた。市川は次のように述べている[60]。

戦場の労苦をしのぶに最も手近な方法は食事を質素簡略にすること……諸事節約を励行し、節約した金を貯蓄する……人的資源の上からは第二の国民たる児童の健康増進を最も必要とされますから……毎月一回この日を定めて健康相談所のような所でお子さんの栄養状態……相談を受ける……物的資源、生活合理化、健康増進という方面を特に考えて国家への奉公のために行使するやうに心掛けるべきだと思ひます。

▼精動政策の伝達の模索

精動中央連盟は、精動運動の第一段階で、経済戦に対処するための生活実践に関する具体的な方策を種々策定した。第二段階での中央連盟の役割は、精動委員会の決める政策をいかに効率よく国民に浸透させ、実践させるかにあった。実際、先の『婦女新聞』で市川が生活刷新特別委員としてコメントしたように、戦時下の国民生活のあり方に関する諸方策は、すでに第一段階の家庭実践に関する委員会、非常時生活様式委員会、服装に関する調査委員会で、大筋決まっていた。問題はその精動の方針が国民の間に充分伝達されず、実践されていないところにあった。

精動第一段階の実践網調査委員会の答申によって組織された隣組の普及は、一九三九年末には、全国でおよそ九〇パーセント整備されるまでに至っていた[61]。そうした状況で第二段階での精動中央連盟が直面した重要な具体的課題は、精動運動の方策を各地域の国民に実践させるための指導者の養成にあった。そのため同連盟は、一九三九（昭和一四）年四月、全国に「精動指導者練成所」を設置し、さらに翌四〇年二月、全国的組織化された民間団体と道府県の協力で「精動時局指導者協議会」を発足させた[62]。

一方で精動中央連盟は、同月、ガントレット恒子、前田若尾、竹内茂代らの「婦人視察員」をふたたび各地方に派遣した[63]。さらに、内閣精動委員会委員と幹事が、地方の精動運動の状況を視察することとなり、一〇月末に、委員の竹内茂代と内閣情報部嘱託の八田篤子が山梨県へ、一一月末から一二月にかけて市川と八田が、大阪、神戸、名古屋で女性を対象としての精動運動の視察をおこなった[64]。

またこの時期精動中央連盟は、竹内委員と市川幹事を通して、精動の政策を女性指導者たちに周知徹底させるための会合を繰り返し開催した。一九三九（昭和一四）年五月末日、同連盟は、「戦時国民生活確立に対する婦人の積極的活動を促進する為」戦時生活に関する婦人懇談会を開催し、具体的方策に関して協議した。同懇談会に、市川、金子しげり、竹内茂代、吉岡弥生、大妻コタカら、家庭実践調査委員会、非常時生活様式委員会の女性委員たちが一堂に会した。この会合で市川は精動中央連盟に対し加盟を認める婦人団体の増加、役員への婦人の参加、事務局に婦人部の設置、加盟婦人団体の連絡などを強く要望した。[65]

七月一七日、精動委員会の基本方策がおおかた決定された段階で、竹内茂代と市川房枝は、再度婦人評論家、婦人記者との懇談会を開催し、女性に関するこれら方策の説明をおこなった。[66] 一方で精動中央連盟もまた九月一三日、これらの基本方策を説明するため、竹内委員と市川幹事を囲んだ婦人評論家懇談会を丸の内会館で開催した。[67] その懇談会には山川菊栄をはじめ伊福部敬子、大竹せい、奥むめお、勝目テル、金子しげり、河崎なつ、高良富子、長谷川時雨、平井恒子、平田のぶ、藤田たき、村岡花子が出席した。当日欠席したのは、窪川(佐多)稲子、帯刀貞代、丸岡秀子であった。

四　大蔵省の貯蓄奨励講師として

▼官庁の動き――大蔵省貯蓄奨励講師

精動運動第二段階以降の政策立案・実施の特色のひとつは、この時期、政府の各省が所掌業務の精動政策を独自に展開していった点にあった。

一九三九(昭和一四)年三月二日、市川は大蔵省の貯蓄奨励講師に任じられた。[68] 大蔵省は、前年八〇億貯蓄奨励運動のために貯蓄委員会を設置し、六五名の委員のなかに大江スミ(元東京女高師の家事科教授、家政学院経営者)羽仁もと子(自由学園経営者)を貯蓄奨励委員に任命していた。

大蔵省貯蓄奨励局婦人講師打ち合わせ会。立っているのは石橋蔵相，左から四人目が市川。1939年5月30日

一九三九年度に大蔵省は、貯蓄目標を新たに一〇〇億円と設定し、精動中央連盟との密接な連携で目標額達成のため国民的大運動を起こすことを決めた。その貯蓄目標額は、同年の国債消化資金が六〇億円であるうえに、東亜新秩序建設が本格化し、日満支における生産力拡充費用を四〇億円と算定したことに基づいていた。そして貯蓄目標額達成のための方策として、各地域で貯蓄奨励の講演会を開催することを決め、そのため地方に派遣する女性講師三一人を貯蓄奨励講師として委嘱した(69)。以後毎年、大蔵省の設定する貯蓄額は増加し、市川は終戦まで大蔵省貯蓄奨励講師を続けた。

▼市川の大蔵省批判

市川は大蔵省のこのやり方がはたして効果があるのか疑問視した。ひとつにそれは、「発表された……顔触れを見ると、必ずしも適任者のみとはいい難い」ためであった。講師は「当時の各婦人団体の幹部で講演のできる人を選んだようで」あったが、「一口に婦人と言っても種々ある。婦人講師なら誰でも良いといふ訳のものではない。貯蓄奨励運動であるからには戦時経済に関するほんの一握りの常識位は持つてゐなければ講師とはいへないではないか」と指摘した。そして、「総動員運動が開始されて以来、開かれた講演会の数と費用は夥しいものであるが、それだけの効果が挙がっているかどうか疑問である。大蔵省当局としては……最も効果的な方法の研究を行ふべきである」と提言した[70]。

三月二四日、市川は婦人時局研究会でこの問題を取り上げ、婦人時局研究会は大蔵省の「督戦隊［貯蓄奨励婦人講師に対し、新聞がつけた呼称］に正しい訓練と統帥をかねた参謀本部」を置くことを当局に要望した[71]。

六月一五日から二一日の貯蓄強調週間に大蔵省の貯蓄奨励婦人講師団は、家計相談所を設けた。さらに六月一七日、町のなかで見かける不適切な消費の実態調査をおこない、市川は河崎なつとともに花街の調査を担当した。一七日の消費調査と家計相談所での調査結果は、河崎なつ、高良富子、松岡久子（羽仁説子の代理）と市川が整理委員として取りまとめをおこなった。六月二四日大蔵省は、大蔵大臣、貯蓄奨励局次長と市川、帆足みゆき、守屋東らとの「百億貯蓄と家庭婦人の覚悟座談会」を開催した[72]。八月一一日、大蔵省国民貯蓄局で市川たちは、取りまとめた消費調査、家計相談所調査の報告会をおこない、政府への建議書を提出した[73]。

▼山川菊栄の女性「指導者」批判

山川菊栄は、六月二四日、二五日の両日、『東京朝日新聞』に「政府の女性徴用」と「婦人の団体行動」を掲載し、女性指導者たちの国策協力のあり方を厳しく批判した。当時山川は、鎌倉郡村岡村（現在の藤沢市）に養鶏場を建て、夫の山川均とともにうずら飼育に戦時の生活の活路を見いだしていた。厳しい執筆状況下に置かれていた山川は、同二文で、政府に徴用され一見浮き足だっているかに見えた女性国策委員たちに厳しい一撃を食らわせた。

山川は二四日の「政府の女性徴用」で、まず「事変の進行につれて」女性たちの戦時下の活動が、「千人針や募金運動」に見られる「個人的、感情的な行動」から「政治的意味を帯びた組織的な運動」へと変わってきたと指摘した。しかし「婦人の社会的進出に対しては、いまなお強い偏見」がある社会で、政府に徴用された女性たちに対して「一般婦人大衆はむしろ無関心」で、「最も関心をもつ者はジャーナリズム」にすぎないと指摘した。

そのうえで山川は、そうした状況のなかで政府委員に任命された女性たちの務めは、「陰口屋のいうように、精動のチンドン屋、旅費稼ぎの講演屋というような職分」にあるのではなく、無関心な「婦人大衆が、もっと積極的に国家社会の必要に協力していくように教育する」ところにある。だから、「政府のその時々の思いつきに追随して」、右顧左眄し、「政府との協力を気負って、もはやタダの女、タダの人民ではなくなったかのよう」な行動をとるべきではない。政府に徴用された女性たちは「他人を教育すると同時に、この際、自分自身も教育」し、「正しい方向へ確かな歩みを進めてほしいものである」と要望した。(74)

さらに二五日の「婦人の団体行動」では、貯蓄奨励週間に市川たちがおこなった消費調査活動を取り上げ、「いくらの品がどれだけ売れたかという程度の調査なら、デパートの店員の打明け話でも間に合うことだし、とくにこの日の遊廓歩きも、わざとらしい、厭がらせじみた感じを与えるだけ」と手厳しく批判した。そして山川は、「とくに選ばれて働く地位に置かれた者」として、政府に徴用された女性たちは、女性の社会進出の「支持者、反対者、無関心な大衆」に与える影響は大きいのだから、「大局から、慎重に行動するだけの用意」をもつ必要があると苦言を呈した。(75)

市川は、女性たちの運動が「社会運動である以上、新聞のお世話になる事は必要」と考えていた。しかしその取扱いが扇情的であることに問題があった。やりきれない思いのなかで市川は、「座つてゐて、批評して、それで原稿料がとれるのだつたら……運動者は馬鹿でお人好」、「知識階級の婦人の間には……利巧な人が多く馬鹿」が少ない。「それが日本の婦人大衆を現在の中に置いてゐる」元凶である。「現在のやうな時局」には「馬鹿な役回りをする人達がもつとゐてほしい」と反論した。(76)

▼官製女性三組織の統合

精動運動の第二段階を通して市川は、女性の動員方法に関して二つの提言をした。ひとつは、愛婦、国婦、連婦の三団体の統合問題であり、いまひとつは、精動中央連盟に女性部を設置することであった。二つの提言の背後には、女性に関する政策は、女性の手によって形成され、実施されるべきであるという市川の強い信念があった。

官製女性三団体の統合問題に関して市川は、精動運動の当初から、家庭実践調査委員あるいは、実践網調査委員として、愛婦、連婦、国婦の対立問題を指摘し続けていた。しかし精動運動が第二段階に入り、精動方針の効率のよい実践が重要課題となってくると、政府内でも陸軍、内務省、文部省の異なる指揮系統にあるそれら三女性団体の軋轢は深刻な問題となり、その統合問題が政治日程にのぼりはじめていた。とくに内閣情報部では、三組織を統合して一団体にすべきという、発展的解消を主張する声が強かった(77)。

そのため一九三九(昭和一四)年九月七日に精動委員会が決定した「時局照応政治的・社会的態勢促進の基本方策」には、「国民諸組織の政治態勢化」を図るため「同種団体の統合整理、各種団体の連絡協調」が実行されなければならないとした一項が入れられ、初めて政府が愛婦、国婦、連婦の合同一元化問題を取り上げた。

官製女性三団体の統合が政治日程にのぼり、その機運が盛り上がってきた一九三九年一〇月一一日、『読売新聞』は「是か非か三婦統合問題――各当事者の意見を聞く」を掲載した。同所で愛婦、国婦がそれぞれの存在意義を主張するのに対し、内閣情報部山口書記官は「同じやうな仕事をしている団体が二つも三つもあることの無駄」を指摘し、「統合と言ふ言葉にひどくこだはつてゐるらしいが、その意味は発展的解消ということです」と述べた。市川もまた、強制的に複数の団体に加盟させられ、重複する業務を担わされている末端の女性会員の苦衷を指摘した。そのうえで、「もつと切実に無駄なく効果的に協力実行できるやう、真に具体的に教へ指導する適切な組織の必要が痛感されます」と述べ、統合の必要を強調した(78)。

▼精動中央連盟婦人部市川私案

先述したように市川は、精動中央連盟の改組前、『読売新聞』「女性の声」欄に、女性政策を取り扱う委員会あるいは女性部を精動中央連盟内に設置することを強く要望した。そしてその一週間前、当時立ち上げ中の婦人時局研究会を通して市川は、女性部設置の要望書を政府に提出していた。精動中央連盟の内部でも、効率よく女性の力を発揮してもらうために婦人部を設ける必要があるという趨勢が形成され、瀬尾芳夫主事がそれは実現すると思うと述べていた。

精動運動第二段階で家庭実践政策が重要さを増し、「台所は戦場に通ず」という意識が高まるなか、市川たち婦選の女性たちの女性部設置の期待感が高まっていた。七月一一日、『読売新聞』「精動婦人部の実現？」で市川は、「新聞紙の伝ふる所によると国民精神総動員中央連盟は、近く婦人部を発表するらしい。喜ぶにはまだ早いが、然しさうした機運が起こってきただけでも結構だといつてよからう」と述べ、期待感を表わした。[79]

同所で市川は、精動婦人部の任務として、まず加盟団体の連絡協議と未加盟の各種婦人団体との連絡協議を挙げた。そしてそのために、未加盟の「婦人団体が如何に組織され如何なる実績をあげているか」を研究すること。第二に、「未組織の婦人に対する運動を如何に展開するか」「そのための組織乃至は運動方法を研究」すること。そして第三が、組織、未組織にかかわらず「国家の要求に照応して婦人たちに何を分担させ、どの方向に進めるべきか」の調査・検討を、婦人部の任務として列記した。

実際、発表されることはなかったが、市川はこの時期、精動中央連盟婦人部構想・私案を書き上げていた。市川資料に、市川の手書きで書かれた「国民精神総動員中央連盟婦人部・組織並にその事業大綱私案」と題の付けられた、三枚の便せんが残されている。[80] それによると、婦人部の組織として、婦人部長を一名、それに主事級、書記級それぞれ一名の婦人職員二名、さらに婦人嘱託を三、四名置くことを構想している。婦人嘱託は、自由勤務とし、「婦人運動についての経験並に識見をもつ中堅の人」あるいは「官庁の委員乃至は嘱託講師として直接総動員運動に関与している人」を資格の条件に挙げている。

さらに婦人部に委員会を設置することを考案し、「現在の婦人の運動の調査並に将来の婦人運動の方向を研究する」ために「婦人運動研究委員会乃至はグループを設ける事」と提案する。また精動中央連盟の「加盟団体及主なる未加盟婦人団体連絡委員会」を設け、「出来るだけ共同運動」をおこなうため、各団体から一、二名の代表を委員会に出すことを構想していた。

婦人部のおこなう事業として、第一に精動委員会決定の女性に関する方針を実践するための企画、第二に中央・地方官庁の女性を対象とする運動の連絡、第三に加盟団体および未加盟女性団体の連絡、第四に精動運動の女性指導員の養成、第五に未組織の女性の組織化の研究、企画、第六に時局下における女性の精動運動の根本的研究、第七に中央、地方、各婦人団体の精動運動の資料収集、第八、その他、と列挙されている。

興味深いことに、市川がこの婦人部構想私案で提案しているいくつかの方策は、第一段階の早い時点で、東京府・市の地域レベルの精動実行本部で、市川ら東京府婦人団体幹部会の特別委員によって提案され、実施されていた。東京府・市の実行本部では、女性部を設置することはなかったが、女性実行部員を複数任命し、さらに女性の嘱託を数名置いていた。また東京府・市は、国レベルでは対立していた愛婦、国婦、連婦と自主的女性団体の女性指導者からなる婦人団体連絡委員会を持ち、同委員会が開催する協議会が東京府・市の女性たちの精動運動を率いていた。さらに一般女性を指導するための教育指導の必要性が認められ、指導教育に当たる人員の養成が、それぞれの地域の婦人実行委員に託されていた。

五　精動運動の第三段階——国民精神総動員本部参与として

▼国際危機の増幅と全体主義への傾斜——転向への助走

一九三九（昭和一四）年八月二三日、ドイツはソ連と独ソ不可侵条約を締結した。これまで反共の協力関係にあったドイツが、ソ連と不可侵条約を結んだことによって、日本は国際社会でいっそうの孤立を余儀なくされた。八月二八日、平沼内閣はその責任をとり「欧州情勢は複雑怪奇」と声明を出し総辞職した。二日後の八月三〇日、阿部信行内閣が組閣された。

市川は『女性展望』の「時局政治問答」で、「外交上の問題で内閣が倒れたのは、今までに殆ど例のないことなんです」と指摘し、国際状況が緊迫するなかでともかく強い内閣を作ることの肝要なこと、そしてそのために、首相の権限を強化することを提言した(81)。

×内閣の統一、強化には、どうしても先づ内閣制度をかへる必要があるのですよ……

……

×つまり今の内閣制度は、明治一七年に制定されたまゝで、首相と他の大臣とは国務大臣としては同等の権利があるのです、首相はたゞまとめる連絡をとるといふだけなのです……閣内の或大臣に対しても命令が出来ない……だから内閣制度の改革の第一としては首相の権限を多くする事……

阿部内閣が成立する一〇日前には、中国大陸の満州と外蒙の国境付近のノモンハンでソ連の総攻撃を受けた関東軍が全滅に近いかたちで敗北した。市川は、そうした緊迫する国際情勢を背景に、しだいに官民一体の強い政府を望むようになった。

阿部内閣組閣当日に市川は、『読売新聞』「新内閣に望む」で「私は、事変以来今日ほど精神的に、官軍を始めすべての国民が、挙国一致の体制に置かれた事はかつてないやうに思ふ」と指摘し、「新内閣はこの機会に強力内閣として確固たる国策を立て、これを着々実行に移すべき事を切望」すると述べた。そして「国民と共に困難の打開に当る為の」、「官僚独善」ではない、「真の官民協力の体制を整備すべき」と主張した(82)。

国際危機を官民一体で乗り切らなくてはならないという市川の想いは、精動政策に対する市川の立ち位置を「女と子ども」の利益を守るといった当初の意図から、政策実践の管理者＝体制の立場へと移行させる契機となった。しだいに市川は、政策実践の当事者としての女性たちへ、彼女たちが担っている生活を全体主義体制へすり合わせるよう主張するようになった。

たとえば、先に指摘したように一九三九年七月一六日、『婦女新聞』が、生活刷新特別委員としての意見を求めると、市川は、精動の第一段階からすでにさまざまな家庭実践の方策が提示されているにもかかわらず、それが実践されていないのが問題であると指摘し、女性たちが「個人主義的、自由主義的生活態度を改め個人や家庭の利益でなく国家全体の立場から個人的な利益を犠牲にしなければならない」と述べていた(83)。

▼精動運動の第三段階——国民精神総動員本部の設置

一九四〇（昭和一五）年一月一四日、阿部信行内閣は軍部の支持を失い総辞職し、二日後、米内光政内閣が組閣された。その直後精動中央連盟は、米内首相に精動機構の改組の必要性を進言し、同内閣は、精動連盟から提示された改組案を基に、機構改組に取り組み、精動運動は第三段階に入った。

精動運動第一段階では半民半官の精動中央連盟が、精動政策の立案と実践を一挙に担っていた。しかし一九三九年三月の第一回改組で第二段階に入ると、新たに設置された内閣直属の精動委員会が政策立案を担当し、同連盟は運動の実施機関の役割を担うようになった。この第二段階で、政府の各省庁が、精動運動のいっそうの強化を求めそれぞれ所掌業務の精動政策を企画、実践するようになった。そのため第二段階は、精動委員会、精動連盟、各省庁の三者が鼎立するかたちで精動運動が進展し、しだいに政策実施の齟齬が生じていた。

一九四〇年四月一六日、「国民精神総動員機構改組要綱」が閣議決定され、翌一七日、新理事長に堀切善次郎が決定した。二四日、首相官邸で堀切をはじめ関係者が集まり発起人会が持たれ、精動本部規約案が審議決定された。同日、規約に基づき米内内閣総理大臣を会長とする、国民精神総動員本部（以下「精動本部」と略）が新たに設置され、精動運動は第三段階に入った(84)。

精動本部は、その目的を規約第二条で「総力戦態勢《ママ》の強化に必要なる物心両面の挙国実践運動を推進する」と規定され、精動政策の実践部隊として位置づけられた(85)。それは、精動中央連盟が第二段階で持っていた実践役割を内閣主導の実施本部が取って代わることを意味した。この抜本的機構改革によって精動中央連盟は解消し、その業務、財政一切は精動本部に引き継がれ、精動機構は一本化された。

そして精動本部は、堀切新理事長の下に新たに顧問を設置し、全閣僚と貴族院、参議院議長が顧問として連なり、民間からは、学識経験者として東大総長、早稲田、慶應大学の総長の数名にとどまった。その下の理事もまた関係各省庁の次官と衆議院議員で大半を占め、それに新聞関係者と民間組織からの代表が半数近く加わった。理事は、事務局から提案される「重要事項を審議」する役割を担った。

一九四〇年五月一日、首相官邸で、米内首相（精動本部会長）、副会長、児玉秀雄（内務大臣）、堀切善次郎（理事長）の両名と、顧問、理事、参与の懇談会が開催され、米内会長が就任挨拶、堀切理事長が運動方針の説明等をおこない、精動本部は「活動の第一歩を踏出した」。この席で堀切理事長は、改組後の運動方針を「集中主義、重点主義によつて運動の目標を鮮明にし、重点を深く掘り下げていく」と述べた(86)。

▼精動本部参与となる

理事の下に新たに参与一四三名が任命され、そのなかに学識経験者として市川房枝、井上秀（日本女子大学校長）、河崎なつ、団体代表として水野万寿子（愛国婦人会会長）、武藤能婦子（大日本国防婦人会会長）、吉岡弥生（大日本連合女子青年団理事長）、三條西信子（大日本連合婦人会）の女性八名が加えられた。参与は、会長（内閣総理大臣）の諮問に答え、運動の連絡督励にあたるのが任務であった。

「重要事項を審議」する理事に女性を一人も含めていない第三段階のこうした陣容は、女性の登用という観点から見たとき、第一、第二段階からさらに後退するものであった。四月二九日付『朝日新聞』に市川は、「婦人の重要性——精動参与に選ばれて」を寄稿し、新理事長の堀切善次郎は、「婦人に対し相当の理解を持つてゐるが、常任理事以下の事務局スタッフは、かつて私共をして『中央連盟を相手とせず』と嘆ぜしめた人選ばかりである」と怒りを露わにした。そしてもし新機構が女性の重要性を認識しないなら、「私は御免を蒙つて、別の方面で国家の御役に立つ事を考へるより他ない」と断言した[87]。

▼市川、精動本部で、女性政策を「無為無策」と酷評

五月一一日、市川は、精動本部第二部長室で、「国民総動員と婦人」という題で講話した。内閣と記された原稿用紙に書かれた講話速記録によると、市川はまず、「現在までの精動運動における婦人動員の実情」は、「組織においても運営においても殆ど無為無策であった」と酷評した[88]。

精動中央連盟に加盟を許された女性組織は、設立当初の愛婦、国婦、連婦、大日本女子青年団の四団体にとどまり「一団体も増してはいない」。運動の展開に関しても、精動中央連盟は、「四婦人団体を一括して婦人部的の活動を要求するのでもなければ」、「婦人部を設けて企画にあたるのでもなく」、「各種委員会に数名の婦人を加へた程度」であり、極端に女性の登用が少ない。こうした事態が「婦人大衆」に与える影響は大きく、これに四婦人団体の対立抗争が加わり、「地方婦人大衆は全く身を八つ裂きの実情にある」。精動改組にあたってこの事態を改善し婦人大衆が協力しやすくすべきであると、市川は「婦人団体の一元化」を強く主張した。そしてその際、「知性婦人の知性は大衆と遊離せず」大衆のために用いるべきと強調した。

▼第一回婦人連絡協議会——節米運動と女性部設置の要請と堀切善次郎理事長の対応

精動本部が改組後まず着手した「集中主義、重点主義」的な実践運動は、精動中央連盟がこれまでおこなっていた

節米運動をさらに強化し進展させることであった。そのため精動本部理事会は、五月一〇日、「戦時食料報国運動実施方策」を決定した。先述したように精動中央連盟が組織される一カ月前に市川が立ち上げた婦団連盟は、活動の当初から白米食禁止、胚芽米食推進運動を取り上げていた。その政策は、精動第一段階で家庭実践一三要目に組み入れることができず、第二段階で非常時国民生活様式委員の市川と竹内の要望で、白米販売禁止措置を要望した政府への上申がなされていた。ここに至って初めて政府が真剣に同問題を取り扱いはじめた。

精動本部は、改組後新たに任命された女性参与を中心に、各種婦人団体と密接な関係を持ち、精動への協力を求めるため婦人連絡協議懇談会を開催した。一九四〇年五月三〇日、第一回の婦人連絡協議会が開催され、八名の参与のほかに、精動本部から理事長の堀切善次郎、大坪常任理事長等が出席し、節米運動の徹底、興亜奉公日の自粛について討議した(89)。この会で堀切理事長は、「精動運動に於て婦人運動は非常に重要である」と指摘した。婦人参与たちは、従来精動運動が女性に無関心であったことを批判し、精動本部に婦人部設置を提案した。これに対し、堀切理事長が「考慮する」と述べた。

堀切善次郎理事長は、東京市長時代に市川たちのガス料金値下げ運動を経験し、また元東京市長で構成された東京市の愛市連盟の理事長として選挙粛正運動をともに推進した。彼は、市川をはじめ婦選運動の女性たちとの運動を経験し、女性の重要性と、その政治的力を認識していた。実際、堀切は、『東京日々新聞』の座談会で、精動に婦人部を設置してはどうかという質問に、具体的にどういう方法にするかはまだわからないとしたうえで、「これまで私の関係した大衆への運動の経験によれば婦人に手伝つてもらふことが効果があると思ひますが、特に経済生活の問題では家庭の主婦が重要な役割を持つているので婦人の協力が不可欠です」と述べていた(90)。

堀切新理事長の思惑はともかく、『女性展望』の「婦人界展望」欄によると、この婦人連絡協議会で、愛婦、国防の団体代表参与は消極的態度を示したので、「婦人部が実現するか否かは尚疑問」であるという印象を市川たちは持った(91)。

▼第二回婦人連絡協議会——女性理事の実現

一九四〇年七月五日、さらに第二回婦人連絡協議会が開催された。同協議会で吉岡弥生を理事にする要望が出された。(92) 精動本部が設置された当初、理事に女性はひとりも加えられなかった。事務局のおこなった企画を審議、決定するのは理事会であり、先に見た四月二九日付『朝日新聞』で市川が、決定機関に女性を入れないのなら「自分はお役御免」としたいと述べていたように、市川たちは、女性理事の任命を強く要求した。実際、市川と竹内参与は、理事に女性を加えることを条件に参与に就任していた。(93)

七月一〇日、精動本部は定例理事会を開き、この話し合いを受けて吉岡弥生を理事にすることを決定した。(94) 七月一五日付『国民精神総動員』は、「婦人の理事を入れることは、精動改組以来、一般婦人団体の熱烈な要求であったが、それが実現したわけである」と記している。(95) さらに同理事会で、婦人部設置に関しては今後の研究課題とされた。

▼贅沢全廃運動

精動本部が、第二に着手した重要な「集中主義、重点主義」の運動は、贅沢全廃運動であった。盧溝橋事件三周年の一九四〇年七月七日、政府は、不急不要品、奢侈贅沢品等の製造と販売を初めて法令（商工農省令）で禁止した。「ぜいたくは敵だ」というスローガンとともに施行されたこの七・七禁令を受けて、精動本部は、贅沢全廃運動を展開した。七・七禁令を受けて開かれた精動の理事会は、贅沢全廃委員会を設置し、委員二五名のうち、高良富子、金子しげり、大妻コタカ、河崎なつら七名の女性委員を選び、六月一三日、精動本部で初会合を持った。

七月二〇日、贅沢全廃委員会は「奢侈贅沢品の使用抑制徹底方策」を決定し、とくに都市部の上流家庭、殷賑産業、戦時利得税納税者をターゲットに、実践網や団体を総動員して、「物心両面の戦時体制確立」を図った。(96)「贅沢は敵だ！」「日本人なら贅沢はできないはずだ！」などと書かれた立て看板が、街頭の至る所に立てられた。

八月一日の興亜奉公日、精動の贅沢全廃運動に協力するため、市川たち婦団連盟は、愛婦、国婦、連婦、東京婦人愛市協会、東京連合婦人会などの東京市精動運動婦人団体連絡委員会に属している一〇の女性団体と共同で贅沢全廃婦人推進班を組織し、一五〇名の女性が街頭で「華美な服装はつつしみませう」「指輪はこの際全廃しませう」と書かれた自粛カードを配った。(97)

九月一日の震災記念日、さらに政府は、軍需インフレ景気で飛ぶように売れる都会の料理屋、旅館、待合の贅沢料理の禁止をおこない、衣食住全般にわたる強力な贅沢全廃運動を展開することになった。先の贅沢全廃婦人推進班は、東京府・市精動本部、警視庁と検討を重ね、自粛カード手交の標準や手交に関する留意点を決め、この日ふたたび、街頭で贅沢全廃運動を展開した。

▼東京府精動本部常任幹事となる

精動運動第二、第三段階における市川の東京府・市の精動運動へのかかわりは、東京市精動実行委員として、婦人団体連絡委員会協議会を母体におこなわれた。この時期、府・市レベルの婦人団体連絡委員会協議会は、月一回の割合で開催され、府・市の精動部が提案する議題を審議し、講演会などを企画し、それぞれの年度の国の精動方針の実践普及がおこなわれた。

東京府は、精動運動が第二段階に入った一九三九年四月、「昭和一四年度国民精神総動員実施の基本要綱」を決定し、実施要目として①新生活運動、②貯蓄奨励運動、③物価抑制運動、④資源回収運動、とくに金集中運動の四つの柱を設定した。そしてさらに、東京市が「異常なる都市」であり「実施上特に留意すべき要項」として、享楽生活を慎み、批判する前に実行すること、さらに隣近所の共同体意識高揚などの三点を強調した。(98)

同年八月一四日、東京市婦人団体連絡委員会協議会が開催され、「今後の精動運動の婦人側の協力について」話し合われた。(99)八月二二日、東京府は、一九三九年度精動運動基本方針要綱と興亜奉公日を討議するための協議会を開催し、市川は、東京市精動実行委員として出席した。同日さらに東京市の婦人団体連絡委員会協議会も開催され、興亜奉公日、精動運動に対する女性組織の協力について討議され、市川はこれにも参加した[100]。

一〇月二一日、市の婦人団体連絡委員会協議会が持たれ、一〇月三一日に開催予定の精動婦人講演会について話し合いがもたれた。一〇月三〇日、東京市と市中の各種婦人団体後援の東京市国民精神総動員婦人講演会が開催された[101]。さらに一一月一六日、二〇日に開かれた東京市国民精神総動員婦人団体連絡委員会協議会は、東京市戦時経済婦人大会を開催することを決め、一一月二四日、申し合わせ会を開催した。

翌一九四〇年二月一二日、東京府精動婦人団体連絡協議会が開催され、同年度における精動運動の事業計画に関する件が審議された。四月二三日に再度同協議会が開催され、一九四〇年度の市精動政策への「婦人の協力[102]」が、さらに六月一一日、「百二十億貯蓄強調婦人大会」、「節米問題」に関する件が、七月三日、一〇月八日、「贅沢全廃運動に関する件」、「国民貯蓄奨励に関する件」、「金集中運動に関する件」がそれぞれ審議された。

市川はまた東京市の精動実行委員のほかに、一九四〇(昭和一五)年六月、東京府精動本部常任幹事を委嘱された[103]。九月七日、幹事会が開催され、「冠婚葬祭改善方策」が話し合われた。同様の冠婚葬祭改善の方策が、九月一一日、東京府婦人団体連絡協議会でも審議された。さらに一二月二三日、同婦人団体連絡協議会は「廃品回収を強化する為採るべき諸般の対策」について話しあった。

市川資料に残された記録が少ないため、詳細に跡づけることは困難であるが、月一回の割合で開催された府・市の婦人団体連絡委員会協議会は、国の精動方針を末端の国民に周知させるための、中間機関として機能していた。この時期東京府・市の最重要課題が贅沢全廃にあり、府・市の精動婦人団体連絡委員会協議会は、贅沢全廃婦人推進運動実施要綱を作成し、自粛カード手交の留意点を確認していた[104]。

六　精動運動の第二段階・第三段階での市川の働き

▼第二段階・第三段階——「官」主導の政策決定と実践

精動運動の第一段階で精動運動の政策決定と実践は、政府外郭団体として官民で組織された精動中央連盟が担っていた。その政策は、同連盟が設置した調査委員会で立案、形成され、理事会の議を経て決定された。さらに方針の実践普及に関しても、精動中央連盟は、関係民間組織の代表の意見を参考にその実施方策を企画し、実践に移した。この段階で市川をはじめ婦選の女性たちが多数生活関連の調査委員に任命され、家庭実践政策の立案、形成と実施に大きな影響を与えていた。

しかし第二段階になると、精動中央連盟とは別に、内閣情報部の下に精動委員会が新たに設置され、精動運動の政策立案・形成は、同委員会が担当するようになった。政府外郭団体としての精動中央連盟が決定した政策に、どの程度の強制力があるのかが問われ、第一段階での実践面で混乱が生じたためである。そのため第二段階で精動政策の形成・決定機能は内閣直属の精動委員会に委ねられ、同委員会の決定した方針のうち「重要なるものは閣議の決定を得て実施に移」された。この段階で第一段階の「官民」協働型の政策立案・決定・実施は、官主導の政策立案・決定へと移行し、精動中央連盟は政策の実施機関となった。

唯一の女性委員として竹内茂代が委嘱された。さらに内閣情報部に幹事が置かれ、幹事会は、情報部が立案した方針を精動委員会に提案するため審議・修正することを任務とした。女性として市川が唯一の幹事に任命された。第二段階で女性たちの精動委員への任命は激減し、市川と竹内のみとなった。

さらに第三段階になると、内閣総理大臣の下に新たに精動方針の実施部門として精動本部が設置され、精動中央連盟は自動的に解消した。精動本部は、その下に全閣僚、貴衆両院議長らからなる顧問を設置し、数名の学識経験者がそれに加わった。理事もまた各省庁の次官、衆議院議員が多数を占め、民間からの代表は、半数を少し下回る数にとどまった。会長（内閣総理大臣）の諮問に答え、運動の連絡督励にあたるため、新たに参与が設置され、官民の構成がほぼ半々の総勢一四三名の参与が任命された。そのうち八名が、市川を含む女性参与であった。市川たちの強い要望で、この段階で初めて吉岡弥生が理事に任命された。

かくして、「上位下達・下情上通」を目指し半民半官ではじまった精動運動は、二回の改組を通して強化される過程で政策立案・決定、さらには実践に至るまで「上意下達」の官主導に変わっていった。

▼国民食の栄養基準の設定に向けて

精動運動の第二段階以降の政策立案、形成、決定が官主導であったとはいえ、市川や竹内たち女性指導者の政策への影響がまったくなかったというわけではなかった。第二段階で市川が任命された精動委員会幹事は、政策立案・形成に直接関与するものではなかった。市川は、精動委員に女性として唯一人任命された竹内茂代と密接な関係を持ち、竹内を通してこの時期の女性政策に影響を及ぼした。

戦時下の食をあずかる女性の立場から、第一段階の家庭実践に関する調査委員のときから、市川たちは、主食を白米食から玄米、七分搗き米に変えることを強く提案していた。第一段階でその主張は家庭実践第一三要目からはずされたが、市川と竹内は、非常時国民生活様式委員として、白米販売禁止の措置を政府が取るように上申することに成功した。そうした市川たちの粘り強い要求は、堀切善次郎を理事長とした第三段階で、精動重点政策の第一として政府が胚芽米を主食とする運動を取り上げることにつながっていた。

さらに第二段階で市川と竹内茂代は、たとえば「公私生活を刷新し戦時態勢《ママ》強化するの基本方策」の形成過程で、生活刷新特別委員として、国民が最低限必要な栄養の量を政府が示すことを要求した。そうした要求は精動運動の時代には結実しなかったが、運動が大政翼賛運動に移行した段階で、国民食の基準栄養というかたちで結実した。一九四〇（昭和一五）年一一月二〇日、国民食制定栄養委員会は、国民食の基準栄養を青年男子一日二四〇〇カロリー、たんぱく質八〇グラム、女子はこれらのだいたい八〇パーセントと決めた。同委員会には、竹内茂代、金子しげりの二人が加わっていた。(105)

▼精動政策の伝達者および実践者として

精動運動第二、第三段階で市川の役割は、第一に、幹事としてまた参与として精動の政策を女性指導者に周知徹底させ、婦団連盟の活動を通してその実践モデルを示すことにあった。そして第二は、精動運動の第二段階への移行に呼応し、新たに女性指導者たちを集め組織した婦人時局研究会で、効率の良い実践のための女性の組織化を考案し、政府に提言することであった。

第二段階で市川は、精動委員会が新しい政策を採用するたびに、婦人時局研究会を通して婦人団体有志懇談会を開催し、精動基本方針を女性指導者の間に周知徹底させることに努めていた。この時期市川、竹内をはじめ女性指導者たちは、講師として地方に派遣され、精動の方針の地方伝達役割を担った。第二段階で精動中央連盟の役割が、精動政策の実施に置かれ、その活動の重点を地方指導者の養成に置くようになったためである。

精動最終段階の第三段階は、半年の短期間であった。しかし精動本部理事長の堀切善次郎が重点実践主義方針を打ち出すと、市川は婦団連盟を動かし、さらには、自ら委員を務める東京市精動運動婦人団体連絡委員会と共催で、町に出て無駄を拾う活動や贅沢全廃活動など、街頭での実践活動を重点的におこなった。そして、そうした活動は、「社会的に相当の影響」を与えたと評価されていた。(106)

第二、第三段階と精動運動が強化され、関係各庁が独自の精動政策を展開しはじめると、市川たち女性委員はまた、各省庁の取り上げた精動政策の推進役をも担っていった。その典型的な例が大蔵省の貯蓄奨励講師であった。三一名にのぼる女性が、大蔵省の貯蓄奨励講師として、全国各地で貯蓄奨励の講演をおこない、大蔵省の設定した一〇〇億貯蓄、一二〇億貯蓄達成に貢献した。市川はまた終戦まで、貯蓄奨励講師を務めていた。

▼市川の戦時下婦選の意図はどの程度達成されていたか

はたして、精動運動へのこうした市川の関与は、市川が当初抱いていた戦時下の「婦選」の目的をどの程度達成するものであったのだろうか。そもそも市川が精動の調査委員会委員に就任した意図は、二つあった。

ひとつは、戦時下の「女・子ども」の生活を守るため、女性たちの意思と利益を政策に反映させることであり、いまひとつは精動運動を「自主的運動たらしめる」ことであった。戦時下にあって、ある程度政府に協力することは「已むを得ない」と覚悟した市川は、政府の意図のままに協力するのではなく、参加を通して一方で女性たちの意思と利益を反映させ、他方で、上位下達の総動員運動を下意上達へ変容させる内的契機となることを意図した。

精動運動の第一段階でその二つの意図は、政策形成、実践面で達成されていた。市川をはじめ多数の女性指導者が精動の生活関連の調査委員会委員に任命され、彼女たちは、婦団連盟の草の根の仲間たちと逐次相談し、精動の生活関連の方針の立案形成をおこなっていた。さらには、精動方針の実施に関しても、第一段階では同様のプロセスを経て実践のモデルが創られた。この段階で市川の女の利益と意思を政策に反映させるという意図は、家庭実践政策を通して反映され、「下意上通」の決定プロセスも、戦時下の生活関連政策に関して実施されていた。

しかし第二、第三段階になり、精動の政策の重点が政策形成から実施へと軸足が移行すると、より強大な力の行使が必要となり、官民協働で方針・実施を決定する第一段階のやり方は、官主導へと移行していった。この段階で女性たちの精動委員任命は激減し、精動政策に女性たちの意思や利益が反映される機会が極端に制限された。

第二段階で精動委員会の唯一の女性幹事として市川は、限られたチャネルではあったが、同様に唯一の女性委員だった竹内茂代と共闘し白米販売禁止の政府上申や、健康を維持するための食物の最低摂取量の政府指定の要求などの政策に影響を及ぼした。

第二、第三段階で市川は政府に対し、女性動員の方法に関して具体的に二つのことを強く要請した。ひとつは、精動中央連盟に加盟が認められていた三つの官製女性組織の統合であり、いまひとつは、精動中央連盟内に、女性部を設置することであった。女性たちの利益と意思を的確に把握し、政策に反映させるためには、同連盟のなかに女性部を設置することが必至であった。また総動員体制下の草の根女性たちの動員が、男性たちの勢力争いや省庁の利益に翻弄されず、自主的であるためには、陸軍省、内務省、文部省下にそれぞれ設置された国婦、愛婦、連婦をひとつに束ねることが喫緊であった。

市川の官製三女性団体統合の主張は、精動運動第二段階で、政府内ではとくに内閣情報部が、三団体の統合を発展的解消として支持していた。さらに女性部の設置に関しても、第二段階に向けて精動中央連盟が改組されたとき、同連盟の内部でそうした動きがあった。実際、市川の官製三女性団体の統合や女性部設置の主張は、精動中央連盟の伊藤博、瀬尾芳夫、あるいは内閣情報部の西村直己ら中堅官僚たちに共有され、それぞれの部署での改革の動きにつながっていた。

だがそうした動きは、精動運動時代、単なる改革の兆しにとどまり、実現を見ることはなかった。さらに精動運動が大政翼賛運動へと移り国際的危機が増大すると、市川の意図に逆行するかたちで、女性たちの動員は、女性たちの意思や利益のまったく反映しないかたちで展開するようになった。

他方で精動方針の実践・普及に関する市川の主張は、東京府・市レベルで実施されていた。ひとつにそれは、準戦時期、自治体の政策に婦選の女性たちが積極的に関与し、ある時は生活関連政策で、またある時は選挙粛正運動での自治体との共闘を通して、女性たちの政治的力が高く評価されていたためであった。

たしかに東京市・府の精動運動でも女性部の設置はおこなわれなかった。しかし市川は、府、市それぞれに無給の女性嘱託を置くことに成功し、自身も府の事務嘱託を委嘱されていた。女性嘱託は、女性政策に関する府・市との相談や、女性組織との連絡を担当していた。市川はまた、府、市それぞれのレベルに国婦、愛婦、連婦の官製三女性組織を組み入れたかたちで、府下の自主的女性組織をひとつに束ねた婦人団体連絡委員会協議会を組織することに成功した。実際、東京府、市で精動運動の実践は同協議会を通しておこなわれた。国レベルで市川が憂慮し続けた指揮系統の一元化と、女性組織の「統合」は東京府・市で精動政策の実践当初から達成されていた。

▼当初の意図からの「ぶれ」はじめ

一方で国策委員を歴任し、精動運動の真っただ中で活動し続けた市川は、しだいに「女・子ども」の利益をまもり、精動運動を「自主的運動たらしめる」という当初の意図からの「ぶれ」を見せるようになった。一九三九年六月、ノモンハンで国境をめぐる日ソの争いが日本軍の大敗に帰し、七月、日本を無視するかたちで独ソ不可侵条約が締結された。国際的危機が高まり、日本の国際的孤立が強まるなかで市川は、しだいにそうした危機を乗り切るための官民一体の強い政府を望むようになった。

市川は、盧溝橋事件の起こる半年前の一九三七年一月、林銑十郎内閣が組閣されたとき、ファッショ化の道を強く危惧していた。しかし二年半後の一九三九年七月、阿部信行内閣が組閣されたときには、強力な政府を作るために首相の権限を強化した内閣制度の改変と官民一体の総動員体制の強化が、国際危機を乗り切るために喫緊のことと主張するようになった。そうした市川の全体主義への傾斜はまた、婦選の依拠する自由主義からの乖離を随伴していた。とくに精動政策の実践が重要課題となってくると本来、精動運動を自主的なものとするために参加したはずの市川は、草の根の女性たちに、「個人主義的、自由主義的生活態度を改め」「国家全体の立場から」「個人的な利益を犠牲」にしなくてはならないと、全体主義下の国民の「こころえ」を説くようになった。

一九三九年九月にヨーロッパで第二次世界大戦が勃発し、一二月、アメリカが日米通商条約を新たに締結することを拒否した。日本の国際的孤立を背景に、以後、市川の「ぶれ」がふたたび軌道修正されることはなかった。

第8章　国民精神総動員運動下の婦選活動

一　日本婦人団体連盟の組織化と活動

▼日本婦人団体連盟の立ち上げ

一九三七年九月、「ある程度［政府に］協力する」道を選択した市川は、「政府の提唱する国民精神総動員運動に外側から協力」するため獲得同盟を軸に自主的女性組織を連携させ、ひとつの大きな女性団体を組織することを計画した(1)。政府への協力を「自主的」なものとするためには、何よりも自主的女性組織が団結して強い圧力団体を形成する必要があった。

運動の実践家として市川の取る行動は、いったん決断すると敏速である。政府が精動中央連盟を組織する一カ月前の一九三七年九月一七日、市川は、婦選獲得同盟を通して全国的組織を持つ、「社会教化、社会改善、女性の地位向上」を設立の目標とする婦人団体に呼びかけ、第一回準備会を日比谷の松本楼で開催した。同会で市川が経過報告をおこない、審議後、時局打開のために新団体を組織することが満場一致で決まった。組織の目的は、「非常時局を打開する為、婦人のとるべき部署、主として消費節約、国産品の愛用、生活の改善、子どもの保護、労働婦人の保護等を実行する事」に置かれた。日本基督教婦人矯風会のガントレット恒子を準備委員長、市川が準備書記に選出された(2)。

九月二八日午前、第二回準備会が、第一回準備会と同じ松本楼で開かれた。午後準備会は、日本婦人団体連盟組織会に切り替えられ[3]、新団体の名称を日本婦人団体連盟（以下「婦団連盟」と略）とし、会の宣言、規約、役員を決定した。同組織会には、基督教女子青年会日本同盟、全国友の会、日本基督教婦人矯風会、日本女医会、日本消費組合婦人協会、婦人同志会、婦人平和協会、婦選獲得同盟の八団体が参加した。これらの組織の多くは準戦時期、全日本婦選大会を後援した婦選後援団体であり、また準戦時期の市民活動を共闘した組織であった[4]。

準備委員長のガントレット恒子が会長に、準備書記の市川が書記に選出された。戦時下の新組織立ち上げは、設立の趣旨を「銃後の護り」と明確に宣言するものであった[5]。

国家総動員の秋、我等婦人団体も亦協力以つて銃後の護りを真に固からしめんと希ひ、茲に日本婦人団体連盟を結成して起たんとす。

さらに組織の運営は、各加盟団体が推薦する三名の代表で構成される中央委員会を決定機関とし、必要に応じ研究委員会を設置する方式をとることが決まった。

▼研究委員会の設置――女性の目から最も望ましい精動方針の研究

一〇月一〇日、第一回中央委員会が事務所を置いた佐藤新興生活会館（現在の山の手ホテル）で開催された[6]。同委員会で、政府の精動運動が開始されたとき必要となる女性政策が、精神作興、保健衛生、生活改善、消費節約、児童問題、婦人労働、社会事業の七領域に絞りこまれ、それぞれの領域に研究委員会が設置された[7]。委員会の目的は、女性たちの意思と利益を精動の女性政策に反映させるため、政府に先んじて最も望ましい女性政策のあり方を研究、提案するところにあった。

「日本婦人団体連盟研究委員会要綱」は、政府の総動員運動は「婦人を対象とする部分」が少なくないにもかかわらず、戦時下の婦人の取り扱いに関してその具体案は「未だ樹立の運び」に至っていないと指摘した。そしてまた、たとえ「樹立」されても「婦人の立場より満足し能うや否やに頗る疑問とせざるを得ない」ため、と政府の女性政策に対する疑念を露わにし、女性政策があくまで女性たちの自主的意向が反映したものであるべきことを主張した(8)。

女性の意思と利益を精動政策に反映させるためには、第一に、女性たちの時局認識を高め、第二に、精動政策を担う立場の男性たちとの人的ネットワークを構築する必要があった。そのため中央委員会は毎回、精動関係の男性講演者を招き、中央委員会のたびに講話会を開催した。

第一回中央委員会では、文部省成人教育課の清水芳一を招き、「国民精神総動員計画について」の講話を聞いた(9)。市川は、後に清水芳一と、実践網に関する調査委員会、非常時国民生活様式委員会をともにすることになる。さらに、一〇月三〇日の第二回中央委員会では、その一週間前に政府が結成した国民精神総動員中央連盟の専務理事香坂昌康理事を招き「国民精神総動員運動と婦人」についての話を聴いた(10)。香坂昌康とは、精動中央連盟の家庭実践に関する調査委員会で活動をともにし、香坂は家庭報国三綱領を考案し、市川は家庭報国三綱領に続く実践一三要目の説明文を書いた。

▼精動婦人大講演会と婦団連盟の結成記念大会

戦時下の政府に「ある程度協力する」ことは「已を得ない」と決意し、戦時下の婦選活動の母体として婦団連盟を立ち上げた市川にとって重要なことは、ひとつに広く草の根女性たちの精動運動に対する意識を喚起することであり、いまひとつが婦選の女性たちの精動運動への協力姿勢を社会にアピールすることにあった。その二つの目的を同時に達成するために講演会は絶好の機会であった。

一九三七（昭和一二）年一〇月一二日の精動中央連盟の結成を受けて婦団連盟は、東京府市、愛婦、国婦、連婦、選挙粛清婦人連合などの各種婦人団体と共催で、一一月九日、日比谷公会堂で国民精神総動員婦人大講演会を開催した。同講演会では、まず木戸文部大臣が「国民精神総動員運動と婦人」を、穂積重遠東大教授が、「婦人は国家の整備員」を講演した。その後、市川房枝、井上秀、林富貴子、本野久子、吉岡弥生が「婦人の立場から国民精神総動員に対する熱誠な意見発表」をおこなった。そして最後に、守屋東が、戦時下で女性たちの守るべき場に関する申し合わせ四カ条を、（一）出勤将兵への感謝と遺家族慰問、（二）消費経済の合理化、（三）明るい子女の心身を健やかに育成、（四）生活刷新として提案し、了承された[11]。

さらに婦団連盟は一一月一三日に、発会式をかねた結成記念大会として「国民生活総動員婦人講演会」（傍点筆者）を開催した。同大会では、会長のガントレット恒子が「日本婦人団体連盟の使命」を講演した。さらに医学博士藤巻良知が「非常時における保健栄養問題」を、前内閣資源局局長村井春生が「国家資源の愛護について」を講演した[12]。

▼戦時下婦団連盟の三様の活動

戦時下婦団連盟が従事した「婦選」活動は、三つの類型に分けることができる。第一は、戦時下の女性と子どもの問題を研究し、それを、精動中央連盟の女性調査委員を通して精動の女性政策として提案することである。戦時下の政府に協力するにしても、あくまでその協力が自主的であることを意図していた市川にとって、この活動領域が最も重要なものであった。実際、婦団連盟で取り上げられた多くの問題は、とくに精動中央連盟の家庭実践調査委員会で取り上げられ、最終的に家庭実践一三要目のなかに反映された。

第二は、戦時下の母性保護の観点からの活動であり、それは準戦時期の母性保護法制定運動と同一線上にある。この問題は、国家の母として戦時下の女性を称揚する社会風潮のなかで、社会の容認を最も受けやすい領域にあった。そのためこの分野の問題だけが、対議会活動の従来型運動の戦略がとられた。婦人の坑内労働禁止緩和に対する反対の請願や、花柳病予防に関する請願がその代表的な例である。

三つ目の活動は、戦時状況下に発生する市民生活の諸問題を取り上げ、街頭でおこなう実践的取り組みである。たとえば、そうした活動の例として深川区の元加賀小公園でおこなわれた天幕託児所の開設や不用品交換即売会などがある。この第三の活動領域は、準戦時期に展開した、ゴミ問題、卸売市場問題などの生活関連の市民的運動の延長戦にあるものと言える。

▼白米食廃止運動

婦団連盟の第一の活動領域の典型的な例が設立当初から取り上げた白米食廃止（胚芽米食奨励）運動であった。実際、白米食の廃止が国民運動化するなかで同連盟は、重要な役割を果たしていた。

一九三七年一一月下旬、婦団連盟は、第一回中央委員会で設置された七つの研究委員会とは別に、新たに栄養指導問題特別委員会を設置することを決め、委員長に竹内茂代を任命した。一一月三〇日、市川は金子しげりと竹内茂代宅を訪問し、戦時下の健康を維持するうえで白米食廃止の必要を説き、同委員会がこの問題を主要課題とするよう竹内を説得した(13)。一二月初旬、竹内を長とする栄養指導問題特別研究会は二回の会合を開き、白米食廃止運動を起こすことを決定し、一二月一三日の第三回中央委員会に提案した(14)。

提案を受けた第三回中央委員会は、栄養指導問題特別委員会を解消し、白米廃止運動実行委員会を新たに設置し、委員長に吉岡弥生を据えた(15)。市川たちは、すでにその前夜の一二月一二日に、白米商、関係当局と会合を持ち、翌一九三八年一月中旬の懇談会を計画していた。この第三回中央委員会で運動のスローガンとして、「白米食をやめませう」「非常時の腹ごしらへは胚芽米」「お菜には魚（肉）一、豆一、野菜四で」「栄養分、逃がすな、こぼすな、棄て去るな」などの標語が提示された。

さらに同委員会で時局対策第一回決定事項が採択された。その第一が、「保健と経済の立場より国民一般の栄養指導を行ふ事」（栄養指導問題特別委員会提出）であり具体的活動として、白米食廃止運動が取り上げられた。第二が、

「非常時局下の生活改善として先づ時間を励行する事」（生活改善研究委員会提出）、さらに第三が「母性保護の立場より婦人の坑内労働禁止の緩和反対を当局に建議すること」（婦人労働研究委員会提出）であった[16]。

一九三八年一月二〇日、精動中央連盟が、第一回家庭実践に関する調査委員会を開催すると、婦団連盟の白米食禁止の活動を背景に市川ら同連盟の家庭実践委員会委員たちは、「白米は『殺人食』である。毎年脚気の罹病者一五〇万人に上り、損失年五〇億円に達する。この際白米禁断の法令を制定すべき」と強く主張した[17]。

▼白米食廃止懇談会の開催

一九三八年一月二八日、婦団連盟は第一回白米食廃止懇談会を開催した[18]。同懇談会には、東京市栄養試験部の有本邦太郎博士や白米業者、東京府市、精動中央連盟から六〇名が参加した[19]。全員賛同のもと、実行運動に入ることを決め、婦団連盟で討議されたスローガンの「非常時の腹ごしらえは胚芽米」を「主食には胚芽米、七分搗き米等を用ひませう」に改め、運動のスローガンを決定した。この会には、精動中央連盟からは、家庭実践調査委員会担当理事の香坂昌康、伊藤博主事が参加した。この懇談会で、婦団連盟加盟のそれぞれの団体が五円供出し、「白米食を止めませう」のポスターを二〇〇〇枚印刷し、女性団体関係各庁、全国各府県の総動員部へ送付することが決まった。さらに婦団連盟と芸術映画社が主食改善宣伝映画を作ることが決定した[20]。

婦団連盟は一月二八日の決定に基づき、二月四、一四の両日、白米食廃止実行委員会を開催し、白米業者と打ち合わせをおこない、胚芽米普及の同意を得た[21]。一方二月一九日、都下の婦人団体代表と「白米食に関する懇談会」を持ち、「白米食を止めませう」のポスターを配布した[22]。さらに三月一七日、各百貨店食堂主任を招待し、「白米食廃止運動懇談会」を開催した[23]。

こうした婦団連盟の白米食廃止の運動をきっかけに各地で同様の運動が起こり、東京、大阪、名古屋、神戸、京都など六大都市の白米業者は、胚芽米普及決議をおこなった。東京市では、公設市場で三等胚芽米を発売、市設食堂で胚芽米食を断行、保険局の栄養指導運動も主食改善を中心とすることが決まった。さらに大阪市では、市当局、米穀業者、婦人団体が協力して、胚芽米普及の大運動を展開し、その動きに、神戸、京都が続いた。名古屋市では、白米禁止の立法化運動が台頭した(24)。

▼家庭実践一三要目に盛り込まれた女性政策の提言

一九三八年二月一四日、精動中央連盟理事会は、家庭実践調査委員会から提案された家庭報国三綱領実践一三要目を採択した。戦時下の家庭生活のあり方を示したその一三要目には、婦団連盟の各研究会が取り上げ審議・研究した多くの問題が含まれていた。実際、政府に先んじて戦時下の望ましい女性政策を女性の手で策定するという市川の婦団連盟立ち上げの意図が、家庭実践一三要目に体現されていた。

一九三七年一二月二一日、家庭実践に関する第一回調査委員会が開催された。その発言内容をまとめた『国民精神総動員』（昭和一三年一月一日）によると、一四にのぼる家庭実践項目が問題提起され、そのなかに「主食は玄米、胚芽米、七分搗米、半搗米、雑穀米を食とすべし」、「日本現代婦人の服装は不便なるを以つて此の際改善」すべき、さらに「予算生活、現金買、天引貯金、空き地利用の野菜栽培の奨励」、「時間を尊重すべき」等々が列記されている(25)。それらの問題は、すでに婦団連盟の各研究会で取り上げられ審議された問題であった。

たとえば、先にみたように白米食廃止、胚芽米奨励の問題は、家庭実践調査委員会の第一回会合が開かれる一カ月前から、婦団連盟が特別委員会を立ち上げ、重点的に戦時下の食のあり方として取り上げてきたものであった。その問題は家庭実践委員会では第一四要目として取り上げられたが、最終的に二月一四日に開催された精動中央連盟理事会は、討議の結果、白米食に関する項目は、「別個取り扱う」とし、一四要目からはずしていた(26)。

さらに「時間の尊重」は、一九三七年一二月七日の第一回生活改善研究会で「時間の励行」として取り上げられ、一三日に開催された婦団連盟第三回中央委員会は、時局対策第一回決定事項として白米食廃止とともに採択していた。

同問題は、最終的に家庭実践一三要目の七番目に「朝寝夜更かしの悪風を改め、時間の活用に努めませう」というかたちで組み入れられた。

婦団連盟の生活改善研究会は、このほかにも衣服改善、予算生活、年末年始の贈答等の問題を非常時局の生活改善として取り上げていた。同連盟の消費節約研究委員会もまた、一九三七年一二月一日、二二日に会合を持ち、予算生活、現金買、天引貯金、空き地利用の野菜栽培の奨励等を審議していた[27]。

こうした一連の問題は、先の第一回家庭実践委員会で取り上げられただけでなく、最終的に家庭実践一三要目に取り入れられた。同一三要目の四番目に「予算生活現金買い天引き貯金を励行」が、五番目には「服装は質素簡単を旨とし」が、さらに六番目には「婚礼葬儀その他の家庭的行事は質素厳粛に」が挙げられている。

婦団連盟の研究委員会会合のほとんどすべてに市川は参加しており、家庭実践に関する委員会で市川や婦団連の女性委員たちが、そうした問題を戦時下の家庭実践課題として取り上げていた。家庭実践に関する委員会の一〇名の女性委員のうち、市川のほかに吉岡弥生、丸岡秀子、赤松常子、守屋東、堀口きみ子ら六名の女性委員は、いずれも婦団連盟に加盟する女性組織で指導的立場にあった者や、市川の婦選仲間であった。

▼「婦人の坑内労働禁止緩和反対」の運動と花柳病予防の請願

婦団連盟の第二の母性保護に関する活動領域の典型的例が、「婦人の坑内労働禁止緩和反対」と花柳病予防の請願である。当時、戦時下の石炭増産計画が進展する一方で男子労働力が不足し、従来禁止されていた女性の坑内作業禁止の緩和要求が、石炭事業主から出されていた。女性の坑内労働禁止問題は市川が一九一一（大正一五）年、ＩＬＯ東京支局の婦人労働委員として、常磐や九州地方の鉱山の坑内に入って調査し、一九三三（昭和八）年に法律化されていた。それだけに市川としては、どうしても「放置しておけなかった[28]」。

同問題は、婦団連盟の婦人労働研究会が、一九三七年一二月三日の第一回会合で取り上げ、一八日開催の第三回中央委員会に提示した。同会は「婦人坑内労働禁止解除反対運動」を起こすことを全会一致で決め、時局対策第一回決定事項の第三項に組み入れた。

中央委員会の決定を受け市川は、同年末から翌一九三八年にかけ役員会を開催し、「婦人の坑内労働禁止緩和反対」の要請書を、赤松常子、加藤タカと作成し、三八年二月四日、厚生大臣、商工大臣、内務省警保局長に手交した。[29]

一方で同時期、婦団連盟の保険衛生研究委員会は会合を開き、結核予防、性病予防、体育問題を取り上げた。同会合には、市川、金子しげり、竹内茂代らが参加した。さらに同研究委員会は、二月一九日開催の第五回中央委員会に「性病予防運動実行委員会の設立」を要請し、設立が決定、委員長に竹内茂代、副委員長に久布白落実が推薦された。[30]

この問題もまた第一回の家庭実践に関する委員会で「花柳病の増加に対処するため国費で治療すべき」というかたちで取り上げられていたが、白米廃止の件と同様、最終的には家庭実践一三要目のなかには組み入れられなかった。

性病予防運動実行委員会は三月三日第一回会合を開き、[31]さらに一五日に厚生省、警視庁、性病予防協会会長、代議士等を招き、性病予防懇談会を開催した。[32]その結果同月一七日、花柳病予防の請願書が星島二郎の紹介で第七四議会の衆議院に提出され、議会最終日の三月二五日に採択された。[33]

▼時局婦人大会

一九三八年二月一九日、第五回中央委員会は、これまでの婦選大会に替わるものとして獲得同盟の提案した時局婦人大会を三月一三日、駿河台の東京ＹＷＣＡで開催することを決議した。[34]同大会は、婦団連盟の八団体が主催し、母性保護連盟、全日本労働総同盟婦人部、日本婦人記者倶楽部、婦人参政同盟など一七の団体が後援した。その多くは、婦選大会をともに開催した仲間であった。しかし大会の内容は、婦選大会の反戦の立場から一八〇度転向し、皇軍に対する感謝と、「銃後の護りに強く任じたい」と決意を表明する決議文を万場一致で採択した。[35]

同大会で、①消費生活、②保健衛生、③子女の教育・社会風潮、④出征将兵とその遺家族の四議題について話し合われた[36]。その結果、買い溜め控え、資源愛護・廃品活用、白米食廃止、子女の教育、生活合理化・労働力の補給、傷痍軍人並に遺家族の保護、婦人団体の摩擦の解除の七項目の申し合わせ事項を可決した[37]。

一九三八年五月一五日には、婦選獲得同盟が第一四回総会を開催し、一九三八年度の役員と運動の方針を決定した。獲得同盟の運動方針もまた、戦時下に女性が守るべき部署とその遂行のための方策研究が審議され、婦選運動は、「銃後の生活を護る」こと一色になっていった[38]。

▼戦時下の生活関連諸問題への取り組み――街頭活動

戦時期の市民生活を守るために婦団連盟が街頭で独自に取り組んだ第三の活動領域は、天幕託児所の開設、街の無駄調査、買い溜め防止、不用品交換即売会など多岐にわたる。この第三領域の活動は、精動中央連盟が戦時生活様式委員会を立ち上げたことを受けておこなわれた。

一九三八年七月一五日開催の婦団連盟第一〇回中央委員会で市川は、同連盟会長のガントレット恒子を委員長とした戦時生活様式委員会特別委員会を設置することが、役員会で決まったことを報告した[39]。その委員会の設置は、六月二九日、精動中央連盟が、非常時生活様式委員会を設置したことに対応したものであった。

婦団連盟の戦時生活様式委員会特別委員会は、第一回会合を七月七日に開催し、委員長のガントレット恒子は、「事変の拡大に伴って生じた国民生活の戦時体制への順応は、今や各人の自由意志を離れて統制にまで強化されようとしています」、そのため「国民の生活を守り、国策の線に添うためには戦時に応じた国民生活の新様式の建設が急務」であると、設置の趣旨を述べた[40]。

市川はこの第一〇回中央委員会で、戦時生活様式委員会提案として、経済戦強調週間（七月二一日から二八日）に街頭運動をおこなうことを提案した。その結果、子供の村保育園園長の平田のぶが提起した屋外託児所設置と金子しげり提案の買い溜め防止協議会の開催が決定した[41]。

天幕託児所。1938 年 8 月，深川区の元加賀小公園にて

▼天幕託児所の開設

同決定に先立って婦団連盟は、一月一七日に開催された第四回中央委員会で児童問題・社会事業委員会の提案を受け、平田のぶを委員長に託児所特別委員会を設置していた。同特別委員会は、五月一日、戦時下の労働力の空隙をうめるため急増した働く母の子どもはどうしているのか、「街に放り出されている子供の実情調査」をおこなった。[42] さらに同日、板橋と神明町の原っぱに野外保育所を設置し、紙芝居、童話、唱歌、鼻かみ訓練、手洗い訓練、尻拭訓練をおこなった。

この経験をもとに婦団連盟は第一〇回中央委員会で、八月八日から二〇日にかけて、東京市公園課の協力を得て、深川区白川町の元加賀小公園で天幕託児所を開設することを決定した。[43] およそ二週間にわたるこの期間中は、地元の中村高女の上級生、日本女子大の学生が交替で勤労奉仕し、扱った子どもは、延べ八七五〇人、奉仕者は延べ四二六名にのぼった。

この期間、保育指導者たちへの講座も開かれ、「公園に於る子供の指導法」や「児童権擁護問題」「子供生活訓練」などについての講演があり、市川は、この企画に対する「感想」を述べた。委員長の平田のぶは、この経験を踏まえて今後も「各公園はその地区の女学校地区婦人会で分担し永続していけるやう運動をすすめる」ことを提唱した[44]。

▼買い溜め防止協議会

婦団連盟はまた、金子しげりの提案を受け、経済戦強調週間の初日の七月二一日、東京連合婦人会、東京婦人愛市協会、さらに府と協力して買い溜め防止協議会を開催した。同協議会には、精動中央連盟から野田澤幹事と、伊藤博主事が参加し、司会を市川がつとめた。「買溜めの実情はどんなか」、「何故買溜めをするのか」「どうしたら買溜めを防げるか」の三点が話し合われ、一般女性に対し、買い溜めを徹底的に見合わせること、新調の自粛、政府には、良質な物価引下げ品の生産、報道陣に消費抑制に関する記事の慎重な取り扱い等を要請した申し合わせを決定した[45]。

さらに女の立場から街頭の無駄を指摘することにし、翌七月二二日を「街頭の無駄を拾ふ日」と設定した。同日、準備されたカードを片手に、総勢八八三名にのぼる「街頭十字軍」の女性たちが、街頭で無駄を拾った。総計一二五七件の無駄が指摘され、官工街の電気のつけっぱなし、学校、役所、道路上の水栓の締め方の不完全、ごみの未整理などの指摘があった。さらに廃品関係の三分の二が鉄関係であり、「非常時の此際公園や空き地の鉄柵を使用すべき」という指摘もあった。翌二三日、報告会が開かれ、この活動が継続しておこなわれることを確認した[46]。

▼不用品交換即売会——「婦人も国策に協力しませう」

一九三八(昭和一三)年九月二八日から三〇日までの三日間、東京府商工奨励館の講堂で不用品交換即売会が開催された。この企画は七月末、婦団連盟の加盟団体、友の会が「九月一日の震災記念日を期し、行つては如何」と提案されたものであった。婦団連名の生活様式特別委員会がその要請を受け計画を準備し、八月一二日の第一一回中央委員会で開催が正式に決定していた[47]。

不用品交換即売会。1938年9月，深川区の元加賀小公園にて

九月一〇日、市川は、「先般国民精神総動員中央連盟の非常時生活様式委員会で決定を見ました『不用品の活用のため交換会を開催すること』を実行に移すため、不用品即売会」を計画しているとして、婦団連盟の各組織に協力依頼状を出した(48)。一方婦団連盟も、「婦人も国策に協力しませう」をスローガンに、震災記念日の九月一日から一五日までの間に、タンスにねむっている不用品を供出してくれるよう、一般婦人に呼びかけた。

友の会は、都内七八箇所、女医会は一〇四箇所、矯風会は、三一箇所に収集場を決め、総数三万七六八点の不用品が集まった。販売時の勤労奉仕者は延べ二五五〇人、総売上高は五〇八万五〇〇〇円にのぼった(49)。

一一月一八日、婦団連盟の委員総会が開かれ、市川が活動状況を報告した。委員会では、「街頭に無駄を拾う」や「不用品即売会」などで「社会的に相当の影響」を与えたとして、活動を評価する一方で、研究委員会のほうは、研究に深く入りすぎ、効果をあげなかったのでその数を整理する必要がある、といった意見が出された(50)。

▼戦時生活協議会

一九三九（昭和一四）年三月一九日、婦団連盟は、前年度の時局婦人大会に代わって、戦時生活協議会を開催した。時局婦人大会の呼びかけは獲得同盟であったが、今回は、婦団連盟会長のガントレット恒子がおこなった。一九三九年三月、ガントレット恒子は、「今は戦時、議会は百億に余る予算を協賛しやうとし、銃後の国民生活は益々多難な時代に入らうとして居る。増税、物価騰貴、物資節約の荒波を凌いで国と家とをつらぬく非常時台所の切盛に、われら女性がしつかりと任ずるには、今や余程の心構へがなくてはならない」と述べ、「戦時生活協議会」の開催を呼びかけた[51]。そして婦団連盟の各組織がそれぞれ代表三名を参加者として出すよう要請した。

同協議会では、（一）正しき戦時生活とは何か、（二）如何にして戦時生活を普及徹底せしむるか、の二点が話し合われた。その結果、「酒なし日」「買はない日」「貯金日」「廃品日」を決め、それぞれの団体に持ち寄り、実行に移すことが決まった[52]。

▼創立二周年記念会

一九三九年九月二八日、生活館講堂で婦団連盟創立二周年記念会が開かれた。会長のガントレット恒子は、翌年一月にニュージーランドで開催される第五回汎太平洋婦人会議の準備会が八月にニューヨークで開催されるため、七月六日、日本を出発し、その後を松岡久子が会長代理を引き継いでいた。

記念会は、二部に分かれ、一部は千本木道子が司会をし、英霊に感謝黙祷の後、松岡会長代理があいさつ、事業報告をした。その後、加盟各団体を代表して、松岡久子が友の会を、久布白落実が矯風会、山本杉が女医会、上代タノが婦人平和協会、金子しげりが婦選獲得同盟を代表し、それぞれあいさつと事業報告をおこなった[53]。

二部は懇談会となり、そこで市川は、現在「婦人団体の統制が政府でも問題になつてゐる。大衆的婦人団体は必ず一つでなければならない」と発言した。そして続けて、それぞれの団体は独自の「存立の意義」があると思うが、

「政府の方では、各種団体の統制統一に傾いてゐるから、このやうな際に婦人団体はそれとして一層関係を密にしなければならず、各団体のもつ主義についても、果してこの時局下にふさはしいものかどうかを再検討しなければならない時にきてゐる」と述べた[54]。

▼婦団連盟の役割の終焉とさらなる「合理的な協力」の模索

この二周年記念大会で市川が言わんとしていたことは、自主的女性組織は時局がここまで緊迫しているなかで、もはやその自由主義的立場を改めなくてはならないということであった。この発言の一カ月後に国民精神総動員運動は幕を閉じ、大政翼賛運動へとさらに全体主義の体制が強化されていった。七月、精動中央連盟の戦時生活刷新特別委員を務めた市川は、精動の家庭実践方策を浸透させるためには、各家庭が「個人主義的、自由主義的生活態度を改め」「国家全体の立場から」「個人的な利益を犠牲」にしなくてはならないと主張しはじめていた。

戦時下の市川は、誰よりも早く時局を認識し、行動に移していた。政府が行動を起こす一カ月前に戦時状況に相応する婦団連盟を立ち上げ、戦時下の女性政策の研究と運動の場を確保してきた。実際、婦団連盟は、一方で精動運動の展開に即したかたちで女性の意思と利益を精動方針に反映させ、他方で戦時下、女性と子どもの生活を守るための街頭活動にも、一定の社会的効果をあげていた。

しかし、一九三九年八月、日本を無視したかたちでドイツとソ連が不可侵条約を締結し、九月にヨーロッパで第二次世界大戦が勃発した。戦運急を告げる緊迫した時局下、いままでと同じかたちで獲得同盟はもとより自主的女性組織を牽引することは困難であった。市川は、婦団連盟の役割の終息したこと、そして時局に即応した新しい組織の必要性を認識しはじめていた。

一九三九年一〇月二五日付『婦人団体連盟ニュース』は、「連盟の新運動方針確立――時局に添ひ加盟団体の実情に即す」というタイトルで、新しい婦団連の方向が第二一回中央委員会で決まったことを報告した。それによると、従来あった常設のすべての委員会を解消すること、さらに新委員会は、「時局下協力して解決すべき緊急の題目につき「その都度」組織する」ことが決定された。その一例として、女子青年勤労奉仕問題、既婚労働婦人保護問題などがあるとした。そして、最後に総括として、「創立以来時局下に於ける婦人のブレイントラストたらむとした委員会の組織ではあるけれども、一応の使命を果したものとして解消し、改めて加盟団の合理的な協力が具現する様に新設することが妥当ではないかと考へられる」と締めくくった。(55)

二　婦人時局研究会の立ち上げ

▼発会に先立つ陳状書

一九三九（昭和一四）年二月一八日、市川は婦人時局研究会を立ち上げた。一〇日前の二月九日政府は、精動中央連盟を改組し、精動運動を強化するため「国民精神総動員強化方策」を閣議決定し、精動運動は第二段階に入っていた。婦人時局研究会の立ち上げは、まさにこの精動運動の新しい展開に呼応させたものであった。

二年前の九月、政府の精動運動に対応するため市川が自主的女性団体を連携させ組織した婦団連盟は、精動運動の生活実践に関する政策提言をおこない、さらに贅沢全廃、買い溜め防止など精動政策の実践面で、政府の「外からの協力」に一定の効果をあげていた。しかし精動の方針策定の大要が決定した一九三九年初頭には、効率のよい精動政策の実践に向けて強化された精動運動に対応する新たな組織が必要となったと、市川は判断した。

一九三九年初頭、市川は「広く婦人の評論家、芸術家、教育家、社会運動家、社会事業家」など婦人指導者を集めた勉強会の設立を模索し、内閣情報部の西村直己や、内務省、あるいは企画院等の政府機関と打ち合わせをおこなっていた。(56)しかし精動中央連盟の改組強化の動きを新聞で知るとただちに市川は、二月九日、立ち上げ中の婦人時局研究会主催で「婦人の立場から同問題を考慮」し、「至急関係方面に陳情」するための会を開催した[57]。この会議には、婦団連盟で活動をともにしていた吉岡弥生、井上秀、河崎なつ、金子しげり、久布白落実、高良富子、氏家寿子、大妻コタカらが参集した。ここでの話し合いを基に「国民精神総動員中央連盟改組に際しての希望」が作成され、二月一六日、政府に婦人時局研究会の陳情書として提出された[58]。

▼効率の良い女性動員の陳情

先章で指摘したように市川は、二月一八日付『読売新聞』のコラム「女の立場から」に「中央連盟の改組」を載せた。そこで市川は、精動中央連盟が愛婦、国婦、連婦のような半官半民の女性組織だけではなく、婦団連に含まれているような自主的組織をも加盟団体に加えることを強く要求した。さらに、中央連盟のなかに、「婦人の役員と職員を加へ事務局に婦人部乃至常置委員会の如きものを設置すること」を要求した。

陳情書もまた、「一、婦人団体の加盟を増加する事、二、連盟役員に婦人を加へる事、三、連盟に婦人部を設け、婦人の職員を置く事」を要望した。同時に「四、連盟の婦人方面に対しての運動についての希望」として、愛婦、国婦、連婦の対立が「婦人を対象とする総動員運動の徹底に甚しい障害となるもの」であると指摘し、対立解消に努めることを要求した。さらに、精動中央連盟が婦人委員を地方に派遣することは好ましいが、「婦人講師グループ」を作り、講演内容、反響などの研究をさせて欲しいと要望した。

▼婦人時局研究会の目的――「国策の研究並にその実現」

吉岡弥生、井上秀、竹内茂代、長谷川時雨など三〇名を発起人として、二月一八日松本楼で婦人時局研究会の発会式が開催された[59]。予想をはるかに超えた一三〇名が参加し、内閣情報部部長の横溝光暉が講演をおこなった。会の目的は「婦人の立場より時局認識を深め、国策の研究並にその実現を努力」することに置かれた[60]。一年半前に組織された婦団連盟は、「婦人の立場から非常時局の打開克服に努めるため」とされ、銃後の女性役割を果たすことを目的としていた。それに対し婦人時局研究会は婦団連盟の目的を一歩進め、「国策の研究」と「その実現」に寄与するとし、精動運動の政策と実施に直接関与する強い意図が明確に示された。婦団連盟の活動を通して、精動の生活関連の政策提言と実施をおこなってきた市川たち女性指導者の経験と実績そして自負が、婦人時局研究会設立の背後にあった。

同時に市川は、戦争が長期化し経済戦争、消耗戦争の様相が色濃くなるに連れ、女性指導者の役割が重要さを増し、さまざまな国策役割を担うようになるなかで、はたして与えられた任務にふさわしい知性と能力を女性指導者たちが持っているか、常に憂慮していた。その憂慮はまた女性指導者たちを対象とした勉強会として、婦人時局研究会を立ち上げた理由でもあった。

前章で指摘したように一九三九年三月二日大蔵省は、(昭和)一四年度一〇〇億貯蓄目標の達成を目指し、地方で貯蓄奨励の講演をするために、市川を含む三一名の女性貯蓄奨励講師を任命した。[61]大蔵省の選んだ女性貯蓄奨励委員が必ずしも有資格でないことを憂慮した市川はただちに、貯蓄奨励問題特別研究グループを婦人時局研究会内に立ち上げ、若い石原(西)清子を幹事に据えた。三月二四日、婦人時局研究会の貯蓄奨励講師を中心に懇談会が開かれ、大蔵省に進言するための「婦人講師を最も効果的に活躍せしむる具体案」が話し合われた。[62]

「第四回定例研究会事務報告」によると、六月一二日、「婦人時局研究会規約百部謄写し、各方面の指導者、代表者、貯蓄奨励講師等に入会勧誘状を送す」とある。[63]一人でも多くの女性指導者が婦人時局研究会の研究グループに参加し、時局認識を高めてもらうためであった。

▼若い女性運動家の養成

婦人時局研究会の活動の特色はひとつに、会員全員を対象した定例研究会(月一回開催)のほかに、四二、三歳以下の若手を対象に特別研究会を設置したことにある。市川がこれまでにかかわってきた運動で、とくに若手に的を絞って活動したことはなかった。

若手を対象とした研究会の設置は、この時期の市川の女性運動に対するひとつの危機感を表わすものであった。先に見たように一九三九年三月五日付『婦女新聞』「婦人運動に望むもの」で市川は、ここ十年来自分を含め女性指導者がまったく変わっていないことを嘆き、「無名の」「若い人達の中から」よき指導者が出てくるのを希望すると訴えていた。そのため市川は、婦人時局研究会を立ち上げるとき、山高しげり、河崎なつら古くからの婦選の仲間のほかに帯刀貞代（一九〇四年生）、谷野節子（一九〇三年生）、石原（西）清子（一九〇七年生）、山本杉子（一九〇二年生）、氏家寿子（一八九八年生）、丸岡秀子（一九〇三年生）らを世話人に加えていた。いずれも市川より五歳から一〇歳前後若い人たちであった。

戦前・戦中期、市川と常に活動をともにした山高しげりは、戦争直後『人物評論』に「知られざる市川房江《ママ》さん」を記した。そのなかで一六年間婦選獲得同盟の活動をともにしていた間、常に市川が「若い人を求めていた」と、述懐する。そして、戦争直後、新日本婦人同盟を立ち上げたとき市川が、「今度は若い人々と仕事をする」と宣言したことを明らかにした。そしてそれが、山高や他の戦前婦選運動のシニアな同志の何人かが、新日本婦人同盟に参加することを遠慮した理由であったと告白している[64]。

実際、十五年戦争最後の五年間の、婦人時局研究会での若手との活動は、若手運動家の養成につながり、戦争直後の早い時点で戦後の「婦選」運動を担う新日本婦人同盟の設立へつながっていた。

▼持ち寄り研究会から青年部会設置へ

戦後を見据えた市川の若手指導者の養成は、当初、常設ではなく自由な持ち寄り方式が取られた。問題関心を持つ会員が自由に研究議題を持ち寄り、研究会をその都度開いていく方式である。一九三九年の五月から一一月にかけて

「時局下の婦人労働問題」(谷野節子、赤松常子)、「時局下の女子教育に就いて」(木内キヤウ、藤田たき、河崎なつ)、「農村婦人問題に就いての感想」(丸岡秀子)、「日本産業に於ける数的概況」(山下智恵子)、「我が国婦人労働者と健康問題」(虎谷喜恵子)[65]、「結核撲滅国策に就て」(山本杉子、竹内とし子)[66]などの会がもたれ、市川はそのいずれにも参加した。

持ちより研究会は、翌一九四〇年一月二〇日の定例研究会で中止と決まり、精動問題(幹事、八田篤子)、思想問題(石島菊枝)、銃後々援問題(金子しげり)、消費問題(澤田しげ子)をそれぞれ扱う常設研究グループに発展した[67]。ここでも市川はそのいずれのグループにも所属した。

最終的に研究会内の「青年部を是非設けて欲しい」という強い要望を受けて、一九四〇年一一月二日「会員中、年齢満三十五歳以下の希望者」という条件で青年部が新たに設置され、青年部長に八田篤子が決まった[68]。青年部の目的はあくまでも若手指導者の養成にあった。そのため会の活動は、「経済研究」、「時事研究」に置かれ、会員は「会合ごとに、初め十分か十五分位、順番に研究、報告、意見発表を必ず行ひ、人の前で話しをする練習をすること」を規則とした。さらに指導者としての訓練の一貫として幹事を数名置き、任期は半年で、交代制をとることが決まった[69]。

▼女性指導者の時局認識を高めるための定例研究会

精動運動の第二、第三段階で市川は、精動委員会幹事、精動本部参与として指導的立場にいる女性たちへ精動の政策を伝達し、その周知徹底を図る役割を担っていた。そのため市川は、精動の政策が決定されると必ず、婦人時局研究会を通して、女性指導者の会を開催し、政策の仔細を報告した。たとえば、精動政策のおおかたが決まった第二段階の一九三九年度上半期を見ると、市川は精動委員会委員の竹内茂代とともに、女性指導者との懇談会を、四月四日、連盟改組問題で、四月一五日は国民精神総動員の新展開について、さらに五月一七日には、「時局認識徹底方策」の説明会を開催した[70]。

一方さまざまな女性組織の指導者たちにとって、市川たちから精動政策の情報を受信すると、それをさらに草の根女性たちへ伝達し、実践モデルを編み出し提示する者としての役割が重要となった。彼女たちに必要なことは、時局に対する該博な知識であった。そうした目的に沿って婦人時局研究会の定例会は、一九三九年度だけを例にとっても実に多岐にわたる時局問題を取り上げ、政府関係者、精動関係者、研究者たちによる講演会を開催した。たとえば研究会創設翌月の三月第一回定例研究会では、物価問題が取り上げられ、四月、物資動員計画、五月、生産力拡充、六月、イタリアの女性運動、七月、最近の国際情勢、八月、税制改革案、九月、人口問題、一〇月、九・一八物価・賃金値上げ禁止令、一一月、支那事変処理と汪新政権が取り上げられた[71]。

▼新体制特別委員会の設置

当初婦人時局研究会は、精動運動第二、第三段階で、若手指導者養成のための研究会と女性指導者の時局認識を高めることを目的とした定例研究会とを活動の二本柱としていた。しかし一九四〇年七月、近衛第二次内閣が組閣され新体制運動がはじまると、その基盤となる新国民組織に女性たちがどのように組み入れられるかを監視し、場合によってはその望ましいかたちを提言することが重要な課題として浮上した。

精動運動の第一段階で市川は、精動実践網の最下部組織の隣組常会に主婦の参画を制度化することを実現させていた。「新体制に於て不可欠な条件」は「婦人の存在を無視しないこと」であると、市川は強調した。そして「婦人自身の新体制の確立」は「婦人の手によらなければフィットした案は生まれない」のであり、それは「婦人指導者に課せられたる責務」であると主張した[72]。

かくして精動運動が新政治体制へと新たな展開を見せるなかで、婦人の新組織を研究することが、婦人時局研究会の第三の重要な活動となった。市川はただちに婦人研究会内に新体制特別委員会を設置した。

▼第一八回定例会と婦人時局研究会の新展開

一九四〇年一〇月一九日、婦人時局研究会は第一八回定例会を開いた。前月末、婦選獲得同盟が組織を解消し、獲得同盟の会員は、婦人時局研究会へ移行していた。一週間前の一〇月一二日には、近衛文麿を総裁とする大政翼賛会が発会した。そうした状況のもとでこの定例会は、新方針を、一、大政翼賛運動に於ける婦人の任務の「闡明」と「完遂」、二、中央、地方の女性指導者たちの「糾合」の二点に設定した。[73]

この定例会で、新役員と新しい役職が決められた。幹事長に市川房枝が従来どおり就任し、常任幹事が新たに設置され、河崎なつ、金子しげり、八田篤子、谷野節子、氏家寿子ら研究グループの幹事たちがなった。さらに幹事に沢田しげ、山本杉、石島菊枝、石原清子、竹内茂代、帯刀貞代、藤田たき、宮川静枝、赤松常子が決まった。専任事務として斎藤きえが就任した。[74] この新役員の顔ぶれは大半が若手であり、戦時期の混乱のなかで「婦選」運動の若手世代が着実に成長しつつあることを象徴していた。

三　婦人問題研究所の創設と婦選獲得同盟の解散

▼婦人問題研究所の創設

一九三九年一二月一三日、婦選獲得同盟一五周年記念会が、日比谷松本楼で開催された。同会で、翌一九四〇年の紀元二千六百年に向けて婦選獲得同盟一五周年記念と紀元二千六百年記念の事業として、婦人問題研究所の創設が決められた。[75]

盧溝橋事件から二年半が経過し、中国大陸の戦況は泥沼化しヨーロッパ大陸では第二次世界大戦が勃発した。中国大陸の権益をめぐり険悪化した日米関係は改善の兆しもなく、戦争のいっそうの拡大が想定された。市川は、獲得同盟を初め婦団連盟の自主的女性組織が、その設立の意義に沿って個々に活動する段階は、すでに終わったと判断した。次の段階は、なんとしても「婦人の存在を無視しない」かたちで新国民組織を構築し、女性たちが一丸となって困難な時局にあたることが肝要であった。そのための「婦人再組織」の研究が喫緊の課題であった。

婦人問題研究所の設立は、ひとつに自主的組織の維持が困難となった状況にあって「獲得同盟の後継組織」として婦選の灯をともし続けることにあった。しかしいまひとつの目的は、「今日の時局に於て……高い、広い立場から婦人の進むべき道を探求し、これを正しき奉公に導くための調査研究を行ふこと」に置かれた。[76]

研究所所長に市川がなり、主事には若手の藤田たきが起用された。藤田は、第一回汎太平洋婦人会議に参加し市川と出会い、それ以来津田塾大学での教鞭の傍ら、獲得同盟を通して積極的に婦選活動に関与していた。戦前・戦中、市川の傍らで婦選運動を支えていた金子しげりに代わり、戦後の「婦選」運動で常に市川の傍らで、運動を支えた人物である。研究員には婦選運動の朋友金子しげりとともに若手の帯刀貞代、八田敦子がなり、幹事には、同様に若手の辻恭子、斎藤きえが選ばれた。同研究所はさらに、平塚らいてう、竹中繁、竹内茂代、吉屋信子、金子しげりら一〇名の古くからの婦選運動の仲間を理事に据えた。[77]

一九四〇年六月一五日、日比谷松本楼で婦人問題研究所創設の報告と研究などの援助を依頼するための賛助員懇談会が開催された。同会には、平塚らいてう、神近市子、生田花世、長谷川時雨、ガントレット恒子、大月照江、谷野せつ、金子しげり、藤田たきら、婦選運動の仲間約四〇名が出席した。[78]

戦時下、戦場に駆り出された男子労働者の穴埋めとして女子労働が重要となり、女性も各方面で活動しはじめていた。にもかかわらず、そうした女性たちの「各方面に於ける活動をまとめて叙述したもの」はひとつもなかった。[79]市川は研究所の若手メンバーを中心に、戦時下の女性運動、女性労働者の実態調査をおこない、その調査は終戦の前年に出版された『婦人年報第一号　婦人界の動向』に結実した。[80]同書は戦争最終盤で市川が起草した提言「国策としての婦人対策（案）」の基礎資料となった。と同時に、今日私たちが戦時下の女性の社会進出を知る好個の資料となっている。

▼獲得同盟――改称から解消へ

一九四〇年六月二日、婦選獲得同盟の第一六回総会が、婦人問題研究所内で開催された。このころ市川は、「ますます苛烈となる時局下において、婦選獲得同盟の名称での今までの組織を継続することについては疑問」を抱いていた。次章で敷衍するが、とくに中国の現地を見て、その想いを強くし、「むしろ解散して婦人時局研究会に合同、身軽になって自由に時局下での適当な運動を展開」した方がよいと感じはじめていた。[81] 総会で新しい年の運動方針を決定するはずであったが、決定を得られず理事会一任となった。

時代は近衛文麿の提示した新体制運動へと大きく動きはじめていた。六月二四日近衛は枢密院議長を辞し、新体制運動を推進する決意を表明した。全体主義の強化が支配的な流れとなるなかで、既成政党が競って解党した。七月六日、社会大衆党、一六日、政友会久原派、二六日、国民同盟、三〇日、政友会中島派、八月一五、民政党が解党し、政党は全部なくなっていた。七月一六日の米内内閣総辞職を受けて二二日、第二次近衛内閣が成立した。近衛首相は、政党がすべてなくなった事態を受け八月二八日、新体制準備委員会を発足させた。婦選獲得同盟の解散はそうした社会状況を察知した市川の素早い対応でもあった。

獲得同盟第一六回総会で一九四一（昭和一六）年度運動方針を一任された理事会が、六月二一日、七月六日の両日開催された。同理事会で初めて獲得同盟の機関名の改称が検討された。すでに五年前には機関誌『婦選』が『女性展望』へ改題されていた。緊迫する時局下、もはや婦選獲得という組織名を残して活動することは困難であった。理事会で検討された機関名の改称問題は、七月一九日の中央委員会で承認を得た。委員会は、新しい名称検討のため小委員会が立ち上げ、市川をはじめ金子しげり、藤田たき、宮川静枝らを委員に選んだ。しかしこの中央委員会小委員会で、機関の改称ではなく獲得同盟自体の解散が話され、会員は、婦人時局研究会へ移行することが審議された。[82]

▼『東京朝日』『読売新聞』のスクープ記事

八月二七日、『朝日新聞』、『読売新聞』両新聞の朝刊は、婦選獲得同盟の解散をスクープした。スクープ記事は、獲得同盟改称の動きを察知した両紙が前夜に開催されていた中央委員会小委員会を取材し、市川から情報を得たものであった。[83]『読売新聞』「〃婦選〃も解散す、前途も荊の道、語る市川女史」で市川は次のように語った。[84]

新体制の確立にはどうしても婦人を無視してはいけません、国民再組織の一貫として婦人再組織が必要です、現在ほどそして将来は一層婦人の国家への協力が必要な事は云ふまでもありません。一億国民の半数を占める婦人を組織化する事が急務なのです、そのために婦人団体を統合し、その指導機関も単一化しなければなりません。私たちの婦選獲得同盟もこの際〃新しきもの〃への一つの捨石となって解消します。しかし婦人運動をやめるのではありません。新たに発足するのです……いまゝでも苦しかつたがこれからが一層苦しいでせう、婦人運動もまだまだ荊の道ですね、しかし私はやりますよ、国家に協力する婦人の主婦たちの代表として精一杯やつてゆくつもりです……

▼解散のための臨時総会

一九四〇年九月二一日、臨時総会が婦人問題研究所事務所で開かれた。地方からの参加も含めて五〇名にのぼる多数の会員の参加があった。当日の様子は、翌一〇月の『女性展望』に副総務理事の藤田たきが「婦選解消の臨時総会記」に詳しく記している。解消を決意するにいたった市川の想いを忖度した同文を、一部抜粋してみよう。[85]

この春支那に旅して帰つた市川さんは日支事変の解決、東亜新秩序の建設が如何に至難な大事業であるかを痛感せられたのだ。

そして聡明な市川さんはこの難局打開の為には国内新体制が一日も早く樹立されねばならぬ事をいち早くみて

とり婦人も亦この体制に順応する必要を痛感した。婦人団体の統合、婦人組織の問題等々に関し市川さんは自分のなさねばならぬ義務を思ひ、心重い日々を過ごしたのであつた。婦選解消、婦人時局研究会への参加が決定せられた日、市川さんは「これで安心した。なすべき義務を果たした」と漏らされた。従つて今日の市川さんは元気で、朗らかな訳である。

臨時総会では、解散後の措置として、獲得同盟の会員は婦人時局研究会へ参加し、『女性展望』の読者として残ることが決められた。さらに『女性展望』は婦人問題研究所の経営にし、紙面の一部を婦人時局研究会、婦人問題研究所に提供することが決定した。

▼新体制運動への主体的参加

獲得同盟を設立した当初から一貫して市川の右腕として共闘した金子もまた、『女性展望』一〇月号に「再出発に当たりて」を掲載した。同所で金子は、婦選運動を解消し、新体制運動へ組み入れられることが、婦選運動の精神を継承するものであると次のように述べた(86)。

何かわれ〳〵の行動について自由主義的な男女対立の意味に解釈してゐる人々もあるやうですけれど、われ〳〵は婦選の当初から男女対立的に考へてはこなかつたのです。自由主義時代に生れ、育つて来た団体ですが、その精神の底流には女性をして最も正しい位置につけ、それによつて国家社会を幸福にしたいと念じて来たのであつて、その根本理念は国民がみなその職域からご奉公するといふ新体制の理念と見事に合致するのです。かくしてかつての婦選運動は新体制運動に発展的に解消するに、何の矛盾も背反もなかつたのです……

一九四〇年九月、市川たち婦選の女性たちは、婦選獲得同盟を解散し、新体制運動に主体的に組み入れられることを決定し、国の命運とともに歩む道を選択した。

▼獲得同盟解散に対する批判

時局に即応した獲得同盟の解散に対して奥むめおは、月刊『婦人運動』の九月号で次のように批判した[87]。

十六年の歴史を持つ同会［獲得同盟］は、新政治体制運動に呼応して婦人団体総解消の先鞭をつける意味で率先解消。婦人が政治的平等権を獲得する必要は、今日も少しも無くなつていないし、婦人の国策への協力の著しい今日こそ、一層その為に闘わねばならぬ必要を痛感されるとき、この擧のあるは感慨深い事ですが、同会は創立当初の目的からは次第に外れて、年々婦人による傍系の国策宣伝係に転嫁しつつあつたことですから、この限りに於ては解散は当然といふべきでありましたらう。

『自伝』で市川は、「国策宣伝係に転嫁したとは心外な批判である」と記している[88]。奥むめおは、市川、平塚とともに新婦人協会を立ち上げるが、新婦人協会が解散した後の一九二三年に、自らの団体、職業婦人社を立ち上げ、機関誌『婦人運動』（『職業婦人』が『婦人と職業』、『婦人運動』と改題された）を発行していた。国民精神総動員時代、運動の調査委員として加わることはなかった奥も、時代が大政翼賛運動時代になると、大政翼賛会調査委員、日婦審査委員を歴任した。

四　まとめにかえて――国民精神総動員運動下の戦争協力

▼市川の戦争協力はどのようにはじまり、その意図は何であったか

以上、第Ⅱ部第六、七、八章を通して検証したように、いったん「ある程度の」政府に対する「協力」は「已むを得ない」と決意した市川は、精動運動時代を通して、政府の内と外からの積極的な国策協力の姿勢を崩さなかった。

たしかに市川は、十五年戦争前半の準戦時期、非戦の立場からさまざまなかたちで戦争反対の姿勢を貫いていた。市川が「ある程度」であるにしろ戦争を遂行する政府に対する協力の道を決意したのは、盧溝橋事件を契機に中国大陸の戦争が局地戦争から全面戦争へ拡大し、「戦争がもはや後戻りのきかない」状況になったという認識に基づいていた。この先何年続くかわからないが、戦争状況を生きざるをえない状況で、それまで婦選運動を率いてきた人間として、自らの非戦の主張を貫き社会的に隠棲したり、反戦の立場をとり牢獄に入ったりすることは無責任である。戦争状況にあっても婦選の趣旨を生かし続けることが、自分に与えられた責務である、と市川は考えた。

この時点で市川の考えた戦時下の婦選運動は、国策に女の利益と意思を反映させることにあった。具体的にそれは、戦時下にあってとくに苦難を強いられる女と子どもの生活を守ることを意味した。そしてそのために、自主的女性組織と女性指導者が一丸となって政府に働きかけ、女性たちの自主的な意思の反映した女性政策を手にすることであった。

そうした戦時下の婦選の趣旨に沿って市川が最初にとった第一の行動が、全国的な規模を持つ自主的女性組織を連携させること、すなわち婦団連盟の立ち上げにあった。第二の行動は、自らが、そしてできるだけ多くの女性たちが精動運動の調査委員に就任し、戦時体制のなかに入って国策の形成・立案、「決定」、実践に影響力を持つことであった。

実際、第Ⅱ部第六章で検証したように、精動運動の生活関連政策は、市川をはじめ婦選の女性たちの意向を反映し

たかたちで形成され、実施されていた。その過程で婦団連盟は、政府に一歩先んじたかたちで戦時下の女性と子どもの問題を研究し、女性国策委員たちに情報提供し、さらに実践段階で、精動方針を受けて、草の根女性たちへの普及の役割を担っていた。

国策に女性の意思と利益を反映させるという、この市川の戦時下の婦選解釈は一方で、全体主義の戦時体制にあっても女が自主的に生きることを意味した。しかし他方で、それは女性たちの下からの自主的意見を上に吸い上げさせることで、上位下達の全体主義体制の変容が内意されていたことにも留意する必要がある。国策委員に就任する際、市川が精動運動を「自主的運動たらしめる」と述べた所以である。

市川のその意図は、女性たちの動員が必至であった戦時状況下、草の根の女性たちの動員をもまた自主的となる戦時体制を作り上げることに結実していた。実際市川は、実践網調査委員会の唯一人の女性委員として、同委員会が戦時国民組織の下部単位を常会に置くと、「主婦を無視せざる事最も必要なり」と主張し、常会への参加を「世帯主及主婦」と明記させ、草の根女性たちが戦時体制へ男性と並んで参画できる制度作りに成功した。

さらに市川は、一九三九年初頭、生活関連政策の大半が形成された精動運動の第二段階に入り実践がより重要課題となると、新たに女性指導者たちを組織し、婦人時局研究会を立ち上げた。その立ち上げは指導的立場の女性たちが、政府と草の根女性たちの間に立ち、国策を一般女性に周知させ、かつその意向を上に汲みあげる役割を十全に果たすため、彼女たちの時局認識を高揚させることが意図されていた。

▼銃後の守りとしての戦争協力の意味すること

戦時期最初の三年間、つまり精動運動時代に市川がとったこうした一連の活動と意図は、たとえそれらが主体的、自主的であることを目指し、また参加を通して全体主義の戦時体制の変容を内意していたにしろ、従来の意味に沿っていうなら、戦時国内体制の構築に寄与する、つまるところ銃後の守りとしての戦争協力にほかならない。

三年間に及ぶ精動運動時代の市川の活動は、「女・子ども全体」のライフラインを守るための生活領域の戦時体制化として集約できる。しかし、この時期市川の活動や主張、たとえば胚芽米を主食とする運動、町の無駄をひろう調査、天幕託児所の試み、不用品交換即売会、あるいは生きるために必要な最低限の栄養価を政府が提示することの要求、限りある物資を喫緊に必要とする家族に公平に行きわたる分配システムの主張などは、二様の社会的意味を持っていることを看過すべきではない。

たしかに戦時下におこなうそうした一連の活動は、政府の戦争遂行を維持するためホーム・フロント（銃後）の整備を意味し、そうした文脈から戦争協力を意味する。国策委員として市川の活動が戦争協力として告発されてきた理由である。しかし別の角度からみると、それらは戦時下を生きることを余儀なくされた者たちが、生き延びるために、そして、少しでもよい状況で生きるためにおこなう活動と主張とも言える。

人は生きる時代を選ぶことはできない。と同時に、どのような時代に生まれても、生き延びること、そして少しでも好い生活を生きたいと願う本能をＤＮＡにすりこまれた生き物でもある。戦時状況を生きざるをえない者たちが、生き延びようとする行為、そして少しでも「好い」生活を生きたいという想いは否定されるべきことなのだろうか。とくに準戦時期の活動を通して「政治は生活」、「政治は生活を良くするもの」という強い信念を抱いていた市川たち婦選の女性たちにとって、最悪の政治の展開する戦時状況下で「女と子ども全体」の最低限の生活環境を守ることは、平時、準戦時期、戦時期と続く婦選活動の延長線上にある「政治的」活動でもあった。

「戦争は嫌である」。しかし戦争状況を生きざるをえない、平時の婦選運動を牽引してきた者として、戦時下の婦選活動を「女と子ども全体」の生活領域を守ることに置いたからこそ、少なくとも精動運動の三年間市川は、戦争遂行する政府から一定の距離を置くことができたと言える。この間、市川が、中国大陸の戦争を肯定し、戦争を煽動する言説と行動をとることはなかった。

盧溝橋事件が起こった一九三七年七月以降の『女性展望』は、もはや中国情報を積極的に掲載することはなかった。

準戦時期頻繁に『女性展望』に登場し中国情報を語っていた竹中繁は、以後一九四一年八月に同誌が廃刊されるまでの四年間、ほとんど登場することはなかった[89]。しかし同時にこの間、同誌のオピニオン・リーダー的役割を担っていた市川が中島明子の筆名で担当した、「政治経済界の近況を語る」や「時局政治経済問答」のコラムで世論に迎合した支那膺懲の論説や中国大陸の戦いを容認する主張もまた見られない[90]。

▼転向への契機

他方で市川は、精動運動が方針形成段階から実践段階へ進むと、しだいに当初の意向と自己撞着する主張を展開するようになっていた。女性の利益と価値を国策に反映させ、精動運動を「自主的運動たらしめる」と決意した当初の意向は、精動運動の政策形成段階では、婦選の女性たちの意向を反映した生活関連政策を編み出し、草の根女性たちの自主的参加を可能とする実践網に体現された。

しかし、いったんそうした精動の生活関連政策が実践の段階になると、市川の期待した「大衆女性」たちの自主的実践へとは発展せず、精動政策の草の根への普及は大きな困難に直面した。そうした状況を背景にしだいに市川の主張は、「大衆女性」たちの自主的参加の奨励ではなく、政府の意図に沿った動員的側面を強めていった。

とくに精動運動が第二段階に入った一九三九(昭和一四)年頃になると満州事変以来の長引く戦況のなか、極端な物資不足が顕在化し、この年だけで検挙されたヤミ取引は二〇万件をゆうに超えた。緊迫する物資不足のなかで生活者としての女性たちの自粛が重要課題となった同年中葉頃、戦時生活刷新特別委員を務めていた市川は、各家庭が「個人主義的、自由主義的生活態度を改め」「国家全体の立場から」「個人的な利益を犠牲」にしなくてはならないと主張するようになった。

この年の七月にはアメリカが日米通商条約破棄を通告し、八月、日本への告知無しに独ソ不可侵条約が突如締結され、国際社会における日本の孤立が顕在化した。国際危機が高まる中九月、平沼騏一郎内閣の後を受けて阿部信行内閣が組閣されると、市川は「事変以来……今日ほど……国民が……挙国一致の態勢に置かれたことはかつてない」と指摘し、新しい「官民協力の態勢を整備すべき」と主張し、全体主義体制への傾斜を示しはじめた。

一九三九年中葉以降、市川は、しだいに婦選の依拠する自由主義と反全体主義の立場からの乖離を見せはじめた。同年九月にはドイツがポーランドを進攻し、ヨーロッパで第二次世界大戦が勃発した。同時期日本は、中国大陸ノモンハンで満州とモンゴルの国境をめぐるソ連との戦いに大敗を帰した（ノモンハン事件）。以後、国際的危機が増幅するなか、市川の転向への助走は加速していった。

第9章　中国への旅——転向の契機

一　「銃後の動員」と日中女性たちの連携

▼中国旅行後の二様の活動

精動運動が第三段階に入る直前の一九四〇（昭和一五）年二月二二日から四月一一日にかけて、市川は、竹中繁と初めて中国大陸を旅行した。市川より一八歳年上の竹中は、一九二六（大正一五）年、半年間中国を旅行し、中国問題に深い関心と憂慮を持つ『朝日新聞』初の女性記者であった。満州事変後竹中は、中国を語り、中国の女性を知る女たちの会、一土会（毎月第一土曜日に集まる会）をいち早く立ち上げ、市川はその会の当初からのメンバーであった。(1)市川は、この竹中繁との中国旅行を通して、中国大陸の広大さと、中国の人々の民族意識の高さを知り、そこでの戦争を終息させることがいかに困難かを痛感した。その認識は、帰国後の市川の「戦争協力」活動に大きな影響を及ぼすことになった。

そもそも一九三七年七月、盧溝橋事件が日中全面戦争へと転換するなかで、市川が政府に「ある程度協力する」第三の道を選択したとき、婦選運動家としての矜持を支えていた二つの理由があった。ひとつは、戦時下の困難な生活のなかで、「女・子供の生活を守る」ことであり、いまひとつは、どのような状況になっても女性の意思を政治に反映させることであった。実際、第Ⅱ部第六、七、八章で検討したように、精動運動時代、市川の「戦争協力」活動の軸足は、この二点に終始していたといってよい。しかし中国から帰国後、市川の「戦争協力」活動は二様の新しい展開を見せるようになった。ひとつに「戦争協力」活動の軸足が、女・子どもの生活を守り、女性の意思を反映させるための自主的活動から、戦争に勝利するため効率良く積極的に女性を動員する、「銃後の動員」の提言へと漸次移行していった。

二カ月にわたる中国旅行で市川は、中国の主権を認め、中国と対等の立場で協力して東亜に平和な秩序を建設すると主張した近衛首相の東亜新秩序構想が、中国人の民族意識に沿った唯一の戦争を終息させる方法であると確信するようになった。しかし、その東亜に新秩序を構築するという壮大なスキームを実現するには、なによりも日本の強い指導力を必要とした。そしてそのためには、現行の日中の戦いを日本が勝利とまでいかなくとも、少なくとも優位した状況で終わらせる必要があった。

中国旅行後に市川は、泥沼化した日中戦争に終止符を打ち、東亜新秩序を建設するためには、女性の力の積極的かつ効率良い動員が喫緊であると強く主張し、そのための方策を仲間の婦選運動家たちと研究し、政府に提言した。かくして十五年戦争最後の五年間、日本が日米開戦から敗戦へと疾駆するなかで、女性の社会的進出に逡巡し、女性の力を効率良く使わない政府に対する市川の怒りと批判は激しさを増し、女性の力の積極的動員の提言が戦争の最後の最後まで続いた。

▼日中草の根女性たちの連携

中国旅行後に市川が展開したいまひとつの活動は、日本と中国における草の根女性たちの連携を促す具体的なチャネル作りである。東亜に新秩序を構築するため女性は何をすべきなのか。市川は、どの国の女性も戦争を唾棄する点に関して価値を共有しているのだから、その点を突破口に、日中両戦時国の女性たちが、連携できるのではないかと考えた。市川のその想いは、石原莞爾がはじめた日中草の根の人々の連携によって東亜に平和を構築することを目指した東亜連盟運動の思想と合致した。後述するが、中国帰国後市川は、東亜連盟協会に積極的に関与し、日中女性たちの連携の窓口とするため協会内に女性部を設置した。

本来市川は、満州事変以来一貫して中国大陸での戦争を終息させる一手段として、日中の女性が連携することを主張していた。しかし戦時下にあって、戦争当時国の草の根女性たちが手を結ぶことは、その連携の糸口を見つけることすら至難であった。市川は、まず中国の現状と中国女性たちの状況をよく知ることが必要であると主張した。そのため獲得同盟の機関誌『婦選』は、満州事変翌年の一九三二年、支那膺懲の席捲する準戦時期、正しい中国情報を提供するため、竹中繁の語る中国事情を、ほぼ毎号掲載していた。

日中全面戦争が展開し戦争終息がいっそう困難となった戦時期当初も市川は、機会があると中国事情の聴取に極力努めていた。たとえば一九三八年三月二四日、精動中央連盟は「支那事情を聴取して以て参考に資するため」、当時中国に関する著書を多数出版していた中国研究家後藤朝太郎を招いて支那事情懇談会を開催した。その懇談会には、精動連盟から伊藤、瀬尾両主事、香坂理事、文部省社会教育官らに交じって市川と金子しげりが参加した(2)。後藤朝太郎は、中国蔑視の風潮の強い当時にあって、大人《たいじん》としての中国人の文化を繰り返し日本に発信し続けた数少ない中国通であった。

満州事変以来の支那膺懲、支那蔑視の社会風潮に流されるのではなく、中国事情を正しく把握することが重要である。そして、なんとかして日中草の根の女性たちが連携できる糸口を見つけたい。実際そうした市川の想いが、三八年末以降中国大陸の戦争が新しい展開を見せるなかで、中国への旅を決意することにつながっていった。

二　東亜新秩序構想と中国への旅

▼東亜新秩序構想と市川の懸念

一九三八（昭和一三）年一一月三日、近衛首相は「日本の戦争目的は東亜永遠の安全を獲得し得る新秩序建設にある」と声明を出し（第二次声明）、中国大陸の戦争終結に向けての目標を明示した。さらに翌月の二二日に出された第三次近衛声明は、日中国交の基本方策を善隣友好、共同防共、経済提携の三原則とした。この二つの近衛声明で、国民は初めて中国大陸での戦争の目的と戦争終息に向けての政府の具体的見解を手にした。

当初市川は、近衛の打ち出した東亜新秩序構想に一抹の不安を抱いた。東亜に新秩序を構築するという壮大な戦争目標を達成することによって戦争を終息させることは、戦争のいっそうの長期化を意味したからであった。市川は、近衛が東亜新秩序構想を打ち出すと、その一週間後の一九三八年一一月一一日、婦団連盟に東亜問題研究会を立ち上げ新東亜秩序の研究をはじめた(3)。

それから半年後の一九三九年五月、『女性展望』「社会時評座談会」で、市川は、東亜新秩序の具体的に意味することが、自分にとっても、いまだ不明であると次のように述べていた(4)。

……新東亜の建設といつても此の内容ははつきりしてゐないとも云へるので、私にしても自分流の解釈はしてゐるが、それが果たして正しいかどうか疑問に思ふ位です。結局「内容」が刻々変りつゝあるといへませう。複雑といふか激しく変化しつゝ、ある時といふか、捕へた時と部門とによつていろ〳〵なので、国民全般に常に正しい時局認識を与へることは不可能なやうな気がしますね。

この座談会で、婦選運動以来の朋友金子しげりは、「女の人達の間にも［中国へ］行こうといふ要求を強くし、新東亜建設のために働きたいと思ひます」と、東亜新秩序を支持する積極的発言をした。これに対して市川は、「概念としては参加しなければならないでせうが。まづ支那に対する認識が不足してゐるから見ることが第一、次には現状に於て何が私達に出来るかを検討するのですね」と、中国を自分の目で見てから行動を起こすことが大切であると、慎重論を展開した。さらに、「支那事変」二周年にあたる一九三九年七月、市川は「時局政治経済問答」で、近衛声明のいう「日満支相携へ、政治、経済、文化等各般に亘り、互助連環の関係を樹立する」といった東亜新秩序建設には、「百年或は五十年かゝる」ともいわれていると、戦争の長期化に対する危惧を表わした。(5)

▼深まる中国への関心

一方で市川は、東亜新秩序構想が打ち出されると中国情報の収集を活発化させていった。獲得同盟の「昭和一四年度事務局日記」をめくると、この時期さまざまな方法で積極的に中国の情報を聴取する機会を持っていたことがわかる。第一に市川は、婦団連盟、婦人時局研究会、婦選獲得同盟を通して中国に関する講演会や講座を多数企画し、そのいずれにも自ら参加していた。

一九三九年一月二三日、婦団連盟水曜クラブは、満州国総務庁長官星野直樹の講演会「満州について」を開催した。(6)さらに二月二〇日市川は、同連盟の東亜問題研究会第一回会合を開催し、中国から帰朝した望月百合子から「満州移民の実情」を聞いた。(7)六月八日、婦人時局研究会が満州国広報局長の武藤富雄の「最近の満州国事情」についての講演を開催すると、同講演会には三〇人近くの聴衆が集まった。(8)八月八日には第一回婦選時局講座で東亜問題研究所副総裁および貴族院議員の大蔵公望が「支那事変と東亜新秩序の建設」の講義を、(9)一一月一五日、第二回婦選時局講座で、東亜問題調査会の増田豊彦が「支那事変をめぐる国際情勢」についての講義をおこなった。(10)市川が中国訪問する直前の一九四〇年二月一七日には、婦人時局研究会は、昭和研究会の平貞三による「東亜新秩序について」の講演会を開催した[11]。後述するが市川は、平の主張する日中共存の論理に大きく影響を受けた。

第二に、「事務局日記」によると、市川はこの時期、満州問題を扱っていた官庁を足繁く訪問し、中国情報の収集に努めていた。一九三九年二月三日、三月二〇日、四月一九日、九月一九日、満州問題を所掌業務とする拓務省東亜局第二課を訪問している。さらに六月六日、満州大使館を訪問、二一日、厚生省の「アジア」における方面事業委員会に出席した。中国旅行直前の一九四〇年二月一四日、占領地域を統一指揮するために三八年に設けられた興亜院の文化部を訪問した[12]。市川は、昭和研究会とも接触し、一九三九年五月一〇日、一一月一一日、昭和研究会を訪問した[13]。昭和研究会は一九三六年一二月、近衛のブレインであった後藤隆之助や蠟山政道らによって立ち上げられ、東亜共同体論や新体制運動を主張した政策研究団体であった。当時、先の平貞三をはじめ三木清、佐々弘雄、東畑精一ら、その会員の多くが、婦団連盟や婦人時局研究会に招かれ、講演をおこなっていた。

▼高まる期待――汪兆銘新政権と東亜新秩序建設

東亜新秩序建設のためには、中国側に日本が交渉の対象にできる親日の中国統一政権を必要とした。一九三九年八月、市川は近衛声明に賛同し蒋介石の国民党から離脱した汪精衛（ペンネームが汪兆銘）を、「人物からいつて汪が最も適任でせう。汪氏は国民党の副総理だつたし、蒋介石に次いでの人物ですからね。いや蒋介石は軍隊を持つてゐるから第一人者なのだが、汪は何もなくてそこ迄行つたのですから、政治家としては一番偉らいかもしれません」と、高く評価した。そして「汪の手で早く強力な政権が出来るといいですね」、と汪新政権への期待感を膨らませていた[14]。

一九三九年七月、アメリカ政府は日米通商航海条約破棄を日本側に通告し、一二月、駐日アメリカ大使グルーが、新たに日米通商航海条約を締結することを拒否した。中国大陸では、この年の五月から九月にかけて日本軍はモンゴル共和国と満州の国境をめぐり、ノモンハンでソ連軍と激しい戦いを展開し大敗を喫した。一方、ヨーロッパ大陸で八月、ドイツとソ連が突如不可侵条約を調印し、日本はドイツ、イタリアとの三国同盟の交渉の打ち切りを余儀なくされた。九月一日、ドイツがポーランドへ進撃し、第二次世界大戦が勃発した。

当初東亜新秩序構想を積極的に支持しなかった市川も、一九三九年半ば以降、ヨーロッパで戦争が勃発し、国際情勢のなかで日本のいっそうの孤立が危惧されるようになると、しだいにその建設を支持する発言をするようになった。一九三九年九月、市川は、中国大陸の戦争を終息させ、東亜新秩序を構築する「覚悟」を持つべきと説いた。[15]

とにかく日本としては、どこの国も頼らず独力で日支事変を解決し、東亜の新秩序を建設する覚悟が必要ですよ。尤もそれは。世界を敵にまはすといふ意味ではない。

同年一一月一日、興亜院会議が「支那事変処理基本方針」を決定した。市川は、その方針が、前年の一一月、一二月に出された近衛第二次、第三次声明の「不賠償不侵略、支那の主権尊重」を具体的にしたものであると高く評価した。と同時に、そうした戦後処理方針が、日露戦争後の世論のように、国民の間に「譲歩し過ぎてゐる」という不満が醸成されることを危惧し、「東亜百年の大計のためには――所謂東亜新秩序の建設のためには、目前の利害関係にとらはれてはならないのです」と、国民の覚悟を問うようになった。[16]

▼中国への旅を決意する

汪政権の樹立は、常日ごろ中国への関心を深めていた市川が重い腰を上げるきっかけとなった。中国から帰国後、『女性展望』座談会で市川は中国旅行を決意した心の動きを次のように述べている。[17]

生田［生田花世］さんのお話をきいた時も行きたいなあと思ひ、他の人の話でも心は動いてゐたのですがこちらの仕事も忙しく、金の心配もあり、それに何となく辛い気持もあつて行きしぶつて居りましたが、いよ〳〵新政府ができれば［東亜新秩序］建設の段階に入るからといふやうなことに勇気づけられて、やっと腰を上げました。

座談会のメンバーのひとり生田花世もまた、亡夫生田春月の蔵書を満州に寄贈する企画をたてた望月百合子の誘いで渡満していた。

市川はさらに中国旅行の目的を具体的に二点、以下のように挙げている。[18]

私共―否私自身、事変処理、日満支の互助湶環、東亜新秩序等々を、口にし、大衆の婦人の人達に説きながら、その内容は受け売りをしてゐたのです。

先ず自分自身の時局認識を深め将来の覚悟を更に強めたい、然して銃後の特に一般婦人の方達にも更に努力していたゞくその資としたい、これが私の此度の旅行を思ひ立つた第一の理由なのです。

尚、新秩序建設のためには政治家や、商人や、或は男の人達だけではだめで、どうしても日支の婦人達が手を握る事が必要である、それは現在の段階ではまだ早いかも知れないが、その緒でも見つけられ、ば好都合だと思ひ、それも旅行の目的の中に含めてゐます。

▼東亜連盟協会の会員となる

満州事変以来、市川が主張していた中国大陸の状況を自らの目で見てよく知ること、そしてそこから日支の女性の連携の糸口を見つけたいという想いは、いよいよ汪政権が樹立され、近衛の提唱する東亜新秩序建設がはじまるという状況に直面し、「なんとなく辛い気持もあつて行きしぶつて」いた市川に中国行きを決断させた。一九四〇年二月初旬、中国行きを決断した市川は東亜連盟を訪れた。東亜連盟訪問の経緯を市川は次のように述べている。[19]

たまたま前年の春、石原莞爾中将を中心とする東亜連盟協会同志会（以下「東亜連盟協会」と略）が結成され、前から懇意にしていた青森の淡谷悠蔵氏がその幹部に加わっていた。淡谷氏によると、石原氏は軍による日本中心の東亜新秩序に反対し、日本と中国と同一の立場で東亜連盟協会を結成し、事変を解決しようというのである。この考え方には、以前から中国に関心を持ち、日中友好のグループ一土会の中心であった『東京朝日』記者竹中繁子氏も私も賛成なので、二月の初め麻布の東亜連盟協会事務所を訪問したことがあった。その際、淡谷氏ほか同協会幹部の人たちから、しきりに中国を見てくるようにとすすめられた。

第Ⅰ部第三章で指摘したが、市川が淡谷悠蔵（歌手淡谷のり子の父、戦後社会党衆議院議員）と出会ったのは、一九三四（昭和九）年、東北地方を深刻な冷害が襲ったときであった。被害の情報を淡谷から聞いた市川は、第六六臨時議会に上程予定の婦選三案の請願を一晩で「災害地に於ける母子保護に関する請願書」に書き変え、上程した。淡谷は当時、故郷青森の農民運動家で、作家でもあった。一九三八年に淡谷は、同郷の代議士木村武雄を団長とする満州移住農民視察団に参加し満州を初めて訪れた。さらに翌一九三九年三月、ふたたび木村武雄らとともに一カ月、上海、南京を訪れていた。その年の一一月、石原莞爾が東亜の和平を唱えて東亜連盟協会を立ち上げたとき、東亜連盟の理事長となった木村武雄の勧めで、淡谷も東亜連盟の会員となっていた。

獲得同盟の事務局日記によると市川は、一九四〇年一月二三日、金子しげりとともに淡谷悠蔵と会食している。[20] また、市川記念会の未公資料のなかに、市川の東亜連盟協会会員手帳がある。日付が「昭和一五年二月一一日」とあり[21]、はじめて東亜連盟協会訪問をした日に、市川は、連盟の趣旨に賛同し、会員を申請したようである。「事務局日記」によると、二月一五日に東亜連盟を再訪しているので、このとき会員手帳を受け取ったものと思われる。[22] その一週間後、市川は、中国へ旅立った。

南京市長高夫人晩餐会。前列左から二人目より市川，市長夫人，竹中繁，一人おいて佐藤（田村）俊子。1940 年 3 月

▼上海、南京、漢口の旅

一九四〇年二月二一日、東京を発った市川と竹中は、当時京都の師団長であった石原莞爾の自宅を訪問し、中国問題についての意見を聞いた。市川はその初対面の印象を「初めて話をした偉い軍人さんであったが、普通人と全く同じ態度で、好感が持てたのが印象に残っている」と記している。[23]もとよりこのとき市川は、石原が満州事変を画策した張本人であることを知る由もなかった。

翌二月二二日、二人は神戸から出港、船上で二泊して上海に到着した。上海で市川は、汪精衛（兆銘）を中国の新政権主席に担ぎ出した桜機関（諜報機関）を通して、汪に面会した。市川は旅行の目的のひとつである中国人女性との接触に努力するが、中国人女性に面会することは「なかなか骨が折れた」。同地では竹中が以前訪中した際に知り合った中国人女性との面会を希望したが、「やっとの想い」で話す機会を得たのは、一、二名にすぎなかった。さらに日中女性の交流活動をしていた春野鶴子、尼野くるみと会い、日本人が経営していたたばこ工場や紡績工場で働いていた中国人女性と話す機会を得た。[24]

三月一七日、市川と竹中は上海から杭州、蘇州を経て南京に入った。杭州には三泊し、日本軍が擁立していた市長婦人主催の晩餐会に出席した。新政府樹立で混乱する南京では、ホテルがとれず、東亜連盟協会から紹介された中国人の家に泊まった。同地で市川は、三月二〇日、汪兆銘を首席とする中華民国国民政府樹立のための中央政治会議を傍聴した。

市川はさらに三月三〇日の南京遷都までの間、単独で軍用機に乗り漢口へ行った。そこで市川は初めて、いわゆる「対敵放送」をおこなった。『自伝』で市川は、その状況を次のように記している[25]。

> 漢口は前線なので、早速軍につかまり、いわゆる対敵放送なるものをさせられた。もっとも何をいったらよいのかわからず、私が見て来た「国民政府」の事、そこでの婦人の地位、汪氏に面会したときのことだけなら、と承知した。

漢口では、漢口武漢青年協会の婦女部長石敬一女史やそのグループと歓談した。同協会は、北支の新民会、南京の大民会に相当する汪新政府支持の民衆集団であり、婦女部長の石敬一はこの後来日し、『女性展望』に「新中央政府と女子参政問題」を掲載している[26]。

市川は、さらに三〇日の南京遷都に間に合わせて、漢口から船で揚子江を下ってふたたび南京に戻った。そこで市川は、作家の田村俊子から中国の情勢を詳しく聞き、南京市長高婦人の招待を受けた。また、このとき「昭和一二年一二《ママ》月［実際は一一月］南京占領の際、日本軍が中国婦人を暴行、虐殺した状況（南京事件）を書いた外人宣教師のパンフレットの翻訳をある人からもらったし、その時の話もある人からきいた。日本人としてまことに恥ずかしく、弁解の余地は全くない。これでは日中の友好の確立は容易ではないことを深く感じた」と、市川は『自伝』に記している[27]。

一方、このとき市川は、『自伝』には触れられていないが、南京で支那派遣軍総司令部総参謀長の板垣征四郎に面会し、彼の「銃後の婦人に対しての希望」を聞きおおいに感銘を受けた[28]。南京からふたたび上海に戻った市川は、さらに情報を集めるために当時上海の工部局で働いていた、オーストリア人のミス・ヒンダーとアメリカ人のミス・スミスに面会した。市川は、一九二八年に参加したホノルルの汎太平洋婦人会議で、彼女たちと知り合っていた。当初中国北部（満州）へも行く予定であったが、中部だけですでに一カ月半を費やしていたため、四月一一日「重い心を抱いて」市川は帰国した[29]。

三　中国情報の発信——何を伝えたか

▼帰国後の市川——新しい模索と中国情報の発信と

帰国後に市川は、上海の租界で工部局職員をしていたアメリカ時代の友人福田藤楠から、軍が市川の「中国での行動についていろいろ聞きに来た」との知らせを受ける。市川もまた、旅行先の中国から送った『女性展望』「支那より」に、南京で「中央政治会議をめぐるアトモスフィーアにふれました。軍、政府関係の方は皆眼をまはしてよりつけず、お蔭で、私共も落つかぬ日を送りました」と記している[30]。

こうした中国での経験を経て市川は、『自伝』で「私は中国滞在中から政府や軍とは関係なく、この時局に対して何をなすべきかを深刻に考え始めていた」と記している[31]。はたして中国旅行後に市川は、精動の国策委員として政府の政策に沿って活躍していたそれまでの活動を、どのように「政府や軍とは関係」ない行動へと移行していたのだろうか。軍ファシズムの跋扈する当時の社会で、市川はその活動を表向き大きく変容することはなかった。帰国直後、精動運動第二次改組で設置された精動本部の参与を委嘱されると、市川はその任を受けた。

しかし、市川記念会に保存されている市川資料を繙くと、いままで語られてこなかった中国帰国後の市川の活動の一断面が明らかになる。後述するが市川は、帰国後に石原莞爾や東亜連盟との関係を深め、一九四二（昭和一七）年冒頭、東亜連盟に女性部を立ち上げ、その組織と綱領に大きな影響を及ぼした。日本と中国の民衆が東亜連盟協会をそれぞれの国につくり、草の根の連携で東亜に平和を構築する。石原の提唱したその思想は、中国旅行で市川が確信した、日本と中国の女性たちの連携を、日中の戦いの解決と東亜に平和を構築する一助とすべき、といった想いに、まさに合致するものであった。東亜連盟婦人部の立ち上げは、そうした市川の想いを「政府や軍部に関係ない」ところで結実させた活動のひとつと言える。

他方で中国旅行から帰国した市川は、あらゆる機会をとらえ積極的に中国旅行報告をおこなった。中国の状況を自らの眼で確かめ、自身の耳目で得た情報を「大衆の婦人たち」に発信することが、中国視察旅行の目的のひとつであったからである。

「事務局日記」によると、まず帰国翌日の四月一二日内閣情報部へ出向き帰国報告をし、同日夜、『朝日新聞』座談会に出席。さらに一四日、「うちわの報告会」に出席した。(32) 市川の帰国歓迎会として企画された同会には一二〇名が参加した。翌一五日には大蔵省に木内四郎、興亜院に真方中佐を訪問、一七日にはＪＯＡＫ（現ＮＨＫ）から「新政府成立と婦人」を放送した。四月二〇日、婦人時局研究会定例会で「新支那を見る」を報告、二六日には、米国東部に向けてのラジオ放送「支那より帰りて」をおこなった。(33) こうした報告会とは別に市川は、機関紙『女性展望』、『読売新聞』などに中国旅行報告を多数寄稿した。「事務局日記」によると市川は、中国に発つ三日前の二月一九日、読売新聞社と朝日新聞社をそれぞれ訪問している。中国旅行の寄稿文の打ち合わせであった。(34)

『読売新聞』は、三月八日から四月三日にかけて婦人欄に市川の「支那通信」を七回掲載した。一方で『朝日新聞』は、四月一一日、五〇日ぶりに帰国した市川と竹中を囲む女性たちの会を四月一二日夜に開催し、金子しげり、平井恒、山本杉、藤田タキが同席した。そこでの話の内容は、「市川房枝に聴く会」として四月一五日から一九日まで五回にわたって掲載された。さらに五月一〇日、婦選獲得同盟が大月照代の援助で、一九三七年以来隔月発行していた『*Japanese Women*』に“On My Return From China”を掲載した。

▼微妙に異なる情報の発信

市川は、五〇日にわたる中国の旅を通して何を学び、感じ、どのような想いに至っていたのだろうか。帰国後さまざまなメディア、講演会を通して市川が語ったことは、中国大陸での出会い、経験を通して、市川がどのように、近衛三原則に基づく東亜新秩序の構築を支持するに至ったか、そしてその構築に向けて、何がなされるべきと考えたのかを、率直に伝えている。

もとよりそれらは、戦時下の厳しい思想統制下に書かれたものであり、『朝日新聞』、『読売新聞』など、一般読者を対象としたもの、仲間の女性指導者たちを対象として書いた『女性展望』、あるいは、国際社会に向かって書かれた先の英文報告、そしてまた市川の死後明らかとなり、生前市川が一度も口にしなかった東京女子大学での若者を対象とした講演など、読み手、聞き手によって、中国旅行報告の内容が意図的に微妙に異なったものとなっている。しかしいずれも市川が中国大陸で経験し、感じたことがそれぞれの読者に向かって可能な限りの率直さで語られており、それらをより合せると、一九四〇(昭和一五)年、日本が中国大陸での戦争から対米英蘭戦争へと突入する角番の時点で、市川が戦争終息への道と、そこでの女性指導者の役割をどのように捉えていたか、市川の抱いた展望を探ることができる。

▼支那派遣軍総司令部総参謀長板垣征四郎の言葉――『読売新聞』

『読売新聞』の支那通信第一報では、上海で会見に成功した汪精衛の新政権に臨む女性政策についての報告がなされている。まず、汪が日本で婦選運動を率いてきた市川に対し「同情と敬意」を表し、「私は民主主義政治家であるから、婦人参政権には賛成」であると述べたと記す。そのうえで、「国民党としては、政治上、法律上男女に平等の権利を与えてゐる」が、「大部分の婦人の知能は低いので、それを引上げる事に考慮を払つて来た」こと、さらに「新政府にも相当の地位に婦人が参加するであらう」という汪の言葉を報告している。(35)

支那通信第二報は、上海で会った女性たちについての報告である。市川は同地で知識階級、労働者階級それぞれの女性たち十数名と会って話す機会を持った。とくに中国の知識階層の女性に関して、日本の女性に比べて、彼女たちの政治意識がきわめて高いことを指摘し、汪政権に対して彼女たちが「その施政の実績による」と、論評を避けていたと指摘する。そして「日支」関係に関しては、自分たちと同様に彼女たちも「現在の不幸なる状態を一日も早く収拾し東亜永年の平和の確立を望んでゐる」と強調した。さらに近衛声明に関しては、あまりよく知られていないが、内容を説明したら、「それならばよい、それをその通りに実行してくれゝば」と好感をもってくれたと、近衛声明を評価する。(36)

支那通信第三報は、上海における日本の「婦人団体」報告である。市川は、その多くが主婦の団体であり、「接客業者を除く純粋の職業婦人だけでも相当数に達して」いるのに、職業婦人の団体が「全く存在してゐない」のは遺憾であると述べる。さらに「東洋永遠平和を確立するために、日華婦人の連絡、中国人に対しての各種の事業等を行ふ事が、将来は絶対必要」と主張した。(37)

第四報で市川は、上海には六万五〇〇〇人の日本人が住んでいるにもかかわらず、国民精神総動員運動が軟調であることを指摘し、運動を活発化させるため、精動委員会決定の指令の所管を領事館、あるいは興亜院のいずれかに一本化すべきと主張する。そして、「新東亜の建設、日支の親睦等々、聖戦の目的達成に関する目標項目等が、中国人の真中にある、又第三国人を前にしてゐるこの上海邦人の精神運動の中に一つもないのは、甚だ遺憾」と述べた。(38)

支那通信第五報は、南京で中央政治会議が終わった後、南京特別市市長の高夫人招待で日支婦人懇談会が開かれた様子を報告している。(39) 南京で市川は支那派遣軍総司令部総参謀長の板垣征四郎に面会し、「約五十分間」の歓談の機会を得た。「支那通信第六報」で市川、板垣の「銃後の婦人に対しての希望」を報告した。まず市川は、板垣総参謀長が「内地のことを心配されて」次のように述べていると報告する。

この度の事変で日本国民も相当の犠牲をはらつてはゐるが、然し直接の戦禍は少しも蒙つてはゐない。その点支那の民衆はもつと大きな犠牲をはらつてゐるのだから、その事を考へ我慢してほしい。内地は物資が不足してきてゐるさうだが、数年の後には、日満支の間で自給自足ができるやうになるから暫くの我慢である……

そして「将来の日支の関係について」板垣が、近衛声明を次のように語ったと記す。

この度の戦争は近衛声明で天下に声明したとほり、土地も取らない、金も取らないといふのである。それで唯一の戦果は、日支提携により、東亜永遠の平和の建設にある。

然し、日支の提携は心からわきでる提携でなくてはならない。一方が他方を軽視してゐてはだめである。お互いが、尊重しあひ信頼しあふ所にはじめて心からの提携ができるのである

市川は、板垣が「この際すべての日本人が、支那人から尊敬をうけ得るだけの人格を作る必要」があると述べたことを記し、とくに銃後の女性たちへ「和平が実現したら、婦人は婦人同士で、文化的方面から日支の提携に努力してほしい」と希望していることを伝える。そして最後に、「この閣下の御意見は渡支後僅か一ヶ月にすぎない筆者にも十分うなづける事どもであった」と締めくくる。(40)

支那通信第七報は、「新政府と婦人」についてであり、汪新政府には、政治委員会（総数四〇人）、立法院議員（五〇人）のなかにそれぞれ一人の女性を参加させていることを報告し、「一人宛では十分ではないが、然しこの二つの重要機関にそれ〴〵婦人の参加をみたことは、新政府が前国民政府同様、婦人の政治への参加を認めたものとみてよ

からう」と指摘する。(41)

▼「知識階級婦人との連携」──『朝日新聞』

『朝日新聞』紙上の「新支那の女性──市川房枝に聴く会」は、新支那の女性に焦点を当てて報告がなされている。同コラムは冒頭で、「『女は女同志』和平建国の新支那の女性と手を取り合つて、共に興亜新秩序の達成に邁進しようと云ふ目的から」、市川と竹中が中国を訪問したことを紹介する。

汪との会見を報告する第一回コラムでは、まず遷都三日前に到着した南京の様子が「至つて静かで何処にも新政府成立前の興奮は見られません」と報告する。同時に上海での汪会見で、汪が「男女は平等に扱う心算だ。国民参政会議にも三名婦人を任命した……遺憾なことに利用し得る婦人が少い……大衆婦人を教育し引き上げる事について考へてゐる」と述べたことを報告する。(42)

第二回のコラムでは、新政権に入った二人の女性について、さらに汪政権を支持する漢口の若いインテリの青年男女の会、漢口武漢青年協会について報告する。市川はこの会の若者に期待を寄せ、同会がとくに「婦女部」を持ち、石敬一という三十代前半の大学卒の女性が長を務めていることを報告する。(43) 第三回コラムでは、「南京に見る明るさ」を指摘し、汪新政権が誕生したことで「抗日意識に育てられた若い人達の気持ちも明るく動いて来てゐるのですね」と観察している。さらに中国では家庭内の婦人の権力が強く、「支那婦人に云はせると日本の女は奴隷だと云」われていると報告する。(44) 第四回コラムでは、新政権が男女の教育は機会均等主義をとるとしているが、日本に留学経験を持つ要人が多数入っている新政権の女子教育は、「明治三十七、八年の我が国の良妻賢母」を目指していると危惧した。一方で市川は、現地の日本人女学校で中国語を教えている時間数が極端に少ないことを批判した。(45)

最終コラムで市川は、支那人と結婚している日本人女性が、支那社会に溶け込み、日支親善に貢献していることを評価した。そして女性、とくに「知識婦人との提携」が「親善の実を挙げる道」であると持論を展開する。

支那の婦人の中には、二〇歳位でもハッキリした政治意識を持つてゐる知識階級が沢山ゐます。かうした支那の若いインテリ女性と日本の知識階級の婦人とが、女は女同士しつかり手を握りあつて、支那と日本との間の争ひは今度が最後で、もう之以上は一切しない。東亜の新秩序建設の為に支那側の婦人と日本側の婦人がお互に努力する事が必要だと思ひます。

そして具体的な方法として、「なによりも先づ日本をよく理解させること」、そして「一般の日本の知識階級の婦人がもつと積極的に乗り出すことが大切」と指摘した。(46)

▼仲間に向けて――『女性展望』

市川はまた『女性展望』の三月号から五月号にかけ毎号中国旅行報告をおこない、繰り返し日本と中国の女性たちの連携の必要性を強調した。まず同誌三月号の「私の頁　支那の旅より」は、上海上陸直前の船内図書室で書かれたもので、二泊の船旅の様子が、日本を離れた一時の解放感で書かれている。ここで先に指摘した中国旅行の動機を吐露し、「新秩序の建設のためには政治家や、商人や、或は男の人達だけではだめで、どうしても日支の婦人達が手を握る事が必要である」と強く主張する。(47)

四月号では、XYZの筆名で市川が担当した「時局政治問答」のコラムで、南京で陪席した新中央政府樹立の様子を詳しく説明した。そして、中央政府樹立祝典には、日本の女性側からも、使節を送ることを勧め、「何といつてもこれからは日支の親善に本気で女が乗り出さなくてはなりませんよ」と締めくくる。(48)さらに同号の「支那より」のコラムで「揚子江より」を掲載し、行く先々の都市の様子と出会った中国女性のことが率直に述べられる。そして「新政府が出来ても、大きな期待は持てない、それにから騒ぎをしてゐてはいけない、もつと事変の実相を見極めて、全般的に、根本的な対処策を建てなくてはならないといふ気がします」と述べ、新政府樹立に欣喜雀躍するのではなく、

「私共婦人は何をなすべきか」を真剣に考えなくてはならないし、市川自身も考えていると心中を吐露する。(49)

同号ではさらに「新中央政府樹立の感想」と「日本婦人は如何に協力すべきか」を、高群逸枝をはじめ山室民子、三浦環、竹内茂代、木内キヤウら二一名の各界の女性にアンケート調査をし、その結果を「新支那の建設と日本婦人」として掲載した。

▼「私共婦人は何をなすべきか」

最終的に市川の「私共婦人は何をなすべきか」といった考えは、『女性展望』五月号の「私の頁」欄「支那旅行の感想」で敷衍された。(50) 同所で市川は、中国旅行での見聞を踏まえ、中国大陸の戦争処理の方向と、そのなかで女性が何をなすべきかを詳述した。この一文には、日中全面戦争が展開する中国を訪れた市川が、戦争を終息させる方法として、近衛三原則による東亜新秩序構想を強く支持するに至った、その内面の軌跡が率直に語られている。その意味で同文は、満州事変勃発直後、事変批判とその早期終息の方法を記した論考、「国際平和と婦選」と双璧をなすものであると言えよう。

「支那旅行の感想」ではまず、市川の「旅行中の最大の関心の一つ」であった、汪新政権に対する分析がなされる。市川は、汪政権の成立には、大本営直属の情報機関である梅機関（影佐少将首班）が、「近衛声明の三原則を基本」方針として「協力し、折衝した」と指摘する。そしてそれゆえに、この新政権が、「前の臨時政府［昭和一二年一月、北京に設置された中華民国臨時政府と昭和一三年三月、南京に設置された中華民国維新政府］とは全く性格を異にしたもの」であり、それは「事実上に於て」、日本政府・軍部の「ロボットではないやうです」と分析する。「然しロボットでないだけに、若し日本側が前の政府の時と同様な態度を持続すると、其間に多少の摩擦が起る心配があります」と警告した。そして、汪新政権が「名実相伴つた新政権としての実力を持つためには」、二つのことが必要と指摘した。

第一が、「日本側の出先各機関は協力一致してはつきり近衛声明の原則に立つ事」である。第二に、新政権が「支那の民衆の信頼を得ることが絶対に必要」であり、日本はその手助けをする必要があると主張した。そして「支那の民衆は現在、物資就中米の不足物価暴騰によつて安居楽業が出来にくい」状況にあり、この件に関して、「日本にも相当の責任があるのでありますから新政府と協力してその解決に努力」すべきであると提言した。

▼「軍部もやがて撤兵することになります」

つぎに近衛原則で事変処理をすることは、将来どのような日支関係となるか、そのためにどのような方策がとられるべきで、女性は何をなすべきかが語られる(51)。

近衛声明の原則で事変を処理する事になると、御承知のやうに領土もとらない、賠償金もとらない主権は尊重すると云ふのでありますから経済的な特殊権益もとらなければ、軍部もやがて撤兵する事になりませう。〔傍点筆者〕

すれば両国のつながりは、精神的な日支の提携にその基礎をおく事になりませう。

満州事変以来、軍部の主導で中国大陸の戦争が拡大の一途をたどり、政府も政党もその軍部の意向に抗うことができず引きずられてきた。近衛三原則で政府は初めて、中国大陸に日本の「主権」と領土拡大を目指す軍首脳の意向と真っ向から対峙する、大陸における戦争目的とその処理方法を明示した。もし日本の政府と国民が近衛三原則を支持し、軍と政府の中国出先機関がこれを遵守し実現の運びになれば、軍部は中国大陸での戦争目的を喪失し、自然に徹底せざるをえないのだ。だから、中国大陸における中国の主権を認め、戦争によって占領した領土を中国に戻し、また戦争によって被った被害の賠償を要求しないとする、近衛三原則を遵守することこそが唯一残された戦争終息の途である。

中国旅行を通して市川は、近衛三原則に基づき「事変」の処理をおこなう限り日本政府は、中国大陸上で日本が占拠した土地をとらないのだから、軍部も中国大陸での存在意義を失い、「やがて撤兵する事」になるという思いに至っていた。そしてその方法が唯一、中国大陸の戦争に終止符を打つ道であると確信した。

しかし同時に市川は、たとえ近衛三原則で事変処理をして軍部が中国大陸から撤退しても、日中関係がそれで途絶えてしまうのではないことを強調する。近衛三原則は日中戦争を終息させるための原則であるが、それは東亜に新秩序を建設することを最終目的としている。だから戦争終息後は、日本と「支那」の文化的、精神的連携の必要性が喫緊の課題として浮上すると、市川は強調する。そしてそうした関係は時間がかかるが、日中両国の国民が自発的に作り上げるべきものであり、新政権に参加する中国青年が「ほんとうに日本と提携しやうといふ気持ちを持」たなくてはならいし、彼らの信頼を手にするためには「よい日本人が、相当の時をかけて、努力しなければ」ならない。なによりも「日支親善、東亜新秩序の建設の手本は、まづ現地の人達が示してくれなければならない」と勧告した。(52)

▼日中草の根の連携と女性の役割

市川は、日本と中国の文化的、精神的なつながりを構築するために、日支の女性たちの草の根交流こそ重要な意義があると強調した。(53) その点に関して市川はまず、「支那」の女性たち、とくに知識人女性たちの抗日意識が非常に高いことを指摘する。

> 支那の知識階級の婦人について考へられる事は、男子の人達よりも抗日意識が強いのではないかといふ事です。これは男の人達は生活の問題があるから適当にカムフラーヂーして行く場合が多いが婦人は大部分その必要がないから、考へを容易にかへない。

しかし、同じ女性として、中国の女性も日本の女性と同様に、戦争を嫌悪しているから、この点で連携の糸口があるはずだという持論を展開する。

さうした婦人達といへども日支が子々孫々、戦争を続けることは望んでゐない、日支永遠の和平については関心を持つてゐるから、その点をとらえて働きかける、但しそれには女は女同志で、日本の婦人特に知識階級の婦人を通してでなければ出来ないと思ふのです。

中国の女性たちと実際にあった市川はまた、日中女性たちの交流に関して、「尤もその点になると日本の知識階級の婦人といつても、支那の知識階級の婦人と太刀討ちの出来る人が少ないのではないかと思ひます」と率直に危惧する。最終的に市川は、「日支婦人の提携連絡は、今の所まだ少し早い」が、「現在表面に出て日本側と提携してゐる婦人達或は此度の新政府関係の婦人達との間だけでも」提携、連絡を取りはじめるべきと提言する。そのために、日本の知識階級の女性たち、「特に大衆の婦人達を対象としての運動をしてゐる」女性たちが、中国を訪問し、見聞を広め、中国の女性に会う必要があり、また中国側からも日本に来てもらって日本についての認識を深め日本の女性と会ってもらうことである、と主張する。そしてさらに続けて、「こういふ事をするために小さくてもよいから、機関があるとよいと思ひ、それについて考へてゐます」と述べる(54)。この市川の想いが、後に東亜連盟婦人部の設置につながっていった。

▼日本は「単独では行き得ない」――国益追求の本音

「支那旅行の感想」の最後で市川は、東亜新秩序構想を支持するに至った本音を次のように吐露した。「とにかく将来の日本は、支那と切りはなしては考へられない。それは尊い犠牲を生す為めばかりでなく、政治、経済、外交等の問題を含めて」日本は、「単独では行き得ない」からである、と(55)。そして、仲間の女性たちに、この現実をよく理解し、

「支那の問題について深い関心を払はれんことを切望する」、と呼びかけた。

将来の発展を考えたとき日本は「単独では行き得ない」のだ。「政治、経済、外交」などあらゆる面で中国とともに生きることこそ、両国の発展につながるのだ。そのため近衛三原則で中国大陸の戦争に終止符をうち、東亜新秩序建設に邁進することが肝要である。実際こうした中国大陸上の問題を日本の国益追求から見る見方は、満州事変以来一貫して市川の中国観の根底にあった。

第Ⅰ部第三章で検証したように、「国際平和と婦選」で市川は、非戦論者の立場から満州事変を厳しく批判し、事変勃発時以前の地点（満州鉄道領有地）まで関東軍を撤退させるべきであると強く主張した。しかし同論文で市川は決して、中国大陸から日本軍が撤退することを提案したわけではなかった。市川が批判したのは、関東軍が中国大陸での戦争を拡大し続けたことに対してであった。そもそも市川は同所で、満州事変がなぜ起こったのかという問題にあえて立ち入らず、事変が日清・日露の両戦争以来の軍膨張主義の延長線上にあることを不問に付した。両次の戦いで日本人が血を流して得た大陸の日本の特殊権益を認める国民的コンセンサスを、市川もまた共有していたからにほかならなかった。

中国大陸の戦いが盧溝橋事件後、日中全面戦争へと拡大するなかで、近衛文麿の提示した戦争終息のための三原則と東亜新秩構想は、泥沼化した戦争を中国人の民族意識に沿ったかたちで終息させる唯一の活路であった。と同時に、近衛の打ち出した東亜新秩序構想は、中国大陸上での日本の国益を追求するうえで一見「理にかなった」、日本のさらなる発展のための将来構想でもあった。中国旅行を通し確認された市川のこうした想いは、中国旅行直前に婦人時局研究会が主催した講演会「東亜新秩序について」で、演者の平貞三が明快に分析し、主張していたことでもあった。実際そうした考えは、平自身がその主要メンバーのひとりであった近衛首相のブレイン集団、昭和研究会の「良識派リベラル知識人」たちが、当時共有した考えでもまたあった。

▼国際社会に向けて

以上みてきた『読売新聞』『朝日新聞』、あるいは『女性展望』に書かれた市川の中国旅行報告はいずれも日本人の読者を対象としたものであり、厳しい検閲を意識したうえで書かれたものでもあった。

一方、ここで国際社会に向けて発行されていた婦選獲得同盟の隔月発行誌『*Japanese Women*』に掲載された、「中国から帰りて」(On My Return From China) を読むと、市川は必ずしも中国旅行で感じた本当の気持を、日本向け読者には語っていたのではないことがわかる。同文の冒頭では、市川はまず次のように書いている[56]。

上海や他の都市で、そして鉄道の線路上や揚子江の川岸で目の当たりにした戦争の惨劇や、この戦争によってもたらされた中国の無辜の民衆の悲惨な現状に、私は大きな衝撃を受けました。そしてこの同じ時にヨーロッパ大陸で同じ運命に翻弄されているポーランドやノルウェーの人々に思いをはせ、彼らへの同情心を新たにしました。日中の戦争や、英仏同盟対ドイツとの戦いの直接的な誘因は多く挙げることが出来ると思います。しかしそうした問題を別にして、日本人の女性として、平和的手段で日中間の問題を解決出来なかったことは、非常に遺憾なことだと感じています。

日中双方で被ったかけがえのない犠牲のためにも、一刻も早くに平和な状態が戻ることを私達は祈っています。

日本人の読者に向けて書かれた報告のどこにも、戦争によって中国や中国人が被った悲惨な現実は語られていない。また「平和」という言葉自体どこにも使われていないし、いわんや指導的立場にある女性として戦争を回避できなかった無念さを直裁に語ることはなかった。このアメリカの友人たちに語られた冒頭の一文は、「何となく辛い気持ち」で行きしぶっていた市川が、中国の現状を見て最初に感じた率直な印象であったことは想像に難くない。

同文で市川は近衛宣言にふれ、領土的野心を持たない、戦争賠償金を放棄する、中国の主権を認めるとする近衛三原則が、通常の戦後処理の常識から大きく逸脱したものであり、その宣言自体が諸外国で疑心暗鬼に受け取られていることは予測できると指摘する。しかし自分たち女性は、近衛宣言を真剣に支持しており、その早急な実現を願っているのだと強調した。ここでもまた市川は、日中草の根の女性たちの連携が「恒久的平和の前提条件である」と持論を展開した。しかし同時にここでは、これまで日中両国で高い教育を受けた女性たちが、自分たちの民族的近似性にほとんど注意を払わず、自分を含めて西洋志向であったため、お互いをほとんど知らない状況に置かれているのが、非常に残念であると率直に語っていた。

▼若者への報告——東京女子大学での講話

さらに、ここまで紹介してきた市川の中国旅行報告とはまったく異なる、いまひとつの中国旅行報告が、今日明らかとなっている。東京女子大での若者を対象に秘密裏におこなわれた報告である。事務局日記によると、五月一五日、市川は東京女子大で講演したという記録が残っている[57]。しかし市川は、生前一度もこのときの話がどのような内容であったかを語ることはなかった。私たちは、このとき東京女子大の学生であり、市川から「支那の話」を直接聞いた、元白梅学園短大学長の田中未来の自伝『生きること育てること』を通してしか、その内容を知ることができない[58]。

当時東京女子大の学生であった田中未来は、上級生に「戦争のことで本当のことを知りたい人だけが来なさい。いいかげんな気持ちの人はこなくてよろしい」と耳打ちされた。田中は「戦争にかねてから疑問をもっていたので、ぜひ聞かなければならない」と考え、参加した。会場の体育館二階は、「窓もろくにない倉庫のような所」であった。暗い室内には三〇人ほどの学生が集まっていた。そのなかに市川の姿があった。会合は市川が中国で見た事実を学生に話して聞かせるためのものであった[59]。

皆さん、戦争について本当の事は国民に隠されています……

あなた方若い人は本当のことを知らなければいけない、知る権利というより義務がある。聞きたくない話かもしれないし、聞いてどうなるという問題でもない。しかしいつの日かそれを生かしてほしい……

日本は南京攻略、広東陥落と勝った勝ったといっているが、本当はそうでない……

今の戦争は、『聖戦』どころか、泥沼に踏み込んでゆくような救いのない戦いなのです。

市川は、日本軍が中国の女性と子どもに働いた暴行と虐殺の数々を学生に話して聞かせた。

南京攻略の時日本軍の所業はひどいものでした。例えば赤ん坊を放り投げて銃剣で受け止めた……

「事務局日記」によると、このころ市川は、東京ＹＷＣＡ駿河台女学校（五月九日）、府立第二高女同窓会（五月一八日）などで、若い人を対象の講演をおこなっている。(60) 戦争の真実を率直に語ったのが東京女子大学だけであったのか、あるいはそうした若者への話でもまた戦争の真実を語ったのか、今となってはわからない。

東京女子大の当時の学長安井てつは、キリスト教の深い信仰を持ち、内に平和主義を秘めた教育者であった。当時日本キリスト教団は、日本の軍国主義の国策を支持する方向転換をしていた。しかし安井は、学校の国旗掲揚が強制されていた状況下で、また、憲兵のたび重なる脅しにもかかわらず、国旗掲揚を拒否したり、皇居遥拝の行進すべき日に、東京女子大学創設の外国人神父の墓に学生を誘導し、そこで日本の軍国主義をわびる祈りをする気骨ある教育者であった。市川はそうした学長の考えを知っていたからこそ、東京女子大学では、戦争の真実を話したに違いなかった。(61)

▼平貞三の「東亜新秩序について」と板垣征四郎との会見

中国大陸で日本軍が犯した決して許容できない戦争犯罪行為の現実と、その戦争を終息させるため日本政府が提示した近衛三原則と東亜新秩序構想という一見「理想的」な方針。その二律背反のはざまで市川は、中国旅行を通して何を確認し、どこにその活路を見いだしていたのか。

中国旅行を通して中国人の持つ民族意識の高さを認識した市川は、中国の主権を認め、戦争によって日本の手にした中国領土を返却し、戦争の賠償金を要求しないとする、戦争終息のための近衛三原則は、中国人の民族意識にかなった唯一の戦争を終息させる方法であると理解した。だから、ともかく日本政府と国民が、近衛三原則を真剣に遵守し、東亜新秩序構想を実現させることが重要であると考えた。日本政府と国民が近衛三原則に基づいて事変処理を真摯に遵守すれば、中国の主権を認めず中国支配を続ける軍部は、中国大陸に居続ける意味を喪失することになる。そうなれば「軍部もやがて撤兵することになります」といった期待感が、その背後にあった。

同時に市川は中国旅行を通して、「政治、経済、外交の問題を含めて」「日本は単独では行き得ない」ことを強く認識した。当初、東亜新秩序構想の建設に一〇〇年はかかり戦争を長引かせるだけだ、と市川は逡巡していた。しかし中国旅行を通して初めて広大な中国大陸を見、その可能性を認識した市川は、戦争終息後の日本の活路を中国との共存共栄に求める東亜新秩序構想に見いだし、強く支持するようになった。

こうした市川の中国問題に対する現実的理解と選択に大きな影響を与えたのが、中国旅行直前に市川が参加した平貞三の「東亜新秩序について」の講話であり、また中国旅行中の板垣征四郎総参謀長との会見であった。市川は、中国旅行に発つ直前の一九四〇年二月一七日、婦人時局研究会主催の平貞三による「東亜新秩序について」の講演会に参加した。平は同講演で、日本と中国の共存共栄の可能性を強く主張した。平貞三の講話は、翌三月の『女性展望』に掲載された[62]。

そこで平は、まず「支那事変」は、「日本が満州事変の成功になれて、自分の実力をよく見極めず、少々軽率に支那に手を出した」結果であると指摘し、支那事変が泥沼化した原因を五点挙げた。第一に、「支那人の民族国家建設の要求を無視したこと」であり、第二は、「国民党の指導力を過小評価したこと」である。第三は「国共協力の程度について観察を誤つた」こと、つまり「あの根強い民族意識を以てすれば国共合作の可能性は十分にあることを日本人は知らなかった」からであり、第四が「事変をめぐる国際関係」で「長期間の見通し」を持たなかったためである。そして第五が、「支那の封建制、半植民地性を重視」し、「支那の官僚と軍閥は金さへやれば日本の云ふことを聞く」と思い違いしたことである。

平は、満州事変当時の市川も含めておおかたの日本人に欠落していた見方、すなわち中国人の民族意識の強さを認識しなかったことが、中国大陸での戦争の泥沼化の原因であることを、明快に分析してみせた。そのうえで、「日支提携は必ず来る」と強調した。なぜなら、支那単独でも日本一国でもソヴィエトに対抗できないし、英国に対しても同様である。もし英米両国と対向するとなると、なおさらのことである。さらに産業構造的に見て、日本は重工業段階に入っているから、軽工業は支那に持たせ、支那には必要な資材を提供し、共存共栄を図ることができるのだと、平は指摘した。そして平は、近衛の打ち出した新東亜論が、日本と支那のそうした要求を融和させるために生まれたものであり、善隣友好、共同防共、経済提携を三原則としたものであると説明し、日支経済提携のためには、両国が提携できるように共産主義でもなく資本主義でもない新しい体制を考え出さなくてはいけない、と諄々と説いた[63]。

市川はまた、南京で平の主張を裏づけるかのように支那派遣軍総司令部総参謀長板垣征四郎の口から直接、支那事変の戦後処理は、近衛声明どおり「土地もとらない、金もとらない」ものであり、「唯一の戦果は日支提携により東亜永遠の平和の建設」であると聞いた。実際板垣は、市川の中国滞在中の三月一八日に支那派遣軍総司令官声明を出し、「帝国は事変以来抗日政権の徹底的壊滅を図る傍ら道義に立脚せる東亜新秩序の建設に邁進し来れり」と述べ、事変以来日本軍が占拠してきた地域の中国側の財産はあくまで一時的に預かってきたものであり、中国の新政権が強固になり治安が維持できる状態になれば逐次返還するものである、と宣言した[64]。

市川は、この板垣の主張が軍主流の政策から大きく乖離する、中国出先機関の主張であることを認識しなかった。

板垣はかつて石原莞爾とともに満州事変を画策した人物であった。しかし終生石原を尊敬し続けた板垣は、石原が当初の趣旨を変え、日満支の草の根民衆の協働で東亜新秩序の建設を目指すため、東亜連盟を立ち上げるとふたたびその石原の思想に共鳴し、近衛の東亜新秩序構想を強く支持していた。

この石原の東亜連盟の思想は、軍主導で中国大陸の占領を目指す東条英機ら軍首脳の考えとは真っ向から対峙するものであった。しかし市川は、板垣との会見を通して、満州事変以来不協和音を奏でていた「軍」と政府が初めて、戦争終息に向けての一致点を見いだしたと考えた。そしてともかく「軍」内部に異論はあるにしても、「軍」と政府が一致して主張するこの戦争終息を現実化させることこそ肝心であると考えた。そうした想いは支那の女性たちとの連携を模索するなかで、率直に語られた(65)。

私は中国の人たちにかう言ひました。近衛声明は従来の対支政策を根本的に変へるものだから、国内にも反対論はあるが、私たちはそれを純粋にして行くのが任務だと考へてゐるのだと。

市川は、近衛三原則による戦争終息の方法が、かつて日露戦争後の世論の趨勢がそうであったように、国民の間で軟弱であるという不満が出ることを恐れ、「東亜百年の大計のためには――所謂東亜新秩序の建設のためには、目前の利害関係にとらはれてはならないのです」と国民の覚悟を強く促した(66)。

▼「支那派遣軍将兵に告ぐ」

板垣の主張はさらに、「天長節」の四月二九日に「支那派遣軍将兵に告ぐ」として、支那派遣軍の全将兵に配られた(67)。板垣の参謀、辻政信(68)によって書かれたとされる同声明はシナ事変が道義の戦いであると述べ、戦場における略奪、暴行、無用な破壊を戒め、戦後処理は、草の根の両国民の連携による平和構築を説く東亜連盟運動以外にはないことを主張していた。この「支那派遣軍将兵に告ぐ」は、二年前の南京大虐殺に対する反省をこめたものであった。東京女子大学の学生たちに語ったように、南京での日本軍の暴挙に心を痛めていた市川にとって、この「支那派遣軍将兵に告ぐ」は、真っすぐに心に入ってきたようである。『女性展望』六月号の「時局政治経済問答」では、「派遣軍将兵に告ぐ」の項目をあげ、それを読んで非常に感激した、その理由を次のように述べている。(69)

この声明は勿論近衛声明の指導精神に基づいてゐますが、事変の原因のところで日本側の在来のやり方について も反省を行つてゐます、又派遣将兵に対して、『其行状において天地に愧づるやうな事があつては大御心を冒瀆し奉り、支那人に反つて永久の恨みを残す事となる……』と戒め、所謂不良邦人の行為をはつきり糾弾し『支那には支那の伝統があり、支那人には支那人特有の習俗がある、これを尊重しこれを理解し……』とて支那人に対する態度も懇切に指導してある点等々大凡今迄軍から出たものに見られない率直さ、真率さがみられ、事変処理についての固い決意がうかゞはれるのです。

実際、南京での日本軍の行為を知った市川にとって、この声明は心に響くものであった。市川は、「この態度、この信念でなら、軍に日本のこの行詰まつた政治の責任を持つて貫つてもよいと思ひます」と述べ、「政治も経済も戦時態制をとゝのへ、文字通りに挙国一致して事変処理に邁進しなければだめだと思ひます」と強調した。(70)

市川は、自らが参与をつとめる東亜連盟の機関誌『東亜連盟』にもまた、その思いを次のように表わした。(71)

私自身支那に行つて、見た事、感じた事を派遣軍［「支那派遣軍将兵に告ぐ」］が率直に大胆に指摘し、指導して居られることをうれしく拝見しました。殊に帰還将兵の方達の態度までに言及して居られる点に特に心をうたれました。

一方この声明は、事変処理の方向を最も明確に表現しているものとして、銃後の国民全部に読ませ度いと思ひます。

市川が強く支持した「支那派遣軍将兵に告ぐ」の主張は、現実には石原莞爾を尊敬し親密な関係にあった板垣を長とする中国の出先軍の意見であった。そのためこの見解は、中国の主権を認めずあくまでも日本を盟主とする東亜新秩序構築にこだわっていた軍主流の反発を招いた。「支那派遣軍将兵に告ぐ」は、日本だけではなく、中国でも熱狂的に支持され反響が大きかっただけに、その声明の主張する東亜連盟運動は国内で弾圧されることになった。東条英機内閣は、東亜連盟運動の禁止を閣議決定し、一九四一年に板垣を朝鮮司令官に左遷した。

▼現実的選択の陥穽

中国旅行を通して一方で戦争を終息させることが容易でないことを、他方で日本が国際社会を「単独では行き得ないこと」を痛感した市川にとって、中国大陸からの完全撤退は現実的選択ではなかった。

そもそも市川は、非戦論の立場にあった満州事変勃発当時にあっても、中国大陸から日本軍が完全徹底することを主張しなかった。日清、日露の戦いで日本が獲得した中国大陸の特殊権益は当然擁護されるべきものと考えていた。市川が批判したのは中国大陸で戦況を拡大し続ける関東軍に対してであり、満州事変勃発当時の地点にまで関東軍が撤退し、戦争を終息させることを主張していた。中国大陸にこれまで日本がつぎ込んだ莫大な犠牲、労力、財力を無駄にしないで、さらに日本が国際社会で確固とした地歩を築くためには、中国と日本が共存共栄するほかに選択肢はない。そのために近衛三原則で戦争を終息させ、そのうえで東亜新秩序構築を目指す方策こそが、最も国益に叶った唯一の現実的選択である、と市川は考えた。

一方で現実主義の運動家として市川は、近衛三原則と東亜新秩序構想を額面どおりに受け取っていたわけではなかった。中国から帰国後の五月、市川は、『女性展望』で「大陸進出と婦人」を語る座談会に出席した。その席で参加者のひとり、若い石原（西）清子が、「近衛声明の純粋も共同体論の理想も分りますが、若しその底に何かゞひそんで居れば……」と、近衛三原則に対する懐疑を表明した。それに対して市川は、ただちに「それはねえ、不純なものがあるのは当然だと思ひますよ、我々はその不純を除いて行けばよい。問題はどうやつて除くかですよ」と即答した。[72] どのような状況にあっても現実（体制）のなかで変革への最も可能な道を模索し、社会を変えていこうとする現実主義的な体制内社会改革運動家としての市川の真骨頂の反応といえよう。

一方で、欧米社会のアジア植民地支配に対抗するため東亜に新秩序を構築するという基軸を明確に打ち出した東亜新秩序構想は、三様の負の意味を内包していた。ひとつは、中国大陸での戦いが、欧米諸国の傀儡となっている蒋介石軍を倒すためという文脈で正当化され、日本軍の中国大陸侵略戦争を聖戦化していったことである。実際、市川が中国大陸の戦いを初めて容認したのは、近衛三原則に戦争終息の活路を見いだし、中国大陸の戦争に聖戦意識を持った一九四一年以降であった。同年一月、市川は初めて「第三国の援助をかりて益々抗日意識を昂めてゐる蒋政権の打倒を継続しなければならない」と、中国大陸の戦いを容認する発言をした。[73]

いまひとつは、長年にわたる欧米諸国の帝国主義支配からアジアを解放するという「聖戦」の論理化とその最終目的である東亜新秩序の構築は、英米両国の中国大陸上の権益と真っ向から対立し、つまるところ両国との最終戦の可能性を意味したことである。市川が東亜新秩序構想を支持した意図は、中国大陸での戦争を終息させることにあった。しかし東亜新秩序構想は、中国大陸での戦争を欧米諸国との戦いへと拡大する必然性を孕んでいた。そのため東亜新秩序を支持することによって市川は、英米との戦争が現実のものとなったとき、戦争へのコミットメントをいっそう深めることになった。

市川が日米開戦を初めて容認したのは、欧米の傀儡である蒋介石との戦いを容認した翌月の一九四一年二月であった。『女性展望』「巻頭言」で市川は次のように主張した。[74]

米国が飽迄東亜に於ける日本の地位を認識せず、東亜新秩序の建設を否定する限り、事態が最悪の場合に到達するも亦已むを得ないものと思ふのである。

東亜新秩序構想の第三の負の側面は、東亜の新秩序が、あくまでも日本のリーダーシップによって構築されることを想定していた点にある。ビッグ・ブラザーとしての日本の主導で東亜に安定した秩序を作るという考えは、市川や昭和研究会のリベラル派知識人の多くが、一切疑義を抱かなかった点である。否、疑義を抱かなかったばかりではなく、はたして日本人にその力があるかどうかを憂慮し、日本人の民族性の改革をすることをすら提言していた(75)。

そこでは、中国人と中国文化に対する日本人と日本文化の絶対的優位性が暗黙の了解として共有されていた。そのため、東亜新秩序構想が大東亜共栄圏の思想へと進展する過程で強化された、アジアの近隣諸国への日本文化のおしつけ、つまり日本化が、どれほどアジアの民族意識を逆なでし、抗日の運動を高揚させるものになるかを、市川も昭和研究会のリベラル派知識人も十分感知しえなかった。そしてその不感症こそが、戦争の実相を見極める眼を鈍らせ、中国大陸での戦争が対米戦争へと拡大することを容易に認めることになった。

四　東亜連盟協会に女性部を設置

▼日中女性たちのネットワークづくり

先に指摘したが中国旅行後、市川が展開した新しい活動は、日中草の根の女性たちの連携を目指したネットワークづくりにあった。中国旅行を通して、実際に中国人を知り、中国を見ることの重要性を感じた市川は、帰国後少しでも多くの日本の女性たちが中国へ行く手助けをし、また来日する中国の女性たちと交流する場を模索した。

市川は、中国への旅行前日の二月二〇日、朝鮮から来日した朴、黄、方三女史を婦人時局研究会に招き懇談した。[76]中国帰国後も市川は婦人時局研究会を通して、機会があるごとに積極的に草の根の中国女性たちと交流しネットワークづくりを試みた。

中国帰国半年後の一一月一六日、婦人時局研究会は第一回幹事会に中国旅行で市川が接触した武漢青年協会婦人部長の石敬一らを招き懇談会を開催した。[77]市川は、武漢で会った同協会所属の若い男女が汪政権を支持していることを知り、おおいに勇気づけられた。石敬一もまた、一九四〇年四月『女性展望』に「新中央政府と女子参政問題」を寄稿し、日本の参政権運動と「願はくば中国婦女と連合相共に東亜婦女界の幸福を図るべく努力したい」と呼びかけていた。[78]

一二月二〇日、婦人時局研究会は、視察のため来日していた興亜中学校中日語学校の中国人女性教師と学生三名との懇談会を持ち、同懇談会には市川、金子をはじめ婦人時局研究会の若手一〇名が参加した。市川は先の中国旅行で同校を訪れていた。懇談の内容を報道した『婦女新聞』「姑娘（クーニャン）と語る――婦人時局研究会で」によると、会談の前に、「私的に訪れてきた人があつても、その人たちのために適当な視察のプランをたて、やる機関がないためにせつかく日本まできながら、肝心なところを見落として帰つてしまふ」が、相手が女性の場合、「日本の婦人団体としては特に考えなければならぬ」と、話し合われていた。[79]

翌一九四一年二月一八日に婦人時局研究会は、広東教育視察団の婦人団員を招き懇談会を開催した。[80]さらに六月三〇日婦人時局研究会は、春野鶴を囲み「上海における女子青年の動きに就いて」の懇談会を持った。春野は、盧溝橋事件翌年の一九三八年南京にジャーナリストとして従軍して以来、上海に居住し、一九四〇年末、日中の女性が協働で和平運動を推進するための東亜婦女会を古賀久留美らと創立、月刊誌『婦人大陸』を発刊していた。先述したように、市川は中国旅行最初の停泊地上海で春野らと会い現地事情を聴取した。以後『女性展望』は「上海便り」、「大陸通信」のコラムを一九四一年八月の廃刊号まで折に触れて掲載し、中国大陸での日中女性の連携の模索を紹介した。[81]

▼ひとつの接点——石原莞爾と市川房枝

こうした中国人女性や中国在住日本人との交流を通して市川は、しだいに日本と中国の女性たちが交流する正式な機関を作ることを考えはじめていた。中国帰国一年半後の一九四二年一月初頭、市川は東亜連盟協会に婦人部を立ち上げた。

そもそも市川は、中国旅行直前に会った石原に好印象を持ち、その考えに共鳴した。日本と中国に民間の東亜連盟協会を作り、日中草の根の民衆の手で東亜の平和秩序を作ろうと主張する石原莞爾の東亜連盟運動の思想は、満州事変以降市川が抱き続けた、中国と日本の草の根女性たちの連携によって平和を達成しようとする想いと軌を一にしていた。

中国から帰国後に市川は、機会があるごとに東亜連盟協会や石原莞爾との接触を深めた。たとえば婦人時局研究会は、一九四一(昭和一六)年二月二一日、金曜午餐会の第六回会合に東亜連盟協会参与会員で、市川に同協会を紹介した淡谷悠蔵を招き懇談会を開催した[82]。さらに四月一〇日、東亜連盟協会が、中央参与会員第一回全国会議を東京で開催すると、市川はこの会を傍聴した[83]。六月八日、婦人時局研究会は、京都から上京中の陸軍中将石原莞爾を囲む東亜連盟懇談会を企画した。あいにく当日、石原は急病(風邪)のため淡谷悠蔵が代行したが、この会合は、市川が師団長会議で来京した石原を九段の宿舎に訪問し、約束を取り付けてきたものであった[84]。

東亜連盟協会は、会員を下から一般会員、正会員、参与会員の三段階に分け、参与会員は任命制をとっていた。先述したように、市川は、中国旅行直前に協会の一般会員として入会した。同協会の活動に日中女性の連携の可能性を見た市川は、一九四一年六月一一日から一九日にかけての週に、あらためて正会員として協会に参画した[85]。そして連盟正会員となった市川は、機会があるごとに同協会の集会や石原莞爾の講演会に参加し、また自らも協会主催の講演会に演者として呼ばれていた。一九四一年九月二七日から二九日にかけて市川は、東亜連盟協会山形支部に招かれ数回にわたり講演をおこなった[86]。当時東亜連盟協会は中国本土をはじめ、日本全国に支部を持っていたが、石原莞爾の故郷山形支部は多数の会員を擁し、活動も活発であった。
さらに一〇月六日、日本評論家協会が石原莞爾との懇談会を開催すると、協会常任理事の市川は参加した(87)。日本評論家協会を発足させた津久井竜雄は、同懇談会の様子を次のように記している(88)。

石原氏はこのとき、京都師団長を東条にやめさせられて、東亜連盟の運動に専念しているときだった。……東条のことはあたまからバカにしている風で、……評論家協会の講演のときも「私と東条と思想上の対立があるとかいう人があるがそんなことはない、東条という人にはどだい思想はないのだから、彼と思想の対立があるはずはありません」といった具合で……きき しにまさる傍若無人ぶりにおどろいた。

東亜連盟協会への強い共感と関与の結果、市川は、最終的に一九四一年一一月二五日、東亜連盟協会中央参与会員に任命された(89)。
実際、石原莞爾の思想に共鳴した市川は、戦争の最終段階までその思想を学習する機会を計画していた。日米開戦二年後の一九四三年八月から一二月にかけて四回、市川は東亜連盟研究会に婦人問題研究所の事務所を貸し、石原莞爾の「世界最終戦」研究会を開催した(90)。『自伝』によると、同会は「もちろん私［市川］が中心で、男女の有志十数名の集まりであった(91)」。石原は、世界最終戦争を東洋の王道と西洋の覇道のどちらが戦後の世界統一の原理となるかを決めるための戦いとし、その戦いは西洋の中心アメリカとアジア民族の団結によって形成される東亜連盟によるものであると主張していた。

▼東亜連盟婦人部の設置

一九四二（昭和一七）年初頭に市川は、東亜連盟に婦人部を立ち上げ(92)、一月六日、「婦人界の指導者」たちを招待し、協会顧問の石原莞爾の講話「大東亜戦争と東亜連盟」を聴く会を開催した[93]。先述の「支那旅行の感想」で市川は、日本と中国の女性たちが、それぞれ相手の国を知り、交流を深めるための「小さくてもよいから、さういふ機関があるといい」と指摘していた。中国帰国後の市川にとってまさに東亜連盟協会のなかに婦人部を発足させることは、そうした想いを現実化することを意味した。市川資料に残されている「東亜連盟婦人部の構成並に其運営要綱」（昭和一六年）を見ると、同協会婦人部の組織、企画、目標ともに、市川の意向を反映したものであることがわかる[94]。

婦人部は、事務機構として専任婦人職員一名と、婦人部委員約一〇名を置くとしている。そして婦人部委員が、婦人を対照とする運動の企画立案、実行に協力し、委員には「婦人の中央参与員の他、本運動に関心深き婦人を委嘱する」とあるから、前年に中央参与を委嘱されていた市川は、東亜連盟婦人部委員にも委嘱されたことになる。委員会は月二回くらい開催し、「委員会の決定事項は、常任委員会の議を経て協会として実行に移す」とされた。市川は、精動運動の過程で常に精動中央連盟のなかに、女性が企画運営する婦人部を設置することを要求してきた。実際、専従の女性スタッフを置き、女性委員に企画立案をまかせた東亜連盟女性部の構成は、第Ⅱ部第七章で示した市川が精動中央連盟の婦人部として構想していた私案に酷似している。

婦人部企画目標もまた、当時中国視察旅行を終えて、「日支」の女性の連携の必要を強く主張していた市川の意向が色濃く反映されている。企画目標の第一は、「日本婦人の間に東亜連盟思想を普及する事」、第二は、「東亜各国婦人の実情を理解し、婦人を通じての民族協和を図る為め調査、研究を行ふと共に、視察、親善団の派遣を行ふこと」とある。そして第三は、「日本在留の東亜各国民——特に学生、婦人との連絡親善をはかる為め、懇談会等を開催する事」である。第四が「東亜各国より来朝する婦人視察団の斡旋及交流等を行ふ事」、第五は「新時代に相応しき衣食住問題の研究実践」となっている。

戦前の日本社会で男性が設立した社会運動のなかに、女性たちが主体的に運営する婦人部を設けることはきわめてまれであった。石原が市川の男女平等観と婦選運動をどう理解したのか、石原、市川のどちらにも、それを語る資料が残されていないので、確かなことは明らかでない。しかし一九四一年一〇月一二日、石原莞爾は、女弟子の白土（小泉）菊枝に書簡を出し、「市川房枝さん等により東亜連盟婦人部いよいよ成立するらしく候。御奮闘感謝の外無之候」と書き送っている。[95]この一文から石原が市川の女性部設置構想を認め、市川たちに設置準備を自由にさせていたことがわかる。

残念ながら、東亜連盟婦人部設立後市川が同婦人部を通してどのような活動をしたのかを語る資料は残されていない。市川資料には、一九四二年二月二五日に開催された東亜連盟婦人部第二回委員会のお知らせが残るのみである。[96]すでに前年末、日米開戦が起こり、太平洋上の戦争が激化するなかで、日中女性の連携を模索する市川の活動自体が困難になっていた。白土によると、東亜連盟婦人部は、企画目標の第五の「新時代に相応しき衣食住問題の研究実践」を軸に活動していたようである。[97]

しかし市川自身は一九四三年半ば頃まで、細々ではあるが、機会があれば婦人時局研究会などを通して、中国情報の収集の機会を持ち続けていた。たとえば同年四月四日、婦人時局研究会は、大日本興亜同盟第三局（支那部）副部長戸叶武のあっせんで、中華民国国民政府陸軍上校、王朝磊、中華民国国民政府留学生帝大大学院在学の呉朋を招待し婦人問題研究所事務所で特別懇談会を開催した。[98]

また一九四三年七月二三日、婦人時局研究会は、戸叶武の講演会を開き、「新中国の文化建設について」の話を聞いた。戸叶武は落選したが、前年の一九四二年四月三〇日の翼賛選挙で市川が積極的に応援した非推薦候補者であった。戸叶はその前年三月に津久井竜雄らと、大陸に活躍した日本主義陣営の同志三〇名と大東亜同志会を作り、それが大日本興亜同盟へと発展していた。その後も戸叶は、日本外政協会壮年部長、上海大陸新報主幹を歴任し、新中国に深い造詣をもっていた。「新中国に文化の華を咲かせる為には、何よりも先づ経済問題の解決による民生の安定を図らねばならぬ」と主張し、「支那民族の若い世代の中からまじめなヒューラーを発見せんと努力している」と語る戸叶に感銘を受けたことが、『婦人問題研究所々報』に記されている。[99]

▼戦後市川の石原莞爾評

戦後石原莞爾は、東亜連盟協会だけが戦前から一貫して男女平等の活動をおこなってきた団体であると主張した。そして同協会が反動的団体として占領軍に解散を命じられ、白土菊枝が、その存続のため嘆願書をマッカーサー夫人へ出すことを提案すると、石原は、東亜連盟協会が女性部を戦時期に設置していた事実を、ぜひ嘆願書に書き入れるよう、白土に指示した[100]。

一方で市川は、戦後も一貫して石原に対する好意を持ち続けていた。戦後二〇年を経た一九七六年三月、『石原莞爾全集』が出版される際、市川は同書に推薦文を寄せた。以下はその全文である[101]。

私は石原中将の著書の一部しか読んだことがありません。しかし氏の中将時代に、京都のお宅と、軍人会館でお目にかかり、そのお人柄と、中国に対してのお考えに敬服し、氏を中心とした東亜連盟にも一時参加したことがあります。私は百姓の娘でしたので偉い軍人には全く知人はなく、婦人に無理解で戦争の好きな軍人―軍部にずっと反感を持っていました。しかし石原中将は軍人でも違う、いままでにない偉い軍人だと思います。

此度、白土菊枝さんの努力で将軍の全集が刊行されることになったのは、まことにうれしく、軍部や戦争に関心を持っていられる方々には、是非この全集を読んでくださるようおすすめします。

この市川の推薦文に衝撃を受けた評論家の佐高信は、『経済と文化』に「拝啓　市川房枝様」を載せた[102]。当時、市川は八二歳、第一線の政治家として戦後最大の汚職事件であるロッキード事件に真っ向から対峙し、同事件に対するアメリカの世論調査で渡米までおこなっていた。

同文で佐高信は、ロッキード事件の首謀者のひとり児玉誉士夫が戦前石原に「接近していろんな連絡に当たっていた」ことを指摘し、「クリーンとダーティの全く対極に位置する様な市川さんと児玉が、石原莞爾という一点で微妙に交差しているわけですが、私はそれをもって市川さんを責めようというのではありません。ただ、昭和五十一年の今の時点で、なお石原全集を『すいせん』する市川さんにひとつの危惧を抱くのです」と批判した。そして、市川自身が五・一五事件の被告に対して、「被告の動機が善であるとの理由を以てその暗殺行為を是認するが如き事の絶対ないことを望みたい[103]」と書いているのを引用し、満州事変を画策し、十五年戦争の泥沼に国民を引きずりこんだ張本人の石原に対しても「これはそのまま石原中将にも当てはめなければならないのではないでしょうか」、と疑問を投げかける。

ここで佐高が問題視するのは、市川の持つ歴史認識の「甘さ」であり、佐高は「そうした『甘さ』が市川さんの強さにもなっている」とも指摘する。佐高は、山川菊栄が市川の婦選運動に対し「何等の明白な、確乎たる社会観にも基づかずに、ブルジョア一流のセンチメンタリズムを以て、ただ漠然と『婦人と子供の権利』を主張している」と批判するのを「正統的」批判であると評価する。そのうえで、市川が標榜する戦前の「婦人参政権」も戦後の「理想選挙」も、それらは「条件なのであり、条件を目的と取り違えてはならない」にもかかわらず、「いささか性急な理想主義」でそれらを混交し、戦前・戦中・戦後の活動を展開してきたところに、「クリーン」市川の歴史認識の「甘さ」の原因があるのではないかと、佐高自らが言う「余計な心配」を記す。

生前市川が、どの程度、石原莞爾と満州事変のかかわりを認識していたのか、残された資料はなく、明らかでない。しかし石原が満州事変の首謀者であったという事実は戦後明らかになり、戦後四半世紀を経た当時にあっては、歴史の常識のひとつになっていた。市川は、この現実を不問に付したのだろうか。

市川が推薦文を書いた『石原全集』を編集した白土菊枝は、市川と同様、東亜連盟協会の参与であった。一九三七年、自らの満州での生活体験をもとに、家事手伝いとして雇い入れた勝気な中国人少女が日本文化に同化されていく過程を描いた『満州人の少女』がベストセラーとなり、石原莞爾に請われて東亜連盟の運動に加わっていた。婦人部の活動を通して市川とも懇意の仲であった。

戦後四半世紀を経て白土菊枝から、『石原莞爾全集』の推薦文を依頼されたとき、市川の脳裏によみがえった石原莞爾は、戦時中の最も苦しいときに市川を理解した「軍人」であった。石原は市川にとって、軍人なのに「いばらない人、自分にも対等に接してくれた温厚な紳士」、東亜連盟運動のなかに女性部を、市川の考えていたようなかたちで設置させてくれた人、そしてなによりも、東亜の平和を日中民間人の連携で達成しようとした人であった。市川のイメージのなかで石原は、「同志」であった。たとえ現実の石原が「奇人、変人、傲慢な人」という側面があったとしても、市川に見せた石原は寧ろそうしたイメージとは対極にあるものであった。

あるいは市川の石原観のなかで、おそらく戦後知ることになった満州事変と石原の関係よりも、市川が石原に邂逅した当時の「石原氏は軍による日本中心の東亜新秩序に反対し、日本と中国と同一の立場で東亜連盟協会を結成し、事変を解決しようというのであった」(104)と『自伝』に記された在野の石原イメージが、より強かったのだろうか。自らに正直に、そして他者に誠実に生き続けた市川にとって、いまひとつの石原観を描くことは可能ではなかったのかもしれない。

だがそれにしても、著者もまた佐高と同様、戦後四半世紀を過ぎてもなぜ市川が戦前から変わることのない高い石原莞爾観を持ち続けていたのか、疑問を持たざるをえない。その疑問は、市川が先の大戦をどのように捉えていたのかという根源的問題にかかわってくる。はたして市川は、満州事変にはじまる十五年戦争をアジアに対する侵略戦争として戦後どの程度認識していたのだろうか。佐高が指摘する市川の歴史認識の「甘さ」は、戦時期市川の活動と意識のどこに伏在するのだろうか。こうした疑問に対する解答の糸口を見いだすため、次章以降で本来非戦論者であった市川が、一九四一年初頭、中国大陸の戦争を肯定し日米開戦を容認、さらに戦争末期にかけて深く戦争に関与していく転向の軌跡を検証しよう。

第10章　新政治体制から大政翼賛体制へ——転向の軌跡

一　新政治体制支持へ——代議制の否定

▼大政翼賛へのなだれ現象——「バスに乗り遅れるな」

市川が中国旅行をおこなった一九四〇（昭和一五）年は、皇紀二千六百年の年にあたり[1]、一一月には五日にわたり国を挙げての祝賀行事がおこなわれた。市川もまた前年末、紀元二千六百年建国祭実行委員に委嘱され、その祝賀行事の「梅の節句委員」を担っていた[2]。祝賀ムードのなか、「八紘一宇」「大政翼賛」のスローガンが称揚され、一切の異論を認めない翼賛の国づくりが進展していった。一九四〇年はまた帝国議会開設五〇周年の年にあたっていたが、この年すべての政党は解散し、議会はその本来の機能を喪失した。

同年初めに開催された第七五議会で、二月二日、民政党の斉藤隆夫は、一時間半にわたり質問をおこない、日中戦争処理方針として東亜新秩序構築を謳った第三次近衛声明を「唯、徒に聖戦の美名に隠れて」と徹底批判した。後に「反軍演説」として知られる斉藤の同演説に対し陸軍は、「聖戦」を冒瀆するとして議会に厳しい処罰を要求した。これを受けて衆議院懲罰委員会は斉藤の除名を決定し、衆議院本会議で賛成二九六名、反対七名、棄権一一四名で除名が確定した。さらに三月二五日、斉藤除名派の一〇〇人近くの有志議員は、聖戦貫徹議員連盟を結成し、各党に解党を要求した。彼らは、当時軍部、政党の枠を超えて人気の高かった近衛文麿を党首に担ぎ、強力な挙国一致の新党の立ち上げを目論んでいた。

近衛新党の機運興隆を背景に近衛は、六月二四日、枢密院議長を辞任し、「内外未曾有の変局に対処するため、強力なる挙国政治体制を確立するの必要は、何人も認めるところである。自分は……斯くの如き新体制の確立のために微力を捧げたい」と声明を出し、新体制運動に乗り出す決意を表明した。(3) 挙国一致の新党形成を目前に六月から八月にかけて、「バスに乗り遅れるな」を合言葉に各政党がいっせいに解散していった。まず七月六日、社会大衆党が解散、続いて一六日、政友会正統派（久原派）、二六日、国民同盟（民政党からの分派）、三〇日、政友会革新派（中島派）、八月一五日、民政党がつぎつぎに解党した。

国際社会では、ドイツのナチ軍がヨーロッパを破竹の勢いで侵攻し、六月、パリに無血入場を果たし、同月、イタリアが英仏に宣戦布告をおこなった。

▼第二次近衛内閣と新政治体制

七月一六日、米内光政内閣は、畑俊六陸相の単独辞任で総辞職を余儀なくされ、二二日、第二次近衛文麿内閣が成立した。親米英的と見られていた米内内閣の総辞職は、近衛文麿の新体制運動を支持する軍部を背景に、畑俊六陸相が「世界情勢に対処して国内政治体制を一新する要あり」との理由で辞表を出し、陸軍が軍部大臣現役武官制を楯に後任を推薦することを拒絶したためであった。(4)

第二次近衛内閣は、陸軍大臣に対米強硬派の東条英機、外務大臣に日独伊軍事同盟推進派の松岡洋右が就任し、日米開戦に向かうレールが敷かれた。組閣四日後の七月二六日近衛内閣は、「基本国策要綱」を閣議決定し、八月一日、「新内閣の向かう所を明らかにするため」新聞発表した。(5)

「基本国策要綱」は、まず、「世界は今や歴史的一代転機」にあり、国際社会は「数個の国家群の生成発展」途上にあり、「皇国は有史以来の試験に直面している」と指摘した。そして「万難を排し」この「世界史的発展の必然的動向」に呼応して高度国防国家体制と東亜新秩序を確立することが内閣の喫緊の課題であり、そのため国内の新政治体制を三つの点から確立するとした。(6) 第一に、国民すべてがそれぞれの職域に応じ国家に奉公するための新国民組織の構築、第二に、新政治体制に即応する議会翼賛体制の確立、そして第三が、行政の効率を上げるための官界新態勢の確立である。

そもそも新政治体制は、一九三三（昭和八）年に近衛首相の右腕といわれた後藤隆之助と蠟山政道が結成した昭和研究会が唱えた、「議会は天皇政治を翼賛するものであり、政党によって政権を争奪すべきではない」とする考えを根拠としていた。(7) 近衛首相は、挙国一致の強力な国内新政治体制を確立することで軍部の独走を阻止し、東亜新秩序の建設を通して日中戦争の終息を模索していた。

組閣翌日の七月二三日、近衛首相は、「大命を拝して」と題したラジオ放送をおこない、彼が推進しようとしている挙国一致の新政治体制が、政党間の政権争奪はもとより、社会主義、民主主義、そして明治維新以来の西欧自由主義とも相容れないことを明確にした。(8)

思ふに従来政党の弊害は二つある、その一つは立党の趣旨に於て、自由主義をとり民主主義をとり或は社会主義をとつて其根本の世界観、人生観が既に国体と相容れないものがあるといふ点であつて、これは今日急速に転回し抜本的に改正しなければならないところである。その二つは党派結成の主要なる目的を政権の争奪に置くことであつて、かくの如きは立法府に於ける大政翼賛の道では断じて無いのである。

外務大臣松岡洋右は八月一日のラジオ談話で、国際社会がドイツ、イタリア、ソ連、日本、アメリカを指導者とする「数個の国家群」にブロック化されていく状況のもとで前年の夏以来顕在化していたアメリカとの軋轢に対処するためには、日独伊三国同盟を結びそれにソ連を同調させる以外、日本の外交方針はありえないと主張した。さらに松岡は、新政治体制は、「皇道の大精神に則りまづ日満支をその一環とする大東亜共栄圏の確立を図る」と述べ、以後近衛の東亜新秩序構想は、大東亜共栄圏という言説にとってかわり、敗戦にいたるまで、聖戦の根拠として称揚された。

▼代議制の否定――内的変化の軌跡

第Ⅰ部第三、四章で検証したように、本来市川は、婦選を主張する者として議会制民主主義に対する強い信奉を持ち、全体主義には反対であった。しかし一九三七年末から一九四〇年末にかけての精動運動時代、市川の意識のなかにひとつの重要な変化が起こっていた。明治憲法下での議会制政治に対する信頼の喪失である。

市川は、一九三六年、岡田啓介内閣のもとで皇道派陸軍青年将校による二・二六事件が勃発して以来、軍ファシズムの横暴ぶりをつぶさに見ていた。実際、一九三六年から三七年にかけて首相は、岡田啓介、広田弘毅、林銑十郎、近衛文麿と実に一年半の間に四回代わった。そうした頻繁におこなわれた政権交代は、広田内閣で復活した軍部大臣現役武官制を楯に、軍の意向を政治に反映させようとする軍の力の行使によるものであった。と同時に、明治憲法下で首相の権限が他の閣僚と同レベルに位置づけられ、首相は閣僚の罷免権を持たず政治的リーダーシップを取ることが困難であったためでもあった。

一九三七年一月、林銑十郎内閣が成立したとき、市川は軍によるファッショ化を危惧し、議会政治の機能低下を憂慮した。林内閣が第一次近衛文麿内閣に引き継がれたときも、程度の差はあるが近衛が基本的にファッショ的であると指摘していた。その近衛内閣のもとで一九三八年四月、国家総動員法が公布されたとき、議会を傍聴していた市川は、その法律の内容が、「議会の協賛を経べき重大なもの」を「すっかり政府にまかせることになる」と強い危惧を示した。しかし近衛第一次内閣が平沼内閣に引き継がれた一九三九年一月になると市川は、「現在の国民はむしろ軍政一如的な強力な内閣の出現を望んでいる」と国民の声を借りて、自らの強い政権に対する希望を開陳するようになった。中国大陸の戦争が泥沼化し、明治憲法下の代議制がますます機能しなくなるなかで市川は、たとえ「軍政一如」でも戦局を乗り切るため、ともかく強い指導力を持った政府が必要と主張するようになっていった。

その意識の変容は、一九四〇年の中国旅行で板垣征四郎支那派遣軍総参謀長と会見し、さらに強まっていった。市川は、板垣から支那事変の戦後処理は、近衛声明どおり「土地もとらない、金もとらない」ものであり、「唯一の戦果は日支提携により東亜永遠の平和の建設」であると聞くと、政府と軍が中国大陸の問題で初めて意見が一致したと理解した。そして板垣が、関東軍の南京での暴挙を猛省し、「戦場」における不必要な暴力行為を戒め、東亜連盟運動による東亜の恒久的平和構築を平易に説いた「支那派遣軍将兵に告ぐ」を発表すると、「この態度、この信念でなら、軍に日本のこの行詰つた政治の責任を持つて貫つてもよい」と主張するまでに至っていた。

▼政党に対する信頼の失墜

明治憲法下の代議制に対する市川の失望は、同時代の政党に対する不信感によって決定的なものとなった。市川が政党に対する失望を最初に表わしたのは、一九三二年三月の第六一議会で犬養首相を党首とする政友会に対してであった。当時政友会は議席の三分の二をゆうに超す圧倒的多数を擁していた。しかし、政友会は、膨大な満州事変処理予算を審議らしい審議もせず通過させ、いま一歩で実現するまでにこぎつけ、犬養党首自らも約束した婦人公民権案を議会に提出する機会すら与えなかった。市川は、与党政友会が圧倒的多数を占める議会で「政府さへ決意すれば、実行の不可能なる事はあり得ない筈である。この地位にあつて、選挙に於て或はその在野時代に与へた公約の実行を回避することは絶対に許されない」と、痛烈に批判した(9)。

中国大陸での戦いが泥沼化し軍部の台頭する事変後の社会で、政友会、民政党、無産政党はともに、軍の政治介入に果敢に抵抗しないばかりでなく、ファッショ化する時代の波のなかで右顧左眄し、党内では指導権をめぐる権力闘争に明け暮れていた。とくに五・一五事件で総裁の犬養毅を暗殺された政友会は、党首をめぐる政争に終止符を打つことができずにいた。

一九三七年一月、第七〇帝国議会で政友会長老の浜田国松は、軍部の政治進出を批判し、若い寺内寿一陸相と対立した。軍を侮辱したと糾弾された浜田は、速記録を調べ自分の発言に軍を侮辱したような発言があれば「割腹して詫びるが、もしなければ君が割腹せよ」と若輩の寺内を牽制した。このいわゆる「腹切り問答」事件をきっかけに、政友会は各派閥に分かれ、政友会総裁四代行委員制がとられるようになった。

二月二日、林銑十郎内閣が、政友会の派閥抗争が熾烈化するなかで誕生した。その閣僚は軍と官僚で構成され、政党からの代表を一切含まないいわゆる超然内閣となった。市川は、「これで完全に軍部が日本の政治権を掌握した事になるよ」[10]と憂慮し、代議制の崩壊に直面しても派閥抗争に明け暮れ、一切抵抗しない政党の腰抜けぶりに怒りを露わにした。

　軍部がこはいんだよ、全く意気地なしばかりがよつてゐるからな。国民はこの度の重大時局に対して、国民の代表としての意志表示を望んでゐたのに、またその機会をつくる事を尾崎氏［尾崎行雄］が発言したに拘らず握り潰してしまつた
　……
　その握り潰しの張本人が社大［社会大衆党］なのだからあきれる。選挙では社大に一つボイコットを喰はせるんだな

その後も政友会は総裁の座をめぐる派閥抗争に終止符を打つことができず、一九三九年四月、次期総裁をめぐり中島派と久原派に分裂した。権力闘争にあけくれる政党に対する市川の怒りは頂点に達し、五月一日、『朝日新聞』で私党は「消えて無くなってほしい」と政友会を糾弾した[11]。

此頃の新聞紙上に於て、およそ目障りな記事は、政友会のお家騒動に関するものである。それは、手に汗を握らせる様な緊迫した国際情勢、乃至は日毎に整備されて行く国内の総動員態勢に、全くそぐはないものである。……

政党は国民を代表して大衆を翼賛し奉るべき公党である筈である。

然るに党内における派閥の闘争、総裁の争奪に日を暮らし、警察に厄介をかけるに到つては、全く一私党に堕し終つたといつても差し支えあるまい。

私党には……地上から消えて無くなつてほしいのである。

さうして真に国民の総意を代表して、時局の処理に邁進してくれる真の公党が産れてほしいのである。……

▼新政治体制に対する支持と留保

明治憲法下の代議制の限界と既成政党に失望した市川は、一九四〇年六月、近衛文麿が緊迫する国際危機に即応できる国内整備のために新党運動に乗り出し枢密院議長を辞職すると、「支那の現地を視察して以来、特にその必要を痛感し、それを主張して来たひとりとして、この段階に達した事を喜び、近衛公の決断に対して遥に敬意を表するものである」(12)と述べ、「是非成功させたいと思つてゐる」と応援の姿勢を明確にした。そして近衛が「己成政党の離合集散や眼前の政権を目標とした策動には賛成しない」と述べている点を指摘し、近衛の目指す新党運動が「己成政党を解散して挙国党を作らうといふ」ものであり、事態は「近衛さんの考へてゐる方向にまとまつて行くでせう」と「挙国政治体制」への期待感をふくらませた(13)。

一方で市川の全体主義体制への傾斜は、ひとつの留保条件が付けられていた。周知のように全体主義体制は、強大な国家権力が国民の意思と生活全般を強権的にコントロールすることを意味している。しかし精動運動を国民の「自主的運動たらしめる」と主張した市川は、ここでもまた新政治体制に国民が自ら進んで参加する自主的な関与が必要であると主張した。一九三九（昭和一四）年一月、第一次近衛内閣が平沼内閣へと引き継がれたとき、市川は、平沼内閣に対してたとえ「軍政一如」であっても「明朗であれば」と要望を付けた。市川は、国家の非常時には「総ての国民をして、喜んで国難に赴かせることが必要」であると述べ、「国家総動員の要諦」は、国民が「喜んで国難に赴かせる」ところにこそあると強調した。そして第一次近衛内閣の国民の支持が高かった理由はまさに、その政府の明朗性にあったと指摘した。

市川がここで言う「明朗な政府」とは情報の公開された政府ということである。戦争という国難を乗りきるために国民が一致団結して国策に協力する必要がある。しかし同時に、国民の協力が上からの一方的な強制によるものではなく、国民が喜んで――自発的意思で――協力するものでなくてはならない。そのためにこそ政府は情報公開をしなくてはならないと、市川は強調した。なぜなら、政府が国民に時局認識を徹底させるため情報を充分開示すれば、国民の危機意識も高まり、国民は自発的に政府に協力するようになるからである。市川は、近衛の新政治体制を支持する一方で、第二次近衛内閣に対しても「現在日本が直面してゐる困難を出来るだけそのま、国民に知らせる事」を強く要望した。(14)

二　女性の再組織に向けて――市川の「婦人再組織」論

▼「婦人の手に」よる新政治体制の模索

近衛首相は新政治体制に女性を参画させるか否か、明確にしなかった。彼は、日支事変三周年記念の一九四〇年七月七日、軽井沢で新聞記者に新政治体制に関する所信を述べた。そのとき軍人、官僚、学生に協力を呼びかけていたが、女性に対する呼びかけはなかった。(15)

市川は新政治体制を支持したが、同時に同体制に不可欠なこととして、「国民の半数を占めてゐる婦人の存在を無視しない事」を強く要求した。「日本婦人の国家意識が今日程昂揚された事は、有史以来初めて」であり、「日常の生活を通じて政治への関心が大衆婦人の間に芽生え普及」してきたと、市川は指摘した。しかし「婦人のこの意識、関心は、男子によつては代表し得ないものである」から、「新体制への婦人の参加」は、「婦人の特殊性に基き、多少の別があつても差支へはあるまい」と主張した。さらに、「婦人の新体制への参加の形式、婦人自身の新体制の確立――婦人の再組織等々に関する研究、試案」は、「婦人の手によらなければフィットした案は生まれない」と主張し、婦人指導者たちがこの問題に関心を持つよう呼びかけた。[16]

一九四〇年七月二〇日、婦人時局研究会一五回定例研究会で市川は、同会の新体制特別委員会の若手メンバーと作り上げた婦人再組織に関する中間報告をおこなった。[17] さらに市川は、婦人再組織に関する婦人時局案を審議するため、新体制婦人団体協議会の開催を計画し、全国的組織を持つ女性団体に八月二八日、書簡で参加を呼びかけた。新政治体制運動の理念が、「飽迄万民翼賛の体制確立を念願とする国民運動である」以上、「婦人も亦これが達成に協力すべき義務と責任を痛感する次第であります」。[18] こう呼びかけた書簡には、男性のみで形成されつつあった新国民組織が、ふたたび女性の存在を無視することを阻止しようとする、市川の強い想いがみなぎっていた。

▼大政翼賛会の成立と精動本部の解散

一九四〇（昭和一五）年八月二八日、近衛首相は新体制準備委員会を発足させ、全閣僚と二六名の新体制準備委員を指名した。[19] 市川が危惧したように、同準備委員会には一人の女性委員も含まれていなかった。新体制準備委員会は、九月一六日までに六回の会議を開催し、運動の綱領、新国民組織などを討議した。九月二七日、規約案が閣議決定され、新体制運動は、大政翼賛運動と称し、運動の実践機関として大政翼賛会を置くことが明記された。[20] 規約案は、大政翼賛会中央本部に中央協力会議を置き、事務局には、総務局、組織局、政策局、企画局、議会局の五局一二部を設置した。組織局に青年部は置かれたが、婦人部は置かれなかった。貴族院と衆議院の議員は、大政翼賛会の一部局である議会局に所属することになった。

同日、大政翼賛会総裁に首相の近衛文麿、事務総長に有馬頼寧、中央協力会議議長に末次信正の任命が決定した。有馬頼寧伯爵は、第一次近衛内閣の農林大臣を務めた、近衛側近のひとりであった。他方で第一次近衛内閣の内務大臣を務めた海軍大将末次信正の起用は、右翼や国粋主義者から強い支持を得ていた末次の起用で、政局を安定させることを目論んだものであった。

一〇月一二日、総理官邸大広間で、大政翼賛会発会式がおこなわれ、近衛総裁は、「本運動の綱領は、大政翼賛の臣道実践といふことに尽き」、「これ以外には綱領も宣告も無しと言ひ得るのであります」と述べた[21]。この近衛発言は、本来大政翼賛運動が高度な政治性を持つはずのものであったにもかかわらず、大政翼賛運動を精神運動化することによって政治結社ではないことを暗示するものとなった。一〇月二三日、三月に改組され強化されたばかりの精動本部は解散式を挙行、精動運動の実績と資産は、大政翼賛会に引き継がれた。

▼新体制婦人団体協議会

新体制準備委員会発足の三日後の八月三一日、婦人団体協議会が開催された。市川の呼びかけに応じて参集したのは、愛婦、国婦、連婦をはじめ、大日本連合女子青年団、日本基督教婦人矯風会、小学、中等両女教員会、獲得同盟、日本女医会、大日本産婆会、大日本看護婦会、日本消費組合婦人協会、ジャーナリスト倶楽部など、一七団体の代表者各二名と婦人時局研究会からの関係者で、総勢五〇名であった。この協議会に参集した自主的女性組織の多くは婦団連盟の加盟団体であった。金子しげりの司会で始まった会で最初に昭和研究会幹事の林廣吉が、「新体制とは何か」について講演した。そこで林は、新政治体制について次のように述べた[22]。

従来の自由主義的な方法では獲得出来なかつたもつと高度の自由を創り出すのが新政治体制の運動です。……婦人の問題も結局は婦人の自由の問題だと思ひます。婦人のセルフガヴァメントの問題です、これも真の発展に於て解決されませう。

つぎに市川が、婦人時局研究会の新体制特別委員会で策定した女性の再組織化の方法——「国民組織としての婦人組織大綱」(以下「婦人組織大綱」と略)を、「婦人の立場よりの新体制試案」として発表した。その後、同大綱を軸に、「新体制に対して婦人団体は何をなすべきか」が話し合われた。最終的に久布白落実から、今後も各団体から代表が集まって研究を継続する提案が出された(23)。この提案に対し国婦は、「政治には関与しない建前であるから、代表者を出す事は遠慮したい」、愛婦は、「一存では図らひ兼ねるから、一応自会の機関に諮つてから」と述べ、連婦は、「代表者といふような責任のあるものとせず、連絡員といふ位の軽い意味で研究に参加するようにしてはどうか」との妥協案を出した。他のすべての女性団体は、代表者会議の設置に賛成したが、最終的には、連婦案の研究機関を設けることが決まった(24)。

一方で婦人時局研究会は九月四日、「婦人組織大綱」を批判してもらうために婦人評論家懇談会を開いた(25)。さらに翌五日、婦人時局研究会の新体制特別委員会が、八月三一日に集まった団体から一名ずつ代表を集め、新体制婦人組織研究委員会(以下「婦人組織研究委員会」と略)を開催し、「婦人組織大綱」に関する意見交換をおこなった。同婦人組織研究委員会で、全女性を四つの領域に分け、主婦、労働及び職業婦人、女子青年、文化関係婦人の四小委員会を設け、それぞれで協議することが決まった(26)。九月一二日、主婦の組織研究小委員会と労働及び職業婦人研究小委員会が、九月一三日午後、女子青年の研究小委員会、さらに同日夜に文化関係婦人の組織研究会が、それぞれ初会合を持った(27)。

▼婦人再組織をめぐる論評――『読売新聞』社説と有馬頼寧談

一九四〇年九月七日『読売新聞』社説は「新体制と婦人団体」を掲載し、新体制婦人団体協議会のこうした動きを取り上げ、「この際既存の団体を解消してこれを一元的に再組織し、その中核体は新体制組織大綱試案の国民組織中、事務局のもとに入るべき一一部と並べて『婦人部』として包摂されたしとの要望が強く台頭して来た」と指摘した。そして「政界方面を始めとしてかなり歴史のある団体も、新体制の完成に協力して続々解消を断行している際、婦人団体一人その例外に立つべき理由はない」と述べ、愛婦、国婦、連婦の官製婦人団体の一元化を支持した。[28]

同紙はさらに、婦人時局研究会が提唱した九月七日の婦人組織研究委員会の第一回会合には、『愛婦』、『国防』両婦人会の代表は欠席してをり、既存婦人団体解消による婦人組織の一元化を強調する婦人諸団体その数において絶対多数であつても、その会員数において優勢である『愛婦』『国防』《ママ》の両有力団体が、この運動に対して気乗薄であることは多いに注目されねばならぬ点である」と、女性団体の中の意見の不一致を指摘し、その実現の未だ困難な点を指摘した。

同社説はまた、「新体制組織の中核部に婦人部を設くることの妥当性は勿論」と、婦人部設置構想を支持した。しかしその一方で市川たち婦選運動家に向かって、「婦人としての翌賛の理念にミルやベーヴェルの唱導したやうな西洋流の男女平等論や婦人参政権要求の思想などは微塵といへども混入してはならぬことを切言したい。……つい最近までの婦人運動者の中には男性との対立観や婦人の権利拡張などゝいふ西洋思想的な動機から出発してゐたものもあつたのであるから、婦人大衆の思想的指導には格別な慎重な用意を忘れてはならない」と警告した。[29]

一方で新政治体制の中心人物であり、近衛の側近のひとりであった有馬頼寧もまた、七月三〇日付『朝日新聞』で、女性の意見が反映した新体制づくりに積極的な発言をした。[30]

私は婦人の意志を現す機関は、例えば婦人部といふ部門は作らぬ迄も、何とか取り入れたゐと思つてゐる。一頃の婦人参政権という意味をもつと広げて、お台所の声を政治に反映したい。国民の半分を占める婦人は統制経済の進行で政治や経済にも関心を持ち、又持たざるを得ない情勢におかれてゐる。政治に婦人の声をも——私は痛切にかう考へてゐる。

「お台所の声を政治に反映したい」という有馬頼寧の言葉は、市川たち婦選運動の女性たちの主張でもあり、彼女たちが国策委員として精動運動のなかで活動した理由でもあった。第I部第二章で検討したように有馬頼寧は、第五九議会で衆議院を通過した婦人公民権案が貴族院委員会で採択される際、同案を強く支持した婦選支持の貴族院議員であり、市川たちの理解者であった。

▼市川の新政治体制批判――「婦人を忘れた新国民組織」

内務省は九月一一日、基本国策要綱のなかで最も重要な新国民組織、「部落会、町内会、隣組班、市町村常会整備要綱」を発表した。それは精動運動の実践網を土台にしたものであったにもかかわらず、主婦の立場は完全に無視していた。市川はさっそく『女性展望』九月号に「婦人を忘れた新国民組織」を発表した。[31] 同所で市川はまず、同要綱の「新政治体制に即応する新国民組織」が、「現在の隣組を基礎として上に積み上げたもので、精動でいふ所謂実践網の組織である」と指摘し、「すべての国民を包含する国民組織としては、この他にはなく、またこれならば已に都市を通じて組織が進捗してゐるので、極めて実現性にも富んでゐる」と精動の実践網に基づく新国民組織を評価した。

そのうえで市川は、同要綱が「国民生活の本拠である家庭を主宰してゐる主婦の存在について、何等の注意を払ってゐない」と厳しく批判した。そして新国民組織に婦人が含まれていることは確かであるが、従来の例からとくに婦人を明記していないと「運用の際に忘れられて仕舞ふ心配」があり、また婦人自身も「従来の従属的、依存的態度に陥り、自発的な協力をしない傾き」が出てしまうと指摘した。具体的に市川は、精動実践網が下部組織のメンバーに主婦を明記したように、新国民組織で「下部組織の隣保班が『世帯主を中心に全員加入』とされてゐるのを『世帯主及び主婦中心にし』と改め」ることを強く要求した。

市川はさらに、「現在都市及農村に於て已に実行されてゐる主婦常会なるものを必ず開催」すること、そして「事務機構の中に主婦乃至は婦人の部を設置」すること、さらに「町村常会以上の組織の常会」に「主婦常会代表」を「参加せしめてほしい」と要望した。

市川はまた新国民組織が、「現在対立重複から種々なる物議」や「弊害」を生じさせている国婦、愛婦、連婦など官製婦人団体に何も触れていないことを批判した。そして既存の婦人団体をすべて隣保班主婦常会に解消し、主婦常会を上に積み上げたものを「単一の新婦人団体として新国民組織の一翼」に置くことを提案した。

精動運動の実践網に関する紅一点の調査委員として市川は、実践網の形成過程に参加し、その下部組織に主婦の参画を明示することに成功した。新政治体制のもとで提案された新国民組織は、女性の参画という点から、精動実践網から大きな後退であった。それはとりもなおさず、新国民組織の立案母体である新体制準備委員会の委員すべてが男性であったからであった。市川は「男子の人達には、婦人の事、婦人団体の事が分からないのは当然だ」と述べ、だからこそ中央指導部に婦人指導者を参加させること、そして、青年局と並んで婦人局の設置が必要であると強く主張した[32]。

▼「皇国の国是を完遂する為」の「婦人再組織」

市川はまた同月の『女性展望』に「新政治体制と婦人組織」を掲載し、「支那事変」後の時局に呼応した女性組織のあり方を強く主張した。東亜新秩序の構築という壮大なスキームを達成するためには、もはや精動運動時代のように、単に女性の意思を政策に反映させるだけでは十分ではなかった。聖戦を完遂するため、効率のよい女性動員ができる全女性を対象とした女性再組織の構築が市川の喫緊の問題意識となっていた。

先の『朝日新聞』紙上で新政治体制の中心人物のひとり、有馬頼寧が、「お台所の声を政治に反映したい」、「政治に婦人の声」が反映することを「痛切」に考えていると述べたことに対して、市川は、「婦人の問題に触る、ことを、未だにヘジテイト［逡巡］してゐる社会一般」の風潮のなかで、「率直に婦人の問題を取り上げた態度」に対し「敬意」を表した。しかし他方で市川は、「政治に婦人の声を」反映させるための女性再組織では、もはや十分とはいえないと反論した(33)。

> 婦人の側に於ける新政治体制確立の問題は単に、婦人の意見を政治に反映せしむる機関の問題のみにとゞまらず、私共は先づ婦人が分担せる任務が現在の困難なる時局を克服し、皇国の国是を完遂する為［傍点筆者］に如何に重用《ママ》であるかの再検討、再認識から出発し、その為の婦人の再組織を如何にするかの問題から、進んで婦人の政治機関への参加の問題に及んで欲しいのである。

単に女性の声を政治に反映するのではなく、まず、時局下女性が担っている任務を分析すべきである。そのうえで「皇国の国是を完遂する為」、女性たちがその任務を十全に果たすことができるための女性再組織の方法が考案されなくてはならない。そのためには、「事婦人に関する以上、婦人がその研究案に参加しなければ、婦人の要求を充し、婦人の特殊性に合致した案は絶対に産れない」。市川は「速かに準備会中に婦人をも加えて、この問題の具体化に努力されん事を切望する」と主張した。

▼「国民組織としての婦人組織大綱」

翌一〇月、市川は同誌に、婦人時局研究会の「国民組織としての婦人組織大綱試案」を女性たちが策定した婦人組織案として発表した(34)。同試案は、（一）婦人組織の必要とその重要性、（二）婦人組織の基本的目標、（三）婦人組織の構成、(四) 婦人組織中核体の組織、(五) 現存婦人団体の調整の五項目で構成されている。

婦人組織の必要とその重要性の項では、まず女性が分担している「家庭における育児、消費経済、家庭外に於ての労働及職業或は社会的の諸活動」は、時局下、「極めて重要な任務で時艱の克服、国家発展の基礎を為すものである」と強調した。しかし女性の側にそうした認識が乏しく、「婦人達を啓発、その職域を通じて国家に奉仕せしむべく、自覚と訓練を与へる」ことが急務であるとした。また現在、多数の女性組織が存在するが、その指導は統一を欠き、対立重複は無駄や弊害を生じている。ゆえに、「中央よりの指導を迅速に確実に各婦人に到達せしめ実践せしむる」ことが絶対に必要と指摘した。

婦人組織の基本目標では、まず「婦人の組織は男子と対立するものではなく」、「万民翼賛、男女協力の実を挙ぐること」が第一の目標と明確に記された。そのため「婦人組織」は、男子組織に対峙して置かれるのではなく、あくまでも一般国民組織の一貫として織り込まれるべきとした。そのうえで「婦人に与へられてゐる特殊な国家的重大任務があるので」婦人がその任務を自覚し、かつその責任を分担するため、女性を職能に応じて組織することが肝要であると強調した。

市川ら婦人時局が提案した組織の特色は、主婦を職能とし、女性を職能別に主婦、労働婦人及職業婦人、文化関係の三分野に分け、女性全体を分ける場合それに女子青年を加えたところにあった。そして主婦を単一の団体と認め、精動実践網のもとでの下部組織として施行されていた隣組隣保班常会と、町内会部落常会にそれぞれ隣組主婦会、町内会主婦会として主婦常会を設置し、それを市区町村、府県、全国の上部の主婦会へつなげる制度を提案していた。そのうえで職能別に分けられた女性組織の指導部として、中央、地方、地域それぞれに「婦人部」の設置を求めていた。

▼「国民組織としての婦人組織大綱」——批判の論点

「国民組織としての婦人組織大綱試案」は、「婦人部」の設置が、先に『読売新聞』社説が警告した「男性との対立観で婦人の権利拡張」を求める西洋流の男女平等観によるものではないことを強調していた。しかし実際にそれが発表されると、女性部を特別に設置することは、やはり男性と女性を対立させるものであるといった批判を浴びることとなった。

『女性展望』一〇月号は、「隣組と主婦の組織」座談会を開催した。座談会には、東京市市民局町会課進行係、有本正と警視国防疫課警部、佐々木雅雄の二人の男性と東京市区の隣組長、婦人会長など七名の地域女性指導者と市川、金子しげりが参加した。そこで、警視国防疫課警部の佐々木雅雄は、「中核体」としての婦人部設置を要求する婦人時局会案が「政治的の色彩が多分にあり、女の国家と男の国家が二つあるみたいで、西洋思想を取り入れてゐるやうに思はれる。主婦の機能を強調して天分を生かせと言つているのはよいが、それが途中から分かれて男と対立的になつてゐる」と批判した。それに対し市川は、「政治といふ言葉の概念が今までとはちがう。政治即ち生活だと思ひます。それに女を指導するにはやはり女でないと困るので中核体に婦人部を置く必要がある」と反論した。[35]

この座談会で市川は、「隣組は男女一体ではありますが、主婦のやる事が多いのだから主婦常会のある方が仕事ができると思ふのです」と、主婦常会の設置を強く主張した。この市川の意見に対し、有本正は、「今までは特定の人が選挙されて政治に参与したが、今度は常会が直接政治に参与するのだから婦人も参与することになる。ところが別に主婦常会を作ると婦人が政治に参与する道を却って塞ぐことになりはしないでせうか」と指摘した。市川はそれに対して「主婦常会といつたものがないと、上に婦人団体といふものを積み重ねるに一寸困りますね」と反論した。[36]

▼高良富子の婦人局設置の要望――臨時中央協力会議

一九四〇年一二月一六日から一八日にかけて大政翼賛会は、臨時中央協力会議を開催した。大政翼賛会は、「上意下達、下情上通」をモットーとする運動の核組織として、中央協力会議を設置した。臨時中央協力会議は、その中央協力会議に向けての一回限りのものとされ、大政翼賛会の趣旨の徹底、地方事情、各界事情の発表、議員や本部からの提案がなされた。参加議員として道府県支部常務委員、六大都市の代表者一〇六名、各界代表者五〇名の総勢一五六名が、近衛総裁から指名された。そのなかに紅一点、高良富子が含まれていた。市川はこの人選に対し、「大政翼賛会は、中央部に於ては一人の婦人役員も加へてゐないのであるが、兎に角一人の婦人を協力会議に加へて、婦人の下情上通の途を開いた事は特筆に値するといつてよからう。人選も従来と異り、幾分清新味を感ぜられる高良氏を選んだ事も先ず無難だといつてよからう」と述べ、評価した。(37)

一二月一七日、二日目総会の冒頭で高良富子は、「私共が翼賛会に切望致しますことは、其の一隅に婦人局を設けられ」ることであると述べた。そして、その具体的内容を次のように提案した。(38)

私共の組織［婦人局］は家庭部、国防部、保健部、教育部、興亜部の如き根幹的な部と、更に諸団体と連絡を取ります産業部、農村部、文化部の如きものとを持ちまして、各地方には地方翼賛会支部直属の婦人部を設置せられ、是が延いては町村の常会にまで参りまして……婦人常会の設置を促進させますことに依りまして、私どもが今まで案じて居りました多くの人口問題、児童問題、教育問題及び家庭経済の問題を国家の国策的立場から明るい指導を以て之に当て、戴ける……

……此の婦人局の設置に関しまして、……それに付随致します所の婦人委員の設置に依りまして、今まで幾多の困難を伝へられて居りました既成婦人団体の統合の如きも自ら太陽の下に於ける霧の如く、其の良き要素を之に吸収し又交流してゆく襟度を必ず示されると信じます。

他方で国婦を代表して参加していた田中稔中将（大日本国防婦人会総務部長）は、現在の全国的婦人団体の状況を見ると、国婦、愛婦、連婦は、それぞれ設立の目的が異なるうえに、監督省庁も陸軍省、厚生省、文部省と異なるので、それらを一元化するにしても、提携させるにしても「各々理屈はありますが、実際の所之を一緒にしろと云ふても現状の儘では一緒に出来ない」と指摘した。そのうえであくまで私見であるとしながらも、翼賛会の精神に基づいて、全女性を職分奉公に基づいて「全般任務」をもつ婦人と「特殊任務」の婦人に再組織することを提案した。前者は、すべての既婚女性を対象とし、家庭非常準備の確立を図り、後者は、「女子青年団体、婦人職業団体、女子の学芸技術団体、婦人の宗教団体」などを対象とし、それぞれに合ったかたちで指導、教育をおこなうべきとした[39]。田中中将のこうした主張は、市川たちが女性たちの総意として発表した「国民組織としての婦人組織大綱」に均似していた。

翼賛会の三輪組織部連絡部長は、高良と田中の発言を受けて、「現在婦人団体の統合提携の問題に付ては既に各方面に於て統合と申しますか、なんとか之を一緒にして貰はなければ之を受ける側に於ても非常に困惑して居る」というのが世論となっていると述べた。さらに「婦人翼賛体制を確立し、其の指導を一元化すると云ふ立場から大政翼賛会内に婦人局と云ふものを設くべき」という高良の意見は、もっともであるが、翼賛会としては、それを婦人局、あるいは婦人部として「今日具化すべきか……まだ確たる成案を持つて居ない」と述べるにとどまった。総会の末次信正議長は、この問題は大きい問題だから、委員会で再検討したいと述べ、同問題を委員会送りとした[40]。

その結果、女性組織の問題が同日午後の第四委員会（思想文化）で再度取り上げられた。ここでも高良は、「婦人団体の組織指導を一元化」するためには、「婦人局を設けられて今後の婦人指導の具体案を樹てられたい」と述べた。同委員会で三輪連絡部長は、国婦、愛婦、連婦の組織の関係について、翼賛会の連絡部としても「単なる統合なり提携なりと云ふことでなくして、矢張り根本的な再編成と云ふ立場から行くべき」であり、その場合、「家庭婦人と云ふものを土台として組織化」するのが一番よいと考えていると述べた。最終的に、第四委員会の下中委員長が「委員会の空気は婦人団体統合の方向に全部御同意のやうであります」とまとめ、婦人団体の統合を同委員会の決議事項のひとつとした。

市川が、精動運動の当初から主張し続けていた、国婦、愛婦、連婦の官製三女性組織の統合問題は翼賛体制段階に入り、やっと実現の可能性が出てきた。一方で、同様に市川が主張し続けていた女性部の設置は、いまだ実現にはほど遠い感があった[41]。

▼市川の高良富子批判

翌一九四一年一月の『女性展望』巻頭言で市川は、高良富子の発言が「婦人組織の統合乃至は再編成には言及せず、婦人局の設置を提唱した」とし、「私共の代表たるべき高良氏の協力会議に於ける主張は、婦人大衆並に私共の意志を代弁せず、寧ろ私共のそれとは反対」であると、厳しく批判した。そして、高良の提唱した婦人局には「文化部、興亜部、農村部等々の分課を設置するといふので、恰も現在の大政翼賛会の他に今一つの婦人大政翼賛会の設置を要望するが如き印象を与へるものであつた」と指摘した。同巻頭言で市川は、高良の提唱する婦人局組織案は、「現在の大政翼賛会の組織を混肴し、男女対立の意識を高調するもので、私共は絶対に反対である」と、高良提案に真っ向から対峙する姿勢を打ち出した[42]。

この市川の批判に対して高良富子は、市川を直接訪問し「事実と相異してゐるから取消し」て欲しいと依頼した。市川が言うところの「婦人代表である高良氏が、婦人団体の統一乃至は再組織を主張せず、国防婦人会代表が主張した」という点が事実と異なり、その取り消しを求めたものであった[43]。しかし市川は臨時中央協力会議の議事録を再度参照し、自分の認識に誤りがないと、次号の『女性展望』で次のように指摘した[44]。

高良氏は婦人団体の指導がいくつにも分かれて困るとか、婦人の力を一にすることの必要等は述べてゐられるが、婦人団体統一乃至は再組織すべしとの主張は述べてはゐず、婦人局設置のみを主張してゐるのである。

一方で婦人時局研究会の金曜午餐会は、一九四一年一月三一日、高良富子の臨時中央協力会議報告会を開催した[45]。そこで、高良自身もまた婦人団体統一の要求が、それ自体としてなされていなかったことを確認した。高良は二月二九日付『婦女新聞』で、その理由を次のように述べた(46)。

今日まで婦人団体の対立による摩擦相剋が、どんなに災いしてゐたかといふやうなことは、多くの人々が知つていますし、それを言ふことは自分たちの過去の恥をさらすことであり、また過去にとらはれないで新発足するといふのが新体制でありますから、私はさういふことには触れず、たゞ婦人翼賛の途を開くために婦人局を設けていただきたいといふことをお願ひしたのです。

市川はこの高良との意思疎通の欠如を次のように締めくくった(47)。

勿論私共は最初から、高良氏が婦人団体の統一の問題について反対である筈はないと信じてゐたし速記録でもその意は汲みとれるのであるが、何故その問題を遠慮されたのか、田中氏と二人で主張されゝば尚結構であつたのにと思ふのである。

市川にとって、女性団体の統合と婦人部の設置は、精動運動時代からの懸案の課題であった。とくに官製女性三団体の統合問題は、新政治体制のもとで効率良く女性を動員するため必須の事柄であった。市川は、時代が大政翼賛へと大きく動いていくなかで婦人時局研究会内に女性の動員方法を研究するため新体制特別委員会を立ち上げ、「婦人の立場」から考案する女性組織のあり方を研究した。その婦人時局研究会の「婦人の立場よりの新体制試案」は、他の女性組織の指導者たちとの討議を経て、女性全般の意見を代表するものとして、「婦人組織大綱試案」として発表された。

市川たちが提示したその再組織の主張は、女性全体が主婦を軸に職能別に再組織されるというものであり、田中の提案と帰を一にしていた。それは、翼賛会に女性部を設置し、指導を一元化すれば、現行の女性組織の対立は、自然に解決するという高良の主張とは大きく乖離していた。なによりも高良の婦人部設置案は、まさに大政翼賛会のなかに男性組織とは別個のもうひとつの女性用組織を作るかたちでの提案であった。軍ファシズムの跋扈する時代の反動的な女性観を背景に、細心の注意をはらって、女性たちの意見を代表するものとして打ち出した、市川らの「婦人組織大綱試案」ですら、それが男女の対立を煽動するといった批判を受けた。

戦時下の保守的風土のなかで、女性指導者の個人プレイはもはや許容できることではなかった。市川は、政府に任命された女性指導者は常に、個人の意見ではなく女性全体の意見を調査し、代弁すべきという持論をここでも繰り返した。「任命を受けたる婦人代表は代表としての任務を尽くす為、予め各方面の婦人と懇談し、研究を行ふべき」と。[48]

▼「婦人団体一元化に関する建議書」の提出

一九四一（昭和一六）年初頭、国婦、愛婦、連婦の三官製女性団体の統合が大政翼賛の時代の流れに棹さして実現に向けて動き出した。先の臨時中央協力会議の第四委員会決議として提案された女性団体一元化の問題が、第七六通常議会（一九四〇年一二月二六日に開院）で初めて審議された。一九四一年一月二八日の衆議院予算会議に、斎藤直橘衆議院議員他七名は、婦人団体一元化の議案を提出し、二月一三日の委員会で審議された。[49]『自伝』によると、それは市川たちが「議員に頼んだのではなく、自発的に取り上げた」ものであった。[50]しかし、決議にまでは至らず、同委員会では、国婦、愛婦、連婦の管轄省庁である陸軍省の田中兵務局長、軍事保護院の三島副総裁、文部省の纐纈社会教育局長が、一元化の問題は目下討議中であると述べたにとどまった。

市川たち婦人時局研究会は、中央協力会議と第七六議会でのこうした動きを「機が熟してきた証拠」として受け止め、三月五日、婦人団体一元化協議会を開催し、「婦人団体一元化に関する建議書」を作成した。[51]三月一七日、市川たちは、女性組織の監督官庁である文部省社会教育局、厚生省軍事保護院、陸軍省兵務局に建議書を手交した。同建議書は、二月一三日の衆議院建議委員会で、陸軍、厚生省、文部省の三省が、国婦、愛婦、連婦の三団体の統合一元化を審議中と話をしたことを受け、まず「此度こそは、出来るだけ早い時機に実現」することを希望した。と同時に、三団体の一元化に際して次の五点を要望した[52]。

第一に、三団体を解散し、一元化された「新団体は主婦の組織とする事」の要望である。主婦が従事している「子女の育成、消費経済、家族の保健」などの仕事は、「高度国防国家建設の礎」となるうえで「重要な任務」であり、すべての主婦を組み入れた組織を作り、指導を徹底し自覚を促し、主婦が「国家の要請に即応して実践せしむる事」が時局下の喫緊の課題である、と主張した。

第二に、「新団体の下部組織は町内会、隣組と密接不離に置く事」を希望した。精動運動以来組織され、すでに主婦が中心となって活動している町内会、隣組の任務と新婦人団体の任務は相似しているから、両者を有機的に関連づけることが肝要とした。そして第三は、「会員は項目別に分属せしむる如き組織としない事」の要望である。とくに第三の点に関して、主婦の仕事は総合的なものであるから、「会員を項目別、例へば国防部、軍事援護部、家庭経済部」などに分属して動員することは「絶対にしてはならない」と注意を促した。

第四に「役員は、全部婦人を以て充てる事」を要請した。それは女性に「責任を持たせ、自発的な協力を促進する」意味において重要であり、あくまでもその任命は、「夫の地位」によるものではなく、「徳望あり、能力のある地元の女性の任命を希望した。そして最後が「監督、指導を一元化すべき事」で、「国民組織の結成並にその指導訓練を任務」とする大政翼賛会のもとに一元化することを主張した。こうした「婦人団体一元化に関する建議書」の五つの要望は、前年の一〇月に発表した「国民組織としての女性組織大綱」に基づいたものであり、官製三団体を単純に一元化するのではなく、それらの団体の解消にともなって、全女性を再組織することを意図していた。

▼世論への働きかけ――「婦人再組織論」の浸透に向けて

女性組織の統合が政策課題となるなかで市川は、政府にその統合のあり方を直接建議する一方、世論への働きかけに全力を傾注した。一九四一年上半期、市川は女性たちの総意として発表した「婦人再組織論」を新聞、雑誌、講演会を通して、繰り返し説明した。

婦人団体一元化が議会の建議委員会で可決されたことを受け、二月一五日、市川は『読売新聞』に「婦人団体の統合」を掲載し、婦人団体の一元化の具体案として主婦、勤労女性といった職能別に女性を組織することを提案した。さらにその一元化の際重要なこととして、監督指導の主管省を一箇所に限定すること、たとえば大政翼賛会に置き、そして「婦人団体位の事は婦人に任せるよう」希望した。(53) さらに四月一一日から一五日にかけて市川は、『朝日新聞』に婦人団体の一元化について四回にわたって連載し、効率良く女性を動員するための、組織の方法、組織の内容、隣組との関連、指導と翼賛会について詳述した。その主張は、先の「婦人組織大綱」に基づくものであった。(54)

『朝日新聞』で市川は、現在婦人団体一元化に関する三つの意見があることを指摘した。第一が、いわゆる風呂敷案と称されるものであり、既存の女性組織はそのまま存続させ、それらの連合体を組織し、国婦は国防部、連婦は、家庭教育及び消費経済部、愛婦は軍事援護部として活動させようとするものであり、これは、愛婦、国婦の指導者によって主張されてきたものであった。先の「婦人団体一元化に関する建議書」の第三の要望は、まさにこの主張に向けられた批判であった。第二は、三団体を合併して一つの新団体を作るとするもので、統合案として称されるものである。これは、この時期三団体の監督官庁で討議されはじめていた方法でもあった。(55)

第一、第二の方法に対して市川たちの主張は、「婦人再組織案」と呼ばれるものであり、現在の三団体にとらわれず新たに組織を作り、既成婦人団体はその新組織に解消していくとするものである。当時この案は、大政翼賛会、監督官庁の一部でも主張されはじめていた。市川は、この第三案は、「理想案で実現が困難な如くに見えるであらうが、実際には極めて容易な案であり、しかも新体制において称へられてゐる職分奉公を主眼とし、国民組織に併行せしめんとする案である」と主張した(56)。

同紙で市川は、先の「婦人組織大綱」で示したように、時局下の「婦人職分」に応じ、全女性を「主婦」、「労働及び職業婦人」、「文化関係婦人」に分けることを提案し、なかでも「現在国家の目的としている高度国防国家建設の礎をなす」主婦の職分の重要さを強調した。そして主婦の組織が、精動の実践網で作られ、現在実践中の隣組を基礎とすべきと主張した。さらに、主婦を有効に動員するために「主婦だけが特に理解し実践を要する事項については、隣組常会の下の一分派として」別に、「主婦常会を置く事が必要」である、と強く主張した(57)。

先に指摘したように、市川たちの女性再組織論に対する最大の批判は、主婦常会や主婦班あるいは女性部を設置する方法が、男性と対立する女性組織を別個に置くことを意味し、それは男女同等を主張する西欧の自由主義思想の影響を受けている、という批判であった。

このころ市川は、東京府、区の講演会などを通して、主婦常会や主婦班の設置が、男女の組織の分離を意味するのではなく、その活動内容に即して見たとき、最も現実に即したものであると繰り返し説明していた。そうした市川の講演内容を起こした原稿が、「隣組と主婦」「婦人と常会」として市川資料に残っている(58)。そこで市川はまず、現在精動運動の実践網のもとで開かれている部落常会あるいは隣組常会の現状を分析した。そして常会への出席者が、男子だけのところ、女性だけのところ、男女混合のところと三様の形態があり、都市部の多くでは、主婦常会が定着している、と指摘した。そのうえで、隣組常会はそもそも世帯主の代表者による会合であるから男性あるいは女性だけでも構わないが、「世帯主及主婦がともに出席する」「夫婦常会」が最も望ましいと主張した。

しかし、現実に常会で取り上げられる事柄の内容を見たとき、「特に主婦が理解して実践しなければならない事項」が多々あり、そのような場合は、「どうしても今一度主婦だけの常会を開いてじつくり相談し、実行を申し合わせる事が必要である」。たとえば「充分協議してても御飯の炊き方といつた事になると、毎日携わつてる主婦でなければわからない」。だから「確実に実践させる為には、主婦だけの常会が、必要」であるのだと主張した。しかし、あくまでも「主婦常会といふものは臨時的のもの、隣組常会の下の分派的のもの」で決して、隣組常会が戸主常会、主婦常会と分かれてはいけない、と念を押した。

さらに市川は、そうした婦人固有の理解に基づく活動を円滑におこなうよう指導する場としての「婦人部といふものが絶対に必要であり、その婦人部には有能な婦人スタッフを使用する必要がある」と主張した。ここでもまた、婦人部の設置がいかなる意味でも男性から分離し、対立するものでないことを強調し、女性だけの組織が必要なのは、「婦人が国民中特殊な職能を有し、その指導に特殊性を有する」ためと説明した。(59)

▼四カ月後の閣議決定――新婦人団体の結成

女性団体の一元化が、具体的に示されたのは、一九四一(昭和一六)年二月一三日の衆議院建議委員会から四カ月後の六月一〇日の閣議においてであった。同閣議で、六項目の基本方針が決定した。まず新団体は、「既存三団体を統合して」組織することが決まった。第二に組織の目的は、「皇国伝統の婦道に則り修身斉家奉公の実を挙げる」ことに置かれた。第三に新団体は、「二十歳以下の未婚者を除」く、すべての女性で組織することが決定された。さらにその機構に関して「東京に中央本部、道府県に地方本部、郡市に支部、町村に分会を設け」、「内務、陸軍、海軍、文部、拓務、厚生の六省共管」とし、「地方における監督は地方長官が行ふ」こと、政府は「新団体の育成発達を保護助成する」ことを決定した。(60)

同日、金光庸夫厚生大臣が、この六基本方針に基づく「新婦人団体結成要綱」を提示し閣議決定された。同要綱発表に際して、金光厚相は、「これから関係団体代表者等を以て新婦人団体の結成準備委員会といふようなものを作り、大政翼賛会にこの斡旋役をやってもらひ、政府の統合方針に基いて新婦人団体結成に関する諸般の準備を進めたい」と述べ、新団体結成の斡旋役を大政翼賛会に委ねた。(61)

一方で東条英機陸軍大臣も談話を発表し、新団体の目的が「皇国伝統の婦道に則り修身斉家奉公の実を挙ぐる」ことにあることを強調し、さらに「従来兎もすれば欧米思想に禍せられて婦人本来の職責を忘却せんとしたるが如き、或は団体の対立により動もすれば相互に相剋摩擦を生ぜんとしたるが如き、或は又数団体の存在に起因し婦人の負担過重となりたるが如き、諸種の弊害は新団体成立を契機として是正せらるべきは言を俟たざるところである」と述べた[62]。後年に市川は、「東条陸相のいう『欧米思想に禍せられて婦人本来の職責を忘却』云々は私たち婦選運動者をさしているかもしれない」、と述べた[63]。軍が跋扈し、女性に対する保守化がいっそう進むなか、東条英機陸相の登壇で婦選運動家として市川はさらに厳しい立場に置かれた。

「新婦人団体結成要綱」は、「新団体は愛国婦人会、大日本国防婦人会、大日本連合婦人会の三団体の統合を主眼とし、その他は新団体結成後逐次之に統合せしむること」とし、市川たちの要求した女性の再組織案からはほど遠いものであった。『自伝』で市川は、その感想を次のように述べている[64]。

私どもはこの案の作成に関与した厚生省当局には、私どもの案を提示し説明も行なっていたが、結局、再組織ではなく統合となったことはやむを得なかったかもしれない。それにしても最下部の組織が明確になっていないのは心配であった。

心配した市川はすぐに行動に移した。六月二四日、婦人時局研究会は、婦人団体統合問題懇談会を開き、先に提案された政府案の問題点を討議し、婦人時局研究会案を作成し準備委員会に提案することを決めた[65]。

▼大日本婦人会の発足に向けて——さらなる努力

一方で金光厚相から新婦人団体結成の斡旋を委託された大政翼賛会は政府と協議し、六月一六日、新婦人団体結成準備委員会を立ち上げた。愛婦、国婦、連婦の正副委員長と事務総長、有識女性として東京女子大学学長の安井てつ、日本女子大学学長の井上秀、さらに翼賛会から、後藤文夫総務、狭間茂組織局長、小泉悟郎地方局長、政府からは、関係省庁の内務、陸軍、海軍、文部、拓務、厚生から政府側連絡委員、総勢二四名が準備会委員に任命された。

六月二五日、第一回の準備委員会が開かれ、三団体統合の基本事項が話し合われ、一、「新団体はあくまで自主的にやること」、二、「官製的になることは絶対避けること」、三、「下から盛り上がる力を結集する仕組みにすること」、四、「新団体は出来るだけ既存三団体を合同したとか改編したとかいつた臭味の無いものとし、全く新しいものが出来たといふ全国民に極めて新鮮な感じを持たせるやうなものとすること」が決定した。さらに「高度国防国家の要求に合致する婦人団体を結成するため」、三団体は過去にとらわれず、「虚心坦懐、滅私奉公の誠」を捧げるという趣旨の「誓」が採択された。翼賛会では、地方部が三団体統合の任務にあたり、企画連絡等の事務を担当することになった[66]。

七月一日に開催された第二回準備委員会では、新しい女性組織は「単に準備委員が出てゐる愛婦、国婦、連婦三団体のものでなく皇国婦人全体のものであるから」、「廣く婦人代表から希望や意見を聴く事が大切」という意見が全員の賛同で可決し、大政翼賛会がその斡旋をすることが決まった[67]。同決定に基づいて七月一八日、有識女性を招いて懇談会が開かれた。懇談会では、吉岡弥生が、新婦人団体と関係各省との動員連絡の統一的機能を持つものとして、有識女性を網羅して「婦人動員審議会」のようなものを設けることを提案した。さらに金子しげりは、「新婦人団体最下部組織は、国民組織としての部落、町内会、隣組等の下部組織と一体化する様組織すべき」と指摘し、河崎なつもまた金子しげりの意見に同意した。

市川は、新婦人団体と翼賛会との関係について質問した。これに対し、狭間局長が、「翼賛会は本来高度国防国家に即応する国民組織の確立を目標としてきたので……新婦人団体も亦この様な意味からは翼賛会の外郭団体といふ事が出来ると思ふ、そこで将来は翼賛会の内に何らかの機関を置いて、これと密接不可分な連絡をとつて一緒になり活動を展開したい」と述べ、女性部設置とまでは言及しないものの、女性を指導する何らかの部署の必要性を語った[68]。

市川たちは、その後も準備委員会に対して新婦人団体と、町内会、部落会との重複を避けるよう、要望し続けた。

その結果、①部落会、町内会の区域に新婦人団の班を置き、会員が班員となること、②部落会、町内会に事務機構として婦人部を置くこと、③部落会、町内会の婦人部長と新婦人団体の班長が同一であること、④新婦人団体の部落、町内会の会合は部落常会、町内会、隣保常会を活用することなどを「政府部内了解事項」としてとりつけることに成功した。(69)

大日本婦人会が実際に発足したのは、一九四二年二月二日であった。前年の七月末には新団体の定款、組織は完成していた。しかし軍部が地方の監督を主張し、八月一九日政府が、地方の監督権を、それまで決定していた地方長官ではなく、「中央の指令に基づき、地方長官及陸海軍大臣の定むる地方官庁の長これを行ふ」と変更した。(70)そのため官庁の間で混乱をきたし、大日本婦人会の設置が大幅に遅れた。(71)

三　大政翼賛会の改組と自由主義からの乖離

▼第七六議会――大政翼賛会への迎合と反発

一九四〇（昭和一五）年一二月二六日、第七六通常議会が開院されたとき、すでにすべての政党は解党し、貴衆両院の議員たちは大政翼賛会の議会局に吸収された。しかし議会局は、帝国議会の審議に介入しない建前であり、議事を円滑に審議するための院内交渉団体が必要となった。そのため開院前の一九三九年一二月一一日、議会局衆議院部は、議員全員が加盟する「社交団体」として、衆議院統一会派衆議院議員倶楽部を組織し、「倶楽部を母体として院内世話人を置き一切の議事進行を図る」という方針を出した。(72)同倶楽部には四三五名の議員が参加したが、尾崎行雄ら七名は不参加であった。

七六議会で、休会明けの翌一九四一年一月二一日、衆議院倶楽部は近衛内閣への無条件支持と挙国体制を示すため、施政演説に対する一切の一般質問をおこなわないことを決定し、二二日の衆議院本会議で「速に戦時体制を強化する」ために、「政府の諸策施政は悉く此の多目的に集注すへく議会も亦其の全力を以て協賛翼賛に傾倒し国を挙げて時局の急に邁進すべし」とする決議案を全会一致で可決した[73]。貴族院では一般質問の取りやめはおこなわれなかったが、貴族院もまた政府と議会の折衝を最小限で収め戦時体制を強化することに同調したため、三月一日の両院本会議で議案のすべてが議了となった。

しかし、第七六議会の予算委員会で大政翼賛会に対する批判が噴出した。一月二五日、衆議院予算委員会で川崎克、（旧民政党）がまず、大政翼賛会は、「統治の大権を翼賛し奉るもの」であるが、天皇の統治大権を翼賛する機関は、憲法上「大臣の輔弼［ほひつ］と議会の翼賛以外にない」と追及し、ついで大政翼賛会への三七〇〇万円にのぼる膨大な補助金を問題にした。衆議院予算委員会では二八日、さらに平川松太郎（旧民政党）が、大政翼賛会議会局の存在を「有害無益なもの」と批判した[74]。

他方、二七日の貴族院本会議では、赤池濃（勅選・同和会）が、経済新体制をマルクス主義に「非常に類似している」と批判し、さらに大政翼賛会政策局が政府の取る政策より、根源的な国策を検討するとしていることは、政府機関がその能力がないとしてのことかと質問した[75]。こうした批判や質問に対して、近衛首相は、翼賛会自身が政策を立案したり実行したりするものではないと述べ、議会閉会後の大政翼賛会の改組を約束した。近衛首相は、前年一〇月一二日に開催された大政翼賛会発会式でも同運動が、政治運動ではなく精神運動であることを暗示していた[76]。

本来大政翼賛会は、ナチ流の首相を首班とする一国一党の強固な政治団体を目指すものであった。しかし近衛首相は、そうした政治は、天皇親政を旨とする大日本帝国憲法に違反すると主張する観念右翼の新体制運動当初からの抵抗に抗いきれず、議会での答弁は、大政翼賛会は、政治結社ではないことを、一般的に印象づけるものとなった。その近衛答弁に追い打ちをかけるように、二月一二日の予算委員会で平沼騏一郎内相が、大政翼賛会は、「政治結社」ではなく、「公事結社」であると明言した[77]。平沼は、大政翼賛の新党運動が内務官僚の利益を侵すものとして、同運動を

「アカ」（共産主義）と同一視し反対し続けていた。最終的に予算委員会で大政翼賛会の予算は大幅に削減された。

▼大政翼賛会の改組と市川の指摘

第七六帝国議会での近衛首相発言と、平沼内相の明言を受けて政府は、議会閉会後ただちに大政翼賛会の改組に取り組み、一九四一年四月二日、改組案を発表した。その改組は、「その根本目標が近衛総裁の屡時の声明にある如く、大政翼賛会本来の趣旨性格及び運動方向に変改あるものに非ず、」「実践力強化」（国民総力結集）のための「高度の政治性堅持」にあるとされた(78)。

しかし現実には、本部機構の簡素化がおこなわれ、企画局、政策局、議会局が廃止となり、新たに東亜局が設置されたにとどまった。有馬頼寧事務総長以下、末次中央協力会議長、各局部長が総退陣し、さらに調査委員会制を新たに導入した。そのためこの改組は、大政翼賛会を、精動運動の延長線上にある公事結社として一般に印象づけることとなった。

時局の転換に呼応して市川もただちに、「大政翼賛会の改組と婦人」を『女性展望』に掲載し、大政翼賛会の改組に関する意見を表明した。そこで市川は、大政翼賛運動を真の国民運動とするためには、「官僚的な上からの命令では駄目」であり、「又一元化された組織が無くて」も駄目であるとし、このことは精動運動の失敗が「雄弁に物語つてゐる」と指摘した。そして新しい大政翼賛会は、「政策局、企画局、議会局等は廃止して、組織局中心とし、その組織局に対称別（職能別）に組織指導を分担する部を設置すべき」と主張した(79)。

さらに市川は、議会で大政翼賛会が政治結社でなく公事結社と明確にされたことにより、治安警察法第五条第一項（一九〇五年制定）で政治結社に加入することを禁止されている女性も、「大手をふつて参加出来る事となつた」し、「堂々と役員並に職員に相当数の婦人を加へん事を要求してよいのである」と主張した。さらに市川は、翼賛会発会当時から要求している「組織局内に婦人部を設ける事」を「此度こそは、拡大強化されるべき組織局内に是非とも設置すべき」と述べた[80]。

▼市川の自由主義批判

一方、市川は同所で、大政翼賛会に婦人委員を任命する場合、「婦人の場合に於ては特に注意を要する」と次のように指摘した[81]。

それは、婦人の所謂指導者と称せられる人達の大部分は自由主義的現状維持派で、翼賛会の理念に徹してゐる人達は遺憾ながら極めて少数しかないのである。それに男子の人達は、相当の人達でも婦人をみる眼は全くないので、甚だしい見当違ひの人選をする場合が非常に多いのである。

大正デモクラシーの洗礼を受けた婦選運動家として、市川は本来、自由主義者であった。しかし第七章で指摘したように、一九三九年中葉以降、長引く戦況で物資が極端に逼迫し、買い溜めに走る主婦の自粛が重要課題となってくると、市川は精動運動の生活刷新特別委員として、各家庭が自由主義的に動くのではなく国家全体の立場から行動する必要性を説くようになった。その傾向は、中国旅行後、いっそう強められていった。東亜新秩序の構築を支持し、高度国防国家建設のための女性の効率良い動員を模索するようになると、市川は、自由主義を自分勝手な行動と同一視し、自由主義的思想と行動は、翼賛の新政治体制の阻害要因として否定するようになった。

市川は、一九四〇年九月号の『ホームグラフ』に「今、女性はどういう心構へが必要か」を掲載した[82]。同所で市川は、「現在の重大なる時局を克服し、皇是を完遂するためには、先ず国家全体の利益を考へそのために、私共個人乃至は家庭だけの利益欲望を抑へなくてはなりません」と主張した。そして女性たちに、「第一には、自由主義的、個人主義的生活態度を清算して、国民的、奉公的態度に転換しなければなりません」、そして第二は、この際主婦の仕事の

「国家的重要性を再確認することが絶対必要だと思います」と説いた。とくに「子供をたくさん産んで、然も丈夫に育てる事は人的資源を増加することで最も大切な事」であると強調した。さらに市川は、戦時女性が分担している「今一つの重要な国家的任務は」、「生産に参加する事であり」、「現在に於いては働く事は金が得られるから働くのではなく、国家の必要のために働くといってよい」と説いた。

市川は、「ある程度（政府）に協力する」ことを決意した当初から、政府が国民精神総動員政策を成功させるためには、国民が進んでそれを支持できるように上位下達だけではなく、下意上通を機能させるべきと、強く主張していた。精動運動を「自発的運動たらしめる」ことは市川の一貫した主張であり、そのために明るい政府＝情報公開された政府を要求し続けた。大政翼賛運動に関してもまた、その運動を「真の国民運動」とするためには、「官僚的な上からの命令では駄目」であると提言した。

だが大政翼賛運動の段階になると市川は、一方で国家権力に対しては国民の自主性を重んじることを要請し続けたが、他方で女性（国民）に対しては、自由主義的態度を捨て、「国民的、奉公的態度に転換しなければなりません」と説き、国家の意思に従うことを強く要請するようになった。相互に矛盾するこの二つの主張の背後には、ともかく国民が一丸となって、政府の新東亜建設の政策に向かって邁進し、それによって東亜に平和を構築するのだとする、市川の強い想いがあった。

▼「アメリカ女性へ送る公開状」――皇国フェミニズムへの序奏

その強い想いから「現在の重大なる時局を克服し、皇是を完遂するため」女性たちに自由主義的態度をあらため国家全体の立場から行動するように呼びかけた市川は、この時期、自らのフェミニズム観もまた、時代に即応したかたちに変化させていった。一九四一年三月四日、『読売新聞』は、「アメリカ女性へ送る公開状」を特集し、市川房枝、吉岡弥生、前田美江子の談話を掲載した(83)。同特集で市川は、アメリカ女性の自由主義に基づく個人主義を「家即国家の観念」に基づく日本女性の「大きな精神」に対比させ、アメリカの女性たちの「単純さ」を批判した。

市川は、まず、アメリカの女性たちの「単純率直」な態度や「こだはりのない社会性」をかつては評価していたが、「日本の立場を認めぬといふ政治的意見を現在でも世論として固持している限り」、「アメリカのあなた方に対して抗議的な意思表示をすることは」、「日本の女性にとつては当然されねばならぬ政治的意見」であると断言した。そしてアメリカの女性たちが、日本の女性に対して「男より地位が低いとか、思つたこともいへぬやうな奴隷根性を持つてゐる」という見方をするのは、「個人主義思想に培われた」アメリカ女性の考え方と、「家を中心とするわが国女性の何ものをも受け入れる大きな精神」との「不可避な対立」であると分析した。そして、植民地建設の「女不足」の歴史的状況のなかで「甘やかされ」てきたアメリカの女性たちが、「自由主義的正義観に立脚してこの激しい時局下にどのやうな役割を持ち得るのか疑問」であると喝破した。

時代に即応する婦選運動を追求した市川は、その依拠するフェミニズム観をもまた、自由主義からの乖離にともない国家主義的傾向を強めていった。日米開戦が避けられない状況になっていくなかで市川は、しだいに自由主義国家アメリカと家制度に基盤を置く皇国日本の国体を対峙させ、天皇制国家の国体と家制度を、さらには家制度を守る日本女性の優秀さを強調するようになった。そして一九四一年末、日本とアメリカの戦いが現実になると市川は、自由主義国アメリカへの対決を先鋭化させ、天皇制護持の国体への傾斜を深化させていった。その過程で、市川のフェミニズム観は、次章で詳述するが、戦争の終盤に向かって皇国フェミニズムとしか呼称しようのない、国家主義フェミニズムへの軌跡を描いていった。

▼自主的女性組織の新しいあり方の模索

自由主義から乖離しはじめた市川はまた、自主的女性組織のあり方自体を問うようになった。前年の一九四〇年九月には、平時、準戦時期そして戦時期前半、市川の活動を支え続けた自主的女性組織、婦選獲得同盟を解散させていた。

一九四一年八月、市川は、「会員の方々へのお願い」を「婦人時局研究会々報」に掲載し次のように呼びかけた。(84)

婦人時局研究会は、今迄の所謂婦人団体に於ける物の考え方や、やり方等を一切揚棄して、新しい理念の下に同志的結合体としなければならないと思ひます。これは創立当初からの念願でありますが、未だ不充分な点がある事を遺憾に思ひます。……会員の方々の中でご意見のおありの方はご開陳願ひ度くぞんじます。

ここに書かれた「今迄の所謂婦人団体に於ける物の考え方や、やり方」とは、自主的女性団体の自由主義的運動の考えや方法を意味し、市川はもはやそうした自由主義的組織の運営は時代にそぐわないと指摘した。

かくして、全体主義体制の内にあっても女たちの自主性を維持しようとする精動運動時代の当初の意図は、大政翼賛運動の段階になると影を潜めていった。そして一方で政府の女性委員の選定に自由主義的な女性指導者ではなく、大政翼賛の理念をよく理解する女性を選ぶよう勧告し、他方で自らが率いる婦人時局研究会の「自主的」傾向を全体主義体制に呼応するために、どうすればよいか、会員に問いかげるようになった。

四　大政翼賛会調査委員として

▼大政翼賛会調査委員に選ばれる

一九四一年五月二三日、政府は民間から大政翼賛会調査委員一五九名を任命した。すでに官界からは、衆議院議員八六名、貴族院議員三〇名が任命されていた。任命された民間調査委員のなかには、市川をはじめ、竹内茂代、羽仁説子、奥むめお、小林珠子、古川八重子ら六名の女性委員が含まれた。同年六月、『朝日グラフ』は、「翼賛会婦人調査委員に聴く」を特集し、市川房枝、小林珠子、奥むめお、羽仁説子、竹内茂代のインタビュー記事を掲載した。同誌市川のインタビュー記事によると、「担当したい希望を言って欲しいと翼賛会から通達された十三項目に」市川が真っ先に希望したのは、「大東亜共栄圏の確立」を審議する第三委員会であった。

「恐ろしく大きな問題のやうですが、そんなに間口を広げては大変でせう」とインタビューアーが問いかけたのに対し市川は、「大丈夫ですよ、私は女の立場から、女として担当しなければならない面を受持つつもりなのですから」と答えた。そして具体的にそれは、日中女性たちの連携であると、自論を次のように述べた[85]。

大東亜共栄圏といつても、先づ第一に相手は支那でせう。支那としつかり手を握つて、支那が立派に一人立ち出来るやうに、日本は手伝つてやらう、育てゝやらう、としてゐるのですが、……たゞ親善々々と掛声だけではなしに、心の底から睦み合つてこそ、本当の意味の共栄圏が出来上るのではないでせうか。それには両国の女性同志がかたく〳〵手をとつて心の底から尊敬し合つて行かねば嘘です。……私達はもつと支那をよく認識し、支那の婦人を知らねばなりません。

このとき設置された一〇の調査委員会には、たとえば第四委員会「銃後国民生活の刷新及安定に関する事項」、第七委員会「食糧問題に関する事項」、第八委員会「『財政、金融、物資、物価』に関する事項」など、これまで精動運動を通して、市川が関心を持ち、関与してきた生活関連の問題を取り扱う委員会があった。しかし、ここで市川が選んだいまひとつの委員会は、「国策の遂行貫徹に関する事項」を取り扱う第二委員会であった。

なんとしても、戦争を終息させるため東亜新秩序＝大東亜共栄圏を建設し、その「国策遂行」のために、女性を有効に動員することを提言するのだ。そうした市川の思いが、ひとつに有効な国策遂行のための国民組織のあり方を模索する第二委員会の選択へ、そしていまひとつに、大東亜共栄圏建設を審議する第三委員会の選択に反映された。両委員会はともに女性委員は市川のみであった。ちなみに、市川とともに精動運動の第二、第三段階で密接に協働した竹内茂代は、食糧問題を取り扱う、第七委員会と、「人口問題……労務……海外拓殖並に移植民」に関する問題を取り扱う第十委員会を選択した[86]。

▼第二調査委員会総会での市川発言

大政翼賛会調査委員会の政策決定過程は、精動運動の例にならって、まずそれぞれの調査委員会が当該委員全員で、委員会の審議内容、争点を確認し、つぎに争点を軸に小委員会に分かれ、小委員会で決まったことを、委員長、翼賛会本部に報告し、総会にかけて決定するプロセスをとっていた。第二調査委員会は、七月七日から二一日にかけて三回、全員の委員が集まる全体会（総会）を開催し、国民組織のあり方、政治力を強化するための推進員設置の方法、指導精神の具体化などの争点を審議した[87]。

同調査委員会の第三回総会（七月二一日）で市川は、大政翼賛の国民組織に女性を組み入れることが、いかに重要であるか諄々と説いた。まず市川は、女性のなかでも「母であり妻であり主婦であります婦人の責任が非常に重い」と述べ、男性委員たちが「国策遂行貫徹といふことをお考戴く場合に」主婦の重要性を「はつきりと認識をして置いて戴きたい」と念を押した。そのうえで「国策実践貫徹」のためには、主婦、母親、妻に「国策を充分徹底させさうして協力させ実践させる熱意を持たせ」ることが肝要であると説いた。そして「婦人達を指導する指導者」あるいは推進員の選定に関して、「婦人を理解させ、これを引張つて行くといふ場合には婦人をそれに加へて行く」必要があると指摘した。なぜなら、指導の「内容なり方法なりを決定致します場合に矢張り婦人を参加させ」なければ、「適当な案が生まれて」こないからであると説明した。

市川は、精動実践網のもとで現行の隣組常会では、主婦の出席が、かなりの数を占め、場合によっては全員主婦というのが現状であるが、それは、「必然の結果」であると述べた。なぜならそれは、男性が忙しくなれば当然主婦が肩代わりするからであり、また隣組常会で話し合われる内容の大半が家庭生活、日常生活にかかわることだからである。市川は、大政翼賛会でつくる国民組織が、精動のそれの改悪とならないようにするためにも、小委員会で主婦の参加について討議することが必要、と主張した(88)。

▼推進員の資格と役割

第二調査委員会は、この第三回総会後、三つの小委員会に分かれた。第一小委員会は、翼賛理念の具体化を、第二委員会は、推進員、国民組織の問題を、そして第三委員会は、法規と道義の関係及び其の運営に関する問題を取り扱った。精動の実践網委員会委員として主婦の常会参加を明記させ、さらに大政翼賛運動下で最も効率の良い女性動員を模索し、女性再組織案にエネルギーを傾注していた市川は、翼賛運動の推進員と国民組織を討議する第二小委員会に入った。市川の所属した第二小委員会は、七月二八日から九月八日まで毎週月曜日に全七回会合を開いた(89)。

最終的に第二調査委員会は、二つの報告書を提出した。ひとつは、「推進員の詮衡運営に関する件」（一九四一年八月二九日報告）であり、いまひとつは「国策の遂行貫徹に関する件」（一九四一年一一月五日報告）である(90)。市川の所属した第二小委員会の審議内容は、これら二つの第二調査委員会報告と密接にかかわっており、市川は推進員の資格、役割、権限に関して、そして女性組織と下部組織の町会、隣組との関係について、さらに「国策遂行貫徹」のための翼賛会と下部組織との関係についての三点で重要な発言をし、二つの報告書には、市川の発言の反映が見られる。

最初に市川の推進員の資格、役割、権限に関する発言を跡づけてみよう。推進員は草の根のレベルで「大政翼賛運動の普及徹底を計る」ために設置されたもので、「部落会町内会」と「各種団体、会社、工場等」から候補者が選ばれた。市川はまず第一回小委員会（七月二八日開催）で、推進員のなかに女性を含めるつもりかを確認した(91)。これに対し大政翼賛会の小泉幹事は、当然含めるつもりであると答えた。さらに第二回小委員会では、推進員にどのくらいの女性を含めるつもりかという市川の具体的な問いに、匝瑳胤次小委員会委員長は、おそらく現在検討中の女性組織の地方支部から一人くらいと答えた。それに対して市川が、「私共ほんとうは部落に一人位づ、欲しいと思ふのですが」と主張すると、日露戦争にも参戦した老齢の海軍少佐の匝瑳は、即座に「さうは参りますまい。さうすると男の職場が取られて終ひます」と反発し、女性の社会進出が男性の職場を奪うことにつながるといった危惧を露わにした(92)。

匝瑳委員長のこの反論は、女性の社会進出が男子の現行の利益を侵し、男女の対立をもたらすとして戦時期に市川が常に直面した、女性の社会進出を阻む保守層の主張であった。そうした反論に対する市川の対応は、差異派フェミニズムの立場から、いわゆる男女の社会的棲み分け論を展開することにあった。男女の肉体的差異は男女の社会的役割の差異を必然的に生みだし、女性の社会的進出は、社会が要求する女性役割を果たすためのものである。男性が社会で果たすことのできない領域に、女性がその固有な任務を全うするため参加するだけである、と。このときも、匝瑳反論に対し、市川は次のように述べた(93)。

婦人推進員は、男の推進員の方と別に大体斯う云ふ方面のことを負担すると云ふことを予め御決め置きを願ふと宜しいと思ひます。

同小委員会では、婦人推進員の問題がつめて話し合われ、市川は繰り返し、「婦人推進員は婦人の分担して居ります所の母性の問題、子供の問題或は家庭の消費経済の問題のやうなことを当然させて戴く。さう云ふことは主として婦人にさせて戴きませぬと効果が挙がり難いのではないか」と述べた(94)。最終的に市川は「男、女と云ふ関係でなくて、家庭の主婦と云ふものが本当に国策を理解して協力して行かなければならぬと思ふ。何とかさう云ふことを主婦達に宜く判らすやうに激励して戴くことが必要だと思つて居ります」と、国家の土台としての家を守る主婦役割を前面に出して主張を展開した(95)。

市川はさらに推進員の役割に関して、徹底して非暴力でおこなうよう次のように念を押した(96)。

推進員の役割と云ふお話が出て居たやうですが、そこは或程度実力を行使すると云ひますか闇の中で殴つても宜いと云ふ話が出て居りましたけれども、さう云ふ直接行動は私は矢張り厳にしないことに一つお決めを願つて、口で説諭してやると云ふやうなことを是非やつて戴きたいと思ひます。これは一番被害を受けるのは婦人であります。

市川は、一九三九年のパーマネント禁止令が出された後で、パーマをかけた女性が海水浴場で海に投げ込まれたり、蹴られた事例があることを指摘し、「さう云ふことをやつて宜いことになると際限がなくなりますから、直接行動だけは是非しないやうにして戴きたいと思ひます」と強く主張した。

従来指摘されてこなかったが、市川は徹底した非暴力主義者であった。戦争遂行のための一切の実力行使が許容される社会で市川は、推進員が役割遂行にあたってあくまでも暴力行為に走ることがないよう釘を刺した。第五回小委員会では、最後に推進員の人数、資格に関する具体的案が討議された。市川は、推進員の資格のひとつが「独立の生活を営む者又は生活の安定を得たる者たる事」とあり、さらに女性推進員の場合は、男性と同じとなっているが、「婦人の場合は独立の生計がなくてもいい訳ですね」と確認した。匝瑳小委員長は、「婦人の方は『生活の安定』の方に入るのです」と答え、独立の生計を営む云々の項は適用されないと述べた[97]。

こうした一連の市川の主張の結果、第二調査委員会の報告書「推進員の詮衡運営に関する件」では、まず推進員の資格で、婦人推進員を男性に準じて選ばれることが明記された。同時にその運営に関し第三項目に「婦人推進員は、特に母子保護任務、家庭経済等に重点を置き主として下部組織内に配員すること」という一項が加わった[98]。そして運営の第八項目には「推進員の誓は推進員の信条たるべき事項を具体的に記述し、その要目を示すこと、その中には地位を利用して選挙運動その他の行動を成さざる事を包括すること」とし、市川が指摘したように、推進員が地位をかさに暴力をともなう行動等に出ないための予防的一項が挿入された[99]。

▼女性組織と下部組織の関係

市川はまた、大政翼賛会が斡旋し審議している女性組織の統合問題にふれ、新しい組織がどのようなものとなるのか、そしてその組織と大政翼賛会の下部組織との関係がどのようになるのか繰り返し質問した。女性組織の統合は、あくまでも女性たちの任務の重複を軽減するためのものであった。新しくできる女性組織が、女性の任務をまた重複させないようにすることが肝要であった。この点に関して市川は、まず第二調査委員会の第三回総会で次のように疑念を表わしていた(100)。

……若し新しく出来ます婦人団体が矢張り前よりも悪くなつたといふことでは私は非常に残念であります。……此の委員会でこの問題を採り上げ戴くといふ事が若し困難でありますれば、この委員の方々の中でさう云ふ問題に特にご関心をお持ちになつて居ります方々だけで小委員会と申しますか、唯一回の会合だけでも結構と思ひますが、……委員長にこの点お願を申し上げたいと思つて居る訳であります。

さらに、第二小委員会の第一回会合で市川は、新しくできる「婦人団体も壮年団と同じやうに」翼賛会の「外郭団体」となるのか、また「町内会、隣組なんかとの関係」がどうなるのか問い合わせた(101)。しかし、翼賛会事務部の小泉幹事は、翼賛会は現在検討中であるとして、市川の最も問題とする、組織の二重化については確答しなかった。

▼翼賛会と内務省の下部組織との関係

第五回小委員会では、精動運動以来内務省のもとで整備されてきた町会や隣組などの下部組織と大政翼賛会との関係が主として話し合われた。この点に関し市川は、指揮系統の問題を指摘し、国策を下部組織まで効率よく伝達するためには、現在の内務省下では不備が多いことを指摘した。そして「矢張り翼賛会の下に各関係庁がお集まりになつて、或は又官庁から云へばさういふ方面のことは情報局が御分担の事じゃないかと思ふのでありますが」と述べ、どのような国策を下部に流すかを決めるのは、内務省のもとではなく、翼賛会か情報局のもとで関係庁が集まり、審議すべきと主張した(102)。

最後に第六回小委員会でもまた、下部組織と翼賛会のことがテーマとなった。匝瑳小委員会委員長は、冒頭「結局国民組織は、各種団体或は内務省或は農林省、さういふ所でやることであつて、翼賛会はそれと緊密な連絡を取つて行くのが翼賛運動として一番よいのではないか、斯ういふ風に帰納されるのです」と消極的意見を述べた(103)。同小委員会で具体的に問題となったのは、内務省が翼賛会の推進員にあたるような指導員を独自に作ろうとしているといった新聞報道であった。地方自治を所掌業務とする内務省が、翼賛会からその権益を守るため、自治振興会を作り、独自の講習会などを開き地方の指導者を教育することを企画していた。

このような内務省の動きに市川はまず、町内会、隣組を行政の「補助機関として整備の方は内務省が所管して差支えないと思ひます」と述べた。その一方で、町内会、隣組の運営、指導は、「翼賛運動、国民運動といふ点から観察すると、内務省だけに委して置くと、そこに矢張り大政翼賛会と何等の関係が無いといふ感じを下部組織の人達に与へる」ことになる、と指摘した。この市川発言に対し匝瑳小委員会委員長は、「組織は内務省でやる。そこに道義的魂を入れる、翼賛理念を植付けるといふことは翼賛会が専らやらなければならぬ」という、内務省と翼賛会の役割分担を飽くまでも主張した(104)。しかし市川は、「委員会（自治振興会）はよいと思ひますが、内務省が主といふとその色が勝ちやしないかと思ふのです」と反論し、「内務省では町内会、部落会、隣組を法制化する」動きがあるようだ、と暴露した。そして、「ですから内務省でこの訓令を法制化する場合に於て多少内容を変えるチャンスはある訳ですね」と警告した(105)。

こうした審議を経て、報告書「国策の遂行貫徹に関する件」では、第三項目「国策浸透を完全ならしむる国民組織に関する事項」で、「国民下部組織は、翼賛会下部組織たらしむべし」と明記された。そして次のようにその理由を述べ、市川の意図した内務省の干渉を牽制した[106]。

今日翼賛会が国策浸透の重要使命を帯びて誕生した以上、この国民的下部組織を自己の下部組織となすことに依つて始めて其の運用は円滑に推進せられるのである。……且つ翼賛運動の性質上内務行政がかかる複雑微細なる組織にまで関与する事は、それ自体盛り上がる民意の暢達を阻害し、只一片の指令に依つてお役目的行動をとる空疎の存在に化する虞が多い。

▼第三調査委員会での市川発言

翼賛会の国民組織のあり方とその運営方法を討議した第二委員会の場合と違い、大東亜共栄圏の建設を審議した第三委員会で、市川の発言は唯一回、中国旅行で感じたことを述べるにとどまっていた。そこで市川は、「日本人が支那の大衆、知識階級方面から本当に尊敬されて居ない部面が相当あるのではないか」と指摘し、その理由が、「現地で行はれて居る日本人の行動と申しますか、或は人格と申しますか、さう云ふことが影響して居る」と述べた[107]。

たとえば酔って外を歩く行為は、日本では何ともないこととして受け入れられているが、「支那では酒に酔つて街を歩くのは非常に下等なことと考へられて居ります」と、市川は指摘した。そして、こうした個々人の行為は大東亜共栄圏を建設するうえで枝葉末節なことのように思われるかもしれないが、日本人が中国の人から尊敬されて初めて、日中が協力して大東亜共栄圏を建設できるのであって、実は、最も肝心なことであるのだと、市川は強調した。

さらにそうした市川の考えが、実は中国旅行で会見の機会を得た板垣征四郎支那派遣軍総参謀長もまた同意見であったと、次のように述べた[108]。

板垣閣下から色々お話を伺ひ、又私からも申し上げたりしたのでございますが、其の時私非常に共鳴したことがございます。板垣閣下が仰しやるのに、結局は日本人の一人づ、が支那人から尊敬されるものにならなければいけない。其の為には日本人の教育と云ふものを変えなければならない、国民教育から変へなければならないと云ふことでございました。

大東亜共栄圏と市川の接点は、その建設が困難であり迂遠であるが、近衛の提示した東亜新秩序構想しか戦争を終息させる道は、もはや残されていないという、中国旅行を通して市川が手にした確信であった。市川は、その構想が発展した大東亜共栄圏の主唱者であったわけではない。その意味で、当該問題に関する蘊蓄は持ちあわせていなかった。戦争を終わらせる手段として大東亜共栄圏構築を考えたとき、きわめて現実主義の運動家であった市川にとって、まず中国人の尊敬を日本人が得ることが第一義的に必要なことと捉えられていた。そうした考えは、第I部四章で詳述した『婦選』誌上の竹中繁や昭和研究会の平貞三の論調でもあった。

第11章　「大東亜戦争」下の戦争協力——転向

一　日米開戦と『聖戦』意識の高揚

▼市川、戦争是認言説を初めて吐露する

一九四〇年九月二七日、第二次近衛内閣は日独伊三国軍事同盟を締結した。その前月、日本軍はフランス領インドシナへ進駐し、戦場は中国大陸からインドシナへ拡大した。新たな戦況の展開は、前年末アメリカが日本との通商航海条約の締結を拒否し、インドシナの石油、屑鉄などの天然資源を必要としたことに一因があった。一週間後の一〇月四日、価格形成委員会は、米、味噌、醤油、マッチ、塩、木炭、砂糖などを切符制にすることを政府に進言し、同日、砂糖とマッチの配給制が公布された。

日本の国際的孤立が深刻の度合いを深め、物資の極端な不足が日常生活を圧迫するようになるなかで市川は、女・子どもの生活を守り、女性の意思を反映させる精動運動当初の活動を、日本に有利なかたちで戦争を終息させるため、効率良い女性動員を模索し政府に進言する活動へと、その「戦争協力」の軸足を移行させていった。同盟締結一年前の一九三九年八月、日本軍は、中国大陸のノモンハンでソ連軍に全滅に近い敗北を喫していた。生き残りをかけて戦争を拡大させていく日本の状況に、もはや市川は批判の目を向けなくなった。そして日独伊三国同盟が締結されると、

これまで批判し続けてきた全体主義国家との同盟政策を支持し、日米開戦の可能性を予測した。

市川は日独伊三国同盟によって日本は「独伊の両全体主義国と共に旧秩序を破壊し、欧州並に東洋に於ける新秩序の建設に邁進するの態度を明確」にしたのだから、「民主主義国である米国との摩擦、衝突を免れない」とし、日本は世界戦争に「将来参加することあるべきを覚悟しなければならない」と分析した。そのうえで、「今次の三国同盟の締結は、寔に日本の国運を賭するものともいへるが、然しながら日本の使命を完遂するためには、必然の方向といつてよからう」と支持を表明した(1)。

一九四〇年一二月末、近衛政権はさらに汪精衛政権との間で国交調印をし、日満華共同宣言を出した。翌一九四一年一月、市川は、「これは日満支三国による東亜新秩序の建設が、その第一歩をふみ出したことを意味するもので、寔に慶賀に堪へない次第である」と感想を述べる(2)。戦時期市川の言説を詳細に跡づけたとき、少なくともこの時点まで、市川が現行の戦争を容認した事実は見当たらない。しかしこのとき市川は、初めて中国大陸の戦争を是認する言説を吐露した(3)。

日本は一方に於ては新国民政府が、東亜新秩序の建設に参加し得る実力を持つべく、これを援助すべき責務があり、他方に於ては第三国の援助をかりて益々抗日意識を昂めている蔣政権の打倒を継続しなければならないのである。

その為には尚数年乃至は十数年の日子を要すべく、その覚悟を固めなくてはならないのである。

私共婦人としては、その長年月に堪へ得る様銃後を固めると同時に、支那の婦人と手を握ることが絶対に必要である。

中国をそしてアジアを植民地化してきた欧米の力を借りて、日本との全面戦争(抗日戦争)を激化させている蔣政権（中国国民党）、それに対抗して欧米のアジア植民地支配からアジアを解放し、アジア人の手による新しい平和秩序を構築しようとしている日本。満州事変にはじまる中国大陸の戦争をこのような対立の図式を描くことで市川は、日本が従事している戦争を初めて容認した。そしてそのために女性は銃後を固め、中国女性との連携が「絶対必要」と主張した。この時点で、満州事変以来一貫して市川が主張し続けた中国大陸の戦争を終息させるための中国女性との連携は、「蔣政権の打倒を継続」するための中国女性との連携を意味した。しかしその自己撞着を意識することのないまま、市川の日中戦争容認は、日米関係の悪化にともない日米戦争是認へ容易に結びついていった。

▼「転向」——日米開戦は「已むを得ないもの」

一九四一年一月六日、F・D・ローズヴェルト米国大統領は、「四つの自由」演説をおこない、人類が決して妥協することのできない「普遍的な自由」として、言論・表現の自由、信仰の自由、欠乏からの自由そして恐怖からの自由を掲げ、アメリカは全体主義国家ドイツに「ひるむことなく」イギリスを助けるため第二次世界大戦に参戦すると誓った。

緊迫する国際状況を背景に、一九四一年二月、市川の日米開戦の予測は、対米戦争を「已むを得ない」とする支持の主張へと変わっていった。すでに前月、市川は、「第三国の援助をかりて」「抗日意識を昂めている蔣政権の打倒を継続しなければならない」と述べ、日中戦争を初めて積極的に支持し、その継続を肯定した。市川は、日米開戦を次のように容認した(4)。

支那事変の処理が未だ目的を達するに到つてゐない現在更に米国とことを構える事あるべき事を遺憾とするものであるが、然し米国が飽迄東亜に於ける日本の地位を認識せず、東亜新秩序の建設を否定する限り、事態が最悪の場合に到達するも亦已むを得ないものと思ふのである。

市川は満州事変以来、日本の国際的立場に鋭い触覚をはり、可能な限りの情報を集め日本のいく末を憂慮し、女性の果たすべき役割を模索し続けた。一九三一年九月の満州事変勃発時には、非戦の立場から中国大陸での戦争を厳しく批判し、関東軍が満州事変勃発前の地点まで撤退することを強く提言した。それから一〇年後の一九四一年一月、市川は、中国大陸の日本のしかけた戦争を是認し、翌月にはその結果新たに起こる対米戦争を「事態が最悪の場合に到達する」も「已むを得ない」と主張するに至った。

鶴見俊輔は、リベラル派知識人としてヴェトナム戦争反対運動に象徴される戦後言論界をリードしてきた思想家である。鶴見は、終戦の翌年、武谷三男、丸山眞男、都留重人、武田清子、鶴見和子らと『思想の科学』を創刊し、一九五三年に、同誌で「戦争中からあたためていた『転向について』[5]」を特集した。その思想の科学研究会の仲間たちとの転向研究は、一九五九年から六二年にかけて三巻の『共同研究　転向』に結実した。同書「序言」で鶴見は、転向を「国家権力によって強制された思想変化」と定義した。ここで鶴見は「権力」を「国家権力」に同置し、「強制」を、「権力が服従を要求して、各種の具体的、特殊的手段にうったえることを意味」するとした。そして「手段」を「暴力（投獄、処刑、ごうもん）だけでなく、利権の供与とか、マス・コミュニケーションによる宣伝などのような間接的な強制をも含む」と広義に規定した[6]。

鶴見はまた、「現実に起こる転向の例はつねに自発性の側面と被強制性の側面とをもっている[7]」と指摘する。非戦の立場から日米開戦を「已むを得ないもの」として戦争を肯定的に捉えるようになった市川の「思想変化」は、まさに鶴見の定義する「転向」にあたる。市川のその「思想の変化」への導引は、個人の力ではもはや変えることのできない国家の方針（＝戦争継続）を認知し、自ら「主体的」に選択したものであった。ここで、「国家権力」の「強制」の行使を鶴見の定義に沿って市川の場合に援用するなら、もはや変えることのできない国家の方針という市川の戦争状況認識と、そのもとでおこなった「主体的」選択は、「国家権力」の「強制」の結果の「思想変化」（＝転向）にほかならない[8]。

▼太平洋戦争への階梯

第二次近衛内閣は、一九四一年四月一三日、日ソ中立条約に調印した。対米関係が悪化するなかで日本が天然資源調達のため南進政策を推進させるためには、日中戦争を終息させソ連と相互不可侵条約を結び、中国大陸の状況を安定させることが必須であった。

本来第二次近衛内閣の外交政策は、二つの拮抗する流れを内包していた。ひとつは、東条英機陸軍大臣や松岡洋右外務大臣に代表される対米強硬路線である。とくに日ソ中立条約を締結し、ソ連を枢軸国側に引き入れることに成功した松岡洋右は、最終的に日独伊ソ四カ国同盟を成立させ、アメリカに対抗する日本の国際的地歩を強固にすることを目論んでいた。そしていまひとつは、近衛文麿らのアメリカとの関係修復を模索する政策である。実際、近衛は日ソ中立条約が締結された二日後の四月一五日、野村吉三郎駐米大使にコーデル・ハル国務長官との正式会談を開始させていた。

そうした状況のなかで六月二二日、ドイツ軍がソ連に突如侵攻し独ソ戦が開始された。二年前の平沼内閣時に、独ソ不可侵条約が締結されたときと同様、日本政府への事前の告知はなく、ふたたび日本はヨーロッパの政争のなかで孤立する危機に曝された。七月一六日、緊迫する国際関係のなかで近衛第二次内閣は総辞職し、一八日、第三次近衛内閣が成立した。明治憲法のもとで首相は、閣僚罷免権を持たなかったため、対米強硬論を主張する松岡洋右外相を更迭するためには、いったん内閣を総辞職させざるをえなかったからである。

しかし第三次近衛内閣は、外務大臣の豊田貞次郎海軍大将(拓務大臣と兼務)をはじめ、商工、厚生大臣、企画院総裁に陸海軍人を任用した軍人色の強いものとなった。最終的に同内閣は、対米関係の進捗を計ることに失敗し、東条英機陸相の対米強硬論に抵抗できず、三カ月後の一〇月一六日、近衛は内閣を放棄し、一八日、東条英機内閣が成立した。

東条内閣は、一九四一(昭和一六)年一一月初旬、御前会議で「帝国国策遂行要綱」を決定し、日米交渉の期限を一二月一日とし、そのときまでに解決しない場合の対米武力行使を決定した。一二月一日に御前会議が開かれ、対米英蘭開戦を全会一致で正式決定し、八日、日本軍は真珠湾を奇襲攻撃し太平洋戦争が開始された。

▼戦争協力への呼びかけ

一九四一（昭和一六）年一二月八日、市川は、大蔵省の貯蓄奨励講師として派遣された講演先鹿児島で日本軍の真珠湾攻撃を知った。[9]

私が対米英開戦を知つたのは、八日の朝鹿児島駅に到着して間もなくであつた。宣戦の大詔は、八日夜、大隅半島の鹿屋市の一旅館のラヂオを通じて拝聴したのであつた。

真珠湾攻撃に続いて日本軍は、イギリスがマレー沖に配備していた二戦艦を撃沈し（マレー沖海戦）、さらにマニラ、シンガポール占領と破竹の勢いで太平洋上の戦況を拡大していった。この大東亜戦争緒戦の勝利は国民を欣喜雀躍させ、国内は興奮のるつぼと化した。

市川は、戦争のさらなる長期化を予測し、女性たちに冷静に戦争を受け止め、長期戦へのそなえと覚悟を呼びかけ、同時に積極的に戦争協力するよう訴えた。この年の八月に市川は、「会員の方々へのお願い」を『婦人時局研究会々報』に掲載し「今迄の所謂婦人団体に於ける物の考え方や、やり方等を一切揚棄し」て、「新しい理念の下に、同志的結合体としなければならないと思います」と述べ、自主的女性組織のあり方を根本から見直し、翼賛体制への同化を要請していた。真珠湾攻撃二週間後の一二月二五日、市川は、婦人時局研究会の仲間に次のように、「戦争協力」を呼びかけた。[10]

世界戦史にその類をみない緒戦のハワイ、マレイ沖に於ける大戦果に引続いて、海に陸に、皇軍は益々戦果を拡大されつゝあるのは私共の感謝に堪えないところである。

然し私共銃後の国民は、この戦勝に酔ひ、心をゆるめてはならない。この皇軍の戦果を確保し、聖戦の目的を建設するためには、銃後を固めなくてはならない。戦争は必然的に、長期に亘るであらうが、最後迄、断じて弱音をはいてはならない。

此度こそ、婦人がその本来の忍耐と勤勉とを発揮して、あらゆる困難を克服御奉公しなければならないと思ふのである。

私共は宣戦の大詔を繰り返し〳〵拝誦し、別記本会申し合わせを実践、婦人の決戦体制を確立して婦人職域奉公に邁進しやうではないか。

市川は、婦人時局研究会のメンバーに「皇国婦人奉公の推進力」となるべく、実践すべき内容として挙げたのは第一に、「大東亜戦争の意義」を理解し「敢闘精神」を高めること、第二に、大日本婦人会の結成の促進、第三に「長期戦」を予想し「最低生活」の創造、最後が、「勤労精神」を高揚させ「国民皆労」の実を挙げることの四項目であった。東亜新秩序構築のため「蔣政権の打倒を継続しなければならない」と主張するに至った市川にとって、日米開戦は、欧米の支配者からアジアを救い大東亜共栄圏を構築するという「聖戦の目的を達成する」ことを意味した。もはやこの時点で市川が戦争拡大への逡巡を抱くことはなかった。

市川は女性たちに、大東亜共栄圏の建設のために戦う日米開戦の意義を理解し、積極的かつ「自発的」に「必勝」を目指し戦争協力することを鼓舞した。女性たちは、「其の本来の忍耐と勤勉とを発揮し」「皇軍の戦果を確保するため」その力を総動員し、ある時は労働力として貢献し、ある時は率先して生活を切り詰め、戦争完遂に協力しなくてはならない。市川のこの想いは、終戦まで維持されていった。

▼時局婦人懇談会の世話人となる

真珠湾攻撃に続く太平洋上での緒戦の勝利が続く一二月一二日、東条内閣は、戦争の名称を「大東亜戦争」と閣議決定した。戦況が中国大陸から太平洋上へ拡大し、強大国アメリカを敵に回して戦う状況下、「指導的立場にある女性たち」の任務は、市川の呼びかけの第一に挙げられた「大東亜戦争の意義を体し、婦人の敢闘精神の高揚に努めること」にあった。

内閣情報局は、真珠湾攻撃二日後の一二月一〇日、「各界の指導的立場にある女性たちを招いて」協力を依頼した。市川は大蔵省貯蓄奨励講師として鹿児島にいたため、この懇談会には参加していない。しかし一二月一九日に同情報局は、再度会合を開き、「時局の重大性に鑑みて、責任ある立場に立つ婦人達が、その分担する婦人に対しての世論指導の適正を期する為に」時局婦人懇談会を組織した。[11]

時局婦人懇談会は、七人の世話人を置き、市川房枝、高良富子が連絡係、庶務通信に市川房枝、河崎なつ、記録係に羽仁説子、渡辺まつ子、会計係に前田若尾、倉永菊千代が任命された。会員には、「世論指導に関係ある官庁及び特殊団体関係者」が選ばれ、「内閣情報部から世論指導に関して協力を求められたる婦人」、「大蔵省貯蓄奨励局婦人講師」、「軍事保護院遺族家族指導員」、「大政翼賛会中央本部婦人役職員」ら約七〇名の女性たちが任命された。

同懇談会は、月一回、内閣情報局などの関係当局から随時時局に関する講話を聞き懇談会を開催することが決められた。[12]

▼日米開戦はどう受け止められていたか——津久井竜雄の場合

市川の日米開戦を肯定する想いは、イデオロギーを超えて当時の多くの知識人の共有したものでもあった。津久井竜雄は、戦前、大日本言論報国会の設立に重要な役割を果たした国家主義の運動家であり、後述するが、市川を言論報国会理事に組み入れたキーパーソンでもある。津久井はまた戦前・戦後を通して多数の評論、著作を発表した右翼のジャーナリストでもあった。終戦一〇年後、『私の昭和史』を発表した津久井は、日米開戦当時の思い出を次のように記している[13]。

> 昭和一六年一二月八日のあさ《ママ》、日本が南太平洋で米英と戦争状態に入ったというニュースをラジオできいたときは、さすがに大きな衝撃にうたれ、ついに来るべきものがきたとおもった。……
> ……日本民族の一員だという意識をこのときほどはげしくゆさぶられたこともなかった。
> おもえば白人の東亜支配に対するわれわれのいきどおりは実に久しいものがあったし、……支那事変に対する基本理念も、日本と支那とが戦うということにはなく、米英支配のカイライたる蒋介石政権に対して、東亜解放の立場から日本は戦うのであるという堅い信念が基底をなしていた。……端的に米英に対して戦いを開始したことは、正に一大快報であるとともに、支那事変解決のための当然の帰結であるといってよかった。それ以外に事変解決の道は求めようがなかった。
> また別の見地から言えば、日本よりも弱いとおもわれ、また同じ東洋の兄弟である支那を相手として戦うことは、まことに忍びがたいことだったが、いまや日本よりもうんと強大であり、多年にわたり日本を見下してきた米英と戦う事は、天下になにものに対しても引目を感じることのない男らしい振舞であると感じた。

▼竹内好の場合

それまで東亜新秩序構想を、中国大陸やアジア諸国での侵略戦争のカモフラージュとして捉え、「聖戦」に反対していたリベラル派知識人にとってもまた日米開戦は「聖戦の証明」をするものとなった。「小国」日本が、大国アメリカ、イギリスを相手に回し戦争をし、これらの国のアジア支配から同胞アジア人を救出する。そうした文脈から、日米開戦は、まさに東亜新秩序の主張を証左するものと映った。

中国研究家竹内好は、東京帝国大学在学中の一九三四年、武田泰淳と中国文学研究会を設立し、大アジア主義の立場から、日本の中国大陸をはじめとするアジア侵略戦争に反対していた。魯迅研究家として夙に高名な竹内好は、リベラル派の中国研究家として戦後言論界をリードした人物である。竹内は、在学中から発行し続けていた『中国文学』に、真珠湾攻撃の衝撃と改心を無記名の激文に表わした(14)。

歴史は作られた。世界は一夜にして変貌した。……

……

何びとが、事態のこのような展開を予期したろう。戦争はあくまで避くべしと、その直前まで信じていた。戦争はみじめであるとしか考えなかった。実は、その考え方のほうがみじめだったのである。……

……

わが日本は、東亜建設の美名に隠れて弱いものいじめをするのではないかと今の今まで疑ってきたのである。

……支那事変に道義的な呵責を感じて女々しい感情に耽り、前途の大計を見失ったわれらの如きは、まことに哀れむべき思想の貧困者だったのである。

東亜から侵略者を追い払うことに、われらはいささかの道義的な反省も必要としない。敵は一刀両断に斬って捨てるべきである。われらは祖国を愛し、祖国に次いで隣邦を愛するものである。われらは正しきを信じ、また力を信ずるものである。

大東亜戦争は見事に支那事変を完遂し、これを世界史上に復活せしめた。今や大東亜戦争を完遂するものこそ、われらである。

▼鈴木安蔵の場合

憲法学者鈴木安蔵もまた、竹内と同様に戦後リベラル派知識人の代表とされた人物である。京都大学の学生時代、いわゆる京都学連事件で治安維持法による第一号の学生逮捕者として、一九二六年から二年間、獄中生活を経験した。戦後は草の根憲法の起草者のひとりとして、映画『東京の青い空』の主人公として取り上げられた人物でもある。

鈴木は、一九四四年に書いた「日本の大陸発展と共栄圏建設」を、戦後「本質的に事物をさか立ちしてとらえたもの」として「対支二十一条当時からの日本の大陸政策を明白に帝国主義政策としつつ、満州事変以降の日本の大陸進出をその必然的展開として追及することができなかった」と、自己反省した(15)。鈴木はまた、「大東亜戦争」当時の想い出を次のように語っている(16)。

「鬼畜米英」とか「一億総決起」とかのスローガンはきらいであったが、「白人帝国主義」「米英」からアジアを解放するということは、わたくしの信念に一致した。まさしく米英の侵略が「一つの」アジアを寸断し、また、いま日本に攻撃を加えていると考えたからである。そしてその下で、多くの友人、後輩は死に、多くの同胞の家は焼かれ、国民の大多数は、栄養失調に陥り、家族はちりぢりに別れてしまったのである。わたくしの批判は情緒的で、理論を忘れていたかもしれない。

アジアの小国日本が、大国、アメリカ、イギリスに挑戦することが、いかに当時の日本人の心に響くものであったか。それは、単に国家主義者津久井竜雄の一文からも明らかなだけではなく、当時三一歳の竹内好や、三七歳の鈴木安蔵のように若く良心的な「自由主義者」の文からもわかる。中国に対する侵略戦争は、真珠湾攻撃を契機に、一挙にアジアの解放戦争として新たな相貌を表わし、イデオロギーを超えて国民は「大東亜戦争」支持の深い闇に吸い込まれていった。

二　翼賛選挙と市川のかかわり

▼翼賛体制の強化――翼賛選挙の挙行

東条英機内閣は、内閣総理大臣が陸軍大臣、内務大臣を兼務し、強大な権力をもって国内の翼賛体制を確立していった。一九四一（昭和一六）年一一月二二日、国民勤労報国協力令が公布され、一四歳から四〇歳までの男子と一四歳から二五歳までの未婚女子の勤労奉仕が義務づけられた。一二月一九日には言論出版集会結社など臨時取締法が公布され、政治に関する結社、集会の許可制と出版物の許可制が施行された。翌一九四二年一月二日、東条内閣は、毎月一日の興亜奉公日を八日の大詔奉戴日に変えることを閣議決定し、当日は国旗の掲揚を義務づけた。さらに一月一六日には、ナチス親衛隊の日本版として、大政翼賛運動を草の根から鼓舞するための大日本翼賛壮年団が結成された。

一方、真珠湾攻撃にはじまる大東亜戦争緒戦の勝利の興奮がさめやらぬなか明けた一九四二年は、元旦から、食塩配給制、ガス使用量割当制が実施された。さらに翌二月一日には味噌・醤油の切符配給制、医療の点数切符制が実施され、翼賛体制による規制の強化は、国民の思想、労働、生活のすみずみまでに及んでいった。

翼賛壮年団や大詔奉戴日に見られるように東条内閣の大政翼賛は、「軍部の意向をそのまま反映するもの」であり[17]、その意向はまた、翼賛選挙制度を導入し翼賛議会を成立させることに向けられていった。選挙制度の改革は、近衛内閣のもとでも翼賛体制を樹立するひとつの方策として、選挙権者の数を縮小しようとする動きとして論議され、一戸主一選挙権者とする家長選挙制の動きがしばしば浮上した。市川たちは、家長選挙制の動きに対し女性戸主をも選挙権者に組み入れるよう主張した。しかし本来家長選挙制は、男性の家長を基盤とする家族制度を強化する目的から生まれた考えでもあり、女性戸主を認めるものではなかった。

家長選挙制導入の趨勢のなかで、一九四〇年一二月六日に近衛内閣は、突如選挙権を二五歳以上の男子戸主にすることを閣議決定した。市川はこの閣議決定を、「家族制度擁護の為戸主に制限する趣意は一応理解できる」としながらも、一戸主一選挙権にすると「隠居乃至は分家を促進する」可能性が浮上する、と指摘し、戸主は必ずしも実生活の単位をなしている家を代表していないなどの理由で反対した。そして納税をしている「事実上の家」を代表する世帯主を有権者とすること、そしてその場合、「婦人が戸主、世帯主であれば当然含むべき」と主張した。[18]

この動きは、七六議会の休会明け直前の一九四一年一月一九日、家長選挙制を中心とする衆議院議員選挙法改正案として閣議決定された。しかし、選挙権者を縮少しようとする動きは国民すべての総動員化を目指す高次国防国家建設の時流に反するものでもあり、その後ふたたび議事日程にのぼることはなかった。

▼大東亜戦争完遂翼賛選挙貫徹基本要綱

一九四二年二月一八日の臨時閣議で政府は突如、一九三七年以来一年延期されていた衆議院議員選挙を五年目にあたる四月三〇日におこなうことを閣議決定し、「大東亜戦争完遂翼賛選挙貫徹運動基本要綱」を発表した。同基本要綱は、「大東亜戦争の完遂を目指し」大政翼賛体制の確立のために、選挙人の数の制限ではなく、被選挙者自体を、翼賛体制の枠内で決める、翼賛選挙制を施行するとした。それは、選挙を機として、大東亜戦争完遂のための「国民的士気を高揚し」、「一大国民運動を」展開することを目的とした。[19]

二月二三日、同基本要綱に基づいて選挙母体を作るため、政府は元首相の阿部信行を会長に翼賛政治体制協議会を結成し、協議会を中心に、候補者の選考・推薦がおこなわれた。同協議会のなかで鳩山一郎ら、一部に反対があったが、四月九日、四六六名の推薦候補者を決めた。

大東亜戦争完遂の一大国民運動を起こすためにおこなわれる翼賛選挙では、国民に対する啓蒙活動が重視された。そのため三月、内務省警保局が「選挙に際し警察として常会司会者の各位へのお願ひ」を、内務省地方局が「大東亜戦争完遂翼賛選挙貫徹運動指導資料」を、そして東京府は「大東亜戦争完遂翼賛選挙貫徹臨時常会開催の栞」、「大東亜戦争完遂翼賛選挙貫徹運動講演資料」を発表した[20]。それらの資料は一様に、大東亜戦争が、「世界制覇を目指す」米英を粉砕し「東亜諸民族の共存共栄」をはかるためのものであり、「日本国民」は指導者として「大東亜の建設」、しいては「世界新秩序の建設」に向けて「重大な使命」を持つものであること、そして今回の選挙は、そうした目的に向かって「国民の総力を結集し挙国一体となるための絶好の機会としなくてはならない」と主張した。

▼東京府の女性動員

市川たち婦選運動の女性たちと選挙粛正運動を協働した経験をもつ東京府は、翼賛選挙に対する女性たちの動員を積極的に模索し、三月に発表した「大東亜戦争完遂翼賛選挙貫徹臨時常会開催の栞」では、その出席者として「男子ばかりでなく婦人も出席する事」と明記した。さらに同月に発表した「大東亜戦争完遂翼賛選挙貫徹運動強調週間実施要綱」では、女性の役割として、四月一八日から二四日の翼賛選挙強調週間に市区町村単位で家庭婦人を対象とする懇談会を開催することを要請した。さらに婦人団体、婦人従業員、女学生による街頭宣伝をおこなうことを指示し、四月二八日の選挙当日を「棄権防止強調日」とし、婦人団体、婦人従業員が街頭でビラ配りをすることとした[21]。

四月四日に東京府は、さらに「大東亜戦争完遂選挙貫徹運動に関する資料」を発表した。同資料で東京府はとくに女性評論家たちに対し翼賛選挙に関する座談会を積極的に開催することを呼びかけ、家庭を通じて翼賛選挙の趣旨を理解させ、棄権防止、選挙違反防止やその他、女性の立場より協力すべきことを女性たちに周知徹底するよう要請した。さらに、その懇談会の内容を各新聞社が報道することを指令した。女性評論家たちはまた、翼賛選挙強調週間、棄権防止日には翼賛選挙紙芝居を実施するよう指示された[22]。

▼翼賛選挙婦人協議会と翼賛選挙貫徹婦人同盟

市川たちは東京府の要請に呼応して、四月一八日、翼賛選挙貫徹婦人協議会を開催し、翼賛選挙貫徹婦人同盟を結成した。さらに同協議会で女性としておこなうべき運動を協議し、四月二三日に翼賛選挙貫徹婦人大会の開催を決定した。スローガンを「推せよ人材、棄てるな一票」とし、立て看板を作成すること、そして「翼賛選挙に女が選んで欲しい代議士」についてのチラシを作製することが決まった。さらに選挙に向けて祈願祭をおこなうことが決定された。

翼賛選挙貫徹婦人同盟は、「婦人の立場より大東亜戦争完遂、翼賛選挙貫徹の為関係当局と協力する事を目的」とし、会員は選挙粛正婦人連合会、東京婦人愛市倶楽部関係者、それに東京市区の選挙粛正実行委員の女性たちで構成され、衆議院議員選挙とそれに引き継いでおこなわれる市町村会議員選挙を対象に活動し、その後は解散するとした。同同盟の代表に、吉岡弥生、久布白落実、市川がなり[23]、活動にかかる費用は、「当局の補助金」を充てることとした。市川たちは事務局を四谷の婦人問題研究所に置いた[24]。

四月一九日、翼賛政治体制協議会事務局は、女性指導者たちに地方の翼賛選挙状況視察の出張依頼をするための懇談会を開催した。同懇談会には市川をはじめ、木内キヤウ、竹内茂代、山高しげり、藤田たき、千本木道子、河崎なつ、風見すずが出席した。市川は、三日後の二二日から二九日にかけて宮城、福島地方の情勢視察を依頼された[25]。

▼翼賛婦人大会とチラシの草稿書き

四月二三日、翼賛選挙婦人同盟で決定した大東亜戦争完遂翼賛選挙貫徹婦人大会が、東京府、市、警察の共催で開催された。地方視察のために参加できなかった市川は、当日配布したチラシを書いた[26]。

チラシには女性と、男性有権者に対してそれぞれ呼びかけがおこなわれた。まず女性に対して、「私達の周りの有権者が①お国のためになる人を選ぶように②決して違反や情実のないように③必ず投票するように心を合わせて務めませう」と記された。さらに男性有権者に対して女の選んで欲しい代議士として、①大東亜戦争完遂のため「私心を持たない」人、②「伸びゆく日本建設」に貢献できる人、③「女や子供の問題を国力の基」と考える人、④「公私生活」の明朗な人であることとの四点を挙げていた。

▼市川の推した三人の候補者

この翼賛選挙で市川の応援した候補者は三人いた。『自伝』で市川は、「翼賛政治体制協議会には事務局長として昔からの婦選の支持者であった橋本清之助氏や、選挙粛正中央連盟の職員であった横山正一氏がおられたので、福島県のある推薦候補者――名前は忘れてしまった――の応援を頼まれ一日だけ行った」とある。[27] 市川資料によるとその人物は、仙台の北村文衛（旧立憲民政党）である。翼賛推薦候補であったが、次点で落選した。[28]

二人目は「栃木県で立候補した翼賛政治体制協議会非推薦の戸叶武」で、市川はその非推薦候補者の「応援には進んででかけた」。戸叶武の選挙公約のパンフレットには「政治は生活であり現実である」という一項があり、戸叶自身は、「女房はあなたがたの婦選運動にも関心がなく困るんですよ」と市川にこぼすほどの婦選の支持者であった。[29] 戸叶は、『東京朝日』の記者から上海の『大陸新報』の記者となり、一九三二年三月には、津久井竜雄らと、大陸に活躍した日本主義陣営の同志三〇名と大東亜同志会を結成した。市川とは日中草の根の連携で東亜に平和を構築するという意見を共有していた。非推薦候補の戸叶武も落選した。

三人目は、市川の『自伝』に書かれていないが、埼玉県から出馬した農政学者の中沢弁次郎であり、市川は推薦人に名前を載せている。中沢は、大政翼賛会第七調査委員会の委員であり、市川と竹内茂代が精動運動の生活刷新委員として要求した、国民食栄養基準の確立をした人物でもある。中沢は当選した。[30]

四月二五日、翼賛選挙貫徹婦人同盟は大東亜戦争完遂翼賛選挙貫徹祈願式を明治神宮で挙行し、市川は参加した。[31] 一九四二年四月三〇日、第二一回翼賛総選挙が挙行された。選挙の結果は、推薦当選三八一人、非推薦当選八五人であった。そのなかには、尾崎行雄、鳩山一郎がいた。浅沼稲次郎は非推薦候補で立候補したが落選した。五月三日、翼賛選挙貫徹婦人同盟は、選挙への貢献のお礼の懇談会を開き、五月一一日、翼賛選挙貫徹婦人同盟は翼賛選挙報告

明治神宮祈願式の行進。左端が金子しげり，その右が市川。1942 年 4 月 25 日

会を開催した。この選挙協力で、同同盟は、総額一四〇〇円の補助金を東京府から受けた(32)。

▼東京市会選挙への協力

第二一回翼賛衆議院選挙が終わると、翼賛選挙貫徹婦人同盟(吉岡弥生・市川房枝代表)は所期の決定に沿って、六月一五日の東京市会選挙に向けての世話人会を五月に三回開催した(五月五日、一八日、二七日)(33)。六月二日、翼賛選挙貫徹婦人同盟は、東京市翼賛市政確立協議会(堀切善次郎会長)、東京婦人愛市倶楽部(吉岡弥生・山高しげり代表)と共催で、日比谷松本楼で市政刷新婦人懇談会を開催した。吉岡弥生、市川房枝、山高しげり、河崎なつ、久布白落実、ガントレット恒子ら五九名が参加した。同懇談会では、東京市翼賛市政確立協議会会長の堀切善次郎が講演し、その後で市会選挙に婦人としておこなうべき運動について審議された。同所で、申し合わせ事項が審議され、非推薦候補者には応援しないことを確認した(34)。先の国レベルの翼賛選挙で市川は、翼賛政治体制協議会の推薦しなかった戸叶武を積極的に応援した。しかし東京市会選挙での女性たちの応援には、もはや非推薦候補者への応援は、たとえそれが女性たちの支持したい人でも、差し控えることが決まった。一方で推薦候補者には、応援演説、推薦状、第三者推薦演説などを通して積極的に応援することが確認された。

立て看板とチラシを作成することが決まり、それぞれの文言が討議された。まず立て看板には「父さんしつかり愛市の一票」を採用することが決まった。チラシには、表に「清く正しく立派な人を——市政は台所につながつて居ます」が、裏に立て看板と同じ文言の「父さんしつかり愛市の一票」が選ばれた。さらにチラシの表には男性投票者に対して選挙違反、情実、棄権のない「帝都の為になる人」を選ぶよう、裏には女の選んでほしい人として、「愛市心、奉公心」が強く「市政を強化」できる人、公私ともに生活の明るい人、さらに「教育、保健、生活など」の問題に真面目に取り組む人を選ぶよう呼びかけることが決まった(35)。

市会選挙二日前の六月一三日、東京三二区と同盟会員の総勢三二一名が翼賛選挙貫徹祈願式をおこない、靖国神社と、明治神宮の二手に分かれて参拝をおこなった。祈願式の指揮は、山高しげりがおこない、市川と河崎なつが係員として働いた(36)。こうした一連の選挙協力に対して、六月一六日、翼賛選挙貫徹婦人同盟は、東京府から二五〇円の補助金の交付を受けた(37)。七月八日、翼賛選挙貫徹婦人同盟は、選挙を手伝った候補者で当選した議員との懇談会を開催した(38)。

翼賛選挙が終了し、ひと段落したこの年の末（一二月二二日）、翼賛衆議院選挙と東京市会選挙に関連した、男女三二名の同志が集まり、「選挙粛正政治教育普及向上に資する為意見之交換を為し研究を行ふ」ことを目的に、粛選研究会が設置された。同研究会には、堀切善次郎、前田多門らに交じって、女性では市川房枝と山高しげりの二人が加わった(39)。この研究会を通して形成された人的ネットワークは、一九五二年に前田多門、市川房枝らが中心になって立ち上げられた「理想選挙推進の会（後に明るい選挙を推進する会と改称）」の立ち上げに発展していった。

三　大日本婦人会審議員として

▼大日本婦人会の発会

一九四一年末から翌四二年初頭、東条内閣のもとで翼賛体制が強化される過程で女性組織の一元化が実現の運びとなった。一九四二年一月一九日に政府は、新団体の発起人四八名を発表した。発起人の男女比は、男性九名に対し、女性が三九名であった。一月二七日、新婦人団体の発起人会が開催され、定款の説明、採択がおこなわれた。政府側の新団体の性格についての説明で、軍事保護院扶助課長加藤有三郎は次のように説明した(40)。

本会は婦人の国民組織であつて、有資格者はすべて会員とならねばならない。しかも単なる静的組織ではなく、全会員を訓練し一切の戦時下婦人任務を達成する為に動員する動的組織である。本会最後の目標は伝統の婦道に則り婦人としての御奉公を完うせしめるにある。

実際、定款の第三条は、「高度国防国家体制に即応するため皇国伝統の婦道に則り修身斉家奉公の実を挙げること」を目的とする、と記していた。

翌二八日、市川は、大日本婦人会の約二〇〇人の審議員のひとりに指名された[41]。婦選運動家市川の審議員、山高しげりの理事任命には、陸軍側が強い「拒否反応」を示した。しかし統合に関する資料を提供した厚生省側の強い主張で実行された。そのため市川は、「断っては困る」とまえもって連絡を受けていた[42]。二月二日、九段の軍人会館で大日本婦人会の発会式が挙行された。役員人事が発表され、会長に山内禎子がなり、国防婦人会会長の武藤能婦子、愛国婦人会会長水野万寿子、大日本連合婦人会会長の三条西信子は、それぞれ副会長に就任した。

▼市川の評価

大日本婦人会は全女性を巻き込んだ組織であったが、市川たちが希望した女性再組織のかたちからはほど遠く、副会長人事からも明らかなように基本的に国婦、愛婦、連婦の三団体を統合したものであった。しかも、理事長、常務理事は、全員男性であり、理事六一名の男女の割合は、男性理事が二二名、女性理事が三九名であった。市川は、この大日本婦人会を次のように評した[43]。

婦人役員の顔振れには多少の新味があり、事務局首脳部の人選も大体結構といつて差支えあるまい。然し婦人団体であるのに常務理事は全部男であり、課長級も男子で、然も前団体役員の寄せ集めであるのは遺憾である。

市川はまた、新組織が本当に機能するのは、「下部組織の実践である」から、「私どもは、この地方支部組織に重大な関心を持つものである」と述べた。そして、「地方支部は二月中に組織される予定であるが、役員の決定、類似団体の統合、最下部の町内会との関係などは、中央以上に困難である」と指摘した。実際地方支部の構築は難航を極め、当初の予定どおり二月中に作られたのは、八県の支部であり、三月には、二県の支部にすぎなかった。そのため川西実三理事長が、四月三日にラジオ放送をおこない、支部形成の促進を訴え、国内の支部と中国大陸の本部が最終的にすべて設置されたのは、五月であった。支部形成が遅れた大きな理由は支部長人事で、愛婦、国婦、連婦の旧女性団体が競合したためであった(44)。

一一月一一日、第一回総会が開催され、①「神を敬ひ詔を畏み、皇国の御為に御奉公」すること、②「誠を尽し、勤労を楽しみ、世の為努力」すること、③「身を修め、家を齊へ、日本婦道の光輝を発揚」することを約した三箇条からなる綱領が発表された(45)。

▼大日本婦人会での市川の役割

審議員を委嘱された市川は、大日本婦人会のなかでもさまざまな委員会委員を委嘱された。まず一九四二年四月八日、錬成に関する委員会委員に委嘱された(46)。前月末、大日本婦人会の運営上の「必要事項の調査企画に当たる為本部事務局内に専門委員会を設置する」ことが決まり、①軍事援護に関する委員会、②戦時生活確立に関する委員会③保健衛生に関する委員会、④家庭教育に関する委員会、⑤錬成に関する委員会、⑥非常動員並に軍事指導に関する委員会が設置された。「大日本婦人会本部錬成要綱」(一九四三年四月一二日付)によると、錬成委員会の目的は、「大日本婦人会の幹部もしくは幹部足らんとするものをして戦時下に於ける婦人会の目的使命を体得せしめその指導運営に当たるべき資質を向上せしむるため、知行合一の錬磨育成を行ふこと」にあった(47)。

この年の五月一五日には、大政翼賛会のいっそうの強化をはかるため、現行のすべての各種国民運動が、大政翼賛会の傘下に入れられ、大日本婦人会もその指揮系統下に置かれた。市川はさらに、六月五日企画委員会委員に委嘱された[48]。企画委員会は、下部組織の指導方策を審議し、類似婦人団体の統合問題や、大日本婦人会の運営に関する総合的企画をおこなうために設置された[49]。八月二八日には、大日本婦人会会員の貯蓄増加を計るため、貯蓄委員会が設置され、市川は、貯蓄委員会委員に委嘱された[50]。さらに一〇月九日、戦時生活委員会を強化するための生活文化委員会にも委嘱された[51]。

市川は一九四二年、一九四三年を通して、大日本婦人会の審議員として、錬成委員会、企画委員会、貯蓄委員会、生活文化委員会、戦時生活委員会の委員を歴任し、「類似団体ノ統合方針案」、「日独伊婦人会総合案」、「婦人の戦時衣生活実践要綱」、「『間に合わせ』に関する実例の件」、「結婚服装に関する件」、「会員制服に関する件」、「婦人衣生活簡素化」などに関する審議に参加し、それらの案作りに協力した。

市川はまた、そうした委員としての立場からこの時期、講演のため数多くの地方出張をこなした。たとえば一九四三年度上半期の講演活動を見ると、一月二二日、川崎市民会館で、東京芝浦電気株式会社の女子勤労奉仕隊員六五〇名に講演を、さらに二月一七日、川崎市主催の婦人講座で「時局と婦人の覚悟」について講演した。二月二七日には、大日本婦人会名古屋支部主宰の講演会で「女子労務の問題」を講演した。六月二一日、第一九回東京市隣組常会婦人講習会で、「隣組と生活改善について」講演し、二三日には、大日本京都府・市支部主宰の高額所得者婦人懇談会で講演をおこなった[52]。

▼町会婦人部長となる

一九四三(昭和一八)年一月、東京府が帝国議会に提出した「東京都制案」が可決された。同年七月一日、新東京都制によって東京府・東京市が廃止され、東京都が設置され、市域は東京都三五区となった。市川が、婦人時局研究会、婦人問題研究所の事務所兼自宅としていた四谷区尾張町五番地も周囲の町を合併し、四月から四谷区四谷一丁目一番地となった。そのおり市川は、町会の婦人部長兼日婦の班長を頼まれた。『自伝』で市川は、同職を引き受けた

理由を次のように述べている。(53)

町会・隣組を、国民組織及び婦人組織の基盤とするよう主張してきた手前、断わるわけにいかない。いや、自分で参加、体験すべきだと考え引き受けた。その手はじめとして、町会の消費経済部、健民部、軍事援護部の幹事が男子だけであったので、婦人幹部を一名ずつ加えてもらった。

四　大日本言論報国会理事として

▼第一回実行委員会——言論報国会設立へ向けて

周知のように、市川は戦後の一九四七年三月二四日に公職追放された。戦時中、大日本言論報国会理事（以下「言論報国会」と略）の立場にあったことがその追放の理由であった。いったい市川はどのような経緯で言論報国会理事となり、また同会理事としてどのような働きをしていたのだろうか。(54) 大日本婦人会の機関誌『日本婦人』の一九四二年一二月号の「私の日記」に、市川は同年九月二一日の活動を記している。そのなかの一文に次のような記述がある。(55)

三時から内閣情報局主催の打合せ会に出席、主催側は井上第五部第三課長、出席者は津久井龍雄《ママ》氏以下錚々たる新進評論家約十氏、そこに私が列っているのは、少々面はゆい心持がしないでもない。協議は、日本的世界観を確立、これを普及徹底するため評論家を一丸とする新団体結成に関する事であった。そのためにになら、私共もお役にたたなくてはならない。

市川記念会所蔵の市川資料のなかに、この会談時の市川メモが残されている(56)。それによると、情報局第一会議室で開かれたその「打合せ会」は、日本評論家協会の「将来発展的解消の具体的問題」を懇談するために、情報局課長井上司朗の呼びかけでおこなわれたものであった。当日出席した「新進評論家」は、同メモによると、市川のほかに、斎藤忠、井澤弘、大熊信行、山崎清純、中野登美雄、津久井竜雄、大島豊、野村重臣、斎藤晌であった。

この会で井上課長は「結成希望」を、思想家たちが「国家の意志と脈絡なしに書いているのは惜しい。政府と中心人物と絶えず連絡をとり」たいと述べた。またどういう活動をするかと言った山崎靖純の質問に対して、井上は「各自が筆を通して努力」することであり、「外の部面で講演、座談会等で国家的に奉公」していただきたいと答えた。同所で、一週間後に予定されていた「大日本評論報国会（仮称）」設立発起人会の式次第、役割分担が討議され、申し合わせ（案）が審議された(57)。

いったい市川は、どのような経緯で、この「打合せ会」（第一回実行委員会）のメンバーとなったのだろうか。興味深いことに、この後、大日本言論報国会が設立されると、この会に招請された者は全員、言論報国会の理事に就任している。その意味で市川の言論報国会理事就任は、この「打合せ会」参画と直結していたと言える。一方、日本評論家協会の常任委員のなかで、この大日言論報国会設立準備会に参加していた者は、津久井竜雄、中野登美雄と市川の三人だけであった。そこで日本評論家協会のあまたいる委員、常任委員のなかで、なぜ市川が実行委員に選ばれていたのか、その点をまず解明する必要がある。

▼日本評論家協会の活動

最初に、日本評論家協会と市川の関係を跡づけてみよう。日本評論家協会は、一九四〇年一〇月五日、津久井竜雄を中心に前身の評論家協会を改組して設立されたものであった。前年の一九三九年二月に設立された評論家協会は、「時局に協力して評論活動に従ふ事」を目的に「始めて百数十名の会員を擁して」組織されたが、活動らしい活動はほとんどせず「有名無実の存在」となっていた。そのため同会の「中堅的評論家」の室伏高信らが、当時評論家協会の会員ではなかったが、津久井竜雄に相談し、津久井を中心に、さらに時局に即応するため改組されたものであった。[58]

市川は、発足当初から日本評論家協会の唯一人の女性常任委員であった。一九名の常任委員にはほかに尾崎秀実、三木清、室伏高信、中野登美雄、池島重信、中島健蔵らがいた。同協会の委員四〇名には、女性委員として金子しげり、河崎なつ、平塚雷鳥が、男性委員に赤松克麿、大河内一男、清水幾太郎らがいた。会長は杉森孝次郎、名誉会長に徳富蘇峰、幹事は津久井竜雄、伊佐秀雄であった。会計幹事には、石橋湛山、石山賢吉が連なり、委員会は石橋の経営する東洋経済新聞社で開催されていた。

日本評論家協会は発足後、「一、高度国防国家の建設、二、新日本文化の建設、三、大政翼賛運動における理論的役割の遂行、四、知識社会の再建、五、新世界観に基づく大衆指導」を、協会の任務と明確化し、講演会や講座を各地で開設し、パンフレットを発行し、会員も発足当初の一八〇余名から三〇〇余名へと倍近く増やしていた。[59]

常任委員会は、思想部、政治部、経済部、外交部、軍事部、芸術部に分かれ、市川は政治、経済部に所属していた。同部は、改組の当初から委員間の練成を目指した懇談会を積極的に開催し、市川もまたそれらの懇談会に出席している。たとえば一九四一年度に政治、経済部は、三月、翼賛会総務部長の松前重義と、六月は、大日本赤誠会会長の橋本欣治朗との懇談会を開催した。さらに七月には、茂森唯次からソ連情報を聴く会と、内閣情報局との「言論統制問題」懇談会を開催した。そして一〇月、先述した石原莞爾との懇談会を開催し、一二月には、大政翼賛会副総裁の安藤紀三郎との懇談会を開いた。[60]

翌一九四二年一月、日本評論家協会は、「大東亜戦争に対し本協会の決意を内外に表明するため」大政翼賛会で愛国大会を開催した。[61] しかし同年五月二六日、大日本文学報国会が設立されると、ふたたび改組の動きが始動し、言論報国会設立に向けての打診が同協会から、情報局に対してはじまった。[62] そうした流れのなかで、七月一日、日本評論家協会常任委員会は、情報局次長奥村喜和男との懇談会を開催し、市川も、同懇談会に出席した。[63]

▼ひとつの証言

情報局課長井上司朗は、戦後四〇年近くを経て回顧録『証言　戦時文壇史　情報局文芸課長のつぶやき』を上梓した。同書で井上は、「もともとこの団体をつくろうとしたのは、情報局の出版課と検閲課である」と暴露した。両課は評論家協会を軸に、「言論人、思想家の一元団体をつくろうとした」が、その過程で言論人の想定外の抵抗にあい、さらに会の性格を「極右、単純右翼、左翼よりの転向右翼、中道派（自由主義者は皆その看板を適度に塗りかえざるを得なかった）のどれを主軸にしてよいか判らず」、「結成が七合目に近づいた頃、突然、出版・検閲両課長の推薦で、人の好い文芸課長（私）にその主管課長が次長命令で押しつけられた」。上司の命令なので引き受けたものの、「引き受けた以上、理事の構成に多少の修正を加えた」と、井上は次のように証言している(64)。

大熊信行、穂積七郎氏等を加えたこと、また、二、三の理事達の抵抗を排して、高山岩男、高坂正顕氏らの京都学派を迎えたこと、また人を介して依頼してきた市川房枝氏を敢て理事陣にいれたこと（これは当時の情勢からすれば、今の市川氏の瑕瑾にはならないだろう）なども、理事中の極右分子に対する中和剤だった。……あの津久井竜雄氏、大串兎代夫、作田荘一博士などが、極右理事に比べると中庸的に見えるのも可笑しかった。

この井上証言から言論報国会の理事選出に関して三つのことが明らかとなる。第一に、情報局文芸課長井上が、言論報国会の結成と主管を同局の出版・検閲両課長から押しつけられた時点で、言論報国会の理事のおおかたが決まっていた。第二に、井上は、すでに決まっていた理事の陣容に微調整を加え、「理事中の極右分子の中和剤」として、大熊信行、穂積七郎、高山岩男、高坂正顕、そして市川を加えた。第三に、市川は井上に言論報国会の「理事陣」に入ることを「人を介して依頼」していた。

▼いまひとつの証言

井上証言で重要なのは、この第三の点であり、はたして市川は本当に言論報国会の理事になることを、井上の明記しない「人」に依頼していたのかという点である。日本評論家協会の立役者で、同協会改組のための「打合せ会」のメンバーでもあった津久井竜雄もまた、戦後いくつかの回想を残している。一九五九（昭和三四）年九月、雑誌『日本と日本人』は、大熊信行と津久井竜雄の「対談　戦争体験と戦争責任」を掲載した。大熊と津久井はともに言論報国会の理事であった。

この対談のなかで津久井は、戦後言論報国会の理事が公職追放になったとき、理事の二人、市川と穂積七郎が津久井のところに、超国家主義でないことを証明してくれるよう依頼してきたことを明かした。そしてその続きに津久井は、「全くその通りで気の毒なんだよ。特に市川さんなんかね。あれは恐らく僕が頼んだんじゃないかと思うのだ」と証言している(65)。つまり、井上の言う「人を介して依頼」した「人」は津久井を指している。津久井はさらに続けて言う。

> 僕の気持からいえば戦争だから戦争に反対でない人は誰でも入つてもらうのが当然だ、だから入りたいという人ならば、自由主義者だろうが、社会主義者だろうがよい。あれでも審議したですよ、どうだこうだと。その中で僕が勝手に入れてしまつた人もあるのですよ、社会主義みたいな人でも。［傍点筆者］

津久井は必ずしもここで市川がその、「僕が勝手に入れてしまった人」のひとりであるとは名指ししていない。しかし文脈から「勝手に入れてしまつた人」のひとりとも忖度できる。

津久井はまた一九六四（昭和三九）年、日本近代史料研究会がおこなった聞き取り調査のなかで、言論報国会が設立された当時の言論界の状況を語っている。同所で津久井は、市川を言論報国会の理事に頼んだ経緯を証言した(66)。まず津久井は、言論報国会が当時の言論人に与えたインパクトを次のように述べている。

言論報国会は大した権力は持っていない。権力は情報局が持っているのですから。それから、ここへはいらなくても執筆していいし、はいっているからといっても特に特権というものはないのだけれども、しかし、世間はそう思うわけですね。その頃の情勢を背景にすると、あすこへでもはいっていなければ原稿はもう書かせられないのではないかとね。はいっていることが一つの免罪符のようなものになるのですね。それでずい分社会主義のような立場の人がぼくのところへ「入れてくれ」といってきましたよ。

この話の続きに津久井が、「市川房枝さんなども理事になったばかりに戦後追放になりましたね」と述べたのに対し、聞き手の伊藤隆が「それも［市川の場合も］免罪符のつもりだったのですかね」と聞くと、津久井は次のように答えている。

市川さんの場合は別だと思うが、一般に、そういうところが日本人の悪いところで、あまりけじめをはっきりしないでウヤムヤに「なってくれ」ということで、「ええなりましょう」ということにあれはなるんですね。それで、あとから見ると非常に重大なことになって、それが追放の条項にすっかりあてはまってね。

ここで津久井は「市川さんの場合は別だ」、つまり「免罪符のつもり」で頼んできたのではないことを明らかにした。そのうえで明快なかたちではないにしろ「なってくれ」（津久井）、「ええなりましょう」（市川）といった、漠然とした了承を市川から得ていたことも示唆した。

▼津久井竜雄と市川の接点

それにしても津久井は、なぜ「なってくれ」と頼み、市川は「ええなりましょう」と答えていたのだろうか。この点に関して、津久井が市川を直接評価した資料は残されていない。一方で残されている資料から市川と津久井の活動の接点を跡づけてみると、一九四〇年一〇月に日本評論家協会が発足し、市川が同協会の常任委員となって以来、市川と津久井は、日本評論家協会、婦人時局研究会、講演会、大政翼賛会調査委員会などの活動をともにし、津久井は、市川を知悉していたことがわかる。

まず市川と津久井は、一九四〇年末以来、ともに日本評論家協会の政治、経済部に属し、石原莞爾の講演会をはじめさまざまな講演会を通して互いに知り合っていた。一九四一年二月二二日、婦人時局研究会は、第二〇回定例研究会の講師に津久井竜雄を招いて「新体制の将来に就いて」の講演会を開き、市川はこの会に出席している[67]。七月一三日、京都基督教青年会主催、大政翼賛会京都支部後援の翼賛文化講座が開かれ、そこで市川は津久井竜雄、尾崎士郎らとともに講演した。市川の演題は「勤労婦人の新しき性格」であった[68]。

さらに同年七月七日から八月五日にかけて、市川と津久井は大政翼賛会第二調査委員会委員を務め、両者はともに第二委員会の第二小委員会のメンバーであった。同委員会で市川が積極的に発言した第三回総会（七月二一日）、第二委員会第二小委員会の第一回会合（七月二八日）には、そのいずれの会に津久井もまた出席している。ちなみに津久井は、大政翼賛会調査委員として、第二委員会委員だけではなく、第一委員会委員も務め、そこでは奥むめおとも一緒であった。

先の言論報国会設立に向けての打合せ会（第一回実行委員会）の開催が、一九四二（昭和一七）年九月二一日であった。その一年くらい前から津久井は、講演会や調査委員会での会合を通して、市川が「国策遂行貫徹」のために勤労女性の、なによりも主婦の働きが重要であり、そのために女性を国策遂行に男性並みに参加させるべきと強く主張するのを聴いていた。その市川の女性の参画を要求する強い主張は、津久井に市川が単に「戦争に反対でない人」としてだけではなく、女性の力を総動員して、なんとか戦争を有利に導こうと必死になっている女性として強い印象を与える機会でもあった。一九四二年三月一二日、翼賛選挙で市川が応援した非公認候補の戸叶武と津久井が大東亜同志会を立ち上げ、結成記念大講演会を開催すると、市川は招かれて参加した[69]。

一方で津久井自身もまた、女性理事を推挙する女性観の持ち主であったともいえる。津久井は、戦前、戦後、赤尾敏らと活動をともにした右翼の運動家としてしばしば取り上げられる。しかしたとえ右翼の思想家としても、同じように第二調査委員会調査委員長でありまた言論報国会の理事をも務めていた匝瑳胤次とは、女性観を異にしていたといえる。たとえば匝瑳は先に指摘したように、いかなる状況においても女性の社会的進出が、男性の既得権益を侵し、男女の対立を生みだすという、典型的な戦時下の反動的女性観の持ち主であった。

しかし津久井は、一九四一年一月号の『女性展望』の「アンケート『年頭女性に望む』」で、「新体制で男子は益々活力を失ひみじめにいじけてゆきつゝあります。せめて婦人だけでも元気に朗らかに美しくあつてください」とエールを女性たちに送っていた。「いじける男性」に対して「元気でほがらか」であれと『女性展望』で女性にエールを送る津久井は、限界があるにしても女性の社会的活動を受け入れる素地をもっていたともいえる[70]。

同年二月、日本評論家協会の機関誌『日本評論』は、「『家長選挙』の是非」に関するアンケート調査をおこない、最後に「『戸主選挙制』について声明す」を発表した。同声明は、政府が選挙権を戸主に限定しようとすることに反対し、「万民翼賛の真政治精神」から「寧ろ進んで国民翼賛の方途を拡大し、万民の創意を国政に反映」すべきであると主張した。そして、「殊に女子の戸主、或は満二十五歳以下の男子戸主を除外するに於いては、その弊いよいよ大なるものがあらう」と指摘した[71]。後年に津久井は、伊藤隆との談話のなかで、この声明を出すにあたって、「平沼内閣［近衛第二次内閣の誤り］の選挙権を世帯主に制限するような選挙法に改正するという案があったのですが、それなんかには反対しましたね。そういう時にはみんな協力してやりました」と述べている[72]。

▼大日本評論報国会設立発起人会

先の「打合せ会」から一週間後の九月二八日、大日本評論報国会設立発起人会が開催された。翌日の『読売新聞』

は「評論家報国会を結成」と題するコラムを掲載し、次のように報道した。(73)

時局に対応し国民思想の統一強化をはかるため、評論家杉森孝次郎、大串兎代夫、津久井龍《ママ》雄、大熊信行、斎藤忠、野村重臣、穂積七郎、市川房枝氏らは情報局と協力して日本評論家報国会（仮称）を結成準備を進めてゐたが、二八日正午から芝公園三緑亭で評論家百余名が参集して第一回発起人会を開催。

同発起人会には、女性では市川をはじめ河崎なつ、羽仁もと子らが、男性は、市川と大政翼賛会第二調査委員会で一緒であった匝瑳胤次と、鹿子木員信、長谷川如是閑、松本重治らが参加した。

津久井竜雄が司会者となり、杉森孝次郎を座長に推した。議事に入るとまず、津久井が新団体結成のため発起人会を開くに至った経緯を説明し、情報局からは、会名を大日本評論報国会（仮称）としたい旨の提案があり、参加者全員が賛同した。当日発表された発起人には、新団体設立のため、日本評論家協会が情報局と協議し、各界の評論家一七〇余名に発起人の呼びかけをおこない、承諾を得たもの百余名が連なっていた。そのなかで女性は、市川、山高しげり、羽仁もと子が発起人となっていた。

▼市川、設立準備委員となる

設立発起人会では、発起人のなかから議長指名で、三二名が実行委員に指名された。市川は、女性で唯一人の実行委員となった。さらに、新団体の規約、機構、人的配置等を審議するため実行委員のなかから新団体の設立準備委員が一二名選出され、先の九月二一日の第一回実行委員会（打合せ会）の出席者全員が設立準備員に選ばれたが、そのほかに当日出席のなかった穂積七郎と大串兎代夫とが準備委員（実行委員）に加わった。市川は、ここでもまた紅一点の設立準備委員となった。(74)

設立発起人会では、最後に穂積七郎が二一日に討議された「申合わせ（案）」を朗読し承認された。そこには、思想戦としての大東亜戦争に打ち勝つための、日本世界観の練成が高唱されていた。これは後に大日本言論報国会の設立趣意書として発表された。(75)

大東亜戦争が其の根底において彼我の思想戦に他ならないことは改めて茲に贅するまでもないが、戦争の進展拡大に伴ひ、戦争目的を明確化し、国民の敵愾心を昂揚せしめる必要からも、益々思想戦的意義と要素の強調せられつつあるのが各国共通の偽らざる実情である。

……

即ち茲に我国思想界言論会の総力を挙げて大日本言論報国会を結成し……国体の本義に基づき聖戦完遂の為に

……

日本世界観を確立して大東亜新秩序の原理と構想とを闡明大成し進んで皇国内外の思想選に挺身する……

『大日本言論報国会綴り』によると、発起人会で申し合わせが承認された後、「実行委員と情報局と十数回に亘る定款審議を続けた」と記されている。(76)市川資料でその会合を跡づけてみるとまず、一〇月一五日、二一日の両日、第二回、第三回実行委員会が開催された。この二回の実行委員会で、大日本言論報国会（仮称）設立要綱案が審議、修正された。さらに発起人会からの続きとして、「日本世界観」や、「大東亜戦争完遂のため協力的支援となるもの」などが話し合われた。市川はこの二回の会合に出席した。(77)

さらに一〇月二八日に第四回実行委員会が開催されたが、市川の出欠は不明である。一一月六日、第五回実行委員会が開かれ、「定款起草に関する件」が協議され、翌日の一一月七日、第六回実行委員会では「役員選衡に関する件」が協議された。市川はこの二つの会合には、中国地方への講演で欠席した。(78)この間の一〇月二九日、市川は、発起人会での決定に基づき「大日本言論報国会（仮称）会員委員選衡委員の委嘱状」を受けた(79)。

一一月一三日に役員選衡・定款起草委員会について協議するため第七回実行委員会が開催された。この会への市川の出席の記録は、市川資料には残されていないが、おそらくこの日市川は出席し、後述の女性会員選考に加わっていた。さらに一一月二七日、一二月七日、市川は、「日本言論報国会会員選考に関する件」で情報局第五部第三課長井上司郎から召集を受けた。いずれも市川の参加は文書から確認できない(80)。

▼言論報国会理事就任に関する市川の言説

はたして市川は、言論報国会理事就任のいきさつを、後年どのように述べているのだろうか。市川は、『自伝』に「私が台湾へでかけたあとの十二月五日、婦人問題研究所へ評論家協会から私の履歴書をとりにきたとの知らせがあった。一二月二三日『大日本言論報国会』の設立総会が開かれ、徳富蘇峰氏が会長で私も理事のひとりに加えられていることを、台湾で新聞をみて知った」と記している(81)。

たしかに市川は、一九四二年一一月二〇日から一二月末まで台湾皇民報公会の招きで、日本人女性指導者として初めて台湾で四〇回にのぼる講演活動をおこなった。言論報国会創立総会は同年一二月二三日に開催され、市川が理事に就任したことを「確認」したのが、同地で新聞報道を通してであったことは推察に難くない。

市川は、自分が言論報国会理事に任命されたことについて、さらに同所で次のように記している(82)。

軍から拒否され、日婦にも役員として加われなかったのに、どうして私を理事に加えたのか不思議であった。親団体の評論家協会に、女は私一人だけが理事として加わっていたし、情報局には知人があり、その二、三年前、内閣の精動委員会の幹事として加わっていたから、心配がないというのかもしれない。時節柄、与えられた役を断るわけにもいかないので、台湾から帰ってから理事会に出た。

市川資料に、履歴書提出を依頼した「大日本言論報国会準備会」からの一二月二日付書簡が残っている。[83] 同書簡には、言論報国会理事就任の為の履歴提出依頼と記されている。少なくとも市川は、一二月五日に台湾で、履歴書提出の依頼を知らされた時点で、それが言論報国会の理事就任のための履歴であることの報告を受けていたはずである。また先にみたように、台湾に出発する一一月二〇日以前に市川は、打合せ会（第一回実行委員会）、設立発起人会などに参加し、一〇月二九日には、言論報国会の会員委員選衡委員の委嘱を受けていた。さらには先の津久井竜雄の証言からも明らかなように、市川と津久井の間では、「ウヤムヤ」なかたちであったにしろ「なってくれ」、「ええなりましょう」といったやりとりもあった。

台湾に出発する時点で市川が、言論報国会の理事に就任する可能性を知っていたことは想像に難くない。台湾で「新聞を見て知った」というのは、新聞に言論報国会理事に自分の名前が連ねられているのを見て、理事になったことを「確認」したという意味なのだろうか。

▼言論報国会での市川の活動――女性会員の選定

大日本言論報国会は、一二月二三日、設立総会を麹町区丸の内の大東亜会館で挙行した。会長に徳富蘇峰が、専務理事に皇道主義の哲学者で、井上情報局課長の「登山の方の大先輩」でもあった鹿子木員信が就任した。理事は当初二八名で、設立の実行委員全員が理事に横滑りし、新たに匝瑳胤次（海軍少将）、斎藤瀏（陸軍少将）、高坂正顕（京都大学教授）、高山岩男（京都大学教授）ら一六名が加わった。設立当初の会員は約七〇〇名で、女性は、市川のほかに阿部静枝、井上秀、伊福部敬子、奥むめお、河崎なつ、木内キヤウ、竹内茂代、羽仁説子、羽仁もと子、平井恒子、村岡花子、山高しげりの一二名で、総勢一三名であった。[84]

市川資料に手書きの「女性会員候補者指名」リストが二種類残っている。[85] ひとつは市川自身の手書きのもので、おそらくこれがオリジナルなものである。それによると、市川は当初、女性の言論報国会会員候補者として単に評論家だけではなく、教育者、医師、学者など、広く当時各界で活躍していた女性たち全体を対象としていたことがわかる。

市川はまず「哲学・宗教・教育」の項目をたて、井上秀、伊福部敬子、木内キヤウ、波多野勤子、安井てつの名を挙げている。さらに次の「国家政策」の項では、阿部静枝、生田花世、市川房枝、市河春子、奥むめお、神近市子、河崎なつ、高良富子、高群逸枝、羽仁説子、羽仁もと子、藤田たき、細川武子、石本静枝、守屋東、山高しげり、山田わか、山川菊栄、渡辺多恵子を、医学分野からは、竹内茂代、吉岡弥生、経済関係では、氏家寿子、三瓶孝子を、理学では林圭子、さらに国史学からは亀井孝、関みさを、河池たま、また文芸評論からは、板垣直子を挙げていた。

いまひとつのリストは、市川原稿と印刷された原稿用紙に書かれたものである。おそらく先のリストをもとに再度検討して書かれたものであるが、市川の手書きではない。それによると、まず言論報国会発起人として羽仁もと子、井上秀、吉岡弥生、河崎なつ、山高しげり、市川房枝の名前が挙げられている。つぎに前日本評論家協会会員のなかから、大竹せい、奥むめお、神近市子、河崎なつ、平井恒子、宮本百合子、山川菊栄、山高しげり、市川房枝が挙げられ、その他の項目には、香川綾子、窪川稲子、村岡花子、三瓶孝子、竹内茂代、谷野節子、八田篤子、藤田たき、帆足みゆき、高群逸枝、板垣直子、田中孝子、阿部静枝が書かれていた（名前順は原稿に書かれたママ）。さらに市川自身の手書きで、平塚昭、上野シゲ、木内キヤウ、高良富子、波多野勤子が付け加えられている。

興味深いことに、二つの会員推薦リストには、山川菊栄、宮本百合子、渡辺多恵子（志賀義雄夫人）、神近市子ら、左翼系候補者の名もまた挙げられていた。市川の言論報国会とのかかわり方のひとつは、ここでもまたイデオロギーを超えて少しでも多くの有資格の女性たちを言論報国会の会員として、また役員として参加させることにあった。発会時の女性会員は、そのすべてが、この二つの女性会員候補者リストに載っていたことから、市川が推薦したものを、情報局と実行委員たちが選別していたことは明らかである。言論報国会の定款は、その目的を「皇国内外の思想戦に挺身する事」とし、正会員は「本会の目的に挺身せんとするものより理事会の議を経て」会長が選定すると規定されている。(86)

津久井竜雄は、言論報国会の会員と役員の選定がおこなわれた当時の状況を次のように記している(87)。

言論報国会の会員を決める会合では、評論家協会［日本評論家協会］の名簿やその他新に書き出した人名を呼びあげて、一々することになった。その席に立ち会ったのは情報局の役人と前記の斎藤［忠］、野村［重臣］、井沢［弘］、私といった顔ぶれではなかったかとおもう。なかなかものものしい風景で、ウロンなものは一人も通さぬといった空気だった。

この津久井の証言から言論報国会の女性会員の選定に関して、市川は、言論報国会の会員委員選衡委員に委嘱されていたが、実際には女性会員候補者リストを提出したにすぎず、会員選定自体に直接かかわっていなかったことがわかる。

▼さらなる努力——女性会員の増加と女性役員の推薦

「日本文学報告会、大日本言論報国会設立関係書類」（以下「設立関係書類」と略）によると、一九四三（昭和一八）年二月二二日、第二回理事会で市川は、婦人会員候補者に香川綾子、三瓶孝子、高群逸枝、田中孝子、谷野節子、藤田たき、帆足みゆきを再度推薦している(88)。その結果、一九四三年七月一〇日時点では、社団法人言論報国会の「婦人会員氏名」は、当初の一二名から一九名に増加した。設立当時に含まれていなかった会員のうち、第二回理事会で市川の推薦した、田中孝子、谷野節子、香川綾子、三瓶孝子、藤田たき、帆足みゆきが新たに会員になっているほか、最初に推薦した生田花世の七名が新たに加わった。

この第二回理事会で市川はまた、役員候補者として参与候補者に山高しげりを、評議員候補者に河崎なつを推挙した。しかし一九四三年六月一日時点での役員名簿によると、理事市川のほかに、評議員として竹内茂代のみである(89)。女性会員選定の段階では市川の推薦が大きく影響していたが、参与、評議員レベルになると、市川の推挙が功を奏してい

大日本言論報国会理事，徳富蘇峰宅にて。前列左から二人目が島崎藤村，中央の和服の男性が徳富蘇峰。後列右から四人目が市川。1943 年 12 月 25 日（徳富蘇峰記念会所蔵）

ないことがわかる。さらに第二回理事会後の新会員の選定に関しては「役員二名以上の推薦を要」すこと、推薦された候補者はまず「事務局にて審査」し「情報局と協議」したものを「理事会に提出決定」することが、第三回理事会で決まった(90)。

▼言論報国会発会式への流れ――「何にも仕事はなかった」

言論報国会理事会は、終戦までの三年間、隔月に一回の割合で一九回開催された(91)。『設立関係書類』に残されている理事会記録によると、市川の理事会出席率は理事のなかでも高く、全部で一三回出席し、四回欠席している。第六回、第七回理事会は、理事会出席記録が欠落しているため不明である。さらに総会が年一回開催され、市川は一九四三年度（昭和一八年六月一〇日開催）、一九四四年度（昭和一九年六月一〇日）総会にそれぞれ出席している。

『自伝』で市川は、理事会出席に関して「新聞にでていないニュースが聞けたので、隔月位に開かれた理事会にはなるべく出席、だまってきいていた」と記している。[92] はたして理事会では、どのようなことが議題となっていたのだろうか。理事の発言は記録されていないが、残存する議事録から、まず一九四三（昭和一八）年一月二五日に開催された第一回理事会の議事録を見てみよう。市川は同理事会に出席した。[93]

第一回理事会では、最初に大日本言論報国会が社団法人として認可された旨の報告がなされた。つぎに発会式開催の日程、方法が鹿子木専務理事（事務局長）、津久井総務部長からそれぞれ附議され、承認可決された。つぎに「役員選任に関する件」が鹿子木専務理事より附議され、審議され、言論報国会の顧問、参与、評議員詮衡に関して、提案どおり小委員会を設置することが決まった。さらに小委員の指名は会長に一任することとなった。つぎに、一九四二年度の歳出に関する会計報告が津久井総務部長からなされ「原案通リ可決確定」した。最後は、言論報国会各部局の事務に関する経過報告が、津久井総務部長、野村重臣調査部長、井澤弘企画部長らからなされた。

一九四三年二月二二日の第二回理事会にも市川は出席している。同理事会ではまず、「伊勢惟神道場に於ける練成の件」が報告された。つぎに鹿子木専務理事が委員会規定（案）を提示し、「審議承認可決」された。さらに「会員詮衡委員会設置」について鹿子木専務理事より「設置の趣旨説明」がおこなわれ、「種々意見の開陳あり承認可決」された。つぎに、先回に決まった役員詮衡委員会の詮衡結果を鹿子木専務理事が発表し、検討後「原案を承認可決」した。会費の件が話し合われ、提案どおり年一二円と決まった。最後に「全国講演会講師依頼の件」が議題となり、鹿子木専務理事が、講師依頼状を発送したことを報告、「協力方を依頼し之を承認可決」した。この理事会に市川は、先述した女性会員候補者リストの追加と参与、評議員の候補者を提出した。[94]

一九四三年三月六日、大日本言論報国会発会式が日比谷公会堂で開催された。市川は『自伝』で、出席したが「印象に残っていない」と記している。[95] 同発会式には、東条英機内閣総理大臣、谷情報局総裁らが臨席し、神宮皇學館大學学長の山田孝雄が「皇道思想戦の根本原理」と題する講演をおこなった。

発会式当日、情報局総裁谷正之は「大日本言論報国会の活動開始発会式と米英撃滅思想戦全国講演会」について、紙面で新聞発表をおこなった。同新聞発表で谷総裁は、現在の戦争が、「道義的日本世界観とアングロサクソンの功利的世界観との深刻なる思想戦を」ともなったものであり、そのため大日本言論報国会が「総ての言論活動が国体の本義に基づくべき」ことを確認し、「指導者自身の相互練成」、「日本世界観の確立」「大東亜新秩序建設之原理と構想」を活動目標としていることに「深く敬意と同感」すると述べた。そして言論報国会活動の「初陣」として三月八日から同月末にかけて、全国で「米英撃滅思想戦大講演会」が開かれると述べた(96)。

第一、第二回理事会での議事録から発会式への流れを跡づけると、言論報国会の活動方針から実施に至る決定過程で、理事会の平理事の果たした役割はほとんどなかったことがわかる。これまで、種々検討してきたように、精動運動第一段階での調査委員会委員や、大政翼賛会の調査委員の場合は、少なくとも委員の発言が何らかのかたちで政策立案・形成に影響を及ぼしていた。しかし、言論報国会理事会にかけられた議案は、具体的方針や方法がまえもって情報局と鹿子木専務理事や津久井総務部長らの言論報国会事務部の間で作られ、平理事からは「種々意見の開陳あり」にとどまり、変更なしで承認、可決されていた。その流れは、最終理事会に至るまで変わっていない。『自伝』で市川もまた、「平理事のためか、または私には信頼がなかったのか、何にも仕事はなかった」とコメントしている(97)。

▼「米英撃滅大講演会」——岡山と高松へ

谷総裁が、言論報国会の活動の初陣を飾ると称した「米英撃滅大講演会」が、三月八日の大阪をふりだしに同月二七日の秋田まで、日本全国で開催され、津久井、匝瑳をはじめ高坂正顕、大川周明ら総勢三五名の言論人が動員された(98)。市川が割り当てられた講演場所は岡山と高松であり、一九四三年三月一四、一五日の両日、同地で講演した(99)。講師は、出発に先立ち「思想戦指導上遺憾なきを期する」ため、情報局との打ち合わせ会がもたれた。さらに日本新聞会の指令に基づき、朝日、読売、毎日、各地の地方紙が講演会を積極的に応援し、講演内容を報道した。講演の内容に関して事前・事後のチェック体制がしっかり整っていた(100)。

三月一四日午後六時半からはじまった講演会では、まず市川が「皇国の家と主婦」を、次いで斎藤忠が「国体顕現戦」、作田荘一が「尊命開顕」と題する講演をおこなった。市川の講演内容は、一五日付『合同新聞』で「皇国の礎をなす家を中心とする日本婦人道の確立」を説いたものとして紹介された[101]。四月一三日に市川は、言論報国会から書状で「御講義の内容は思想戦資料として極めて貴重なる物と存じ、講演会開催地にて之を速記致した」ので、他の講演録と一緒に「思想戦読本」として出版したい旨の依頼状を受け、承諾した[102]。六月、「思想選読本」は『世界観の戦ひ』として出版された。

「米英撃滅大講演会」[103]が終わり、ひと段落した五月六日、内閣情報局で、思想戦大講演会並に研究会の報告会が開催され、市川は出席した。同報告会で市川は、岡山での講演会翌日開催された研究会で得た情報として、ひとつは「指導者として指導していく場合に問題をどう実際生活に織り込んでいくか」という問題が随所で指摘されたと述べた。そして「はつきりした理念を［婦人に］掴ませるといふこと、その理念を如何に生活の中に現すかと云ふ生活問題との結び付き、斯ういふ点に就いての指導をして行くことが必要かと思ひます」と指摘した[104]。

▼思想戦対策委員会委員となる

一九四三年五月二五日、市川は、言論報国会の思想戦対策委員会委員を委嘱された[105]。同委員会は、第四回理事会（昭和一八年四月二六日開催、市川欠席）で、日本世界観委員会とともに設置が討議され、規約案が審議、可決された。さらに同理事会で、委員の人選を会長一任と決定していた[106]。

同委員会規約は残っていない。しかしこの理事会で決定されたいまひとつの日本世界観委員会は、その規約第二条で、目的を「皇国思想戦展開の実際的方策を研究立案する事」とし、「本委員会の成果は之を報告書に作成す」とある。委員長は鹿子木員信がなり、委員三〇名と幹事二名で構成された[107]。

六月八日、第一回思想戦対策委員会の会合が開かれた。出席委員は三一名で、市川は出席した[108]。冒頭、鹿子木委員長があいさつをした。言論報国会の機関誌『言論報国』には「大東亜戦争完遂のため国内に残存する米英思想を破砕すべきであると烈々たる語調を以て本委員会の設置せられたる意義について挨拶あり」と記されている[109]。この委員会はさらに、「決戦段階に即応して各種問題に就いて小委員会を設置し、専門委員より重点的に速やかに研究審議を行ひ、対策を生みたく」九つの小委員会に分けられた。それらは戦力増強委員会、企業整備委員会、食糧問題委員会、大東亜思想対策委員会、対敵宣伝委員会、戦意昂揚委員会、戦時生活委員会、ユダヤ問題委員会、図書委員会である。市川がどの小委員会に所属したかは不明である[110]。

八月二日、第二回思想戦対策委員会が開催され、議題「主題選定並に委員会運営の件」が審議された。

▼婦人会員懇談会と津久井竜雄の常務理事・総務部長辞任

一九四三年年七月三一日、日比谷の松本楼で言論報国会主催の第一回婦人会員懇談会が開催された。市川をはじめ阿部静枝、伊福部敬子、生田花世、奥むめお、河崎なつ、木内キヤウ、田中孝子、竹内茂代、谷野せつ、羽仁もと子、平井恒子、藤田たき、山高しげりの一四名が参加した[111]。

冒頭、事務局長の鹿子木員信があいさつをし、各部局の報告の後、自己紹介、出席者の「意見開陳」があった。当日配られた「第一回婦人会員懇談会」と記された議事次第が、市川のメモとともに市川資料に残っている。それには、出席者名の上に、意見を述べた者に市川のチェックがあり、何らかの発言をした者が阿部静枝、伊福部敬子、市川、生田花世、奥むめお、田中孝子、竹内茂代、谷野せつ、羽仁もと子、平井恒子、山高しげりであったことがわかる。

さらに同資料に書かれた市川のメモ書きを読むと、言論報国会が調査研究対称として「日本世界観の確立、皇国内外の思想動向の調査、対策の調査」をおこなっているとの説明がなされ、「会員その他の小論発表の調査カード」と「各種団体の活動動向カード」の作成や、「総合雑誌を動員して」「材料を思想」に限定して「雑誌内容写真等調査」をおこなう依頼があった。資料に依拠する限り、婦人会員懇談会はこの回限りで、この後開催されていない。ただ市川は、言論報国会でもまた持論を展開し、女性部の設置を要請したようである。
言論報国会の最後の段階で常任理事に加わった評論家森本忠は一九四五年一月一九日に会長徳富の熱海の自宅、水明荘で開催された「緊急理事会」に初めて参加した。言論報国会の理事会は、以後開催されることはなく、森本にとって一回限りの出席であった。森本は同理事会での市川を見かけた感想を、回顧録『僕の詩と真実』のなかで次のように記している[112]。

ただ一人の女性として、市川房枝女史の姿があった。髪ももう灰色であったが、体はしゃんとして、いかにも風説に耐へて来たやうなタフな感じがあった。婦人参政権運動の先駆者であり、根っからの自由主義者である女史が、かういふ思想団体に属するといふのも戦時下なればこそであったろう。

その続きに森本は、言論報国会のなかに婦人部を設置しようという市川の提案があったが、総務局長の斎藤忠が「『婦人連にはお互ひにヤッカミがあったりして、うまくゆくかどうか』と……渋っていた」と記している。
一方で日本主義の考古学者斎藤忠は、津久井が第七会理事会（一九四三年八月三〇日開催）で総務部長を辞任した後を受けて就任した[113]。津久井は、言論報国会設立の当初から情報局主導の役人的決定方針に嫌気がさしていたことや、また「国家社会主義者」という誹謗を受け不快感を持ち、「一身上の理由」で、言論報国会の常務理事総務部長を降り、平理事として最後まで残った[114]。

▼種々の講演会への積極的参加

思想対策委員会とは別個に、言論報国会は、「会員相互の思想淘汰を図」り「各分野の時局問題を「国策遂行の目標」に沿って「整理統一して、諸国策の実現に積極的に協力する」ため、「会員思想研究会」を定期的に開催した。

たとえば、一九四三（昭和一八）年六月には、七日に、刑事局長池田克が「戦時刑事特別法について」[115]、一九日、商工事務官高橋幸司が「企業整備に就て」、二六日には逓信省国民航空課長山岸重孝が「最近のドイツ諸情勢」に関してそれぞれ講演した。「新聞に出ていないニュースが聞けた」と『自伝』に記していた市川は、両方の講演会に参加した[116]。

市川は、一九四三、一九四四年度を通して、言論報国会主催の種々の講演会に、時には同じく会員であった藤田たきを伴って積極的に参加した[117]。太平洋上の戦いが終盤に入り、ますます真実の戦況情報が手に入りにくくなったなかで言論報国会の講演会は、市川にとって格好の情報提供の場となっていた。

一九四三年六月四日、第一回総会が大東亜会館でおこなわれ、一般会員を含め一五〇名の参加があった。理事は市川をはじめ一二名が参加した[118]。同総会では、海軍報道部員、高瀬五郎中佐と、陸軍報道部員佐々木克己中佐がそれぞれ「戦況講話」をおこなった。

一九四四年度には、ほぼ月一回の割合で種々の会員研究会が開かれ、市川はそれらの研究会に参加した。二月から六月にかけての研究会を跡づけると、まず二月二八日、海軍報道部課長栗原大佐、三月二九日、外務省事務官牛場信彦が「独逸の必勝態勢」について、四月一四日、陸軍中佐佐竹金次が「最近独逸に於ける思想戦の実相」を、六月二七日、帝大教授富塚清が「最近の航空事情」をそれぞれ講演し、市川はそうした講演会に積極的に参加していた[119]。

▼第二回総会と言論人総決起大会そして最後の緊急理事会

一九四四年に入り、太平洋上の日本軍とヨーロッパ戦線でのドイツ軍の敗色が色濃くなっていくと、言論報国会の活動も激しさを増していった。同年二月一七日、米軍はトラック島を攻撃し、日本海軍は艦船、航空機の大半を失った。六月六日、ヨーロッパ戦線では、連合軍がノルマンディーに上陸し、第二次戦線が展開した。そうした状況のなか、第二回総会が六月一〇日開催され、総会後、言論人総決起大会が開催された[120]。

同大会では、前年末まで病気で理事会に出席できなかった徳富蘇峰会長が、「八旬に餘る老軀を提げて壇上に立ち、赤誠を吐露」した。

戦力増強の根本は精神にある。物量機械力に対するに物量機械力を以てしなければならぬことは云ふ迄もないが、しかし其の根本となるものは精神の力に他ならない。

戦況が日本にとって劣悪な状況となり物資が極端に欠乏するなかで、言論人の役割はともかく「世論を喚起し、士気の振興を計り、進んで……自らまた殉国赴難の至念に燃へ」させることにあった。総決起大会は、最後に言論報国会参与で朝日新聞社副社長の緒方竹虎から、「欧州第二戦線の展開に方り、盟邦ドイツ軍の善戦健闘を祝福する為ヒトラーに打電する緊急動議がだされ「万場拍手を以て一致即決」、「必勝の神機至る。われら東西呼応して宿敵を撃滅せむ……」と記した電文を発送した[121]。市川は、この第二回総会とその後の言論人総決起大会に出席した[122]。

さらに翌一九四五年一月一九日、言論報国会は、熱海の徳富会長の自宅、水明荘で緊急理事会を開催した。前年度末からの米機B29による散発的な空襲は、国民の目にも本土決戦が免れることのできない事態と映るようになっていた。同理事会は、夜を徹した討論の結果「皇国を挙げて一大清浄土とせん」と主張する一〇カ条の具体案を決議し、あくまでも本土決戦を強硬に主張した建白書を策定した。三六名の言論報国会理事のうち一一名が参加した同理事会に、市川の姿もあった[123]。

第12章　市川の戦争協力は、どこに帰着したのか？

一　徹底した女性動員の政策提言

▼戦争協力の帰着点――婦人義勇隊及戦闘隊構築への関与

一九四一年初頭、いったん中国大陸の戦いと日米開戦を容認した市川は、中国大陸の戦争が日米開戦へ拡大し敗戦に向かう疾風怒濤の社会で、政府の戦争遂行にひたすら沿って走り続けた。しかし翼賛体制の強化された東条英機内閣のもとで、「婦選運動家」市川が中央協力会議の政府委員に選任されることは、もはやなかった。そのため十五年戦争最後の四年間の大東亜戦争期に市川が、翼賛の方針と実施の立案・形成に直接かかわることはなかった。

この時期の市川の戦争協力活動は、二点に絞ることができる。第一は、銃後の女性動員に関する徹底的かつ具体的な政策提言である。その政策提言は、政府の消極的な女性政策への厳しい批判をともなっていた。第二は、「大衆女性」が銃後の守りを十全に果たすための働きかけである。市川は、言論報国会の理事や思想戦対策委員として、また大日本婦人会審議員として数多くの講演をこなし、「皇国」日本女性の戦時下の務めを縷々開陳し、「大衆女性」たちの銃後の意識高揚に努めた。その講演活動は、本土にとどまらず台湾にまで及んだ。

こうした二様の活動は、戦争の最終盤で市川の戦争協力活動を、本土決戦「支持」と婦人義勇隊及戦闘隊構築への関与に帰着させていった。「婦人と子ども全体」の生活を守り、女の価値と利益を政治に反映させるという想いで権力に近づいた市川が、なぜ本土決戦を容認し、婦人義勇隊及戦闘隊の構築にまで関与することになったのか。もし戦争があのまま続いていたら、あるいはもう少し長引いていたら、「大衆の婦人たち」が本土決戦で戦い、斃れていたはずである。本章では最後に、大東亜戦争期市川が、どのような軌跡を描いて女性の戦力動員に関与するまでに至ったのか、同時期の二様の戦争協力に焦点を当て検証してみたいと思う。

▼主婦役割の強調と戦時体制組み入れの主張

戦時状況を捉え、あえて女性の社会参画の増大を目指した市川は、精動運動の時代から機会があるごとに女性の「社会」参画の制度化を試みた。その模索は、精動運動の実践網に関する調査委員会委員として常会への主婦の参加を制度化し、大政翼賛運動の第二調査委員会委員として翼賛運動の推進員に男性並みの女性の就任を可能にした。この間一貫して市川は、男性の意向によって動かされる女性政策と組織のあり方を批判し続けた。効率のよい女性動員の方策は、女性の手によらなければできないというのが市川の強い主張であった。

第二次近衛文麿内閣のもとで新体制運動が始動すると、同運動が、精動時代の女性政策を後退させることを憂慮した市川は、一九四〇年一〇月「国民組織としての婦人組織大綱」を発表した。同大綱に打ち出された市川の婦人再組織案の特色は、主婦を職能と認め、成人女性の大半を占める主婦を軸に女性たちを再組織したところにあった。実際、女性たちの社会参画の増大を目指す、戦時期市川の模索は、戦時下の主婦役割を強調し、主婦業を職域として戦時体制に組み入れることにあった。

▼女子動員強化方策

戦時下における市川の婦選の意図は、戦時状況に呼応した生活関連政策の大筋がいったん決定されると、しだいに政策に女性の利益と意思を反映させるという当初の目的から、政策の効率良い実施を目指す女性たちの「動員」へと変化していった。とくに一九四一年冒頭、戦争を容認した市川は、太平洋上の戦況が日本軍に不利に展開しはじめた一九四三年頃から、政府に数歩先んじた徹底した女性たちの勤労動員の提言を展開するようになった。

一九四一年八月、市川は、大日本産業報国会（以下「産業報国会」と略）の婦人指導委員会委員を委嘱された。[1] 同婦人指導委員会では、①婦人労務動員の範囲及配置、②婦人労務者の教育訓練、③勤務時間と給与、④保健厚生施設、⑤婦人指導者の養成などの問題が協議され、市川はこの協議を踏まえて、「戦時勤労婦人指導要綱案」を書き上げた。[2]

同年一一月、政府は国民勤労報国協力令を公布し、一四歳以上四〇歳未満の男性と一四歳以上二五歳未満の未婚女性を勤労報国隊（別名「親切部隊」）として、軍需工場、鉱山、農場で無償で働くことを義務づけた。しかし現実には、一九四二年度女子勤労動員は期待されたように進行しなかった。事態を重く見た市川たち婦人時局研究会は、翌一九四三年四月一八日に「婦人動員」懇談会を開催し、企画院第三部第二課長山内隆一から一九四三年度動員計画と勤労緊急対策についての説明を受けた。同懇談会で市川たちは、「婦人動員」の「総合的な機関」の設置、女子労働者の訓練指導、「勤労婦人」のための施設の拡充を強く要望した。[3]

さらに市川は六月一日、婦人時局研究会の動員問題研究会の若手メンバーと協議し、一九四三年度に向けての「女子勤労動員強化方策（草案）」を書き上げた。同草案で示された、女子勤労動員の対象は政府の基準をはるかに超えた女性全域に及ぶ徹底したものであった。[4] まず未婚女子青年の未就職者には、できるだけ早い時期に「徴用令」を適用することを提案し、現在登録している者で未就職者に対して「点呼の如きものを各都市で行ひ、勧誘する」ことを提言した。さらに、職業能力申告令で登録を要請している者の年齢の範囲を、三〇から三五歳くらいまでに拡大することを勧め、現在就業中の女子は「移動を防止し」同じ職場でできるだけ永く働くようにさせることを勧めた。

一方で、既婚の女性でも子どものいない者あるいは、子どもが一定の年齢に達している者には、国民勤労協力令の要協力者として、一定期間短時間労働に動員すること、また「家庭を離れ難い一般家庭婦人に対しては、内職を与えること」を提案した。そして未婚、既婚を問わず特殊な職業に従事したことのある女性で、家庭に入っている中年の女性をも動員して、指導者的地位に就けることを提唱した。さらに同草案は、そうした女性全般に及ぶ労働を可能にするためには、新しい女子勤労観の確立が必要であると指摘した。女性が労働するための社会的価値の整備が必要であり、結婚生活と労働動員の関係を明確にし、両者が両立するものであることを指導するべきと主張した。

最後に、女子動員は男子動員とは異なり、特殊なものであることが強調され、そのために企画院、大政翼賛会のなかに女子勤労動員の総合的研究、あるいは女子勤労動員の促進を図るための女性を中心とする諮問委員会、または実行委員会の設置を強く提言した。

六月一〇日、婦人時局研究会は第二回「婦人動員」懇談会を開催し、「女子勤労動員強化方策（草案）」をもとに討議し、同案を採択した。(5) 六月二二日、市川は「女子勤労動員強化方策」を企画院第三部に提出し、同日さらに、婦人経済会と連名で同「方策」を大政翼賛会厚生部に提出した。(6)

▼東条英機の女子勤労観と市川の批判

市川たちの「女子勤労動員強化方策」が新しい女子勤労観の樹立を要望したのに対し、政府の側は女性の労働力の必要性を認識しながらも、それが大政翼賛運動のもとで鼓吹していた日本古来の婦道に反するとし、積極的な女子勤労政策を取ることを逡巡し続けていた。一九四三年二月二日、第八一議会の予算委員会で、小泉親彦厚相は国民徴用令で「女子も徴用し得る」し「重要産業方面の女子を以て代替し得べき業種業態についての調査は既に出来て居る」としながらも、日本古来の家族制度のもとで、現在は「まだ女子を徴用する域に達してゐない」と消極的意見を述べた。(7)

さらに政府は九月二〇日、一九四三年度の「女子勤労動員促進に関する件」を閣議決定した。それは、「戦力の拡大」のため、女子勤労に「期待する所極めて大」としながらも、「勤労の態様」を自主的に組織した「女子勤労挺身隊（仮称）」にとどめていた。(8)

婦道の称揚と女子勤労の喫緊の必要性のはざまを揺れ動く政府見解のなかでも、東条英機首相は、最も強固な婦道の固辞者であった。同年一〇月二六日、第八三臨時議会で東条は、「女子の徴用は日本の家族制度を破壊するから目下の所は行はない。自発的に働いてほしい」と言明した。[9] 市川は、その東条発言に真っ向から対峙した。戦争が危機的状況になっている現段階においてもいまだに、政府や社会の各層の男性が、女性に対する「封建時代の思想から一歩も出てゐない」状況であるのは、「歯がゆくも思はれてなりません」と述べ、「女子の勤労が生産力増強の為めに国家として不可欠だといふのなら、何も遠慮する必要はないと思ひます。徴用で勤労に出るのは家族制度を破壊するが、自発的に出るのは破壊しないといふ論理が立つのでせうか」と痛烈に東条を批判した。[10]

一方で東条は、一九四三年一一月一一日、大日本婦人会総決起大会でラジオ放送を通し、「日本の家族制度の美風を益々昂揚して戦争完遂に貢献して戴きたいと思ふ」と述べ、「日本の女子動員は」「米英流の女子動員と其の本質に於て、全く異つて居る」と強調した。そして女子の勤労奉仕が日本古来の家族族制の伝統を壊すものでないよう、再三の注意を促した。[11]

▼「国策としての婦人対策」（案）

一九四四年末から四五年初頭市川は、斎藤きえ、藤田たき、原田清子、吉岡まり子ら婦人時局研究会若手メンバー中心の動員問題研究会で「国策としての婦人対策案」を検討した。すでにこの年の一二月二日には、婦人時局研究会の常任幹事会で研究例会の開催停止が決定され、青年部の若手有志と月一回、水曜夜に時局研究会を開催するだけになっていた。[12] 一九四五年一月三日、市川は、「国策としての婦人対策（案）」を書き上げ、一七日、婦人時局研究会の動員問題研究会で審議した。[13] 最終的に建言されることはなかったが、政府提言として策定された同案は、「婦人の力を如何にして最高度に戦力化するのか」、「唯この一点を狙って起草」されたものであった。

まず市川は、「支那事変」以来の「婦人に対する政府の施策」が「緩慢且つ不徹底」であったことを激しく糾弾した。

そして、それに対し「日本婦人の憂国奉公の熱情は、日夜悪条件と闘ひ乍らも新しき活動分野を開拓」し「その作業能率についてみても職種に依つては男子を遥かに凌いでいる有様である」と指摘した。一方で鉱工業分野の女性に対する「生産技術教育」はまったくなされておらず、事務職域においても女子は低賃金に抑えられ、昇進の途はまったく閉ざされたままである。こうした状態では女性たちの「奉公の熱意」は上がらないと、政府の施策を批判した。

同案で市川は、女性たちの労働意識を高め稼働力を高めるための婦人対策として「新婦人道の確立、婦人組織の再編成、婦人に対する教育指導機関の確立、生活協同化の促進、婦人の持つ翼賛の情熱を冷却せしむるが如き条件の即時撤廃、さらに婦人に対する保護援護対策」の六項目を挙げた。これらの六項目のうち、新婦人道の確立、婦人に対する教育指導機関の確立、婦人に対する保護援護対策は、先の「女子勤労動員強化方策」で市川が要求していたものであり、婦人組織の再編成は、後述する「大日本婦人会改革について」で取り扱われたものであった。

戦争最終盤の危機的状況で書かれた「国策としての婦人対策」の重要な点は、ひとつに、戦時下にあって従来の家庭の持つ意味が変容し、「主要食糧を初め、燃料に至るまで幾多の統制が加へられそれは亦防空態勢整備の必要と相俟つて」、生活協同化が喫緊の課題となると指摘して、同問題を初めて取り上げたことである。さらには、「婦人のもつ翼賛の情熱を冷却せしむるが如き条件の即時撤廃」の要求が具体的になされた点にあった。ここで市川は初めて同一価値労働に対する男女同一の賃金と、男女に同様に与えられる雇用、昇進さらに職業訓練の機会を要望した。

このときすでに市川は、大東亜戦争期の婦人界の動向を、稲田登美子、原田清子、斎藤きえ、大月照江、藤田たきら婦人時局研究会若手メンバーの協力を得て『婦人年報（婦人界の動向）』（第一号）を発表していた(14)。同書は、戦時社会のあらゆる分野でいかに女性たちが活動しているかを徹底的に検証した好著であり、それは女性たちの銃後の貢献の実証となり、市川が「国策としての婦人対策（案）」で主張した女性たちの士気を高めるため、労働の場における男女同等の取り扱いを要求する強い根拠となった。

▼大日本婦人会改組の提言

一九四四年一月二七日、大日本婦人会創立二周年総会で市川は、二年任期の審議員を継続しないという通告を受けた。審議員の継続を外されたのは、市川だけであった。前年の一一月に岩手県でおこなった県翼賛壮年団と日婦県本部共催の講演会で、市川が日婦無用論を主張したとされ、さらに町会部落会婦人部と、日婦の班との表裏一体関係を主張する市川の意見が、日婦本部と異なるからというのが理由であった。「講演後の座談会で、理想としては婦人会の下部の班は必要ない、町会婦人部、部落会婦人部が婦人組織の最下部であればよい」という持論を市川が述べたことが、「直ちに支部から本部へ報告された」結果であった[15]。

実際市川は、一九四三年四月、新しく合併された四谷町会の「婦人部総代兼婦人会班長」を引き受け、草の根の婦人会活動を経験するようになると、「大日本婦人会そのもの、組織運営に色々問題がある」と感じるようになった。そしてその問題が、「組織後間もないから」なのか、あるいは「運営の方針そのものに欠陥があるのか」、女性自身で研究する必要を感じていた[16]。市川は婦人時局研究会の若手を中心に「日婦問題」研究会を立ち上げ、一九四四年一〇月一二日、同研究会での討議をもとに、「大日本婦人会改革について」を書き上げた[17]。

この年の六月にヨーロッパ戦線では、連合軍がノルマンディーに上陸し、八月、パリ入場を果たした。太平洋戦線でも六月、米軍がサイパン島に上陸し、三万人にのぼる日本軍が玉砕し、住民の死者は一万人にのぼっていた。同月、さらにマリアナ沖で日本海軍が惨敗し、空母、航空機の大半を失った。戦況の悪化を背景に東条独裁体制への不満が顕在化し、七月一八日、東条内閣は総辞職し、二二日に小磯国昭朝鮮総督が首相に就任した。

「大日本婦人会改革について」の冒頭で市川は、「今や大日本は興亡の岐路に立つに到った」、にもかかわらず「二千万の婦人を会員とする婦人会は、只その厖大なる組織の形骸を擁するのみにて、その活動に何等見るべきものなく」、「莫大な補助費」と「会員より徴収せる少なからぬ金額の会費」とを「徒費」していると糾弾した。そして、「民意の暢達、下から盛り上る国民運動の展開を政策とする小磯新内閣としては先ず現理事長以下首脳部を更迭し、速に次の諸項の改革を断行して婦人の総力を発揮せしむべきである」と要望した。

ここで市川は「婦人会改革の要点」として五点を挙げた。第一は、婦人会を真に「自主的な運動」とするために、「婦人会の役員及職員に実力のある婦人を起用」すること、第二に、婦人会の会員を現行の二〇歳以上の全女性ではなく、主婦にするべきというものであった。そして第三は、「婦人会の下部実践組織である班の活動」を「町会隣組における活動として運営すべき」とする、市川本来の考えである婦人会の下部組織と町会隣組の活動の重複を避けるための提案である。第四は、婦人会を「大政翼賛会の強力なる監督指導統制下に置くこと」である。そして第五が、地方監督官庁を一元化することであった。

そもそも市川は、日婦が創設された当初から三つのことを要求していた。ひとつはその運営が自主的であるべきという点であり、具体的には女性の執行部への参画の強い要求である。いまひとつは、ともかく女性たちが負わされる任務に重複がないようにすべきであるといった点である。そして第三が、指揮系統の一元化であった[18]。この三点は、効率よく女性を動員するために市川が、精動運動以来常に要求してきたことであった。この「大日本婦人会改革について」でも、改革具体案の冒頭に婦人会を「婦人の自主的運動」とすることが強く主張され、さらに日婦の下部組織と町会隣組の活動を一体化させ、女性たちに二重の負担がないこと、そして地方監督官庁を一元化することが提言された。

一〇月二三日、二五日の両日、婦人時局研究会の若手を集めた「日婦問題」研究会が開催され、原田清子、斎藤きえ、鷲沼登美枝、鯨岡阿美子、八田篤子らが参加し、市川の改革案が審議された[19]。

▼「大日本婦人会を解消し町内会部落会に一元化せよ」

戦況が危機的状況になった一九四五年冒頭、市川の日婦改組の主張は、日婦解体の主張に変わっていった。一九四五年二月『婦人問題研究所所報』は、「日婦問題特集号」と銘打ち、市川の「大日本婦人会を解消し町内会部落会に一元化せよ」を掲載した[20]。同文冒頭で市川は、「戦局が今日の段階に進展せるに拘わらず」、日婦の組織が旧態依然として、「運動も旧婦人会活動の範疇を出でず」、「かかる組織が現在の段階に存する事はむしろ有害とも断定し得る」と激しく日婦を糾弾した。そして「改組改革等を行ふよりむしろ速に解消する事が、国家の為又婦人大衆の為だとの結論に到達」した、と主張した。

そもそも「同一地域内に、同一人を構成員とする二つの指導系統を異にする組織があれば、重複対立が生ずることは当然といはなければならない」。もし「今日展開されてゐる婦人会の活動が国家的に重要であり、婦人会によらなければ達成出来ないとあればそれも忍ばねばなるまい」。しかしいままでの婦人会の活動は、「貯蓄、廃品回収、狩り出し等」で「町会部落会で出来ない事は一つもない」と、市川は指摘し、ゆえに「私は婦人会を解消し、町内会部落会に一元化する事を主張」するとした。さらに町会部落会に対して、「婦人の総力を発揮せしむる為には」、その組織の「整備強化」をするとともに、強力な「指導機関」を確立し、そこに「有能なる婦人を中心としたる一部局を設け、婦人に適したる企画方法を立案、婦人の指導を担当する事」が必須であると、婦人部設置の持論を展開した。

▼第八六議会に反映された市川の主張

市川の大日本婦人会に関する意見は、一九四五年一月二九日に第八六議会の衆議院予算第二分科会で今井新造議員の大日本婦人会に関する質問と批判に反映された。今井は現在の危機下において二〇〇〇万以上を会員に擁する大日本婦人会が、莫大な国家補助にもかかわらず、「徒に莫大なる形骸を擁するのみであって其の活動には何等見るべき物がない」と糾弾した。そして組織改革のための方策として以下の五点を提案した[21]。

第一が、「婦人会の役員及び職員には実力ある婦人を起用して、婦人会をして婦人の自主的運動」とすること。第二が、「婦人会の会員は家を単位」とし「家庭の主婦を会員とすること」であり、第三は「婦人会の下部実践組織である班の活動」を、「町会、隣組内に於ける活動」とすることである。第四は、婦人会を「大政翼賛会の強力なる指導監督、統制下に置」くことで、最後が地方監督官庁を現行の軍と地方長官からの二元的指揮系統から地方長官に「一元化」することである。

今井の予算委員会での大日本婦人会改革の提言は、市川の書いた「大日本婦人会改革について」（一九四四年一〇月）と「大日本婦人会を解消し町内会部落会に一元化せよ」で主張されている内容と、ほぼ同一のものであった。今井は、予算委員会で質問する前に市川を訪問し、市川から話を聞き、資料の提供を受けていた。『自伝』には「同氏もほとんど私と同じ意見で、その熱意に敬意を払った」と記されている。[22]

婦人問題研究所所報「日婦問題特集号」はこうした今井議員の提案に沿ったかたちで、「日婦改革具体案」を提示し、中央本部役員の全面的更迭と中央本部事務局の権限縮小と機構の簡素化を提案した。さらに日婦が、「時局下に於ける日本婦人の指導原理を確立」「戦時生活の具体的指導」をおこなうことを提案した。[23]

▼婦人時局懇話会の立ち上げ

一九四四年六月、市川は疎開先の川口村で心境を次のように綴った。[24]

戦局は……全く切迫した重大状勢で、その事は夢びにも忘れる事は出来ません。日夜その必勝を祈念してゐる次第です……今自分は何をしてゐるかといへば、……自分の力の十分の一も発揮しては居りません。ありあまる忠誠心を持ちながら……この状態に……ゐなければならないのは、一体どうしてでせうか。

盧溝橋事件以降の戦時期に市川は、日本婦人団体連盟や婦人時局研究会の立ち上げにみられるように、戦時状況の角番で自主的女性団体や、女性指導者たちを参集し、時局に即応した組織を立ち上げ活動してきた。戦争の最終盤の追いつめられた気持ちのなかで市川は、ふたたび女性たちの力を総動員し「国力の再現」に努めるため、女性指導者たちの結集を試みた。一九四五年一月二六日、市川は、日本婦人団体連盟幹部や、真珠湾攻撃を機に内務省の呼びかけで作られ、市川も世話人のひとりを務めていた時局婦人懇談会の世話人らと相談し、「婦人決戦態勢の確立、婦人国民運動の推進に資すべく」同志を糾合し、新しい組織を作るための呼びかけの書簡を仲間の女性たちに送付した。呼びかけ人には、羽仁説子、山高しげり、竹内茂代、河崎なつ、千本木道子、渡辺まつこら一三名の女性指導者が名を連ねた(25)。

二月三日、市川は、仲間の女性指導者たちと「婦人の決戦態勢の確立、婦人国民運動の推進」に寄与するため婦人時局懇話会を発会させた。この会合で教学錬成所錬成官の大串兎代夫の記念講演会が開催された。大串は市川とともに大日本言論報国会の理事でもあった(26)。なんとしてもこの国家の大事に女性の力を総動員させなくてはならない、市川の強い想いと焦りが、婦人時局懇話会「宣誓」に込められた(27)。

大東亜戦争は今や皇国の興亡を堵するの秋に起つ。しかも婦人の総力は未だ悉く発掘されたりとはいへない。この現状に対してわれらは惹起し身を挺してこれが戦力に力め以て国力の再現に効さんことを誓ふ

二月一七日、軍事保護院指導課の第二会議室で再度話し合いがもたれ、当分の間、毎月第一、第三木曜日に、講師を囲み時局懇談会を開催することが決められた。三月一日の次回懇談会に、大日本婦人会理事長の川西実三を講師にすることが決まった(28)。

▼「女子義勇隊及戦闘隊」構築への市川の関与

一九四四年末からの米機B29による散発的空襲は、四五年三月中旬、東京・名古屋・大阪・神戸の大空襲へ拡大し、米軍は二月中旬に硫黄島、四月に沖縄に上陸した。戦況が最悪の事態へと向かっているにもかかわらず、女性たちの

勤労動員に及び腰な政府や、厖大な経費と女性たちの労力の浪費に明け暮れる大日本婦人会に対する市川の焦りと苛立ちは募っていた。

一方で政府は「あくまでもこの戦争を完遂する」ことを固辞し、一九四五年三月二三日、国民義勇隊の組織化を閣議決定し、二四日、小磯首相は談話を発表した。[29] 四月七日、小磯内閣の後を受けて組閣された鈴木貫太郎内閣は、五月八日、大政翼賛会に所属する団体が、すみやかに解散し、統合することを閣議了解事項とした。六月二二日、国民義勇兵役法が公布され、それまでの大日本婦人会、大日本翼賛壮年団、大政翼賛会はすべて国民義勇隊に吸収・統合された。さらに同日、戦時緊急措置法が公布され、内閣は独裁権を手にした。

国民義勇兵役法は、一七歳から四〇歳までの女子を義勇隊及戦闘隊に編入するとした。女性たちの力を総動員してなんとかこの戦況を乗り越えなくてはならない。この想いを抱いて市川は、国民義勇兵役法が発表されると、女子義勇隊及戦闘隊構築に関与していった。前章の最後で述べたように市川は、この年の一月一九日、熱海の徳富蘇峰宅で開催された言論報国会の緊急理事会に参加し、夜を徹した議論のなかで「皇国を挙げて一大清浄土とせん」と主張する本土決戦の建白書を策定した一一人の理事のひとりであった。

「事務局日誌」によると一九四五年五月二六日、市川は、女子錬成研究所主宰の「国民義勇隊と女子問題に関する懇談会」に出席した。[30] 七月一九日、兵務課主宰「婦人義勇戦闘隊に関する懇談会」が開催され、市川は開催に向けての女性指導者の人選などで協力した。同懇談会には、陸軍省の兵務局長、兵務課の村上課長、幸村中佐らと市川房枝、八田篤子、山高しげり、斎藤きえ、堀内芳子、佐々木都美、中尾茂子が参加した。その他、新聞社からは、朝日、毎日、読売、東京新聞と同盟通信からそれぞれ女性記者が、また放送局からは日本放送協会、婦人雑誌からは主婦の友社、新女苑、婦人クラブ、婦人の友社、戦時女性社、家の光が参加した。[31]

『自伝』に同懇談会開催の経緯が記されている。[32]

国民義勇隊を結成する事になった六月の初め、元国婦の副会長で日婦の理事であった中将未亡人大野朔子氏から……至急会いたいといってきた。……六月の初めのある日面会した。するとそこに大野氏の令嬢の夫君である陸軍報道班の幸村中佐が一緒だった。話とは「このたび国民義勇戦闘隊を組織することになったが、この戦闘隊には婦人も含まれている。ついてはいろいろ意見を聞かせてほしい」ということであった。これは公の要請なのか、個人的な要請なのかはっきりしないが、逃げることはできない。できるだけ協力しようと腹をきめ、まずそのとき東京に残っている婦人の指導者たちに直接話をしてほしいと希望した。人選は私がして、ある日会合を開き中佐から話をしてもらった。

市川資料に、終戦二カ月後の一〇月、市川が婦人問題研究所の会員に宛てた、終戦前夜の様子を記した書簡が残されている。書簡からは終戦数カ月前の市川が、婦人義勇隊の編成に必死に力を貸していたことがうかがえる。(33)

去る四月十三日に従来の四谷見附の事務所が罹災、更に五月二五日次は新宿の第二回目の事務所も罹災いたしました。其後、最後の御奉公として女子義勇隊及戦闘隊のため努力すべく激化せる空襲中を事務所探しや運動の準備に忙殺されている中に終戦となりました。

市川は、先述した「国策としての婦人対策（案）」のなかで、徹底した男女平等の雇用政策とともに、兵役、徴用の義務で、女子に適応するものは率先して負わせるべきと主張していた。女性の力の最大限の活用を目指し、積極的な女子の勤労動員の提言は、戦争が危機的状況になるなかで必然的に女子の兵役、徴用の義務の主張へ帰着した。戦時下の「女性と子供の生活」を守るため、政府に「ある程度協力する」ことを決意した市川にとって、「女子義勇隊及戦闘隊」構築へのコミットメントは、自己撞着以外のなにものでもなかったはずである。しかし残された膨大な市川資料のなかに、その自己撞着に逡巡する資料を見いだすことはできない。

二　「大衆婦人」たちへの働きかけ――皇国フェミニズムの称揚

▼「大衆女性」たちへ向けて――「銃後の護り」の奨励

太平洋戦争期の市川のいまひとつの戦争協力に、「銃後の護り」を奨励する「大衆の女性たち」への一連の働きかけがある。その働きかけは、講演活動、ラジオ放送あるいは新聞、雑誌記事や出版活動を通してなされ、国内にとどまらず、台湾にまで及んだ。この時期に市川は、言論報国会の理事としてまた同会の思想選対策委員として、さらに大日本婦人会審議員として数多くの講演をおこなっており、その講演料に市川が生活の糧を負うところも大であった。『自伝』には、一九四四年一月、大日本婦人会の審議員を外されたとき「わずかな講演謝礼で生活していた私にとっては、重大な問題であった」と記されている。(34)

いったい市川は講演で何を語っていたのだろうか。市川は、一九四三年一一月、言論報国会の米英撃滅大講演会の演者として、岡山、高松で講演した。そのときのことを、『自伝』に次のように記している。(35)

> 戦争に関すること、政治に関することは発言できない。いや発言したくなかった。結局日本の家について話すことにしたが、いわゆる家族制度を心から支持することはできない。そこで日本における家族制度の由来、特色を話すことにし、その中で婦人が犠牲になってきた不満をちょっぴり話した。

市川資料に、この時期、市川が「大衆婦人たち」へ語りかけた内容を知る手掛かりとなる史料が三点ある。ひとつは、

台湾南方開拓者浜田与兵衛史跡にて。左から二人目が市川。1942 年 12 月

一九四二年末から四三年にかけて台湾皇民奉公会の招きで渡台し、四〇回に及ぶ講演、座談会をしたときのラジオ放送の原稿である。[36] 二つめは、一九四三年三月、言論報国会主催の米英撃滅大講演会で市川が岡山、高松で講演したときの速記録が同年六月、言論報国会が出版した『世界観の戦ひ』のなかに「皇国の家と主婦」として掲載されている。[37] そして三つめは、市川が編集し、津久井竜雄が会長を務めていた昭和書房から一九四三年四月に出版した『戦時婦人読本』のなかで、市川の担当した「婦人と国家」である。[38]

▼台湾で何が語られたか

まず台湾で何が語られていたかを見てみよう。周知のように、一八九五（明治二八）年、日清戦争の講和条約である下関条約によって、日本の領土として台湾が割譲されて以来、ほぼ半世紀近く台湾の人々は日本人＝皇民として捉えられていた。市川の渡台は、同地の皇民教育がどの程度できているかを視察し、そのいっそうの推進を図るためであった。

一二月二二日検印の押されたそのラジオ原稿で市川は、まず、台湾は日本の一部なのだから、台湾の人々は皇民として日本語を日常生活でも使うべきと主張した。[39]

……私は実は本島人の方々の生活しておられるほんとうの姿を拝見したいと存じ、……夜独りで宿屋を抜け出して、盛り場を拝見に行つたり、また、本島の皆様方のお宅も失礼ながらのぞいて歩いたりいたしました。……残念ながらここでは国語は殆ど一言もきかれませんでした……一体こゝはどこの国かと思はれる程でした。……然し国語は、内地人と話す時だけ使ふといふのではなく、日本の国語でありますから、街頭は勿論家庭でも一日も長く常用していただき度いと思ひます。

そのうえで市川は、台湾の人々の皇民として重要な責務は、戦争に勝利するため一人でも多くの健康な人間を生育することにある、と主張した。

本島の方々が住んで居られる裏町を拝見して感じました今一つの事は、家の中が暗い事、周囲が本当きたない事であります。また子供さん達の中に弱さうな子供を相当見受けました。……子供達の育て方も気をつけないと、ちょっとした病気で死にます。……

……本島人の方々には子供は沢山産まれますが死ぬ割合が多く……

大東亜戦争に勝つためには人員は一人でも多い方が良いのですから、どうか折角く産んだ子供達を死なさないやう、又出来るだけ皆長命《ながいき》するやう、子供の育て方を学び、衛生に注意をしていただき度と思ひます。

つまるところ市川の台湾講演の目的は、日本語教育の普及と、大東亜戦争の戦闘員の増大を奨励することにあった。一九四三年末の時点で市川には、台湾の人々に対する日本文化への同化政策に一切の疑義はなかった。日常の家庭生活でも日本語を使うべきと主張し、日本がおこなっている戦争の戦闘員となるため少しでも多くの子どもを産み、「死なさないやう」育てるよう勧告した。そこには、異民族としての台湾の文化や台湾人の人権を一切認めず、日本の文化に同化し、「日本人」としての義務の遂行を、一方的に要求する戦争末期の市川の姿が投影されていた。

そもそも市川は、満州事変以降準戦時期一貫して、政府や新聞などの「残虐で無知な」中国人イメージや「支那膺懲」一色に染まった中国情報から乖離し、なんとか中国と中国人の正確な情報を手にしようとしていた。一九四〇年に初めて中国大陸を旅行し、中国人の民族意識の高さや、中国のエリート女性たちのレベルの高さを知り、はたして日本の女性知識人に太刀打ちのできる者がいるのかと不安感を素直に記していた。そして中国大陸の日本人女学校の中国語教育が充分なされていないことを指摘し、現地の日本人が中国を理解し。意思の疎通を図ることが最も肝要と主張した。さらに一九四一年七月には、近衛内閣下の大政翼賛運動で、大東亜共栄圏の建設を審議する第三調査委員会を選び、中国に居住する日本人が中国の文化、伝統、慣習を無視した行為をとるところに大東亜共栄圏構築の阻害要因があると力説していた。

しかしそうした認識と行為は、異なるアジアの文化への尊敬の念や民族の尊厳への配慮に発展しなかった。近衛文麿の提案した東亜新秩序構想を日中戦争終息の唯一の方途と確信した市川にとって、あくまでも日本は、日清、日露戦争に勝利し、第一次世界大戦で戦勝国側に与し列強の一員となったアジアの優等国家、ビッグ・ブラザーにほかならなかった。そこに市川や、あるいは昭和研究会リベラル派知識人の超えることのできなかった時代の壁、つまりアジア観があった。

▼天皇制護持の国体（皇国）の称揚

『戦時婦人読本』は、「一般婦人の方々、特に家庭婦人の方々」に「時局下に於ての御奉公の道」を示し、「其の日から直に実践願ふ」ための手引書として編纂された。そのため同書は、総論、妻の巻、母の巻、主婦の巻の四部で構成され、戦時下の妻、母、主婦のあるべき姿が、田中孝子、相馬黒光、竹内茂代、波多野勤子、河崎なつ、帆足みゆき、香川綾、成田順、山高しげりら婦選の女性たちによって執筆された。市川は編集と総論「婦人と国家」を担当した。

その冒頭で市川は、「我が大日本が悠久二六〇〇年の輝かしい歴史」を持つのは「かしこくも、皇祖皇宗を初め御歴代の御隆盛の賜に外ならない事は勿論」「私共国民の先祖が、皇室を御祖とあがめ奉り、その下に忠勤を励んで来たこと」にあると断言する。(40) そして日本民族の優秀性は、「今次の支那事変並に大東亜戦争に於て」「はっきりと確認され、東亜十億の指導者としての地位が確立」されたと主張した。

市川は、戦争を完遂し大東亜共栄圏を建設するためには、女性たちが単に「婦人と産れた義務として」、受動的にその任務を全うするのではなく、「この民族の母としての自覚、誇りを持ち、更に日本民族を永遠に発展せしむるため、よろこんで此の重大な任務を尽さなければならない」と説いた[41]。

言論報国会の講演録「皇国の家と主婦」でも市川は冒頭、「大東亜戦争に勝ち抜き、大東亜共栄圏を確立いたしますためには、思想戦が重大な役割をもつてをります。その思想戦においては、皇国の家の本然の姿を顕現し、これを更に鞏固なものにして行くことが、重要な一つの任務だと私は信じてをります」と述べた[42]。

厳しい検閲を経た講演録と著書であることを勘案するにしても、一九四一年初頭、日米開戦を容認した市川は、大東亜戦争期、天皇制護持の国体（＝皇国）の国際的優位性を称揚するまでに至った。皇国の称揚は、皇国を支えている日本固有の家族制度＝家制度、さらにはその家を支えている主婦の称揚へつながり、主婦役割を強調する戦時期市川のフェミニズム観と容易に結びついた。そして、そのいわゆる皇国史観――大東亜戦争を推進した思想――を婦選の論理の基盤に据え、銃後の守りを堅固にするための女性たちの意識高揚の働きかけをおこなった。

▼皇国の家から「米・英的なものを払拭」すること

大東亜戦争下の皇国の家と国体の称揚は、先に「アメリカの女性たちへの手紙」で指摘したように、戦争相手国米・英の家のあり方と日本固有の家族制度との比較の過程で顕現した。「皇国の家と主婦」で市川は、夫婦のつながりを中心とした一代限りの英米の家族の脆弱性を次のように指摘した[43]。

米・英の家―特に……米国の家は夫婦のつながりを中心とした横の家で、新夫婦が出来る毎に新しい家が出来ますが、解消したり、死んだりすると、その家も消えてしまひます。……家は快楽と慰楽の場といふことになつてゐます。

さらに市川は、英米の「横の家」に対比して日本の家の特色とその任務を次のように述べた[44]。

皇国の家は現在生活してゐる親子、夫婦、兄弟等だけでなく、祖先—数代、数百代、数千代前からの祖先も含められてゐる、即ち親子のつながりによつて続いてゐる縦の家である点であります。これを祖孫一体の家と申します。この故に、皇国の家においては、祖先の祭祀が何よりも第一に大切なこととされ、家門の名誉、家風の遵守振作等がやかましく言はれて来てゐるのであります。

市川はまた、皇国の家の特質は、各家がばらばらに存在するのではなく、祖先を共有し、「高い理想の下に強い結束をなしている」ところにあると指摘する。(45)

この祖孫一体の家は、遡れば畏多くも天孫および天孫に扈従し奉つた神神につながるのでありまして、その意味において皇室は宗家におはしますのであります。かくて皇国は一大家族国家、血縁国家であり、従つて忠と孝とは一致するのであります。

そしてこの天皇を宗家とする一大家族国家の繁栄は、祖先が皇室に忠義を尽くしてきたからであり、自分たちもまたこの先祖の努力を継承する限り、繁栄が期待できると指摘する。(46)

私共の祖先が、この皇室に対し忠義を励み皇運を扶翼し奉つてまゐつたのでありまして、この祖先の志を継いで、私共子孫も亦御奉公を励む、これ孝の大なるものであります。この忠孝一本こそは、寔に世界に比類なき我が国体の精華でありまして、皇国の家の特質の大なるものといつてよからうと思ひます。

しかし、と市川は警告する。今日日本の家族は、明治以来の近代化のなかで変化し、とくに都市部の家庭では米・

英の個人主義、自由主義の影響を大きく受けている。大東亜戦争に勝ち抜くためには「皇国の家から米・英的なものを払拭し、皇国の家の本然の姿を顕現する」ことが「喫緊の重大事だと考へてゐる」と強調する。(47)

▼皇国の家の守り手としての主婦役割

「皇国の家と主婦」や「婦人と国家」を通して市川は、日本の家制度の美徳を称揚し、家と主婦の役割を五つ指摘した。まず市川は、「家は国民精神の錬成場」であり、「神を祀り、家族が毎朝礼拝することによつて皇室の御恩寵、祖先の恩恵に感謝し、皇国民として産まれた生甲斐を感じる」ことができ、ひいては国家のために命を差し出す、すなわち自己犠牲の精神をつくりだすと指摘した。(48)

その一例として市川は、真珠湾攻撃の九軍神のひとり、広尾彰海軍大尉（当時二一歳、海軍兵学校卒業一年）が出撃前に両親に宛てた手紙の一節を紹介する。(49)

日本男子　大元帥閣下の股肱として皇国護りの第一線を承るは最大名誉であると共に、我々日本人終局の目的であります。

雑誌『婦人倶楽部』の依頼で佐賀藩士葉隠れ武士の末裔である広尾家を訪問した市川は、(50)そのときの印象を述べ、父が国民学校校長で母も教員をつとめるこの広尾家が、「皇国の家の真姿を保有し」その息子をかく言わしめるものが「広尾家の家庭教育にあると、断言して差支へないと思ひます」と締めくくる。(51)

第二に市川は、「家は生活の場所であり、経済的な保証をする所」であり、主婦の重要な任務は、「財布としやもじを握つて家庭経済をうまくやること」にあると指摘する。そのうえで、今日の国家経済は、戦争に勝つために、国民には最少限の物資や金で生活することを要求しており、家庭経済は、「国家経済の一単位として運営」しなければならないと強調した[52]。市川は、えてして主婦は自家を守ることを優先しがちであるが、そうした「家庭個人主義」は時局下廃棄すべきと強調する[53]。そして、戦時状況を乗り切るために、「近所隣りの家が助け合ひ、励まし合つて行くことがどうしても必要」であり、「隣組や婦人会は、そのための組織として出来てゐるので、主婦は、家庭の良き主婦であると同時に、又よき隣組員、よき婦人会員たる事が必要」であると述べる[54]。

第三に市川は、「家は子供を産み育てる場所であり、老弱者を保護する場所」であると主張する[55]。一九四一（昭和一六）年一月、重大国策として政府が「人口政策確立要綱」を決定し人口増大政策を明確にしたが、この政策によって、政府から女性たちは、産む性としての協力が要請され、それによって「民族の母」としての女性の地位が初めて確認された、と市川は指摘した[56]。そして大東亜戦争に勝ち抜き、大東亜共栄圏を確立するためには、「何よりも日本民族の人口が更に増加し、その資質の増強をはかる事が重要」となったと述べ、女性たちに産むことを奨励する[57]。

第四に市川は、「身心の休み場所、安息所」としての家役割を指摘し、これは戦時下とくに主婦が新たに心を配らなくてはならないと強調した。なぜなら、大東亜戦争下において「生産力増強、職域奉公として外での活動が激しくなる一方であり、その能率をあげることが一層要請」されている。「その日の精神的肉体的な疲れをすつかり回復して、翌日はまた元気で働くためには、［主婦が］家のこの機能を十二分に発揮させる」ことが必要であると指摘する[58]。

そして最後に、こうした家と家を守る主婦役割のほかに、「かつては家庭と職業とは両立しないと迄いはれて来ましたが、今日に於ては、国家の為にこれを両立させなければならない」と指摘し、「生産者」としての役割を主婦もまた担わなければならないと強調した[59]。

大東亜戦争を完遂し、大東亜共栄圏を建設するために、女性の主婦役割と母役割、そして生産者役割が必須であった。市川は、女性たちがそれらの役割を全うするためには、国家が「労働時間の短縮、母体を損はない為の厚生施設、託児所、共同炊事等々の施設」を考慮すべきであると強く主張した。と同時に、「主婦自身も家庭生活を徹底的に合理化、簡素化する事が絶対に必要」と主張する[60]。

▼差異派フェミニズムから皇国フェミニズムへ

皇国日本の国体は、世界に比類無い万世一系の天皇家を宗家とする一大家族国家であり、その国際的な優位は、今次の戦いで実証された。また皇国の優秀性は、国体の依拠する日本固有の家制度と家を護る主婦の優秀性によって古来より支えられてきたのだ。だからこの戦争を完遂するために、「大衆の婦人たちは」自らに与えられた重要な主婦としての任務を認識し、それらを全うしなくてはならない。講演抄録、著作を通してみた市川のこうした主張は、社会のありように合わせながら「婦選」の意味を変化させてきた市川が大東亜戦争下に到達したフェミニズム観であり、皇国フェミニズムとしか呼称しようのない、皇国史観とフェミニズムとを主婦を軸に合体させたものであった。

婦選運動家として市川は、満州事変以前の平時には、男女同一・同等の権利を自然権とする婦選本来のフェミニズム観、つまり平等派フェミニズムに基づいて婦選運動を率いていた。しかし戦争状況下の反動的社会が、日本固有の男尊女卑の家制度を強調し、男女平等の政治的権利を主張する婦選運動を危険視するようになると、市川は、反動的社会の女性観に合わせるかたちで、産む性としての女性の特異性とそれに基づく男女の異なる社会的役割を主張する差異派フェミニズムへと転成していった。

まず準戦時期に市川は、生活者としての女性役割を主張し、台所と政治を結ぶ政治領域を婦選の新しい課題として開拓し、女性たちの政治参画の有為性を打ち出した。戦時期になると市川は、天皇制護持の国体とそれを支える日本固有の家族制度を称揚する大東亜戦争のイデオロギーにあわせるかたちで、家を護り、子を産み・育てる主婦役割を前面に出し、それらを生活者としての女性たちの社会的役割に代置させていった。

市川は、戦時下に女性の銃後の積極的な社会参画が要請されるなかで、女性が「自己の分担している任務に誇りを持ち、よろこびを持つてゐなければ、力が出てまゐりません」と主張する。そして、女性が「婦人に産れたから已むを得ずする」のでなく主体的に、かつ意欲的に任務を完遂するためには、男尊女卑の伝統的な婦道ではなく、相互補完的な男女の役割を同等と位置づけるべきであると主張する[61]。

婦人が産む者であることは、これは生物学的な、又生理的な現象であります。……男女の区別は、この厳然たる事実から来るものであります。この生理的な相違は自然に男女分業となり、両者の間に社会的な心理的な差異を生ぜしめてゐる……

……

……この両者の相違は質を異にするものでありますから、これを比較して優劣を決定したり、又は其の価値を評価したりする事は出来ない筈です。

民族を発展させるために両者の存在が必要であり、両者各々の活動が要求されるのですから、両者の価値は寧ろ同等だといつて差支えないと、私は考へてゐます。

本来、男女の差異と男女の異なる社会的役割の価値同等を主張する差異派フェミニズムは、異なる階層や国家あるいは民族など、さまざまな属性をもつ人々の連帯を可能にし、平和のイデオロギーとしてフェミニズムが機能する可能性を内在している。しかし、戦時期の市川は、日本の国益が侵される国際的危機のなかで日米開戦を容認すると、自由主義国アメリカと日本の国体とを比較し皇国日本の優位性を説く過程で、平和のイデオロギーとして差異派フェミニズムが本来具備する普遍性を捨て去り、究極の「一国フェミニズム」としての皇国フェミニズムに陥っていった。

三　敗戦と涙、そして戦後対策婦人委員会の立ち上げ

▼敗戦と涙――「戦いに敗れたくやしさ」

本土決戦を覚悟し婦人義勇戦闘隊の組織化に努めていた市川は、敗戦の詔勅を「戦いに敗れたくやしさ」のなかで

聞き、涙する。(62)

八月十五日正午……

……四谷信濃町の作家長田幹彦氏のお宅で、ご夫妻と私の友人長田恒雄氏とともにラジオの前に集まり、天皇の詔勅をきいた。初めてきく天皇の声―玉音―は低く、力がなかった。……

……

涙が頬を伝って流れた。戦いに敗れたくやしさであった。

市川は、一九四四年六月二六日、婦人問題研究所に所蔵してあった新婦人協会時代からの資料を、トラック二台で南多摩郡川口村の坂本章二宅へ疎開させた(63)。そして自らまた同所に疎開し、活動の拠点を同地に移していた。

終戦の放送を東京で聞いた市川は翌日、疎開先の川口村に戻った。戦後に市川の養女となり、当時は市川の手伝いをしていた市川ミサオの回顧によると、川口村に戻った市川は、「離れを借りているその庭」に降りて、呆然と空を見上げていた(64)。そして一言「やっぱりまけたか……」とつぶやいた、という。当時を振り返ってミサオは市川の気持ちを忖度する。

勝てないと思っておられたんだろうと。でもやっぱり勝ちたいと思っておられたと思うんですけれども、おしまいの頃はきっとこれは大変だと思われたのか……こう思うという言葉を使うなと、私言われたんですけど。間違えて言ったら誰の事でも大変だからと言われたのを、今思い出しました。

京橋竹河岸の新日本婦人同盟仮事務所にて。左から四人目が市川。1945年10月

▼新しい出発に向かって

一方で市川は、ポツダム宣言の受諾が日本の民主化、ひいては婦選の達成につながることを熟知していた。市川は七月の終わり、川口村の開墾地で、P51爆撃機から撒かれた、一枚のチラシ（伝単）を拾った。「まずい日本語で書かれたポツダム宣言であった」。降伏条件第六項目に民主主義の確立とあり、「……日本国政府は、日本国国民の間に於ける民主主義的傾向の復活、強化に対する一切の障碍を除去すべし。言論・宗教・思想の自由並に基本的人権の尊重に確立せらるべし」と書かれていた[65]。

> これは、私どもがかねてから主張、努力してきたことで、朗報であるはずだが、このときには、戦争に負けるのがいやで、この項に目がとまらなかった。

戦争に負けた無念の涙の後で、市川の心のなかには「平和がよみがえった安堵の気持ち」が拡がった。市川はその日のうちに、占領下での予想される女性たちの受難に対処するため、戦後対策婦人委員会規約案を起草した。[66]「戦前何らかの活動をしていた人たちが、何かすべき」と考えた市川は、焼土の東京を歩き回り、戦争中活動をともにした女性指導者たちを参集させた。九月一一日、戦後初の女性組織、戦後対策婦人委員会が立ち上げられた。赤松常子ら婦選の仲間から元国婦幹部の大野朔子、大日本婦人会幹部の徳川彰子に至る四十数人の女性が同委員会設立に参加した。

戦後対策婦人委員会は、あくまでも敗戦直後の混乱のなかで遭遇する女性たちの困難に対処するために、戦時期何らの政府協力をした者たちが、責任を取って対応するためのものであった。新生日本の婦人運動は、若い女性の手で立ち上げられるべきであった。そのため市川は、あえて戦後対策婦人委員会に戦時期最終盤で活動をともにした若手を含めなかった。

終戦二カ月後の一一月三日、新生日本の女性運動を担う新しい自主的女性組織、新日本婦人同盟が創設された。婦人時局研究会の若手メンバー、原田清子、斎藤きえ、吉岡万里子、大月照江らが市川と、川口村の疎開先で深夜に及ぶ激しい討議を重ね、綱領を作成した。あくまでも婦選の後継団体を目指す市川と、「新生日本の民主化促進の中核となる」ことを目指す原田ら若手との意識のズレは大きかった。[67]時として「市川の運動には哲学と理論がない」と若手の厳しい糾弾に晒されながら市川は、新しい女性組織が戦前・戦時期の婦選運動を継承するものとして位置づけることに成功した。

かくして、（一）政治と生活を直結させる、（二）封建的諸拘束からの女性の解放、（三）女性の政治意識の高揚、そして（四）国際平和の樹立を四大原則とした戦後女性運動が、戦争の最終盤まで市川と活動をともにした若手女性たちの手で開始された。[68]

獲得同盟を軸に戦時期の市川がともし続けた婦選の灯は、戦後、新日本婦人同盟に点火された。

終　章　歴史をつなげる

一　終戦直後の市川の活動と言説

▼実現間近だった女性公民権

戦前日本で、婦人公民権法案が二度にわたり満州事変前夜、衆議院を可決した事実はあまり知られていない。

一九三〇年五月、第五八特別議会で婦人公民権案が初めて衆議院を通過した。さらに翌一九三一年二月、第五九通常議会で政府自らが婦人公民権案を上程した。同案は、女性たちの地方政治参加を市町村に限定したものであったため、男性と同等の公民権を主張していた市川ら婦選の女性たちの支持は得られなかった。しかし、ともかく女性たちが地方政治に参加する権利を認めようとする議会趨勢のなかで、同政府案は衆議院を通過した。

たしかに二度とも、婦人公民権案は貴族院を通過することはなかった。だが貴族院のなかにも、有馬頼寧伯爵や佐々木行忠侯爵のような女性の公民権を積極的に支持する有力議員が生まれ、市川たちは、同年末の第六〇定例議会で婦人公民権が制定される確かな手掛かりを得ていた。

満州事変後の反動化する社会にあっても政府は、一九三三年、第六五議会で狭間茂地方局長が述べたように、女性参政権を「理論上認めて」いた。しかし問題は「社会情勢」であり、社会情勢に合わせて「総合的に考慮」しなくてはならないと判断していた。さらに市川たちは、盧溝橋事件前夜の一九三六年末と一九三七年六月に、二度にわたって全代議士と男性知識人を対象に婦選のアンケート調査をおこなった(1)。その結果、「予想以上に婦選賛成者が多い」ことを確認していた(2)。実際、満州事変以前に社会が認めた婦選の価値は、満州事変後の反動化する準戦時期社会でも大きく変わることはなかった。

いま一歩で婦選の一部実現までこぎつけていた市川は、軍ファシズムの跋扈する十五年戦争下の社会で、可能な限りの妥協を重ねながら婦選の灯をともし続けてきた。日本がポツダム宣言を受諾し無条件降伏したからには、女性参政権の実現は、もはや時間の問題であった。市川は、なんとしても婦選の実現が、占領軍の命令によることを避けたいと願った。

友人を介して市川は、終戦二日後に組閣された東久邇宮稔彦内閣に「女性参政権」の意向を申し入れた。しかし「一億総懺悔」を打ち出し、戦争責任の曖昧化に忙しかった首相は「考えておく」ということだった。市川はまた戦争中絶対的権力を持っていた旧知の陸軍次官に会い、女性参政権の意向を確かめた。しかし「戦争に負けて最早自分に力はない」ということであった。さらに市川は、戦前の議員時代婦人参政権を支持していた鳩山一郎と夫人の薫子に面会した。鳩山は当時立ち上げつつあった日本自由党の政策に女性参政権を取り入れることを約束した。その後に発表された日本自由党綱領には、日本の政党として初めて女性参政権が含まれていた(3)。

▼マッカーサー指令に先んじた女性参政権付与のドラマ

一方で、占領下の政府もまた独自の動きを展開していた。一九四五年一〇月九日、東久邇宮内閣の後を受けて幣原喜重郎内閣が組閣され、内務大臣に堀切善次郎が任命された。堀切は、選挙粛正中央連盟、愛市連盟、さらには精動運動や翼賛選挙を通して市川たち婦選の女性たちと共闘の経験を数多く持ち、女性たちの能力を高く評価していた。堀切は、内務大臣の重責を引き受ける条件として、内務次官に選挙法に精通し、「選挙の神様」と言われていた婦選支持者の坂千秋を要請した[4]。

組閣翌日の一〇月一〇日、閣議で堀切は「この際婦人に参政権を与えよう。それから男子も年齢引き下げをやろう」と提案した。進歩派の幣原首相は即座に「それはいい」と賛成し、文部大臣前田多門が積極的に賛成した。堀切と前田は、寺内正毅内閣の内務大臣後藤新平の提案で若手内務官僚として第一次世界大戦後、徹底した男女平等を標榜したワイマール憲法下のドイツにともに留学し、女性たちの男性並みの政治参画が国際趨勢であることを熟知していた。最も難色を示すと思われた国務大臣松本烝治も、最終的に賛成し、閣僚全員一致で「二十歳以上の国民に男女の別なく選挙権を与える」ことが閣議決定された[5]。

「指示に先んじて施策する」ことを公約した[6]幣原首相は、翌日に予定された日本占領連合軍最高司令官ダグラス・マッカーサーとの初会見で、日本民主化指令が出されることを予測し、なんとかこの閣議決定の事実をそれ以前に発表したかった。幣原は、閣議決定された同日午後記者会見をし、二〇歳以上の男女に参政権を与えることが閣議決定されたことを発表した[7]。

予想どおりマッカーサーとの初会見で日本民主化五大政策を提示された幣原は、五大政策の筆頭に掲げられていた女性解放に関しては、すでに男性と同等の参政権付与を閣議決定していることをマッカーサーに告げた。マッカーサーは、「それは大変結構、すべてこの調子でやって欲しい」と述べた[8]。

興味深いことに、『マッカーサー大戦回想録』には、経験豊かな外交官であった幣原が、日本の民主化に積極的姿勢を示したという記述はあるが、初会見でのこの事実を記した箇所は見当たらない[9]。一方、翌一〇月一一日の『朝日新聞』は、全面トップ記事に「総選挙は速に実施」を掲載し、前日の記者会見での幣原との一問一答を報道した。だが、当時、連合国軍最高司令官総司令部（ＧＨＱ）の厳しい検閲を受けていた新聞もまた、幣原内閣自らがまず男女平等の選挙権を閣議決定した事実を報道することはなかった[10]。

しかし今日、その事実の一端をうかがえる史料が二つ残されている。一〇月一三日『読売新聞』は、堀切善次郎内相と外人記者との会談を「婦人参政権は極めて妥当——内相、外人記者と語る」に掲載した。同記事で『読売新聞』と契約関係に会ったインター・ニュース社のジョン・ヘンリー記者が、一〇月一〇日の内相就任時、堀切のおこなったことは何かと質問すると、堀切は「第一に婦人参政権の決定を見たこと」と答えている[11]。

そしていまひとつは、一九九一年に山陽新聞社から出版された『次田大三郎日記』である。幣原内閣の内閣書記官長を務めていた次田は、当時の詳細な日記を残しており、一九四五年一〇月一二日の日記には、マッカーサーの五大改革について次のような記述がある[12]。

其の中、所謂婦人の解放、即ち婦人に選挙権を与ふべしと云ふ要求は僅か一時間程のことで、当局が先手を打って昨日閣議直後、選挙法の改正を行ふ、婦人に参政権を与へると発表したので、際どい所で後手にならなかったことは、政府の面目から言っても非常に宜かったと皆で喜び合った……

後年に市川は、幣原喜重郎内閣の初閣議で男女平等の参政権付与が決定されていたことを、「当時」「堀切内務大臣から聞かされていた[13]」ことを明らかにした。「けれど、内閣が先ず決定した事は新聞に出て」なかったし、「新聞にでているのは、マッカーサーから命令されたということが大きく出ているので」、「堀切さんのおっしゃったことを実は信用しなかった」と告白した。そして「婦人参政権十周年記念行事の際、堀切さんから当時のいろんなものを見せていただいて、歴史を間違えてはいかぬと叱られてから婦人参政権は日本の政府自身が先に決定したんだと皆さんにもうしあげることにしています」、と述べている[14]。

▼時代の寵児

ＧＨＱによる戦後民主化政策は、男性と同等の女性参政権付与をひとつのハイライトとしていた。そのため婦選運動の牽引者としての戦前からの業績は、終戦直後の一九四五、六年、官・民双方の高い評価につながり、市川は時代の寵児となった。

占領下の日本でふたたび市川は政府委員を歴任した。東久邇宮内閣は、一九四五年九月、選挙法改正のため議会制度審議会を設置し、市川は唯一の女性審議会委員に任命された[15]。同年一〇月、東京都町会運営委員会委員に任命され、一一月には、内閣情報局より新聞及び出版用紙割当委員会委員を委嘱された。同委員会委員には大内兵衛、岩波茂雄、嶋中雄作、和辻哲郎、仁科芳雄ら一級の言論人、学者が肩を並べていた[16]。そして翌一九四六年九月一八日、市川は公職適否審査を通過し、NHK理事に就任した[17]。

このころ市川は、終戦の年の一一月に立ち上げた新日本婦人同盟の地方支部はもとより、新聞社、自治体、市民組織、企業などあらゆるところから講演を依頼された。市川資料に記録が残っているものからこの時期の講演回数を拾ってみると、一九四五年一一月、一〇回、一二月、一六回、四六年一月、一三回、二月、一三回、三月、二〇回であった。ちなみに一九四六年三月の講演料は、総額二八〇五円にのぼった[18]。同月の首相の給料は三〇〇〇円であり、市川の活躍の一端がうかがえる[19]。

▼市川、立候補せず

終戦翌年の一九四六年四月一〇日、戦後初の、そして女性にとって史上初めての総選挙が実施された。選挙は当初三月三一日に予定されたが、終戦直後の混乱のなか準備が間に合わず、四月一〇日に延期された。誰もが立候補するものと思い期待したが、市川は立候補せず、終戦の年の一一月に立ち上げた新日本婦人同盟を通して、初めての選挙に臨む女性たちへの政治教育に全力を傾けていた。

一九四六年四月、雑誌『民の声』は創刊号で、「官庁、会社、学校、一般、地方」のあらゆる職域と地域を対象にした婦人代議士適任者の世論調査結果を発表した。そこで断トツ一位の票を獲得したのが市川房枝であった。市川は、総投票数四一七二票の七分の一強の票数、五八三票を獲得した。市川に続いて、羽仁説子、村岡花子、吉岡弥生、木内キヨウ、久布白落実、山高しげり、竹内茂代らの戦時期活躍した女性指導者が続いた[20]。

一九四六年一月一日の『日本婦人新聞』は、「婦選への初陣の人々」で市川を「長い間婦選獲得に挺身してきた人だけに最初の代議士として是非立ってもらいたい人」と取り上げた。だが市川本人は、「婦選が婦人の手によって獲得できなかつたことに責任を感じ立候補を否定し、今後は婦人の政治教育に全力を捧げたい」と言っていることを紹介した[21]。

誰もが当然立候補すると考えていた市川の、立候補せずの姿勢は、失望感を与えた。一九四六年二月の『人物評論』で鷲沼登美枝は、市川こそ「婦選実施とともに真っ先に名乗りを挙げ……議席の中に眺められる人と思っていたが、本人は立候補しないといっている。その理由は、婦選が婦人の手で獲得できたものでなく、マ司令部から送られた結果となったことに責任を感じてとの事と伝えられている……倫理的ではあるが、論理的でない」と失望を表わした[22]。

実際、市川は、一九四六年四月の衆議院選挙で立候補の意志をまったく示さなかった。養女の市川ミサオの回想によると、「本人は、衆議院には全く向いていないと考えていた」らしい。権謀術策に終始した戦前衆議院での政党政治や金権選挙を目の当たりにしていた市川は、衆議院の政治が自分の体質に合うものでないと考えていた[23]。

一九五三（昭和二八）年に市川は、戦後三回目の参議院選挙に仲間から推されて東京地方区で立候補し、二位当選した。以後、一度の落選（一九七一年参議院選挙）を除いて、亡くなるまでの生涯を市川は、参議院議員であり続けた。

▼憤懣やるかたない思いとマスメディアへの露出

一方で終戦直後、市川のマスメディアへの露出とその主張は、鬼気迫るものがあった。終戦五日後の八月二〇日から一一月中旬までの二カ月間に、朝日（八月二〇日、一〇月一〇日、一一月一七日）、読売（九月三〇日、一〇月七日）毎日（九月二三日）新聞に、六回に及ぶ論説を書き、女性の参画した新生日本のあるべき政治の姿（ジェンダー・ポリティックス）を、忌憚のない強い口調で展開した。

婦選運動家として市川は、軍ファシズムの跋扈する戦時社会で、精動運動を「自主的運動たらしめる」ことを意図し、国策委員を歴任した。そして、戦争最終盤まで国民の自主的参画のために政府の情報公開が必要であると指摘し、それを「明るい政府」の要望として主張し続けた。一方で軍主導の政治を断ち切り、中国大陸での戦争を終息させる活路を、近衛文麿の主唱した東亜新秩序構想に見いだした市川は、日米開戦、太平洋戦争へと戦況が拡大し国家存亡の危機が増幅するなかで、婦選が依拠する自由主義と代議制のイデオロギーから乖離していった。そして戦争最終盤には、皇国日本の国体を称揚し、それを支える家制度、さらにはその家を支える主婦の国際的優位性を主張する、皇国フェミニズムを展開した。

「戦争に負けるのは嫌だった」――婦選の主張を曲げながらも戦時下の運動の生き残りにかけた市川が、戦後、戦時期の活動を問われたとき、吐露した率直な気持ちである[24]。本来、自由主義者であり非戦論者であった市川の憤懣やるかたない思いは、こんどこそ新生日本の社会で、女性の意思が本当に反映した政治を実現したいという強い気持ちにつながり、忌憚ないジェンダー・ポリティックスの主張へとつながっていった。

終戦七日後の八月二〇日、『朝日新聞』に市川は「自主的行動を」を掲載した[25]。同所で市川は、「支那事変の発生以来の歴代の内閣」が、市川たちのたび重なる「建言」にもかかわらず、「婦人の勤労動員において、姑息、一時逃れに終始し」、とくに大東亜戦争以降は、女性たちの「行政面への協力を拒んで来た」ことが、敗戦の一因であると糾弾した。さらに市川は、大東亜戦争下で組織された大日本婦人会が、女性たちの「自主的行動を全く封じ」、女性たちの「勤労意欲や御奉公の熱意を冷却せしめてその総力の発揮を妨げて来た」と指摘した。そしてこんどこそは、女性たちが自らの手で「新日本の婦人道を確立し、再建の礎石となるべく勇気を持つて進んでほしい」と述べた。

▼政治は「生活の常識が通用するもの」

その一カ月後に市川は、『毎日新聞』（九月二三日）に「い、政治を生む――生活に根差す〝頭〟」を掲載し、「今までの政治は、理論は議会政治であつたが、国民と離れた一部の人々のものであり、国民の生活にふれたものでなかつた、もし婦人が参政権を握ればもつと国民の生活に根差したものになる」と主張した。そして戦時期女性たちの銃後の協力に関して、「日本の女性は人一倍に平和を愛してゐる、しかしあの当時女が戦争に反対であつたとしても、これを訴へる場所もなければ力もない、たゞ引きずられてきたのだ」と述べた(26)。

さらにその一週間後に市川は、『読売新聞』（九月三〇日）に「政治は生活――婦人と参政権問題」を掲載した(27)。同所で市川は、「婦人参政権はむづかしいもの、面倒なものといつた考へ方は、婦人の中ばかりでなく、男の中にも相当いるやうである」と指摘した。そしてそれは、「政治といふものを政権の争奪だと解釈する誤りから来てゐるのである」と主張した。ここで市川は「私の私見によれば、政治といふものは生活であり、政治は誰にでも分る常識でなくてはならない」と述べ、戦前・戦中の婦選活動から得た政治観を強く主張した。

ポツダム宣言を受諾し、敗戦後の日本社会は、全体主義から民主主義へと一八〇度の大転換を遂げた。しかし婦選運動家市川にとって、その大転換は男性主体の政治の延長線上のことでもあった。市川は今次の戦争の原因を、男性政治家たちが国の内外の覇権を求め権力闘争に明け暮れた結果である、と捉えていた。政治が覇権と利権の配分のための権力闘争である限り、政治は究極的に戦争につながる。政治は日常生活をよりよくするための手段という原点に立ち戻ったとき、戦争という究極の非常識は起こりえないと主張した。

終戦直後に市川は、繰り返し「政治は生活」「政治は常識が通用すべきもの」、政治は特殊なものではなく、「生活の常識が通用するもの」であるべきだと語った。政治は生活を良くするためのものとして捉え、生活者の視座から政治に関与しようとする市川のその政治観は、平時、準戦時期の保守的社会で婦選運動を牽引するなかから紡ぎ出され、戦時期の国策委員経験で強められていたものにほかならない。そしてその政治観こそが、戦後日本の女性たちがおこなう政治、つまるところ日本型ジェンダー・ポリティックスの原点となるものであった。

戦後参政権を得た女性たちは、日常生活で不都合と感じる状況を、政治アジェンダにのせ政治争点化していった。そうした「身近な民主主義」とも呼称できる戦後女性たちの政治への取り組みは、たとえば、一九七〇年代以降の生活者ネットのような主婦たちの政治集団へと継承されていった。(28) さらには、戦争直後の杉並の主婦たちの読書会から、女性たちの反核、平和運動が生まれ、一九六〇年代以降顕在化した環境保護運動が主として女性たちの手で展開されていくことへとつながっていった。

その日本型ジェンダー・ポリティックスの地下水を脈々と流れる政治的価値は、五五年体制のもとで政権党であり続けた自民党の箱物行政に表象される利権配分型政治に対する、いまひとつの政治のあり方を示すものであった。そしてまたその政治的価値は、二〇〇九年夏、「生活が第一の政党」を標榜した民主党が日本政治史上初めての政権党となる原動力となった。

二　再検証——転向の軌跡とその歴史的展望

▼前向きの歴史解釈に向けて——転向の意味の反措定

序章で指摘したように市川は、戦後の活動が、平和憲法の護持者、クリーンな政治家、そして生涯一貫した女性の権利を擁護した者として、没後三〇年を経た今日でも高い評価を受け続けている稀有な政治家である。そのため戦時期市川の「婦選」活動は、「戦争協力・加担者」として意外性を持って受け止められ、戦前婦選運動家と戦後クリーンな政治家のはざまの「汚点」として不連続線上に捉えられてきた。

たしかに市川は本書で詳述したように、十五年戦争後半の戦時期、精動運動、大政翼賛運動の国策委員を歴任し、主として生活関連の女性政策の形成と実施に大きな影響を及ぼしていた。また市川がその稀有な能力で精動運動の実践網調査委員として、さらには大政翼賛運動の第二調査委員会委員として達成した女性たちの男性並みの社会参画は、とりもなおさず女性たちの戦時体制への制度的組み入れを意味するものにほかならなかった。なによりも、十五年戦争の過程で市川は、非戦論の立場を日中戦争と日米戦争容認へと転向させ、大東亜戦争期には皇国フェミニズムを称揚し、政府の政策に数歩先んじる徹底した女性たちの動員を提言し、「大衆の婦人たち」の「自主的」な銃後の戦争協力を鼓舞していた。

他方で市川は、十五年戦争前半のいわゆる準戦時期、軍ファシズムの台頭する社会に抗い、非戦論の立場から反軍拡、反ファシズムの主張を展開した。その市川の主張は、全日本婦選大会の反軍拡・反ファシズム決議を通して女性たちの反戦の意思として、日中全面戦争がはじまった一九三七年中葉の時点まで表明され続けていた。

この時期に市川は、急激に保守化する社会で婦選の生き残りをかけて、生活領域の問題と選挙と政治の浄化を婦選の主要な活動課題に組み入れ、婦選運動の新しい展望を切り拓いた。その準戦時期婦選の活動と人的ネットワークは、戦時期、市川ら婦選の女性たちが、精動の生活関連政策の立案・形成・実施に、大きな影響を及ぼすことを可能にしていた。そしてまた準戦時期の婦選の女性たちの選挙と政治浄化への取り組みは、女性の政治参画を唾棄した戦時期にあって、翼賛選挙への女性たちの選挙浄化の取り組みを可能とした。

はたして十五年戦争期の市川の婦選活動を戦争協力・加担の文脈からのみ告発し、戦前・戦後との不連続線上に位置づけることで、その活動の全体像が語られるのだろうか。告発に終始するなかで、歴史の襞に隠された戦争協力・加担活動とは異なる、いまひとつの戦時下市川の婦選活動の側面と意味とを看過しているのではないだろうか。

戦後市川の高く評価される一連の活動が、十五年戦争下の活動との断絶のなかで、戦後民主主義に迎合するかたちで生まれたとするなら、市川は単に機を見るに敏いオポチュニスティックな政治家ということになる。しかし戦後に市川の追求した、政治浄化や平和憲法護持あるいは女性政策は、それぞれの時代の趨勢に抗ったところで主張されていた。戦時期の市川の活動のなかに、戦争協力・加担とは異なるいまひとつの側面と意味が伏在し、それが、戦後の活動の原点としてつながっていたのではないだろうか。

ここで、戦時下の転向を、機を見るに敏い「卑怯者」が体制に迎合し自らの主張と行動を反転させた行為として見る、従来の転向観をいったん破棄したいと思う。そして転向を、戦時下の困難な状況である目的を未来へつなげるためにとった思想と活動の変化と再定義する。その転向の反措定に沿って市川の転向の軌跡とその意味を再度検証したとき、戦前、戦中の「婦選」活動は戦後の市川の活動に向けてどのような相貌をみせてくれるのだろうか。

はたして、転向への轍を残しながら十五年戦争下の婦選活動を牽引し続けた市川の苦悩と陥った陥穽は、どのような前向きの「歴史の教訓」をわれわれに語りかけるのだろうか。

▼転向へ向かう第一の妥協

市川は、非戦の立場を反転させ日米開戦容認に向かう十五年戦争の過程で、二つの妥協をした。第一の妥協は、一九三七年七月七日の盧溝橋事件を契機に中国大陸の戦況が、局地戦争から一挙に日中全面戦争へと拡大していったなかでなされた。第三、四章で検証したように、満州事変から盧溝橋事件にかけての十五年戦争前半の準戦時期市川は、一貫して非戦の立場を貫き、中国大陸の戦争の早期終息を主張していた。

しかし盧溝橋事件を契機に中国大陸の戦争が日本と中国の全面戦争へと拡大すると市川は、「私共がどう考えやうが、事態は行くところまで行くであらう」、「大なる試練に直面するであることを覚悟してそれに処さなければならない」と考えるようになった[29]。そして政府に「ある程度協力する」ことは、時局下「已むを得ない」と覚悟し、戦時状況に合わせて「婦選」活動を展開することを決意した。第一の妥協である。

この第一の妥協を通して市川は、非戦の立場を貫き戦時体制に真っ向から反対したり、戦時体制から隠棲するのではなく、戦時体制のなかに入り婦選運動が生き残るための道を選択した。その選択は、戦時期に婦選の灯をともし続けるため非戦論者市川のとった妥協的選択にほかならない。だがその妥協は見方を変えると、婦選運動を続けるために中国大陸の日本が仕掛けた戦争を、黙示的にせよ市川が容認したことをも意味した。

▼第二の妥協

一方で市川は、政府に「ある程度協力する」道を選択したにしろ、泥沼化する日中戦争をなんとか早期に終息させたいという強い想いを抱き続けていた。その想いは、初めての中国旅行を契機に、戦争終結のための近衛三原則と東亜新秩序支持へ市川を導引した。第二の妥協である。

当初市川は、東亜新秩序構想をその建設に「百年かかるともいわれている」遠大な計画と捉え、その構想によって中国大陸の戦争がさらに長引くのではないかと危惧した。しかし、一九四〇年初頭の中国旅行で市川は、日本軍の占拠していた中国大陸の領土が大都市とそれらを結ぶ線上の土地でしかないことを知り[30]、この戦いに勝利することの困難さを痛感した。そしてまた旅行を通して中国人の民族意識の高いことを痛感した市川は、戦争終息が容易でないと考えるようになった。

中国で市川は、支那派遣軍総司令部総参謀長の板垣征四郎と会見し、板垣から大きな示唆を受けた。会見で板垣は、善隣外交、共同防共、経済提携を日中戦争終息の三原則とした近衛宣言を、「土地も取らない、金もとらないといふのである。それで唯一の戦果は日支提携による東亜永遠の平和の建設である」と解義してみせた[31]。感銘を受けた市川は、「戦争で収奪した土地や戦争賠償金はとらない、中国の主権を認めるのだから」、その方法が中国人の民族意識に最もかなった唯一の戦争終息の方策と考えるようになった。

中国旅行を通して市川はまた、「日本は単独ではいき得ない」という強い想いを抱くようになった[32]。第三章で検証したように、そもそも市川は非戦論者ではあったが、満州における日本の特殊権益を否定していたわけではなかった。日清、日露の戦いで流した日本人の血の代償で得た日本の国益を守るという点に関して市川は、同時代の日本人と価値観を共有していた。

その国益護持の市川の想いは、中国大陸の広大さを知り、さらには日本の国際的な孤立が顕現していくなかで、経済的にも政治的にも、そして戦略的にも国際社会で「日本は単独ではいき得ない」という考えへと発展した。市川は、中国旅行直前、昭和研究会の平貞三が、日本も中国も単独ではソ連やイギリスなど欧米の列強に対抗できないと指摘し、日中共存共栄の可能性を諄々と説く講演を聞き、深い感銘を受けていた。

近衛三原則で、中国人の民族意識にかなった方法で日中戦争を終息させ、日本と中国が「対等」の関係で東亜に新秩序を作る構想こそが、欧米の列強の力がせめぎあう国際社会で日本が生き残るためにとるべき道である。かくして市川は、中国大陸の戦争が早期に終息することを望み、遠大な東亜新秩序構想が結果として戦争を長引かせると危惧した当初の想いを揚棄した。そして泥沼化した日中関係の活路を近衛三原則と東亜新秩序構想に見いだし、それらを支持するに至った。第二の妥協の経緯である。

▼転向への直接的契機

この第二の妥協、つまり東亜新秩序構想支持は、市川が非戦の立場を戦争容認へ転向させる直接的な契機となった。欧米の帝国主義的支配からアジアを解放し、日本の指導のもとで、アジアに恒久的平和（＝東亜新秩序）を構築するためには、なによりも現行の中国大陸の戦争で日本が勝利するか、あるいは圧倒的に優勢なかたちで戦争を終息し、東亜における日本の指導力を盤石なものとする必要があった。そのため市川は、第九、一〇章で検証したように、中国旅行を通して東亜新秩序構想を支持するようになると、「女、子どもの利益を守る」という戦時「婦選」活動の軸足を日本に有利なかたちで戦争を終息させるための「女たちの銃後の動員」へと漸次、移行させていった。近衛文麿が、東亜新秩序に呼応した国内の新体制運動に乗り出すと市川は、近衛のその決断を支持し、女性たちがその能力を十全に発揮できる効率の良い動員の方法、すなわち女性再組織論の構築に全力を傾注させていった。そして太平洋戦争期に市川は、一貫して政府に先んじる徹底した女性たちの動員を提言し続け、それは戦争最終盤で婦人義勇隊及戦闘隊構築への関与へと必然的に帰着した。

東亜新秩序構想はまた、欧米の植民地支配からアジアを解放するという、いわゆる聖戦としての戦争容認の道を用意した。市川が中国大陸の戦争を是認する言説を初めて吐露したのは、中国大陸旅行から一〇カ月後の一九四一年一月であり、「欧米列強の力をかりてますます抗日意識を高めている蒋政権との戦争を継続させなくてはならない」[33]といった文脈からであった。蒋介石政権を、アジアを植民地支配する欧米列強の傀儡と位置づけることによって初めて市川は、満州事変にはじまる中国大陸での戦争を正当化した。

▼転向を導引した現実主義的社会運動観

本来非戦論者であった市川の転向を導引したこれら二つの妥協は、すぐれて現実主義的社会運動家としての運動観に裏づけられたものであった。そもそも市川の現実主義的運動観は、婦選運動家としてのキャリアをはじめた当初からの確信であった。第一章で検証したように、一九二一（大正一〇）年初頭、新婦人協会を立ち上げたばかりの市川は、国民婦人会臨時茶話会で「婦人の社会運動」という演題で講演した。同所で市川は、「理想家の言はれるやうな事を行はんとすれば、結局理想の社会を認め、常に机上の空論になります」と明言した。そして「社会運動と云ふ以上は、どうしても現代の社会に適合する運動でなくてはなりませぬ。現代の社会を視ずして、理想のみに走つても、それは結局徒労に終わると思ひます」と主張した[34]。

市川はこの現実主義的運動観に支えられ、中国旅行を通して、近衛三原則に基づいて中国大陸の戦争を終息させ、東亜に新秩序を構築することが最も時局下の「社会に適合する」日本の活路と結論づけた。他方で現実主義的運動家として市川は、その近衛三原則と東亜新秩序構想の理想を額面どおりに受け取っていたわけではなかった。中国旅行後の『女性展望』の誌上対談で石原（西）清子は、「近衛声明の純粋も共同体論の理想も分りますが、若しその底に何かゞひそんで居れば……」と、近衛三原則と東亜新秩序構想に対する疑念を吐露した。それに対して、市川は即座に、「それはねえ、不純なものがあるのは当然だと思ひますよ、我々はその不純を除いて行けばよい。問題はどうやって除くかですよ」と答えていた[35]。

市川は、近衛三原則に則って中国の主権を認め、その国土も戦争賠償金も取らなければ、単にそれは中国との戦争を停戦に導くだけではなく、中国大陸で拡大政策をとり続ける軍部は、そのレゾンデートルを失くし「撤退する事になる」のだと考えた。だから、国民としては、なんとしても近衛三原則と東亜新秩序構想を強く支持すべきである、と市川は強調した。ここで市川にとって肝用なことは、近衛三原則を「政府と国民が支持し」、中国大陸の日本の「出先機関」が、近衛三原則を「遵守する」ことであった[36]。

いかなる状況にあっても現状のなかに最善の解決策を見いだし、その解決策を「遵守」し遂行することで体制変容の契機を見いだす。そうした現実主義の運動観は、戦時下市川の「婦選」活動に二様の道を用意した。一方でその運動観は、婦選のイデオロギーに真っ向から対峙する全体主義の戦時社会で市川が、社会情勢に合わせながら婦選運動を牽引していくことを可能とした。しかし他方でその運動観は、非戦論者市川を中国大陸の戦争と日米開戦容認へ向かわせる転向の契機を用意した。

▼婦選運動の組み替え

それでは、その現実主義的運動観に支えられ、一切の自主的活動の禁止された軍ファシズムの跋扈する戦時下の社会で市川は、二つの妥協を通してどのように婦選運動を牽引していったのだろうか。先に定立した転向の意味に沿って、市川の転向を、戦時期の困難な状況下で、婦選の灯をともし続けるためにとった行為という文脈から見たとき、戦時期の婦選活動が、戦争協力とは異なるどのようないまひとつの意味と展望を顕現するか検証してみよう。そしてその新しく顕現した婦選の展望が、平時、準戦時期、戦時期、そして戦後へと激変する体制のはざまで、どのように位置づけられるのか、その連続性と不連続性を射程に入れて検証しようと思う。

現実主義的運動観に支えられた市川が、戦時下の婦選の生き残りをかけておこなったことは、戦時社会の反動的女性観に「適合する」、婦選の意味と目的を組み替えることにあった。男女平等の政治的権利を要求する婦選運動は、軍ファシズムの席捲する保守的社会で、男尊女卑の家制度の価値に抵触し、家制度を基盤とする天皇制国家の治安維持を根底から揺るがす危険性を内在させていた。そのため戦時状況下で婦選の灯をともし続けるには、そうした婦選本来の目的や意義を隠蔽し、反動的社会が受け入れるかたちで運動を組み替える必要があった。

そもそも「社会に適合」した「婦人運動」の戦略は、平時日本の女性参政権運動に固有な特色であった。一九二七年の第一回男子普通選挙で、婦選支持の男性候補者の応援活動を通して、はじめて婦選と社会の「接点」を経験した市川と金子は、選挙後の第四回獲得同盟総会で「我国刻下の現状に鑑み」として、新しい婦選の意味と目的を三点つけ加えた。第一に「政治の浄化」、第二は「政治と生活を結びつける」、そして第三が「女性と子供に不利な法律の改廃」である[37]。実際、これら三つの婦選の意義が戦時社会を生き延びる導きの灯として機能した。

第五章でみたように、満州事変後の急激に保守化する準戦時期にあって市川は、まず生活者としての女性役割を強調し、政治と生活を結びつける新しい婦選の活動領域を開発した。生活者としての社会的役割を婦選の目的に組み替えれば、たとえ軍ファシズムの跋扈する社会であっても否定されようがなかったからである。この時期市川はまた、生活者として、社会の汚濁にまみれていない女性たちを、選挙と政治の浄化の担い手として位置づけ、保守的社会で女性たちの「政治能力」を認知させることに成功した。その生活者としての女性役割は、銃後の主婦の働きが称揚された戦時期になると、ふたたび社会に「適合する」かたちで主婦役割として再提示された。

一九三七年末、戦時体制のなかに入り婦選活動を継続することを決意した市川は、男女平等の政治的権利を要求する婦選の第一義的目的を、戦時状況のもとで過酷な状況に置かれる「女、子ども全体」の生活を守ることに据え替えた。それは、戦時社会が女性たちに要請する銃後の主婦役割を婦選の第一義的目的に据え変えることで、一方で戦時期の

「婦選」活動を可能とし、他方で女性たちの価値と利益を政治に反映させることができたからである。

それはまた、草の根の女性たちの利益と価値を政治に反映させることを通して、上位下達の全体主義体制の内部に下意上通のチャネルを作り上げることによって、体制の変容を内意していた。市川が戦時下の婦選のいまひとつの目的を、精動運動を「自主的運動たらしめる」と主張した所以である。

▼戦時下婦選運動の矜持——戦時期を生き延び、少しでも良い生活を模索する

戦時期婦選運動の目的を「女、子ども全体」の生活を守るため、女性の価値と利益を政治に反映させることと組み替えた市川は、一九三七年末から一九四〇年末にかけての精動運動時代、国策委員を歴任し、女性の利益と意思を政治に反映させることを試みた。第六、七章で検証したように、精動運動のさまざまな委員会のうち、たとえば家庭実践に関する調査委員会、非常時国民生活様式委員会、服装に関する調査委員会などの生活関連調査委員会には、市川をはじめ婦選の女性たちが数多く就任し、彼女たちは、精動運動の生活関連政策の立案・形成、そして実践に大きな影響を及ぼした。

市川は、精動中央連盟が創設される一カ月前に、早々と全国的規模の自主的女性組織を一つにまとめ、日本婦人団体連盟（以下「婦団連盟」と略）を立ち上げた。第八章で検証したように、女性国策委員たちは、それぞれの委員会で審議する生活関連の課題を、同連盟に持ち帰り、そこで情報提供を受け、草の根の仲間たちと協議し、政策形成をおこない、各委員会に持ち返った。実際、家庭実践委員会から出された家庭実践一三要目の多くが婦団連盟の取り上げていた問題であった。市川はその一三要目のそれぞれの項目に、具体的な説明文を棚橋源太郎とともに書いた。さらに市川ら女性国策委員たちは実施段階でも同連盟から人的援助を受け、「大衆の女性たち」へ政策の実施モデルを提示し、実践方法を指導した。

戦時期の生活関連政策の立案と形成に婦選の女性たちが大きく関与したことは、ひとつに、準戦時期に彼女たちが

展開した選挙と政治浄化の運動（＝選挙粛正運動）を通して精動中央連盟の伊藤、瀬尾両主事との人的ネットワークが形成されていたためであった。しかしいまひとつは、反動化する平時、準戦時の社会で婦選の女性たちが、ガス料金値上げ反対運動やゴミ問題、卸売市場問題など自治体の生活関連政策を婦選運動のなかに組み込んでいったことによる。それらの運動を通して婦選の女性たちは一方で、婦選以外のさまざまな女性組織とのネットワークを作り上げ、他方で婦選の目指す政治が「台所と政治を結びつける」ためであり、「政治は生活をよくするためのもの」であるといったエトスを手にしていた。

実際、戦時状況下で劣悪な生活環境にあっても生き延びるために、そして少しでも良い生活環境を手にするため、女性の意思と利益を政治に反映させるという婦選の目的は、国策委員として政府の内側に入っても、政府の意思に一方的に追随するのではなく、自主的運動としての婦選の矜持を保ちえることを可能としていた。

たとえば戦時期に全国的レベルで展開された「白米追放運動」＝「胚芽米を食する運動」は、戦時下の健康を維持するため市川たち婦団連盟が設立当初から取り上げた問題であった。それは市川たちが精動運動の家庭実践委員会で強硬に提案し、いったんは実践要項に組み入れられていたにもかかわらず、最終的に理事会で否決された。しかし精動運動の第二段階で精動委員会の委員竹内茂と幹事の市川が非常時国民生活様式委員会で婦団連盟の運動を背景にふたたび主張し、白米販売の禁止を精動委員会の政府提言に組み入れることに成功した。あるいは戦時下の極端な物資の不足するなか、食物摂取の最低基準値を政府が提示することを要求した市川と竹内の主張は、一九四〇年末、国民食制定栄養委員会が国民食の基準栄養値を決定することに結びついていった。

「婦人と子ども」の生活を守るという戦時期婦選活動の意味は、単に銃後の守りを固め、政府の遂行する戦争に協力するためではない。その目的は第一義的に、戦時状況下の劣悪な環境を生きることを余儀なくされた「婦人と子ども」が生き延びるため、そして少しでも良い生活環境を手にするため、女性の利益と意思を生活関連政策に反映させるためであった。

その戦時期婦選の意図と戦略は、平時に、そして準戦時期に市川たちが、反動化する時代の女性観に合わせるなかで切り拓いた、「政治は生活をまもるためにある」という政治的価値と戦略の延長線上にあるものにほかならない。そして、その平時、準戦時期、戦時期の婦選の女性たちが切り拓いた「政治は生活」の政治的価値と戦略は、戦後女性たちが男性と同等の政治的権利を手にしたとき、生活を取り巻くさまざまな「不都合」を政治日程にのせていく日本の女性たちに固有の政治への取り組み方、つまりジェンダー・ポリティックスの原点となった。

▼主婦たちの政治参画の制度化——下意上通のチャネルづくり

市川はまた、生活関連の国策委員のほかに、実践網に関する調査委員会の唯一の女性委員として、精動運動の国民組織に主婦を参画させるうえで重要な働きをした。男女平等の政治的権利の要求が困難になった戦時状況にあっても、女性たちの社会参画を増大させ、女性たちの意思を政策に反映させるためには、単に指導的立場の女性たちが政府の国策委員となるだけではなく、戦時社会がその働きを必要としている草の根の主婦たちが、男性と同等に意思決定の場に参画する必要が喫緊であった。その主婦たちの政治参画の模索は、上意下達の精動運動のなかに、下意上通のチャネルを作ることを意味し、全体主義の社会のなかにあっても「自主性」を維持することを意味した。精動運動を「自主的運動たらしめる」とした市川の意図がそこにある。

市川の主婦の政治参画の模索は、精動運動の実践網調査委員会が立ち上げた戦時国民組織の基礎となる隣組常会に、世帯主とならんで主婦の参加を制度化することに結実した。第六章で検証したように、市川は同委員会で「兎に角主婦を無視せざること最も必要なり」と強く主張し、その結果、「国民精神総動員実践網要綱」は、隣組常会への参加を、「世帯主及び主婦」と明記していた。

市川はまた、大政翼賛運動の段階でも一三項目にわたる調査委員会のなかから「国策の遂行貫徹に関する事項」を取り扱う第二委員会を選択し、同運動を推進するために隣組単位で任命される推進員に男性とならんで主婦の参画を明記させた。

市川の下意上達の模索は草の根の主婦たちの社会参画の制度化にとどまらず、政府の展開する女性たちの動員のあり方に対しても向けられた。戦時期を通して市川は、男性の意思と利益によって動かされ続けた官製女性組織——国婦、愛婦、連婦——を批判し続け、それら三組織の統合と、女性部の設置、女性役員の任命など、女性の意思と価値の反映した、女性動員のあり方を提言し続けた。

女性の社会的参画を増大させ、女たちの利益と意思を政治に反映させることは、戦後もまた市川の政治姿勢であり続けた。たとえば占領下の女性解放政策のひとつとして設置された女性局が、日本が独立し反動化していくなかで、その存立が危機に曝されると、参議院議員として終止一貫その護持に奔走した。なによりも一九七〇年代世界を席捲した第二波フェミニズム運動のなかで、国連を軸に男女平等のグローバル・スタンダードの模索がはじまると、市川は、一方で「家庭科の男女共修」運動のような、生活に根ざした新しい女性運動を牽引し、他方でふたたび左右両翼の草の根女性組織を大同団結させ、国際社会に呼応した日本の第二波女性運動を牽引していった。そしてその試みが市川没後、二一世紀日本社会のあり方を男女共同参画と設定した基本法の策定へとつながっていった。(38)

▼GHQの憂慮とマッカーサー元帥の称賛

繰り返し指摘するが、精動運動の実践網調査委員として隣組常会への主婦の男性並み参画や、大政翼賛運動の第二調査委員会委員として、運動の推進員に男性と同等の女性たちの任命を市川が実現させたことは、戦時体制へ草の根女性たちを制度的に組み入れたことを意味する。とりもなおさずそれは、女性たちの銃後の動員のための組織化に貢献したことにほかならない。実際、市川の戦争協力を告発する立場から見たとき、これまで指摘されてこなかったがそれは、戦時期市川の婦選活動のなかで最も重大な戦争協力活動として位置づけることができる。

しかし他方で、先に提示したように、転向を戦時状況下である目的を未来につなげる行為として再定義し、その文脈からそうした女性たちの社会参画の制度化を読み解くと、いまひとつの新しい局面が浮かび上がってくる。

一九四六年四月一〇日、戦後初めての、そして日本の女性たちにとって史上初めての選挙が挙行された。男女平等の政治的権利の付与を戦後民主化政策のハイライトとしていたGHQは、徹底した男尊女卑の家制度にがんじがらめになっていた日本の女性たちが、どのように与えられた権利を行使するか憂慮した。そのためGHQ民政局の婦人課長エセル・ウィード中尉は、日本全国を女性たちの政治高揚のため遊説していた[39]。新聞もまた世論は、参政権を得た女性たちの「五割が棄権、四割五分が夫や父兄と同じ党に投票、残る五分だけが自主的判断による」と予想していると指摘した[40]。

蓋を開けてみると、女子有権者の六七パーセントが投票した。七九名の女性たちが立候補し、三九名が一挙に当選した。そのうちの六名は戦前の婦選運動家であった。当時アメリカの女性議員は上下両院合わせて一〇名前後であり、この当選者数は国際的レベルからみても画期的なことであった。選挙後、ダグラス・マッカーサー元帥は、「日本の婦人たちは非常に良く民主主義の要望に答えている。四月一〇日の総選挙に参加した婦人たちの記録は、世界に一つの例を示したものだ」と称賛した[41]。

▼ジェンダー・ポリティックスの萌芽——歴史の襞を開ける

戦前日本の女性たちは、あるときは婦選運動、またあるときは選挙と政治革正運動や選挙粛正運動、そしてまたあるときは政治と生活を結びつける市民的運動、あるいは母性保護運動など、婦選運動が展開したさまざまな社会改革運動を通して政治的経験を積んでいた。また戦時期「大衆の婦人たち」は、隣組常会での活動を通して、たとえそれが実質的に銃後の戦争協力と等置できるものであったにしろ、社会的経験を積んでいた。そうした戦前・戦中の女性たちの経験は、婦選運動が当初から運動の目標のひとつに掲げていた女性たちへの政治教育の一端として機能していた。なによりも女性たちは、そうした戦時体制下の銃後の働きや負けるはずがないと信じ込まされた「聖戦」の敗北と挫折感を経て、二度とふたたび戦争に巻き込まれたくないという強い想いを共有していた。産み、育てる性とし、子どもたちに人間らしい生活を送らせたいという女性たちの想いは、市川の主張した「生活の常識が通用する」政治の模索に通底する政治意識にほかならない。

戦後女性たちが、これからの社会は男女平等なのだという自尊心を手にしたとき、女性たちが共有したその政治意識は、明示的にせよ黙示的にせよ「女性票」というひとつの政治アクターを形成した。そしてそれが戦後初の、女性たちにとって日本史上初めての衆議院選挙で記録的な数の女性議員の選出につながっていた。そこに戦後日本のジェンダー・ポリティックスのひとつの萌芽をみることができる。(42)

▼戦前・戦中・戦後につながるいまひとつの婦選の新しい展望

戦前、戦中・戦後につながる市川たち婦選の女性たちが開発した、婦選三案の議会活動とは異なる、いまひとつの活動領域として、男性のおこなう選挙と政治を革正する取り組みがある。

欧米社会で女性参政権運動は通常、男女平等の政治的権利の獲得を唯一の運動目標とする単一争点運動として展開した。(43)しかし日本の婦選運動は、男女平等の政治的権利の獲得と同時に、女性たちの政治教育を運動の当初から、第二の目標に据えていた。市川は、渡米した前年女性たちに男性と同等の参政権が付与され、全米婦人参政権協会を全米女性有権者協会に改変した直後の同協会が、女性たちへの市民教育を活動の中心としているのを見て、婦選の究極の目的が女性たちへの公民教育にあると確信した。

一九二八年第一回男子普通選挙がおこなわれたときから婦選運動は、公明正大な選挙がおこなわれるよう女性たちが監視することを通して、女性たちの政治意識高揚と政治教育を試みていた。この平時における婦選の第二の取り組みである女性たちの政治教育は、満州事変後の準戦時期、社会の反動化にともなって男女平等の政治的権利の要求が困難となるなかで、金権選挙と政治を浄化する活動、すなわち選挙と政治の革正運動への取り組みに収斂していった。

熊本での「ストップ・ザ・汚職議員」の街頭演説。1979年9月15日

生活者として政治の汚濁にまみれていない女性たちが取り組む選挙浄化活動は、女性の純潔性に高い価値を置く保守的社会の女性観に合致し、女性たちの政治的能力が認知される契機となった。

そのため一九三五（昭和一〇）年五月、政府が選挙粛正に乗り出すと、それまでの婦選の女性たちの選挙・政治革正運動が高く評価され、県単位に置かれた選挙粛正委員会には、多数の女性委員が任命された。市川は、政府の設立した選挙粛正中央連盟の五人の女性理事のひとりに任命された。

準戦時期の婦選運動が取り組んだ選挙革正運動と選挙粛正運動は、戦時期の一九四二（昭和一七）年におこなわれた唯一の選挙である翼賛選挙でも、婦選の女性たちの棄権防止や買収防止の取り組みに受け継がれていった。そして翼賛選挙後の同年末、前田多門や堀切善次郎らが「選挙粛正政治教育普及向上」を目的とする粛選研究会を立ち上げると、金子しげりと市川がそれに参加した。そうした活動と人的ネットワークは、戦後の一九五二年、前田多門らによる公明選挙連盟（後に明るい選挙推進協会）に継承され、市川は、その立ち上げから参加した。

一九五三年、市川は、平時、準戦時期、戦時期におこなった選挙浄化の経験をもとに、第三回参議院選挙に東京地方区から理想選挙で初めて立候補し、二位当選を果たした。以後、市川は、亡くなる一年前の選挙まで理想選挙を実践し続けた。第五章で指摘したように、「出たい人より出したい人」のなかから候補者を選び、選挙を支持者のカンパとボランティア活動でおこなうその方法は、準戦時期婦選運動が取り組んだ選挙革正運動のなかから市川が編み出したものであった。実際、その選挙の方法、選挙資金を持たない女性たちが選挙に出馬することを可能とし、二〇世紀末の地方選挙で大量の女性議員が誕生するきっかけとなった。

また準戦時期の選挙粛正運動のなかから編み出された疑獄に加担し逮捕された者や、その疑惑のある候補者に投票しないよう呼びかけた「市民は選ぶな醜類を」の戦略は、一九七九年、「汚職に関係した候補者に投票をしない運動をすすめる会」(「ストップ・ザ・汚職議員の会」)の設立へと発展した。同会は、前年の一九七八年に発覚したダグラス・グラマン疑獄――アメリカから戦闘機を購入する際に起こった汚職事件――を契機に組織され、一九七九年の選挙で同疑獄に関与していた元官房長官松野頼三らの落選に貢献した。

かくしてクリーン・ポリティックスの旗手としての市川の戦後政治活動の淵源は、平時、準戦時期、そして戦時期に市川が取り組んだ選挙と政治の革正運動にあると言える。

三　フェミニズムと国家

▼時代と社会に合わせて変容した市川のフェミニズム観

戦時の社会状況に合わせて婦選運動を牽引した市川は、その依拠するフェミニズムも極端に反動的で男尊女卑の戦時社会の女性観に沿って変化させていた。戦時期市川は、男女同一・同等の権利を天賦のこととして、男女平等の参政権を要求する婦選運動本来の主張から乖離した。そして、男女の肉体的差異とその差異に基づく社会的役割を認めたうえで、男女の異なる社会的役割の価値同等論を展開した。今日いうところの平等派フェミニズムから差異派フェミニズムへの「転向」である。

男女の異なる社会的役割とその相互補完性を強調する差異派フェミニズムは、戦時下にあって女性の社会的進出が男性の領域を侵さないことを保障し、男女の住み分けによる女性たちの社会進出を可能とした。一方でその差異派フェミニズムは、異なる他者の受容につながり、そこに、市川の展開した婦選運動を特色づける階層や国家を超えた連帯の広がりを見ることができる。

市川は、婦選の要求は社会全域的な女性によって展開されるべきと考えていた。そのため左翼運動が徹底的に弾圧された治安維持法下の平時社会で一九二八（昭和三）年三月、市川の提案で獲得同盟が中心となり左翼の女性団体と大同団結した婦選獲得共同委員会が立ち上げられた。日本の女性参政権運動に固有なそうした左右両翼の女性たちの連携は、全日本婦選大会の開催や婦選団体連合委員会（婦団連）の組織化などに見られるように、軍ファシズムの跋扈する十五年戦争の前半の準戦時期に、最後まで可能な限り模索された。

あるいは国を超えた連帯の好個の事例として市川たち婦選の女性たちは、盧溝橋事件勃発直後の一九三七年七月まで汎太平洋婦人会議に代表を送り続け、平和構築のための国を超えた女性たちの連携を模索し続けていた。さらに市川は満州事変以来一貫して、中国大陸での戦争を終息させるひとつの方法として日中女性たちによる連携を主張し、連帯の方法を模索し続けた。市川が、日中女性交流の窓口のひとつとして石原莞爾の率いた東亜連盟運動のなかに女性部を立ち上げたのは、一九四二年一月であった。そしてその戦争当事国の日中女性たちの連帯の模索は、十五年戦争の最終盤の一九四三年頃まで、細々ながら続いていた。

▼差異派フェミニズムの二様の顕現

そうした戦争を終息させる一手段としての日中女性の連携の主張と模索は、市川のフェミニズム観に基づいていた。市川は、どの国の女性も、日常生活の安寧を根本から覆し、子どもを戦場に送り出さざるをえない戦争を嫌悪すると確信していた。だからその点を押さえれば「日支」の女性たちの連携は可能であり、その連帯は戦争終息の着実な一手段となりうると主張した。

戦時下にあってフェミニズムはどのように機能するのか。序章で提起した本書のいまひとつのテーマに沿って市川の転向の軌跡をみると、戦時期市川の差異派フェミニズムが二様の顕現を見せていたことがわかる。

まず、女性は男性と異なり平和志向であると主張する市川の差異派フェミニズム観は、準戦時期婦選運動の反軍拡、反ファシズムの主張と活動を生みだし、さらには、盧溝橋事件から真珠湾攻撃までの第一次戦時期に市川が模索し続けた、戦争終息のための戦争当事国である日中草の根女性たちの連携の模索の基盤となった。この間に市川は、汎太平洋婦人会議を通して、緊張をたかめる日米情勢に対応するための日米草の根女性の連携もまた模索していた。

しかし、その日中女性たちの連帯の模索は、いったん市川が日米開戦を容認すると、日米女性たちの連帯に発展することはなかった。この時点で市川のフェミニズム観は、平和のイデオロギーとして機能しなくなっていた。

一九四一年二月、日米開戦の可能性を容認した市川は、同月『読売新聞』に「アメリカの女性たちへの手紙」を掲載し、アメリカの自由主義的な家庭と比較するかたちで、日本の家制度や主婦の優秀性を主張した。最終的にその主張は、万世一系の天皇家を宗家とする家族国家としての皇国日本の国体を称揚し、国家がその基盤に置く特殊日本の家制度と家を支える日本女性、すなわち主婦の国際的優位性を主張する、いわば皇国フェミニズムとしか呼称しようのない、フェミニズム観へと転成していった。

▼皇国フェミニズムを支えるいまひとつの価値

準戦時期（柳条湖事件から盧溝橋事件まで）、第一次戦時期（盧溝橋事件から真珠湾攻撃まで）、第二次戦時期（太平洋戦争期＝真珠湾攻撃から敗戦まで）と三段階を経て、非戦論の立場を戦争容認へと転向させ皇国フェミニズムへと帰着した市川は、その間一貫して中国大陸の日本の特殊権益（国益）を擁護する立場を維持していた。そもそも第三、四章で検証したように、反戦と反全体主義の立場を貫いた準戦時期にあっても市川は、満州地域における日本の特殊権益を否定していたわけではなかった。市川が反対していたのは国際紛争を解決するために武力を使用することであり、拡大し続ける中国大陸での戦争に対してであった。そしてまた市川が日米開戦を容認した直接的な契機は、「東亜における日本の地位」をアメリカが認めないなら、「事態が最悪の状況になってもやむを得ない」と考えたからにほかならなかった。(44)

国益（ナショナル・インタレスト）容認といういまひとつの市川の戦争協力を動機づけていた価値観をそのフェミニズム観に組み入れると、皇国フェミニズムが市川の持つ二つのアイデンティティとその依拠する論理から構成されていることがわかる。ひとつは、女性としてのアイデンティティであり、いまひとつは「国民」としてのアイデンティティである。

たしかに戦前日本の女性たちは、法的に国民として認知されていなかった。しかし、戦争状況は「生き延びるか」あるいは「死ぬか」の選択を国民に問うことを意味し、二級市民としての扱いしか受けていない女性たちもまた、「国民予備集団」としてその「生きるか死ぬか」が問われることになる。この問いは「生きる」ことが本能として生来的に遺伝子に組み込まれている人間の根源にかかわる問題であり、それは生き延びるための戦争協力をおこなう契機となり、全体戦争のなかで女性たちが「銃後のまもり」につく主要な原因となることを意味している。

同時に、市川のように「婦選」運動家として、戦時にあっても逆にその戦争状況を利用して女性の社会的進出を模索する場合、その究極的な目標は二級市民として扱われていた女性たちを男性と同じ一級市民化、すなわち国民化することにあった。市川が戦時下の保守的社会のなかで、主婦役割を強調し、男女の役割の相互補完性とそれに基づく男女の価値同等論を展開するのは、まさに女性を男性と同等の市民（国民）に位置づけることを意図していた。『ナショナリズムとジェンダー』で上野が指摘するように、そうした状況で国家は否定しようがなく、戦時下で女性の社会的進出の模索は、国家に強く縛られていくことを意味した。(45)

本来、男女の差異と男女の価値同等に基づく市川の戦時期フェミニズム、すなわち差異派フェミニズムは、階層や国家を超え異なる属性をもつ人々の連帯を可能にし、平和のイデオロギーとしてフェミニズムが機能する可能性を内在させていた。しかし、その差異派フェミニズムは、日本の国益が侵される危機のなかで市川が日米開戦を容認すると、戦時体制に絡みとられ、平和のイデオロギーとしてフェミニズムが本来具備する普遍性を捨て去り、「一国フェミニズム」(46)としての皇国フェミニズムへと堕していた。

つまるところ戦時期市川の陥った陥穽は、戦争の危機が増大するなかでフェミニズムの価値が容易に国家の価値に取って代わることを示唆している。

四　市川のメッセージ

▼市川の戦後自省の念

本書の最後に、十五年戦争下を自らの信念に忠実に、そして必死に婦選の灯をともし続けた市川が戦後、戦時期の「婦選」活動をどのように捉えていたのかみてみよう。市川の戦後世代に残したメッセージは何かを問い、その歴史体験を現在につなげるためである。いったい市川は、戦時期の「婦選」活動について何を語り、その市川の戦後言説から私たちは、何を「歴史の教訓」として読み解くことができるのだろうか。

生前市川は、戦時期の活動について、「反省」も含めて多くを語ることはなかった。一九七八（昭和五三）年一二月、雑誌『歴史評論』編集部は、『近代日本女性史への証言』を企画し、市川をインタビューした。同インタビューで市川はかなり率直に、自らの「戦争協力」活動に関して語っている。少し長くなるが、ここでその要所を引用する。[47]

……アメリカなんかでは戦争反対者は、はっきり戦争反対といって別の仕事をさせられる。つまりそういう宗教上の信念からの戦争反対を認めていたけれど、日本は全然そういうものは認めていないわけだから、全体にそういう戦争反対を民間として起こしえなかったということです。しかしこれに対しては、私は少し反省しています。このつぎそういう場合になったら、一生懸命反対しようと、それは私ばかりじゃなく、他の人もみんなそう考えているらしいですね。しかし、これは明治生まれで戦争を体験した人たちのことで、若い人はまた別でしょう。

　敗戦後私自身は戦争協力者として三年七カ月間追放になりましたが、ある程度戦争に協力したことは事実ですからね。その責任は感じています。しかしそれを不名誉とは思いません。……私はあの時代のああいう状況の下において国民の一人である以上、当然とはいわないまでも恥とは思わないというんですが、間違っているでしょうかね。

▼どう読み解くか

ここで市川は明確に、まず「ある程度戦争協力した事は事実です……」と認め、しかし「私はあの時代のああいう状況の下において国民の一人である以上、当然とはいわないまでも恥とは思わない」と言明し、「間違っているでしょうかね」と問いかける。[48]
　市川が戦時期のどのような活動をもって「ある程度戦争協力した」と自認しているのか、公職追放の対象とされた言論報国会理事に就任したことを指しているのか、あるいはそれ以外のことも含めて言っているのか、ここではわからない。しかし私たちは、市川が戦時期の自らの活動を戦争協力にあたると認識していたという事実に、まず留意する必要がある。そのうえで市川は、「あの時代のああいう状況の下で」、つまり自分たちが置かれたあの戦時期の生きるか死ぬかの危機的状況のもとで、「国民の一人である以上」、「ある程度戦争協力した事」、銃後の守りは「不名誉」なこと、「恥」とは思っていないと考えていたことに止目する必要がある。

ここでフェミニスト市川が、一五年に及ぶ戦争体験を通して言わんとしているメッセージは、明瞭である。戦争はいったん起こしてしまったら、国民の命をかけた国家存亡の危機的状況で、国民は、生きるか死ぬかの選択を迫られるのだ。そういう状況で生き延びようとする限り、戦争協力というかたちで戦争には巻き込まれざるをえない、ということである。

人間は、どのような状況に置かれても生き延びたい、良き生活をしたいと思うことをDNAに刷り込まれた動物である。たとえフェミニズムのイデオロギーが文化や民族、国家の差異を超えた共生の展望を本来有するものであっても、そして育児や介護を担う女性が平和志向であっても、国民の生存をかけた戦争という危機的状況下では、ナショナリズム、すなわち国家（国民）第一主義が、フェミニズムの思想と行動に優位せざるをえない。つまり市川は、戦争状況のもとでフェミニズムは国家を超えることはできないことを示唆している。

だからこそ……と、市川の戦後反省が続く。市川は、先の戦いでは「戦争反対を民間として起こし得なかった」と述べ、「このつぎそういう場合になったら、一生懸命反対しようと」思うと、戦争を起こす前に戦争回避のために全力を傾注する決意を表わした。少なくとも市川は、十五年戦争前半の六年間（準戦時期）には、全日本婦選大会の決議や獲得同盟の機関誌『婦選』などを通して、女性たちの反戦の意思表示をおこなっていた。またある程度の政府への戦争協力は「已むを得ない」と考えた一九三七年以降も、第一次戦時期の精動運動時代には、日中草の根女性たちの連携を通して平和への糸口を模索し続けていた。市川は、そうした戦中の努力が充分でなかったと反省しているのである。

ここで市川が言わんとしていることは、いったん戦争が起こってしまったら、戦時状況下では、少しでも良い状況で生きること自体、あるいは生き延びようとすること自体が、戦争協力に巻き込まれることを意味する。だから、重要なことは、戦争という状況を、絶対に起こさせないことである。国民は、戦争に至る過程で、徹底して反対すべきである。「このつぎこういう事態になったら」自分は徹底的に反対するという意志表示は、まさにそうしたメッセージにほかならない。

そのうえで市川は、「それは私ばかりじゃなく、他の人もみんなそう考えているらしいです」と述べ、先の大戦を経験した者たちは、いったん戦争が起こってしまったら、どのように戦争に反対であっても、戦争遂行の渦に巻き込まれることを熟知しているから、戦争を起こさないようにすることの重要さを知っている。しかし戦争を経験したことのない若い人たちは、はたして自分たちと同じように戦争に反対することができるのだろうかとも述べ、戦争体験の継承の重要さを示唆している。

誰もが誠実で実直と認める性格の持ち主であった市川が吐露した、戦時婦選活動に対する自省の念である。その想いは戦後、一九五一年の再軍備反対婦人委員会の結成や破防法反対へ受け継がれていった。

▼戦後「反省」の死角——誰に対しての「責任を感じています」

他方で、この戦後三三年目の言説から市川が先の大戦を自省し、ある程度戦争協力したのだから「責任を感じています」と言うとき、誰に対しての責任か、その対象が見えてこないのも事実である。はたしてそこに、日本の侵略戦争の犠牲になった二〇〇〇万人と推定されているアジアの無辜の人々が含まれているのだろうか。そしてまた、市川が国家存亡の危機的状況のなかである程度の戦争協力は「恥」でないと言うとき、その戦争が当時信じていた「聖戦」ではなく、他国への侵略戦争であったという事実を認識したうえでの弁明なのだろうか。

市川は『自伝』で、敗戦の「玉音」放送を聞いたとき、「涙が頬を伝って流れた。戦いに敗れたくやしさであった」と記している。このとき市川の意識にあった「戦いに敗れたくやしさ」は、アメリカとの戦いに敗れたくやしさを示唆していることに、私たちは留意する必要がある。

日本の主要都市のほとんどを空爆によって焦土と化し、人類史上最悪の武器、原爆を二度にわたって使用し、一〇〇万人をゆうに超す民間人の命を、一瞬にして奪ったアメリカこそが、戦争に敗北したとき、多くの日本人の心に去来した戦争に負けた相手国であった。占領政策がアメリカの将軍ダグラス・マッカーサーを長として、アメリカの主導で展開したことは、日本人の戦争に負けた相手国をアメリカに限定してしまう意識を正当化するものとして機能した。

しかし一九四五年八月一五日の敗戦は、満州事変にはじまる十五年戦争の帰結にほかならなかったはずである。その間に日本軍は、中国の、そしてアジア諸国の多数の民衆の命を奪い、多くのアジアの都市を焦土に化した。戦争に敗北したのは、アメリカ一国に対してではなく、中国をはじめとするアジア諸国で澎湃として起こっていた、日本の支配に抵抗した抗日民族戦線との戦いに敗北したことこそを意味しているのである。

アメリカ一国を敗戦の対象国と認識する市川をはじめ日本国民の多くが抱いたこの敗戦意識は、満州事変にはじまる十五年戦争を、中国やアジア諸国に対する日本の侵略戦争と捉えることができなかったことに起因している。逆にその戦争を欧米諸国の植民地支配からアジアを解放するための戦争と捉えていたからこそ、敗戦の対象国はアメリカ一国に限定され、アジアでの抗日戦は、日本の敗戦の対象から捨象されることとなった。

その敗戦認識の欠落は、戦後日本が国際社会でとる方針に影を投げかけ続け、同じような敗戦国ドイツと日本の戦後処理の違いの主要な原因となってきた。なによりも、アジアに対する侵略戦争の結果、敗北したという認識の欠落は、その十五年戦争を支えていた国民の皇国意識（日本をアジアで最も優秀な国とする意識）を市川や戦後の日本人の心にそのまま残存させることになった。

そしてアジアの他の諸国に先がけて達成された奇跡ともいわれた戦後日本の経済復興は、アジアの経済先進国として中国をはじめ他のアジア諸国の経済発展モデル国家として、日本人のアジアに対する誇りを維持し続ける要因となった。日本を盟主として東亜に新秩序を作るという大東亜共栄圏の戦時構想は、日本をモデルに中国、韓国、台湾をはじめとするアジア諸国が、経済発展を達成しつつあった市川の生きた時代の日本人の多くが抱いたアジアの優等生日本イメージに重なるものにほかならない。いわゆる雁行モデルの先頭を飛ぶ雁イメージである。

実際、戦後いち早く経済復興を遂げた日本は、アジアの経済先進国として、戦後型のアジアに対する優越感を維持し続けたと言える。そしてその意識からは、中国人と中国文化に対する蔑視を背景に中国大陸での戦争を開始し、太平洋上の戦いへと突入した戦前日本のあり方に対する真の自省は生まれえないこともまた事実である。

そうした「戦後」反省の死角、すなわち歴史認識の甘さこそが、第Ⅱ部第九章で指摘した戦後市川が戦前と同じように高い石原莞爾観を持ち続けた理由につながっている。敗戦を満州事変にはじまる中国大陸での侵略戦争の帰結と捉えなかったからこそ、市川は、石原を満州事変との絡みで認識し直すことをしなかった。そしてその結果、市川のなかで、満州事変を起こした長本人としての石原の戦争責任が不問に付されることとなったと言える。

▼市川の遺言――「平和なくして平等はなく、平等なくして平和はない」

「平和なくして平等はなく、平等なくして平和はない」。一九八〇年一一月二二日、国連婦人の十年中間年日本大会の基調報告で、大会実行委員長市川房枝はこの一文を強く主張した。[49] 一五年に及ぶ先の戦いのなかで婦選運動を率いてきた市川が、戦争を知らない若い世代へ残した、いわば遺言ともいえる言葉である。実際、市川の戦後の政治活動のひとつの軸は、「ふたたび戦争への道をゆるさない」という確信に基づくものでもあった。そしてその市川の想いは、一九八〇年、国連女性の十年中間年日本大会で市川が強調したこの一文――「平和なくして平等はなく、平等なくして平和はない」――に結実していた。

ここで市川は平和と平等を一枚のコインの表裏と捉え、そのいずれが欠けても、平和も平等も達成できないのだと訴えた。この訴えは同時に、いったん戦争が起こってしまったなら、戦争を終わらせることがいかに困難か身をもって体験した市川が、戦争は起こる前に食い止めるもの、そのために平等な社会の構築がなによりも重要であることを、われわれに訴えたものでもある。

その言葉は、平等が達成された国家、すなわち、男女はもとより異なる文化、民族などさまざまな属性を持った者たちの平等が達成された国家こそが、国境を越えた共生を可能にし、国益追求の国家間の争いは起こりにくいことを、そしてまた逆にいったん戦争状況になれば平等はありえないことを、平等を達成するためには、まず平和な状況が必要であることを強く訴えていた。その標語が表象するフェミニズムの位相は、平等と平和を表裏一体と主張することによって、国家をボーダレスにし、フェミニズムを国家との絡みから超越させ、「一国フェミニズム」から脱却することに成功している。

市川は、国連女性の十年中間年日本大会でこう主張することで、戦争を起こさない社会を創りあげる過程でこそ、つまりそれぞれの国家が平等社会を作りあげる過程でこそ、フェミニズムが有効であることを示していた。それは戦中期の日中女性の連携の模索の経験から、市川の到達した確信ともいえる。市川は、いったん戦争が起こってしまったら、同じように平和を志向するものたちであっても、戦争という渦を乗り越えて手を結ぶことが、いかに困難であるかを熟知していた。だからこそ、フェミニズムが持つ思想の広がりが、戦争の起こらない社会をつくるうえで、いかに必要か知悉していたといえる。

フェミニズムは、単に男女の差異だけではなく、さまざまな人間の属性を同等に価値有るものと認めあうことで、真に平等な社会を構築することができるのだ。そして平等の達成された社会で初めて異なる人間間の共生が可能になり、それが平和への唯一の道である。

市川は、国連女性の十年中間年日本大会基調講演で「平和なくして平等はなく、平等なくして平和はない」と主張することで、フェミニズムを一国に捉われない、国家を超越した普遍的イデオロギーとして提示した。

自らもしばしば言うように市川は、思想家ではなかった。[50] 運動家として近代日本の直面した最も困難な十五年戦争の時代に婦選運動を束ねた者として、そしてまた第二次世界大戦後の冷戦期にあって左右両翼の女性運動を束ね、国連女性の十年のさまざまな女性政策の推進力となった運動家として、実体験のなかから到達したフェミニズム観であった。その市川のメッセージは、平和な時代をいま生きる私たちに、ともかく平等な社会をつくるために全力を傾注すべきである、平等な社会こそが平和への階梯であることを訴えている。

戦後市川はしばしば女性たちに「権利の上に眠るな」と語った。戦後、選挙権を得た女性たちが、手にした選挙権を有効に使うよう問いかけた言葉である。私たちは今その言葉を「平和の上に眠るな」に置き換え、戦後六七年間の「平和」のなかで、世界で最も男女平等の遅れた「近代」国家へ堕してしまった日本社会の、そしていま一歩で平和憲法の改悪に向かう瀬戸際にある日本社会の、反転を図るべきである。

国連女性の十年中間年日本大会三カ月後の一九八一年二月、市川は、「平和なくして平等はない、平等なくして平和なし」の言葉を残して、現役の政治家として八七歳九カ月の生涯の幕を閉じた。

註記

序章　フェミニズムと戦争——市川房枝の「戦争協力」をどう捉えるか

（1）「さわやかな婦人総理　鈴木首相語る」『日本経済新聞』一九八一年二月一二日。
（2）飛鳥田社会党委員長「理論違っても共鳴を感じた」『朝日新聞』一九八一年二月一二日。
（3）主婦連副会長・中村紀伊「共感を集めた運動歴と人柄」『朝日新聞』一九八一年二月一二日。
（4）葬儀委員長・藤田たき「市川房枝さんと私」『読売新聞』一九八一年二月一二日。
（5）前東京都知事、美濃部亮吉・参院議員「もっと長生きを……」『毎日新聞』一九八一年二月一二日。
（6）市川房枝記念会編『男女共同参画社会をめざして　地域から変える　女性たちが変える』市川房枝記念会出版部、二〇〇九年。
（7）高木敏子『ガラスのうさぎ』金の星社、一九七七年。
（8）「國弘正雄の談話室　第三回—戦争の真実を伝えたい—高木敏子さん」『軍縮問題資料』三三一号、二〇〇八年六月、三五〜三六頁。
（9）市川房枝「追放時代」『私の履歴書』第一三巻、日本経済新聞社、一九六一年七月、六四頁。同『市川房枝随筆集Ⅱ　野中の一本杉』新宿書房、一九八一年、一四七頁。
（10）「家庭実践ニ関スル調査委員会　委員委嘱状」（一九三七年一二月一日）、市川房枝記念会『婦人参政関係史資料Ⅰ（一九一八—一九四六）目録』市川房枝記念会出版部、二〇一〇年、（市川房枝記念会女性と政治センターが所蔵する戦前の資料のうちマイクロフィルム化された資料の目録、以後マイクロフィルム・リール番号で記載）マイクロ〇〇六。
（11）「実践網ニ関スル調査委員会委員委嘱依頼状」（一九三八年三月七日）マイクロ〇五七。
（12）「非常時国民生活様式委員会委員」『国民精神総動員』一九三八年七月一日。「非常時国民生活様式委員会趣旨、特別委員名簿」一九三八年、マイクロ〇〇六。
(13)「服装ニ関スル委員会委員委嘱状」(一九三八年一一月五日) マイクロ〇〇六。
(14)「国民精神総動員委員会幹事辞令書」(一九三九年三月二八日)、市川資料(市川房枝記念会女性と政治センター所蔵の資料のうち『婦人参政関係史資料』刊行後に整理された、マイクロ化されていない資料)、整理番号三三〇一、二九八七(以後、整理番号省略)。
(15)「国民精神総動員委員会生活刷新特別委員会委員指名通知」(一九三九年五月二五日)、市川資料二九八七。
(16)「大蔵省貯蓄奨励委員及び講師名(メモ付)」、「大蔵省国民貯蓄局講師謝金支払通知」(一九四三年八月三〇日、一二月一八日) マイクロ〇五八。
(17)「絹織物単純化委員会委員辞令」(一九三九年一一月二一日)、「ステープルファイバー織物単純化委員会辞令」(一九三九年一一月二一日)、マイクロ〇〇八、〇〇六。
(18)「紀元二六〇〇年建国祭実行委員委嘱状」(一九三九年一二月一二日)、マイクロ〇〇九。
(19)「国民精神総動員本部参与委嘱辞令」(一九四〇年四月二六日)、マイクロ〇〇八。
(20)「奢大小単純化委員委嘱通知」(一九四〇年六月一二日)、マイクロ〇五八。
(21)「東京市国民精神総動員実行委員会委員・嘱託辞令」(一九三七年一〇月一二日)、市川資料二九六九。
(22)「参与・幹事依頼/国民精神総動員東京府本部」(一九四〇年六月)、市川資料二九八〇。
(23)「翼賛会婦人調査委員に聴く――日本女性への課題」『アサヒグラフ』一九四一年六月、七頁、大政翼賛会「調査委員会各委員会所属委員氏名」(一九四一年四月)、マイクロ〇〇九。
(24)「婦人国民服秋には登場　研究会三二委員決る」『読売新聞』一九四一年六月五日。厚生省社会局「婦人標準服会合通知」(一九四一年六月一九日、第一回) マイクロ〇五八。
(25)「婦人指導委員会委員委嘱辞令」(一九四一年八月)、マイクロ〇五七。
(26)「大日本婦人会審議員委嘱辞令」(一九四二年一月二八日)、マイクロ〇一〇。
(27)「錬成ニ関スル委員会委員委嘱状」(一九四二年四月八日)、マイクロ〇一〇。
(28)「企画委員会設置通知」(一九四二年六月五日) マイクロ〇一〇。
(29)「貯蓄委員会設置委員会委員委嘱通知」(一九四二年八月二八日)、マイクロ〇一〇。
(30)「戦時生活(生活文化委員会) 委員委嘱状」(一九四二年一〇月九日)、マイクロ〇一〇。
(31)「大日本言論報国会発足　二三日創立総会　文化思想戦に挺身」『読売新聞』一九四二年一二月二〇日。市川記念会女性と政治セン

ター所蔵の資料のなかに、大日本言論報国会理事を市川に委嘱した史料は見当たらない。大日本言論報国会の市川への委嘱状は、唯一「思想戦対策委員会委員委嘱状／大日本言論報国会」（一九四三年六月八日、マイクロ〇一一）がある。

(32) 「日本婦人団体連盟加盟団体（一九三七年一〇月一日現在）」マイクロ〇四二、基督教女子青年会日本同盟、全国友の会、日本基督教婦人矯風会、日本女医会、日本消費組合婦人協会、同志会、婦人清和会、婦選獲得同盟。

(33) 「日本婦人団体連盟組織会（九月二八日）記録」（一九三七年）マイクロ〇四二。

(34) 婦人時局研究会「発会会員懇談会」（一九三九年二月一八日）マイクロ〇二九。

(35) 婦人時局懇話会「組織再編・発会の件」（一九四五年二月二日）市川資料二八四四。

(36) 堀サチコ「一五年戦争下の国民統合政策と女性」『歴史評論』五五二号、一九九六年四月、二四～二五頁。

(37) 市川房枝「私の展望　時局に対して」『女性展望』一九三七年九月、二二頁。

(38) 市川房枝『市川房枝自伝（戦前編）』新宿書房、一九七四年、四三三頁。

(39) 市川房枝「私の頁　婦人国策委員について」『女性展望』一九四〇年二月、二八頁。

(40) 「日本婦人団体連盟宣言」『日本婦人団体連盟ニュース』第一号、付録、二頁、一九三七年一〇月六日、マイクロ〇四二。

(41) 松田解子「婦人運動への協力」『女性展望』一九四〇年四月、一六頁。松田は「婦人運動はいったい何をやってゐるのか。唯、精動のお先棒を担いでゐるばかりではないか」と言った批判があることを指摘している。

(42) 『話題の女性』市川房枝　役人の片棒かつぎ」『読売新聞』一九三九年六月一〇日。

(43) 「座談会　年頭にかたる」『女性展望』一九四〇年一月、四頁。

(44) 市川房枝「国際平和と婦選」『婦選』一九三二年一一月、三頁。

(45) たとえば、加納実紀代ら「銃後史ノート」グループの一九七〇年代後半から一九八〇年代前半の活動がある。

(46) 井上清『日本女性史』三一書房、一九五六年、二五九頁。同書に関して、戦前、準戦時期に婦選獲得同盟などの有産女性組織と、無産女性組織の立場から共闘した経験を持つ近藤真柄（堺利彦の娘、堺真柄）は、同書の記載の事実誤認、名前の誤記を多々指摘すると共に、「ところどころ意識的か無意識的にエコヒイキ的な色どりが加えてあるのは、一部の人たちのカッサイを博するとしても、書物全体の価値を高めるものではない。史実を扱うには慎重の上にも慎重公平であるべきである」と批判している。「新刊紹介―井上清『日本女性史』下巻」『婦人界展望』一九五五年一一月、七頁。

(47) 「歴史評論」編集部編『近代日本女性史への証言――山川菊栄・市川房枝・丸岡秀子・帯刀貞代』ドメス出版、一九七九年、五七頁。

(48) 井上『日本女性史』二五八頁。

（49）鹿野政直「婦選獲得同盟の成立と展開――『満州事変』勃発まで」『日本歴史』三一九号、一九七四年一二月。同「ファシズム下の婦人運動――婦選獲得同盟の場合」『近代日本の国家と思想』（家永三郎退官記念論集二）三省堂、一九七九年。
（50）鈴木裕子『フェミニズムと戦争』マルジュ社、一九八六年。同『女性史を拓く　二――翼賛と抵抗』未來社、一九八九年。
（51）鹿野「ファシズム下の婦人運動」三二六～三二七頁。
（52）鈴木『フェミニズムと戦争』一〇二～一〇八頁。
（53）同前、一一四頁。
（54）米田佐代子「平塚らいてうの『戦争責任』論序説」『歴史評論』五五二号、一九九六年四月、四八頁。
（55）鈴木『女性史を拓く　二』七五～七六頁。
（56）上野千鶴子『ナショナリズムとジェンダー』青土社、一九九八年、二二一～二二三頁。
（57）同前、八三頁。
（58）同前、一二三頁。
（59）進藤久美子「準戦時体制下の市川房枝――日本型ジェンダー・ポリティックスの創生」『現代史研究』第七号（東洋英和女学院大学現代史研究所）、二〇一一年、四四～四九頁。
（60）上野『ナショナリズムとジェンダー』八七～八八頁。
（61）同前、一九五頁。
（62）胡澎『戦時体制下的日本婦女団体　一九三一～一九四五』吉林大学、二〇〇五年、一〇一頁。
（63）周知のように大東亜戦争は盧溝橋事件以降真珠湾攻撃後の太平洋戦争の総称として東条英機内閣が閣議決定した呼称である。しかし本書のタイトルは、満州事変から敗戦までの十五年戦争を象徴的に意味する文脈で使用している。
（64）市川房枝「巻頭言　日支条約の締結と婦人」『女性展望』一九四一年一月、一頁。
（65）市川房枝「巻頭言　国際情勢の緊迫」『女性展望』一九四一年二月、二頁。
（66）斎藤美奈子『モダンガールズ論』文春文庫、二〇〇八年、一九六～一九七頁。

第Ⅰ部　市川房枝とその時代――戦争と日本型ジェンダー・ポリティックスの創生

第１章　婦選運動家市川房枝の誕生

（1）市川房枝『市川房枝自伝（戦前篇）』新宿書房、一九七四年、五頁。

（2）同前、一〇〜一二頁。
（3）同前、二頁。
（4）市川房枝『私の言いたいこと――政治とくらしを考える』ポプラ社、一九七六年、一四頁。
（5）市川『自伝』八頁。
（6）同前、九頁。
（7）同前、一三頁。
（8）市川房枝『婦選運動十話』秋元書房、一九七二年、九頁。
（9）市川『私の言いたいこと』二〇〜二一頁。
（10）「市川日記、一九一二年［明治四五年］六月二日から八月二三日」（以下「市川日記」と略）市川未公資料（市川記念会女性と政治センター所蔵で、まだ整理番号の付いていない資料は市川未公資料と記載）、一九一二年七月二二日。
（11）「市川日記」一九一二年八月一二日（月）。
（12）市川『自伝』二六〜二七頁。
（13）同前、二八〜二九頁。
（14）市川房枝（ＦＩ生）「結婚問題」『六合雑誌』四二三号、一九一六年四月、一二七〜一二八頁、市川房枝記念会監修『市川房枝集』第一巻、日本図書センター、一九九四年、三〜四頁。
（15）市川房枝「不徹底なる良妻賢母主義」『六合雑誌』四二五号、一九一六年六月、一四三〜一四八頁、『市川房枝集』第一巻、六〜八頁。
（16）市川『自伝』四〇頁。
（17）市川「不徹底なる良妻賢母主義」七頁。
（18）市川房枝『市川房枝随想集Ⅱ　野中の一本杉』新宿書房、一九八一年、一二頁。
（19）市川『私の言いたいこと』二三頁。
（20）市川房枝研究会『市川房枝の言説と活動――年表でたどる婦人参政権運動　一八九三―一九三六』市川房枝記念会女性と政治センター出版部、二〇一三年、一二頁。
（21）国立国会図書館『市川房枝政治談話録音・速記録』（以下『市川房枝政治談話』と略）第一回（昭和五三年三月二九日）、国会図書館憲政史料室、一九七八年、二頁。
（22）与謝野晶子「紫影録（感想と詩編）」『婦人公論』第三巻第三号、一九一八年三月、三一〜三九頁。

(23) 平塚らいてう「与謝野、嘉悦二氏へ――母性主義の主張は依頼主義か」『婦人公論』第三巻第五号、一九一八年五月、一八～二三頁。同「母性の主張について」平塚らいてう著作集編集委員会編『平塚らいてう著作集 二』大月書店、一九八三年、一四六～一五九頁。

(24) 山川菊栄「与謝野、平塚二氏の論争」『婦人公論』第三巻第九号、一九一八年九月、二三～三六頁。同「母性保護と経済的独立――与謝野・平塚二氏の論争」田中寿美子・山川振作編集『山川菊栄集 一 女の立場から：一九一六～一九一九』岩波書店、一九八一年、一七六～一九四頁。

(25) 市川『自伝』六一七頁。

(26) 武田清子「解説 市川房枝の人と思想」『市川房枝集』別巻、日本図書センター、一九九四年、一七～二二頁。

(27) レスター・フランク・ウォード著（堺利彦訳）『女性中心説』牧民社、一九一六年。

(28) 山崎朋子『サンダカン八番娼館――底辺女性史序章』筑摩書房、一九七二年。同『あめゆきさんの歌――山田わかの数奇なる生涯』文藝春秋、一九七八年。

(29) 平塚らいてう「新婦人協会の回顧」『婦人公論』一九二〇年二月、一四頁。

(30) 市川『自伝』四〇頁。

(31) 平塚「新婦人協会の回顧」一四頁。

(32) 市川『自伝』四四頁。

(33) 平塚「新婦人協会の回顧」一五頁。

(34) 市川『自伝』四五頁。

(35) 市川房枝「友愛会と婦人労働者」『婦人画報』第一六号、一九二〇年一月、二九～四三頁。『市川房枝集』第一巻、一八～四四頁。

(36) 平塚「新婦人協会の回顧」一三頁。

(37) 平塚らいてう『わたしの歩いた道』新評論社、一九五五年、一七〇～一七一頁。

(38) 平塚「新婦人協会の回顧」一三頁、一六頁。

(39) 市川『自伝』五〇頁。

(40) 市川房枝『私の婦人運動』秋元書房、一九七二年、二四頁。

(41) 市川房枝「創立より女性同盟の発刊迄（上）」『女性同盟1』一九二〇年一〇月、四八頁。

(42) 市川『自伝』五三頁。

(43) 国立国会図書館『市川房枝政治談話』第一回、二〇頁。

(44) 市川『自伝』六八頁。
(45) 市川房枝「婦人の社会運動」石川六郎編『婦人問題講演集』第二巻、民友社、一九二一年、一〇三〜一〇五頁。『市川房枝集』第一巻、一四五〜一五〇頁。国民婦人会は、国民新聞社が主催する女性団体で、女性問題や家庭改善に関する講演会を開催していた。同書にはほかに講演録、山田わかの「女主男従論」、鈴木文治の「我国の婦人労働問題」などが掲載されている。
(46) 同前、一〇五頁。
(47) 同前、一〇三〜一〇五頁。
(48) 同前、一〇五〜一〇六頁。
(49) 同前、一〇七〜一〇八頁。
(50) 山川菊栄「新婦人協会と赤瀾会」『太陽』第二七巻第九号、一九二一年七月、一三四〜一三八頁。田中寿美子・山川振作編集『山川菊栄集　三　牙をぬかれた狼』岩波書店、一九八二年、一四〜一六頁。
(51) 奥むめお「私どもの主張と立場」『太陽』第二七巻第一〇号、一九二一年八月、一五〇〜一五三頁。同「山川女史の新婦人協会と赤瀾会を読みて」『女性同盟11』一九二一年八月、六〜七頁。
(52) 市川房枝「婦人参政権運動の婦人運動に於ける地位」『婦人公論』第一〇巻第三号、一九二五年三月、三三一〜三八頁。『市川房枝集』第一巻、三三二頁。
(53) 『女性同盟1』一九二〇年一〇月、五三頁。
(54) 市川「創立より女性同盟発刊迄（上）」四九〜五〇頁。
(55) 『女性同盟8』一九二一年五月、五七〜五八頁。市川『自伝』九三〜九四頁。
(56) 藤村義朗「治警五条解禁に反対す」『女性同盟8』一九二一年五月、五頁。
(57) 市川房枝「藤村男爵は本気ではあるまい」『女性同盟8』一九二一年五月、六頁。
(58) 同前、七〜八頁。
(59) 同前、八頁。
(60) 『女性同盟3』一九二〇年一二月、二〜三頁。
(61) 『女性同盟8』一九二一年五月、五八〜五九頁。
(62) 市川『自伝』八八頁。
(63) 市川「婦人の社会運動」一〇九〜一一一頁。

(64) 平塚「新婦人協会の回顧」二〇頁。

(65) 新婦人協会でのらいてうに対する市川たちの不満、非難を奥むめおが第三者的立場から以下に記している。奥むめお『野火あかあかと』ドメス出版、一九八八年、六一～六三頁。

(66) 市川房枝「御挨拶」『女性同盟10』一九二一年七月、三二頁。

(67) 『市川房枝政治談話』第一回、一三頁。

(68) 平塚「新婦人協会の回顧」一八頁、二〇頁。

(69) 平塚らいてう「第一回総会に臨み過去一年半を回想しつつ」『女性同盟10』一九二一年七月、六～七頁。

(70) 「今日渡米の房枝さんが日本の婦人に対する離別の言葉」『読売新聞』一九二一年七月二九日。

(71) 平塚「新婦人協会の回顧」一八頁。

(72) 市川未公資料。

(73) 奥『野火あかあかと』六四頁。

(74) 同前、六五～六八頁。

(75) 『市川房枝政治談話』第一回、二四頁。

(76) 市川房枝「苦闘の歴史『婦選運動』」三国一郎インタヴュー・編『昭和史探訪　一　日本初期』番町書房、一九七五年、一二～一三頁。

(77) 市川房枝「米国より　シヤートルにて」『女性同盟12』一九二二年一月、四八頁。

(78) 「最近における米国婦人運動の方向（下）」『読売新聞』一九二二年二月四日。

(79) 「米国の婦人に與へた驚異の一語々々」『読売新聞』一九二二年七月六日。

(80) Sue Heinemann, *Timelines of American Women's History*, New York: A Roundtable Press Book, 1996, pp. 50–51.

(81) 市川房枝『市川房枝随筆集Ⅱ　野中の一本杉』新宿書房、一九八一年、三三頁。『市川房枝政治談話』第一回、二八頁。

(82) 市川『自伝』一一八頁。

(83) 同前、一二〇頁。

(84) Elizabeth Cady Stanton, Susan B. Anthony, and Matilda Joslyn Gage, eds., *The History of Women Suffrage*, vol. 1–5, New York: Arno Press and The New York Times, 1969. 同運動は、一八六一～六五年の南北戦争で一時中断する。

(85) 市川『自伝』一二一頁。

(86) 『市川房枝政治談話』第一回、三一頁。

(87) 市川『自伝』一二四頁。
(88)『市川房枝政治談話』第一回、二九〜三〇頁。
(89) 市川『自伝』一四二頁。
(90) 同前。

第2章　平時の婦選運動――はじまりと展開

(1) 新婦人協会から婦選獲得同盟が誕生する間の女性運動の軌跡は、以下の論文が詳しい。松尾尊兊「大正期婦人の政治的自由獲得運動――新婦人協会から婦選獲得同盟へ」『女性同盟　解説・総目次・索引』ドメス出版、一九八五年。
(2)「婦人参政権の万国大会――日本最初の参列者ガントレット婦人」『朝日新聞』一九二〇年一一月一九日。
(3) 松尾「大正期婦人の政治的自由獲得運動」五一頁。
(4) 山高しげり「婦人運動今昔物語――大正の巻（四）」『婦人時報』一九五三年七月一〇日。
(5) 山高しげり「婦人運動今昔物語――大正の巻（五）」『婦人時報』一九五三年七月日二五日。
(6) 同前。
(7) 山高しげり「婦人運動今昔物語――大正の巻（六）」『婦人時報』一九五三年八月一〇日。
(8) 松尾「大正期婦人の政治的自由獲得運動」六〇頁。
(9) 大内光枝・和多壽也「婦選今昔物語――金子女史に聞く」『婦選』一九三四年一二月、一四頁。
(10)「議事録／婦人参政権並に対議会運動懇談会（日本婦人参政権協会主催）」（一九二四年一一月一三日）マイクロ〇一四。
(11) 同前。
(12) 大内・和田「婦選今昔物語――金子女史に聞く」一五頁。
(13) 同前。
(14)「創立準備委員会趣意書（婦人参政権獲得期成同盟会）」（一九二四年一二月六日）マイクロ〇一四。
(15) 同前。
(16) 市川房枝『市川房枝自伝（戦前篇）』新宿書房、一九七四年、一四五頁。
(17) 同前、一四七頁。
(18)「婦人参政権獲得期成同盟会発会式（一九二四年一二月一三日）／『報告』及び参加協力依頼（一九二五年一月二七日）」市川資料

二二五六。
(19) 児玉勝子『十六年の春秋――婦選獲得同盟の歩み』ドメス出版、一九九〇年、一二～一五頁。
(20) 婦人参政権獲得期成同盟会「婦選運動について新聞社へアンケート依頼」(一九二五年一月二一日)、同「婦選三案是非アンケート付き出欠返信はがき」市川資料二二五七。
(21) 婦人参政権獲得期成同盟会「代議士招待会案内状」(一九二五年二月一二日)、同「婦人参政関係法案の提出案について希望条項まとめ」(一九二五年二月一六日)市川資料二二五七。
(22) 市川『自伝』一五〇頁。
(23) 婦人参政権獲得期成同盟会「婦人参政関係三案の委員会、および本会議通過への尽力依頼」(一九二五年三月一一日)、同「婦人参政関係三案委員会可決、本会議通過に対する礼状」(一九二五年三月二五日)マイクロ〇一四。児玉『十六年の春秋』八六～八八頁。
(24) 「婦人権拡張論者のきりょう紹介」『朝日新聞』一九二五年三月一一日。
(25) 市川房枝「支部巡り」『婦選』一九三一年七月、四一頁。
(26) 婦人参政権獲得期成同盟会「婦選獲得演説会／ポスター、ビラ」(一九二五年一月一七日)、同「婦選獲得演説会／ビラ」(一九二五年三月三日)マイクロ〇一四。
(27) 「来信　木村五郎」(市川房枝・金子茂宛)(一九二五年二月六日)、マイクロ〇一四。
(28) 市川房枝「木村五郎氏の訃」『婦選』一九三五年九月、二四頁。
(29) 市川研究会「聞き取り(市川みさお)」、二〇〇五年七月二九日。市川研究会は二〇〇五年、財団法人市川房枝記念会(現市川房枝記念会女性と政治センター)が、元中京女子大学教授の女性史研究家伊藤康子や、同会所蔵の市川関係資料の整理を担当している元国会図書館主査山口美代子らに呼びかけ発足させた。
(30) 山高(金子)しげり「婦人運動今昔物語――婦選運動の巻(八)」『婦人時報』一九五三年一〇月一〇日。
(31) 婦人参政権獲得期成同盟会「第一回総会(四月一九日)開催案内」(一九二五年四月一〇日)市川資料二二五七。
(32) 児玉『十六年の春秋』一五～一六頁。
(33) 大内・和田「婦選今昔物語――金子女史に聞く」一七頁。
(34) 市川『自伝』一五五～一五六頁。
(35) 市川房枝「最近における米国婦人運動の方向」『読売新聞』一九二二年二月四日。
(36) 「市川房枝さん帰る　全米の婦人は参政権に慊らず社会的地位向上に奮闘」『読売新聞』一九二四年一月二三日。

（37） William L. O'Neill, *Everyone Was Brave: A History of Feminism in America*, Quadrangle New York Times Book Co. 1969, pp. 146–169. 進藤久美子『ジェンダー・ポリティックス——変革期アメリカの政治と女性』新評論、一九九七年、四五～五〇頁。
（38） 婦選獲得同盟「第二四回中央委員会報告・記録」（一九二五年一二月三日）、同「第二五回中央委員会報告・記録」（一九二五年一二月二〇日）、同「第二六回中央委員会報告・記録」（一九二五年一二月二七日）市川資料二四六四。
（39） 市川房枝「『婦選』創刊について諸問題の検討要請状——中央委員会出版委員会宛」原稿（一九二六年六月）市川資料二五八〇、「『婦選』発行について」（一九二六年）マイクロ〇二〇。
（40） 婦選獲得同盟「『婦選』発行の趣旨」婦選社、（一九二六年八月）マイクロ〇二〇。
（41） 麹町警察署長「新聞記事差止ニ関する件」（一九二七年七月一〇日、一一日）マイクロ〇二〇。以下の禁止条項が列記されている。「不穏、宣伝印刷物ニ関スル件」、「新聞紙雑誌ノ届出励行ニ関スル件」、「共産主義運動ニ関スル件」、「労働運動ニ関スル件」、「農民運動ニ関スル件」、「朝鮮人運動ニ関スル件」、「無産階級ノ国際的提携ニ関スル件」、「赤化宣伝ノ対策ニ関スル件」。
（42） 婦選獲得同盟「『女性展望』廃刊届」（一九四一年八月一九日）マイクロ〇二〇。
（43） 婦選獲得同盟「『婦選』から『女性展望』改題及び体裁変更届け」（一九三五年一二月）、同「廃刊届」マイクロ〇二〇。
（44） 婦選獲得同盟『婦選ニュース』一九二七年二月、一頁、マイクロ〇一七。
（45） 同前。
（46） 市川『自伝』一六二頁。
（47） 『婦選獲得同盟会報』第四号、一九二七年六月末日、一頁。
（48） 市川房枝「汎太平洋婦人会議と婦選獲得同盟」『婦選』一九二八年六月、一〇頁。
（49） ＸＹＺ「総選挙と婦選獲得同盟」『婦選』一九二八年二月、一〇頁。
（50） 市川『自伝』一六〇頁。
（51） 婦選獲得同盟「第二五回中央委員会報告・記録」（一九二八年一月二〇日）市川資料二四六二、同「対総選挙特別委員会設置決定」（一九二八年一月二一日）マイクロ〇二〇。
（52） 婦選獲得同盟「声明書及び決議」（一九二八年一月二五日）マイクロ〇二〇。
（53） ＸＹＺ「総選挙と婦選獲得同盟」一〇頁。
（54） 普選達成婦人委員会「普選達成婦人委員会決議」（一九二八年二月三日）マイクロ〇三〇、同「総選挙に対する決議」『婦選』一九二八年二月、一頁。

(55) XYZ「総選挙と婦選獲得同盟」一〇頁。
(56) 普選達成婦人委員会・東京連合婦人会「ビラ　貴き一票正しく用ひて棄てないやうに」(一九三八年二月) マイクロ〇三〇。
(57) 『東京朝日新聞』一九二八年二月二七日。
(58) 「応援演説出演報告(昭和三年二月)市川房枝担当分」マイクロ〇一九。
(59) 奥むめお「普選と婦人の結束を」『東京朝日新聞』一九二八年二月四日。
(60) 平塚らいてう「婦選運動者へ」『東京日々新聞』一九二八年二月六日。
(61) 「吉野作造、書簡(市川房枝宛)」(一九二八年二月一〇日) マイクロ〇一五。
(62) 高群逸枝「普選と婦人――一つの立場からの見解(一)~(四)」『東京朝日新聞』一九二八年二月七日、八日、九日、一〇日。
(63) 市川房枝「苦闘の歴史『婦選運動』」三国一郎インタヴュー・編『昭和史探訪　一　昭和初期』番町書房、一九七五年、一八頁。
(64) 市川房枝「共同戦線を張らねば駄目　此間の総選挙で痛感」『東京朝日新聞』一九二八年三月五日。
(65) 市川房枝「婦人参政権運動の婦人運動に於ける地位」『婦人公論』第一〇巻第三号、一九二五年三月、三三一~三八頁。市川房枝記念会監修『市川房枝集』第一巻、日本図書センター、一九九四年、三三二頁。
(66) 婦選獲得同盟「婦選獲得共同委員会設置の賛否について」(一九二八年三月三日) 市川資料二八〇八。
(67) 婦選獲得同盟「婦選獲得共同委員会設置準備について」(一九二八年三月一〇日) マイクロ〇三〇。
(68) 「婦選を目標として団結する婦人団体」『東京朝日新聞』一九二八年三月八日。
(69) 「関東婦人同盟メッセージ(一九二八年三月四日)」(ペン) マイクロ〇三〇。
(70) 婦選獲得共同委員会「婦選獲得共同委員会声明書」(一九二八年三月一二日) 市川資料二八〇八。
(71) 「婦人室　議会めがけて雄叫ぶ　婦選の共同戦線」『東京朝日新聞』一九二八年三月二一日、婦選獲得共同委員会「婦選獲得大演説会開催案内」マイクロ〇三〇。
(72) 婦選獲得共同委員会「婦選と政党―大演説会/ビラ」(一九二八年三月二一日) マイクロ〇三〇。
(73) XYZ「婦選獲得共同委員会から」『婦選』一九二八年六月、九頁、『婦女新聞』一九二八年一一月二五日。
(74) 市川『自伝』一八三頁。
(75) 児玉『十六年の春秋』二二一~二三頁。
(76) 同前。
(77) 「内外時事　婦人参政権と政友会」『婦選』一九二八年七月、七頁。

(78) 市川『自伝』一八四頁。
(79) 「社会の反響――各新聞の論説」『婦選』一九二八年八月、九頁。「婦人公民権案、今議会の中心問題となり、各新聞の論説欄、連日賑ふ。以て茲に再録する」『婦選』一九二九年二月、四～五頁、「新聞は婦人公民権を何と見るか」一〇頁。
(80) 「婦人公民権案今議会の中心問題となる」『婦選』一九二九年二月、二頁、市川『自伝』一八七～一八八頁。
(81) XYZ「婦選獲得共同委員会から」『婦選』一九二八年六月、九頁。『婦女新聞』一九二八年五月二〇日。
(82) 「街頭に署名を求む――婦選請願デー」『婦選』一九二九年二月、三頁。
(83) 「三千万婦人の要望　婦人公民権案遂に葬り去らる――上程より否決まで」『婦選』一九二九年三月、四～五頁。
(84) 婦選獲得共同委員会「婦選獲得共同委員会解散決定声明通知」（一九二九年一二月一九日）マイクロ〇三〇。
(85) 『婦選』一九三〇年五・六月合併号、九二頁。
(86) 「婦選獲得同盟会報」第八号、一九二九年一二月一〇日、二頁。
(87) 婦選獲得同盟「総選挙に対する声明書（対五七議会）」（一九三〇年一月二一日）マイクロ〇〇二。
(88) 「総選挙と婦選獲得同盟」『婦選』一九三〇年二月、二四頁。
(89) 婦選獲得同盟「全国的婦人団体との選挙革正協議会（一月二六日）開催通知」（一九三〇年一月二四日）マイクロ〇二〇。
(90) 市川『自伝』一七四頁。
(91) 同前、一七六頁
(92) 「われらかく闘へり――婦選獲得同盟の対総選挙戦」『婦選』一九三〇年三月、一七～一九頁。
(93) 市川房枝「〈主張〉総選挙終る」『婦選』一九三〇年三月、四頁。
(94) 婦選獲得同盟「総選挙に婦人は何をなすべきか」リーフレット二号（一九三〇年二月）、マイクロ〇二〇。
(95) 「総選挙の効果」『婦選』一九三〇年三月、八頁。
(96) 市川『自伝』二三二頁。
(97) 「大会前の記」『婦選』一九三〇年四月、一〇頁。
(98) 市川『自伝』二一九頁。
(99) 「第一回全日本婦選大会記」『婦選』一九三〇年五・六月合併号、二三頁。
(100) 同前、二六～三六頁。
(101) 『朝日新聞』一九三〇年四月二八日。

(102) 市川房枝「最小限度の要求（主張）」『婦選』一九三〇年五・六月合併号、五頁。
(103) 「衆議院本会議に於ける論戦」『婦選』一九三〇年五・六月合併号、四六〜四七頁。
(104) 同前、五〇頁。
(105) 同前、五二頁。
(106) 同前、五四頁。
(107) 同前、五七頁。
(108) 同前、七〇〜七一頁。
(109) 『婦選獲得同盟会報』第一八号［昭和五年度報告及び第八回総会報告］一九四一年八月二〇日、一七頁。
(110) 「婦人界展望」『婦選』一九三〇年三月、五三頁。
(111) 「婦人界展望」『婦選』一九三〇年五・六月合併号、九二頁。
(112) 市川房枝「婦選運動の近状を論ず」『婦選』一九三〇年七月、七〜八頁。
(113) 久布白落実「婦選獲得同盟の役員を退くに際して」『婦選』一九三〇年七月、九頁、久布白落実「役員辞任届」（一九三〇年六月一〇日）マイクロ〇一七。
(114) 「婦人界展望　婦選戦線動く」『婦選』一九三〇年五・六月合併号、八九〜九二頁。
(115) 「婦人界展望」『婦選』一九三〇年九月、二二頁。
(116) 同前。
(117) 市川房枝「婦選運動の近状を論ず」五頁。
(118) 「婦人界展望　婦選戦線動く」『婦選』九〇頁。
(119) 市川「婦選運動の近状を論ず」八頁。
(120) 「婦選戦線乱れる」『婦女新聞』一九三〇年六月一一日。
(121) 市川『自伝』二三九頁。
(122) 同前、二四〇頁。
(123) 児玉『十六年の春秋』二五頁、二七頁。婦選獲得同盟「渡辺とめ・小野誠子中央委員辞任及び支部幹部辞任についての中央委員会報告・見解」（一九三一年六月三日、七月一〇日）マイクロ〇一七。
(124) 市川『自伝』二八九〜二九〇頁。

(125) 市川房枝「坂本女史の事に関連して」『婦選』一九三一年七月、五五〜五七頁。
(126) 市川『自伝』二八八頁。
(127) 同前、二九〇頁。
(128) 「政府の制限婦人公民権に対し婦選団体起つ／声明書」(一九三〇年七月二三日) マイクロ〇〇三、「政府の制限婦人公民権案に対し婦選団体起つ」『婦選』一九三〇年八月、九頁。
(129) 「新聞と公民権政府案——最近の論説」『婦選』一九三〇年九月、九〜一二頁。
(130) 全国町村会「婦人公民権問題に関する本会主張の要旨」マイクロ〇〇三、「婦選団体主催全国町村長招待会、出欠返信」市川資料三一八一。
(131) 「全国町村会への共同運動」『婦選』一九三〇年一〇月、三八〜三九頁。
(132) 市川房枝「政府並に政友会提案の婦人公民権に対する私共の態度」『婦選』一九三一年二月、六頁。
(133) 市川房枝・坂本真琴・金子しげり「制限付公民権案をめぐりて——われらかくた、かひつ、あり」『婦選』一九三一年三月、一〇頁。
(134) 安達謙蔵「公民権拡張の理由」市川『自伝』二五三頁。
(135) 市川・坂本・金子「制限公民権案をめぐりて——われらかくた、かひつ、あり」一〇〜一二頁。
(136) 市川房枝「制限公民権案の否決されるまで」『婦選』一九三一年四月、六〜七頁。
(137) 市川・坂本・金子「制限付公民権案をめぐりて——われらかくた、かひつ、あり」一六頁。
(138) 市川房枝「乱闘議会と婦人参政権」『婦選』一九三一年三月、六〜七頁。
(139) 市川『自伝』二六二頁。
(140) 市川「制限公民権案の否決されるまで」八〜九頁。
(141) 坂本真琴「公民権案の貴族院に於ける審議」『婦選』一九三一年四月、一二〜一四頁。
(142) 婦選獲得同盟「制限公民権案否決に対する声明書」(一九三一年三月二四日) マイクロ〇二〇。
(143) 婦選獲得同盟「制限公民権案否決報告演説会」(一九三一年三月二六日) マイクロ〇二〇。

第3章　満州事変後の婦選運動の展開

(1) 市川房枝『市川房枝自伝（戦前篇）』新宿書房、一九七四年、二七〇頁。
(2) 同前、二七一頁。

（3）婦選獲得同盟「貴族院議員向け婦選ニュース刊行・寄贈について」（一九三一年一一月一八日）、「案内」（一九三一年一二月四日）『婦選ニュース』第一号（一九三一年一一月二八日）、マイクロ〇一七。
（4）市川『自伝』二七一頁。
（5）同前、二七二頁。
（6）たとえば鈴木裕子は、『フェミニズムと戦争――婦人運動家の戦争協力』（マルジュ社、一九八六年）で「市川房枝こそ婦選運動の〝申し子〟〝権化〟と呼ぶにあたいする人であったが、ここではそのことについて立ち入らない」（一〇二頁）とし、市川の戦時期の活動を平時、準戦時期の婦選活動と切り離して分析する。
（7）「婦人の立場から満州事変をみる　この非常時に臨む婦人の感想と批判　有識婦人の意見に聴く」『朝日新聞』一九三一年一一月一八日。
（8）吉岡弥生「止むを得ぬ事態――挙国一致であたる秋」『朝日新聞』一九三一年一一月一八日。
（9）平塚らいてう「人類的立場で婦人は観よ――無自覚からさめて」『朝日新聞』一九三一年一一月一八日。
（10）市川房枝「婦人の本性に立場を置いて」『朝日新聞』一九三一年一一月一八日。
（11）高良富子「日本の立場を婦人の力で外国に理解させよ」『朝日新聞』一九三一年一一月一八日。
（12）山川菊栄「内外時評　満洲の銃声」『婦人公論』第一六巻第一二号、一九三一年一一月、二三四頁、「満洲の銃声」田中寿美子・山川振作編集『山川菊栄集　六　女は働いている：一九三一～一九四四』岩波書店、一九八二年、八～一三頁。
（13）市川房枝「国際平和と婦選」『婦選』一九三一年一一月、二～三頁。
（14）同前。
（15）山川菊栄「満洲の銃声」、田中・山川編集『山川菊栄集　六』一三頁。
（16）市川房枝「内閣総辞職と婦選」『読売新聞』一九三一年一二月一二日。
（17）市川房枝「政友会内閣と婦選問題」『婦選』一九三二年一月、一二頁。
（18）「本部の日記より」『婦選』一九三〇年一月、六三頁。「本部の日誌より」『婦選』一九三〇年二月、六三頁。
（19）無産婦人同盟「書簡―結成提唱について」（市川房枝、金子しげり宛、一九三一年一二月一九日）マイクロ〇三〇、『婦選』一九三二年二月、一八頁。
（20）近藤真柄『わたしの回想（下）』ドメス出版、一九八一年、二三二頁、石月静恵『戦間期の女性運動』東方出版、一九九六年、二〇九～二一〇頁。

(21) 婦選獲得同盟「婦選獲得同盟返信控」(無産婦人同盟宛、婦人同志会宛)(一九三二年一月一八日)マイクロ〇三〇。
(22) 『婦選』一九三二年二月、一八頁。
(23) 市川『自伝』二七四頁。
(24) 婦選獲得同盟「婦選団体連合委員会成立声明書(原稿)」(一九三二年一月)マイクロ〇三〇。
(25) 「第六十議会と婦選案」『婦選』一九三一年一二月、三頁。
(26) 「共同運動I――若槻さんに会ふ」「共同運動II――犬養さん訪問」『婦選』一九三二年二月、六~七頁。市川『自伝』二七四~二七五頁。
(27) 市川『自伝』二七八~二七九頁。
(28) 市川房枝「総選挙終る」『婦選』一九三二年三月、四頁。
(29) 市川房枝「〈主張〉斎藤新内閣に望む」『婦選』一九三二年六月、四~五頁。
(30) 児玉勝子『十六年の春秋――婦選獲得同盟の歩み』ドメス出版、一九九〇年、一二三~一三一頁。
(31) 第三回全日本婦選大会「決議」(一九三二年五月二八日)マイクロ〇二九。
(32) 「衆議院議員選挙法中改正法律案(女子参政権)」一九三二年六月一一日提出、マイクロ〇〇四。
(33) 市川『自伝』二八七頁。
(34) 同前、二八八頁。
(35) 同前、二九三頁。
(36) 市川房枝「法制審議会及び第六三議会への運動」『婦選』一九三二年九月、一三~一五頁。
(37) 市川房枝「貴族院議員に婦選を語る――公正会に於ける講演」『婦選』一九三二年一二月、二二~二四頁。
(38) 児玉『十六年の春秋』一二八頁。
(39) 市川『自伝』三三三頁。
(40) 第六五回貴族院「請願委員会第二分科会(外務、内務、文部)議事速記録第六号」(一九三四年三月二〇日)マイクロ〇〇四。
(41) 市川『自伝』三四八頁。
(42) 市川房枝「〈主張〉第十二年次総会に際して」『婦選』一九三五年五月、四頁。
(43) 「第六八議会と婦人」『女性展望』一九三六年一月、二四頁。
(44) 市川『自伝』三九三頁。

(45)「婦人公民権案特別議会に上程」『女性市民』第二号、一頁、『女性展望』一九三六年六月、付録。
(46)市川『自伝』三九四頁。
(47)児玉『十六年の春秋』一三〇～一三一頁。
(48)婦選団体連合委員会「婦選団体代表内務大臣に面会予定(昭和七年七月二八日)通知」、マイクロ〇三〇。
(49)市川『自伝』二九二～二九三頁。
(50)市川房枝「〈主張〉選挙の浄化と婦選」『婦選』一九三二年七月、六～七頁。
(51)婦選団体連合委員会「(一二婦人団体による)決議」(一九三二年八月一七日)マイクロ〇三〇。
(52)婦選団体連合委員会「婦選を如何にして早く獲るかの懇談会」(一九三二年八月一七日)マイクロ〇三〇。市川『自伝』二九四頁。
(53)婦選団体連合委員会「貴族院議員宛請願書類」(一九三二年八月)、「衆議院議員選挙法中改正請願書」「市制町村制及北海道会法中改正請願書」マイクロ〇三〇。
(54)婦選後援団体連合会「婦選後援団体連合会第一回懇談会(昭和七年九月二四日)開催通知」(一九三二年九月一三日)マイクロ〇三〇。
(55)市川『自伝』二九四頁。
(56)同前。
(57)「法制審議会と婦選」『婦選』一九三二年一二月、九頁。
(58)婦選団体連合委員会「法制審議会主査委員会で否決(一〇月一五日)の婦人参政権挿入に就き再度の要望」(一九三二年一〇月二七日)マイクロ〇三〇。
(59)金子しげり「都制案をめがけて」『婦選』一九三二年一二月、一六頁。
(60)同前、一八頁。
(61)市川房枝「都制案その後」『婦選』一九三三年一月、四八～四九頁。
(62)東京連合婦人会「都制と婦人特別委員会」(一九三二年一一月一五日)マイクロ〇四三。
(63)金子「都制案をめがけて」一九頁。
(64)市川房枝「岡田内閣と婦選」『婦選』一九三四年九月、六頁。
(65)「第六八議会と婦人」『女性展望』一九三六年一月、二四頁。
(66)都制問題婦人協議会「都制問題婦人協議会(一九三六年一一月二四日)通知状」、「申合案」(一九三六年一二月一日)マイクロ〇〇五。

(67) 市川『自伝』四〇六頁。
(68) 市川『自伝』二七二頁。
(69) 婦選獲得同盟「第七回全日本婦選大会(一九三七年一月二四日)資料」マイクロ〇三〇。
(70) 「新代議士と選粛と婦選——婦選団体が連合で新代議士に問い合わせた回答」『婦選』一九三七年六月、一四~一七頁、「婦人公民権は時期到来か——男性諸家回答」『女性展望』一九三六年一二月、二~三頁。「婦人公民権は時期到来か——男性諸家回答(二回分)」『女性展望』一九三七年一月、六~七頁。「婦人公民権は時期到来か——男性諸家回答(三回分)」『女性展望』一九三七年二月、一〇~一一頁、一七頁。
(71) 「婦人公民権案特別議会に上程」『女性市民』一頁。

第4章 準戦時期婦選運動の反戦活動

(1) 市川房枝「×と□との対話」『婦選』一九三一年六月、五~六頁。『婦選』は、一九二九年一一月号以降、獲得同盟の機関誌から一般向けの政治雑誌へ脱皮することを目指し、本の装丁を菊版にした。「×と□との対話」は、一九三一年四月から、「婦人政治教育」の目的で市川が、簡潔に時事問題を解説するコラムとして設置された。
(2) 市川房枝「政界の近況を語る」『女性展望』一九三七年一月、二~三頁。同コラムは、×と□の対話形式を引き継ぐものとなっている。
(3) 市川房枝「総選挙と婦人」『婦選』一九三二年二月、五頁。
(4) 同前。
(5) たとえば、以下の講演抄録や記事。佐々弘雄「ファッショとは何か?」(婦選講座)『婦選』一九三二年七月、「世界の婦人 ナチスに対する各国婦人団体の抗議」『婦選』一九三三年三月、「政界の婦人 ヒットラー政府女子の大学入学を制限す/伊太利でも婦人の官公吏制限」『婦選』一九三四年四月、益田豊彦「ナチス党内の内訌問題を中心として」『婦選』一九三四年八月、「世界の婦人 反戦及反ファッシヨ世界婦人会議」『婦選』一九三四年一二月、「政界の近況を語る——社会大衆党のファッショ化問題となる」『婦選』一九三五年二月、鈴木東民「ファッシズム政権下の婦人」『女性展望』一九三七年三月。
(6) 市川房枝「政界の近況を語る」『女性展望』一九三七年一月、四頁。
(7) 「隈部紀生さんに聞く——一貫して理想を掲げた現実政治家」『女性展望』二〇一一年八月、一七~一八頁。
(8) 市川房枝「〈主張〉犬養首相を悼む」『婦選』一九三二年六月、四頁。

(9) 市川房枝「総選挙終わる」『婦選』一九三二年三月、四～五頁。
(10) 市川房枝「斎藤新内閣に望む（主張）」『婦選』一九三二年六月、四頁。
(11) 同前。
(12) 金子茂「編輯室より」『婦選』一九三二年四月、七六頁。
(13)「×と□の対話」『婦選』一九三二年四月、一七頁。
(14)「×と□の対話」『婦選』一九三二年三月、一七頁。
(15) 同前、一九頁。
(16) 同前、二一頁。
(17)「事務局日記」一九三三年六月、市川資料。
(18)「事務局日記」一九三三年一〇月、市川資料。市川房枝「政界の近況を語る」『婦選』一九三三年一〇月、七～八頁。
(19)「本部の日誌より」『婦選』一九三三年一一月、四五頁。
(20)「編輯手帖」『婦選』一九三三年一一月、四八頁。
(21)「『女性展望』発刊について」『婦選』一九三五年一二月、四頁。
(22)「編輯後記」『婦選』一九三五年一二月、三二頁。
(23)「婦選獲得同盟だより　『婦選』の改題」『婦選』一九三五年一二月、三〇頁。
(24) 婦選獲得同盟「第三回全日本婦選大会／『協議題』」（一九三二年五月二八日）、マイクロ〇二九。
(25) 婦選獲得同盟「第三回全日本婦選大会／『趣意書草案』」（一九三二年五月一〇日）マイクロ〇二九。
(26) 平田のぶ「第三回全日本婦選大会の記」『婦選』一九三二年六月、一八頁。
(27) 同前、一九頁。
(28) 市川房枝「〈主張〉第三回全日本婦選大会の決議」『婦選』一九三二年六月、五頁。
(29) 婦選獲得同盟「第四回全日本婦選大会／『議案』（鉛筆メモ）」（一九三三年二月一八日）マイクロ〇三〇。
(30)「×と□の対話」『婦選』一九三二年五月、一〇頁。『婦選』一九三三年新年号の「編輯手帖」は「『×と□の対話』は「政界の近況を語る」と改題し、引き続き匿名氏を煩わすことにした」とあり、さらに一九三五年一二月同誌の「編輯手帖」には「『政界の近況を語る』の覆面を取れば市川房枝氏」とあり、両コラムはともに市川房枝が担当していた事が分かる。
(31) 市川房枝「第四回全日本婦選大会と其議題」『婦選』一九三三年二月、四～五頁。

(32)「軍縮要望の決議――第四回全日本婦選大会」『東京朝日新聞』一九三三年二月一九日。
(33)西城信子「第四回全日本婦選大会の記」『婦選』一九三三年三月、一七頁。第四回全日本婦選大会（昭和八年二月一八日）資料「議事速記録（原稿用紙ペン）」マイクロ〇二九。
(34)同前、一八～二〇頁。
(35)久布白落実「事変後の支那を一巡して感じた事」『東京朝日新聞』一九三二年一月九日、「同会幹部のファッショ化問題」『婦女新聞』一九三二年三月二七日、『婦選』一九三二年四月、五七～五八頁。
(36)市川房枝「〈主張〉婦選大会と軍縮の決議」『婦選』一九三三年三月、四頁。
(37)婦選獲得同盟「第五回全日本婦選大会／『協議題』」（一九三四年二月一八日）マイクロ〇三〇。
(38)婦選獲得同盟「第五回全日本婦選大会／『決議』」（一九三四年二月一八日）（マイクロ〇三〇。
(39)大内光枝・和多壽也・伊東篤子「第五回全日本婦選大会の記」『婦選』一九三四年三月、一三～一五頁。
(40)宮川静枝「第六回全日本婦選大会の記」『婦選』一九三五年三月、八頁。
(41)同前、一五頁。
(42)婦選獲得同盟「第六回全日本婦選大会／『決議』」（一九三五年二月一七日）マイクロ〇三〇。
(43)婦選獲得同盟「婦選大会における主催・後援団体数の推移グラフ（第一回～第七回）」（第七回全日本婦選大会資料）（一九三七年）マイクロ〇三〇。
(44)沼田睦子「第七回全日本婦選大会の記」『婦選』一九三七年二月、四～五頁。
(45)同前、六頁。
(46)婦選獲得同盟「第七回全日本婦選大会／『申合及決議』」（一九三七年一月二四日）市川資料二四五九。
(47)市川「国際平和と婦選」三頁。
(48)市川房枝『市川房枝自伝（戦前篇）』新宿書房、一九七四年、二七九頁。
(49)児玉勝子『十六年の春秋――婦選獲得同盟の歩み』ドメス出版、一九九〇年、二四頁。
(50)婦選獲得同盟「第五回全日本婦選大会／『決議』」（一九三四年二月一八日）マイクロ〇三〇。
(51)市川房枝「〈主張〉汎太平洋婦人会議に対する日本の態度」『婦選』一九三三年一二月、五頁。
(52)ロマン・ローラン「戦争反対動員の檄」『婦選』一九三三年一月、六〇頁。
(53)香川敦子『窓の女――竹中繁のこと』新宿書房、一九九九年、一三八～一四一頁。

(54) 竹中繁「今は亡き熊稀齢夫人を惜しむ」『婦選』一九三二年一月、四一～四二頁。
(55) 竹中繁「宋慶齢女史の宣言」『婦選』一九三二年二月、三三～三四頁。
(56) 竹中繁「民国の昨今」『婦選』一九三二年三月、四〇～四一頁。
(57) 竹中繁「認識不足を恥じよ」『婦選』一九三二年四月、三七～三九頁。
(58) 竹中繁「広東行き」『婦選』一九三二年八月、六一頁。
(59) 竹中繁「民国婦人刑法改正に成功」『婦選』一九三五年二月、三三頁。同「支那婦人の再抗議」『婦選』一九三六年二月、一三頁。
(60) ガントレット恒子・林芙美子・望月百合子「支那を語る」『女性展望』一九三七年一月。
(61)「陳衡哲女史からの手紙」『婦選』一九三二年二月、三八～三九頁。
(62) 汎太平洋婦人協会編『汎太平洋東南アジア婦人協会六十年史』ドメス出版、一九九三年、一七頁。
(63) 市川房枝「汎太平洋婦人会議と婦選獲得同盟」『婦選』一九二八年六月、一〇頁。
(64) 汎太平洋婦人協会編『汎太平洋東南アジア婦人協会六十年史』一五～一六頁。
(65) 市川房枝「汎太平洋婦人会議便り」『婦選』一九二八年七月、七頁。市川『自伝』一九五頁。
(66) 汎太平洋婦人協会編『汎太平洋東南アジア婦人協会六十年史』二五頁。
(67) 定方亀代「汎太平洋婦人協会設立について」『婦選』一九三〇年一〇月、三三～三五頁。
(68)「日本婦人連合常置委員会設置の件　報告」(一九二八年七月一六日)、「国際連絡婦人委員会報告」(一九二九年一月一八日) 市川資料四二一―一、国際婦人連絡委員会「第二回汎太平洋婦人会議日本代表選出について」(一九三〇年三月六日) 市川資料二八二五、国際婦人連絡委員会「第二回汎太平洋婦人会議代表及び傍聴参加者推薦状及び履歴書」(一九三〇年四月、五月) 市川資料一五六五―五。
(69) 市川房枝「第二回汎太平洋婦人会議」『婦選』一九三〇年八月、二〇頁。
(70) 市川房枝「汎太平洋婦人会議に対する日本の態度」『婦選』一九三三年一二月、五頁。
(71) 同前。
(72) 同前、四～五頁。
(73) 市川房枝「私の頁」『婦選』一九三四年七月、三四～三五頁。
(74) 加藤タカ「汎太平洋婦人会議に出席して」『婦選』一九三四年一〇月、一二～一五頁、「汎太平洋婦人会議代表帰る」『婦選』一九三四年一〇月、二六頁。
(75) 新妻伊都子「婦人軍縮代表にのぞむ」『婦選』一九三〇年一月、一九頁。

(76) 汎太平洋婦人協会編『汎太平洋東南アジア婦人協会六十年史』二七～二九頁。

第5章　日本型ジェンダー・ポリティックスの創生

(1) 市川房枝「〈主張〉新内閣と婦人」『婦選』一九二九年七月、一頁。
(2)「婦人界展望」『婦選』一九二九年一一月、四一頁。
(3)「女性は起ち上がる――全日本婦人経済大会」『大阪朝日新聞』一九二九年九月二一日。「全日本婦人経済大会／大会議案」(一九二九年九月二一日) マイクロ〇五七。
(4) 市川房枝「〈主張〉昭和五年と婦選」『婦選』一九三〇年一月、八頁。
(5) 市川房枝「政府はまづ婦選を与ふべし」『婦選』一九二九年一一月、四頁。
(6) 市川房枝「総選挙と婦人」『婦選』一九三二年二月、五頁。
(7) 同前、四頁。
(8) 市川房枝「選挙粛正運動と婦人」『婦選』一九三六年二月、三頁。
(9)「瓦斯値下げ問題の真相」『婦選』一九二九年五月、三頁。
(10) 東京市会委員会「瓦斯値下げに戦ふ東京の婦人――瓦斯問題その後の経過」『婦選』一九二九年六月、五頁。
(11) 市川房枝『市川房枝自伝（戦前篇）』新宿書房、一九七四年、二〇六頁、婦選獲得同盟「ガス値下げ問題に関する声明書」(一九二九年五月三日) マイクロ〇二〇。
(12) 東京市会委員会「ガス問題婦人団体協議会議事内容」(一九二九年五月一〇日) マイクロ〇二〇。やすとみ・淑子「ガスを値下げせよと――街頭に進出――巷の触感」『婦選』一九二九年六月、九頁。
(13) 東京市会委員会「ガス料金供託をすすめる心得、供託運動について」(一九二九年七月) マイクロ〇二〇、同「ガス料金供託同盟組織さる――ガス問題その後の経過」『婦選』一九二九年七月、三頁。
(14) 東京市会委員会「ガス問題の其後の経過」『婦選』一九二九年八月、三頁。
(15)「婦人市政浄化運動協議会結成及び決議（一九三三年三月四日）について」マイクロ〇五一。
(16) 東京婦人市政浄化連盟「牛塚新市長に対する婦人市政浄化連盟の要求書」(一九三三年五月一一日) マイクロ〇五一、マイクロ〇〇二、「牛塚新市長に会見――要求書を手交」『婦選』一九三三年六月、一六頁。
(17)「婦人市政浄化連盟の塵芥処理場見学」『婦選ニュース』(一九三三年五月一一日) マイクロ〇〇二、当世女滕栗毛「ごみ焼き場見学」

『婦選』一九三三年六月、三〇〜三三頁。

(18) 東京婦人市政浄化連盟「塵芥問題懇談会（五月二二日）通知」（一九三三年月一七日、一八日）マイクロ〇五二、「塵芥問題懇談会開催――宮川保健局長を招いて」『婦選』一九三三年六月、一七頁。

(19)「塵芥問題に対する声明書発表」『婦人市政浄化連盟ニュース』（一九三三年五月二三日）マイクロ〇〇二。

(20) 東京婦人市政浄化連盟東京支部長「本部・支部の懇談会及常任幹事会報告」（一九三三年六月一四日）マイクロ〇〇二。

(21) 金子しげり「お春さんの夢」（ゴミ問題の自作自演劇）台本（東京市政浄化連盟、一九三三年七月）マイクロ〇五二。

(22) 市川『自伝』三一八頁。

(23) 同前、三二〇頁。「市政浄化連盟のごみの運動」『婦選』一九三三年一〇月、二三〜二四頁、「映画『塵も積もれば』試写会案内」（一九三三年一一月四日）マイクロ〇五二。

(24)「トップを切った婦人市政浄化連盟」『婦選』一九三四年二月、二〇頁。

(25)「小市民税・女中税に反対する会決議」（一九三四年一月一八日）、「小市民税・女中税反対婦人団体協議会結成について／決議」（一九三四年一月三〇日）マイクロ〇五二、「今度は増税反対に東京市民蹶起　十六婦人団体の反対決議」『婦選』一九三四年二月、二一頁。

(26) 市川『自伝』三二〇頁。

(27)「十六婦人団体の反対決議」二一〜二二頁。

(28)「今度は増税反対に東京市民蹶起　男子側の運動と連携」『婦選』一九三四年二月、二二〜二三頁、「小市民税反対の運動」『婦選』一九三四年三月、三七頁。

(29)「小市民税・女中税反対婦人大演説会（昭和九年二月一八日）／ビラ」マイクロ〇五二。

(30)「小民税女中税反対運動奏功」『婦選』一九三四年四月、三五〜三六頁。

(31) 市川『自伝』三二三頁。

(32)「中央卸売市場問題懇談会」『婦選』一九三三年一月、七四頁。

(33) 城東妙子「卸売市場の単複問題とは？　附婦人団体のこれに対する運動」『婦選』一九三三年二月、三七頁。

(34)「荒木中央卸売市場長講演要旨（於都下各婦人団体主催市場懇談会）」（一九三三年一月一六日）市川資料三二〇八。守口聡子「東京市中央卸売市場問題の其後　附婦人団体のこれに対する運動」『婦選』一九三三年十一月、二〇〜二一頁。

(35) 城東「卸売市場の単複問題とは？」三七頁。

(36) 家庭購買組合婦人部他「東京中央卸売市場業務規定に関する決議」（一九三三年七月一八日）市川資料三二〇八。

(37)「中央卸売市場問題協議会の運動」『婦選』一九三三年一〇月、二六～二七頁。
(38)東京中央卸売市場問題婦人団体協議会「一二婦人団体の中央卸売市場単一反対運動報告」(一九三三年一〇月一九日)マイクロ〇〇三。
(39)東京中央卸売市場問題婦人団体協議会「中央卸売市場単一制絶対反対演説会―ビラ」、「中央卸売市場業務規定設定に関する請願書用紙(東京市長宛)」、「単一反対請願書手交報告」(一九三三年一一月二一日)マイクロ〇〇三。
(40)「連合運動レポート　中央卸売市場問題協議会の運動」『婦選』一九三三年一一月、二〇～二一頁。「連合運動レポート　市場の運動　その後」『婦選』一九三三年一二月、三八頁。
(41)「市長宛一二婦人団体市場単一反対請願書五万枚手交(一一月二一日)通知」(一九三三年一一月二一日)マイクロ〇五一。
(42)「市場の運動　その後」三八頁。
(43)市川『自伝』三二九頁。
(44)「市場の運動　その後」三八～三九頁。
(45)「十二婦人団体の要求実現――中央卸売市場は複数と決定」『婦選』一九三四年一月、三八～三九頁。
(46)「婦人側の要求貫徹――中央卸売市場は複数と決定」『婦選』一九三四年三月、三六頁。
(47)「中央卸売市場問題に対する今後の運動」『婦選』一九三四年四月、三八～三九頁。中央卸売市場問題婦人団体協議会「中央卸売市場問題に対する今後の運動――市場問題婦人委員会を組織、決議」(一九三四年三月一〇日)マイクロ〇五一。
(48)市場問題婦人委員会「市場問題[再燃につき]会合」(一九三五年八月二四日)、「中央卸売市場問題懇談会(八月三〇日)通知はがき」(一九三五年八月二六日)、「婦人団体市場の単複問題で再び立つ　檄文」(一九三五年八月)、マイクロ〇五一。
(49)「中央卸売市場問題再燃――婦人団体再び起つ」『婦選』一九三五年九月、一〇頁、「中央卸売市場問題再燃大演説会―檄文、ビラ」(一九三五年九月二二日)マイクロ〇五一。
(50)市川房枝「おさかなは何故高い　きょう中央卸売市場で理由を訊く」『朝日新聞』一九三六年五月一六日。
(51)市場問題婦人委員会「魚市場単複問題再燃につき緊急会合(六月二四日)開催通知」(一九三六年六月二二日)、「魚市場単一独占反対・魚価格騰貴取締要求決議・手交(一九三六年六月二六日)報告」、市場問題婦人委員会他「合併問題会合及び大会(七月八日)開催通知」(一九三六年七月四日)マイクロ〇五一。
(52)市場問題婦人委員会「魚市場不買市民大会(九月一二日)開催通知」(一九三六九月一一日)、「婦人市民に告ぐ―ビラ」(一九三六年九月)マイクロ〇五一。

(53) 市川『自伝』四〇〇頁。
(54) 婦選獲得同盟「昭和七年総選挙対策関係資料――同盟運動方針　会員宛」市川資料二四八一。
(55) 「婦選団体連合委員会成る」『婦選』一九三二年二月、一八頁。婦選団体連合委員会「二月一三日婦選デーに対する闘」マイクロ〇三〇。
(56) 『婦選』の猛者連　連合で気炎　無産婦人の熱弁を恐れ神経過敏な厳戒ぶり」『朝日新聞』一九三二年二月一三日。
(57) 市川『自伝』二〇一頁。
(58) 「〈主張〉東京市会の選挙」『婦選』一九二九年一月、二頁。
(59) 「婦選獲得同盟東京市会選挙に起つ――東京市会選挙に対する声明書」『婦選』一九二九年一月、七頁。
(60) 「市会選挙に対する同盟の活動」『婦選』一九二九年二月、七頁。
(61) 同前、六〜七頁。
(62) 「東京市会選挙に対する獲得同盟の活動」『婦選』一九二九年三月、二〜三頁。
(63) 「対市議選挙応援報告」『婦選』一九二九年四月、五頁。
(64) 「東京市会選挙に対する獲得同盟の活動（三）」『婦選』一九二九年四月、四頁。「市政浄化デー、浄化団体最後の共同運動」、「東京市会選挙（一九二九年三月一六日）関係資料――市政浄化ビラ」マイクロ〇五二。
(65) 「〈主張〉対市議選挙選の勝利」『婦選』一九二九年四月、一頁。
(66) 市川『自伝』三一〇頁。
(67) 「大東京婦人市政浄化連盟成る――大東京市会選挙に」『婦選』一九三三年三月、二一頁。
(68) 「東京市会選挙に於ける東京婦人市政浄化連盟の活動」『婦選』一九三三年四月、一一〜一三頁。
(69) 同前、一三〜一四頁。
(70) 同前、二〇頁。
(71) 「その後の婦人市政浄化連盟――東京都制案に反対決議」『婦選』一九三三年四月、二五頁。
(72) 「東京婦人市政浄化連盟の活動――牛塚新市長に会見」『婦選』一九三三年六月、一六頁。
(73) 市川『自伝』三七一頁。
(74) 「婦人界展望　選挙粛正連盟婦人参加を求む」『婦選』一九三五年七月、一六頁、「選挙粛正とは」『婦選』一九三五年七月、二九〜三二頁。
(75) 市川『自伝』三七一頁。

(76)「〔選挙粛正婦人の〕特別委員会第一回会合（七月一日）開催通知」（一九三五年六月二七日）マイクロ〇五四。

(77)「婦選団体連合委員会起つ——後援団体を招いて懇談」『婦選』一九三五年八月、二一頁〜二四頁、選挙粛正委員会（婦選獲得同盟内）「婦人の立場から行う選挙粛正運動への協力依頼、協議開催について」地方支部宛、マイクロ〇五四、婦選団体連合委員会他「婦人団体選挙粛正懇談会（七月一二日）報告」マイクロ〇五四。

(78)「選挙粛正婦人連合会生る」『婦選』一九三五年九月、二二〜二三頁。

(79) 同前。

(80)「選挙粛正中央連盟と婦選」『婦選』一九三五年九月、四頁。

(81) 市川『自伝』三七四〜三七五頁。

(82)「選挙粛正婦人連合会生る」二二〜二三頁。

(83) 選挙粛正婦人連合会「選挙粛正婦人大講演会入場権及送付案内、講演会役割分担名簿（一九三五年年八月三一日）」、金子しげり「婦人団体による選挙粛正の具体的運動方法（覚）」（一九三五年八月）市川資料三一五二。

(84)「婦選獲得同盟だより　選挙粛正運動その後」『婦選』一九三五年九月、四六頁。

(85) 市川『自伝』三七六頁。

(86) 同前、三七七頁。

(87)「議会解散と婦人団体」『婦選』一九三六年二月、二四頁。

(88) 選挙粛正婦人連合会「常任委員会（昭和一〇年一二月一二日）開催通知」マイクロ〇五四。

(89) 選挙粛正婦人連合会「懇談会通知（一二月二二日）及訂正版」市川資料三一五六。

(90) 選挙粛正婦人連合会「婦人講演会（二月一四日）、全国選挙粛正婦人強調日街頭運動（二月一五日）について連絡通知」（一九三六年二月一一日）マイクロ〇五四。

(91) 愛国婦人会、大日本連合婦人会、選挙粛正婦人連合会「衆議院議員総選挙向け申合せ（加盟団体宛）」（一九三六年一月）、「加盟団体合同懇談会」（一九三六年一月二〇日）、市川資料三一五七。

(92)『女性展望』一九三六年一月、二二頁。

(93)「選粛運動第二期に婦人の意気昂まる——第一期運動の成功認めらる」『女性展望』一九三六年一月、二二頁〜二三頁、東京市長「辞令　東京市中央選挙粛正実行委員委嘱に付き」（市川房枝宛）（一九三五年一二月七日）マイクロ〇五五。

(94) 市川『自伝』三八二頁。

（95）中島明子「総選挙と其の結果」『女性展望』一九三六年三月、一五頁。

（96）「選挙粛正運動と婦人」『女性展望』一九三六年二月、三頁。

（97）平林たい子「婦人運動を傍観して」『女性展望』一九三六年四月、九頁。

（98）『女性展望』一九三六年四月、一頁。

（99）市川房枝「私の頁」『女性展望』一九三六年四月、一三頁。

（100）「婦人公民権は時期到来か――男性諸家回答（一）」『女性展望』一九三六年一二月、二～三頁、「婦人公民権は時期到来か――男性諸家回答（二）」一九三七年一月、六～七頁。

（101）市川「私の頁」『女性展望』一九三六年四月、一三頁。

（102）東京市長「挨拶状、東京市中央選挙粛正実行委員委嘱に付き（市川房枝宛）」（一九三五年一二月七日）マイクロ〇五五。

（103）「東京府市も選挙に婦人の力を」『女性展望』一九三六年五月、一六頁、「府と市が選粛を婦人に」『女性市民　第一号』一九三六年五月、二頁。

（104）選挙粛正婦人連合会「自治振興選挙粛正中堅人物講演会（五月四日～二〇日）申し込み通知」（一九三六年五月四日）マイクロ〇五四、「婦人中堅者講習会案内」（一九三六年五月二一日）市川資料三二五八。「婦人団体懇談会との協議会（五月一二日）開催通知」東京府（一九三六年五月九日）、「婦人団体懇談会（五月一二日）決議事項報告（一九三六年五月一六日）」マイクロ〇五五。

（105）市川『自伝』三九八頁。

（106）選挙粛正婦人連合会「選挙粛正婦人の集い（一九三六年六月三日）要項」、同「選挙粛正婦人の日出席依頼」（選挙粛正常任委員宛）マイクロ〇五四。

（107）東京市は、一九三二（昭和七）年に周辺八二町村を二〇区として同市へ編入。

（108）選挙粛正婦人連合会「区会議員選挙（一九三六年一一月二七日）立候補者夫人宛選挙粛正運動への協力依頼」（一九三六年一一月）市川資料三一六〇。

（109）「東京愛市連盟の結成に際して――堀切善次郎会長述べる」（一九三七年二月）マイクロ〇五一。

（110）「婦人部役員名（市川房枝メモ）」マイクロ〇五一。

（111）婦人実行委員長　吉岡弥生「愛市連盟結成市民大会案内」（一九三七年一月一五日）マイクロ〇〇五。

（112）「婦人界展望　東京市会選挙に婦人愛市団体結成」『女性展望』一九三七年二月、一六～一七頁。

（113）東京愛市連盟婦人部　吉岡弥生「婦人愛市のつどいお知らせ」（一九三七年二月二三日）、東京愛市連盟　堀切善次郎「『婦人愛市展覧会』案内状、招待状」（一九三七年三月）マイクロ〇〇五。

(114) 東京市選挙粛正部「東京市第四次選挙粛正運動実施要項案（一九三七年二月）」マイクロ〇五五。

(115) 東京愛市連盟婦人部「ビラ　女の選んでほしい市会議員は」マイクロ〇〇五。

(116) 市川『自伝』四一六頁。

(117) 「牛塚市長、愛市展へ」『朝日新聞』一九三七年三月五日。

(118) 市川『自伝』四一五頁。

(119) 同前、三四〇〜三四一頁。

(120) 「婦選団体連合運動――母子扶助法制定に動くか」『婦選』一九三四年七月、一二頁。

(121) 中央社会事業協会調査「母子心中数と母子ホーム数、最近四カ年に於ける親子心中数（一九三四年）」、「母子扶助法に関する懇談会（七月一八日）開催通知」（一九三四年七月一三日）、「懇談会出席者名簿」マイクロ〇五六。

(122) 「第一回母性保護運動準備委員会報告」（一九三四年七月二九日）マイクロ〇五六。

(123) 「母性保護法制定運動組織原案（昭和九年）」「母性保護法制定促進運動組織会（九月二九日）開催通知」（一九三四年九月二一日）マイクロ〇五六。

(124) 「凶作地の母子を救へと母性保護連盟議会へ請願」『婦選』一九三四年一二月、二九〜三三頁、「災害地における母子保護に関する請願書（昭和九年一二月一日）」「災害地に於ける母子保護に関する請願参考資料（一）、（二）」マイクロ〇五六。

(125) 「凶作地の実情を語る（淡谷悠蔵）講演会（一二月一日）開催通知」（一九三四年一一月三〇日）マイクロ〇五六。

(126) 鹿野政直「市川房枝　婦選へと貫く意志」『鹿野政直思想史論集』第二巻、岩波書店、二〇〇七年、三二五〜三二六頁。

(127) 市川房枝「婦人参政権運動の婦人運動に於ける地位」『婦人公論』第一〇巻第三号、一九二五年三月、三三〜三八頁。財団法人市川房枝記念会監修『市川房枝集』第一巻、日本図書センター、一九九四年、三一七頁。

(128) 市川房枝「〈主張〉婦選と母性保護法制定運動」『婦選』一九三四年八月、四頁。

(129) 同前。

(130) 母性保護法制定促進婦人連盟「貴族院議員との懇談会（二月六日）開催通知」（一九三五年）、同「母性保護に関する請願（母子ホームに関する件、母子扶助の法律制定に関する件、家事調停裁判所に関する件）提出、報告及び採択への依頼状」（一九三五年三月八日）マイクロ〇五六。

(131) 母性保護法制定促進婦人連盟「衆議院議員招待会（二月一五日）案内通知」（一九三五年二月一三日）、同「家事調停法案一二日上程について」マイクロ〇五六。
(132) 母性保護法制定促進婦人連盟「第一回全国代表者会議（二月一六日）開催通知」（一九三五年二月九日）、同「趣意書　母性保護全国代表者会議について」マイクロ〇五六。
(133) 市川『自伝』三六四頁。「貴族院の母子扶助法母子ホーム、家事調停法採択、衆議院の母子扶助法建議案可決、報告」（一九三五年三月一四日）マイクロ〇五六。
(134) 母性保護法制定促進婦人連盟「第一回全国婦人委員会（四月一九日）開催通知」（一九三五年四月一三日）マイクロ〇五六。
(135) 「母性保護運動だより」『婦選』一九三五年五月、二六〜二七頁。
(136) 「母性保護議会運動躍進」『婦選』一九三五年四月、三〇〜三三頁。
(137) 「母性保護議会運動成功」『婦選』一九三五年四月、一八〜二一頁。
(138) 市川房枝「今次の総選挙と婦人其他」『女性展望』一九三七年四月、三頁。
(139) 市川『自伝』四二四頁。
(140) 「第七回全日本婦選大会の記」『女性展望』一九三七年二月、七頁、婦選獲得同盟「第七回全日本婦選大会―申合及び決議」（一九三四年一月二四日）市川資料二四五九。

第Ⅱ部　婦選運動家市川房枝の戦争協力――盧溝橋事件・日中全面戦争から敗戦まで

第6章　国民精神総動員運動と市川のかかわり方

(1) 中島明子「政界の近況を語る」『女性展望』一九三七年二月、一三頁。中島明子は市川が郷里の家の住所―愛知県中島郡明地村から付けた筆名。
(2) 中島明子「政界の近況を語る」『女性展望』一九三七年四月、一六頁。
(3) 「資料一『国民教化運動方策』、『時局ニ関する宣伝方策』」吉田裕・吉見義明編集／解説『資料日本現代史　一〇　日中戦争期の国民動員』大月書店、一九八四年。
(4) 横溝光暉『戦前の首相官邸』経済往来社、一九八四年、八二頁。
(5) 近衛文麿「国民精神総動員に際し国民諸君に望む（一九三七年一〇月）」マイクロ〇〇六。「国民精神総動員結成さる　近衛首相の激励の辞」『国民精神総動員』一九三七年一二月一日、七頁。
(6) 市川房枝『市川房枝自伝（戦前篇）』新宿書房、一九七四年、四四三頁。

（7）市川房枝「私の頁　時局に対して」『女性展望』一九三七年九月、二二〜二三頁。
（8）中島明子「政界の近況を語る」『女性展望』一九三七年六月三日、四〜五頁。
（9）市川房枝「国政に婦人の参加を」『婦女新聞』一九三七年六月一三日、二頁。
（10）市川『自伝』四三三頁。
（11）市川房枝「私の頁　時局に対して」二二頁。
（12）同前。
（13）同前。
（14）同前。
（15）「戦時体制下の婦人の動向」『婦女新聞』一九三七年九月五日、二頁。
（16）第七回全日本婦選大会「申合及び決議」（一九三四年一月二四日）市川資料二四五九。
（17）中島明子「最近の政界を語る」『女性展望』一九三七年一〇月、四〜五頁。
（18）市川房枝「国民総動員と婦人」『女性展望』一九三七年一〇月、二頁。
（19）「日本婦人団体連盟組織会（九月二八日）開催通知」（一九三七年九月二一日）マイクロ〇四二。
（20）市川「国民総動員と婦人」二頁。
（21）「家庭実践ニ関スル調査委員会　委員委嘱状」（一九三七年一二月一日）マイクロ〇〇六。
（22）「家庭実践ニ関スル調査委員一覧」（一九三七年一二月二〇日）マイクロ〇五七。
（23）御厨貴／政策研究大学院大学『大室政右オーラルヒストリー』二〇〇四年三月（文部科学省科学研究費補助金研究成果報告）。
（24）市川房枝「私の頁　婦人国策委員について」『女性展望』一九四〇年二月、一八頁。
（25）「調査委員指名」『国民精神総動員』一九三八年一月一日、三頁。
（26）「家庭委員会」『国民精神総動員』一九三八年一月一日、三頁。
（27）「日本婦人団体連盟第二回中央委員会（昭和一二年一〇月三〇日）記録」マイクロ〇四二。
（28）「家庭実践ニ関する調査委員会［次第］」（一九三七年一二月二一日）マイクロ〇五七。
（29）「第一回家庭実践ニ関スル調査委員会（一九三七年一二月二一日）報告（概要）」マイクロ〇五七。「家庭委員会」『国民精神総動員』（一九三八年一月一日）に、審議の内容が一四項目にまとめられている。
（30）同前。

(31)「非常時の腹拵へは胚芽米――日本婦人団体の提唱」国民精神総動員本部編『国民精神総動員』一九三八年一月一日、緑陰書房（復刻版）、一九九四年、八頁。
(32)「第二回家庭委員会」『国民精神総動員』一九三八年一月一五日、三頁。
(33)「第二回家庭実践ニ関スル調査委員会通知（一九三八年一月六日）」、「特別委員委嘱依頼通知（一九三八年一月一二日）」マイクロ〇〇六。
(34)「第一回特別委員会報告（概要）（一九三八年一月一四日）」マイクロ〇〇六。
(35)「家庭特別委員会第一回」『国民精神総動員』一九三八年二月一日、三頁。
(36) 長浜功編『国民精神総動員運動――民衆教化動員史料集成』明石書店、一九八八年、七九頁。
(37)「家庭特別委員会第二回」『国民精神総動員』一九三八年二月一日、三頁。
(38)「家庭実践ニ関スル調査委員会第二回特別委員会（一月一八日）開催通知（一九三八年一月一五日）」マイクロ〇五七。
(39)「事務所日誌」『女性展望』一九三八年一月、二七頁。
(40)「昭和十二年度国民精神総動員中央連盟事業概要」長浜編『国民精神総動員運動』七九頁。
(41)「家庭、銃後両委員会実践具体案を決定　家庭委員会　特別委員会」『国民精神総動員』一九三八年二月一五日、三頁。
(42) 同前。
(43) 同前。
(44)「事務局日記」マイクロ〇三一。
(45)「事務所日誌」『女性展望』一九三八年三月、二七頁。
(46)「家庭実践ニ関スル調査委員会（二月七日）開催通知」（一九三八年二月五日）、「特別委員会案――家庭愛国運動」（一九三八年二月）マイクロ〇五七。
(47)「家庭、銃後両委員会実践具体案を決定　家庭委員会　第三回調査委員会」『国民精神総動員』一九三八年二月一五日、三頁。
(48)「『家』こそ国の礎　家庭報国の実を挙げよ　家庭に於ける実践項目」『国民精神総動員』一九三八年二月一五日、一頁。
(49) 同前。
(50)「市川ミサオ　聞き取り」二〇一〇年七月二三日。
(51)「昭和十二年度国民精神総動員中央連盟事業概要　第三文書篇」長浜編『国民精神総動員運動』二一五頁。
(52)「婦人界展望　日本婦人団体連盟の白米食廃止運動」『女性展望』一九三八年一月、三〇～三一頁。

(53)「社会時評座談会　白米食廃止運動について」『女性展望』一九三八年三月、九頁。
(54)同前。
(55)「家庭、銃後両委員会実践具体案を決定　家庭委員会　第三回調査委員会」『国民精神総動員』一九三八年二月一五日、三頁。
(56)「家庭実践ニ関スル懇談会（二月二五日）開催通知（昭和一三年二月一九日）」マイクロ〇五七。
(57)「家庭実践ニ関スル懇談会名簿」マイクロ〇五七。
(58)「家庭報国実践事項徹底的励行へ—婦人団体と協力」『国民精神総動員』一九三八年三月一日、二頁。
(59)「昭和十二年度国民精神総動員中央連盟事業概要」『国民精神総動員運動』五四〜五七頁、「家庭報国展覧会ニ関スル懇談会（三月一五日）名簿」、「家庭報国展覧会（四月九日〜一六日）懇談会（三月二六日）開催通知」（一九三八年三月二三日）マイクロ〇五七。
(60)市川『自伝』四四八頁。「国民精神総動員中央連盟主催家庭報国展覧会事務嘱託辞令」（市川房枝宛）（一九三八年三月一八日）マイクロ〇五七。
(61)「実益百パーセント　家庭報国展開く」『国民精神総動員』一九三八年四月一五日、五頁、「家庭報国展（昭和一三年三月九日〜一七日）」（国民精神総動員中央連盟主催）マイクロ〇五七。
(62)「婦選だより　講演」『女性展望』一九三八年四月、二八頁。
(63)「実践網ニ関スル調査委員会委員委嘱依頼状」マイクロ〇五七。
(64)「実践網に関する調査委員」『国民精神総動員』一九三八年四月一日。「実践網ニ関スル調査委員リスト（昭和一三年三月八日）」マイクロ〇五七。
(65)市川『自伝』四七四頁。
(66)「昭和十二年度国民精神総動員中央連盟事業概要」『国民精神総動員運動』八〇〜八一頁、「[第一回]実践網ニ関スル調査委員会（三月八日）開催通知」（一九三八年三月四日）、「実践網ニ関スル調査委員会（三月一八日）開催通知」（一九三八年三月一五日）、「第三回実践網ニ関スル調査委員会（三月二四日）開催通知」（一九三八年三月一九日）、「第四回実践網ニ関スル調査委員会（三月三一日）開催通知」（一九三八年三月二五日）マイクロ〇五七。
(67)「第一回実践網調査委員会ニ関スル調査委員会報告（概要）」マイクロ〇五七、「運動の徹底を期し実践網の確立へ　連盟実践委員会設置　第一回」『国民精神総動員』一九三八年四月一日、三頁。
(68)同前。
(69)「運動の徹底を期し実践網の確立へ　連盟実践委員会設置　第二回」『国民精神総動員』一九三八年四月一日、三頁。「第二回実践

網に関する調査委員会報告（概要）」マイクロ〇五七。
(70)「第三回実践網に関する調査報告（概要）」マイクロ〇五七、「運動の徹底を期し実践網の確立へ　連盟実践委員会設置　第三回」『国民精神総動員』一九三八年四月一日、三頁。
(71) 同前。
(72) 平林広人「東京市ニ於ケル一般市民ヲ対象トスル諸運動実践網ニ関スル一考察」（一九三八年三月三一日）マイクロ〇五七。
(73)「運動の徹底を期し実践網の確立へ　連盟実践委員会設置」『国民精神総動員』一九三八年四月一日、三頁。
(74)「第四回実践網に関する調査委員会報告（概要）」マイクロ〇五七。
(75)「運動の徹底を期し実践網の確立へ　連盟実践委員会設置」『国民精神総動員』一九三八年四月一日、三頁。
(76)「第五回実践網調査委員会開催通知（昭和一三年四月一一日）」市川資料二九八四。
(77)「国民精神総動員実践規準（伊藤修正案）、要項」「実践網設定の趣旨」（一九三八年）市川資料二九八四、『国民精神総動員』一九三八年四月一五日、七頁。
(78)「国民精神総動員実践網を完備す　自治運営の根基強化へ　連盟の具体案成る」『国民精神総動員』一九三八年四月一五日、一頁。
(79) 同前。
(80) 同前。
(81)「実践網運営を協議」『国民精神総動員』一九三八年五月一日、七頁。
(82) 市川房枝「国民精神総動員実践網と婦人」『女性展望』一九三八年五月、一一頁。
(83) 同前。
(84) 伊藤博「実践網とは」『昭和十二年度国民精神総動員中央連盟事業概要』一一一〜一一四頁、同「実践網とは」『国民精神総動員』一九三八年五月一日、三頁。興味深いことに、同引用部分は、精動中央連盟機関紙の『国民精神総動員』では削除されている。
(85) 長浜編『国民精神総動員運動』八〇〜八一頁。
(86) 伊藤「実践網とは」一一三頁。
(87)『宮本百合子選集』第五巻、安藝書房、一九四八年一月、あとがき。
(88)「昭和十二年度国民精神総動員中央連盟事業概要」『国民精神総動員運動』一二頁、「昭和十三年度国民精神総動員事業概要」『国民精神総動員運動』一一頁。
(89) 中島明子「政治経済界の近況を語る　電力国家管理案とは」『女性展望』一九三八年二月、一一頁。

(90) 中島明子「政治経済界の近況を語る　国家総動員法案とは?」『女性展望』一九三八年三月、一〇頁。
(91) 中島明子「政治経済界の近況を語る　人民戦線第二次検挙」『女性展望』一九三八年三月、一二頁。
(92) 市川房枝「身辺随想　美濃部氏の応援を決意するまで」『婦人展望』(一九六七年三月)、『市川房枝集』第六巻、日本図書センター、一九九四年、三七五頁。
(93) 「非常時国民生活様式委員会委員」『国民精神総動員』一九三八年七月一日、二頁。
(94) 「非常時新生活様式委員会に協力」『女性展望』一九三八年七月、二八頁。
(95) 「非常時国民生活様式委員会趣旨」『国民精神総動員』一九三八年七月一日二頁。「昭和十三年度国民精神総動員中央連盟事業概要」一一八頁。
(96) 同前、一一八〜一一九頁、一二四頁。「第二回非常時国民生活様式委員会(一九三八年七月四日)報告(概要)」マイクロ〇〇六。「委員会の経過」『国民精神総動員』一九三八年七月一五日、二頁。
(97) 同前。「非常時国民生活様式委員会趣旨、特別委員名簿」マイクロ〇〇六。
(98) 「昭和十三年度国民精神総動員中央連盟事業概要」一二〇頁。
(99) 同前、一二〇〜一二一頁。
(100) 同前、一二一頁、一二五頁。「非常時国民生活様式に関する決定事項」(一九三八年七月一四日)マイクロ〇五七。
(101) 「昭和十三年度国民精神総動員中央連盟事業概要」一二五頁、「国民実践事項」「上申事項」『国民精神総動員運動』一九三八年七月一五日、二頁。
(102) 「昭和十三年度国民精神総動員中央連盟事業概要」一二一頁。
(103) 同前、一二二頁。
(104) 「婦人界展望　非常時生活様式に婦人委員活躍」『女性展望』一九三八年八月、一九頁。
(105) 「昭和一三年度国民精神総動員中央連盟事業概要」一二二頁。
(106) 同前、一二二〜一二三頁。
(107) 同前。
(108) 「非常時生活様式の第二次実践事項決まる=画期的な国民儀礼章=真摯、専門委員会」『国民精神総動員』一九三八年八月一五日、五頁、「昭和十三年度国民精神総動員中央連盟事業概要」一二三頁、「非常時国民生活ニ関スル決定事項」(一九三八年八月)マイクロ〇〇六。

(109)「非常時国民生活様式の第二次実践事項決る」『国民精神総動員』一九三八年八月一五日、五頁、「昭和十三年度国民精神総動員中央連盟事業概要」一二六〜一三〇頁。
(110) 市川『自伝』四六八頁、「物の利用更生展開く」『国民精神総動員』一九三八年九月一日、三頁。
(111)「指導層啓発に生活様式講習会、生活改善中央会の試み」『国民精神総動員』一九三八年九月一日、七頁。
(112)「物価調査委員に婦人を排斥か――当局並びに婦人側の主張を訊く」『婦女新聞』一九三八年九月一一日、二〜三頁。
(113)「内閣情報部の婦人団体懇談会」『女性展望』一九三八年一〇月、四頁。
(114) 金子しげり「婦人の立場から――内閣情報部との懇談にふれて」『婦女新聞』一九三八年一〇月九日、三頁。
(115)「昭和十三年度国民精神総動員中央連盟事業概要」一三〇頁。「戦時に相応しく服装を改善、服装調査委員会を設く」『国民精神総動員』一九三八年九月一五日、二頁、「服装ニ関スル委員会調査委員」委嘱状(一九三八年一一月五日)、マイクロ〇〇六。
(116)「昭和十三年度国民精神総動員中央連盟事業概要」一三〇〜一三五頁、「成案注目される――服装の委員会、近く特別委員会へ」『国民精神総動員』一九三八年一二月一五日、二頁、「第三回服装ニ関スル委員会報告概要」(一九三八年一二月一〇日) マイクロ〇〇六
(117)「昭和十三年度国民精神総動員中央連盟事業概要」一三三頁、「服装ニ関スル委員会特別委員委嘱状」(一九三八年一二月二六日)、「服装ニ関スル委員会特別委員会委員名簿」マイクロ〇〇六。
(118)「服装ニ関スル委員会第一回特別委員会報告概要」(一九三八年一二月二〇日) マイクロ〇〇六、「昭和十三年度国民精神総動員中央連盟事業概要」『国民精神総動員』一三五頁。
(119) 同前、一三五〜一三六頁。
(120)「服装ニ関スル委員会第二回特別委員会報告概要」(一九三八年一二月二二日)「特別委員会決定事項報告案」マイクロ〇〇六。
(121)「男子通常服の基本要綱を決定――服装特別委員会の審議着々進む」『国民精神総動員』一九三九年一月一日、二頁、「昭和十三年度国民精神総動員中央連盟事業概要」『国民精神総動員』一三七頁。
(122) 同前、一三六〜一三七頁、「事務局日記」マイクロ〇三三。
(123)『国民精神総動員』一九三八年一二月一五日、二頁。
(124)「各地婦人団体と連絡を図る――週間に際し連盟より婦人指導員を派遣」『国民精神総動員』一九三八年一二月一五日、二頁。
(125) 市川房枝「福岡、長崎両県を訪れて――地方視察員観察(三)」『国民精神総動員』一九一四年三月一日、四頁。
(126) 市川房枝「婦人団体の統制問題について」『女性展望』一九三八年二月、二〜三頁。同「国民精神総動員実践網と婦人」一一頁。
(127) 市川「福岡、長崎両県を訪れて」四頁。

(128)「婦人界　婦人団体の代表者達から小橋新東京市長へ要求」『婦女新聞』一九三七年七月一一日。
(129)「東京市国民精神総動員実行委員会委員・嘱託辞令　東京府」（一九三八年一〇月一二日）市川資料二九六九。
(130)「東京市国民精神総動員実行委員会委員候補者名簿」市川資料二九六九。
(131)「東京府国民精神総動員実行委員会　昭和一二年一一月現在　委員会名簿」市川資料二九七一。
(132)東京市長小橋一太「諮問」第一号（一九三七年一〇月一二日）、『第一回東京市国民精神総動員実行委員会記録』（一九三七年一〇月）四頁。市川資料二九六九。
(133)東京市国民精神総動員実行部「第一回東京市国民精神総動員実行委員会議事録」『第一回東京市国民精神総動員実行委員会記録』（一九三七年一〇月）五～六頁。市川資料二九六九。
(134)「東京府国民精神総動員婦人団体連絡会（仮称）委嘱状／目的」（一九三八年九月）市川資料二九七七。
(135)『東京日々新聞』一九三七年一〇月一二日。
(136)東京市国民精神総動員実行部「東京市国民精神総動員実行部委員会ニ於ケル常任幹事運動経過報告」『第一回東京市国民精神総動員実行委員会記録』一九三七年一〇月、一八頁。
(137)東京府／市「国民精神総動員婦人団体打ち合わせ会（一〇月二八日）出席者名簿」（一九三七年）マイクロ〇五七
(138)「東京府・東京市及各種婦人団体主催ノ国民精神総動員婦人大会ニ於ケル申合」（一九三七年一一月九日）マイクロ〇〇五、「東京府・市及各種婦人団体主催国民精神総動員大講演会（一一月九日）協力依頼通知」（一九三七年一一月五日）マイクロ〇五七、「国民精神総動員婦人大講演会（昭和一二年一一月九日）、案内、要項、事務分担表」市川資料二九六七。
(139)「国民精神総動員大講演会通知」（一九三七年一〇月八日）マイクロ〇〇五。
(140)市川『自伝』四四四頁、「婦人団体幹部打合会順序、申合せ」「家庭ノ浸透化ヲ図ル方法（案）」市川資料二九六七。
(141)「国民精神総動員　第二回特別委員会開催（昭和一三年三月二五日）通知」市川資料二九七六。
(142)「婦人界展望　国民精神総動員の家庭実践運動」『女性展望』一九三八年六月、二〇頁。「事務嘱託通知書」市川房枝記念会女性と政治センター・小澤武信編集「市川房枝デジタル写真集」ＩＤ六四八九。
(143)「婦人評論家［東京府国民精神総動員実行部主催懇談会］（七月二二日）名簿」マイクロ〇五七。
(144)「銃後後援強化週間実施ニ当リ連絡員会開催ノ件」（一九三八年九月）市川資料二九七七。
(145)「国民精神総動員婦人団体連絡員推薦方依頼及会ノ要綱」（一九三八年九月）市川資料二九七七。
(146)「婦人界展望　婦人団体の連絡統制問題」『女性展望』一九三八年一〇月、一九頁、「銃後後援強化週間実施ニ当リ連絡委員会開催ノ件」（一九三八年九月）、「婦人団体連絡協議会順序」（一九三八年九月一二日）、委員名簿、市川資料二九七七。

(147)「国民精神総動員婦人団体連絡員推薦方依頼及会ノ要綱」（一九三八年九月）市川資料二九七七。

(148)「地方総動員会議出席者（一覧）」（一九三八年一二月八日、九日）マイクロ〇五七。

(149)「婦選だより　東京市生活刷新協議会に協力」『女性展望』一九三八年一二月、一八頁。

(150)「生活刷新婦人協議会申合せ」（一九三八年一二月八日）マイクロ〇〇六。

(151)「生活刷新運動具体的方策打合会案内（昭和一三年一一月二二日）」（はがき）マイクロ〇〇六。

(152)進藤久美子「準戦時体制下の市川房枝——日本型ジェンダー・ポリティックスの創生」『現代史研究』第七号、東洋英和女学院大学現代史研究所、二〇一一年、四三～四九頁。

(153)市川房枝「宴会の制限について」『国民精神総動員』一九三八年九月一日、五頁。

(154)大室政右『渦巻く時流の中で——国民精神総動員運動の三年間』現代史調査会、一九八八年、一〇〇～一〇二頁。

(155)同前、一〇〇～一〇一頁。

(156)同前、一〇二頁。

(157)同前。

第7章　国民精神総動員運動の政府委員としての活動

(1)「帝国政府声明」（一九三八年一一月三日）、「近衛総理大臣ラヂオ放送」（一九三八年一一月三日）（東京府発）マイクロ〇〇六。

(2)「近衛内閣総理大臣談（一九三八年一二月二二日）」マイクロ〇〇七。

(3)「時局政治経済問題」『女性展望』一九三九年二月、二頁。

(4)市川房枝「新内閣と婦人の力」『読売新聞』一九三九年一月六日。

(5)中島明子「政界の近況を語る」『女性展望』一九三七年二月、一三頁。

(6)市川房枝「対談　新東亜の建設と女性」『女性展望』一九三九年五月、一二頁。

(7)市川「新内閣と婦人の力」。

(8)「国民精神総動員強化方策」（一九三九年二月九日閣議決定）マイクロ〇〇七、〇〇八。

(9)「国民精神総動員［委員］会官制（一九三九年三月二八日公布）」マイクロ〇〇八。

(10)市川房枝「両県を訪れて——地方視察員監察（三）」『国民精神総動員』一九三九年三月一日。

(11)「連盟の陣容を一新――長期建設へ再出発」『国民精神総動員』一九三九年三月一日、二頁。
(12) 市川房枝「女の立場から」『読売新聞』一九三九年二月二四日。
(13)「国民精神総動員中央連盟改組に際しての陳情書(案)」(一九三九年二月一六日) マイクロ〇〇七。
(14) 市川房枝「婦人運動に望むもの――三つの希望」『婦女新聞』一九三九年三月五日。
(15) 瀬尾芳夫「力の分散を警む――改組後の精動連盟益々婦人に期待」『婦女新聞』一九三九年三月五日。
(16)「国民精神総動員委員会官制」(昭和一四年三月二八日公布、勅令第八〇号) マイクロ〇〇八。
(17)「国民精神総動員委員会幹事辞令書(一九三九年三月二八日)」市川資料、三三〇一、二九八七。
(18) 市川房枝研究会『市川房枝の言説と活動――年表で検証する公職追放 一九三七～一九五〇』市川房枝記念会出版部、二〇〇八年、六二～七二頁(一月三〇日、二月七日、四月一〇日、五月五日、六月七日)。
(19) 市川房枝『市川房枝自伝(戦前篇)』新宿書房、一九七四年、四七四頁。
(20) 市川房枝『「滅私代弁」の辞』『婦女新聞』一九三九年四月九日。
(21) 同前。
(22)「国民精神総動員委員会官制」マイクロ〇〇八。
(23) 内閣情報部「国民精神総動員運動に関する各方面の意見」(一九三九年四月)『精調』第一号、マイクロ〇〇七。
(24)「国民精神総動員新展開の基本方針」(一九三九年四月一一日閣議決定) マイクロ〇〇八。
(25)「第一回国民精神総動員委員会幹事会(三月二九日)開催通知」(一九三九年三月二八日)、「第二回国民精神総動員委員会幹事会(四月一日)開催通知」(一九三九年三月二九日)、「国民精神総動員委員会の議事に関する申合せ(案)」(一九三九年三月二九日)、「国民精神総動員の新展開方針(案)」(一九三九年三月二九日)、「国民精神総動員の新展開方針(案)」(一九三九年四月一日) 市川資料二九八七。
(26)「資料六七 精動委員会関係記録(概要)一九三九年」吉田裕・吉見義明編集/解説『資料日本現代史 一〇 日中戦争期の国民動員』大月書店、一九八四年、二〇七頁。
(27) 同前、二〇八頁。
(28) 同前、二〇九～二一一頁。
(29)「国民精神総動員の新展開方針(案)」(一九三九年四月六日)、「国民精神総動員の新展開方針(特別委員会整理案)」(一九三九年四月七日) 市川資料二九八七。

(30)「精動の新展開方針ニ関スル情報部案――資料六七　精動委員会関係記録（概要）一九三九年」吉田・吉見編『資料日本現代史　一〇』二〇六頁。
(31) 市川『自伝』四七五頁。
(32)「国民精神総動員委員会幹事会（四月一五日）開催通知」（一九三九年四月一〇日）市川資料二九八七。
(33)「物資活用方策（案）」（一九三九年四月一三日）市川資料二九八七。
(34)「第三回幹事会摘要――資料六七　精動委員会関係記録（概要）一九三九年」吉田・吉見編『資料日本現代史　一〇』二一二頁。
(35) 同前、二一二～二一三頁。
(36) 同前、二一四頁。
(37) 同前、二一六頁。
(38)「昭和十四年度国民精神総動員中央連盟事業概要」『国民精神総動員運動』四一頁、四五頁。
(39) 竹内茂代・市川房枝「委員報告会（昭和一四年五月一七日）について」市川資料二九八五。
(40)「事務局日記」マイクロ〇三三。
(41)「定例研究会記録・報告　第二回（昭和一四年四月一五日）」マイクロ〇〇八。
(42)「第五回精動委員会経過（摘要）　資料六七　精動委員会関係記録（概要）」吉田・吉見編『資料日本現代史　一〇』二二二頁。
(43) 同前、二二三頁。
(44) 同前、二二六頁。
(45)「特別委員指名通知」（一九三九年五月二六日）市川資料二九八七。
(46) 神田文人編『昭和史年表』小学館、一九九〇年、三三頁。
(47) 市川房枝「物動計画と消費者」『読売新聞』一九三九年五月三〇日。
(48)「第二特別委員会（六月一日）開催通知」（一九三九年五月二六日）市川資料二九八七。
(49)「公私生活を戦時体制化さすための基本方策に関する精動特別委員会経過報告　資料六七　精動委員会関係記録（概要）」吉田・吉見編『資料日本現代史　一〇』二三〇頁。
(50) 同前、二三〇～二三一頁。
(51)「第二特別委員会（第二回）経過　資料六七精動委員会関係記録（概要）」吉田・吉見編『資料日本現代史　一〇』二三九～二四〇頁。
(52)「第二特別委員会小委員会（第一回）経過　資料六七　精動委員会関係記録（概要）」吉田・吉見編『資料日本現代史　一〇』二四

三頁。
(53) 同前、二四五頁。
(54) 内閣情報部「新展開後ノ精動日誌一覧　昭和一四年一一月」マイクロ〇〇八。
(55) 「婦人代表の言葉」『婦女新聞』一九三九年七月一六日。
(56) 同前。
(57) 同前。
(58) 同前。
(59) 平沼騏一郎「内閣告諭号外」『国民精神総動員』一九三九年八月一五日、マイクロ〇〇七。
(60) 市川房枝「興亜奉公日はこうして過ごせ　児童の健康相談や廃品の整理デー」『読売新聞』一九三九年八月一七日。
(61) 大室政右「国民精神総動員運動の回想」『国民精神総動員――国民精神総動員中央連盟機関紙』第二巻、緑蔭書房（復刻版）、一九九四年、巻末二頁。
(62) 「各団体地方指導者のブロック別協議会開催」『国民精神総動員』一九四〇年一月一五日。
(63) 「各地方に再び婦人視察員派遣」『国民精神総動員』一九三九年四月一日。
(64) 「精動ページ　精動委員及び幹事の地方視察」『女性展望』一九四〇年一月、二九頁。
(65) 「戦時下婦人の説教的活動促進――婦人団体各代表者の忌憚なき意見を訊く」『国民精神総動員』一九三九年六月一五日。
(66) 「国民精神総動員委員会策定諸方策中の婦人関係事項についての検討会」（七月一七日）開催通知、委員：竹内茂代、幹事：市川房枝（昭和一四年七月一二日）、マイクロ〇五七。
(67) 内閣情報部「婦人評論家懇談会開催通知」（一九三九年九月六日）マイクロ〇〇七、「国民精神総動員ニ関シ部外トノ諸会合」（一九三九年一〇月三一日）マイクロ〇〇八。
(68) 「貯蓄委員会設置委員会委員委嘱通知」マイクロ〇一〇。
(69) 「婦人界展望　大蔵省貯蓄奨励に婦人嘱託卅一名選任」『女性展望』一九三九年四月、一八頁。
(70) 市川房枝「女の立場から　婦人督戦隊」『読売新聞』一九三九年三月一一日。
(71) 市川房枝「婦人の貯蓄督戦隊に『舌』の訓練所を造れ！」『読売新聞』一九三九年三月二五日。
(72) 「一〇〇億貯蓄と家庭婦人の覚悟座談会（六月二四日）要項他」（一九三九年）マイクロ〇五七。
(73) 「消費調査（六月一七日実施）及び家計相談所（六月一五日〜二一日開所）の集計調査結果報告――政府当局に対しての建議（一

九三九年七月三一日）整理委員、河崎夏、高良富子、松岡久子、市川房枝」マイクロ〇五七。
(74) 山川菊栄「政府の女性徴用」『朝日新聞』一九三九年六月二四日。
(75) 山川菊栄「婦人の団体行動」『朝日新聞』一九三九年六月二五日。
(76) 市川房枝「行動の中から」『婦選』一九三九年七月、二頁。
(77) 「婦人界展望」『女性展望』一九三九年一一月、二〇～二一頁。
(78) 「是か非か三婦統合問題──各当事者の意見を聞く」『読売新聞』一九三九年一〇月一一日。
(79) 市川房枝「精動婦人部の実現？」『読売新聞』一九三九年七月一一日。
(80) 市川房枝「国民精神総動員中央連盟婦人部・組織並にその事業大綱私案」マイクロ〇〇六。
(81) 「時局政治問答」『女性展望』一九三九年九月、二六頁。
(82) 市川房枝「新内閣に望む」『読売新聞』一九三九年八月三〇日。
(83) 「婦人代表の言葉」『婦女新聞』一九三九年七月一六日。
(84) 「国民精神総動員本部成立経過」「昭和十五年度国民精神総動員本部事業概要」『国民精神総動員運動』三～四頁。
(85) 「国民精神総動員本部規約（昭和一五年四月二四日）」「同事業概要」一六～一九頁。
(86) 堀切善次郎「根本方針（精動の再出発に当たりて）」「同事業概要」一九頁。
(87) 市川房枝「婦人の重要性──精動参与に選ばれて」『朝日新聞』一九三九年四月二九日。
(88) 市川房枝「国民総動員と婦人」マイクロ〇〇八。
(89) 「昭和十五年度国民精神総動員本部事業概要」『国民精神総動員運動』三三九頁、婦人連絡協議会懇談会は同年七月五日、九月一三日にも開催された。
(90) 「堀切精動理事長　婦人の活躍に期待──東日座談会より抜粋」『女性展望』一九四〇年五月、二六頁。
(91) 「婦人界展望　精動本部　婦人部設置か」『女性展望』一九四〇年七月、二六頁。
(92) 「昭和十五年度国民精神総動員事業概要」『国民精神総動員運動』三三九頁。
(93) 「婦人界展望　改組精動　八婦人を参与に」『女性展望』一九四〇年六月、二二頁。
(94) 「国民精神総動員本部通知　理事委嘱の件（一九四〇年七月一五日）」マイクロ〇〇八。
(95) 「婦人理事実現」『国民精神総動員』一九四〇年七月一五日、二頁。
(96) 「上流家庭などへ贅沢全廃の巨弾──委員会で方策決定」『国民精神総動員』一九四〇年八月一日、一頁。

(97) 「帝都の辻々に贅沢奇襲隊――婦人推進班が活躍」『国民精神総動員』一九四〇年八月一五日。「婦人界展望―其後の贅沢全廃運動―街頭推進班の出動」『女性展望』一九四〇年九月、二四頁。
(98) 東京府「昭和十四年度東京府国民精神総動員実施ノ基本要綱」マイクロ〇〇七。
(99) 「婦人側ノ協力ニツイテ懇談会(八月一四日)案内」(一九三九年)市川資料二九七九。
(100) 東京市「婦人団体連絡委員会開催通知 (一九三九八月二二日)」マイクロ〇〇七。
(101) 東京市「東京市国民精神総動員婦人講演会(一〇月三〇日)案内」(一九三九年一〇月二四日)市川資料二九七九。
(102) 東京府「民間所在金集中運動婦人団体懇談会開催通知」(一九四〇年二月一二日)マイクロ〇〇八。
(103) 国民精神総動員東京府本部「参与・幹事依頼 市川房枝宛来信」(一九四〇年六月)市川資料二九八〇。
(104) 東京市国民精神総動員婦人団体連絡委員会「贅沢全廃婦人推進班運動実施要項」(一九四〇年)市川資料二九八〇。
(105) 「婦人界展望 国民食の基準栄養決る」『女性展望』一九四〇年一二月、一八～一九頁。
(106) 「委員総会」『日本婦人団体連盟ニュース』第三号、一九三七年一二月二八日、四頁、マイクロ〇四二。

第8章 国民精神総動員運動下の婦選活動

(1) 市川房枝『市川房枝自伝(戦前篇)』新宿書房、一九七四年、四四三頁。
(2) 「日本婦人団体連盟組織会準備報告(一九三七年九月一七日)」マイクロ〇四二。
(3) 「日本婦人団体連盟組織会(九月二八日)開催通知」(一九二七年九月二二日)、「日本婦人団体連盟組織会(九月二八日)記録」(一九三七年)マイクロ〇四二。
(4) 「日本婦人団体連盟加盟団体及推薦中央委員指名」(九月二八日現在)マイクロ〇四二。
(5) 「日本婦人団体連盟宣言」『日本婦人団体連盟ニュース』第一号、一九三七年二月六日、二頁、マイクロ〇四二。
(6) 日本婦人団体連盟「事務所決定及び第一回中央委員会(一〇月一〇日)開催通知」(一〇月七日)マイクロ〇〇七。
(7) 日本婦人団体連盟「第一回中央委員会(昭和一二年一〇月一〇日)記録」マイクロ〇四二。
(8) 「日本婦人団体連盟研究委員会要項」マイクロ〇四二。
(9) 日本婦人団体連盟「第一回中央委員会(昭和一二年一〇月一〇日)記録」。
(10) 日本婦人団体連盟「講演及び協議会(一〇月三〇日)開催通知」(一九三七年一〇月二七日)マイクロ〇四二。
(11) 「婦人は家庭の灯 力強き申合せ 東京婦人大会の盛況」『国民精神総動員』一九三七年一二月一日。

(12) 日本婦人団体連盟「結成記念国民生活総動員婦人講演会（一一月一三日）開催通知」（一九三七年一一月四日）マイクロ〇四二。
(13) 「事務所日誌」『女性展望』一九三八年一月、三九頁。
(14) 日本婦人団体連盟「栄養指導問題特別委員会第一回委員会（一二月三日）開催通知」マイクロ〇四二、「第三回中央委員会記録―研究委員会報告」マイクロ〇四二。
(15) 「日本婦人団体連盟の白米食廃止運動」『女性展望』一九三八年一月、三〇～三一頁。日本婦人団体連盟「白米廃止運動実行委員依頼（昭和一二年一二月一五日）」市川資料三〇二四。
(16) 「日本婦人団体連盟時局対策第一回決定事項」（一九三七年一二月二一日）マイクロ〇四二。
(17) 「家庭、銃後、風潮、農村、各調査委員会開く」『国民精神総動員』一九三八年一月一日。
(18) 日本婦人団体連盟「白米食廃止運動懇談会（一月二八日）出席依頼通知」（役員・実行委員宛）（一九三七年一月二四日）マイクロ〇四二。
(19) 「日本婦人団体連盟の白米廃止懇談会」『女性展望』一九三八年二月、一三頁。
(20) 「白米食廃止運動――日本婦人団体連盟概要（一九三八年二月五日）」マイクロ〇四二。日本婦人団体連盟・芸術映画社製作「白米追放　一巻」（主食改善宣伝映画シナリオ）（一九三八年）マイクロ〇四二。
(21) 「業界権威を招き白米食懇談会」『国民精神総動員』一九三八年二月一五日、白米食廃止実行委員会（日本婦人団体連盟）「米穀商招待懇話会（二月一四日）」市川資料三〇二四。
(22) 日本婦人団体連盟「白米食廃止に関する懇談会（二月一九日）開催通知」（一九三七年二月一二日）マイクロ〇四二。
(23) 日本婦人団体連盟「白米食廃止運動懇談会（三月一七日）開催通知」（一九三八年三月一二日）マイクロ〇二四、「日本婦人団体連盟とは？」マイクロ〇二四。
(24) 同前。
(25) 「家庭、銃後、風潮、農村、各調査委員会開く」『国民精神総動員』一九三八年一月一日。
(26) 「家庭、銃後両委員会実践具体案を決定」『国民精神総動員』一九三八年一月一五日。
(27) 日本婦人団体連盟「消費節約研究委員会第一回例会（一二月一日）開催通知」（一九三七年一一月三日）、「消費節約研究委員会第二例会（一二月七日）開催通知」（一九三七年一一月三〇日）マイクロ〇四二。
(28) 市川『自伝』四五一～四五二頁。
(29) 日本婦人団体連盟「第一回婦人労働研究委員会（一二月三日）開催通知」（一九三七年一一月二九日）、日本婦人団体連盟時局対策

第一回決定事項（一九三七年一二月二一日）、日本婦人団体連盟「婦人の坑内労働禁止緩和反対のため当局に陳情せる要請書（写）」マイクロ〇四二。
(30) 日本婦人団体連盟「第五回中央委員会記録」（一九三八年二月一九日）マイクロ〇四二。
(31) 日本婦人団体連盟「性病予防実行委員会第一回会合（三月三日）開催通知」（一九三八年二月二四日）マイクロ〇四二。
(32) 日本婦人団体連盟「性病予防懇談会（三月一五日）開催通知」（一九三八年三月九日）マイクロ〇四二。
(33) 市川『自伝』四五二頁。
(34) 日本婦人団体連盟「時局婦人大会［第一回］準備委員会（二月二四日）開催通知」（一九三八年二月二一日）マイクロ〇四二。
(35) 時局婦人大会出席者一同「皇軍に対する感謝決議（案）」（一九三八年三月一三日）マイクロ〇四二。
(36) 日本婦人団体連盟「時局婦人大会プログラム」マイクロ〇四二。
(37) 日本婦人団体連盟「時局婦人大会『申合（案）』」（一九三八年三月一三日）マイクロ〇四二。
(38) 「昭和一三年度第一回総会（一九三八年五月一五日）運動方針案」「出席者名簿」マイクロ〇一五。
(39) 日本婦人団体連盟「中央委員会記録―第十回」『婦人団体連盟ニュース』第二号、一九三八年八月一日、四頁、マイクロ〇〇七。
(40) 日本婦人団体連盟会長ガントレット恒子「特別委員会（七月七日）開催ご案内」（一九三八七月二日）マイクロ〇四二。
(41) 日本婦人団体連盟「第十回中央委員会（七月一五日）開催通知」（一九三九年七月一二日）マイクロ〇四二。同「中央委員会記録―第十回」『日本婦人団体連盟ニュース』第二号、一九三八年八月一日、四頁、マイクロ〇〇七。
(42) 日本婦人団体連盟「［託児所問題特別委員会］準備会（四月二八日）開催通知」（一九三九年四月二三日）、同「街に放り出されてゐる子供の実情調査」マイクロ〇四二。
(43) 「中央委員会記録―第十回」『婦人団体連盟ニュース』第二号、一九三八年八月一日、四頁、マイクロ〇〇七。日本婦人団体連盟「天幕託児所開設要項」一九三八年八月、マイクロ〇二四。
(44) 平田のぶ「天幕託児所（公園子供会）報告」マイクロ〇四二。
(45) 「買溜防止協議会」『婦人団体連盟ニュース』第二号、一九三八年八月一日、一頁、マイクロ〇〇七。日本婦人団体連盟「買溜防止協議会（七月二一日）開催通知」、同「買溜防止協議会（七月二一日）出席者［リスト］控」（ペン）マイクロ〇四二。
(46) 日本婦人団体連盟「経済強調週間『街頭に無駄を拾ふ日』街頭調査（七月二二日）、ビラ（一九三八年七月一八日）／街頭調査票」マイクロ〇四二、「街頭にムダを拾ふ」『婦人団体連盟ニュース』第二号、一九三八年八月一日、一頁、マイクロ〇〇七。
(47) 「［不用品交換即売会経過報告」『婦人団体連盟ニュース』第三号、一九三八年一二月五日、一～三頁、マイクロ〇〇七。

(48) 婦選獲得同盟（市川房枝）「［不用品交換即売会］出品依頼」（一九三八年九月一〇日）マイクロ〇四二。
(49) 「各団体別募集点数及支払金額等一覧表」『婦人団体連盟ニュース』第三号、一九三八年一二月五日、三頁、マイクロ〇〇七。
(50) 「委員総会」『日本婦人団体連盟ニュース』第三号、一九三八年一二月五日、四頁。
(51) ガントレット恒子（日本婦人団体連盟会長）「戦時生活協議会開催について」（一九三九年三月一九日）マイクロ〇四二、〇〇七。
(52) 「戦時生活協議会協議事項報告」（一九三九年四月）マイクロ〇四二。
(53) 「連盟創立二周年記念会」『婦人団体連盟ニュース』第五号、一九三九年一〇月二五日、二頁、マイクロ〇〇七。
(54) 同前。
(55) 「連盟の新運動方針確立――時局に添ひ加盟団体の実状に即す」『婦人団体連盟ニュース』第五号、一九三九年一〇月二五日、一頁、マイクロ〇〇七。
(56) 市川『自伝』四七三頁。市川房枝研究会『市川房枝の言説と活動――年表で検証する公職追放　一九三七―一九五〇年』市川房枝記念会出版部、二〇〇八年、六二～六四頁。
(57) 「婦人時局研究会組織準備について」（一九三九年二月九日）マイクロ〇二九。
(58) 「国民精神総動員中央連盟改組に際しての陳情書」（一九三九年二月一六日）マイクロ〇二九。
(59) 「女性の固め　銃後の使命を語り合った〝婦人時局懇談会〟」『朝日新聞』一九三九年二月二〇日。
(60) 「［婦人時局研究会］発会会員懇談会（昭和一四年二月一八日）開催通知、規約・申込書（昭和一四年二月一一日）」マイクロ〇二九、「婦人時局研究会規約（案）」市川資料二七二六。
(61) 「婦人界展望」『女性展望』一九三九年四月、一八頁。
(62) 婦人時局研究会「貯蓄奨励問題特別研究グループ懇談会（三月二四日）案内通知」（一九三九年三月二〇日）マイクロ〇二九。
(63) 婦人時局研究会「第四回定例研究会（六月二四日）事務報告」マイクロ〇〇八。
(64) 山高（金子）しげり「市川房江《ママ》さん」『人物評論』第一巻第二号、人物評論社、一九四六年二月、一二頁。
(65) 婦人時局研究会「事務報告」マイクロ〇〇八、「第一回研究持寄り会（一九三九年五月二六日）―時局下の婦人労働問題（谷野せつ）」、「第二回（一九三九年六月一六日）―時局下の女子教育」、「第三回（一九三九年七月一四日）―農村婦人問題について（丸岡秀子他）」、「第四回（一九三九年八月一八日）―時局下の児童問題（帯刀貞代）」、「第五回（一九三九年九月二二日）―遺家族の指導について（金子茂）」マイクロ〇二九。
(66) 婦人時局研究会「定例研究会、研究持寄り会事務報告」一九三九年五月～一二月、マイクロ〇〇八。

(67) 婦人時局研究会「第十回定例研究会(一月二〇日)報告」マイクロ〇〇八。

(68) 婦人時局研究会「女子青年の組織研究小委員会(一九四〇年九月一二日)通知」、「定例研究会(一一月一六日)通知――青年部会合について」(一九四〇年一一月一二日)マイクロ〇〇八。青年部会は後に水曜時局会と改称し、戦争末期は水曜会と呼ばれた。

(69) 婦人時局研究会「第一回青年部会合(一一月一五日)報告」(一九四〇年一一月二一日)マイクロ〇〇八。

(70) 市川研究会『市川房枝の言説と活動』六七〜六九頁。「事務局日記」マイクロ〇三三。

(71) 婦人時局研究会「第一回定例研究会」(一九三九年三月一八日)マイクロ〇二九。「定例研究会記録・報告　第二回(一九三九年四月一五日)―第九回(一九三九年一一月二五日)」マイクロ〇〇八。

(72) 市川房枝「新政治体制と婦人」『女性展望』一九四〇年七月、一頁。

(73) 「婦人時局研究会々報」『女性展望』一九四〇年一〇月、二八頁。

(74) 「婦人時局研究会概要」マイクロ〇〇八。

(75) 「皇紀二六〇〇年記念　婦選創立一五周年記念事業　仮称婦人問題研究所の設立(案)」市川資料二七七〇。市川房枝「研究所会報発刊に際して」『婦人問題研究所々報』発刊号、一九四二年一二月一五日。

(76) 「婦人問題研究所設立関係資料、創立趣意書(昭和一五年一月)」マイクロ〇二八。

(77) 同前。

(78) 同前。

(79) 「序文」市川房枝編『婦人界の動向――婦人年報第一号』第一号、文松堂、一九四四年、一頁。

(80) 同前。

(81) 市川『自伝』五〇一頁。

(82) 「婦選だより　本部会合」『女性展望』一九四〇年九月、三二頁。

(83) 『朝日新聞』一九四〇年八月二七日。

(84) 「『婦選』も解散す、前途も荊の道、語る市川女史」『読売新聞』一九四〇年八月二七日。

(85) 藤田たき「婦選解消の臨時総会の記」『女性展望』一九四〇年一〇月、三四頁。

(86) 金子しげり「再出発に当たりて」『女性展望』二七〜二九頁。

(87) 奥むめお「婦選獲得同盟の解消」『婦人運動』第一八巻八号、一九四〇年九月、四頁。

(88) 市川『自伝』五一三頁。

(89) この間竹中が中国情報を語ったのは、「支那の印象」『女性展望』一九四〇年四月においてのみである。ただし、同誌はこの時期、古賀久留美の「上海便り」「大陸通信」を最終号まで、折にふれて掲載する。

(90) 支那蔑視、支那膺懲の社会風潮に対する批判は「女性の社会時評座談会」でも、この時期繰り返し話題にのぼっている。以下を参照。一九三七年一〇月(一三〜一四頁)、一一月(六〜七頁)、一九三八年四月(八〜九頁)。

第9章 中国への旅――転向の契機

(1) 香川敦子『窓の女――竹中繁のこと』新宿書房、一九九九年、一三八〜一三九頁。

(2) 「昭和十二年度国民精神総動員中央連盟事業概要」長浜功編『国民精神総動員運動――民衆強化動員史料集成』明石書店、一九八八年、五六〜五七頁。

(3) 『婦女新聞』一九三九年一月二二日。

(4) 「女性の社会時評座談会」『女性展望』一九三九年五月、一二頁。

(5) 中島明子「時局政治経済問答」『女性展望』一九三九年七月、一七頁。

(6) 『女性展望』一九三九年二月、二八頁、「昭和一四年度事務局日記」マイクロ〇三三。

(7) 日本婦人団体連盟「第一回東亜問題研究委員会(二月二〇日)開催通知」(一九三九年二月一六日)マイクロ〇四二、望月百合子「満洲の婦人移民を語る」『女性展望』一九三九年三月、一四〜一五頁。

(8) 武藤富雄「最近の満州国事情」『女性展望』一九三九年七月、一四〜一六頁。

(9) 「昭和一四年度事務局日記」マイクロ〇三三。

(10) 婦選獲得同盟広告「第二回婦選時局講座開講」『女性展望』一九三九年一一月、五頁。

(11) 平貞蔵「東亜新秩序について」『女性展望』一九四〇年三月、八〜一〇頁。

(12) 「昭和一四年度事務局日記」マイクロ〇三三。

(13) 同前。

(14) 中島明子「時局政治経済問答　汪兆名と新支那統一政権」『女性展望』一九三九年八月、二頁。

(15) 中島明子「時局政治経済問答」『女性展望』一九三九年九月、三頁。

(16) 中島明子「時局政治経済問答　汪政権と事変処理基本方針」『女性展望』一九三九年一二月、三頁。

(17) 「座談会　大陸進出と婦人」『女性展望』一九四〇年五月、三頁。

(18) 市川房枝「私の頁　支那の旅より」『女性展望』一九四〇年三月、一七頁。
(19) 市川房枝『市川房枝自伝（戦前篇）』新宿書房、一九七四年、四九二頁。
(20) 「事務局日記」マイクロ〇三三。
(21) 「東亜連盟協会会員手牒」一九四〇年二月、市川資料二九一八。
(22) 「事務局日記」マイクロ〇三三。
(23) 市川『自伝』四九三頁。
(24) 同前、四九四頁。
(25) 同前、四九五頁。
(26) 石敬一「新中央政府と女子参政問題」『女性展望』一九四〇年四月、八〜九頁。
(27) 市川『自伝』四九六頁。
(28) 「支那通信第六報」『読売新聞』一九四〇年四月三日。
(29) 市川『自伝』四九七頁。
(30) 市川房枝「支那より——揚子江上にて」『女性展望』一九四〇年四月、一〇頁。
(31) 市川『自伝』四九八頁。
(32) 「婦選だより」『女性展望』一九四〇年五月、二八頁。
(33) 「婦選だより　役員動静」『女性展望』一九四〇年六月、二八頁。
(34) 「事務局日記」マイクロ〇三三。
(35) 市川房枝「支那通信第一報　汪精衛氏にきく中国婦人の地位」『読売新聞』一九四〇年三月八日。
(36) 市川「支那通信第二報　近衛声明に好感　中国インテリ婦人」『読売新聞』一九四〇年三月九日。
(37) 市川「支那通信第三報　日本の家庭婦人が軍事後援に活躍！」『読売新聞』一九四〇年三月一九日。
(38) 市川「支那通信第四報　興亜奉公日も軟調」『読売新聞』一九四〇年三月二二日。
(39) 市川「支那通信第五報　新支那の喜び」『読売新聞』一九四〇年三月二九日。
(40) 市川「支那通信第六報　婦人は婦人同士で」『読売新聞』一九四〇年四月三日。
(41) 市川「支那通信第七報　新政府と婦人」『読売新聞』一九四〇年四月九日。
(42) 市川房枝「新支那の女性　市川房枝に聴く会（1）汪氏が語る婦人観」『朝日新聞』一九四〇年四月一五日。

(43) 市川「新支那の女性　市川房枝に聴く会(2)汪氏夫人は政治家」『朝日新聞』一九四〇年四月一六日。
(44) 市川「新支那の女性　市川房枝に聴く会(3)南京に見る明るさ」『朝日新聞』一九四〇年四月一七日。
(45) 市川「新支那の女性　市川房枝に聴く会(4)良妻賢母を目指す」『朝日新聞』一九四〇年四月一八日。
(46) 市川「新支那の女性　市川房枝に聴く会(5)知識婦人との提携」『朝日新聞』一九四〇年四月一九日。
(47) 市川房枝「私の頁　支那の旅より」『女性展望』一九四〇年三月、一七頁。
(48) XYZ「時局政治問答」『女性展望』一九四〇年四月、二〜四頁。
(49) 市川「支那より　揚子江にて」一〇〜一一頁。
(50) 市川房枝「支那旅行の感想」『女性展望』一九四〇年五月、一〇〜一一頁。
(51) 同前。
(52) 同前。
(53) 同前。
(54) 同前。
(55) 同前。
(56) Fusae Ichikawa, "On My Return From China," *Japanese Women*, Vol. III, No. 3, May, 1940. 筆者訳。なお同論文は、本文で指摘した市川が帰国後おこなった「米国東部向けラジオ放送」と同一タイトルであり、内容も同じと推測できる。
(57) 「事務局日記」マイクロ〇三三。
(58) 田中未来『生きること育てること』福村出版、一九八七年、一〇一〜一〇三頁。
(59) 「田中未来さんに市川房枝の『軍部批判講演』を聞く」『婦人展望』一九九七年三月、一四〜一五頁。
(60) 「事務局日記」マイクロ〇三三。
(61) 田中『生きること育てること』九八〜一〇一頁。
(62) 平貞蔵「東亜新秩序について」八〜一〇頁。
(63) 同前。
(64) 板垣声明に呼応し、同月政府もまた「帝国政府声明」(『国民精神総動員』一九四〇年四月一日)を発表する。
(65) 「座談会　大陸進出と婦人」『女性展望』一九四〇年五月、四頁。
(66) 中島「時局政治経済問答　汪政権と事変処理基本方針」三頁。

(67) 板垣征四郎「支那派遣軍総司令官　声明」(一九四〇年三月一八日) 市川資料三三四七。

(68) 戦後辻は、衆議院議員、参議院議員を歴任し、一九六一年、東南アジア視察旅行中行方不明。市川は、辻の捜査状況を参議院本会議で質問している。

(69) 中島明子「時局政治経済問答　派遣軍将校に告ぐ」『女性展望』一九四〇年六月、九頁。

(70) 同前、九～一〇頁。

(71) 「板垣声明をよんで」『東亜連盟』第二巻第七号、一九四〇年七月、五二頁(『東亜連盟復刻版』第四巻、柏書房、一九九四年)。

(72) 「座談会　大陸進出と婦人」四頁。

(73) 市川房枝「巻頭言　日支條約と婦人」『女性展望』一九四一年一月、二頁。

(74) 市川房枝「巻頭言　国際情勢の緊迫」『女性展望』一九四一年二月、二頁。

(75) 三木清「日本人の性格改造」『女性展望』一九四〇年八月、六～八頁。

(76) 市川『自伝』四九二頁。

(77) 石敬一「中国婦人の現状」『女性展望』一九四〇年一二月、一四～一六頁。

(78) 石敬一「新中央政府と女子参政問題」八頁。

(79) 「姑娘(クーニャン)と語る——婦人時局研究会で」『婦女新聞』一九四〇年二月二九日。

(80) 婦人時局研究会「広東教育視察団婦人団員懇談会」市川資料二七三一。

(81) 同コラムは、東亜婦女会の春野鶴(子)、古賀(尼野)久留美が担当、以下がある。古賀久留美「上海便り」一九四〇年九月、一〇月、一二月、一九四一年八月、春野鶴「大陸通信」『女性展望』一九四一年二月、六月など。

(82) 「婦人時局研究会報(二月)」『女性展望』一九四一年三月、二八頁。

(83) 『報告』第四六号、『浅沼稲次郎文書』国立国会図書館憲政資料室、マイクロ一六。

(84) 市川『自伝』五二五頁。

(85) 『報告』第五五号。

(86) 『東亜連盟報告第七一号』一九四一年一一月二六日、市川資料一四七七。

(87) 「石原莞爾と意見を聞く会」(一〇月八日) 市川資料二九二五。

(88) 津久井竜雄『私の昭和史』創元社、一九五八年、一二七～一二八頁。

(89) 東亜連盟協会「中央参与会員辞令」(一九四一年一一月二五日)、マイクロ〇四二。

(90)『婦人問題研究所日記』マイクロ〇三六。
(91) 市川『自伝』五八一頁。
(92) 東亜連盟協会婦人部の発会式に関する資料は残されていない。一九四二年一月六日の石原莞爾の講話を聴く会が、発会式に相当する会である可能性が高い。
(93)「小集（一月六日）のお知らせ」（一九四二年一月二日）市川資料二八六四。
(94) 市川房枝「東亜連盟婦人部の構成並其運営要項（昭和一六年）」マイクロ〇四二。
(95) 野村乙二朗編『東亜連盟期の石原莞爾資料』同成社、一九九二年、六九頁。
(96)「東亜連盟婦人部第二回委員会（昭和一七年二月二五日）」市川資料二九二〇。
(97) 小泉菊枝「東亜連盟婦人運動について」『東亜連盟』一九四三年一二月、四～一三頁、『東亜連盟』一九四四年八・九月、一～九頁、「東亜連盟婦人運動の理念（一）正しい女性生活の確立へ」「東亜連盟婦人運動の概念」『東亜連盟』一九四四年八・九月、一〇～一一頁。
(98) 婦人時局研究会「中華民国に関する懇談会（昭和一八年四月四日）通知はがき」マイクロ〇一一。
(99)『婦人問題研究所々報』第五号、一九四三年八月。
(100) 白土菊枝『将軍石原莞爾』丸の内出版、一九九二年、一〇頁。
(101) 市川房枝「今までにない偉い軍人」石原莞爾全集刊行会編『石原莞爾全集』（一九七六年発行）推薦のことば、<http://homepage1.nifty.com/taku-nakajo/kannji.htm>。
(102) 佐高信「拝啓　市川房枝様――家出したノラたちをどうしますか」『経済と文化』第八巻七号、一九七六年八月、八〇頁。
(103) 市川房枝「主張　五・一五事件の公判に際して」『婦選』一九三三年八月、四頁。
(104) 市川『自伝』四九二頁。

第10章　新政治体制から大政翼賛体制へ――転向の軌跡

(1)『日本書紀』の記す神武天皇即位の年、紀元前六六〇年を皇紀元年とする。
(2)「紀元二六〇〇年建国祭実行委員委嘱状」（一九三九年一二月一一日）、「二六〇〇年建国祭『梅の節句』委員分担表」（一九三九年四月一〇日）マイクロ〇〇九。
(3)「近衛公の新党運動に、政府当分静観を持続」『東京朝日』一九四〇年六月二五日、中島明子「時局政治経済問答」一九四〇年七月、三頁、同所で市川は、近衛の決意を高く評価する。

(4) 下中彌三郎『翼賛国民運動史』翼賛運動史刊行会、一九五四年、八〇頁。
(5) 『東京朝日新聞』一九四〇年八月二日夕刊。
(6) 下中『翼賛国民運動史』八〇〜八二頁。
(7) 昭和研究会は一九三六（昭和一一）年、正式に発足。
(8) 『東京朝日新聞』一九四〇年七月二四日。
(9) 市川房枝「巻頭言　総選挙終わる」『女性展望』一九三二年三月、四頁。
(10) 中島明子「政界の近況を語る」『女性展望』一九三七年二月、一三頁。
(11) 市川房枝「政友会の問題」『朝日新聞』一九三九年五月一日。
(12) 市川房枝「新政治体制と婦人」『女性展望』一九四〇年七月、一頁。
(13) 中島明子「時局政治経済問答　枢相の更迭と新党運動の進展」『女性展望』一九四〇年七月、三頁。
(14) 市川房枝「新内閣に望む」『女性展望』一九四〇年八月、一頁。
(15) 市川房枝「新政治体制と婦人組織」『女性展望』一九四〇年九月、四頁。
(16) 市川「新政治体制と婦人」一頁。
(17) 婦人時局研究会「研究会通知（昭和一五年三月、五月、六月、七月、八月）」マイクロ〇二九。
(18) 婦人時局研究会（市川房枝）「新体制婦人団体協議会開催（昭和一五年八月三一日）通知及び出席団体名簿」マイクロ〇二九。
(19) 下中『翼賛国民運動史』九七頁。
(20) 同前、九八〜一三二、一三五頁。
(21) 「新体制の秋——精動愈々発展的解消す」『精動』一九四〇年一一月一日（『国民精神総動員』の紙名を前月から『精動』に変更）。
(22) 林廣吉「新体制とは何か」『女性展望』一九四〇年一〇月、二〜五頁。
(23) 「新体制婦人団体動揺——婦人時局研究会口火を切る」『女性展望』一九四〇年一〇月、三〇頁。
(24) 「婦人団体も解散の一歩手前」『婦女新聞』一九四〇年九月八日。
(25) 「事務局日記」マイクロ〇三三。
(26) 婦人時局研究会「婦人組織研究小委員会開催（九月五日）通知及び記録」市川資料二七三〇。
(27) 婦人時局研究会「主婦の組織研究小委員会開催（九月一二日）通知」市川資料二七三〇、「婦人時局研究会報告——婦人再組織案の発表」『女性展望』一九四〇年一〇月、三六頁。

(28)「新体制と婦人団体」(社説)『読売新聞』一九四〇年九月七日。
(29) 同前。
(30)「ひやかし気分一掃　有馬伯の談話に感謝す」『朝日新聞』一九四〇年八月六日。市川「新政治体制と婦人組織」四頁。
(31) 市川房枝「婦人を忘れた新国民組織」『女性展望』一九四〇年九月、一頁。
(32) 同前。
(33) 市川「新政治体制と婦人組織」四頁。
(34) 婦人時局研究会「国民組織としての婦人組織大綱私案」『女性展望』一九四〇年一〇月、一〇～一一頁。
(35)「座談会　隣組と主婦の組織」『女性展望』一九四〇年一〇月、一四頁。
(36) 同前、一五頁。
(37) 市川房枝「巻頭言　協力会議と婦人代表」『女性展望』一九四一年一月、二頁。
(38)「臨時中央協力会議会議録(大政翼賛会関係資料)」大政翼賛会、一九四一年、一九九頁。
(39) 同前、二〇〇～二〇三頁。
(40) 同前、二〇四～二〇五頁。
(41)『東京朝日新聞』一九四〇年一二月一八日。
(42) 市川「巻頭言　協力会議と婦人代表」三頁。
(43) 同前。
(44) 市川房枝「巻頭言　再び協力会議と婦人代表に就いて」『女性展望』一九四一年二月、三頁。
(45)「婦人時局研究会会合予告」『婦人展望』一九四一年二月、二七頁。
(46) 高良富子「婦人局はできる　婦人団体も統合さる　協力会議に出席して」『婦女新聞』一九四一年一月二九日、三頁。
(47) 市川「巻頭言　再び協力会議と婦人代表に就いて」三頁。
(48) 市川「巻頭言　協力会議と婦人代表」三頁。
(49)「婦人団体統合建議案委員会議速記録抄」『女性展望』一九四一年三月、四～五頁、下中『翼賛国民運動史』一〇六〇頁。
(50) 市川房枝『市川房枝自伝(戦前篇)』新宿書房、一九七四年、五二〇頁。
(51) 婦人時局研究会「婦人団体一元化協議会通知」(一九四一年三月二日) マイクロ〇〇六。
(52)「婦人団体一元化に関する建議書」『女性展望』一九四一年三月、六～七頁。

(53) 市川房枝「婦人団体の統合」『読売新聞』一九四一年二月一五日。
(54) 四回連載された『朝日新聞』記事は以下に転載されている。市川房枝「婦人団体の一元化」『女性展望』一九四一年五月、二四～二七頁。
(55) 市川房枝「組織の方式（一）」『朝日新聞』一九四一年四月一一日。
(56) 同前。
(57) 同前。市川房枝「組織の方法（二）」『朝日新聞』一九四一年四月一二日、同「隣組との関連」『朝日新聞』一九四一年四月一三日。
(58) 市川房枝「婦人と常会」『常会』一九四一年一月。同「隣組と主婦」（草稿）マイクロ〇〇九。
(59) 市川「指導と翼賛会」『朝日新聞』一九四一年四月一五日。
(60) 下中『翼賛国民運動史』一〇六〇頁。
(61) 市川『自伝』五三二頁。
(62) 同前。
(63) 同前。
(64) 同前、五三六頁。
(65) 婦人時局研究会「新婦人団体組織に関する懇談会（昭和一六年六月二四日、七月一六日）」マイクロ〇二九。
(66) 「可及的速に——各省連絡官会議で決定」『大政翼賛』一九四一年七月二日。
(67) 大政翼賛会「第二回準備会」『大政翼賛』一九四一年七月二日。
(68) 「新婦人団体の結成——下部組織と一体化」『大政翼賛』一九四一年七月二三日。
(69) 市川『自伝』五三八頁。
(70) 下中『翼賛国民運動史』一〇六一頁。
(71) 市川『自伝』五三八頁。
(72) 『朝日新聞』一九四一年一二月一一日（夕刊）。
(73) 市川房枝「巻頭言　翼賛議会開かれる」『女性展望』一九四一年一二月、二頁。
(74) 「第七十六議会の一般情勢」、「衆議院の二論点」、下中『翼賛国民運動史』一七五～一七七頁。
(75) 「貴族院の違憲論」、下中『翼賛国民運動史』一七八～一八〇頁。
(76) 「違憲論の批判と近衛首相の答弁」、下中『翼賛国民運動史』一八〇～一八五頁。

(77) 下中『翼賛国民運動史』一七五頁。
(78) 『大政翼賛会会報』一九四一年四月一六日。
(79) 市川房枝「大政翼賛会の改組と婦人」『女性展望』一九四一年三月、二～三頁。
(80) 同前、三頁。
(81) 同前。
(82) 市川房枝「今、女性はどういう心構えが必要か」『ホームグラフ』一九四〇年九月、『市川房枝集』第四巻、日本図書センター、一九九四年、二六六～二六九頁。
(83) 市川房枝「アメリカ女性へ送る公開状」『読売新聞』一九四一年三月四日。
(84) 市川房枝「会員の方々へのお願い」、「婦人時局研究会々報」『女性展望』最終号、一九四一年八月、一七頁。
(85) 「翼賛会婦人調査委員に聴く」『朝日グラフ』一九四一年六月。
(86) 由井正臣・比河賢三他編集／解説『資料日本現代史　一二　大政翼賛会』大月書店、一九八四年、四八九～四九三頁。
(87) 「第二調査委員会速記録（第一回）～（第三回）」、赤木須留喜・須崎慎一編／解説『大政翼賛運動資料集成』柏書房、一九八八年、一二七～一五八頁。
(88) 「第二調査委員会総会速記録（第三回）」、赤木・須崎編『大政翼賛運動資料集成』一五四～一五五頁。
(89) 「第二小委員会速記録、第一回～第七回」、赤木・須崎編『大政翼賛運動資料集成』一六四～二六一頁。
(90) 「政治一般の刷新と翼賛会強化案　一、国策の遂行貫徹に関する件」、赤木・須崎編『大政翼賛運動資料集成』二九八頁。
(91) 「第二委員会第二小委員会速記録（第一回）」、赤木・須崎編『大政翼賛運動資料集成』一六七頁。
(92) 「第二委員会第二小委員会速記録（第三回）」、赤木・須崎編『大政翼賛運動資料集成』一九四頁。
(93) 同前。
(94) 同前、一九五頁。
(95) 同前。
(96) 同前。
(97) 「第二委員会第五回第二小委員会速記録」赤木・須崎編『大政翼賛運動資料集成』二二六頁。
(98) 「資料一六四推進員の銓衡運営に関する件、第二委員会」、由井・比河編『資料日本現代史　一二』五〇五頁。
(99) 同前、五〇五頁。

(100)「第二調査委員会総会速記録(第三回)」、赤木・須崎編『大政翼賛運動資料集成』一五五頁。
(101)「第二委員会第二小委員会速記録(第一回)」一七一頁。
(102)「第二委員会第五回第二小委員会速記録」、赤木・須崎編『大政翼賛運動資料集成』二二〇頁、二二五頁。
(103)「第二小委員会速記録(第六回)」、赤木・須崎編『大政翼賛運動資料集成』二四〇頁。
(104)同前、二四二頁。
(105)同前、二四三頁。
(106)「資料一六五　国策の遂行貫徹に関する件　第二委員会」、由井・比河編『資料日本現代史　一二』五〇七頁。
(107)「第三委員会第三小委員会速記録(第一回)」、赤木・須崎編『大政翼賛運動資料集成』三九頁。
(108)同前、四〇頁。

第11章　「大東亜戦争」下の戦争協力――転向

(1)市川房枝「日独伊同盟と国民の覚悟」『女性展望』一九四〇年一〇月、一頁。
(2)市川房枝「巻頭言　日支条約の締結と婦人」『女性展望』一九四一年一月、二頁。
(3)同前。
(4)市川房枝「巻頭言　国際情勢の緊迫」『女性展望』一九四一年二月、二頁。
(5)安田常雄「はしがき」思想の科学研究会「索引の会」編『思想の科学総索引一九四六～一九九六』思想の科学社、一九九九年、八頁。
(6)鶴見俊輔「序言――転向の共同研究について」思想の科学研究会編『共同研究　転向』上巻、平凡社、一九五九年、六頁。
(7)同前。
(8)思想の科学研究グループは、市川の転向を「自由主義から超国家主義への、集団参加をとおしての無自覚的、なしくずし型転向」と捉え、本書の序章で紹介したように、鈴木裕子が市川の転向を「参加の中身を考えないでやみくもに参加した」結果と捉える見方と同一線上にある。思想の科学研究会編「第五篇資料Ⅱ　転向思想史上の人びと、市川房枝(一八九三―)」『共同研究　転向』下巻、平凡社、一九六二年、四五三頁。
(9)『婦人時局研究会々報』第二号、一九四一年一二月。
(10)同前。
(11)「時局婦人懇談会要項(昭和一六年一二月一九日創立)」マイクロ〇一一。

(12)「時局婦人懇談会会員名簿（昭和一七年一月一〇日現在）」マイクロ〇一一、『婦人時局研究会会報』第三号、一九四二年一月二九日。
(13) 津久井竜雄『私の昭和史』創元社、一九五八年、一三七～一三八頁。
(14) 竹内好「大東亜戦争と吾らの決意（宣言）」中国文学研究会編『中国文学』第八〇号、一九四二年一月、四八一～四八四頁、丸川哲史・鈴木将久編『竹内好セレクションI』日本経済評論社、二〇〇六年、四一～四五頁。
(15) 鈴木安蔵『憲法学三十年』評論社、一九六七年、一八三頁。
(16) 同前、二〇二頁。
(17) 下中彌三郎『翼賛国民運動史』翼賛運動史刊行会、一九五四年、二三四頁。
(18) 市川房枝「巻頭言　再び選挙法の改正について」『女性展望』一九四一年一月、三頁。
(19) 選挙粛正中央連盟「大東亜戦争完遂翼賛選挙貫徹運動基本要綱解説（昭和一七年三月）」マイクロ〇五五。
(20) 下中『翼賛国民運動史』四三五～四四八頁。
(21)「大東亜戦争完遂翼賛選挙貫徹運動基本要綱解説（昭和一七年三月）」。
(22)「選挙粛正委員会ニ於ケル諮問並答申（昭和一七年三月）、付　衆議院議員総選挙対策翼賛選挙貫徹運動基本要綱」マイクロ〇五五。
(23) 翼賛選挙貫徹婦人同盟「翼賛選挙貫徹婦人協議会開催（四月一八日）通知」（一九四二年四月一二日）マイクロ〇五四。
(24)「翼賛選挙貫徹婦人同盟要項（昭和一七年四月）」マイクロ〇五四。
(25)「大東亜戦争完遂翼賛選挙貫徹婦人講演会（三月二七日～四月八日）出講日等通知」、「愛知県（昭和一七年三月一九日、講師（市川房枝）」マイクロ〇五四。
(26)「大東亜戦争完遂翼賛選挙貫徹婦人大会（四月二三日）次第、ちらし」／「推せよ人材、いかせ一票」翼賛選挙貫徹婦人同盟　ビラ、マイクロ〇五四。
(27) 市川房枝『市川房枝自伝（戦前篇）』新宿書房、一九七四年、五五一頁。
(28) 北村文衛「立候補の御挨拶及び仙台市民に懇願（昭和一七年四月）」「推薦状、北村文衛君（翼賛政治体制協議会推薦）（昭和一七年四月）」マイクロ〇五四。
(29) 市川『自伝』五五一頁、「戸叶武立候補挨拶・推薦状（昭和一七年）」マイクロ〇五四。
(30)「中沢弁治《ママ》[次]郎（埼玉二区立候補）後援会参加依頼」マイクロ〇五四。
(31) 翼賛選挙貫徹婦人同盟「大東亜戦争完遂翼賛選挙貫徹祈願式（四月二八日）挙行通知」マイクロ〇五四。
(32) 翼賛選挙貫徹婦人同盟「翼賛選挙報告会（五月一一日）案内通知（五月六日）」マイクロ〇五四。

(33) 翼賛選挙貫徹婦人同盟「東京市会議員選挙対策世話人会(昭和一七年五月五日、一八日、二七日)開催通知」マイクロ〇五四。
(34) 翼賛選挙貫徹婦人同盟・東京婦人愛市倶楽部「東京市政刷新懇談会(六月二日)開催通知」マイクロ〇五四。
(35) 大室政右『翼賛選挙――翼賛政治体制協議会裏方の記録』緑陰書房、二〇〇四年、二一〇～二一三頁。
(36) 「[東京市会議員]翼賛選挙貫徹祈願式(六月一二日)参列通知(一九四二年六月九日)」、「大東亜戦争完遂市会議員選挙貫徹祈願要綱(六月一三日)」、「祈願祭参列者名簿」マイクロ〇五四。
(37) 東京府「市会議員翼賛選挙貫徹運動補助金反対に関する通牒」(一九四二年六月一六日)マイクロ〇五四。
(38) 翼賛選挙貫徹婦人同盟「翼賛東京市会議員当選者との懇談会」案内通知(七月八日)」マイクロ〇五四。
(39) 「粛選研究会発足に付(市川房枝宛)堀切善次郎」(一九四二年一二月)市川資料三一五〇。
(40) 下中『翼賛国民運動史』一〇六三頁。
(41) 大日本婦人会「大日本婦人会審議員委嘱辞令」(一九四二年一月二八日)マイクロ〇一〇。
(42) 市川『自伝』五四六頁。
(43) 『婦人時局研究会会報』第三号、一九四二年一月。
(44) 下中『翼賛国民運動史』一〇六六頁。
(45) 大日本婦人会「一一月一一日総会式次第」(一九四二年一〇月一四日本部案)マイクロ〇一〇。
(46) 大日本婦人会「錬成ニ関スル委員会委員委嘱状」(一九四二年三月三〇日)マイクロ〇一〇。
(47) 大日本婦人会「大日本婦人会本部錬成要綱」(四三年四月一二日付)マイクロ〇四五。
(48) 大日本婦人会「企画委員会委員委嘱状」マイクロ〇一〇。
(49) 大日本婦人会「企画委員会要項」マイクロ〇一〇。
(50) 大日本婦人会「貯蓄委員会設置委員会委員委嘱通知(一九四二年八月二八日)」マイクロ〇一〇。
(51) 大日本婦人会「戦時生活[生活文化委員会]委員委嘱状(一九四二年一〇月九日)」マイクロ〇一〇。
(52) 「東京芝浦電気マツダ支社女子勤労奉仕隊員教養講習会講演依頼(昭和一八年一月一三日)」、「川崎市主催婦人講座講師依頼状」(一九四三年二月九日)、「浜松支部結成発会式礼状」(九月一〇日)、「名古屋支部女子労務懇談会(二月二七日)依頼」、「第一九回東京市隣組常会婦人講習会」マイクロ〇一一。
(53) 市川『自伝』五六九～五七〇頁。
(54) 市川を言論報国会理事に推挙した人物として津久井竜雄を特定したのは、菅原和子「市川房枝と大日本言論報国会」『法学新報』

（中央大学法学会）一〇三巻第一号、一九九六年一〇月、同『市川房枝と婦人参政権獲得運動』世織書房、二〇〇二年、四二一～四四〇頁である。しかし同所で「市川資料」は取り扱われておらず、そのため日本評論家協会改組問題が話し合われた、情報局での第一回会合が言論報国会の設立に直結していた経緯など、市川の同報国会理事就任の経緯が充分に明らかにされていない。また市川と津久井の関係も、両者はともに「自主性を強調する『見識』をもち『清濁合わせのむ』気質」、「行動人としての積極性」（菅原、二〇〇二年、四三三頁）を共有していたため、それが津久井の「善意あるいは好意から」（四二九頁）、市川の「無断推薦」（四三二頁）につながったと解釈する。戦時期の両者の活動の接点、さらに戦時期市川の活動と思想の何を津久井が評価していたのか、不問に付されている。

（55）市川房枝「私の日記」『日本婦人』（一九四二年一二月）、『市川房枝集』第四巻、日本図書センター、一九九四年、三二一頁。

（56）「日本評論家協会改組問題懇談会（九月二一日）案内」（一九四二年九月一五日）市川資料三〇〇一。

（57）「申合せ　大日本言論報国会設立発起人会（昭和一七年九月二八日）」市川資料三〇〇一。

（58）津久井『私の昭和史』一二六～一二七頁。

（59）日本政治研究室編（室長津久井竜雄）『日本政治年報』（昭和一八年版）昭和書房、一九四三年、一九〇～一九一頁。

（60）日本評論家協会「翼賛会総務部長松前重義と懇談会（三月三日）、橋本欽五郎との懇談会（六月一一日）、茂森唯次との懇談会（七月二日）、言論統制問題懇談会（七月一八日）石原莞爾と意見を聞く会（一〇月八日）安藤紀三郎との懇談会（一一月二日）」市川資料二九二五。

（61）日本評論家協会「愛国大会（昭和一七年一月七日）開催通知」（一九四一年一二月三〇日）市川資料二九二六

（62）『日本政治年報』（昭和一八年版）、一九〇頁。

（63）日本評論家協会「内閣情報局次長奥村喜和男との懇談会（七月一日）」市川資料二九二七。

（64）井上司朗『証言　戦時文壇史　情報局文芸課長のつぶやき』人間の科学社、一九八四年、二四～二五頁。

（65）「対談　戦争体験と戦争責任――戦争協力の体制と国家と個人の関係（大熊信行、津久井竜雄）」『日本及日本人』日本新聞社、一九五九年九月、三六頁。

（66）日本近代史料研究会「津久井竜雄氏第三回談話速記録」（一九六九年九月三〇日）『日本近代史料叢書　津久井竜雄氏談話速記録』一九七四年、一六〇頁。

（67）市川房枝研究会『市川房枝の言説と活動――年表で検証する公職追放　一九三七―一九五〇』市川房枝記念会出版部、二〇〇八年、九九頁。

(68) 「翼賛文化講座」申し込み案内、マイクロ〇五七。
(69) 「大東亜同志会（津久井竜雄）結成記念大講演会（昭和一七年三月一二日）」市川資料二九二〇。
(70) 婦選獲得同盟「アンケート『年頭女性に望む』」『女性展望』一九四一年一月、二七頁。
(71) 日本評論家協会「『戸主選挙制』について声明す」『日本評論』一九四一年二月。
(72) 「津久井竜雄氏第三回談話速記録」一五六頁。
(73) 「評論家愛国会を結成」『読売新聞』一九四二年九月二九日。
(74) 『日本評論家協会々報』最終号、一九四二年一〇月二五日、二頁。
(75) 大日本言論報国会「設立趣意書」『大日本言論報国会邦人設立許可一件書類』（第五部第三課）一七一～一七二頁。
(76) 『大日本言論報国会綴り（昭和一七年八月以降）』三四五頁。
(77) 『大日本言論報国会綴り』三三七頁。「第二回実行委員会」（一〇月一五日）鉛筆メモ、「第三回実行委員会」（一〇月二七日）鉛筆メモ、「大日本言論報国会（仮称）設立要項案（一〇月一五日、第一回修正、一〇月二一日）」鉛筆記入、市川資料三〇〇一。
(78) 市川房枝研究会『市川房枝の言説と行動』一二四頁。
(79) 大日本言論報国会「日本言論報国会（仮称）選考委員委嘱依頼」（一九四二年一〇月二九日）市川資料三〇〇二。
(80) 大日本言論報国会「日本言論報国会会員選考に関する件」（一一月二七日、一二月七日）市川資料二七五一。
(81) 市川『自伝』五六六頁。
(82) 同前。
(83) 大日本言論報国会「履歴書依頼の書簡」（一九四二年一二月二日）市川資料四五一五。
(84) 「社団法人大日本言論報国会設立総会議事録」関西大学図書館編『日本文学報国会大日本言論報国会設立関係書類』上・下（以後『設立関係書類』と略）、上巻、関西大学出版部、二〇〇〇年、一八八～一九二頁。
(85) 市川房枝「婦人会員候補者指名」（順不動）（ペン書メモ）市川資料三〇〇二。
(86) 「社団法人大日本言論報国会定款」、関西大学図書館編『設立関係書類』上巻、一七四～一七六頁。
(87) 津久井『私の昭和史』一四〇頁。
(88) 「言論報国会婦人会員候補者氏名（五十音順）」、関西大学図書館編『設立関係書類』下巻、六二一～六三頁。
(89) 大日本言論報国会「役員名簿（昭和一八年六月一日現在）」、関西大学図書館編『設立関係書類』下巻、九八～一〇四頁。
(90) 大日本言論報国会「第三回理事会議録――附議要項」（一九四三年三月三一日）、関西大学図書館編『設立関係書類』下、一五八頁。

(91) 市川、全一九回の理事会のうち一三回出席――第一回理事会（昭和一八年一月二五日）、第二回（二月二三日）、第三回（三月三〇日）第五回（六月三日）、第八回（九月一四日）、第九回（一一月五日）、第一〇回（一二月二五日）第一一回（昭和一九年一月三一日）第一二回（二月二六日）、第一三回（四月二九日）、第一六回（九月一六日）、第一七回（一〇月二〇日）第一九回（昭和二〇年一月一九日）。欠席は三回――第四回（四月二六日）第一四回（五月一九日）第一五回（八月七日）第一八回（一〇月三一日）。出欠が不明は二回――第六回（七月二九日、第七回（八月三〇日）、マイクロ〇五七。

(92) 市川『自伝』五六六頁。

(93) 大日本言論報国会「第一回理事会議事録」（一九四三年一月二五日）、関西大学図書館編『設立関係書類』下巻、一三六～一三九頁。

(94) 大日本言論報国会「第二回理事会議録」（一九四三年二月二三日）」「第一回理事会議事録」（一九四三年一月二五日）、関西大学図書館編『設立関係書類』下巻、一四〇～一四四頁。

(95) 市川『自伝』五六六頁。

(96) 「大日本言論報国会の活動開始発会式と米英撃滅思想戦全国講演会」（新聞発表）、関西大学図書館編『設立関係書類』下巻、五五六～五六一頁。

(97) 市川『自伝』五六六頁。

(98) 関西大学図書館編『設立関係書類』下巻、四八四頁。

(99) 『世界観の戦ひ』では仙台とあるが誤記。

(100) 市川の講演原稿にも検察印が押されている。

(101) 「至高の大命〝米英撃滅〟昨夜岡山市に思想戦大講演会開く」『合同新聞』一九四五年三月一五日、二頁。

(102) 「講演内容の『思想戦読本』への採録依頼状」（一九四三年一月一三日）マイクロ〇五七。

(103) 大日本言論報国会「思想戦大講演会（一九四三年三月一四日）・思想戦研究会（一九四三年三月一五日）の結果についての懇談会（五月六日）開催通知」（一九四三年五月一日）マイクロ〇五七。

(104) 「八、婦人の思想指導の具体策を――岡山、高松で感じた事」大日本言論報国会『米英撃滅思想戦全国講演会研究会報告書』一九四三年、三六～三八頁。

(105) 大日本言論報国会「思想戦対策委員会委嘱状」（一九四三年六月八日）マイクロ〇一一。

(106) 大日本言論報国会「第四回理事会録」（一九四三年四月二六日）、関西大学図書館編『設立関係書類』下巻、一七一頁。

(107) 大日本言論報国会「日本世界観委員会規約」、関西大学図書館編『設立関係書類』下巻、一七三頁。

(108) 大日本言論報国会「思想戦対策委員会開催通知（昭和一八年六月八日）」マイクロ〇一一。
(109) 『言論報国』一巻一号、一九四三年一月、一六頁。
(110) 同前、一七頁。
(111) 大日本言論報国会「第一回大日本言論報国会婦人会員懇談会（七月三一日）開催通知」（一九四三年七月一二日）、「出席者（一覧）」、「次第」、「婦人会員氏名（一覧）」マイクロ〇五七。
(112) 森本忠『僕の詩と真実』日本談義社、一九六八年、二三五頁。
(113) 大日本言論報国会「常務理事総務部長解職任承認申請ニ関スル件」（津久井竜雄）「常務理事総務部長選任方承認申請ニ関スル件」（斎藤忠）、関西大学図書館編『設立関係書類』下巻、三五四〜三五五。
(114) 津久井『私の昭和史』一三九頁、『津久井竜雄氏第三回談話速記録』一六〇頁。
(115) 大日本言論報国会「戦時刑事特別法講和（刑事局長　池田克、総務課長　下村三郎）並懇談会（六月七日）開催通知」（一九四三年五月二一日）市川資料三〇三。
(116) 「会員研究会」『言論報国』一巻一号、一九四三年一月、一八頁。
(117) 大日本言論報国会「自昭和一八年二月至一九年三月　社団法人大日本言論報国会関係綴り」三五四頁。
(118) 大日本言論報国会「第一回総会議事録」（昭和一八年六月四日）、関西大学図書館編『設立関係書類』下巻、二三一〜二三七頁。
(119) 「昭和十九年度社団法人大日本言論報国会関係綴　班別活動関係」五二六頁。
(120) 大日本言論報国会「国民総決起大会（昭和一九年三月七日）開催通知」市川資料三〇六。
(121) 「言論人総決起大会」『言論報国』二巻七号、一九四四年七月、三八〜三九頁。
(122) 大日本言論報国会『設立許可一件書類』（第五部第三課）、四二〇頁。
(123) 「皇国を挙げて一大清浄土とせん——政府へ建白十箇條」『言論報国』三巻三号、一九四五年三月、一三頁。

第12章　市川の戦争協力は、どこに帰着したのか？

(1) 大日本産業報国会「市川房枝に対する婦人指導委員会委員委嘱辞令（昭和一六年八月五日）」マイクロ〇五七。
(2) 大日本産業報国会「婦人指導委員会（八月一四日）開催通知及び協議事項」（昭和一六年八月一一日）、市川房枝「戦時勤労婦人指導要項案」マイクロ〇五七。
(3) 「婦人時局研究会会報」『婦人問題研究所々報』第三号、一九四三年四月二五日、三頁。

(4) 市川房枝「女子勤労動員強化方策（草案）〔昭和一八年度〕」マイクロ〇五七、『婦人問題研究所々報』第四号、一九四三年六月二五日。
(5) 「女子の徴用を行え　専門学校出身者の活用　勤労動員、女性側の意見」『読売新聞』一九四三年六月一二日。
(6) 『婦人問題研究所々報』第四号、三頁。
(7) 「第八十一議会に於ける婦人関係問答」『婦人問題研究所々報』第二号、一九四三年二月二〇日、二頁。
(8) 「資料　女子勤労動員促進に関する件」『婦人問題研究所々報』第六号、一九四三年一〇月三〇日、二頁。
(9) 市川房枝「身辺雑記」『婦人問題研究所々報』第六号、一九四三年一〇月、一頁。
(10) 同前。
(11) 内閣総理大臣　東条英機閣下放送訓話「大日本婦人会総決起行事に当たりて」（一九四三年一一月一一日）マイクロ〇四五。
(12) 市川房枝『市川房枝自伝（戦前編）』新宿書房、一九七四年、五九六頁。
(13) 婦人時局研究会「国民組織としての婦人組織大綱（昭和一五年八月末）私案」市川資料二七二八。
(14) 『婦人年報（婦人界の動向）』第一号、昭和書房、一九四四年。
(15) 市川『自伝』五八四頁。
(16) 市川房枝「身辺雑記」『婦人問題研究所所報』第四号、一九四三年六月、一頁。
(17) 市川房枝「大日本婦人会改革について」（昭和一九年一〇月一二日）マイクロ〇四二。
(18) 『読売新聞』一九四二年二月一五日、一八日。
(19) 「婦人問題研究所日記」マイクロ〇三六。
(20) 市川房枝「大日本婦人会を解消し、町内会、部落会に一元化せよ」『婦人問題研究所々報』第一四号、一九四五年二月二八日、一頁。
同「大日本婦人会解消論（草稿、鉛筆）」マイクロ〇四二、『市川房枝集』第四巻、日本図書センター、一九九四年、三六五〜三六八頁。
(21) 「第八十六議会衆議院に於ける大日本婦人会に関する質問――予算委員会第二分科（内務、厚生）会議録」一九四五年一月二九日、『婦人問題研究所々報』第一四号、二〜三頁。
(22) 市川『自伝』五九八頁。
(23) 「日婦改革具体案」『婦人問題研究所々報』第一四号、六頁。
(24) 市川房枝「身辺雑記」『婦人問題研究所々報』第一〇号、一九四四年六月三〇日、一頁。
(25) 「婦人時局懇和会世活人会決定事項通知」（一九四五年二月二三日）マイクロ〇二九。

(26)「時局婦人懇談会出席者名簿（昭和二〇年二月一七日）」マイクロ〇二九。
(27)「婦人時局懇和会小規」（一九四五年二月）、「宣誓」（一九四五年二月三日）マイクロ〇二九。
(28)時局婦人懇談会「組織再編・発会の件（昭和二〇年二月二日）」市川資料二八四四。
(29)『朝日新聞』一九六九年三月二四日。
(30)「女子練成研究所（女子義勇隊に関する件）」（五月二六日）市川資料二七六三。
(31)「婦人義勇戦闘隊に関する懇談会（兵務課主催）」マイクロ〇五七。
(32)市川『自伝』六一一～六一二頁。
(33)市川房枝「婦人問題研究所会員皆々様」一九四五年一〇月、マイクロ〇二九。
(34)市川『自伝』五八四。
(35)同前、五八二～五八三頁。
(36)市川房枝「台湾旅行――一二月二三日ラジオ放送」（二〇枚）市川資料三三四一。市川房枝「研究所便り」『婦人問題研究所々報』第二号、一九四三年二月二〇日、一頁。
(37)市川房枝「皇国の家と主婦」大日本言論報国会編『世界観の戦ひ』同盟通信社、一九四三年。
(38)市川房枝「婦人と国家」同編『戦時婦人読本』昭和書房、一九四三年。
(39)市川「台湾旅行――一二月二三日ラジオ放送」一二頁。
(40)市川「婦人と国家」五頁。
(41)同前、六頁。
(42)市川「皇国の家と主婦」一六三頁。
(43)同前、一六五頁。
(44)同前、一六四～一六五頁。
(45)同前、一六五～一六六頁。
(46)同前、一六六頁。
(47)同前、一六七頁。
(48)同前、一六九頁。
(49)同前、一七〇頁。

(50) 市川房枝「広尾大尉の母堂を佐賀県に訪ねて」『婦人倶楽部』二三巻五号、講談社、一九四二年五月号、四〇～四三頁。
(51) 市川「皇国の家と主婦」一七一頁。
(52) 市川「婦人と国家」一七～一八頁。
(53) 同前、二一頁。
(54) 同前、二二～二三頁。
(55) 市川「皇国の家と主婦」一七三頁。
(56) 市川「婦人と国家」九頁。
(57) 同前。
(58) 市川「皇国の家と主婦」一七五頁。
(59) 市川「婦人と国家」二七頁。
(60) 同前。
(61) 同前、六～八頁。
(62) 市川『自伝』六一四～六一五頁。
(63) 市川房枝研究会『市川房枝の言説と活動――年表で検証する公職追放　一九三七―一九五〇』市川房枝記念会出版部、二〇〇八年、一四三頁。
(64) 市川研究会『聞き取り調書――市川ミサオ①』二〇〇五年七月二九日、一三頁。
(65) 市川『自伝』六一五頁。
(66) 市川房枝「戦後対策婦人委員会規約案（[昭和二〇年八月二五日]）」マイクロ〇一三。
(67) 原田清子「新日本婦人同盟の成立――日記を中心に」女たちの現在を問う会『銃後史ノート』復刻七号（通巻一〇号）、ＪＣＡ出版、一九八七年、二〇〇～二〇一頁。
(68) 「新日本婦人同盟（仮称）結成準備会開催通知」（昭和二〇年一〇月二八日）、「新日本婦人同盟規約（案）」（昭和二〇年一一月三日）マイクロ〇一三。

終章　歴史をつなげる

(1) 「婦人公民権は時期到来か　第一回」『女性展望』一九三六年一二月、二～三頁。「同　二回分《ママ》」『女性展望』一九三七年一月、六～

七頁。「同　三回分《ママ》」『女性展望』一九三七年二月、一〇～一一、一七頁。「新代議士と粛選と婦選」『女性展望』一九三七年六月、一四～一七頁。

（2）市川房枝「私の頁」『女性展望』一九三六年四月、一三頁。「婦人公民権案特別議会に上程」『女性市民』第二号、一頁、『女性展望』一九三六年六月、付録。

（3）市川房枝「苦闘の歴史『婦選運動』」『昭和史探訪　一　昭和初期』番町書房、一九七五年、二三頁、市川房枝「婦人参政三十年の成果」『討論集会シリーズ』No.27、尾崎行雄記年財団、一九七六年二月、五頁。

（4）『戦後自治史Ⅳ（衆議院議員選挙法の改正）』自治大学校、一九六一年一〇月、六～七頁。

（5）堀切善次郎「婦人参政権はマッカーサーの贈り物ではない」『日本婦人問題資料集成　二　政治』ドメス出版、一九七七年、六七七～六七八頁。

（6）「社説　欽定憲法の民主化」『朝日新聞』一九四五年一〇月一三日。

（7）次田大三郎『次田大三郎日記』山陽新聞社、一九九一年、八〇頁。

（8）堀切「婦人参政権はマッカーサーの贈り物ではない」六七八頁。

（9）ダグラス・マッカーサー著（津島一夫訳）『マッカーサー大戦回顧録』下、中央公論新社、二〇〇三年、二一八～二二〇頁。

（10）「総選挙は速に実施――記者団と一問一答　首相対政党策を披歴」『朝日新聞』一九四五年一〇月一一日。

（11）「婦人参政権は極めて妥当　内相、外人記者と語る」『読売新聞』一九四五年一〇月一日。

（12）次田『次田大三郎日記』八二～八三頁。

（13）実際市川は、一九四五（昭和二〇）年一一月一五日発行の『新日本婦人同盟会報』臨時号に「新日本婦人同盟の結成に際して」を掲載し、「幣原内閣は組閣直後の閣議に於て婦人参政権の実施を決定してゐたとの事ですが、外部的には指令のあつた翌十月十三日の閣議で男子と同様に二十歳以上の婦人に選挙権を與へる事を決定発表いたしました」と記されている。

（14）市川「婦人参政三十年の成果」三～四頁。

（15）「議会制度審議会委員決る　官制今日公布、八日に初総会」『朝日新聞』一九四五年一〇月五日。

（16）「第一回用紙委員会」『読売新聞』一九四五年一一月二八日。

（17）連合国最高司令官総司令部民政局ファイル、NA/ Index 21.

（18）市川房枝研究会『市川房枝の言説と活動――年表で検証する公職追放　一九三七―一九五〇』市川房枝記念会出版部、二〇〇八年、二二八頁。

(19) *Nippon Times*, July 26, 1947.
(20) 『民の声』一九四六年四月。
(21) 「婦選への初陣の人々」『日本婦人新聞』一九四六年一月一日。
(22) 鷲沼登美枝「婦人組織の人物達」『人物評論』第一巻第二号、人物評論社、一九四六年二月、二七頁。
(23) 市川房枝研究会、「聞き取り　市川ミサオ」二〇〇五年一一月四日。
(24) 市川ミサオ『市川房枝おもいで話』日本放送出版協会、一九九二年。
(25) 市川房枝「自主的な行動を」『朝日新聞』一九四五年八月二〇日。
(26) 市川房枝「いい政治を生む――生活に根差す〝頭〟」『毎日新聞』一九四五年九月二三日。
(27) 市川房枝「政治は生活――婦人と参政権問題」『読売新聞』一九四五年九月三〇日。
(28) 進藤久美子『ジェンダーで読む日本政治――歴史と政策』有斐閣、二〇〇四年、三〇〇～三二九頁。
(29) 市川房枝「戦時体制下の婦人の動向」『婦女新聞』一九三七年九月五日。同時に同所で婦人組織の活動は「できるだ自主的運動たらしめる事が必要がある」とも述べている。
(30) 田中未来『生きること育てること』福村出版、一九八七年、一〇一～一〇三頁。
(31) 市川房枝「支那通信第六報」『読売新聞』一九四〇年四月三日。
(32) 市川房枝「支那旅行の感想」『女性展望』一九四〇年五月、一〇～一一頁。
(33) 市川房枝「巻頭言　日支条約の締結と婦人」『女性展望』一九四一年一月、二頁。
(34) 市川房枝「婦人の社会運動」石川六郎編『婦人問題講演集』第二巻、民友社、一九二一年、一〇五～一〇六頁。
(35) 「座談会　大陸進出と婦人」『女性展望』一九四〇年五月、四頁。
(36) 同前。
(37) 児玉勝子『十六年の春秋――婦選獲得同盟の歩み』ドメス出版、一九九〇年、二二一～二二三頁。
(38) 進藤『ジェンダーで読む日本政治』二四四～二五八頁。
(39) 『毎日新聞』一九四六年一月二〇日、『朝日新聞（大阪版）』一九四六年二月一〇日。「椛島敏子さんに聞く、ＧＨＱウィードさん――女性の民主化を求めて全国遊説」『女性展望』二〇〇九年二月、一六～一七頁。
(40) 「天声人語」『朝日新聞』一九四六年二月二二日。
(41) 『読売報知新聞』一九四六年六月二一日。

(42) 進藤『ジェンダーで読む日本政治』一八七〜一八八頁。
(43) 進藤久美子『ジェンダー・ポリティックス——変革期アメリカの政治と女性』新評論、一九九七年、四〇〜五五頁。
(44) 市川房枝「巻頭言　国際情勢の緊迫」『女性展望』一九四一年二月、二頁。
(45) 上野千鶴子『ナショナリズムとジェンダー』青土社、一九九八年、九三〜九六頁。
(46) 同前。
(47) 「歴史評論」編集部編『近代日本女性史への証言——山川菊栄・市川房枝・丸岡秀子・帯刀貞代』ドメス出版、一九七九年、六八〜六九頁。
(48) 市川は、同様の戦時期の自らの活動に関する感想を養女の市川みさおにも次のように語っていた。「日本人だったら〔戦争が〕始まったら少しは協力するのが当たり前だと思うけれどどって」(市川房枝研究会「聞きとり　市川ミサオ」)。
(49) 市川房枝「国連女性の十年中間年日本大会の基調講演」(一九八〇年一一月二二日)『連帯と行動——国際婦人年連絡会の記録』市川房枝記念会出版部、一九八九年、九七頁。
(50) 市川房枝『市川房枝自伝(戦前篇)』新宿書房、一九七四年、あとがき、六一七頁。

主な参考文献（出版年代順）

【市川房枝著書・編書・監修書】

市川房枝編『戦時婦人読本』昭和書房、一九四三年。

市川房枝編『婦人年報第一号――婦人界の動向』文松堂、一九四四年。

市川房枝『新しき政治と婦人の課題』社会教育連合会（公民叢書）一九四六年。

市川房枝編『全日本婦人議員大会議事録』婦人参政十周年記念行事実行委員会残務整理委員会、一九五六年。

市川房枝『私の履歴書』日本経済新聞社、一九六一年。

市川房枝監修『戦後婦人界の動向―婦人の民主化を中心として』婦選会館出版部、一九六九年。

市川房枝『私の婦人運動』秋元書房、一九七二年。

市川房枝『私の政治小論』秋元書房、一九七二年。

市川房枝『婦選運動十話』秋元書房、一九七二年。

市川房枝『市川房枝自伝（戦前編）』新宿書房、一九七四年。

市川房枝『私の言いたいこと――政治とくらしを考える』ポプラ社、一九七六年。

市川房枝『婦人参政三十年の成果』尾崎行雄記念財団、一九七六年。

市川房枝編集・解説『日本婦人問題資料集成　第二巻＝政治』ドメス出版、一九七七年。

市川房枝『市川房枝随筆集Ｉ　だいこんの花』新宿書房、一九七九年。

市川房枝編・著『ストップ・ザ・汚職議員　市民運動の記録』新宿書房、一九八〇年。

市川房枝『市川房枝随筆集Ⅱ　野中の一本杉』新宿書房、一九八一年。

市川房枝『私の国会報告』市川房枝記念会出版部、一九九二年。

市川房枝『市川房枝集』第一巻〜第八巻、別巻Ⅰ（市川房枝記念会監修）、日本図書センター、一九九四年。


【市川房枝記念会女性と政治センター所蔵文書】


市川房枝記念会『婦人参政関係史資料Ⅰ（一九一八〜一九四六年）目録』市川房枝記念会出版部、二〇一〇年（マイクロフィルム化された資料目録）。

市川房枝記念会女性と政治センター貯蔵のマイクロフィルム化されていない資料。
①市川資料（マイクロフィルム化されていない資料のうち整理番号で収録されたもの）
②市川未公資料（整理番号で収録されていないもの）

【婦選運動関係機関誌】


『女性同盟』（新婦人協会機関誌）一九二〇（大正九）〜一九二二（大正一一）年、ドメス出版（復刻版）、一九八五年。

『婦人新報』明治二一年〜昭和三三年、（嬌風会機関誌）日本キリスト教婦人嬌風会、（復刻版）一九九六〜九八年。

『婦選　第一巻〜第一九巻』（婦選獲得同盟の機関誌、一九三六年一月から『女性展望』と改題、一九四一年八月、廃刊）不二出版（復刻版）、一九九二年。

『*Japanese Women*』1938-1940, The Women Suffrage League of Japan.（婦選獲得同盟、英文誌）

『婦人時局研究会々報』一九四〇年一〇月〜一九四五年四月、婦人時局研究会。

『日本婦人団体連盟ニュース』一九三七〜一九四〇年、日本婦人団体連盟。

『婦人問題研究所々報』一九四三年二月〜一九四五年四月、婦人問題研究所。


【市川房枝に関する著書および論文】


「市川房枝というひと」刊行会編『市川房枝というひと――百人の回想』新宿書房、一九八二年。

下平満編『市川房枝と加藤寿々子――戦後松本の婦人運動』私家版、一九八三年。

児玉勝子『覚書　戦後の市川房枝』新宿書房、一九八五年。

理想選挙推進市民の会編『市川房枝たちの理想選挙』市川房枝記念会出版部、一九九〇年。

山本藤枝『虹を架けた女たち――平塚らいてうと市川房枝』集英社、一九九一年。

市川房枝生誕一〇〇年記念『市川房枝と婦人参政権運動』市川房枝記念会出版部、一九九二年。

市川ミサオ『市川房枝おもいで話』日本放送協会、一九九二年。

『市川房枝と婦人参政権運動』（市川房枝生誕一〇〇年記念図録）市川房枝記念会出版部、一九九二年。

大森かほる『市川房枝と婦選運動の歩み』平原社、一九九三年。

菅原和子『市川房枝と婦人参政権獲得運動――模索と葛藤の政治史』世織書房、二〇〇二年。

市川房枝記念会編『市川房枝理想選挙の記録』市川房枝記念会出版部、二〇〇三年。

『時代を拓いた男と女――考古学者・和島誠一と高群逸枝・平塚らいてう・市川房枝』板橋区立郷土資料館、二〇〇七年。

市川房枝研究会『市川房枝の言説と活動――年表で検証する公職追放　一九三七―一九五〇』市川房枝記念会出版部、二〇〇八年。

市川房枝研究会『市川房枝の言説と活動――年表でたどる婦人参政権運動　一八九三―一九三六』市川房枝記念会女性と政治センター出版部、二〇一三年。

徳岡孝夫「市川房枝さんへの私的葬送歌」『諸君』一三巻四号、文藝春秋、一九八一年四月。

鹿野政直「婦選の二字を掲げつづけた意味――市川房枝の生と死」『朝日ジャーナル』二三巻八号、一九八一年二月。

原田清子「戦時下の市川房枝――婦選獲得同盟の解散と婦人時局研究会」女たちの現在を問う会『銃後史ノート』復刊五号（通巻八号）、ＪＡＣ出版、一九八三年。

中村孝文「市川房枝における婦人参政権と市民精神――大正八年から昭和六年までの婦選運動を中心として」『武蔵野女子大学紀要』二六号、一九九一年。

土田　博「石橋湛山の女性論――市川房枝との出会い」『自由思想』（立命館大学）一九九四年一月。

菅原和子「市川房枝と大日本言論報国会」『法学新報』（中央大学法学会）一〇三巻、一九九六年一〇月。

国武雅子「戦時期の市川房枝」『歴史評論』五五二号、一九九六年四月。

青木淳子「婦人運動家の装い：奥むめおと市川房枝――婦人服装化の過程において」『東横学園女子短期大学女性文化研究所』二〇〇一年。

国武雅子「戦後女性運動の起点――市川房枝を中心に」『人間文化研究』（長崎純心大学大学院人間文化研究科創刊号、二〇〇一年。

小川　崇「市川房枝の政治教育思想――婦選獲得同盟における」『日本社会教育学会紀要』三七号、二〇〇一年。

山崎裕美「戦前期における市川房枝の政治観」『東京都立大学法学会雑誌』四五巻二号、二〇〇五年。

尾形明子「女性たち――平塚らいてう、宮本百合子、市川房枝ほか」『環：歴史・環境・文明』二三巻、藤原書店、二〇〇五年。

小笠原　真「市川房枝――生涯を男女平等の実現に賭けた婦選運動家・政治家」『愛知学院大学文学部紀要―愛知学院大学論叢・文学部紀要』三〇八年。

菅原和子「戦時体制下の市川房枝――植民地台湾における皇民奉公（皇民化）運動をめぐって」『法學新報』（中央大学法学会）一一六巻、二〇一〇年三月。

進藤久美子「準戦時体制下の市川房枝――日本型ジェンダー・ポリティックスの創生」『現代史研究』七（東洋英和女学院大学現代史研究所）、二〇一一年、『現代史研究』八、二〇一二年。


【政府関係資料】

〈議事録〉


『帝国議会衆議院議事速記録』四五（第五〇回議会）～八六（第九二回議会）東京大学出版会、一九八一～一九八五年。

『帝国議会貴族院議事速記録』五〇（第五〇回議会）～七四（第九一・九二会議会）東京大学出版会、一九八三～一九八五年。

『帝国議会貴族員委員会速記録』一（第五二回議会）～一二七（第九二回議会）東京大学出版会、一九九〇～二〇〇八年。


〈国民精神総動員運動関係〉


国民精神総動員中央連盟編『国民精神総動員中央連盟声明書』国民精神総動員中央連盟、一九三七年。

『国民精神総動員中央連盟趣意書―附声明、結成経過、規約、加盟団体、役職員一覧』国民精神総動員中央連盟、一九三八年。

国民精神総動員中央連盟編『国民精神総動員中央連盟事業概要　昭和一二年度』国民精神総動員中央連盟、一九三九年。

国民精神総動員中央連盟編『国民精神総動員新展開要項』国民精神総動員中央連盟、一九三九年。

瀬尾芳夫編『国民精神総動員新展開要項―改定増補』国民精神総動員中央連盟、一九三九年。

内閣情報部編『精動資料　第一―三輯』内閣情報部、一九三九年。

内閣情報部『精動連絡第一～第一三報』一九三九年一二月～一九四〇年二月。

長浜巧編『国民精神総動員運動―民衆教化動員史料集成』第一巻～第三巻、明石書店、一九八八年。

国民精神総動員本部編『国民精神総動員　第Ⅰ～Ⅱ巻』（復刻版）緑蔭書房、一九九四年。

長浜功『国民精神総動員の思想と構造―戦時下民衆教化の方法』明石書店、一九八七年。

〈大政翼賛運動関係〉

大政翼賛中央本部『大政翼賛運動規約・大政翼賛会事務局及調査委員会職制』一九四一年四月七日改正。

『大政翼賛運動の本旨・附戦陣訓、近衛文麿（他）講演』東亜新聞大阪支社文化部、一九四一年。

『大政翼賛会会報』大政翼賛会宣伝部、一九四〇～一九四四年。

『臨時中央協力会議会議録』大政翼賛会、一九四〇年。

『中央協力会議案〈第一回〉』大政翼賛会、一九四一年。

『第一回中央協力会議議事録』大政翼賛会、一九四一年。

『第二回中央協力会議案』大政翼賛会、一九四一年。

『第三回中央協力会議総常会議案』大政翼賛会、一九四二年。

『第四回中央協力会議総常会議案』大政翼賛会、一九四三年。

『第五回中央協力会議総常会議案』大政翼賛会、一九四四年。

下中弥三郎編『翼賛国民運動史』同刊行会、一九五四年。

伊藤博編『皇都翼賛市政確立運動概要』東京市翼賛市政協議会、一九四二年。

赤木須留喜・須崎慎一編／解説『大政翼賛運動資料集成　第六巻、第七巻』柏書房、一九八八年。

翼賛運動史刊行会『翼賛国民運動史』上・下巻、ゆまに書房、一九九八年。

【大日本言論報国会】
大日本言論報国会編『世界観の戦ひ』同盟通信社、一九四三年
大日本言論報国会編『言論報国』一九四三年一〇月～一九四五年五月、（復刻版）不二出版、一九九八年。
『日本文学報国会、大日本言論報国会設立関係書類、上下巻』一九四三～一九四五年、関西大学図書館、影印蔵書。

【東亜連盟】

『東亜連盟』一九三九年一〇月～一九四五年一〇月、東亜連盟社。

野村乙二朗編『東亜連盟期の石原莞爾資料』同成社、一九九二年。

【新聞・雑誌等】

『朝日新聞』（含『東京朝日新聞』『大阪朝日新聞』）一九一九～一九八九年、朝日新聞社。

『読売新聞』一九二〇～一九八三年、読売新聞社。

『毎日新聞』一九四三～一九八三年、毎日新聞社。

『東京日々新聞』一九一九～一九四二年、大阪毎日新聞社。

『婦女新聞』一九一九～一九四二年、婦女新聞社。

『職業婦人』（『婦人と労働』、『婦人運動』へ改題）一九二三～一九四一年、職業婦人社。

『日本婦人』一九四二年一二月～一九四五年一月（大日本婦人会の機関誌）。

『婦人公論』一九二五～一九三一年、中央公論社。

『六合雑誌』一九一六年、六合雑誌社。

『太陽』一九二一年、博文館。

『婦人時報』（東京地域婦人団体連盟の機関誌）一九五三年、婦人時報社。

Nippon Times, 1946–1946.

【オーラルヒストリー】

「津久井竜夫氏談話速記録」日本近代史料研究会（伊藤隆・有馬学・吉見義明）、一九七四年。

国立国会図書館『市川房枝政治談話録音・速記録』国会図書館憲政史料室、一九七八年。

『大室政右オーラルヒストリー』政策研究大学院大学、二〇〇四年三月。

「市川みさお聞きとり調査」市川房枝研究会、二〇〇五年七月。


【関連著書】

神近市子『現代婦人読本』天人社、一九三〇年。

平塚らいてう『わたしの歩いた道』新評論社、一九五五年。

磯野誠一・磯野富士子『家族制度——淳風美俗を中心として』岩波書店、一九五八年。

鈴木安蔵『憲法学三十年』評論社、一九六七年。

森本忠『僕の詩と真実』日本談義社、一九六八年。

井上清『日本女性史』三一書房、一九七一年。

吉見周子『婦人参政権』鹿島出版会、一九七一年。

山川菊栄『おんな二代の記』平凡社、一九七二年。

津久井竜雄『私の昭和史』東京創元社、一九七三年。

山内みな『山内みな自伝——十二歳の紡績女工からの生涯』新宿書房、一九七五年。

外崎光広『高知県婦人解放運動史』ドメス出版、一九七五年。

三国一郎インタビュー・編『昭和史探訪　一　昭和初期』番町書房、一九七五年。

田中寿美子編『女性解放の思想と行動』時事通信社、一九七五年。

「歴史評論」編集部編『近代日本女性史への証言』ドメス出版、一九七九年。

藤田たき『わが道——心の出会い』ドメス出版、一九七九年。

丸岡秀子・山口美代子『日本婦人問題資料集成　第十巻＝近代日本婦人問題年表』ドメス出版、一九八〇年。

田島ひで『ひとすじの道』ほるぷ、一九八〇年。

原ひろ子編『母たちの世代』駸々堂出版、一九八一年。

近藤真柄『わたしの回想（下）——赤瀾会とわたし』ドメス出版、一九八一年。

山川菊栄（鈴木裕子編）『山川菊栄集　二　女性の反逆』岩波書店、一九八二年。

山川菊栄（田中寿美子・山川振作編集）『山川菊栄集　六　女は働いている：一九三一〜一九四四』岩波書店、一九八二年。

平塚らいてう『平塚らいてう著作集二　母性の主張について』大月書店、一九八三年。

平塚らいてう『平塚らいてう著作集三　社会改造に対する婦人の使命』大月書店、一九八三年。

井上司朗『証言　戦時文壇史、情報局文芸課長のつぶやき』人間の科学社、一九八四年。

『婦選獲得同盟十六年小史』市川房枝記念会出版、一九八四年。

児玉勝子『信濃路での出会い——婦選運動覚え書き』ドメス書店、一九八五年。

藤井忠俊『国防婦人会——日ノ丸とカッポウ着』岩波書店、一九八五年。

鈴木裕子『フェミニズムと戦争——婦人運動家の戦争協力』マルジュ社、一九八六年。

田中未来『生きること育てること』福村出版、一九八七年。

米田佐代子『近代日本女性史』上巻、新日本新書、一九八八年。

大室政右『渦巻く時流の中で――国民精神総動員運動の三年間』現代史調査会、一九八八年。

鈴木裕子『女性史を拓く　二――翼賛と抵抗』未來社、一九八九年。

松尾尊兊『普通選挙制度成立史の研究』岩波書店、一九八九年。

国際婦人年日本大会の決議を実現するための連絡会編『連帯と行動――国際婦人年連絡会の記録』一九八九年。

児玉勝子『十六年の春秋――婦選獲得同盟の歩み』ドメス出版、一九九〇年。

汎太平洋婦人協会編『汎太平洋東南アジア婦人協会六十年史』ドメス出版、一九九三年。

白土菊枝『将軍　石原莞爾――その人と信仰にふれて』丸の内出版、一九九五年。

清水　孝『良妻賢母の誕生』筑摩書房、一九九五年。

鈴木裕子編・解説『日本女性運動資料集成　第二巻――思想政治Ⅱ――婦選運動の「方向転換」』不二出版、一九九六年。

石月静恵『戦間期の女性運動』東方出版、一九九六年。

進藤久美子『ジェンダー・ポリティックス――変革期アメリカの政治と女性』新評論、一九九七年。

上野千鶴子『ナショナリズムとジェンダー』青土社、一九九八年。

香川敦子『窓の女　竹中繁のこと――東京朝日新聞最初の婦人記者』新宿書房、一九九九年。

斎藤美奈子『モダンガール論』文藝春秋、二〇〇三年。

鹿野政直『現代日本女性史――フェミニズムを軸として』有斐閣、二〇〇四年。

進藤久美子『ジェンダーで読む日本政治――歴史と政策』有斐閣、二〇〇四年。

大室政右『翼賛選挙――翼賛政治体制協議会裏方の記録』緑陰書房、二〇〇四年。

伊藤康子・進藤久美子・菅原和子『女性は政治とどう向き合ってきたか――検証・婦人参政権運動』市川房枝記念会出版部、二〇〇五年。

伊藤康子『草の根の女性解放運動史』吉川弘文館、二〇〇五年。

神津良子『「母の家」の記録――高浜竹世から市川房枝への書簡を中心に』郷土出版社、二〇〇五年。

胡澎『戦時体制下的日本婦女団体（一九三一～一九四五）』吉林大学、二〇〇五年。

神津良子『「母の家」の記録――高浜竹世から市川房枝への書簡を中心に』郷土出版社、二〇〇五年。

荒井信一『戦争責任論――現代史からの問い』岩波書店、二〇〇五年。

折井美耶子・女性の歴史研究会編著『新婦人協会の研究』ドメス出版、二〇〇六年。

丸川哲史・鈴木将久編『竹内好セレクションI――日本への／からのまなざし』日本経済評論社、二〇〇六年。

【関連論文】


穂積重遠「普通選挙と婦人参政権」『女性改造』一九二三年一月。

平塚らいてう「新婦人協会の回顧」『婦人公論』婦人公論社、一九二三年三月〜七月。

井手文子「日本における婦人参政権運動」『歴史学研究』二〇一号、一九五六年一一月。

鹿野政直「婦選獲得同盟の成立と展開――『満州事変』勃発まで」『日本歴史』三一九号、一九七四年一二月。

児玉勝子「関東婦人同盟と婦選獲得共同委員会について」『歴史評論』二九九号、一九七五年三月。

伊藤康子「婦人参政権獲得の歴史的意義――愛知県一九四六―七年を中心に」『日本福祉大学研究紀要』三〇号、一九七六年。

児玉勝子「平民社の婦人たちによる治安警察法改正請願運動について」『歴史評論』三二三号、一九七七年三月。

鹿野政直「ファシズム下の婦人運動――婦選獲得同盟の場合」『近代日本の国家と思想』（家永三郎退官記念論集二）三省堂、一九七九年。

西川祐子「戦争への傾斜と翼賛の婦人」女性史総合研究会編『日本女性史　第五巻　現代』東京大学出版会、一九八二年。

玉木尚子「体制内婦人団体と地域婦人――教化活動との関連で」日本女子大学女子教育研究所編『昭和前期の女子教育』国土社、一九八四年。

中井良子「婦選獲得同盟の活動と政治教育」日本女子大学女子教育研究所編『昭和前期の女子教育』国土社、一九八四年。

米田佐代子「現実を捉える戦争体験を」『歴史評論』四〇七号、一九八四年三月。

原田清子「新日本婦人同盟の成立――日記を中心に」女たちの現在を問う会『銃後史ノート』復刻七号（通巻一〇号）、ＪＡＣ出版、一九八七年。

松尾尊兊「解説　帝国議会における婦選法案の推移」（『解説』『婦選』復刻版、ドメス出版、一九九四年）。

菅原和子「日本の『女性参政権』の成立とその史的背景」『自治研究』七〇巻四号、一九九四年、『自治研究』七〇巻一〇号、一九九四年、『自治研究』七一巻一号、一九九五年。

堀サチ子「一五年戦争下の国民統合政策と女性」『歴史評論』五五二号、一九九六年四月。

米田佐代子「平塚らいてうの『戦争責任』論序説」『歴史評論』五五二号、一九九六年四月。

小川　崇「戦前期婦人参政権獲得運動に関する考察――婦選獲得同盟の『政治教育』活動」『日本社会教育学会紀要』三五号、一九九九年。

石月静恵「戦前の女性と政治参画――婦選運動と行政による女性の活用」『桜花学園大学研究紀要』一号、一九九九年。

今井小の実「婦選獲得同盟と母性・児童保護運動――その揺籃期のモチベーションを追って」『社会福祉学』四三巻一号、二〇〇二年八月。
国武雅子「女性参政権運動と日中戦争」『長崎純心比較文化学会会報』三号、二〇〇九年。

Catt, Carrie Chapman, and Nettie Rogers Shuler, *Woman Suffrage and Politics: The Inner Story of the Suffrage Movement*, New York: Charles Scribner's Sons, 1923.

Stanton, Elizabeth Cady, Susan B. Anthony, and Matilda Joslyn Gage, eds., *The History of Women Suffrage*, vol. 1–5, New York: Arno Press and The New York Times, 1969.

O'Neill, William L., *Everyone was Brave: The Rise and Fall of Feminism in America*, New York: Quadrangle Books, 1969.

Flexner, Eleanor, *Century of Struggle: The Woman's Rights Movement in the United States*, Rev. ed., Cambridge, Mass: Belknap Press of Harvard University Press, 1975.

Evans, Richard J., *The Feminists: Women's Emancipation Movements in Europe, America, and Australasia 1840–1920*, New York: Barnes & Noble Books, 1977.

あとがき

「大東亜戦争」期の市川房枝の活動を書こうと思い立って、すでに一〇年近い歳月が流れた。二〇〇四年末、私は、明治以降今日に至る日本の女性たちの政治的取り組みを『ジェンダーで読む日本政治──歴史と政策』（有斐閣）にまとめ、上梓した。同書で私は、男尊女卑の保守的政治文化のなかで、女性たちが切り拓いた特殊日本的なジェンダー・ポリティックスの展望を跡づけた。政治的権利をいっさい持たない女性たちが、戦前、戦時期の反動的女性観に抗い、婦選運動を通して編み出した新しい政治の展望には、心ときめくものがあった。

「政治は生活である」と主張するその婦選の女性たちの切り拓いた政治は、「政治は利権の配分である」とする男性的権力政治とは異なる、共生型政治のありようを提示した。それは平等主義の伝統的政治文化を持つ欧米社会に見られない、日本の女性たちに固有の政治への取り組みであった。そしてその政治理念と政治様式は、戦後の女性たちに受け継がれ、利権追求型の戦後政治文化の地下水に脈々と流れ続けていた。

他方で、「政治は生活」を標榜するその日本型ジェンダー・ポリティックスは、近代日本政治史上最悪の全体主義体制を乗り越えることができず、戦時期の「銃後の守り」に飲み込まれていた。戦前、一六年間にわたる婦選運動を牽引し、神近市子が「婦選の至宝」と呼んだ市川房枝、その人も例外ではなかった。

本来非戦論者であった市川は、一九三一年九月の満州事変に始まる十五年戦争最初の六年間、いわゆる準戦時期には全日本婦選大会などの婦選活動を通して、反戦、反軍拡が女性たちの意思であることを、果敢に表明し続けていた。しかし十五年戦争最後の四年間の「大東亜戦争」期になると、一方で政府に先んじた徹底した女性たちの動員を建言し、他方で草の根の主婦たちに、「大東亜戦争」の意義を理解し、戦争に勝利するため職域奉公に努めることを説いた。そして戦争最終盤には、本土決戦を容認し、女子義勇隊および戦闘隊の構築を「最後の御奉公」と捉えるまでに至っていた。

なぜ婦選の女性たちが切り拓いた戦前日本のジェンダー・ポリティックスは、戦争協力に与していったのか。そしてその政治理念と政治様式の産みの親でもある市川房枝は、どのような軌跡を描いて、非戦論の立場から「大東亜戦争」期に戦争容認・協力へ転向していったのか。それは、戦争に直面したときフェミニズムが、平和のイデオロギーとして機能しないことを示唆しているのだろうか。戦争と女性をめぐるこのアポリアは、『ジェンダーで読む日本政治』を書き上げた後の一〇年間、重く長く私の前に立ちはだかり続けていた。じっさい本書の執筆の動機は、そのアポリアに挑戦することにある。

これまで戦時期に関する市川の研究は、散発的に露見された彼女の国策委員（戦争を遂行する政府とその外郭団体の委員の総称）就任の事実をもとに、戦争協力者として告発することに終始した。市川が国策委員としてどのような働きをしたのか、そしてその活動がどのような影響を戦時体制に及ぼしていたのかは、いっさい不問に付されてきた。ただ一方的に、国策委員就任は、即戦争協力という文脈でのみ語られてきたと言える。

また、平時の婦選運動が、軍ファシズムの跋扈する戦時期にどのような変容を迫られ、その過程で運動の牽引者である市川が婦選の何をつなげようとしていたのか、時代と運動の関係性、さらに運動家の意図が等閑視された。その検証のないまま、非戦論者市川の「転向」は、女性の政治的・社会的参画を一途に望むあまりに、参画の対象を十分見極めず「無自覚的」「なしくずし的」になされたものと断定された。

本書で私は、「告発史観」の視座からではなく、同時代の社会状況を射程に入れ、フェミニスト市川の戦時期活動の意味について、その言説と活動を軸に再検証した。そして軍ファシズムの跋扈する反動的な戦時社会で、婦選の女性たちが編み出した、特殊日本的なジェンダー・ポリティックスが、国際危機のなかで示した可能性と限界を確認した。はたして戦前日本のフェミニズムに、戦争終息に向けての国際的連帯の試みはなかったのだろうか。

もとよりその検証の意図は、第一に、フェミニズムが、戦時下にあって平和のイデオロギーとして機能するのかを明らかにすることにある。そして、そこから浮かび上がってきたことは、時代をはるかに先駆けた男女平等の政治的権利を要求するフェミニスト市川もまた、「天皇制」国家の「国民」の一人として、時代のナショナリズムを共有していたという事実にほかならない。じっさい、フェミニズムとナショナリズムは、戦時期市川の「婦選」活動を支えた相互にせめぎあう二つの価値であった。十五年戦争最終段階の国際的危機の高まりのなかで、市川のフェミニズムは、国家の生き残りを第一とするナショナリズムに飲み込まれていった。

市川が初めて現行の中国大陸上の戦争を容認する言説を吐露したのは、日米開戦の危機の高まった一九四一年一月であり、その翌月に市川は、日米開戦が起こりうるも、また「やむをえない」と述べている。今日、告発史家がその戦争協力の根拠にする、国民精神総動員の調査委員を市川が歴任していた一九三七年一〇月から一九四〇年一〇月に至る期間に、戦争を是認する彼女の言説はない。

本書の第二の意図は、平時に市川の求めた婦選の目的と戦略が、戦時下の国策委員としての活動にどうつながり、平時、戦時期の経験が戦後の活動に、どう生かされているのかを明らかにすることにある。

市川は、戦前、戦中、戦後と近代日本史上、体制の一八〇度転換した昭和の三世代を生き抜いた、社会運動家・政治家である。はたしてクリーン・ポリティックスの旗手としての戦後市川の軌跡は、戦前、戦時の「婦選」活動の連続線上にあるのか、あるいは不連続線上にあるのか。戦時期における市川の活動を「告発」の視座からのみ見ている限り、その展望は明らかにできない。

今から数十年前の話で恐縮だが、大学卒業の年、私は友人と沖縄を旅行した。沖縄がまだアメリカの占領統治下にあった時代である。バス停でスコールに会い、ずぶぬれになっていた私と友人を車に乗せてくれた人物の話は、衝撃的であり、私が戦時期市川の活動を、時代から切り離した「告発」の視座からではなく、少しでも「時代に沿った」文脈から描きたいと願う原点の経験である。

当時アメリカのファースト・ナショナル・バンクの那覇支店長をしていたその人は、「健児の隊」の生き残りだった。私はそのとき初めて、ひめゆりの隊とは別に同学年の青年たちもまた、同様の隊に組織されていたことを知った。

一九四五年八月一五日正午、その元「健児」は、左肩を銃弾で打ち抜かれ、灼熱の太陽にさらされた野原に累々と横たわる死者や負傷者の一隅で、朦朧とする意識のなか、傷跡に沸く「ウジ虫」をとっていたと言う。ふっと気がつくと、野原のどこからかラジオの音が聞こえてきた。天皇の敗戦を告げる「玉音放送」であった。

絶対に負けることがないと信じていた日本が負けた。しかも、「生き神様」の天皇みずからが敗北宣言を国民に告げていた。とっさに彼は、何の疑いも抱かず頭上に輝く太陽をじっと見つめていたと言う。日本が負けた以上、太陽が沈むに違いない。この世は闇の世界になるに違いない。そう思いこまされていたのだ。しかしその期待を裏切るかのように、雲ひとつない晴天に太陽は輝き続けていた。日本の敗戦は森羅万象に一切の変化をもたらすことはなかった。「騙されていたのだ」。「友人たちの死はすべて無駄死になんだ」。さんさんと輝きつづける頭上の太陽は「健児」に真実を教えてくれた。彼の戦後の「はじまり」である。

この元「健児」の話は、戦後第一世代の私に、全体主義の戦時体制を生きることが、平時の常識をはるかに超えた時空の経験であることを、そしてそれを生身の戦争経験として追体験し、理解することの大切さを教えてくれた。その話から私が痛切に学んだことは、戦争という国家の究極的な危機状況のもとで、国家第一主義＝ナショナリズムが、すべての選択肢に優位し、全体主義の戦時体制は、その虚構の価値を国民の一人ひとりに身体化させるという冷徹な現実であった。

そしてその教訓から私は、戦後六八年間の平和を、あたかもその状況が未来永劫続くかのように思いこんできた者として、全体主義体制の戦中期市川の「婦選」活動を、いまいちど「時代に沿って」追体験し、その転向の意味を確認することが喫緊と感じるのである。すでにこの国は、世紀転換期の一九九九年、米軍の後方支援を可能にした日米新ガイドラインの制定をきっかけに、通信傍受法（盗聴法）、国民総背番号化をめざす住民基本台帳法改正、そして「日の丸・君が代」の法制化を一挙に制定した。

それから一四年後の今年、「特定秘密保護法案」を可決させた。いずれも世論の反対を超えて、議会での審議らしい審議はほとんどおこなわれず、いわゆる議席の数にものをいわせた、強行採決によるものだ。戦後六八年目の日本の現実は、いわば全体主義体制の予備状況にある。

民主主義体制にあって、世論の意思がかくも簡単に踏みにじられ、国民の意思から遊離した為政者の考える「この国のかたち」が着々とつくりあげられていく。戦後六八年間の平和を保障してくれた平和憲法自体、改憲の瀬戸際にある。生前の市川が繰り返し述べていた「二度と再び戦争の道を歩ませない」ために、彼女が歩んだ十五年戦争の軌跡を、その陥った陥穽とともに学び直したいと思う。

＊

本書を完成する過程で、多くの方々のお世話になった。まず、市川房枝記念会女性と政治センター評議員の山口美代子氏（元国立国会図書館主査）にお礼を申し上げます。山口氏は、市川の残した膨大な資料の整理を担当され、戦前の婦選活動に関する資料をマイクロフィルム化し、二〇一〇年にその目録を『婦人参政関係史資料Ｉ』に結実させた。八〇歳を超す高齢にもかかわらず、現在も国会図書館の元同僚たちを指揮し、戦後の資料の整理に取り組んでおられる。生来ライブラリアンの美代子さんは、忙しいなかをいつも満面笑顔で私のお願いする資料を見つけ出してくれた。

また、伊藤康子先生（元中京大学短期大学部教授）を中心に集まった市川房枝研究会の仲間たちとの共同研究は、本来アメリカ史専攻の私にとって示唆的で多くのことを学ばせて頂きました。お礼申しあげます。市川房枝の写真を収集し、デジタル化している小澤武信氏にも本書の写真掲載で助言をいただき、お世話になりました。本書掲載の写真は、一枚を除いて、すべて市川房枝記念会女性と政治センター所蔵のものを使用させていただきました（凡例を参照）。

本書の出版を可能にし、膨大な原稿の編集を引き受けて下さった法政大学出版局の勝康裕氏には、お礼の申し上げようのないほどお世話になりました。日本学術振興会の出版助成の申請から、本の編集、印刷に至る過程での、的確な指摘と丁寧な校正のチェックには、心より感謝申しあげます。

最後に、ここ数年本書の執筆の過程で、くじけそうになる私を励まし続けてくれた家族に感謝したいと思う。私の語る市川房枝を目を輝かせて聞き、「ママ、私たちってすごい遺産を持ってるんだね」と言ってくれた娘の一言は、ともかく本を完成させなくてはという私への強いプッシュでした。また主婦業、母親業、教員業、そして研究のはざまで右往左往する母親を、横からそっと気遣い続けてくれた息子に感謝します。そして最後に、膨大な資料のなかで呆然自失する私を「市川房枝のエンサイクロピディアを作ってるのかね」と揶揄しながらも、途中でギブアップしないよう支えてくれたパートナーに感謝したいと思います。

本書の刊行にあたっては、日本学術振興会の平成二五年度科学研究費補助金（研究成果公開促進費）の交付を受けました。

二〇一三年師走

進藤　久美子

人名索引

［た　行］

［ま　行］

［や　行］

［ら　行］

［わ　行］

事項索引

［さ　行］

［な　行］

［ら　行］

［わ　行］

《著者紹介》

進藤 久美子（しんどう くみこ）

1945年高知県生まれ。1971年ペンシルヴァニア州立大学大学院歴史学研究科修士課程修了（M.A.）。1980年，立教大学大学院文学研究科博士課程満期退学。現在，東洋英和女学院大学国際社会学部特任教授。法学博士。専攻は，アメリカ史，ジェンダー・スタディーズ。

主な著書に，『ジェンダー・ポリティックス——変革期アメリカの政治と女性』（新評論，1997年），『ジェンダーで読む日本政治——歴史と政策』（有斐閣，2004年），訳書に，S. バスネット著『世紀末のフェミニズム——四つの国の女たち』（田畑書店，1993年），K. グリーンスパン著『世界女性史年表』（共訳，明石書店，2003年），J. アン・ティックナー著『国際関係論とジェンダー——安全保障のフェミニズムの見方』（共訳，岩波書店，2005年），ほか。

市川房枝と「大東亜戦争」
フェミニストは戦争をどう生きたか

2014年2月28日　初版第1刷発行
2015年2月10日　　　第2刷発行

著　者　進藤 久美子
発行所　一般財団法人 法政大学出版局
〒102-0073　東京都千代田区富士見2-17-1
電話03（5214）5540／振替00160-6-95814
製版・印刷　平文社／製本　誠製本
装丁　奥定泰之

ISBN 978-4-588-32704-9　　Printed in Japan